RECUEIL

DES

ITINÉRAIRES ANCIENS

RECUEIL

DES

ITINÉRAIRES ANCIENS

COMPRENANT

L'ITINÉRAIRE D'ANTONIN

LA TABLE DE PEUTINGER

ET UN CHOIX DES PÉRIPLES GRECS

AVEC

DIX CARTES DRESSÉES PAR M. LE COLONEL LAPIE

PUBLIÉ

PAR M. LE Mis DE FORTIA D'URBAN

MEMBRE DE L'INSTITUT

PARIS

IMPRIMERIE ROYALE

M DCCC XLV

BENJAMIN DUPRAT, rue du Cloître-Saint-Benoît, 7;

FRANCK, rue de Richelieu, 69;

PORQUET, quai Voltaire, 1;

Et chez l'Éditeur, rue de La Rochefoucauld, 12.

PRÉFACE.

Nous livrons enfin au public cette collection des Itinéraires anciens commencée, il y a près de quinze années, sous les auspices et aux frais de M. le marquis de Fortia. La révision de ce travail, confiée simultanément à plusieurs personnes, explique en partie les retards apportés à la publication, retards que la mort de l'éditeur est venue prolonger encore. Les cartes, jointes au volume que nous plaçons sous les yeux des savants, exigeaient d'ailleurs un soin tout particulier. Dressées par M. le colonel Lapie, elles devaient être mises en rapport avec le texte, et représenter toutes les positions, toutes les localités, toutes les dénominations géographiques contenues dans l'Itinéraire d'Antonin, dans la Table de Peutinger et dans les Périples grecs. Pendant ce long espace de temps, de nouvelles explorations dans des contrées peu connues, telles que l'Afrique et l'Asie occidentale, ont fourni des renseignements précieux pour la géographie comparée, et ont modifié plusieurs des idées reçues jusqu'à ce jour. Malheureusement, lorsque ces découvertes eurent lieu, une portion du travail était déjà imprimée; aussi la critique doit-elle tenir compte de l'impossibilité où nous nous trouvions de rectifier ce travail au fur et à mesure que chaque découverte géographique était acquise à la science. Nous avons cherché toutefois à ne pas rester stationnaires, et à profiter, autant que possible, des résultats positifs obtenus par les voyageurs et par les explorations militaires. L'Afrique septentrionale et une partie de l'Asie Mineure ont été refaites entièrement, et nous avons consigné dans l'*errata* plusieurs changements devenus nécessaires. M. le colonel Lapie, qui a été chargé seul de la synonymie moderne, a rempli cette tâche délicate avec une patience admirable et avec un rare talent de combinaison. Il ne faut cependant pas considérer son travail comme le dernier mot de la science. Si l'on réfléchit aux difficultés d'une pareille entreprise, à la contradiction des renseignements fournis par les auteurs anciens et modernes, on conviendra qu'il était bien difficile, sinon impossible, de ne pas commettre plusieurs erreurs, et de rencontrer toujours juste dans la combinaison des noms et des mesures. Loin donc de reprocher à M. Lapie les imperfections que la critique et le temps feront découvrir, on devra lui savoir gré d'avoir formé un vaste tableau de géographie comparée, où chacun pourra facilement consigner les découvertes qui s'effectueront, à l'avenir, dans le domaine des sciences géographiques. Telle a été la tâche de M. Lapie; la nôtre était de nous appliquer de préférence à l'étude du texte, afin de l'amener à la plus grande correction possible.

Il n'entre pas dans notre plan de tracer ici l'histoire de l'Itinéraire d'Antonin et de la Table Théodosienne. Ce travail nous entraînerait dans des détails beaucoup trop étendus, et soulèverait des questions littéraires dont les développements dépasseraient les bornes d'une préface. Ces recherches, d'ailleurs, ont été faites dernièrement par M. d'Avezac; elles ont même reçu une espèce de publicité, puisque l'auteur les a lues en partie devant l'Académie des inscriptions et belles-lettres, et elles doivent être bientôt livrées à l'impression. Il nous suffira d'entrer dans quelques détails sur les ouvrages qui ont été admis dans cette collection des itinéraires anciens.

On trouve d'abord, comme l'ouvrage le plus considérable et le plus important, l'Itinéraire d'Antonin avec la synonymie et les mesures modernes en regard. Le texte de Wesseling a servi de base au nôtre, qui a été établi par M. Guérard d'après les manuscrits de la Bibliothèque royale. La collation en a été faite par le savant académicien avec un soin minutieux, et les variantes ont été placées en bas des pages. Ces manuscrits sont au nombre de six; nous les avons désignés par les six premières lettres de l'alphabet :

N° 4806 — A.
4807 — B.
7230 — C.
4808 — D.
4126 — E.
Suppl. lat. 671 — F.

Le ms. n° 4806 est un grand in-4° en parchemin, du xe siècle, et relié aux ment lat. n° 671, qui n'a pas encore été décrit. Parquoy en a fait une notice très-curieuse et très-exacte; elle est entièrement de sa main et porte en tête : « Rapport fait au citoyen L. Villebrune, bibliothécaire, par le citoyen Bellissen, garde des manuscrits de la Bibliothèque nationale. En germinal de l'an II de la République. » Pour donner une idée exacte et complète de ce beau manuscrit, nous ne pouvions mieux faire que de reproduire intégralement le travail de Parquoy, bien que certains détails puissent aujourd'hui paraître superflus, grâce aux recherches de MM. Walckenaer et Letronne sur Dicuil, et à l'édition de la Notice des dignités de l'empire, par M. Bœcking (Bonn. 1839, in-8°).

NOTICE RAISONNÉE D'UN MANUSCRIT PETIT IN-FOLIO, DE 146 FEUILLETS SUR VÉLIN, RELIURE DE MAROQUIN VERT, PORTANT SUR L'INTÉRIEUR DE SA COUVERTURE CES MOTS : *BIBLIOTHECA LAMONIANA* K; ET EN TÊTE DE SON SECOND FEUILLET UNE L EN ESTAMPILLE NOIRE, SURMONTÉE D'UN MORTIER DE PRÉSIDENT.

Avant de faire connaître en détail les pièces contenues dans ce manuscrit, il est à propos d'en donner une idée générale. Ce manuscrit, complet et entier (sauf les lacunes d'inadvertance dont nous parlerons, mais qui ne nuisent point à son intégrité), contient un recueil d'ouvrages homogènes, quoique de différents siècles, sur ce que nous pourrions appeler l'état de l'empire romain, dans le genre de ces livres connus sous le nom d'état de la France, etc. La principale partie des pièces, et qui sont les plus considérables par leur étendue et placées les dernières, se rapporte à l'état de l'empire romain vers l'an 400. L'auteur de la collection en a ajouté, au commencement, d'autres qui se rapportent au même objet dans des temps plus anciens, avec plusieurs morceaux géographiques propres aussi à ces temps plus anciens, et d'autres propres à des temps plus modernes, en descendant jusqu'à celui de la renaissance de l'empire d'Occident sous Charlemagne. En dressant la notice suivante des pièces contenues dans le manuscrit, on a fait mention, et des ouvrages imprimés, où chacune d'elles se trouve (car elles sont presque toutes déjà publiées), et des manuscrits de la Bibliothèque nationale, où se trouvent tant les pièces publiées que celles inédites. Au moyen de cette comparaison, on a apprécié le mérite ou la rareté des pièces; on a réformé ou suppléé plusieurs des titres, etc. Le manuscrit est du XV° siècle, écrit en entier d'une main assez belle; mais il paraît avoir été copié sur un manuscrit d'une écriture difficile, et le copiste, peu habile, a fait plusieurs fautes qui ne peuvent être venues que des caractères équivoques et trop abrégés de son original, tels les mots qu'on y lit : *pariamides, Cirenatia, Ollyricum, Lechateus*, etc. pour *pyramides, Cyrenaica, Illyricum, Hecateus*, et une infinité d'autres. Avec tout cela, les fautes ne doivent point effrayer, parce que, dans des ouvrages du genre de ceux-ci, qui ne sont que des tissus de noms propres, les médiocres manus-

PRÉFACE.

armes de Charles IX; il a porté successivement les numéros ⅮⅭⅭⅭⅭⅥ, 990, 5209 et 4806.

N° 4807, in-4°, en parchemin et du x° siècle, ayant porté successivement les n°ˢ ⅭⅠⅭⅭⅩⅩⅠⅩ, 1238 et 5203. Ce manuscrit, plus correct que le précédent, offre un intérêt tout particulier : c'est qu'il a appartenu au célèbre Conrad Celtes, comme l'indique cette note placée sur le feuillet de garde : *Hunc librum executores testamenti D. Conradi Celtis Johanni Fuchs, magistro doctori, dederunt, qui, cum vita functus fuerit, ad viduam Henrici Facti (?).......... Wien.... de...* Les derniers mots sont effacés. Conrad Meissel (*Celtes Protucius*), bibliothécaire impérial, est celui qui acheta, en 1507, la Table Théodosienne à Worms, où elle avait été retrouvée, et en fit don à son ami Conrad Peutinger, chancelier d'Augsbourg, à la seule condition que ce dernier en ferait jouir le public après sa mort. Ce manuscrit a été connu de Wesseling, qui le désigne par le nom *Regius*.

N° 7230, in-f°, en parchemin, du x° siècle, et relié en velours. Ce manuscrit, qui provient de la bibliothèque du maréchal de Noailles, est mutilé et très-incomplet. Il diffère beaucoup de l'imprimé, mais fournit quelquefois des leçons précieuses.

N° 4808, grand in-4°, en parchemin et du xii° siècle. Après avoir appartenu à P. Pithou, dont il porte la signature, il fit partie de la bibliothèque de Colbert, sous le n° 2565, et fut ensuite désigné par le nom *Regius*, 5203. Quoique inférieur au manuscrit B, il n'est pas sans valeur.

N° 4126, in-f°, en parchemin et du xiv° siècle. Ce manuscrit ne contient que l'*Itinerarium maritimum* jusqu'aux îles, et d'une manière très-incorrecte. Il provient de la bibliothèque de Colbert, où il portait le n° 3120; plus tard il passa dans celle du Roi, où il reçut le n° *Regius* 3896. Il appartint d'abord à Guillaume Cecil, baron de Burghley, tristement célèbre pour avoir servi les fureurs d'Élisabeth contre l'infortunée Marie Stuart. Sur le premier feuillet on lit, en effet, sa signature : *Gulielmus Cecilius mil. D. de Burghley*.

Nous avons indiqué très-rapidement chacun des manuscrits de l'itinéraire d'Antonin qui font partie de l'ancien fonds latin de la Bibliothèque royale, parce que la notice en a déjà été donnée dans le catalogue imprimé des manuscrits latins. Nous nous étendrons plus longuement sur celui du supplé-

A.

PRÉFACE.

crits même servent souvent à redresser les bons, qui ne sont jamais impeccables. L'itinéraire d'Antonin, qui est dans ce manuscrit, suffirait seul pour le rendre précieux, soit en donnant des variantes, soit en confirmant des leçons connues, mais contestées par rapport aux distances, élément fondamental de l'ancienne géographie, sur lequel il y a toujours à revoir et à perfectionner après les travaux des hommes les plus habiles. Après ce préliminaire, entrons dans le détail des pièces contenues.

Première pièce, commençant fol. 1 verso, init. *Incipit situs et descriptio orbis terrarum.* Cet ouvrage, quoique sans nom d'auteur, est facile à reconnaître pour être la Cosmographie d'Æthicus, dont il y a un bon nombre de manuscrits à la Bibliothèque nationale, outre les éditions. Je crois que les savants ne sont pas d'accord sur l'âge de cet auteur, savoir s'il est antérieur ou non à Orose et à saint Jérôme. Quoi qu'il en soit, il faut faire attention que le corps de l'ouvrage d'Æthicus est communément suivi d'une espèce d'appendice, lequel se trouve aussi dans notre manuscrit. Dans l'édition d'Æthicus, par exemple, publiée par Henri Estienne (Genevæ, 1577), à la suite de Denys le Périégète, de Pomponius Mela et de Solin, cet appendice se trouve page 126, sous ce titre : *Alia totius orbis descriptio.* Dans notre manuscrit, elle commence, mais sans titre, fol. 7, recto, col. 2, lin. ult., par ces mots : *Hanc quadripartitam totius terræ continentiam,* etc. Je vais faire connaître deux lacunes, dont l'une se trouve dans le corps de cet appendice; l'autre en occupe la fin et le commencement de l'ouvrage qui suit.

Première lacune. Édition citée, page 128, ligne antépénultième, tout ce qui est depuis ces mots *quem et Padum dicunt*, jusqu'à ceux-ci *ad caput et portas Caucasi*, page 129, ligne 16, manque dans le manuscrit, fol. 9 recto, col. 1, linea 10ᵃ.

Seconde lacune. Je prends un des manuscrits nationaux latins, où la cosmographie d'Æthicus et son Appendice soient suivis de l'Itinéraire d'Antonin, comme dans les manuscrits que nous examinons, par exemple, le manuscrit national latin coté 4808 (olim Colbertin. 2565), et je vois, en conférant le feuillet 19 verso, col. 1, ligne 5, jusqu'à la col. 2, ligne 16, que tout cela est sauté aux feuillets 11, recto fin. et verso init. du manuscrit dont nous donnons la description. Ces lignes comprennent : 1° la fin de l'*Alia totius orbis descriptio* ou Appendice d'Æthicus; 2° le commencement même avec le titre de l'*Itinerarium Provinciarum Antonini Augusti*. Ces deux lacunes ne peuvent guère être arrivées que par l'inadvertance de l'écrivain, qui, en retournant les feuillets de l'original qu'il copiait, en aura sauté deux pages. Ce défaut d'attention de la part des anciens copistes est connu de ceux qui ont l'usage des manuscrits.

Seconde pièce commençant fol. 11 verso, lin. 1. D'après ce qu'on vient de dire, il manque ici le titre et quelque chose du commencement, que je prends dans tout autre manuscrit, par exemple dans le manuscrit national latin coté 4808 : *Incipit Itinerarium provintiarum* (sic) *Antonini Augusti*; ensuite ces mots : *Provintiæ Africæ* (sic). *A Tingi Mauritaniæ, id est ubi Baccauates* (sic) *et Macenites barbari morantur per maritima loca Kartaginem usque ad explorationem*, ce qui forme le commencement.

A la suite de l'Itinéraire d'Antonin, on trouve dans les éditions et les manuscrits un ouvrage sous ce titre : *Itinerarium maritimum*. Il commence aussi sous le même titre dans le manuscrit que nous examinons, fol. 34 verso, col. 2, lin. 20, mais sans distinction, repos ni rubrique.

Sur l'utilité dont peut être cette seconde pièce, voyez ce que nous avons dit dans les préliminaires.

Troisième pièce, commençant fol. 37 recto, col. 1, lin. 8.

Petite pièce commençant, sans distinction, repos ni rubrique, par ces mots : *Septem montes urbis Romæ*. Après l'énumération des montagnes, commence celle des eaux de Rome, *Aquæ*. Ce petit opuscule ne remplit que le reste de la même colonne où il commence.

Quatrième pièce, commençant fol. 37 recto, col. 1, lin. ult. et finissant au bas du fol. 50 verso, col. 1.

Cet ouvrage est un traité géographique qui n'a jamais été publié [1]. Il se trouve encore, et d'une main meilleure et plus ancienne, dans le manuscrit national latin coté 4806 (antea 5209, anterius 990), foliis 25—40. Les auteurs du Catalogue imprimé l'ont décrit ainsi :

Anonymi tractatus de mensura terræ jussu Theodosii ad calculum revocata.

Ils ont eu tort de marquer cet ouvrage comme anonyme; l'auteur se nomme au premier mot d'une suite de trente et un mauvais vers sur les montagnes les plus remarquables, par lesquels il termine son traité :

> Dicuil accipiens ego tracta auctoribus ista
> Pauca loquar senis metro de montibus altis.
> Summus Athos, etc.

Dans les derniers, il marque l'an 825, au temps des semailles, pour le temps où il écrivait :

> Post octingentos viginti quinque peractos
> Summi annos Domini terræ, æthræ, carceris atri,
> Semine triticeo sub ruris pulvere tecto,
> Nocte bobus requies largitur fine laboris.

Ce traité est précédé d'un prologue sous ce titre : *Incipit prologus de mensura orbis terræ*. Il s'agit, non d'une mesure de la terre dans le sens où nous l'entendons aujourd'hui, mais d'une mesure géodésique des provinces de l'empire romain, exécutée sous Théodose le Grand. Après cela, l'auteur annonce qu'il divise son ouvrage en neuf chapitres, comme il suit :

I. *De Europa.*

II. *De Asia.*

III. *De Africa.*

---

[1] Depuis, il l'a été, premièrement par M. Walckenaer, Paris, 1807, in-8°; en second lieu, par M. Letronne, Paris, 1814, in-8°, avec un long commentaire en français.

Dans ces trois premiers chapitres, qui font la partie la plus étendue, mais la plus précieuse de son ouvrage, l'auteur s'attache à une comparaison suivie de distances et de mesures des provinces de l'empire romain dans les trois parties du monde, selon les géographes de Théodose et selon Pline. Il peut être fort utile à comparer à la table géographique théodosienne, connue sous le nom de Table de Peutinger : ces deux ouvrages peuvent s'éclairer mutuellement.

IIII. *De Ægypto atque Æthiopia cum illius insulis.*

V. *De longitudine atque latitudine orbis terræ, versibusque missorum.* Il veut dire : *missorum à Theodosio.* C'est une petite pièce de vers par lesquels ces géographes dédient leur ouvrage à Théodose.

VI. *De quinque fluminibus et aliis.*

VII. *De aliquibus nominatim insulis.*

VIII. *De latitudine et longitudine terreni* (corrigez, d'après le manuscrit national coté 4806, *Tyrrheni*) *maris.*

IX. *De sex montibus.* Ce chapitre est mêlé de prose et de vers.

Ces six derniers chapitres sont plus étendus, et ils sont entremêlés d'extraits de Pline, de Solin, de Priscien, etc. sur la géographie et l'histoire naturelle. L'auteur paraît s'être attaché au chapitre des îles, qui est le plus étendu de tous, et avec prédilection, parce qu'il était lui-même insulaire et natif d'Irlande [1], comme on le voit là même; et il a des choses particulières sur la découverte et la population des différentes îles qui sont au nord de l'Écosse.

Schœpflin est presque le seul savant [2] qui ait eu occasion de parler et de donner quelque connaissance de notre Dicuil et de son ouvrage, en s'occupant de recherches que le dernier éditeur de la Table Théodosienne le chargea de faire en 1751 à la Bibliothèque nationale de France. Voyez sa lettre insérée dans la préface de celui-ci, cap. II, pag. 24 et 25, à la tête de son ouvrage intitulé : *Peutingeriana tabula itineraria, quæ in Augusta bibliotheca Vindobonensi nunc servatur, accurate exscripta a Francisco Christophoro de Scheyb. Vindobonæ 1753;* grand in-f°. Remarquez, pag. 25, que Schœpflin (d'après le catalogue de la bibliothèque cottonienne et Ducange in Constantinop. Christ. l. 1, c. 20) parle trop vaguement de l'âge de Dicuil comme ayant vécu vers l'an 800.

Cinquième pièce commençant fol. 50 verso, col. 1, lin. 4, a fine;

Et sixième pièce, commençant fol. 51 verso, col. 1, lin. 5, a fine.

Ces deux pièces demandent à être mentionnées ensemble, parce que, dans les divers manuscrits et imprimés où elles se trouvent, elles marchent toujours ensemble; mais

---

[1] Fol. 44 recto, col. 2 du manuscrit que nous examinons, il dit *ex Scotia nostra.* On [...] ou Hibernie était, en ce temps, [...] ins en partie, par les Scoti; [...] eur demeure et porté leur nom en Écosse que dans des temps postérieurs. Note de Parquoy.

[2] Voyez la note précédente où nous citons les travaux de MM. Walckenaer et Letronne sur Dicuil.

quelquefois celle qui est ici placée la première se trouve la seconde. Ce sont deux Notices : l'une, *des provinces de la Gaule et de ses cités*, vers l'an 400 ; l'autre, *des provinces de l'empire romain* en général (où la Gaule, par conséquent, se retrouve, mais sans énumération de ses cités), suivant leur état et leurs subdivisions dans un temps dont je crois que les savants ne conviennent pas. Seulement ils conviennent que cet état est antérieur à celui où fut dressée la grande Notice des dignités de l'empire, placée à la fin de ce manuscrit. Saumaise (Exercitat. Plin., edit. 1, pag. 804 D, 806 C) parle de cette notice *ancienne*, *vetus*, des provinces romaines en la distinguant soigneusement *ab ea quæ vulgo Arcadii et Honorii*; c'est celle dite *Dignitatum*. Le titre que porte l'*ancienne*-Notice de l'empire dans une édition donnée par André Schottus, page 122, à la suite de l'*Itinerarium Antonii Augusti et Burdigalense*, Coloniæ Agrippinæ, 1600, est celui-ci : *Provinciarum Romanarum Libellus*; et, page 127, la Notice de la Gaule, qui lui est postposée dans cette édition, porte celui-ci : *Civitates provinciarum Gallicarum* [1].

On a été obligé de fixer et de distinguer ainsi les idées, parce que, dans notre manuscrit, les titres sont fort brouillés et mal faits (et on verra qu'ils varient encore dans les divers manuscrits), en sorte que, si on ne fixait l'identité des pièces mêmes par leur inspection, on croirait, sur leurs intitulés, que ce sont d'autres ouvrages. Au reste, en parlant de manuscrits, il faut dire que les manuscrits nationaux cotés 1451 (fol. 24 recto et seqq.), 1452 (fol. 199 verso et seqq.) et 4955 (fol. 99 verso et seq.), très-anciens, et celui coté 4800 (fol. 41 verso et seqq.), fort moderne, tous latins, sont les seuls où se trouvent nos deux Notices anciennes de la Gaule et de l'empire.

Voici le titre, en rouge, de la première notice dans le manuscrit que nous examinons : *In Dei nomine incipiunt annunciationes provinciarum, urbium Græcarum et Pinnarum vel Gallicanarum, cum privilegiis suis.*

En consultant les quatre manuscrits nationaux, on voit qu'il y a ici deux titres tronqués et brouillés, et qu'il faut :

Incipiunt annunciationes provinciarum atque urbium Gallicanarum cum privilegiis suis.

Provincia Alpium Græcarum et Penninarum.

Et de fait les deux cités qui suivent immédiatement,

Civitas Centronum Tarrentasia,

Civitas Valensium Octudurum,

composent, dans tous les manuscrits et imprimés, une province dite des Alpes grecques et pennines, mais qui n'est pas placée ainsi la première. L'acception qu'on a faite ici du mot *privilegium* mérite une remarque, d'autant qu'elle n'a pas été faite par Ducange dans son Glossaire, ni par son continuateur. Le manuscrit national 1452, fol. 200 verso, porte dans le même sens : *Adnotatio provinciarum* (sic) *atque urbium Gallicanarum cum privilegiis suis*. La paraphrase de ces titres serait : État des provinces et des villes chefs-lieux de la Gaule, depuis le temps où celles-ci eurent le privilége (en quittant leurs an-

---

[1] Voyez l'édition de la notice de la Gaule donnée par M. Guérard à la suite de son Essai sur les divisions territoriales de la Gaule Paris, 1832, in-8°.

ciens noms particuliers, qui n'en faisaient que des villes égales aux autres) de prendre celui du peuple composant chaque cité.

A la fin (fol. 51 verso, col. 1 fin.), on lit en rouge dans le manuscrit que nous examinons : *In provinciis decem et septem fiunt civitates centum quindecim de provinciis.* Nouvelle confusion d'objets. Il faut : *In provinciis* (nempe Gallicanis) *decem et septem, fiunt civitates centum quindecim.*

De provinciis Romanis.

La place pour le mot *Romanis* a été laissée en blanc, et cela forme le titre de la sixième pièce, laquelle décrit l'empire romain divisé en régions, et les régions subdivisées en provinces. Il y a une remarque à faire sur la région (*regio*) qui, dans notre manuscrit, est placée la dernière, la Bretagne. Dans ces quatre manuscrits nationaux, ainsi que dans l'édition première de Schottus et dans la dernière donnée à la suite de l'Eutrope *cum notis variorum*, Lugd. Bat., 1762, page 768 [1], la Bretagne n'est divisée qu'en cinq provinces, *provinciæ* : 1, *Britannia prima*; 2, *Britannia secunda*; 3, *Flavia*; 4, *Maxima*; 5, *Valentina* (al. *Valentiana* vel *Valentiniana*). Dans le manuscrit dont nous donnons la description, il y a une sixième province qui n'est nulle part ailleurs : *Sexta Orcades*. Cela mérite d'être rapproché de ce que nous avons dit plus haut des connaissances particulières de Dicuil sur les îles qui sont au nord de la Bretagne.

Ajouterons-nous une dernière remarque que nous suggère l'inspection comparée de ces divers monuments ? C'est que, dans les manuscrits nationaux cotés 1451 (fol. 25 recto) et 4800 (fol. 41 verso), il y a un petit morceau sur les étymologies de quelques lieux de la Gaule, lequel n'est, ni dans les autres manuscrits nationaux cotés 1452 et 4955, ni dans le nouveau manuscrit que nous examinons, ni dans l'édition de Schottus, encore moins dans celle de 1762, à la suite de l'Eutrope.

Septième pièce, commençant fol. 52 verso, col. 2, lin. 5, et finissant fol. 53 verso, col. 1, lin. 8.

De montibus Romæ.
De portis Romæ.
De viis Romæ.

Je ne sais si ce petit morceau, dont, au surplus, la substance se retrouve éminemment dans les troisième et dixième pièces, est identiquement dans quelque collection d'antiquités romaines.

Huitième, neuvième, dixième, onzième, douzième, treizième et dernière pièces, commençant fol. 53 verso, col. 1, lin. 9.

Toutes ces pièces (à l'exception de l'avant-dernière d'entre elles, qui n'est presque rien) forment un recueil qui a été réimprimé plusieurs fois avec les commentaires de Guy

---

[1] En passant, il faut que je dise que je ne sais comment cette édition de 1762, qui devrait enchérir de perfection sur toutes les précédentes, donne cependant la notice des Gaules à ce point d'inexactitude, de n'y décrire que neuf de ses dix-sept provinces. Il faut que l'éditeur n'ait eu communication d'aucun manuscrit, et n'ait pas même eu sous les yeux l'édition de Schottus, mais bien quelque vieille édition défectueuse. *Note de Parquoy.*

Pancirole, mais qui a été publié d'abord, sans notes et sans commentaires, par Sigismond Gelenius, sous le titre suivant, que je transcris, afin de faire remarquer dans l'édition un arrangement de pièces différent de celui du manuscrit : *Notitia utraque cum Orientis tum Occidentis ultra Arcadii Honoriique Cæsarum tempora..... Præcedit..... descriptio urbis Romæ quæ sub titalo Pub. Victoris circumfertur ; et altera urbis Constantinopolitanæ, incerto autore, nunquam antehac typis excusa.... Subjungitur notitiis vetustus liber de Rebus Bellicis ad Theodosium Aug. et filios ejus Arcadium atque Honorium, ut videtur, scriptus, incerto autore. Item, ne quid ex antiquo exemplari omitteretur, disputatio Adriani Aug. et Epicteti philosophi. Basileæ apud Hieron. Probenium et Nicolaum Episcopiam. Anno* MDLII, in-f°. Il est à remarquer que Gelenius, dans son épître dédicatoire au célèbre médecin André Vesale, parle de cette édition comme faite d'après un manuscrit venu du fond de la Grande-Bretagne, monument romain tombé entre les mains des barbares qui envahirent l'empire : *Opus hoc tot seculis abditum,...... hæc notitia, dum Romana res staret, adservata penes primicerium notariorum, et tandem, afflicto ac pene exciso imperio, cum ceteris spoliis in barbarorum manus delata, nunc demum ex ultimis Britannis antiquariorum studiis repetita, innotescit auspicio felici tui nominis.* Les expressions *ne quid ex antiquo exemplari omitteretur* me persuadent que Gelenius n'a point publié ce recueil d'après un manuscrit qui soit le nôtre ou l'original du nôtre ; car il semble qu'alors il aurait fait mention des autres pièces qui précèdent. Au reste, si quelqu'un veut essayer de découvrir quel est ce manuscrit du fond de la Grande-Bretagne, soit qu'il y soit retourné ou non, je le préviens d'abord qu'averti par une citation dont j'ai parlé au sujet de la quatrième pièce ci-dessus, j'ai consulté le catalogue de la bibliothèque cottonienne (Oxon. 1696, in-fol.). L'ouvrage de Dicuil, dont il est question dans ce catalogue (pag. 117, col. 1), est bien le même que celui qui se trouve et dans le manuscrit national 4806, et dans le manuscrit dont nous donnons maintenant la notice. Du reste, les pièces qui l'accompagnent dans le manuscrit cottonien n'ont aucun rapport à celles qui l'accompagnent dans nos deux manuscrits de France. J'avertis, en second lieu, qu'ayant consulté la Bibliothèque des bibliothèques de manuscrits de dom Montfaucon, je n'y ai trouvé d'autre manuscrit de la Notice de l'empire (outre celui de la Bibliothèque nationale de France, dont nous parlerons à la fin) qu'un seul d'Isaac Vossius conservé en Angleterre, mentionné ainsi (Biblioth. bibliothecar. manuscriptorum, tom. 1, p. 679, A) : *Notitia imperii, cum figuris,* sans indication de son siècle, de son origine, et sans aucun détail ultérieur de son contenu. Ce que je viens de dire est, sans doute, bien insuffisant ; c'est seulement afin de mettre sur la voie celui qui serait dans le cas de pousser plus loin cette recherche. Il aurait à vérifier ce qu'est au vrai ce manuscrit de Vossius, et si le corps de la notice y est accompagné d'autres pièces ; ensuite il aurait à voir tous les catalogues exacts des manuscrits d'Angleterre et de tous les autres pays.

Je viens au recensement particulier de nos six dernières pièces dans le manuscrit que nous avons sous les yeux.

Huitième pièce, commençant fol. 53 verso, col. 1, lin 9.

De rebus bellicis.

PRÉFACE.

Ce traité, ainsi que les suivants, est accompagné de beaucoup de figures d'armures, de machines, etc. Au reste, en comparant ces figures avec celles de l'édition de Sig. Gelenius, répétées dans celles de Guy Pancirole, on voit une ressemblance générale, mais des dissemblances assez frappantes pour faire croire qu'elles proviennent de la différence du goût de peinture du manuscrit d'après lequel Gelenius a fait travailler ses graveurs, plutôt que de la licence de ces graveurs. La découverte du manuscrit de Gelenius éclaircirait tous les doutes.

Neuvième pièce, commençant fol. 63 recto, lin. 8.
Disputatio Adriani Augusti.

Après une peinture qui remplit le reste de la page, et qui représente les deux personnages en question, le titre est répété ainsi au même feuillet verso : *Altercatio Adriani Augusti et Epictiti* (corr. Epicteti) *philosophi*. Cette pièce, qui est une conversation philosophique assez piquante, se trouve ici couper un livre de notices, à la manière de ces petites pièces de divers genres dont nous assaisonnons nos almanachs descriptifs ou géographiques.

Dixième pièce, commençant fol. 65 verso, ou fol. 66 recto.

Point de titre général. C'est une description de Rome, en quatorze régions, commençant fol. 66, sans titre, par la description de la première région : *Regio prima*. Dans l'édition de Gelenius, on a mis ce titre : *Descriptio urbis Romæ*. Une peinture de Rome personnifiée remplit le verso du feuillet 65, avec ce titre : *Urbs quæ aliquando desolata, nunc clariosior* (édit. Gelen. *gloriosior*), *piissimo imperio restaurata*. Tête casquée dans Gelenius, mais coiffée, dans notre manuscrit, d'une manière sauvage, qui serait difficile à décrire. Même différence dans l'habillement de cette figure.

Onzième pièce, commençant fol. 68, recto, col. 2, lin. 4 a fine.

Même absence de titre que dans la pièce précédente; même début par ces mots : *Regio prima*. C'est une description de Constantinople, distribuée de même en quatorze régions, sous ce titre dans Gelenius : *Descriptio urbis Constantinopolitanæ*. Son édition a, de plus, une figure topographique qui n'est point dans notre manuscrit; j'en tire une nouvelle preuve de l'existence d'un manuscrit notablement différent du nôtre, car je dis que Gelenius l'a prise de son manuscrit, et qu'elle n'est point une restitution de sa façon, comme pour faire pendant avec la figure de Rome. Mon assertion dépend de certaines considérations, impossibles à détailler, sur la grossièreté et l'inérudition de ce morceau, qu'au surplus chacun peut voir, et ce reproche, on ne le peut faire ni à Gelenius ni à son siècle.

Douzième pièce, commençant fol. 70 verso, col. 1, lin. 23.
De gradibus.

Il faut *de gradibus cognationum*, car c'est ce que contient cette petite pièce; elle se trouve à peu près la même dans les Origines d'Isidore, lib. IX, cap. VII : à la suite est un tableau des degrés de consanguinité, mais sans titre. Dans Isidore, il est intitulé : *Stemma stirpis humanæ*. Aux deux côtés, on voit dans le manuscrit un emblème d'une imagination assez déplacée. Qu'est-ce que ce goût égyptien, de peindre un bouc et un bélier aux

PRÉFACE.

deux côtés de ce tableau? Au surplus, ils ne sont point dans Isidore, au moins dans les manuscrits et les imprimés que j'ai vus.

Treizième pièce, commençant fol. 72 recto, col. 1, lin. 1, et finissant à la fin du volume, fol. 146.

Noticia (sic) *dignitatum omnium tam civilium quam militarium* (supple *in*) *partibus Orientis.*

Fol. 107 verso, col. 1, lin. 1.

Notitia dignitum (sic pro *dignitatum*) *omnium tam civilium quam militarium in partibus Occidentis.*

Consultez plus haut, dans les préliminaires sur les pièces huitième et suivantes, jusqu'à cette treizième et dernière, ce que nous avons dit de l'édition de Gelenius. Ajoutons ici que les figures qui remplissent tout cet ouvrage (tant la Notice des dignités que les quatre autres pièces) sont coloriées dans l'un des deux exemplaires de cette édition qui sont conservés à la Bibliothèque nationale. Elles ont été apparemment enluminées sous la direction de l'éditeur, afin de représenter, en quelque sorte, le manuscrit qu'il publiait, car les figures de celui que nous examinons sont aussi toutes en couleur : ce soin était indispensable, spécialement pour les armures et boucliers de différentes troupes de l'empire, dont le détail est infini dans cet ouvrage. Quant aux autres objets, renouvelons une observation que nous avons faite plus haut; avertissons que, dans la configuration de plusieurs de ces objets, surtout dans la forme de ces petits assemblages d'édifices désignant, en raccourci, les villes de l'empire, on voit un goût sensiblement différent entre notre manuscrit et le manuscrit qui est figuré par Gelenius, et que les diverses éditions de Pancirole (Venetiis, 1602, Lugduni, 1608) n'ont fait que répéter. Il paraît que ce goût n'est ni l'un ni l'autre du siècle où fut dessinée la notice originale, mais qu'il a varié et dépendu des siècles mêmes où elle a été recopiée. Dans l'édition insérée au tome VII du Trésor des antiquités romaines de Grævius, on ne s'est point assujetti au goût des peintures des éditions précédentes; on a usé de la plus grande liberté. D'après d'autres monuments, on a donné à tous les objets, aux villes comme au reste, un air beaucoup plus antique et plus romain; mais, dans la gravure des boucliers, ce raffinement de goût a produit infidélité; car, en prétendant donner leurs couleurs par un équivalent usité dans les gravures du blason, il semble qu'on a omis de caractériser beaucoup d'objets, ou bien qu'on les a laissés en équivoque, soit par négligence, soit par impossibilité d'atteindre à tout : nouvelle recommandation pour le manuscrit, où il n'y a aucune des parties de cette armure qui ne soit coloriée. Voilà pour ce qui regarde les boucliers, où ceux qui voudront s'y appliquer pourront s'exercer; pour nous, il nous est impossible d'entrer dans aucun détail. Quant aux villes, si l'on parcourt la notice dans les éditions originales de Gelenius et de Pancirole (car dans Grævius il n'y a rien de semblable), on remarquera quelque chose qui distingue celles de la basse Égypte. Ce sont certaines bannières ou étendards qui, placés au milieu et au-dessus de chacune de ces villes, paraissent représenter soit les animaux sacrés, soit tel autre objet de culte particulier de chacune d'elles; elles se trouvent au nombre de neuf. L'inspection du manuscrit, fol. 91 verso, pourra faire plaisir à celui qui aurait un intérêt à étudier ces différents emblèmes, et qui aurait de la peine à les définir d'après les gravures assez grossières des éditions.

Mais il y a dans le même genre un autre objet de remarque bien plus particulier, et non-seulement il distingue si bien le manuscrit, qu'aucune des éditions ne présente rien de pareil, mais encore il est unique dans ce manuscrit. Il s'agit d'une certaine ville de Casama, laquelle est placée, par la Notice des dignités, dans la Phénicie orientale, dite Phénicie du Liban, et, par Ptolémée, dans la Palmyrène, dénominations de provinces qui paraissent s'être substituées l'une à l'autre en différents siècles. Au fol. 96 verso, le manuscrit dessine Casama. Sur son mur, précisément au-dessus de sa porte, on voit un buste d'homme, habillé de vert, tête nue, portant barbe et cheveux blancs, avec le nom de la ville au-dessus.

Comme cette antiquité, par sa nature extraordinaire, peut bien valoir la peine d'une explication, nous la réservons pour un travail à part, afin de lui donner l'étendue suffisante, et afin de ne point étouffer des choses d'un genre trop disparate parmi des recherches bibliographiques.

Pour conclure nos recherches actuelles, nous n'avons plus que quelques mots à ajouter. La Bibliothèque nationale possède-t-elle, jusqu'à présent, quelque manuscrit de la Notice des dignités de l'empire? On peut répondre oui et non. Dès le temps de Montfaucon (1739), et nous en avons dit un mot plus haut, elle possédait un manuscrit dont il ne donne pas d'autre détail que ceci : *Noticia dignitatum imperii Romani* (Biblioth. bibliothecar. mss., t. II, p. 754 A). Voici ce que c'est que ce manuscrit, et on notera que, depuis, elle n'en a pas acquis d'autre. C'est un petit in-folio, coté aujourd'hui 5825 E dans le catalogue imprimé des manuscrits latins, coté auparavant, et du temps de Montfaucon, 4954, antérieurement encore, Bigotianus 198. Il ne contient que le simple texte de la Notice des dignités de l'empire d'Orient et d'Occident, sans aucune figure. Toutes les places de ces figures, qui sont la partie la plus intéressante de l'ouvrage, ont été laissées vides et en blanc. Au surplus, ce manuscrit ne contient rien de ces autres traités qui accompagnent ordinairement la Notice : *De rebus bellicis, Descriptio Romæ*, etc. L'écriture est très-récente; c'est évidemment quelque savant qui l'avait copiée pour son usage : notre catalogue imprimé l'attribue au xviie siècle.

En parcourant ensuite dans Montfaucon le détail des bibliothèques étrangères de manuscrits, je n'y vois rien qui concerne deux ou trois manuscrits de la Notice des dignités, conservés en Italie, ce semble, au temps de Pancirole, et dont ce savant fait mention à la fin de la préface de ses commentaires sur cet ouvrage, en ajoutant, du reste, qu'il avait trouvé bien peu de secours dans ces manuscrits pour améliorer le texte publié par Gelenius. On pourrait, en feuilletant les catalogues plus détaillés et plus exacts, qui ont été publiés depuis Montfaucon, des manuscrits d'Angleterre, d'Allemagne et d'Italie, y découvrir quelque manuscrit pour la partie de la Notice des dignités, et peut-être encore pour quelques-uns des traités qui l'accompagnent dans Gelenius; mais on peut surseoir à une pareille recherche, qui ne serait nécessaire qu'au cas qu'on voulût procurer une édition. Une découverte dans ces pays n'ôterait rien du mérite du manuscrit que nous avons sous les yeux, et qu'il semble qu'on peut assurer être unique en France.

30 germinal de l'an 2.

BÉLISSEN, *Garde des manuscrits.*

Pour compléter cette notice, j'ajouterai ici l'indication d'un petit renseignement que j'ai découvert. Sur le premier feuillet, j'avais remarqué deux lignes effacées et grattées; au moyen du procédé chimique employé ordinairement pour les manuscrits palimpsestes, je suis parvenu à faire reparaître l'écriture, d'après laquelle on voit que ce manuscrit appartint d'abord à la bibliothèque des Célestins de Paris : *Iste liber est Celestinorum beatæ Mariæ de Parisius, signatus per ij^c, iij;* note qui est presque aussi ancienne que le manuscrit lui-même. Cette même page, dont Parquoy ne dit absolument rien dans son excellente notice, contient une grande peinture allégorique, partagée en deux parties. La première, la partie supérieure, sur fond d'or, renferme une miniature représentant le globe, surmonté de l'aigle romaine qui étend ses ailes sur le monde. Une ligne horizontale coupe ce globe par la moitié et sépare la terre et l'eau. Au-dessous, dans la partie inférieure de la page, on lit, sur un fond rouge, les quatre majuscules, écrites transversalement, S P Q R, c'est-à-dire *senatus populusque Romanus.*

Citons encore le n° 838 du supplément français, qui renferme des matériaux informes recueillis par Lancelot pour une nouvelle édition de l'Itinéraire d'Antonin, de la Table de Peutinger et de la Notice de la Gaule. Ce travail, antérieur à l'édition de Wesseling, était si peu avancé, que M. Guérard n'en a pas fait usage.

Parmi les manuscrits de l'Itinéraire d'Antonin, un des plus célèbres est celui de la bibliothèque de l'Escurial, collationné par Zurita, et dont Wesseling a reproduit les variantes dans son édition. Pendant mon séjour en Espagne, au mois de juin 1843, j'ai eu occasion d'examiner attentivement ce précieux manuscrit, et de me convaincre que le travail de Zurita contenait un assez grand nombre d'inexactitudes. Il serait donc à désirer qu'on le collationnât de nouveau avec le plus grand soin, et qu'on en recueillît toutes les leçons. En attendant, voici une courte description de ce manuscrit. C'est un in-folio, en parchemin, du IXe siècle, et coté II. R. 18. Il appartenait d'abord à la bibliothèque de la cathédrale d'Oviedo, comme l'indique cette petite note placée sur le premier feuillet : *De la iglesia mayor de Ovideo*. L'Itinéraire d'Antonin occupe la dernière partie du manuscrit et est écrit sur deux colonnes palimpsestes; la première écriture contient des fragments de la Bible. Il est précédé de différents ouvrages, parmi lesquels se trouve l'Itinéraire maritime. En voici une liste très-sommaire :

Fol. 1. *Incipit liber de natura rerum Isidori Hispalensis*. Les huit premiers feuillets sont écrits en lettres lombardes.

Fol. 23, v. Vers qui commencent ainsi :

> Tu forte in lucis lentus vaga carmina gignis
> Argutosque inter latices et musica flabra.

Fol. 24 v. *De partibus terræ*. Les feuillets qui suivent immédiatement, jusqu'au 35ᵉ, en écriture lombarde.

Fol. 35 r. *Breviarum Rufi Festi de gestis populi Romani*.

Fol. 44 r. *Imperatoris Antonini itinerarium maritimum*.

Fol. 47 r. *Igitur Iheromini prsr succedit auctoritas. Drepanam Bitiniæ civitatem in honorem Luciani martiris ibi conditi Constantinus, etc.*

Fol. 48 v. Chronique de Prosper d'Aquitaine.

Fol. 55 r. *Incipit ex libro de origine Gotorum, a domno Isidoro editum*.

Fol. 55 v. *Incipit dimensio terræ. Julio Cæsare Marco et Antunino, etc.*

Fol. 56 r. *Oceani orientalis insulæ*.

Fol. 56 v. *Oceani orientalis fluvii*.

Fol. 61 r. *Oceani septentrionalis continentia*.

Fol. 64 v. *Nunc hereticorum sententias opinionesque infidelium, etc.* Traité sur les hérétiques.

Fol. 83 r. *S. Ambrosii de pace sermo*.

Fol. 89 v. Fragments tirés de saint Jérôme, et d'une main plus moderne.

La bibliothèque de Venise renferme aussi un beau manuscrit de l'Itinéraire d'Antonin du xvᵉ siècle. Pendant mon voyage en Italie en 1835, j'en ai collationné le commencement; mais, ayant reconnu qu'il était de la même famille que le manuscrit F, je n'ai pas jugé à propos de continuer ce travail inutile.

Citons encore le manuscrit de la bibliothèque de Reims; j'en ai fait une petite notice, dont M. le vicomte de Santarem a imprimé une partie [1]. La voici intégralement :

Ce manuscrit, de 130 feuillets in-4°, sur parchemin, a été écrit à Constance, pendant le concile général tenu l'an 1417, comme on le voit d'après une rubrique placée en tête du volume : *Cosmographia Pomponii Melæ et alia Cesaris, atque itinerarium scriptum Constancie, in concilio generali, anno M° CCCC° XVII° et concilio tertio.* Il a été donné à la bibliothèque du chapitre de Reims par le cardinal Guillaume de Saint-Marc, précédemment chanoine du chapitre de Reims, qui l'a écrit de sa propre main au concile de Constance. Ce don est accompagné d'une lettre d'envoi ou dédicace placée en tête de l'ouvrage de Pomponius Mela : elle donne l'analyse assez détaillée de la géographie de ce dernier; la fin manque, comme on le voit après le douzième feuillet, et la lacune doit équivaloir à peu près à un *quaternio*. Le premier feuillet contient quelques ornements avec miniatures, et, entre autres, deux anges portant un écusson au milieu duquel est figurée une tête de cerf (*ce sont les armes de Guillaume Filliastre* [2], *donateur*). Le premier feuillet de la cosmographie de Pomponius Mela contient une grande miniature comprenant le monde des anciens, assez grossièrement représenté, et des anges dont les uns embouchent la trompette sacrée, un autre porte le même écusson cité plus haut, et un autre, un instrument de musique. Mela s'étend jusques et compris le fol. 68. A la marge, le cardinal de Saint-Marc (Guillaume Filliastre) a écrit en rouge le titre et quelques remarques explicatives sur le texe de ce géographe.

Fol. 69 r. *In nomine Dei summi incipit cosmographia alia, cum itinerariis.* N'ayant eu le manuscrit entre les mains que pendant très-peu de temps, je n'ai pas pu rechercher l'auteur de cette cosmographie : c'est peut-être celle d'Orose ou de Priscien.

Fol. 89 r. *Itinéraire d'Antonin.* Les variantes données par le manuscrit pour cet ouvrage ont peu d'importance. Cependant je n'ai examiné que le commencement; peut-être pourrait-on trouver quelques renseignements pré-

---

[1] Recherches sur la découverte des pays situés sur la côte occidentale d'Afrique, au delà du cap Bojador.... Paris, 1842, in-8°, page 280.

[2] Le cardinal Guillaume Filliastre fut archevêque d'Aix; né à la Suze en 1344, il mourut en 1428, après avoir assisté aux conciles de Pise et de Constance. Il est connu aussi comme traducteur de quelques livres de Platon et de la cosmographie de Ptolémée.

cieux, surtout pour la partie qui concerne Reims et ses environs, puisque le calligraphe, le cardinal de Saint-Marc, était Rémois, ou, du moins, devait bien connaître les localités. On sait que les copistes avaient l'habitude de soigner davantage les portions géographiques qui concernaient leur pays; souvent ils rectifiaient, à tort ou à raison; quelquefois même ils ajoutaient des localités contemporaines, comme on le voit dans quelques manuscrits latins de la géographie de Ptolémée.

Fol. 125 v. L'Itinéraire maritime qui fait ordinairement suite à l'Itinéraire d'Antonin.

Sur le plat intérieur de la couverture, on lit, à la fin : *Hic cathenatus 12 april. anno 1418*, c'est-à-dire l'année suivante de la transcription du manuscrit. Cette note fait, sans doute, allusion à un fait particulier que je ne connais pas.

L'Itinéraire d'Antonin, dans notre édition, est suivi de la table de Peutinger, que nous avons, M. Lapie et moi, disposée et divisée en routes. Nous avons suivi le texte de l'édition donnée par Mannert, en ayant soin de mettre au bas des pages les rares différences qui se trouvent dans les deux éditions précédentes. La synonymie et les mesures modernes ont été placées en regard du texte latin par M. Lapie, et offrent ainsi un tableau analogue à l'Itinéraire d'Antonin.

Afin de présenter un ensemble plus complet de notions géographiques, nous avons cru devoir faire un choix parmi les périples grecs qui viennent confirmer ou rectifier les renseignements fournis par les itinéraires latins. Nous avons admis en première ligne le périple de Scylax, document de la plus haute importance pour la géographie ancienne. Nous l'avons disposé sous forme d'itinéraire, d'après l'édition de M. Gail, et nous avons eu soin d'y introduire les améliorations fournies par le célèbre manuscrit de Pithou et déjà signalées dans mon Supplément aux dernières éditions des Petits Géographes[1].

Après Scylax, nous avons placé le *Stadiasmus*. On sait que ce précieux fragment de géographie ancienne a été publié pour la première fois par Iriarte, d'après un manuscrit unique conservé dans la bibliothèque de Madrid. M. Gail le publia de nouveau dans sa collection des Petits Géographes, d'une manière véritablement critique, et en introduisant dans

[1] Paris, Imprimerie royale, 1839, in-8°.

le texte un grand nombre de corrections heureuses. Pendant mon séjour en Espagne, je collationnai de nouveau le manuscrit de Madrid, et je m'aperçus qu'Iriarte avait fait son travail avec la plus grande négligence. Je recueillis un grand nombre de leçons précieuses oubliées par ce premier éditeur, et j'en fis l'objet d'un article qui a paru dans le Journal des Savants (mai 1844, page 300). Malheureusement, nous n'étions plus à même de faire usage de ces corrections pour notre édition, puisque cette portion du travail était déjà imprimée. Nous renvoyons donc le lecteur à l'article du Journal des Savants, afin qu'il puisse mettre à profit ces nouvelles recherches.

On trouvera ensuite le périple du Pont-Euxin d'Arrien et les trois anonymes, d'après l'édition de M. Gail; le périple de Marcien d'Héraclée et les Stathmes d'Isidore de Charax, d'après le texte que j'ai publié en 1839; et enfin le *Synecdemus* d'Hiéroclès, d'après l'édition de Wesseling. J'ai disposé chacun de ces périples sous forme d'itinéraire, laissant à M. Lapie le soin d'établir la synonymie et les mesures modernes.

Pour faciliter l'usage de cette riche et précieuse collection géographique, j'ai fait et placé à la fin du volume une table de tous les noms géographiques mentionnés dans l'ouvrage. Cette portion du travail, qui ne contient pas moins de quatre-vingt-huit pages, présentait quelques difficultés : il s'agissait de distinguer chacune des localités portant le même nom, et de ne point confondre dans un seul article des positions géographiques n'ayant aucune espèce de rapport. Quant aux dénominations grecques, dont un grand nombre sont corrompues, nous avons pensé qu'il valait mieux les insérer en latin, en rectifiant l'orthographe. En un mot, j'ai apporté dans la confection de cette table alphabétique tout le soin et toute l'exactitude dont je suis susceptible.

L'atlas joint à cette édition se compose de neuf feuilles, qui peuvent être réunies en une seule, représentant tout l'empire romain, avec l'indication de toutes les dénominations géographiques comprises dans cette collection des itinéraires. Une dixième feuille est spécialement destinée à Marcien d'Héraclée et à Isidore de Charax; elle a déjà paru à la suite de mon Supplément des Petits Géographes[1]. Le tout a été dressé par M. le colonel

---

[1] Nous avons fait exécuter sur cette carte les corrections indiquées par M. Letronne dans son article du Journal des Savants (juillet 1839, page 439).

Lapie, qui a rendu à la fois un grand service à l'ouvrage lui-même et aux sciences géographiques.

La révision du travail entier, en ce qui concerne le texte, ne laisse rien à désirer, puisqu'elle a été faite par deux savants dont les noms sont pour le lecteur une garantie suffisante. Le premier, M. Guérard, a non-seulement, ainsi que nous l'avons déjà dit, conféré le texte de l'Itinéraire d'Antonin avec tous les manuscrits de la Bibliothèque royale, il a même corrigé les épreuves de cette portion du travail. Le second, M. Hase, dont le généreux dévouement à la science est connu de tout le monde, a bien voulu revoir le texte de la table de Peutinger et des périples grecs, ainsi que quelques parties de la synonymie moderne.

Qu'il nous soit permis, en terminant, de donner de justes regrets à la mémoire de l'éditeur, M. le marquis de Fortia. Grand et libéral toutes les fois qu'il s'agissait de rendre service à la science, il avait entrepris à ses frais cette longue et coûteuse publication, que son héritier, M. le marquis de Pazzis, s'est empressé généreusement de terminer. Pourquoi faut-il que la mort, trop prompte encore malgré son âge avancé, soit venue ravir aux lettres et à ses amis cet aimable et savant vieillard, au moment où, par cette publication, il allait recevoir le prix de ces nombreux et nobles sacrifices !

E. MILLER.

ITINERARIUM

PROVINCIARUM OMNIUM

IMPER. ANTONINI AUGUSTI[1].

ITINÉRAIRE.	DISTANCES données PAR LES MANUSCRITS.		DISTANCES mesurées PAR M. LAPIE.
	Millia plus minus.	Milles plus ou moins.	Milles rom.
I. Columnæ Herculis[2]. A Tingi Mauretaniæ, id est, ubi Bacuetes[3] et Macenites barbari morantur, per maritima loca Carthaginem usque. *Colonnes d'Hercule. De Tanger, en suivant la côte, jusques à Carthage*	XVIII XLVIIII	1849[4]	1547
A. Ab exploratione quæ ad Mercurios[5] dicitur, Tingi usque. *De Massa (ruines) à Tanger*..	CLXXIIII	174[6]	164
B. Rusadder[7]. *Mélilla*..................	CCCXVIII	318[8]	263
C. Cæsarea Mauretaniæ[9]. *Cherchell*........	CCCCLXXXXIII	493[10]	432
D. Saldis. *Bougie*.....................	CCXVIII	218[11]	202
E. Russiccade. *Philippeville*...............	CCCXVIII	318[12]	187

[1] Le manuscrit commence ainsi : *Itinerarium sed tamen minus. Descriptiones ab India usque ad Arabiam.* Viennent ensuite les noms *Scenas veteranorum, Hejus [Heliu], Memphi*, qui appartiennent à la route de Péluse à Memphis : les *iter* qui précèdent manquent. — Le mot *omnium* manque. A. B. D.

[2] Au lieu de ces deux mots, on lit : *Provinciæ Africæ*. A. B. D.—Observez que le chapitre commence par la distance générale entre les deux termes d'une route dont les distances partielles seront détaillées dans ce qui va suivre.

[3] *Baccavates*. A. B. D.

[4] Les nombres manquent. A. B. D. — Ce nombre écrit ainsi : XVIII XLVIIII, ne devrait pas comprendre les 174 milles marqués entre *ad Mercurios* et *Tingis*, puisque cette distance appartient à une route située au delà du point de départ.

[5] *Ad explorationem quod Mercurius*. A. B. D. F.

[6] Devant chaque nombre on lit presque partout MPM, ce qui est constamment interprété par *millia plus minus*. A. B. D. F. — Au lieu de répéter à toutes les lignes les lettres MPM, nous nous sommes contentés d'écrire les mots *millia plus minus* à la tête des colonnes. Wesseling a préféré mettre devant chaque distance les lettres M. P., qui, d'après lui, signifient *millia passuum*. — Il nous a paru utile d'adjoindre le chiffre arabe au chiffre romain. — Voyez, pour les détails de la route, l'article A qui suit.

[7] *Russador*. F.

[8] *Milia plus minus*. 229. A. F. — 329. B. D. — Au lieu de *millia plus minus*, on lit assez souvent *mille plus minus* dans F.

[9] *Caesareae Mauritaniae milia plus minus*. A. D. — *Cesaree Maritanee milia plus minus*. F.

[10] 423. B. — 494. D.

[11] 219. W.

[12] 217. A. B. D. F. — La distance marquée dans le

ITINÉRAIRE.	DISTANCES données PAR LES MANUSCRITS.		DISTANCES mesurées PAR M. LAPIE.
	Millia plus minus.	Milles plus ou moins.	Milles rom.
F. Hippone Regio. *Ruines de Bounah*........	CCXV	215 [115]¹	95
G. Carthagine. *Carthage (détruite)*..........	CXIII	113 [193]²	204
SIC :			
A. Litora³ Mansionibus his :			
Ad Mercurios⁴. *Massa (ruines)*.............	CLXXIV	174⁵	164
Salaconia (leg. Sala colonia). *Rabat ou Salé*......	XVI	16	16
Thamusida⁶. *Mahmore ou Mehedia*............	XXXII	32⁷	32
Banasa. *Petite ou vieille Mahmore*.............	XXXII	32	32
Frigidis. *Oued Glana*.......................	XXIV	24⁸	14
Lix col. (leg. Lixus colonia). *Larache*...........	XVI	16	16
Tabernis. *Ruines sur un ruisseau*.............	XVI	16	16
Zili. *Azelia*..............................	XIV	14⁹	14
Ad Mercuri¹⁰. *Almadrones*..................	VI	6	6
Tingi colonia. *Tanger*......................	XVIII	18	18
B. A Tingi litoribus navigatur usque			
Ad Portus Divinos. *Ruines au S. O. du fort d'Arzeu*.	[CCCXVIII]	318	263
Ad Septem Fratres. *Djebel Mousa*............	LX	60¹¹	20
Ad Abilem (leg. Abylam). *Ceuta*..............	XIV	14¹²	14
Ad Aquilam minorem. *Castillejo*..............	XIV	14¹³	14
Ad Aquilam majorem. *Tetouan*...............	XIV	14¹⁴	14
Ad Promontorium Barbari. *Cap Mazari*........	XII	12¹⁵	12
Taenia longa¹⁶. *Tagasa*.....................	XXIV	24	24
Cobucla ¹⁷. *Pescadores*.....................	XXIV	24	14

texte est beaucoup trop considérable ; le chiffre 217, qui nous est donné par nos mss., s'approche davantage de celui que l'on obtient en faisant la somme des distances partielles marquées plus bas.

¹ 115. A. B. D. — C'est évidemment le chiffre 115 que l'on doit préférer ici. Voyez plus bas les détails de la route.

² *Kartagini mpm.* 193. A. B. D. F. — Il y a plus de 113 milles d'Hippone à Carthage, même en droite ligne. — Notez que la somme des sept routes 1849, qui d'ailleurs est trop forte, s'accorde exactement avec le total qui est partagé en deux nombres à la tête du chapitre.

³ *Litora* manque. A. D. F.

⁴ *A Mercurius.* A. D. F.

⁵ L'addition reproduit 174 pour la distance de Massa à Tanger.

⁶ *Tamusida.* F.

⁷ 31. A. — 33. S.

⁸ 34. A. B. D. F.

⁹ On lit au bas de la première page, en caractères du XVIᵉ siècle : *Nota quod m. p. m. significat milia plus minus* ; et, au bas de la même page, au-dessus de ces lettres *MPM*, les mots : *Id est millia plus minus*, en caractères du XIᵉ siècle. A.

¹⁰ *Ad Mercurios.* A. B. D. F.

¹¹ De Tanger aux Sept-Frères il est difficile de compter plus de 25 milles ; le nombre du texte paraît donc beaucoup trop fort.

¹² *Ad Abillem mpm* 24. A. B. D. F. — 34. S.

¹³ Cette ligne et la suivante manquent. A. F. — Au lieu du nombre 14, les mss. B et D portent 24.

¹⁴ 24. B. — Cette ligne manque. D.

¹⁵ *Milia plus minus.* 15. A. B. D.

¹⁶ *Tenia Longa.* A. F.

¹⁷ *Cobuela.* D. — *Cobuda.* F.

ITINERARIUM.

ITINÉRAIRE.	DISTANCES données PAR LES MANUSCRITS.		DISTANCES mesurées PAR M. LAPIE.
	Millia plus minus.	Milles plus ou moins.	Milles rom.
Parietina. *Mostaza*........................	XXIV	24	24
Promontorium[1]. *Pointe Butta*................	XXV	25	25
Ad Sex Insulas. *Penon de Alucemas*...........	XII	12[2]	22
Promontorio Cannarum[3]. *C. Calalas*..........	XXX	30	15
Promontorio Russadi[4] (al. Rusadir). *Cap Tres Forcas*.	L	50	50
Russadder (al. Rusadir) colonia[5]. *Melilla*......	XV	15	15
c. Ad tres insulas. *Iles Zafarin ou Zafranes*.	LXV	65	65
Flumen Malva. *Malonia riv*.................	XII	12	12
Flumen Malva dirimit[6] Mauretanias duas. Incipit Cæsariensis.			
Lemnis[7]. *Sur la R. Aggierount*.............	XXII	22	7
Popleto[8] flumine. *Petite rivière*.............	XXX	30	20
Ad Fratres. *Gozaouna*.....................	VI	6	6
Artisiga[9]. *Hehenneyt*.....................	XXV	25	15
Portu Cæcili[10]. *Petit port près Sidi-Acrub*.......	XII	12	12
Siga municipio. *Grandes ruines dans la vallée de la Tafna*................................	XV	15	15
Portu Sigensi. *Au N. de Ticambrin*...........	III	3	3
Camarata[11]. *Ruines sur l'Oued Rhaser*........	XII	12	12
Ad Salsum flumen[12]. *Oued el Maylah ou Salado*...	XII	12	12
Ad Crispas. *Près Sidi Ali el Oufa*.............	XXV	25[13]	25
Gilva[14] (al. Gilba) colonia. *Akbeil ruines*........	V	5[15]	5
Castra Puerorum[16]. *Près Sidi Kaddour Douby*....	XXIII	23	18
Portus Divinos. *Ruines au S. O. du fort d'Arzeu*..	XVIII	18	18
Portum Magnum[17]. *Mostaganem*..............	XXXVI	36	36
Quiza municipium. *Cap Aghmiss*.............	XL	40	40
Arsenaria. *Calaat Chimah*..................	XL	40	40
Cartenna colonia. *Tnis ou Tenez*.............	XVIII	18	18
Lar castellum. *Beni Haouah*................	XIV	14 [24][18]	14

[1] *Promunctorium*. F.
[2] 22. A. D. F.
[3] *Promunctorium Camiar*. A. — *Promunctoriam Carmiar*. F.
[4] *Promunctorio Russaldi*. F.
[5] *Rusaderconolia*. A. B. D. F. La distance générale de Tingis à *Russadder* est dite dans le premier chapitre de 318 milles, nombre que nous retrouvons en faisant la somme de toutes les distances partielles marquées depuis le commencement de la présente route jusqu'à *Russadder*.
[6] *Dirimit* manque dans F.
[7] *Lemennis*. A. B. D. F.
[8] *Poleto*. F.
[9] *Artisica*. A. B. D. F.
[10] *Portucccili*. A. F.
[11] *Carmarata*. F.
[12] *Ad Salum flumen* mpm. 15. A. B. D. F.
[13] 22. S.
[14] *Cilva*. F.
[15] 6. A. B. D. F. — 11. S.
[16] *Castra Paerum* mpm. 26. A. B. D. F.
[17] *Portus Magnos*. A. B. D. F.
[18] 24. A. B. D. — 23. F. La carte des régences

ANTONINI AUGUSTI

ITINÉRAIRE.	DISTANCES données PAR LES MANUSCRITS.		DISTANCES mesurées PAR M. LAPIE.
	Millia plus minus.	Milles plus ou moins.	Milles rom.
Cartili. *Dahmouse*	XV	15 [1]	15
Gunugus [2]. *Bresk*	XII	12	12
Cæsarea colonia [3]. *Cherchell*	XII	12	12
D. Tipasa colonia [4]. *Teffesad ruines*	XVI	16	16
Casæ Calventi [5]. *Aïn Fouka*	XV	15	20
Icosium coloniam [6]. *Alger*	XXXII	32	22
Rusguniæ (al. Rusgoniæ) [7]. *Ruines sur le cap Matifoux*	XV	15	15
Rusubbicari (al. Rusubricari sive Rustelbari). *Chrub Vehlrub ruines*	XXIV	24	24
Cisi (al. Cisse) municip. *Mers el Djinet*	XII	12	12
Rusuccuro (al. Rusucurru) colonia. *Dellys*	XII	12	12
Iomnio municip. [8] *Mers el Fahm*	XVIII	18	18
Rusazis (al. Rusazus) municip. [9] *Sidi Daoud*	XXXVIII	38	38
Saldis colon. *Bougie*	XXXV	35 [10]	25
E. Muslubio (al. Musulubio Horreis). *Beni Suleyman ruines*	XXVII	27 [11]	16
Coba municipium [12]. *Ruines de Mansouriah*	XXVIII	28	28
Igilgili colonia [13]. *Jigelli ou Djidjeli*	XXXVIII	38 [14]	28
Paccianis Matidiæ [15] (al. Paratianis sive Pacdana Matinæ). *Ruines au sud de Mers el Zeitoun*	XXXV	35	35
Chulli (al. Cullu sive Collope Magno) municip. *Collo*	LX	60	40
Rusiccade [16] (al. Rusicade). *Philippeville*	L	50 [17]	40

d'Alger et de Tunis, que vient de publier M. Lapie, est ici beaucoup plus favorable à la leçon des mss. A. B. D. qu'à celle du texte de Wesseling. — 23. S. W.

[1] 12. A. B. D. F.

[2] *Ganucus.* A. B. — *Gunucus.* D. — *Canucus.* F.

[3] *Cæsaria colonia* mpm. 22. A. B. D. F. — De Russader à *Cæsarea*, la distance générale est ici de 472 milles, tandis qu'elle est marquée 493 dans le premier chapitre; différence, 21 milles.

[4] *Tipassa colonia.* A. D. F.

[5] *Casæ Calbenti.* A. B. D. F.

[6] *Icosicum colonia.* A. D. F.

[7] *Rungoniae colonia.* A. D. F.

[8] *Iomnium municipium* mpm. 16. A. — *Iomnium municipum* mpm. 17. B. D. — *Lomnium municipium* mpm. 16. F.

[9] *Rusaxis municipium.* A. B. D. F.

[10] La distance générale de *Cæsarea* à *Saldæ* est ici de 217 milles, c'est-à-dire d'un mille plus faible qu'elle n'est marquée dans le premier chapitre.

[11] 28. A. B.

[12] *Cobo municipium.* A. F.

[13] *Igilegili colonia.* A. B. D. F.

[14] 39. B. — 28 S.

[15] *Pactianis Matidie* mpm. 24. A. D. — *Paceanis Matidie* mpm. 24. B. — *Paccianis Matidie* mpm. 24. F.

[16] *Russicade.* A. — *Rusicade.* F.

[17] 60. S. — La somme des distances partielles est ici de 238 milles, et surpasse de 20 milles la distance générale marquée au premier chapitre. Nos variantes peuvent diminuer de 11 milles la première, qui se trouvera ainsi plus rapprochée des 217 milles qui sont portés au premier chapitre par nos mss.

ITINERARIUM.

ITINÉRAIRE.	DISTANCES données PAR LES MANUSCRITS.		DISTANCES mesurées PAR M. LAPIE.
	Millia plus minus.	Milles plus ou moins.	Milles rom.
F. Paratianis. *Sur l'Oued Gajetta*..........	XXV	25	25
Culucitanis [1] (al. Cullicitanis). *Ras Tchekidieh*....	XVIII	18	18
Tacatua [2] (al. Tucatua). *Toukouch*............	XXII	22	22
Sulluco [3] (al. Sublucu sive Collope Parvo). *Tagodeite*.	XXII	22	12
Hippone Regio colonia. *Ruines de Bounah*.......	XXXII	32 [4]	18
G. Ad Dianam. *Au S. du cap Rosa*..........	XXXII	32 [5]	32
Nalpotes. *Bains chauds sur l'O. Mafrag*..........	XL	40	30
Thabraca [6] [colonia]. *Ruines sur l'Oued Zaïne*....	XXIV	24 [7]	14
Hippone Zarito. *Bizerte*..................	LX	60	70
Tuniza [8] (al. Thinissa). *Ras el Djebel*..........	XX	20	20
Membrone [9]. *Aoudja*...................	X	10	10
Utica [colonia]. *Bouschater*...............	VI	6	6
Ad Gallum Gallinacium [10] (leg. Gallinaceum). *Artia*.	XII	12	7
Carthagine [11]. *Ruines de Carthage*............	XV	15 [12]	15

II.

Iter [13] ab Tocolosida Tingi. *Route de Tocolosida, fortin près de Sidi Casseni, à Tanger*.....	CXLVIII	148 [149] [14]	148
SIC :			
Volubilis colonia. *Sidi Casseni*................			
Aquis Dacicis.............................	III	3 [4] [15]	3
Gilda................................	XVI	16	16
	XII	12	12

---

[1] *Cullicitanis* mpm. 18. A. B. D. F. — 25. S.
[2] *Tacata*. A. F. — *Tacatta*. B. D. *Tacatuam* m. p. 18. S.
[3] *Sullacto*. A. D. F.
[4] 18. S. La somme des nombres de la route de *Rasiccade* à *Hippo Regius* est ici 119; la distance qui sépare ces deux termes est marquée 215 dans le texte de Wesseling, et 115 seulement dans nos mss. C'est évidemment cette dernière leçon qui est préférable.
[5] 22. A. F.
[6] Wesseling écrit *Thabraca* seulement.
[7] 30. A. B. D. F.
[8] *Taneiza*. A. B. — *Timerza*. F.
[9] *Membro*. A. B. D. F.
[10] *Gallinitium*. B. — *Gallinacium*. F.
[11] *Kartagine*. F.
[12] La somme de la route est ici 219; au premier chapitre, elle est marquée 113 dans le texte et 193 dans nos mss.; c'est encore ici la leçon des mss. qu'on doit préférer. Nos variantes nous permettent aussi d'abaisser le nombre 219 de 10 unités; ce qui donnera un résultat encore plus approchant de la distance générale 193 portée aux mss.
[13] *Item*. A. B. D.
[14] *Iter Abdo Colosida Tinge mille plus minus* 149 sic. F. — Si nous additionnons toutes les distances de cette route telles qu'elles sont marquées dans nos mss., nous retrouverons le total 149; tandis qu'en ajoutant ensemble celles du texte, nous avons pour somme générale 147, ce qui ne s'accorde pas avec le nombre 148 qu'il porte. La leçon de nos mss. paraît donc préférable; c'est pourquoi nous l'adjoignons au texte de Wesseling.
[15] 4. A. B. D. F.

ITINÉRAIRE.	DISTANCES données PAR LES MANUSCRITS.		DISTANCES mesurées PAR M. LAPIE.
	Millia plus minus.	Milles plus ou moins.	Milles rom.
Vopiscianis[1]. *Soe el Arba*.....................	XXIII	23	23
Tremulis. *Soe el Campa*.....................	XIX	19[2]	19
Oppido Novo. *Alcassar el Kebir*...............	XII	12	12
Ad Novas. *Sidi Mahmoud ben Ali*.............	XXXII	32 [33][3]	33
Ad Mercuri[4]. *Almadrones*....................	XII	12	12
Tingi colonia. *Tanger*........................	XVIII	18	18
III.			
A. A Carthagine Cirta. *De Carthage à Constantine*	CCCXXI	321[5]	325
B. Sitifi. *A Sétif ou Slef*....................	C	100[6]	87
C. Cæsarea. *Cherchell*......................	CCCI	301	314
SIC :			
A. Carthagine[7]. *De Carthage à Constantine*...			
Unuca[8] (al. Inuca). *Oudna*..................	XXII	22[9]	22
Sicilibra (al. Siciliba). *Haouch Alouinu*........	VII	7[10]	13
Vallis. *Haouch el Moraba*....................	XV	15	5
Coreva[11] (al. Choreva). *Ruines*.............	XX	20	20
Musti[12]. *Sidi Abd-el-Rehbah*................	XXVIII	28[13]	28
Laribus colonia. *Sidi Bou Agez*...............	XXX	30	27
Altieuros (al. Altiburos). *Ruines*.............	XVI	16	26
Admedera (al. ad Medera sive Ammedara) col. *Hydra*.	XXXII	32	32
Theveste[14] (al. Thebéste) colonia. *Tipsa ou Tibessa*.	XXV	25	25
Altaba. *Yahia Ben Taleb*.....................	XVIII	18	18
Justi. *Loubaïad el Ematla*....................	XVIII	18	18
Mercimeri[15] (al. Marcimini). *Souima*.........	XXIV	24	14
Macomadibus (al. Marcomatia). *El Eksara Tour*.	XXIV	24	24
Sigus. *Ruines sur l'Oued Keleb*...............	XXVIII	28	28
Cirta[16] colonia. *Constantine*................	XXV	25	25

[1] *Viposcianis.* A. B. D. F. — *Viposcianis mpm.* 24. S.
[2] 29. F.
[3] 33. A.
[4] *Ad Merios.* A. D. F. — *Ad Mercurios.* B.
[5] 332. W. — On lit à la marge : *Hic sunt XI super.* B. Et en effet, la somme des distances partielles est 332. Peut-être qu'au lieu de 321 il faudrait écrire 332, dont le chiffre des unités serait fourni par la variante des mss. A et D.
[6] En marge : *III sunt super.* B. ; mais c'est une erreur, car le ms. B a, de même que les autres, le nombre 25 écrit quatre fois.
[7] *Item a Cartagine.* D. — *A Cartagine.* F.
[8] *Unuca,* et en renvoi *Utica.* A. — *Unaca.* B. — *Unica* vel *Utica.* F.
[9] 23. F.
[10] 8. A. D. — 23. F.
[11] *Coreba.* A. B. D. F.
[12] *Augusti.* F.
[13] 26. S. — La distance de *Coreva* à *Musti* est marquée 26 dans la route XIV et dans la route XV.
[14] *Thebeste.* A. B. D. F.
[15] *Marcimeni.* A. D. F.
[16] *Circa.* F.

ITINERARIUM.

ITINÉRAIRE.	DISTANCES données PAR LES MANUSCRITS.		DISTANCES mesurées PAR M. LAPIE.
	Millia plus minus.	Milles plus ou moins.	Milles rom.
B. Mileum (al. Milevim sive Mileu). *Milah*.	XXV	25	27
Idicra[1]. *Ruines sur l'O. Bousselah*............	XXV	25	25
Cuiculi[2] (al. Culcul colonia). *Djimmilah*........	XXV	25	10
Sitifi [colonia]. *Sétif ou Slef*...............	XXV	25	25
c. Perdices. *Ruines sur l'Oued Berbess*....	XXV	25[3]	25
Cellas. *Boumuggar*...............	XXVIII	28[4]	28
Macri. *Oued el Hheim*..............	XXV	25	25
Zabi (al. Sabi). *Aïn Mardjet*............	XXV	25[5]	25
Aras. *Fedj el Hammara*.............	XXX	30[6]	30
Tatilti[7]. *Aïn Sultan*.................	XVIII	18	18
Auza (al. Auxea). *Sour Goslan*............	XLIV	44[8]	44
Rapidi (al. Lapadia). *Louaki Ahel*...........	XVI	16[9]	18
Tirinadi[10]. *Souk el Kenaïs*............	XXV	25	17
Caput Cilani[11] (al. Caput. Cillanum). *Medeah*....	XXV	25	25
Sufasar (al. Sufazar). *Mouzaïa Aga*...........	XVI	16	18
Aquis. *Hammam Rhira*................	XVI	16[12]	16
Cæsarea. *Cherchell*.................	XXV	25	25
IV.			
A. Iter[13] a Sitifi [colon.] Saldas [colon.]. *De Sétif ou Slef à Bougie*...............	LXXIX	79[14]	72
SIC:			
Horrea[15]. *Ruines au S. du Dj. Annini*..........	XVIII	18	18
Lesbi (al. Sava Lesbi). *Djemalaa el Ourtilen*.....	XVIII	18	18
Tubusuptus[16]. *Bordj Ticla*................	XXV	25	18
Saldas. *Bougie*..................	XVIII	18	18

[1] *Idrica*. A. — *Idicria*. F.
[2] *Ciuculi*. F.
[3] Les principales variantes des mss. donnent le moyen de faire coïncider la somme des distances partielles avec la distance générale, laquelle est ci-dessus marquée 321.
[4] 18. A. B. D. F. — 25. W.
[5] 30. A. B. D. F.
[6] 18. A. B. D. F.
[7] *Tatilli*. B. D. F.
[8] 47. A. B. D. F.
[9] 15. A. F.
[10] *Tiranadi*. A. B. D. F.
[11] *Caput Cillani*. A. D. F.
[12] 15. F.
[13] *Item*. A. B. D. — Les trois routes qui suivent se correspondent l'une à l'autre, c'est pourquoi nous les réunissons dans un même chapitre.
[14] 78. A. — La somme des distances partielles égale la distance générale.
[15] *Orrea*. A. B. D. F. — *Horrea m. p. 28.* W.
[16] *Tubusuttus*. A. B. D. F.

ITINÉRAIRE.	DISTANCES données PAR LES MANUSCRITS.		DISTANCES mesurées PAR M. LAPIE.
	Millia plus minus.	Milles plus ou moins.	Milles rom.
B. Iter¹ a Lambese (al. Lambæsa) Sitifi. *Des ruines de Lemba à Sétif ou Slef*	CII	102	82
SIC :			
Tadutti². *Tattubt*...............	XVIII	18	18
Nova Sparsa.................	XXXII	32	27
Gemellas. *Guidjel*............	XXVII	27	27
Sitifi. *Sétif ou Slef*...........	XXV	25	10
C. Iter³ a Theveste⁴ (al.Thebeste) per Lambesem (al. Lambæsam) Sitifi. *De Tipsa ou Tibessa par les ruines de Lemba à Sétif ou Slef*......	CCXII	212	200
SIC :			
Timphadi⁵ (al. Tymphadi). *Ruines sur l'Oued Hrhia.*	XXII	22	22
Vegesela. *Ruines au S. du Tarf Sadzera*..........	XX	20	20
Mascula...................	XVIII	18⁶	18
Claudi⁷. *Sur la Sebkha Zergah*.........	XXII	22	22
Tamugadi. *Ruines Ager Soudah*.........	XXII	22	22
Lambese (al. Lambæsa). *Ruines de Lemba*......	XIV	14	16
Diana (al. ad Dianam). *Zainah*.............	XXXIII	33⁸	30
Nova Petra. *Ouled Sultani*................	XIV	14	18
Gemellas. *Guidjel*...............	XXII	22	22
Sitifi. *Sétif ou Slef*................	XXV	25	10
V.			
Iter⁹ a Turri Cæsaris Cirta. *Des ruines du Dj. Guerioun à Constantine*.............	XL	40	40
SIC :			
Sigus¹⁰. *Ruines sur l'Oued Keleb*............	XV	15	15
Cirta. *Constantine*...............	XXV	25	25
VI.			
A. Iter¹¹ a Tamugadi Lamasbam¹². *Des ruines Ager Soudah aux ruines de Lamaza*......	LXII	62	57

¹ *Item.* A. B. D. F. — La somme des nombres reproduit 102.
² *Taducii.* A. B. D. F.
³ *Item.* A. B. D. F. — La somme des distances partielles est égale au total annoncé.
⁴ *Teveste.* F.
⁵ *Timphadi.* A. — *Tinfadi.* B. — *Tinphadi.* D.
⁶ 19. A. B. D.
⁷ Wesseling écrit *Glaudi.*
⁸ 34. A. B. D. F. — 32. S.
⁹ *Item.* A. F. — *Iter a Turri Cæsaris*, manque. B. — *Item a Tarre Cæsaris.* D. — *Item a Tarris Cæsaris.* F.
¹⁰ *Esigus.* A. F. — *Frigus.* B. — *Isigus.* D.
¹¹ *Item.* A. B. D. F.
¹² *Lamasba.* A. F.

ITINERARIUM.

ITINÉRAIRE.	DISTANCES données PAR LES MANUSCRITS.		DISTANCES mesurées PAR M. LAPIE.
	Millia plus minus.	Milles plus ou moins.	Milles rom.
SIC :			
Tadutti[1]. *Tattubt*...............	XXVIII	28	28
Diana (al. ad Dianam) Veteranorum. *Zainah*....	XVI	16	16
Lamasba. *Ruines de Lamaza*............	XVIII	18	13
B. Iter[2] a Lamasba Sitifi. *Des ruines de Lamaza à Sétif ou Slef*............	LXII	62	62
SIC :			
Zarai[3]. *Jigbah*................	XXV	25	25
Perdicibus. *Ruines sur l'Oued Berbess*........	XII	12[4]	12
Sitifi. *Sétif ou Slef*...............	XXV	25	25
VII.			
Iter a Calama Rusuccuro[5]. *De Calaat el Oued à Dellys*...............	CCCXCIV	394[6]	434
SIC :			
Ad Rubras. *Madroma*...............	XX	20	40
Ad Albulas. *Près Toumied*...........	XXX	30	30
Ad Dracones[7]. *Sur la riv. Isser*...........	XIV	14	14
Ad Regias. *A l'O. de la riv. Mekerra*........	XXIV	24	24
Tasaccora (al. Tasagora). *Sur le Djebel Beni Meniarin*.	XXV	25	25
Castra Nova. *Mefkan ou Afkan, ruines*........	XVIII	18	18
Ballene[8] Præsidio. *Cachrou ruines*.........	XX	20[9]	20
Mina. *Ruines de Mina*...............	XVI	16	16
Gadaum castra[10]. *Tagadempt*............	XXV	25	25
Vagal. *Meratte*.................	XVIII	18	18
Castellum Tingitii (al. Tingitanum). *Près l'Oued Isly*.	XVIII	18	18
Tigauda (al. Tigava) municipio. *A l'O. de l'Oued Fudda*...............			
Oppido Novo col.[11] *Près Ain Defla*...........	XXII	22	22
Tigava castra. *au N. del Cantara*............	XXXII	32	32
Malliana. *Miliana*...............	II	2[12]	2
Sufasar (al. Sufazar). *Mouzaïa Aga*...........	XVI	16	16
	XIX	19[13]	29

[1] *Tadaditi*. A. D. — *Tadatiti*. B. — *Tadatidi*. F.
[2] *Item*. A. B. D. F.
[3] *Sarai*. F.
[4] 15. A.
[5] *Item a Cala Rusuccurro*. A. B. D. F. — La somme des distances partielles reproduit la distance générale 394.
[6] 324. F. — 294. S.
[7] *Ad Drachonos* mpm. 14. A. D. — *Ad Raconos*. F.
[8] *Pellenæ*. B.
[9] 25 et 15. S.
[10] *Cadaum castra*. A. B. D. F.
[11] *Colonia* manque. A. B. D. F.
[12] 51. A. F.
[13] 18. F.

ITINÉRAIRE.	DISTANCES données PAR LES MANUSCRITS.		DISTANCES mesurées PAR M. LAPIE.
	Millia plus minus.	Milles plus ou moins.	Milles rom.
Velisci[1]. *Près Haouch Gheraba*............	XV	15[2]	15
Tanaramusa[3] castra. *Camp de l'Hamiz*......	XVI	16	26
Tamariceto præsidio[4]. *Tenia des Isser*......	XVI	16[5]	16
Rapida castra. *Au N. O. de Bordj Zemoun*......	XVI	16	16
Rusuccuro (al. Rusucurru) colonia. *Dellys*......	XII	12[6]	12
VIII.			
Iter[7] Rusuccuro (al. Rusucurru) Saldis. *De Dellys à Bougie*............	CVII	107[8]	97
SIC :			
Tigisi. *Bordj Tsigiousou*............	XII	12	12
Bidil (al. Badil) municip. (sive Bida colonia). *Tiferitz*............	XXVII	27	27
Tubusuptus[9]. *Bordj Ticla*............	XL	40	40
Saldis colonia. *Bougie*............	XXVIII	28	18
IX.			
Iter Saldis Igilgili[10]. *De Bougie à Jigelli ou Djidjelli*............	CLIX	159	154
SIC :			
Ad Olivam. *Djinan el Beylik*............	XXX	30	22
Ad Sava municipium[11]. *Sidi Aïssa*............	XXV	25	18
Sitifi colonia. *Sétif ou Slef*............	XXIV	24	24
Satafi[12]. *Ruines sur l'Oued Baboura*............	XVI	16[15]	16
Ad Basilicam[14]. *Ruines des Beni Nemdil*......	XVI	16	16
Ad Ficum[15]. *Ruines à l'E. du Dj. Baboura*......	XV	15[16]	15
Igilgili[17] [colonia]. *Djidjelli*............	XXXIII	33	43

[1] *Velisci mpm.* 16. A. F.
[2] 16. B. D.
[3] *Taranamusa*. F.
[4] Manque. A. D. F.
[5] 15. S.
[6] 16. S.
[7] *Item a.* A. B. D. F. — La somme des distances partielles reproduit 107.
[8] 106. F.
[9] *Tubusuctus*. A. B. D. — *Tubusuccus*. F.
[10] *Item a Saldis Igigili.* A. B. D. F. — La somme des distances partielles est conforme à la distance générale annoncée.

[11] *Asava municipium.* A. B. F.
[12] Placé après *ad Basilicam*. A.
[13] 20. S.
[14] Il y a ici transposition; *ad Basilicam mpm.* 15 doit être placé après *ad Ficum mpm.* 16.
[15] Entre *ad Basilicam* et *ad Ficum* on lit : *Sitifi mpm.* 16. D, et *Satafi* dans F.
[16] 16. S.
[17] *Igigili.* A. B. D. F. — Au bas du fol. 20 verso du manuscrit B, on lit : *mp. et mpm. unus titulus est, id est milia plus minus.*

ITINERARIUM.

ITINÉRAIRE.	DISTANCES données PAR LES MANUSCRITS.		DISTANCES mesurées PAR M. LAPIE.
	Millia plus minus.	Milles plus ou moins.	Milles rom.
X.			
A. Iter[1] a Lambese Cirta. *Des ruines de Lemba à Constantine*...............	LXXXIV	84	91
SIC :			
Tamugadi[2]. *Ruines Ager Soudah*............	XIV	14	16
Ad Rotam. *Aïn Moyenie*.................	XXX	30	20
Ad Lacum Regium[3]. *Lac*...............	XX	20	20
Cirta colonia. *Constantine*...............	XX	20	35
B. Iter a Musti [colon.] Cirta. *De Sidi el Abo-Rabba à Constantine*...............	CXCIX	199[4]	198
SIC :			
Sicca[5] [Veneria]. *Kef*..................	XXXII	32[6]	32
Naraggara[7]. *Edjbel*...................	XXX	30[8]	30
Thagura. *El Matnainia*.................	XX	20	20
Tipasa[9]. *Tiffech*.....................	XXXIV	34[10]	23
Gasaufula[11]. *Temlouke*................	XXXV	35	35
Sigus. *Ruines sur l'O. Keleb*.............	XXXIII	33[12]	33
Cirta. *Constantine*....................	XXV	25	25
C. Iter[13] a Cirta Hippone Regio. *De Constantine aux ruines de Bounah*..............	XCIV	94	89
SIC :			
Aquis Tibilitanis. *Hammam Meskoutin*.........	LIV	54	54
Ad villam Servilianam[14]. *Gelats bou Seba, ruines*..	XV	15	15
Hippone Regio. *Ruines de Bounah*............	XXV	25	30
D. Iter[15] ab Hippone Regio Carthagine[16]. *Des ruines de Bounah aux ruines de Carthage*....	CCXVIII	218[17]	214

[1] *Item*. A. B. D. F. — La somme reproduit la distance générale 84.
[2] *Tumugade*. A. B. D. F.
[3] *Regio*. A. B. D. F.
[4] *Item a Musti Cirta mpm*. 198. *sic*. A. B. D. F. — La somme des distances est 209 et non 199, comme il est dit dans le texte.
[5] *Sicta*. F.
[6] Cette distance est marquée 34 dans la route E, qui suit.
[7] *Narragara*, F.
[8] Au lieu de 30, la route c qui suit marque 32.
[9] *Tirasa*. F.
[10] 35. A. B. D. F. — 33. S. — 25. W.
[11] Cette ligne manque. D. F.
[12] 23. S.
[13] *Item*. A. B. D. F. — La somme égale 94.
[14] *Serviliam*. A. B. D.
[15] *Item*. A. B. D. F.
[16] *Cartaginem*. F.
[17] 228. B. D. — La somme des nombres égale la distance générale 218.

ITINÉRAIRE.	DISTANCES données PAR LES MANUSCRITS.		DISTANCES mesurées PAR M. LAPIE.
	Millia plus minus.	Milles plus ou moins.	Milles rom.
SIC :			
Onellaba (al. Odiana). *Ruines des Ouled Ali sur un affluent de l'O. Mafrag*..............	L	50	50
Ad Aquas. *Près la source de la riv. de Bull*.......	XXV	25	25
Simittu colonia. *Sur la riv. de Bull*............	V	5	5
Bulla Regia. *Bull*............................	VII	7	7
Novis Aquilianis[1]. *Près le confluent de la riv. de Bull et de la Mejerdah*.......................	XXIV	24[2]	30
Vico Augusti. *Ruines sur la riv. de Mejerdah*......	XVI	16	16
Cluacaria[3]. *Kasr el Djeld*....................	XXX	30	30
Tuburbo[4] minus (leg. minore). *Tebourba*........	XV	15[5]	15
Cigisa. *Artia*...............................	XXVIII	28[6]	18
Carthagine. *Ruines de Carthage*................	XVIII	18	18
E. Item alio itinere ab Hippone[7] Regio Carthagine[8]. *Des ruines de Bounah à Carthage*....	CCXXVIII	228[9]	238
SIC :			
Tagaste. *Tajilt*.............................	LIII	53[10]	53
Naraggara. *Edjbel*..........................	XXV	25	25
Sicca Veneria. *Keff*.........................	XXXII	32	30
Musti [colonia]. *Sidi-Abd-el-Rebba*.............	XXXIV	34	32
Membressa. *Medjez el Bab*....................	XXXV	35	41
Sicilibba[11]. *Haouch Alouina*.................	XVI	17	17
Unuca (al. Inuca). *Oudena*....................	XIII	13	19
Pertusa (al. ad Pertusa). *Sidi Sad Chouchan*......	VII	7[12]	7
Carthagine. *Ruines de Carthage*................	XIV	14	14
XI.			
Iter[13] a Thenis [colon.] Theveste[14] (al. Thebeste col.) *De Thaini à Tipsa ou Tibessa*...	CLXXV	175[15]	180

[1] *Novil Aquillianis.* F.
[2] 33. A. B. D. F.
[3] *Avacaria.* B. D. F.
[4] *Taburbo.* F.
[5] 16. A. B. D. F.
[6] 38. A. D. F.
[7] Hippo. F.
[8] *Cartaginem.* F.
[9] En marge : Hic II sunt super mpm. 228, sic. B; et en effet la somme est 230 et non 228. — 208 et 226. S. —Voy. les notes de la route B qui précède.
[10] 54. D. F.
[11] *Silicibra.* A. B. D. F.
[12] 6. S.
[13] *Item.* A. B. D. F.
[14] *Ab Athenis Theveste.* F.
[15] 170. A. D. F. — En faisant la somme des nombres, on retrouve les 175 milles annoncés.

ITINERARIUM.

ITINÉRAIRE.	DISTANCES données PAR LES MANUSCRITS.		DISTANCES mesurées PAR M. LAPIE.
	Millia plus minus.	Milles plus ou moins.	Milles rom.
SIC :			
Ovisee[1] (al. Ovisa).............	XXV	25	25
Amudarsa[2]................	XXV	25	25
Autenti...................	XXV	25	25
Sufetula. *Sfait ou Spaitla*...........	XXX	30	30
Vegesela. *Fouçanah*............	XXX	30	30
Menegesem[3] (al. Meneggerem). *Sur l'Oued Hatab*..	XX	20	20
Theveste[4] (al. Thebeste col.). *Tipsa ou Tebessa*....	XX	20	25
XII.			-
Iter[5] ab Aquis Regiis[6] Sufibus. *De Haouch Chirechira à Sbihah*............	XLIII	43	43
SIC :			
Marazanis. *Haouch Sultani*............	XV	15	15
Sufibus[7]. *Sbihah*.................	XXVIII	28	28
XIII.			
Iter ab Assuris Thenas[8]. *De Haouch Zanfour à Thaini*.................	CXCII	192	177
SIC :			
Tucca[9] Terebinthina[10]. *Macter*............	XV	15[11]	15
Sufibus. *Sbihah*................	XXV	25	25
Sufetula. *Sfait ou Spaitla*.............	XXV	25	25
Nara. *Sur un ruisseau*.............	XV	15	20
Madassuma[12]............	XXV	25	15
Septimunicia[13]................	XXV	25	25
Tabalta[14]. *Tarfouah*...............	XX	20	20
Macomadibus (al. Macomadibus minoribus sive Macodama). *Maharess*...........	XV	15	15

[1] *Ovisce.* A. D. F. — *Oviscæ.* B.
[2] *Amurdasa.* A. B. D. F.
[3] *Menegestem.* A. — *Menegeste.* F.
[4] Manque dans A. — *Tevestem.* F.
[5] *Item.* A. B. D. F. — Dans le détail de la route XVI, la distance d'*Aquæ* à *Marazana* est marquée 20.
[6] *Regis.* F.
[7] *A Sufibus.* A. B. D. F.
[8] *Item ab Assuras Thenis.* A. B. D. F. — La somme des nombres de cette route ne produit que 182 milles au lieu des 192 qui sont annoncés.
[9] *Tacca.* F.
[10] *Terebentina.* A. B. D. F. Aux routes XIV et XV A, la distance d'*Assuræ* à *Tucca Terebenthina* est marquée 12.
[11] 16. S.
[12] *Madasumma.* A. B. D. F. — De *Nara* à *Madassuma*, la route XIV compte 32 milles.
[13] *Septiminitia.* A. B. D. — *Septimmitia.* F.
[14] *Tubalta.* A. B. D.

ITINÉRAIRE.	DISTANCES données PAR LES MANUSCRITS.		DISTANCES mesurées PAR M. LAPIE.
	Millia plus minus.	Milles plus ou moins.	Milles rom.
Thenis [colon.]. *Thaini*	XVII	17[1] [28]	17

XIV.

ITINÉRAIRE.			
Iter[2] a Tuburbo (majore) per Vallos Tacapas[3]. *De Zaghouan par Tella à Cabes ou Gabs*....	CCCVIII	308[4]	317
SIC :			
Vallis. *Haouch el Moraba*.................	XVIII	18[5]	23
Coreva (al. Choreva)...................	XX	20	20
Musti [colon.][6]. *Sidi-Abd-el-Rebba*.........	XXVI	26[7]	32
Assuras. *Haouch Zanfour*................	XXX	30[8]	30
Tucca Térebinthina[9]. *Macter ruines*.........	XII	12	15
Sufibus. *Sbihah*......................	XXV	25	25
Sufetulam[10]. *Sfait ou Spaitla*.............	XXV	25	20
Nara[11]. *Près le Dj. Rakhmat*..............	XV	15	15
Madassuma[12]..........................	XXXII	32	25
Septimunicia[13].........................	XXV	25	25
Tabalta[14].............................	XX	20	20
Cellis Picentinis[15]. *Sidi Meddub*..........	XXX	30	30
Tacapis[16]. *Cabes ou Gabs*................	XXX	30	37

XV.

A. Iter a Carthagine in Byzantio (al. Byzacio) Sufetula usque[17]. *Des ruines de Carthage dans la Byzacène jusqu'à Sfait ou Spaitla*......	CLXXII	172	181

[1] De *Thenæ* à *Macomades*, la route XVIII compte 28 milles; nous les adjoignons au texte comme apportant dans la somme 11 milles de plus, cette somme étant trop faible de 10 unités.

[2] *Item.* B. D. F.—On lit à la marge : R. 11 sunt super. B.

[3] *Item a Turburro per vales Tacapas.* A. — *Item a Turburio, per Valosta Capas.* B. — *Item a Tuburbo per Ulalos Thacapis.* F. — La somme des nombres égale les 308 annoncés.

[4] 318. F.

[5] 19. A. B. D. F.

[6] *Augusta.* F.

[7] 27. B.—La distance de *Coreva* à *Musti* est marquée 28 dans la route III A, et 26 dans la route XV A.

[8] La distance de *Musti* à *Assuræ* est marquée 20 dans la route XV A.

[9] *Tucca Terebentina* mpm. 20. A. D. F.—La distance d'*Assuræ* à *Tucca Terebentina* est marquée 15 dans la route XIII, et 12, comme ici, dans la route XV A.

[10] *Sufetula.* A. B. D. — Manque dans F.

[11] *Naras.* mpm. 16. A. B. D. F.

[12] *Madasama.* A. — *Madussama.* D. — *Madusania.* F. — de *Nara* à *Madassuma*, la route XIII compte 25 milles.

[13] *Septiminitia.* A. B. D. — *Septimmitia.* F.

[14] *Thabalta.* A. B. D.

[15] *Pitencinis.* F.

[16] *Thachapis.* D. — *Thacapis.* F.

[17] *Item a Cartagine in Bizantio Safetula usque, milia plus minus 172, sic.* A. D. F.—A la marge, on lit : R. 11 sunt minus. B. — 162 S. — La somme des distances partielles reproduit les 172 milles annoncés.

ITINERARIUM.

ITINÉRAIRE.	DISTANCES données PAR LES MANUSCRITS.		DISTANCES mesurées PAR M. LAPIE.
	Millia plus minus.	Milles plus ou moins.	Milles rom.
SIC :			
Unuca (al. Inuca). *Oudana*............	XXII	22[1]	22
Vallis. *Haouch el Moraba*.............	XXII	22	17
Coreva (al. Choreva). *Ruines*.........	XX	20	20
Musti. *Sidi el-Abo-Rabba*.............	XXVI	26[2]	32
Assuras. *Haouch Zanfour*.............	XX	20[3]	30
Tucca Terebinthina[4]. *Macter ruines*.....	XII	12	15
Sufibus. *Sbihah*.....................	XXV	25	25
Sufetula. *Sfait ou Spaitla*............	XXV	25	20
B. Iter[5] a Carthagine per Adrumetum Sufetula usque. *Des ruines de Carthage par Sousa à Sfait ou Spaitla*............	CXC	190[6]	212
SIC :			
Vina [vico]. *Sidi Djedidi*.............	XXXIII	33[7]	28
Putput[8]. *Hammamet*................	X	10	18
Horrea Cælia[9]. *Herkla*..............	LXXII	32[10]	39
Adrumetum[11] (al. Hadrumetum). *Sousa*......	X	10	18
Vico Augusti. *Sabra*.................	XXV	25	30
Aquis Regiis[12]. *Haouch Chirechira*......	XXV	25	25
Masclianis. *Haouch Souessin*.........	XVIII	18	18
Sufetula. *Sfait ou Spaitla*............	XXXVI	36[13]	36
XVI.			
A. Iter a Tusdro (al. Thysdro col.) Theveste[14] (al. Thebeste col.). *D'el Jemme à Tipsa ou Tebessa*........................	CXCV	195	195

[1] 20. A. B. D. F.
[2] La distance de *Coreva* à *Musti* est marquée 28 dans la route III A, et 26, comme ici, dans la route XIV.
[3] La distance de *Musti* à *Assuræ* est marquée 30 dans la route XIV.
[4] *Terebentina*. A. D. F. — *Zucca Terebentina*. B. — La distance d'*Assuræ* à *Tacca Terebenthina* est marquée 15 dans la route XIII, et 12, comme ici, dans la route XIV.
[5] *Item* A. B. D. F.
[6] 210. S. — La somme des distances ne donne que 189 milles; mais la somme totale 190 ni les distances partielles ne paraissent exactes, à en juger d'après les notes qui suivent.
[7] 32. S.
[8] *Papput*. A. B. F. — Dans la route XVIII A, la distance de *Vina* à *Putput* est marquée 12 dans les mss.
[9] *Celia* mpm. 32. A.
[10] 33. B. D. F. — De *Putput* à *Horrea Cælia* la route XVII B et la route XVIII A marquent 30.
[11] *Hadrumetum*. A. B. D. F. — D'*Horrea Cælia* à *Adrumetum* on compte 18 dans la route XVII B.
[12] *Regis*. A. B. D. F. — De *Vicus Augusti* à *Aquæ Regiæ* il est marqué 35 milles dans les routes XVI A, XVII A et XVII B.
[13] 37. S. — 30 et 35. W.
[14] Cette ligne et les quatre suivantes manquent. A. F. — *Item a Tustrite Teveste*. B. — *Item a Tustro Teveste*. D. — 145. S. — La somme des nombres reproduit la distance générale annoncée, 195 milles.

ITINÉRAIRE.	DISTANCES données PAR LES MANUSCRITS.		DISTANCES mesurées PAR M. LAPIE.
	Millia plus minus.	Milles plus ou moins.	Milles rom.
SIC :			
Vico Augusti. *Sabra*........................	XXXI	31	36
Aquis Regiis[1]. *Haouch Chirechira*..........	XXXV	35	25
Masclianis. *Haouch Souessin*................	XVIII	18	18
Sufetula. *Sfait ou Spaitla*.................	XXXVI	36	36
Cilio[2] (al. Scillitana). *Kasreïn*.........	XXV	25	30
Meneggere[3]. *Sur l'Oued Hatab*.............	XXV	25	25
Theveste[4] col. *Tipsa ou Tebessa*..........	XXV	25	25
B. Item[5] alio itinere a Theveste (al. Thebeste col.) Tusdrum[6] (al. Thysdrum). *De Tipsa à el Jemme*........................	CLXXXV	185[7]	187
SIC :			
Meneggere[8]. *Sur l'Oued Hatab*.............	XXV	25	25
Cilio (sive Scillitana). *Kasreïn*...........	XXV	25	25
Sufetula. *Sfait ou Spaitla*.................	XXV	25	25
Masclianis. *Haouch Souessin*................	XXXVI	36[9]	36
Aquis Regiis[10]. *Haouch Chirechira*........	XVIII	18[11]	18
Germaniciana...............................	XXIV	24[12]	24
Eliæ[13] (al. Æliæ)........................	XVI	16	16
Tusdro (al. Thysdro col.). *El Jemme*.......	XVIII	18	18
XVII.			
A. A Sufibus Adrumetum (al. Hadrumetum).. *De Sbihah à Sousa*....................	CVIII	108[14]	98
SIC :			
Marazanis. *Haouch Sultani*..................	XXVIII	28[15]	28
Aquis Regiis[16]. *Haouch Chirechira*........	XX	20	15

[1] *Regis*. B. D. — De *Vicus Augusti* à *Aquæ Regiæ* il est compté 25 milles dans la route XV B, et 35 milles, comme ici, dans les routes XVII A et XVII B.

[2] *Cilicio*. B.

[3] *Menegere*. A. B. D. F.

[4] *Teveste*. A. B. D. F.

[5] Manque *item*. A. B. D. F.

[6] *A Teveste Tusdro*. A. B. D. F. — On lit à la marge : R. III *sunt minus*. B. D.

[7] 175. S. — La somme des nombres de cette route donne 187 et non 185; les variantes offrent plusieurs moyens de faire disparaître cette différence.

[8] *Menegere*. A. F.

[9] 35. A. D. F. — 30. B.

[10] *Aquis Regis*. A. B. D. F.

[11] 17. S.

[12] 23. A. — 22. B. D. F.

[13] *Elices mpm*. 14. A. D. F. — *Aelices mpm*. 13. B.

[14] 109. B. D. — La somme est égale aux 108 milles annoncés dans le texte.

[15] 18. A. B. F.

[16] *Aquis Regis*. A. B. D. F. — A la route XII, la distance de *Marazana* à *Aquæ Regiæ* est marquée 15.

ITINERARIUM. 17

ITINÉRAIRE.	DISTANCES données PAR LES MANUSCRITS.		DISTANCES mesurées PAR M. LAPIE.
	Millia plus minus.	Milles plus ou moins.	Milles rom.
Vico Augusti. *Kairouan*..................	XXXV	35[1]	32
Adrumetum[2] (al. Hadrumetum). *Sousa*........	XXV	25	25
B. A Sufetula Clypea (sive Aspi). *De Sfait ou Spaitla à Kalibia*.................	CCXVI	216[3]	213
SIC :			
Masclianis. *Sur la riv. Defailah*.............	XXXVI	36[4]	36
Aquis Regiis[5]. *Ruines sur la riv. Mergalil*.......	XVII	17	18
Vico Augusti. *Kairouan*..................	XXXV	35[6]	32
Adrumetum[7] (al. Hadrumetum). *Sousa*........	XXV	25	25
Horrea [Cælia vic.] *Herkla*................	XVIII	18	18
Putput[8]. *Hammamet*....................	XXX	30	32
Curubi[9]. *Gurba*[10]......................	XXVI	26[11]	10
Vel Neapoli. *Ou Nabul*.................	XII	12	12
Clypeis[12] (sive Aspi). *Kalibia*...............	XX	20[13]	30
c. A Carthagine Clypeis. *Des ruines de Carthage à Kalibia*................	LXXXV	85[14]	85
SIC :			
Maxula [col.] Prates. *Hammam Lynph*..........	X	10[15]	10

[1] De *Vicus Augusti* à *Aquæ Regiæ*, il est compté 25 milles dans la route XV B, et 35 milles, comme ici, dans les routes XVI A et XVII B.

[2] *Hadrumetu*. F.

[3] *A Sufetula Clipea* mpm. 317, sic. A. — 216. B. — 26. D. — 316. F. — La somme des distances partielles paraît être 219, c'est-à-dire de 3 milles plus forte que la distance générale. Voyez la note 10 qui suit.

[4] 35. A. D. F.

[5] *Aquis Regis.* A. B. D. F. — D'*Aquæ Regiæ* à *Mascliani*, il est compté 18 milles dans les routes XV B, XVI A et XVI B.

[6] 32. A. B. D. F. — De *Vicus Augusti* à *Aquæ Regiæ*, il est compté 25 milles dans la route XV B, et 35 milles, comme ici, dans les routes XVI A et XVII A.

[7] *Hadrumetu*. F.

[8] *Pupput.* A. B. D. — De *Putput* à *Horrea Cælia*, il est marqué 32 dans la route XV B, et 30, comme ici, dans la route XVIII A.

[9] *Carubi*. F.

[10] *Putput* étant plus près de *Neapolis* que de *Curubis*, nous pensons qu'il y a ici transposition, et qu'il faut disposer le texte dans cet ordre :

Putput........ XXX (32 suivant M. Lapie.)
Vel Neapoli.... XII (10)
Curubi........ XXVI (12)
Clypeis........ XX (30)

Cependant on pourrait aussi supposer que le rédacteur de l'Itinéraire, après avoir donné la distance en ligne droite de *Putput* à *Curubis*, est revenu à *Putput* pour marquer celle de *Putput* à *Neapolis*, et puis celle de *Curubis* à *Clypea*.

[11] 27. A. B. D. F.

[12] *Clipeis* (et ainsi ailleurs). F.

[13] De *Carubis* à *Clypea*, il est compté 30 milles dans la route suivante.

[14] Cette ligne manque dans F.

[15] La même distance est marquée 18 dans la route qui suit.

3

ITINÉRAIRE.	DISTANCES données PAR LES MANUSCRITS.		DISTANCES mesurées PAR M. LAPIE.
	Millia plus minus.	Milles plus ou moins.	Milles rom.
Casula (al. Aquis Calidis sive Carpi). *Hammam Gurbos*.	XX	20	20
Curubi. *Gurba*.	XXV	25	25
Clypeis. *Kalibia*.	XXX	30[1]	30
XVIII.			
A. Iter[2] a Carthagine Thenis[3]. *Des ruines de Carthage à Thaini*.	CCXVII	217[4]	211
B. Inde Lepti Magna. *A Lebida*.	CCCCXXII	422[5]	403
C. Inde[6] Alexandria. *A Alexandrie*.	DCCCCII	902	1284
SIC:			
A. A Carthagine. *Des ruines de Carthage*.			
Maxula civit. (al. colonia). *A Hammam Lynph*.	XVIII	18[7]	10
Vina civit.[8] (al. vico). *Bella*.	XXVIII	28	20
Putput[9] vic. *Hammamet*.	X	10	18
Horrea Cælia vic. *Herkla*.	XXX	30[10]	32
Adrumetum[11] (al. Hadrumetum) colon. *Sousa*.	XVIII	18	18
Leptiminus (leg. Lepti minore) civit. *Makalta*.	XVIII	18[12]	28
Tusdro (al. Tysdro) colonia[13]. *El Jemme*.	XXXIII	33	33
Usula (al. Usilla) civit. *Inchilla*.	XXXII	32	32
Thenis colonia. *Thaini*.	XXVIII	28	20
B. Macomadibus[14] (minoribus) municip. *Sidi Hahoun ou Maharess*.	XXVIII	28[15]	28
Cellas [Picentinas] vic. *Sidi Meddub*.	XXVI	26	26
Tacapas colon. *Cabes ou Gabs*.	XXX	30	30

[1] La route qui précède compte 32 milles de *Curubis* à *Clypea*. La somme des distances partielles de cette route égale la distance générale annoncée.

[2] Item. A. B. D. F.

[3] *Thenus*. B. — La somme des nombres ne produit que 215.

[4] 209 et 216. S.

[5] 224. S. — La somme des distances marquée plus bas sur cette route produit 439 et non 422 milles.

[6] *In*. B. D. — La somme des distances donne 915 et non 902; et néanmoins la route de *Leptis magna* à *Alexandria* n'est pas terminée.

[7] Voyez la note 15 de la page précédente.

[8] *Vinatunn*. F.

[9] *Pupput mpm*. 12. A. B. D. F. — En introduisant ce nombre 12 dans le texte, la somme des distances, depuis *Carthago* jusqu'à *Thenæ*, s'accorde avec la distance générale 217, annoncée ci-dessus. Voyez la route XV B.

[10] 12. A. — De *Putput* à *Horrea Caelia*, il est compté 32 milles dans la route XV B, et 30, comme ici, dans la route XVII B.

[11] *Hadrumetum*. F.

[12] 24. S.

[13] La suite manque jusqu'aux mots *in medio Salerno ad Tanarum*, le mss. ayant perdu plusieurs feuillets. A.

[14] *A Macomadibus*. F.

[15] De *Macomades* à *Thenæ*, la route XIII ne compte que 17 milles.

ITINERARIUM.

ITINÉRAIRE.	DISTANCES données PAR LES MANUSCRITS.		DISTANCES mesurées PAR M. LAPIE.
	Millia plus minus.	Milles plus ou moins.	Milles rom.
Agma[1] sive Fulgurita villa. *Catana*	XXX	30	25
Gitti[2] (al. Gichthi) municip. *Geress*	XXV	25	25
Ponte Zita municip. *Kaliat*	XXXV	35	25
Villa magna, Villa privata (al. Villa magna privata). *Kola*	XXX	30	30
Fisida [al. Ficinda] vic. *Brega*	XXXI	31[5]	31
Casas. villa Aniciorum. *Zoara*	XXVI	26[4]	26
Sabrata colonia. *Tripoli vecchio*	XXX	30[5]	30
Vax villa Repentina	XXVII	27	27
OEea[6] colonia. *Tripoli*	XXVIII	28	28
Megradi[7], villa Aniciorum. *Ruines*	XXXV	35[8]	25
Minna, villa Marsi[9]	XXIX	29[10]	18
Leptimagna colonia. *Lebida*	XXIX	29[11]	29
c. Seggera[12]. *Jumah*	XX	20	20
Berge	XXIV	24	24
Base[13]. *Mesurata*	XXV	25	25
Thebunte[14]. *Targhar*	XXX	30	30
Auxiqua[15]	XXX	30[16]	30
Annesel[17]	XXX	30[18]	30
Auzui. *Marabout de Kalfalla*	XVIII	18	18
Astiagi. *Ruines antiques de Mhad Husein*	XXV	25	25
Macomadibus Syrtis. *Ruines antiques*	XXX	30[19]	30
Iscina (sive Speluncus). *Chaiouacha*	XXX	30[20]	30
Tramariciolo[21]	XXXI	31	31
Aubereo[22] (al. Auberea). *Ouadi Chakka*	XXV	25	25
Dicdica[23] (municipium Selorum)	XXIV	24	24

[1] *Acma*. B. D. F.
[2] *Giti*. B. — *Gila*. D. F.
[3] 21. B.
[4] 27. S.
[5] 28. B. D. F. — Le nombre 28 convient mieux pour la somme, et ne paraît pas trop faible pour la distance sur les cartes.
[6] *Ocea*. B. D. F.
[7] *Megdil*. B. D. F.
[8] 25. B. D. F. — 26. S. — Le nombre 25 convient mieux pour la somme et pour la distance.
[9] *Amarsi*. B. D. F.
[10] 28. D. F.
[11] 24 S. — Au moyen des trois variantes que nous avons insérées dans le texte de cette route, la somme des distances égale la distance générale annoncée.
[12] *Soggera*. F.
[13] *Sere*. B. D. F.
[14] *Tabunte*. B. F. — *Tabunto*. D.
[15] *Auziqua*. D.
[16] 32. W.
[17] *Anesel*. F.
[18] 32. W.
[19] 20. B. D. F.
[20] 31. B. — 34. D. F. — 33. W.
[21] *Tramaritio Io*. D. — *Tramariciono*. F.
[22] *Aubureo*. B. D. — *Ambureo*. F.
[23] *Dictica*. F.

ITINÉRAIRE.	DISTANCES données PAR LES MANUSCRITS.		DISTANCES mesurées PAR M. LAPIE.
	Millia plus minus.	Milles plus ou moins.	Milles rom.
Tugulus[1] (sive Tugulis). *P. Ali*..............	XXIV	24	24
Banadedari[2] (sive Philænorum Aræ). *Ruines antiques*...................	XXV	25	25
Anabucis [præsidio]. *Près d'un lac*...........	XXV	25	25
Tiniodiri[3]. *Hautes montagnes de sable*........	XXV	25	25
Boreo. *Tabibbi, ruines*.....................	XII	12	12
Tinci Ausari. *Près d'un lac*................	XXIV	24[4]	24
Attici[5] (sive Phenicæ). *Ruines au pied du mont Chaouan.*	XXV	25	25
Charotus[6] (sive Noetu). *Ruines*..............	XXV	25	25
Caminos (sive Zanbaterno). *Ghiminis, ancien fort.*	XXII	22	22
Beronice (al. Berenice). *Bengasi*.............	XXX	30	30
Adriane[7] (al. Hadrianopoli). *Près de la pointe Adrien.*	XXVIII	28	28
Teuchira[8] (sive Arsinoe). *Teukera*............	XVIII	18	18
Ptolemais[9] (sive Barce). *Tolometa*............	XXVI	26	26
Semeros..................................	XXXII	32[10]	32
Lasamices. *Ruines*........................	XXV	25[11]	25
Cyrene[12]. *Ghrennah*.......................	XXV	25	25
Limniade[13]. *Lamloudèh*.....................	XXI	21[14]	26
Darnis. *Dernah*...........................	XXIV	24	24
Hippon. *Ain Erzin*........................	XXVIII	28	28
Michera[15] sive Helene (seu Helena)............	XXX	30	74
Badrin[16].................................	XXV	25	25
Ausufal[17]................................	XX	20	40
Catabathmon (magnum). *Kasr Ladjedabiah*.....	XXV	25	25
Alexandria. *Alexandrie*.....................	IX	9[18]	309

XIX.

Item alio itinere a Ptolemaida[19] in Alexandriam. *De Tolometa à Alexandrie*..............	"	"[20]	585

[1] *Tuculus*. B. D. F.
[2] *Banadecladri*. F.
[3] *Tinioridi*. B. D. F.
[4] 23. B.
[5] *Atitici*. D.
[6] *Carothus*. B. D. F.
[7] *Adrianæ*. B. D.
[8] *Theucira*. B. D. — *Thecira*. F.
[9] *Ptolomais*. D. — *Ptholomais*. F.
[10] 33. W. — Dans la route qui suit, on compte 33 milles, au lieu de 32, de *Ptolemais* à *Semeros*.
[11] 26 D. F.
[12] *Cyrine*. D. — *Cirine*. F.
[13] *Limnide*. B. D. F.
[14] 26. S.
[15] *Mecyra*. B. D. — *Mechira*. F.
[16] *Batrin*. B. — *Baradin*. F.
[17] *Ausufal*. D.
[18] 8. S. — Cette ligne aura probablement passé de la marge dans le texte, car de *Catabathmon* à *Alexandria* on doit compter 309 milles environ. Au reste, la route de *Leptis magna* à *Alexandria* n'est pas terminée, et le texte paraît ici défectueux.
[19] *Ptolomaida*. D. — *Ptholomaida*. F.
[20] Le chiffre manque.

ITINERARIUM.   21

ITINÉRAIRE.	DISTANCES données PAR LES MANUSCRITS.		DISTANCES mesurées PAR M. LAPIE.
	Millia plus minus.	Milles plus ou moins.	Milles rom.
Semeros...	XXXIII	33[1]	32
Lasamices[2] (al. Lasamises). Ruines...............	XXV	25[3]	25
Cyrene[4]. Ghrennah...............................	XXV	25	25
Fines Marmariæ[5].			
Limniade[6]. Lamloudeh............................	XXI	21	26
Darnis. Dernah...................................	XXIV	24	24
Hippon. Ain Erzin................................	XXVIII	28[7]	28
Papi...	XXIV	24[8]	24
Paniuros (al. Panivron). Klekah...................	XXX	30	30
Michera[9] (sive Helena)...........................	XX	20	20
Jucundiu[10] (sive Cardu).........................	XL	40	20
Gereatis[11]. Kasr Djedid.........................	XXXII	32	32
Catabathmon[12] [magnum]. Kasr Ladjedabiah....	XXXV	35	35
Fines Alexandriæ.			
Geras (sive Aratu)................................	XVIII	18	18
Zigilis[13] (al. Zagylis sive Nesus). Kasr Chammès...	XXXII	32[14]	32
Aristeu. Djieba....................................	XX	20	20
Thabrasta[15]. Kasr Boum Adjoubah...............	XXXII	32[16]	22
Paraetonio[17]. Kasr Medjah......................	XXVI	26	26
Euthicu[18]. El Elf Bussamra......................	XL	40	40
Phaedone[19] (al. Pedonia). Ruines près du Ras el Heyf.	XXVI	26	26
Caportis (al. Taposiris sive Posirium). Abousir, ruines...	XVI	16[20]	80
XX.			
A. Iter[21], quod limitem Tripolitanum per turrem Tamalleni a Tacapis Leptimagna[22] ducit. De Gabs à Lebida per Telemin..........	DCV	605[23]	582

[1] La route qui précède marque 32 milles, au lieu de 33, de *Ptolemais* à *Semeros*.
[2] *Lasamicos*. B. D. F.
[3] 26. B.
[4] *Cyrine*. D. — *Cirine*. F.
[5] *Armariæ*. B. F. — *Sarmate*. D.
[6] *Lamniade*. F.
[7] 29. F.
[8] 14. S.
[9] *Metira*. B. D. F.
[10] *Lucundia*. D. — *Lacundin*. F.
[11] *Cereatis*. F.
[12] *Catebatimos*. B. D. — *Cabalimos*. F.
[13] *Zacilis*. B. — *Zatilis*. D. F.
[14] 33. B. D. F.
[15] *Tanabastra*. D. — *Tanabeistra*. F.
[16] 22. S.
[17] *Paræconio*. B. — *Paracomo*. D. F. — Ce lieu est placé après *Eutichu* dans F.
[18] *Euticii*. F.
[19] *Pedone*. B. F. — *Dedone*. D.
[20] Pour achever cette route, Wesseling propose d'ajouter, après l'article de *Caportis*, celui-ci : *Alexandria mpm*. 25.
[21] *Inter*. B.
[22] *A Tacapas Leptim magna*. B. —*A Tacapas Leptim magnam*. D. F.
[23] 605. *Sic* F. — La somme des nombres ne donne

ITINÉRAIRE.	DISTANCES données PAR LES MANUSCRITS.		DISTANCES mesurées PAR M. LAPIE.
	Millia plus minus.	Milles plus ou moins.	Milles rom.
SIC:			
A Tacapis ad Aquas [Tacapitanas]. *De Gabs à el Hammah*.	XVIII	18[1]	17
Agariabas[2] (sive Silesvam).	XXX	30	20
Turre Tamalleni. *Telemin*.	XXX	30	30
Ad Templum. *Désert*.	XII	12	12
Berezeos[3]. *Désert*.	XXX	30	30
Ausilindi[4]. *Désert*.	XXXII	32	32
Agma[5]. *Désert*.	XXII	22[6]	22
Augemmi[7]. *Désert*.	XXX	30	30
Tabalati. *Désert*.	XXX	30	30
Thebelami[8]. *Désert*.	XXV	25[9]	25
Tillabari[10]. *Désert*.	XX	20	20
Adaugmagdum[11] (sive Cydamum). *Gadames*.	XXX	30	30
Tabunagdi[12]. *Désert*.	XXV	25	25
Tramusdusim[13]. *Bir el Djellaoudah*.	XXV	25	25
Tamascaltin. *Désert*.	XXX	30	30
Thenteos. *Désert*.	XXX	30[14]	30
Auru[15]. *Désert*.	XXX	30	30
Vinaza. *Désert*.	XXXII	32[16]	32
Thalalati[17]. *Désert*.	XVI	16[18]	16
Thenadassa[19]. *Désert*.	XXVI	26[20]	26
Mesphe[21]. *Désert*.	XXX	30	30
Leptimagna [colonia]. *Lebida*.	XL	40	40
B. A Telepte Tacapas.[22] *De Telepte à Gabs*.	CXLII	142 [152]	141

que 593 milles, et nos variantes n'augmentent ce total que de 9 unités.

[1] 19. B. D. F.
[2] *Agarlavas*. B. D. — *Agarlavis*. F.
[3] *Bezereos*. B. D.
[4] *Auxilimdi*. D. — *Ausilundi*. F.
[5] *Angma*. D. F.
[6] 30 S.
[7] *Avigemmi*. B.
[8] *Themelami*. B. F.
[9] 30. D.
[10] *Tillabari*. F.
[11] *Adaumaudam*. B.
[12] *Thramusdusim* mpm. 25. B. — *Thrabunacdi*. D. — *Thrabunacti*. F.
[13] *Thrabunacti* mpm. 25. B. — *Thamascaltim*. F.
[14] 25. S.
[15] *Auri*. B. — *Aurn*. F.
[16] 35. B.
[17] *Talati*. F.
[18] 15. S.
[19] *Tenedassa* mpm. 25. B. — *Tenedasa*. D.—*Tenadassa*. F.
[20] 25. D. F. — 15. S.
[21] *Mespe*. B. D. F.
[22] *Item à Telepte Tacapas* mpm. 152. Sic. B. D. F.— La somme des nombres ne donne que 141 milles, ce qui diffère d'une unité avec la distance générale.

ITINERARIUM.

ITINÉRAIRE.	DISTANCES données PAR LES MANUSCRITS.		DISTANCES mesurées PAR M. LAPIE.
	Millia plus minus.	Milles plus ou moins.	Milles rom.
Gemellas. *Désert*.....................	XXII	22[1]	22
Gremellas[2]. *Désert*...................	XXV	25[3]	25
Capse (al. Capsa). *Gafsa*..............	XXIV	24[4]	24
Thasarte[5]............................	XXXV	35[6]	35
Aquas Tacapitanas. *El Hammah*........	XVIII	18[7]	18
Tacapas. *Cabes ou Gabs*...............	XVII	17[8]	17
SARDINIÆ[9]. *SARDAIGNE*.			
XXI.			
A. Iter Sardiniæ a Portu Tibulis[10] Caralis. *De Longo-Sardo à Cagliari*................	CCLII	252[11]	232
SIC:			
Turublo[12] (al. Terublo) minore. *Tempio*........	XVIII	18[13]	18
Elephantaria. *Uschiri*....................	XV	15	15
Longones. *Ozieri*.......................	XII	12	12
Ulbia (al. Olbia). *Terra-Nova*.............	XXXVIII	38[14]	38
Coclearia (al. Cochlearia). *Porto-Sabatino*........	XV	15	15
Portu Luguidonis[15] (al. Luquidonis). *Posada*.....	XII	12	12
Fano Carisi. *Orosei*.....................	XV	15[16]	15
Viniolis. *Baunat*.......................	XV	15[17]	15
Sulcis. *Bari*...........................	XXXV	35	20
Porticenses[18]. *En face de l'île Chirra*.........	XXIV	24	24
Sarcopos[19] (al. Sarcapos). *Sabos*.........	XX	20	20
Ferraria. *Saint-Basile*...................	XX	20	15
Caralis. *Cagliari*.......................	XIII	13	13

[1] 25 et 32. S.
[2] *Cremellas*. F.
[3] 34. S.
[4] 34. F. — 35. S.
[5] *Tasarte*. F.
[6] 28. S.
[7] *Aquaste Capinas*, mpm. 28. B. — *Aquas Tacapinas*, mpm. 28. D. F.
[8] 18. B. D. F. — 16. S.
[9] *Sardiniæ* manque. B. D. — A la marge, on lit en caractères du même âge à peu près que le mss. : *Hic R. xx minus sunt.* B.

[10] *Tibulas*. B. D. F.
[11] 265. B. — 255. D. F. — 242 et 225. S. — La somme des nombres égale les 252 annoncés.
[12] *Turobolo*. B. — *Turobole*. D. — *Turobolenmore*. F.
[13] 14. B. C. F.
[14] 28. B. D. F.
[15] *Portu Liguidonis*. B. F. — *Portali Guidonis*. D.
[16] 25. B. D. F. — 12. S.
[17] 12. B. D. F.
[18] *Porticensis*. F.
[19] *Scarcapos*. D. — *Sarcapos*. F.

ITINÉRAIRE.	DISTANCES données PAR LES MANUSCRITS.		DISTANCES mesurées PAR M. LAPIE.
	Millia plus minus.	Milles plus ou moins.	Milles rom.
B. Alio itinere ab Ulbia (al. Olbia) Caralis. Autre route de Terra-Nova à Cagliari......	CLXXIII	173[1]	133
SIC:			
Caput Thyrsi[2] *Corune*........................	XL	40[3]	40
Sorabile. *Mamoiada*.........................	XLVI	46[4]	16
Biora[5] (sive Nura). *Nurri*....................	XLV	45	45
Caralis. *Cagliari*............................	XLII	42	32
c. A Tibulis[6] Caralis. *De Longo-Sardo à Cagliari*............................	CCXIII	213[7]	180
SIC:			
Gemellas. *Lugo-Santo*.......................	XXV	25	12
Lugdonec[8] (al. Luquidone). *Monti*...........	XXV	25	25
Hafa. *Budusa*...............................	XXIV	24	14
Molaria. *Botida*.............................	XXIV	24	24
Ad Medias[9] *Sedillo*.........................	XII	12	12
Foro Trajani[10] *Fordongiano*..................	XV	15[11]	15
Othoca. *Oristano*...........................	XVI	16	16
Aquis Neapolitanis[12] *Santara*.................	XXXVI	36	26
Caralis. *Cagliari*............................	XXXVI	36	36
D. A Portu Tibulis[13] per compendium Ulbia (al. Olbia). *De Longo-Sardo à Terra-Nova*..	XVI	16	31
E. Iter[14] a Tibulis Sulcis. *De Longo-Sardo à Porto-Botte*.............................	CCLX	260[15]	230
SIC:			
Viniolis. *Vignola*............................	XII	12[16]	12
Erucio[17]. *Castel-Sardo*.......................	XXIV	24	24
Ad Herculem. *Sassari*.......................	XXII	22	22

[1] 174. B. D. — 172 et 183. S. — La somme égale 173.
[2] *Caput Tirsi*. F.
[3] 44. S.
[4] 45. S.
[5] *Piora*. F.
[6] *Tibulas*. F.
[7] 113. S. — La somme des nombres reproduit 213.
[8] *Lugudonec*. D. F.
[9] Cette ligne manque. D. F.
[10] *Trojani*. B. D. F.
[11] 12 et 25. S.
[12] *Niapollonis*. B. — *Mappollinis*. D. F.
[13] *Tabulas*. F.
[14] *Item*. B. D.
[15] La somme reproduit le nombre 260.
[16] 22 et 25. S.
[17] *Epulio*. F.

ITINERARIUM.

ITINÉRAIRE.	DISTANCES données PAR LES MANUSCRITS.		DISTANCES mesurées PAR M. LAPIE
	Millia plus minus.	Milles plus ou moins.	Milles rom.
Ad Turrem [Libissonis]. *Porto-Torres*	XVIII	18	18
Nure (al. Nura). *Nura*....................	XVII	17	7
Carbia. *Alghero*......................	XVI	16	16
Bosa. *Bosa, près de l'embouchure du Termo*.......	XXV	25	25
Cornos[1]. *Sindia*.....................	XVIII	18	8
Tharros[2] (al. Tarras). *Tramassa*...............	XVIII	18	18
Othoca. *Oristano*......................	XII	12	12
Neapoli[3]. *Naboli, près de l'étang de Marceddi, non loin du cap de la Frasca, dans le fond méridional du golfe d'Oristano*........................	XVIII	18	18
Metalla. *Iglesias*......................	XXX	30	20
Sulcis. *Porto-Botte*....................	XXX	30	30
F. Iter[4] a Sulcis Nurra. *De Porto-Botte à Nurri*...........................	LXIX	69[5]	69
Tegula (al. Tegulata). *Siliqua*................	XXXIV	34	34
Nura. *Nurri*........................	XXXV	35	35
G. Iter[6] a Caralis Nura. *De Cagliari à Nurri*...	XXXII	32[7]	32

XXII.

CORSICÆ. CORSE.

A Mariana Palas[8]. *D'Imperiale, ruines sur le Golo, à Bonifacio*..................	CXXV	125	125
SIC:			
Aleria. *Chiesa-Forte, sur le Tavignano, riv*.......	XL	40	40
Præsidio. *Zicavo*.....................	XXX	30	30
Portu Favoni[9]. *Porto-Vecchio*................	XXX	30	30
Palas[10]. *Bonifacio*......................	XXV	25	25

---

[1] *Carnos.* F.
[2] *Tharpos.* B. — *Tharphos.* D. F.
[3] *Neapolis.* F.
[4] *Item.* B. D. F.
[5] 68. F.
[6] *Item.* B D. F.
[7] 22. B. F. — 25. D.
[8] *A Mirinieana Palmas.* B. — *A Miriniana Palmas.* D. F. — La somme des distances partielles reproduit la distance générale 125 milles.
[9] *Navoni.* B. D. — *Naveni.* F.
[10] *Plalas.* B.

XXIII.
SICILIÆ. SICILE.

ITINÉRAIRE.	DISTANCES données PAR LES MANUSCRITS.		DISTANCES mesurées PAR M. LAPIE.
	Millia plus minus.	Milles plus ou moins.	Milles rom.
A. A trajectu[1] Lilybæo[2]. *Depuis le détroit de Messine jusqu'à Marsala*...............	CCLVIII	258[3]	264
SIC:			
Messana. *Messine*.......................	XII	12	12
Tamaricio Palmas[4] (leg. Palmis). *Casal-Vecchio*...	XX	20	20
Per Tauromenium Naxo. *Par Taormina à Naxus, sur l'Alcantara, qui est l'ancien Onobla*.......	XV	15	15
Acio. *Iaci Reale*.......................	XXIV	24	20
Catina (al. Catana). *Catane*................	IX	9	9
Capitoniana[5]. *Giudia*....................	XXIV	24	24
Gelasium Philosophianis[6] (leg. Philosophiana). *Carapipa*................................	XXI	21	21
Petilianis. *Sumantino*.....................	XXVII	27[7]	27
Agrigentum. *Girgenti-Vecchio*...............	XXVIII	28[8]	28
Cena. *Cattolica*........................	XVIII	18	18
Allava (al. Allaba). *Ribera*.................	XII	12	12
Ad Aquas [Larodis]. *Sciacca*................	XII	12	12
Ad Fluvium Lanarium (leg. Lananium). *Modiuri, tor.*	XXIV	24	24
Mazaris. *Mazara*.......................	X	10	10
Lilybæum[9]. *Marsala*.....................	XII	12	12
B. Alio itinere a Lilybæo Messana[10]. *De Marsala à Messine*.......................	CCC	300[11]	300
SIC:			
Aquis Larodis. *Sciacca*....................	XLVI	46[12]	46
Agrigento. *Girgenti-Vecchio*................	XL	40	40
Calvisiana. *Gelsumanna*...................	XL	40	40
Hyble[13] (al. Hybla Heræa). *Près de la rivière de Dirillo.*	XXIV	24[14]	24

---

[1] *A trajecto.* B. — Les autres mss. ont *trajecto.*
[2] *Lilibeo.* F.
[3] 257. B. D. F. — 255. S. — La somme des distances est égale à 268 milles et non à 258 comme il est dit ici.
[4] *Tamaricias Palmax.* B.—*Tamaritio Palmax.* D. F.
[5] *Capitonia.* B. D. F.
[6] *Philosofianis.* F.
[7] 28. D.
[8] *Arigentium mpm.* 18. B. D. F.
[9] *Lilibeum.* F.
[10] *Lilibeo Mesana.* F.
[11] 336. B. D. F. — 226. S. — On lit à la marge du mss. B : *Hic R. sunt xxx minus.* — La somme des distances partielles est égale aux 300 annoncés.
[12] 47. D.
[13] *Hible.* F.
[14] 14. F.

ITINERARIUM.

ITINÉRAIRE.	DISTANCES données PAR LES MANUSCRITS.		DISTANCES mesurées PAR M. LAPIE.
	Millia plus minus.	Milles plus ou moins.	Milles rom.
Acris[1]. *Palazzolo*................	XVIII	18	18
Syracusis[2]. *Syracuse*.............	XXIV	24	24
Catina (al. Catana). *Catane*.......	XLIV	44	44
Tauromenio. *Taormio*..............	XXXII	32	32
Messana[3]. *Messine*..............	XXXII	32	32
XXIV.			
A. A Messana Tyndaride[4]. *De Messine à Furnari*........................	XXXVI	36	36
B. Iter[5] a Lilybæo per maritima loca Tyndaride usque. *De Marsala en suivant la côte de la mer jusqu'à Furnari*..................	CCVIII	208[6]	917
SIC:			
Drepanis. *Trapani*.................	XVIII	18	18
Aquis Segestanis[7], sive Pintianis. *Castel a Mare*....	XIV	14	24
Parthenico[8] (al. Parthenio). *Agladi Partinica*......	XII	12	24
Hyccara[9]. *Carini*.................	VIII	8	8
Panormo. *Palerme*................	XVI	16	16
Solunto (al. Soloeunto). *Castello di Solanta*.......	XII	12	12
Thermis (al. Himera). *Termini*......	XII	12	12
Cephalodo[10] (al. Cephaloedi). *Cefalu*...........	XXIV	24	24
Haleso[11] (al. Alæsa). *San-Stefano*...........	XXVIII	28	18
Calacte[12]. *Torre dell' Aura*.............	XXVI	26	12
A Calacte[13] Solusapre. *Santa-Agata*..........	IX	9	6
Agatinno[14] (al. Agathyrno). *Argetri*...........	XX	20[15]	6
Tyndaride. *Furnari*.................	XXIX	29[16]	29
XXV.			
A. Iter[17] a Thermis Catina (al. Catana). *De Termini à Catane*......................	XCI	91	101

[1] *Agris* B. D. F.
[2] *Siracusis.* F.
[3] *Mesana.* F.
[4] *Tindaride.* F.
[5] *Item.* B. D. F. — On lit en marge : R XVIII super sunt. B.
[6] La somme des distances partielles égale 228 et non 208, comme il est annoncé.
[7] *Aquis Segastianis sive Pincianis.* F.
[8] *Parkenico.* F.
[9] *Hiccara.* F.
[10] *Cefalodo.* F.
[11] *Aleso.* F.
[12] *Galeatæ.* B. — *Galeate.* D. F.
[13] *A Caliate.* B. D. F.
[14] *Agantinno.* B. D. F.
[15] 26. S.
[16] 28. B. D. F.
[17] *Item.* B. D. F. — La somme des nombres reproduit 91.

ITINÉRAIRE.	DISTANCES données PAR LES MANUSCRITS.		DISTANCES mesurées PAR M. LAPIE.
	Millia plus minus.	Milles plus ou moins.	Milles rom.
SIC :			
Enna. *Nicosia*...............................	LII	52	52
Agurio[1] (al. Agyrio). *Filippo d'Argiro*...........	III	3	13
Centuripa. *Cantorbi*...........................	XII	12	12
Ætna[2]. *Paterno*...............................	XII	12	12
Catina (al. Catena). *Catane*..................	XII	12	12
B. Iter[3] a Catina Agrigentum, mansionibus nunc institutis. *De Catane à Girgenti, par les stations actuellement établies*...........	XCI	91[4]	91
SIC :			
Capitonianis. *Giudia*........................	XXIV	24	24
Philosophianis (al. Gelasio Philosophianis). *Carapipi*..	XXI	21	21
Callonianis. *Caltanisetta*.....................	XXI	21	21
Corconianis. *Canicatti*........................	XII	12	12
Agrigentum. *Girgenti-Vecchio*.................	XIII	13	13
XXVI.			
A. Iter[5] ab Agrigento per maritima loca Syracusis. *De Girgenti-Vecchio à Syracuse, en suivant les bords de la mer*..............	CXXXVII	137[6]	137
SIC :			
Dædalio[7]. *Grugno*.............................	XVIII	18	18
Plintis (al. Pinthia). *Alicata*..................	V	5	5
Refugio Chalis[8] (al. Gelæ). *Terra-Nova*.........	XVIII	18	18
Plaga Calvisianis[9]. *T. Dirillo*.................	VIII	8[10]	8
Plaga Mesopotamio. *T. Camarina*.............	XII	12	12
Plaga Hereo[11] (al. Heræa), sive Cymbæ[12]. *Ciarcioro*..	XXIV	24	24
Refugium Apolline (leg. Apollinis). *Castello di Passaro*..	XX	20	20
Plaga[13] Syracusis. *Syracuse*....................	XXXII	32	32

[1] *Augurio*. F.
[2] *Aehtna*, mpm. 13. B. — *Ethna*, mpm. 18. D. — *Ethna*, mpm. 17. F.
[3] *Iter* manque. B. D. F.
[4] 92. B. F. — La somme égale 91.
[5] *Item*. B. D. F.
[6] 136. S. — Somme égale à la distance générale 137 milles.
[7] *Dedalio*. F.
[8] *Refugiocalis*. F.
[9] *Clansianis*. F.
[10] 18. F.
[11] *Plagereo*. B. D. F.
[12] *Cimbe*. F.
[13] *Plag*. B. D.

ITINERARIUM.

ITINÉRAIRE.	DISTANCES données PAR LES MANUSCRITS.		DISTANCES mesurées PAR M. LAPIE.
	Millia plus minus.	Milles plus ou moins.	Milles rom.
B. Iter[1] ab Agrigento Lilybæo. *De Girgenti à Marsala*....................	CLXXV	175[2]	160
SIC:			
Picinianis. *Aragona*................	IX	9	9
Comicianis[3] (al. Camicianis). *Camarata*........	XXIV	24	19
Petrine (al. Petrinia). *Castro-Nuovo*............	IV	4	4
Pirina[4]. *Ciminna*..................	XXIV	24	24
Panormo[5]. *Palerme*.................	XXIV	24	24
Hyccaris[6]. *Carini*.................	XVIII	18	18
Logarico[7] (al. Locarico). *Cartafalsa*.........	XXIV	24	24
Ad Olivam. *Salemi*.................	XXIV	24	14
Lilybæum. *Marsala*................	XXIV	24	24

XXVII.

Iter[8] ab Hyccaris per maritima loca Drepanis usque. *De Hyccara à Trapani, en suivant les bords de la mer*......................	XLVI	46[9]	42
SIC:			
Parthenico (al. Parthenio). *Agladi Partinica*......	XII	12	8
Ad Aquas Perticianenses. *Baida*................	XVI	16[10]	16
Drepanis (al. Drepano). *Trapani*...............	XVIII	18	18

ITALIÆ. *ITALIE.*

XXVIII.

Iter quod a Mediolano per Picenum et Campaniam ad Columnam, id est, trajectum Siciliæ, ducit. *Route qui mène de Milan, par le Picenum et la Campanie, à Gallico inf., c'est-à-dire au détroit de Messine*.............	DCCCCLVI	956[11]	887

---

[1] *Item.* B. D. F.
[2] La somme égale les 175 milles annoncés.
[3] *Commanis.* F.
[4] *Pirima.* F.
[5] *Panorvo.* B. — *Patorno.* D. — *Panorno.* F.
[6] *Yccaris.* F.
[7] *Locarico.* D. F.
[8] *Item.* B. — *Item ab Iggaris.* D. — *Item ab Iccaris.* F.
[9] La somme égale 46.
[10] 13. F. — 15. S.
[11] *Mille plus minus.* F. — La somme des distances égale 961.

ITINÉRAIRE.	DISTANCES données PAR LES MANUSCRITS.		DISTANCES mesurées PAR M. LAPIE.
	Millia plus minus.	Milles plus ou moins.	Milles rom.
SIC :			
A Mediolano Laude (sive Laude Pompeia) civit. De Milan à Lodi-Vecchia............	XVI	16	16
Placentia civit.[1]. Plaisance............	XXIV	24	25
Fidentiola (al. Fidentia) vic. Borgo-San-Donino...	XXIV	24	24
Parma[2] civit. Parme............	XV	15	15
Regio civit.[3]. Reggio............	XVIII	18	18
Mutina civit.[4]. Modène............	XVII	17	17
Bononia civit.[5] Bologne............	XXV	25	25
Foro Corneli civit.[6]. Imola............	XXIV	24	23
Faventia civit.[7]. Faenza............	X	10	10
Cæsena[8] (al. Cescna) civit. Cesena............	XXIV	24	23
Ariminum (al. Ariminium) civit.[9]. Rimini......	XX	20	20
Pisauro civit.[10]. Pesaro............	XXIV	24	23
Senogallia[11] (al. Sena Gallica) civit. Sinigaglia....	XXVI	26	23
Ultra Anconam[12]............	IV	4	4
Anconam[13]. Ancone............	XXVI	26	14
Potentia civit.[14]. Porto di Recanati............	XVI	16	15
Castello Firmano (al. Castro Firmo). Montagne au-dessus du Porto di Fermo............	XX	20	18
Troento civit.[15] (al. Castro Truentino). San-Benedetto..	XXVI	26	19
Castro civit. (al. Castro Novo)[16]. Giulianova.....	XII	12	17
Aterno[17] civit. (al. Ostiis[18] Aterni) Pescara.......	XXIV	24	28
Interpromium vic.[19]. Pocco............	XXV	25	27
Sulmone civit.[20]. Sulmona............	XXIX	29	14
Aufidena civit.[21]. Alfidena............	XXIV	24	32
Serni (al. Æsernia) civit.[22]. Isernia............	XXVIII	28[23]	18
Bovianum[24] civit.[25]. Bojano............	XVIII	18	18

[1] Placentiacium. B. F.
[2] Parme. B. D. — Parmetium. F.
[3] Regiotium. F.
[4] Mutinatium. F.
[5] Bononiatium. F.
[6] Forocormilitium. F.
[7] Favenciatium. F.
[8] Cesana. B. — Cesenatium. F.
[9] Ariminuntium. F.
[10] Pisaurotium. F.
[11] Senegallia. B. D. — Senegallicium. F.
[12] Alconam. D. — Ultra Alconam mille plus minus quatuor, mpm. 26. F.
[13] Ultra Anconam, milia plus minus quattuor, mpm 26. B. D. — Le nom manque dans F.
[14] Potentiacium. F.
[15] Troentotium. F.
[16] Le mot civitas manque. B. — Castrocium. F.
[17] Aternos. B. D.
[18] Aternotium. F.
[19] Item Promium. F.
[20] Sulmonetium. F.
[21] Aufidentia civitate. D. — Aufidentiacium. F.
[22] Sernicium. B. D. F.
[23] 18. S.
[24] Bononia. B. D.
[25] Bononiatium. F.

ITINERARIUM.   31

ITINÉRAIRE.	DISTANCES données PAR LES MANUSCRITS.		DISTANCES mesurées PAR M. LAPIE.
	Millia plus minus.	Milles plus ou moins.	Milles rom.
Super Thamari (leg. Tamarum) fluv. *Tamaro, riv.*	XVI	16	10
Ad Equum Tuticum[1]. *Fojano*	XXII	22[2]	20
Ad Matrem Magnam. *Orsara*	XVI	16	16
In Honoratianum (al. Horatianum) *Candela*	XX	20	20
Venusium (al. Venusia) civit.[3]. *Venosa*	XXVIII	28[4]	28
Opino. *Oppido*	XV	15	20
Ad fluvium Bradanum[5]. *Bradano, riv.*	XXIX	29	9
Potentia. *Potenza*	XXIV	24	24
Acidios (al. Anzia). *Anzi*	XXIV	24[6]	15
Grumento[7]. *Armento*	XXVIII	28[8]	18
Semuncla (al. Semno). *Senise*	XXVII	27[9]	25
Nerulo. *Castelluccio*	XVI	16	26
Summurano[10] (al. Murano). *Morano*	XVI	16	14
Caprasis (al. Caprasiis). *Casello*	XXI	21	21
Consentia. *Cosenza*	XXVIII	28	28
Ad fluvium Sabbatum (al. Sabatum). *Savuto, riv.*	XVIII	18	13
Ad Turris (leg. ad Turres). *Sur la rivière di S. Ippolito*	XVIII	18	18
Ad fluvium Angitulam[11]. *Angitola, riv.*	XIII	13	13
Nicoteram[12]. *Nicotera*	XXV	25	25
Ad Mallias. *Bagnara*	XXIV	24	24
Ad Columnam. *Gallico inf.*	XIV	14	14
XXIX.			
Iter ab Urbe Appia via[13] recto itinere ad Columnam. *Route directe de Rome par la voie Appienne à Gallico inf.*	CCCCLV	455[14]	448
SIC :			
Aricia. *La Riccia*	XVI	16	16
Tribus Tabernis. *Cisterna*	XVII	17	15

[1] *Tucium.* F.
[2] *Adequm Tuticum, mpm.* 21. B. — 23. S.
[3] *Venusiuntium.* F.
[4] 29. F. — 18. S.
[5] *Bradan.* B. D. F.
[6] 94. F.
[7] *Crumento.* F.
[8] 29. B. — 18 et 25. S.
[9] 17 et 25 S.
[10] *Summorano.* F.
[11] *Ad flavium Antigula.* D. — Cette ligne et la précédente manquent dans F.
[12] *Nicotera.* B. D. F.
[13] *Appia. Item ab urbe.* B.—*Appia. Iter ab urbe.* D. F.
[14] 452. B. — 460. S. — La somme des nombres égale 478.

ITINÉRAIRE.	DISTANCES données PAR LES MANUSCRITS.		DISTANCES mesurées PAR M. LAPIE.
	Millia plus minus.	Milles plus ou moins.	Milles rom.
Appi Foro[1]. *Foro Appio*...............	X	10	13
Tarracina[2] (sive Terracina). *Terracine*......	XVIII	18	19
Fundis. *Fondi*.......................	XVI	16	13
Formis. *Mola*.......................	XIII	13	13
Minturnis. *Taverna sur le Garigliano*....	IX	9	9
Sinuessa[3]. *Li Vagnoli*.................	IX	9	9
Capua. *Capoue*.....................	XXVI	26	22
Nola. *Nola*.........................	XXI	21	21
Nuceria. *Nocera*.....................	XVI	16	14
In medio Salerno ad Tanarum. *Salerne*.....	XXV	25	8
Ad Calorem [fluv.]. *Calore, riv*..........	XXIV	24	24
In Marcelliana. *Laurino*................	XXV	25	25
Cæsariana. *Buonabitacolo*..............	XXI	21	17
Nerulo. *Castelluccio*...................	XXXVI	36[4]	36
Summurano[5] (al. Murano). *Morano*......	XIV	14	14
Caprasis[6] (al. Caprasia). *Casello*........	XXI	21	21
Consentia. *Cosenza*...................	XXVIII	28	28
Ad Sabbatum (al. Sabatum) fluvium. *Savato, riv.*.	XVIII	18	13
Ad Turres. *Sur la riv. di S. Ippolito*........	XVIII	18	18
Vibona (al. Vibo Valentiæ). *Monteleone*......	XXI	21	24
Nicotera. *Nicotera*....................	XVIII	18	18
Ad Mallias. *Bagnara*..................	XXIV	24[7]	24
Ad Columnam. *Gallico inf*............	XIV	14	14
XXX.			
A. A Capua Benevento. *De Capoue à Bene-vente*[8]........................	XXXIII	33[9]	33
B. Iter[10] a Capua Equo Tutico, ubi Campania limitem habet. *Route de Capoue à Fojano, sur les confins de la Campanie*........	LIII	53[11]	55
SIC :			
Caudis (al. Caudio). *Rotondi*............	XXI	21	21
Benevento. *Benevente*.................	XI	11	12

[1] *Apiforo* mpm. 18. B. D F.
[2] *Terracina.* B. D. F.
[3] *Sinuersa.* F.
[4] 33. A. B. D. F. — 23 et 34. S.
[5] *Summorano.* F.
[6] *Capprasis.* F.
[7] 14. A. D. F.
[8] Cette route est comprise dans la suivante.
[9] 23 et 34. S.
[10] *Item.* A. B. D. F. — Les mots *ubi Campania limitem habet* sont placés devant *Caudis.* B. D. F. — On lit en marge 1 *minus.* B.
[11] 54. Sic. A. B. D. F. — La somme des distances égale 53.

ITINERARIUM.

ITINÉRAIRE.	DISTANCES données PAR LES MANUSCRITS.		DISTANCES mesurées PAR M. LAPIE.
	Millia plus minus.	Milles plus ou moins.	Milles rom.
Equo (al. Æquo) Tutico[1]. *Fojano*............	XXI	21	22
c. Ab[2] Equo Tutico per Roscianum Regio (al. Rhegio). *De Fojano par Rossano à Reggio*......................	CCCCLXXVIII	478[3]	427
SIC :			
Sentianum. *A l'est de Castellucio di Sauri*........	XXXIII	33[4]	33
Balejanum. *Alvano*.....................	XXIV	24	24
Venusia. *Venosa*......................	XII	12	12
Ad Pinum. *Forenza*.....................	XII	12	8
Ypinum[5] (al. Opinum). *Oppido*..............	XXXII	32[6]	12
Cælianum. *Stigliano*...................	XL	40	30
Heraclea. *La Scanzana*.................	XXVIII	28	35
Ad Vicensimum[7] (l. ad Vicesimum). *Trebisacce*...	XXIV	24[8]	28
Turios (al. Thurios, antea Sibarim). *Antiqua Sibari*.............................	XX	20	12
Roscianum. *Rossano*...................	XII	12[9]	18
Paternum. *Terra-Vecchia*................	XXVII	27	22
Meto (al. Necetho). *Ruines*..............	XXXII	32	32
Tacina. *Torre del Trocchio*...............	XXIV	24	24
Scylacis[10] (al. Scylacio). *Squillace*............	XXII	22	22
Cocinto (al. Cocintho). *S. Andrea*...........	XXII	22[11]	12
Succeiano[12]. *Stilo*.....................	XX	20	12
Subsicivo[13]. *Giojosa*....................	XXIV	24[14]	15
Altanum[15]. *Bovalino*....................	XX	20	20
Hipporum (al. Hyporum). *Près le cap Spartivento*..	XXIV	24	24
Decastadium. *Melito*...................	XXII	22[16]	12
Regio (al. Rhegio). *Reggio*...............	XX	20	20
D. Ab[17] Equo Tutico Hydrunto ad Trajectum. *De Fojano à Otrante, sur le canal du même nom*.............................	CCXXXV	235[18]	246

[1] *Tutio.* F.
[2] *Item ab.* A. B. D. F. — A la marge de B on lit : R VI *sunt super.*
[3] La somme des nombres donne 494.
[4] 32. S.
[5] *Ypnum.* B. — *Ympinum.* F.
[6] 12. S.
[7] *Ad Vicensinum.* F.
[8] 22. S.
[9] 22. F.
[10] *Scilacis.* F.
[11] 12. S.
[12] *Subscicivo.* A.
[13] *Subcicivo.* F.
[14] 20. S.
[15] *Altinum.* A.
[16] 12. B.
[17] *Item ab.* A. B. D. F.
[18] 145. S. — 295. W. — La somme égale 235.

ITINÉRAIRE.	DISTANCES données PAR LES MANUSCRITS.		DISTANCES mesurées PAR M. LAPIE.
	Millia plus minus.	Milles plus ou moins.	Milles rom.
SIC :			
Ecas[1] (al. Æcas). Troja............	XVIII	18	18
Erdonias[2] (al. Herdoneam). Ordona...........	XIX	19	18
Canusio. Canosa..................	XXVI	26	26
Rubos. Ruvo....................	XXIII	23	30
Butuntus[3] (al. Butuntum). Bitonto...........	XI	11	11
Barium[4]. Bari...................	XII	12	11
Turribus [Aurelianis sive Arnesto]. Mola.......	XXI	21	15
Egnatiæ[5]. Monopoli................	XVI	16	15
Speluncas. Cast. di Villanova...............	XX	20	21
Brundisium (al. Brundusium). Brindisi........	XIX	19	29
Lipias[6]. Lecce...................	XXV	25	27
Hydrunto. Otrante.................	XXV	25	25
E. A Brundisio Tarentum ad litus[7]. De Brindisi à Tarente sur le bord de la mer...........	XLIV	44[8]	53
F. A Bario[9] per compendium Tarentum. De Bari, par le chemin le plus court, à Tarente..	LX	60	60
G. A Benevento Hydruntum[10] [l. Tarentum]. De Benevente à Tarente...............	CLXV	165	170
SIC :			
Eclano (al. Æculano). Bonito...............	XV	15[11]	15
Sub Romula. S. Angelo di Lombardi...........	XXI	21	16
Ponte Aufidi[12]. Ponte di Pietra dell' Olio........	XXII	22	27
Venusio[13] (al. Venusia). Venosa.............	XVIII	18	18
Ad Silvianum (al. Silvium). Gravina..........	XX	20	35
Sub Lupatia[14]. S. Eramo...............	XXI	21	21
Canales. Près de la tav. di Canneto............	XIII	13	13
Hydrunto[15] (leg. Tarento). Tarente............	XXV	25	25

[1] Escas. B. D. F.
[2] Edonias, mpm. 18. A.
[3] Bruduntus. A. F. — Budruntus. B. D.
[4] Varia. A. B. D. F.
[5] Egnatia. F.
[6] Lippias. F.
[7] Ad Latus. A. B. D. F.
[8] 40. S.
[9] A Vania per compendium, mpm. 165. Sic : Tarentum, mpm. 60; Eclano mpm. 25; sub Romula, etc. A. F. — A Vania. B. D.
[10] Les mots à Benevento Hydruntum manquent. B. D. — La somme des nombres n'est que 155. — Suivant Wesseling, cette ligne aurait été ajoutée au texte par un copiste.
[11] 25. B. D.
[12] Pentaufido. A. B. D. F.
[13] Venusto. A. B. D. F.
[14] Sub Lupantia. A. B. D. — Sublaptantia. F.
[15] Udranto. F.

ITINERARIUM.

ITINÉRAIRE.	DISTANCES données PAR LES MANUSCRITS.		DISTANCES mesurées PAR M. LAPIE.
	Millia plus minus.	Milles plus ou moins.	Milles rom.
H. Iter[1] a Benevento Tarentum. *De Benevente à Tarente*..	CLIV	154[2]	170
SIC :			
Eclano (al. Æculano). *Bonito*............	XV	15	15
Sub Romula. *S. Angelo di Lombardi*.......	XXI	21[3]	16
Ponte Aufidi[4]. *Ponte di Pietra dell' Olio*.....	XXII	22	27
Venusia[5]. *Venosa*..	XVIII	18[6]	18
Silvium. *Gravina*.........	XX	20	35
Blera[7]. *Altamura*.........	XIII	13	8
Sub Lupatia[8]. *S. Eramo*..	XIV	14	13
Canales. *Près de la tav. di Canneto*.........	XIII	13	13
Tarento. *Tarente*..	XX	20[9]	25
XXXI.			
A. Iter a Tarracina[10] Benevento. *De Terracine à Benevente*..	CXIII	113[11]	103
SIC :			
Fundis. *Fondi*..	XIII	13	13
Formis[12]. *Mola*..	XIII	13	13
Minturnis[13]. *Taverna*..	IX	9	9
Teano[14]. *Teano*..	XVIII	18	18
Alifas[15] (al. Allifas). *Alife*..	XVII	17	17
Telesia. *Telese*..	XXV	25	15
Benevento. *Benevente*..	XVIII	18[16]	18
B. Iter a Terracina[17] Neapoli. *De Terracine à Naples*..	LXXXVII	87[18]	91
SIC :			
Sinuessa[19]. *Li Vagnoli*..	XLIV	44	46
Literno. *Zaccarino*..	XXIV	24	24
Cumis. *Cuma*..	VI	6	6

[1] *Item.* A. B. D. F.
[2] 155. A. — 150. B. D. F. — La somme produit 156, que l'on retrouve en adoptant les variantes des nombres.
[3] 22. A. B. D. F.
[4] *Pentaufuli.* A. — *Pentausidi.* F.
[5] *Venusida.* F.
[6] 19. A. B. D. F.
[7] *Plera.* A. B. D. F.
[8] *Sub Lapatia.* A. B. D. F.
[9] 13. S. — 22. W

[10] *Item à Terracina.* A. B. D. F.
[11] La somme reproduit les 115 annoncés.
[12] *Farmis.* A. B. D. F.
[13] *Minturnüs.* F.
[14] *Theano.* A. D. F. — *Theana.* B.
[15] *Alivas.* B.
[16] 25. F.
[17] *Item à Terracina.* A. B. D. F.
[18] La somme reproduit le total annoncé.
[19] *Sinuesa.* A. F.

ITINÉRAIRE.	DISTANCES données PAR LES MANUSCRITS.		DISTANCES mesurées PAR M. LAPIE.
	Millia plus minus.	Milles plus ou moins.	Milles rom.
Puteolis[1]. *Pozzuoli*....................	III	3	5
Neapoli[2]. *Naples*......................	X	10	10
C. A Neapoli Nuceria Constantia. *De Naples à Nocera*....................	XXXVII	37[3]	23
D. A Literno[4] Miseno[5]. *De Zaccarino à Porto di Miseno*....................	XII	12[6]	12
SIC :			
Cumis. *Cuma*........................	VI	6	6
Bais. *Baja*........................	III	3	3
Miseno. *Porto di Miseno*...............	III	3	3
XXXII.			
A. Iter[7] ab Urbe Mediolano. *De Rome à Milan*.	DXXVIII	528[8]	591
B. Inde Aquileia. *De là à Aquileja*.........	CCLX	260[9]	257
C. Inde Sirmio[10]. *De là à Mitrovitz*.........	CCCCI	401	404
D. Inde Nicomedia. *De là à Ismid*..........	DCCCXV	815[11]	804
E. Inde Antiochia[12]. *De là à Antakia*........	DCLXXXII	682[13]	717
F. Inde Alexandria[14]. *De là à Alexandrie*.....	DCCCII	802[15]	763
G. Inde[16] in Ægypto Hierasycaminos usque. *De là en Égypte, à Maharrakah, près l'île Derar*.	DCCLXII	762[17]	762

[1] *Poteolis*. B.
[2] *Neapolis*. A. F.
[3] 24. A. B. D. F. — En marge est cette note *R*. B.
[4] *A Linturno, mpm.* 31. A. F.—*A Lintirno, mpm.* 31. B. D.— La note *R* est en marge. B.
[5] *Miseno, mpm.* 12. Sic. A. B. D. F.
[6] On retrouve, en faisant l'addition, le total annoncé.
[7] *Item.* A. B. D. F. —A la marge : *R* XI *super sunt*. B.
[8] 433. S.—La somme des distances produit 540, auxquels il faudrait encore ajouter 75, distance mesurée par M. Lapie, de Ravenne à Altino, et non marquée dans le texte. Cette addition produirait 615.
[9] 270. A. B. D. — 520. F. — A la marge : *Hic* XI *super sunt*. B. — La somme des distances égale 261.
[10] *Firmio*. — F. La somme produit 405.
[11] La somme égale 836.
[12] En marge : *R* IIII *super sunt*. B.
[13] 755. S. — L'addition donne 688. — Dans la description de cette route (page 40), le point de départ semblerait être, non pas Nicomédie, mais Constantinople, si l'on s'en tenait à la phrase : *A Constantinopoli usque Antiochia*, qu'on lit à la tête de la route détaillée. Cette phrase, qui serait mieux placée sept lignes plus haut, après *Byzantio, quæ et Constantinopoli*, doit avoir été écrite dans le texte d'une manière incidente ou par interpolation, puisque la ligne : *Item Libo mpm.* XXI, qui suit, fixe le point de départ à Ismid, qui est effectivement à 21 milles de Bagtchedjik, tandis que ce dernier lieu est situé à 94 milles de Constantinople. C'est pourquoi nous avons mis la phrase incidente ou interpolée entre deux parenthèses.
[14] Plusieurs feuillets arrachés et lacune depuis ces mots : *Inde Alexandria, mpm.* 802, jusqu'à ceux-ci : *Gerulata in medio Carnunto, mpm.* 30. A.—A la marge : *R hic* XXXIIII *super sunt*. B.
[15] La somme des nombres produit 811.
[16] En marge : *R* I *minus est*. B.
[17] 863. S. — L'addition produit 749.

ITINERARIUM.

ITINÉRAIRE.	DISTANCES données PAR LES MANUSCRITS.		DISTANCES mesurées PAR M. LAPIE.
	Millia plus minus.	Milles plus ou moins.	Milles rom.
SIC :			
A. Ab[1] Urbe. *De Rome à* :			
Rostrata[2] villa. *Santa Maria della Guardia*.......	XXIV	24	24
Utriculi[3] (al. Otriculi) civit. *Otricoli*............	XXV	25	22
Narnia civitas[4]. *Narni*....................	XII	12	7
Interamnia (leg. Interamna) civit.[5]. *Terni*......	VIII	8[6]	9
Spolitio (al. Spoletio) civit[7]. *Spoleto*...........	XVIII	18	18
Foro[8] Flaminii vic. *Près de Turri*.............	XVIII	18[9]	20
Helvillo vic[10]. *Sigillo*.....................	XXVII	27	27
Calle[11] vic. *Cagli*.......................	XXIII	23[12]	17
Foro Sempronii[13]. *Fossombrone*.............	XVIII	18	16
Fano Fortunæ. *Fano*......................	XVI	16	16
Pisauro[14]. *Pesaro*.......................	VIII	8[15]	8
Arimino (1. Ariminio). *Rimini*...............	XXIV	24	23
Ab Arimino (1. Ariminio) recto itinere Ravenna. *De Rimini par le chemin direct à Ravenne*........	XXXIII	33	33
Inde navigantur[16] Septem Maria Altinum usque. *De là on navigue sur les bouches du Pô jusqu'à Altino distrutto.*	//	//	75
Inde in Concordiam. *Concordia*..............	XXXI	31	30
Aquileia[17]. *Aquileja*......................	XXXI	31	30
Item ab Arimino (1. Ariminio) Cæsena civit. *De Rimini à Cesena*...........................	XX	20	20
Faventia civit[18]. *Faenza*...................	XXIV	24	23
Foro Cornelii civit. *Imola*..................	X	10	10
Bononia civit[19]. *Bologne*...................	XXIV	24	23
Mutina civit[20]. *Modène*....................	XXV	25	25
Regio civit[21]. *Reggio*.....................	XVIII	18	17
Parma civit[22]. *Parme*.....................	XIX	19[23]	18
Fidentiola vic.[24] (al. Fidentia). *Borgo-S.-Donino*...	XX	20	15

[1] *Itcm ab urbe.* D.
[2] *Ilostratæ.* B. D.
[3] *Vitriculi.* F.
[4] *Narcianum.* F.
[5] *Inter Amniatium.* F.
[6] 9. F.
[7] *Spoliciotium.* F.
[8] *Flaminis.* B. D. F.
[9] 19. F.
[10] *Helvillobucus.* D. — *Nelvillo Vicus.* F.
[11] *Galle.* F.
[12] 33. B. — 27. F.
[13] *Foro Su....* (le mot n'est point achevé). D. — *Foro Simphroni.* F.
[14] *Isauro.* F.
[15] 9. D.
[16] *Navigatur.* B. D.
[17] *Aquileyia.* B.
[18] *Faventiacium.* F.
[19] *Bononiacium.* F.
[20] *Mutinacium.* F.
[21] *Regiocium.* F.
[22] *Parme civitas.* B. D. — *Parmecium.* F.
[23] 18. B. D. F.
[24] *Vicus* manque dans F.

ITINÉRAIRE.	DISTANCES données PAR LES MANUSCRITS.		DISTANCES mesurées PAR M. LAPIE.
	Millia plus minus.	Milles plus ou moins.	Milles rom.
Placentia civit[1]. *Plaisance*.................	XXIV	24	24
Laude [Pompeia] civit. *Lodi-Vecchio*............	XXIV	24	25
Mediolanum civit. *Milan*...................	XVI	16	16
B. Bergomo[2] civit. *Bergame*..............	XXXIII	33	35
Brixia[3] civit. *Brescia*.....................	XVIII	18[4]	32
Sirmione mansione[5]. *Sermione*................	XXII	22	22
Verona civit. *Vérone*......	XXXIII	33[6]	23
Vicentia civit[7]. *Vicence*....................	XXXIII	33	32
Patavis (al. Patavio) civit[8]. *Padoue*...........	XXVII	27	21
Altinum civit. *Altino distrutto*................	XXXIII	33[9]	32
Concordia civit. *Concordia*...................	XXXI	31	30
Aquileia civit[10]. *Aquileja*...................	XXXI	31	30
c. Fluvio Frigido. *Vipach, riv*.............	XXXVI	36	35
Longatico mansione. *Loitsch*................	XXII	22	16
Hemona (al. Æmona[11]) civit. *Laybach*.........	XVIII	18	18
Adrante (al. Hadrante) mansione. *Saint-Oswald*...	XXV	25[12]	23
Celeia[13] civit.[14] *Cilley*.....................	XXIV	24	26
Ragondone[15] (al. Ragandone). *Windisch Feistritz*..	XVIII	18	24
Patavione (al. Pœtovione) civit. *Pettau*.........	XVIII	18	18
Aqua Viva[16]. *Majerje*.....................	XX	20	20
Jovia. *Apathia*..........................	XVIII	18	19
Lentulis[17]. *Virje*........................	XXXII	32	33
Serota. *Verocze*.........................	XXXII	32	32
Marinianis. *Près de Vranyessevee*..............	XX	20	20
Vereis. *Sohacz-Miholacz*.....................	XXII	22	19
Mursa civit[18]. *Eszeg*.....................	XXVI	26[19]	29
Cibalas (al. Cibalem) civit[20]. *Vinkovcze*.........	XXIV	24	24
Ulmos vic. *Rud S. Elias, près Illincze*...........	XXIV	24[21]	22
Sirmi civit[22]. *Mitrovitz*.....................	XXVI	26	26

[1] *Placenciatium*. F.
[2] *Beryome*. B. D. — *Peryome*. F.
[3] *Brixa*. F.
[4] 33. B.
[5] En marge est la note R. B. — *Sermione mar*. D. — *Sermione mansio*. F.
[6] 23. B. — 32. D.
[7] *Vincenciatium*. F.
[8] Cette ligne manque dans F.
[9] 28. F.
[10] *Aquileiacium*. F.
[11] *Hennomacium*. B. D. F.
[12] 30. F.
[13] *Caleia*. B.
[14] *Celeiacium*. F.
[15] *Ragundone*. B. D. F.
[16] *Aquavia*. D. F.
[17] Avant *Lentulis* on lit : *hic sinistra*. B.
[18] *Mursatium*. F.
[19] 27. S.
[20] *Cibulascium*. F.
[21] 22. S.
[22] *Sirmicium*. F.

ITINERARIUM. 39

ITINÉRAIRE.	DISTANCES données PAR LES MANUSCRITS.		DISTANCES mesurées PAR M. LAPIE.
	Millia plus minus.	Milles plus ou moins.	Milles rom.
D. Bassianis civit.[1] *Debrincze*............	XVIII	18	19
Tauruno[2] classis [leg. classe]. *Semlin*.........	XXX	30	30
Singiduno castra (leg. castris). *Belgrade*........	IV	4	4
Aureo Monte. *Stona*........................	XXIV	24[5]	26
Ab Aureo Monte Vinceia[4]. *De Stona à Semendria*..	VI	6	6
Margo[5] [fluv.] *Morava, riv*...	VIII	8[6]	8
Et Leg.[7] (leg. et Legio). *Dobruza*............;	VIII	8	8
Turios[8]. *Sur le Danube, en face de l'île d'Ostrova*..	XX	20	5
Indeuminaco[9] (al. Induminiaco). *Kliesepatz*......	X	10	5
Viminacio[10]. *Rama*.....	XXIV	24[11]	9
Municipio. *Passarovitz*.....................	XVIII	18[12]	18
Idimo (al. Idomo). *Hassan Pacha Palanka*......	XXVII	27[13]	27
Horreo Margi. *Keupri Ravenatz*	XVI	16[14]	47
Pompeis (sive Præsidio Pompeii). *Boulovan*......	XXXIII	33[15]	32
Naisso[16]. *Nissa ou Nich*....................	XXIV	24	24
Remisiana (al. Romasianæ). *Moussa Pacha Palanka*	XXV	25	23
Turribus[17]. *Tchardah*........................	XVIII	18[18]	18
Meldia[19]. *Kalkali*	XXX	30	31
Serdica (al. Sardica). *Sophia ou Triaditza*.......	XXIV	24[20]	23
Burburaca[21] (al. Buragara). *Ruines sur l'Isker R.*.	XVIII	18	17
Helice (al. Iliga). *Samakov*.................	XXI	21	18
Lissas (al. Ponsucasi). *Gabroa Derbend*.........	XXI	21	21
Bessapara[22]. *Tatar Bazardjik*................	XXII	22	22
Philippopoli. *Filibé ou Philippopolis*	XXII	22	22
Cellis[23]. *Tchirpan*.........................	XXX	30	25
Opizo. *Tchakaller*	XX	20[24]	10
Asso[25]. *Ruines*............................	XVIII	18	8

[1] *Basinianis civitas*. D. — *Basimaniscium*. F.
[2] *Taurimo*. F.
[3] 34. F.
[4] *Viceia*. F.
[5] *Marco*. B. D. F. — Wesseling propose de lire ainsi cette ligne et les quatre suivantes : *Margo*, mp. VIII. *Claudia leg*. VII. *Inde Viminacio*, mp. X, en réduisant à deux les cinq lieux indiqués.
[6] 9. F.
[7] *Ethlech*. B. — *Ethlegh*. D. — *Ehdech*. F.
[8] En marge *R*. B.
[9] *Inde Euminaco*. B. D. F.
[10] Cette ligne est placée après la suivante dans F.
[11] 18. F.
[12] 24. F.
[13] 25. B. D. — 26. F.
[14] 21. B. D. F.
[15] 34. B. — 23. S.
[16] *Naissa*. F.
[17] *Turris*, mpm. 27. B. D. — *Tunis*, mpm. 28. F.
[18] 25. S.
[19] *Melipia*. B. D. F.
[20] 34. F.
[21] *Bagaraca*. B. D. F.
[22] Cette ligne manque dans F.
[23] *Cillis*. B. D. F.
[24] 18. S.
[25] Entre *Opizo* et *Asso* on lit *Sacarana*, mpm. 20. F.

ITINÉRAIRE.	DISTANCES données PAR LES MANUSCRITS.		DISTANCES mesurées PAR M. LAPIE.
	Millia plus minus.	Milles plus ou moins.	Milles rom.
Subzupara[1] (al. Castra Rubra). *Coiunlou*........	XX	20[2]	18
Burdipta[3] (al. Burdista). *Djezair Moustapha Pacha*.	XXII	22	22
Hadrianopoli. *Edreneh ou Andrinople*	XXIV	24[4]	20
Ostudizo[5]. *Hafsa ou Khafsa*.................	XVIII	18	18
Burtudizo[6] (al. Bertudizo). *Eskibaba*.........	XVIII	18	18
Bergule[7] (al. Bergulis). *Tchatal Bourgaz*	XVIII	18	18
Drizipara[8] (leg. Druzipara). *Karistan*..........	XIV	14[9]	14
Izirallo[10] (al. Tzurullo). *Tchorlou*.............	XVI	16	16
Heraclea[11]. *Erekli*	XVIII	18	18
Cenophrurio. *A l'ouest de Selivri*	XVIII	18	18
Melantiada. *Buiuk Tchekmedjé*...............	XXVIII	28[12]	24
Byzantio[13], quæ[14] et Constantinopoli. *Byzance ou Constantinople*......................	XVIII	18	24
Chalcedonia[15] trajectus in Bithyniam. *Kadi-Keui*, en traversant le bosphore de Thrace, en Bithynie....	IV	4	4
Pantichio[16]. *Pendik*.....................	XV	15	14
Libyssa[17]. *Djebizé*......................	XXIV	24	15
Nicomedia[18]. *Ismid*.....................	XXII	22	30
E. (A Constantinopoli usque[19] Antiochia. *De Constantinople à Antioche*)...................	(DCCXVI)	(716[20])	(790)
Item Libo[21]. *Bagtchedjik*..................	XXI	21	21
Nicæa[22]. *Isnik*........................	XXIII	23	20
Oriens Medio[23]. *Sinos kevi, ruines*.............	XVI	16	15
Tottaio. *Garadja*.......................	XXVIII	28	25
Dablis. *Torbaly*.......................	XXVIII	28[24]	28
Cænon Gallicanon[25]. *Sur le Meless, riv*.........	XXIV	24[26]	18

[1] *Sazanara*. B. — *Sazarana*. D. — Cette ligne est placée entre *Opizo* et *Asso* dans F.
[2] 18. S.
[3] *Burtippa*. F.
[4] *Adrianopoli, mpm.* 23. F. — 21. S.
[5] *Osiudizo*. B. D. F.
[6] *Burduclizo*. F.
[7] *Begule*. F.
[8] *Drizipala*. B. D. — *Drizippala*. F.
[9] 13. D. — 18. F.
[10] *Iziralla*. F.
[11] *Heraclia*. F.
[12] 18. S.
[13] *Bizantio*. F.
[14] *Qui*. B. D. F.
[15] *Calcidonia*. F.
[16] *Pantico*. B. D. F.
[17] *Lybissa mpm.* 23. B. — *Libissa*. F.
[18] Ces caractères *h d* sont en marge. B.
[19] *Usque ad*. F.
[20] 736. B. — 726. D. F. — La somme des distances partielles de la route de *Nicomedia* à *Antiochia* est 688 milles; M. Lapie en compte 717, et pour la distance de Constantinople à Antioche 790. Voyez à la page 36 la note 13.
[21] Ces caractères *h p* se lisent en marge. B.
[22] *Nicia*. B.
[23] *Moedo Oriente*. B. — *Moedo Orientis*. D. — *Medio Orientis*. F.
[24] 38. S.
[25] *Gen. Gallican*. F.
[26] 18. B. D. F.

ITINERARIUM.

ITINÉRAIRE.	DISTANCES données PAR LES MANUSCRITS.		DISTANCES mesurées PAR M. LAPIE.
	Millia plus minus.	Milles plus ou moins.	Milles rom.
Dadastana. *Kiostebek*....................	XXI	21	16
Juliopolim[1] (al. Gordium). *Sevri-hissar*.......	XXVI	26	26
Laganeos[2] (al. Lagania). *Beybazar*...........	XXIV	24	24
Minizo[3] (al. Mnyzo). *Aiass*.................	XXIII	23[4]	23
Manegordo[5]. *Ismeriaman sur le Chibouk*......	XXVIII	28	18
Ancyra[6]. *Angora*.........................	XXIV	24	20
Corbeunca[7] (al. Corbeus). *Balabanluge*.......	XXII	22	22
Rosologiaco[8] (al. Rosoliaco). *Karageutchik*....	XII	12	12
Aspona. *Ruines sur un ruisseau*..............	XXXI	31[9]	31
Parnasso[10]. *Ruines*.......................	XXIV	24[11]	34
Ozzala[12] (al. Ossala sive Jogola). *Akserai*.....	XVII	17	17
Nitazi. *Ruines*...........................	XVIII	18	18
Coloniam Archelaida[13]. *Ruines d'une ville*.....	XXVII	27	29
Nantianulus[14] (leg. Nazianzus). *Ruines de Nazianze.*	XXV	25	25
Sasima. *Près du lac Ghiol-djouk*..............	XXIV	24	24
Andabalis[15]. *Nigdeh*......................	XVI	16	16
Tyana[16] (al. Dana). *Klisessar ou Ketch-hissar*..	XVI	16	16
Faustinopolim (al. Tracium). *Sur le Boulgar Dagh.*	XVIII	18[17]	12
Podando. *F. Doulek*.......................	XVI	16[18]	25
Namsucrone. (al. Mopsucrene). *Sur le Berghigar Dagh.*	XXVII	27	27
Ægeas (al. Ægas). *Ayass-Kalah*..............	XXI	21[19]	61
Catabolo (al. Castabala). *Ayass*..............	XXIV	24	24
Bais (sive Baiis). *Pias*.....................	XVI	16	16
Alexandria. *Scanderoun ou Alexandrette*.......	XVI	16[20]	16
Pagris[21]. *Pagros, château*.................	XVI	16	17
Antiochia. *Antakia*.......................	XVI	16[22]	21
F. Platanos (al. Platanum). *Sur le Nahr Gebere.*	XXV	25[23]	19
Cathela. *Gitte Galle*......................	XXIV	24[24]	24

[1] *Liliopolim.* F.
[2] *Baganeos.* D. F.
[3] *Mizino.* B. D. F.
[4] 24. S.
[5] *Manezordo,* mpm. 18. B. D. — *Manezardo,* mpm. 18. F. — *Menezardo,* mpm. 24. S.
[6] *Aticira.* F.
[7] *Curbeunca,* mpm. 20. B. D. F.
[8] *Rosolatiaco,* mpm. 11. B. F. — *Roslatiaco,* mpm. 11. D.
[9] 33. B. D. F.
[10] *Parnaso.* B. D. F.
[11] 34. D. — 23. S.
[12] *Ozala.* F.
[13] *Colonia Marcilaida.* B. — *Colonia Marcillada.* D. — *Colonia Marcilada.* F.
[14] *Nandianallus.* B. D.
[15] *Andabilis.* B.
[16] *Tiana.* F.
[17] 12. W.
[18] 26. B. D. F.
[19] 11. S.
[20] 12. W.
[21] *Pacris.* B. D. F
[22] 25. D. F.
[23] 20 et 40. S.
[24] 14. S.

ANTONINI AUGUSTI

ITINÉRAIRE.	DISTANCES données PAR LES MANUSCRITS.		DISTANCES mesurées PAR M. LAPIE.
	Millia plus minus.	Milles plus ou moins.	Milles rom.
Laudicia (leg. Laodicea). *Latakieh*............	XVI	16	16
Gabala (sive Talba). *Jebileh*.................	XVIII	18[1]	14
Balanea. *Baneas*...........................	XXVII	27[2]	14
Antarado. *Ain-el-Hie*......................	XXIV	24[3]	26
Arcas (al. Arce). *Arka*.....................	XXXII	32[4]	32
Tripoli. *Tarabolos*.........................	XVIII	18	16
Byblo. *Djebail*............................	XXXVI	36[5]	32
Beryto. *Beirout*...........................	XXIV	24[6]	24
Sidona (leg. Sidone). *Seideh*...............	XXX	30[7]	20
Tyro. *Sour*...............................	XXIV	24	24
Ptolemaidam (leg. Ptolemaida). *Saint-Jean d'Acre*.	XXXII	32[8]	32
Sycamina (leg. Sycamino). *Atlit*............	XXIV	24	15
Cæsarea. *Ruines de Kaïsarieh*...............	XX	20	16
Betaro (al. Betharo). *Au Nord del Borg*......	XVIII	18[9]	19
Diospoli. *Ramleh*..........................	XXII	22	22
Jamnia. *Ebneh*............................	XII	12	12
Ascalona (al. Ascalone). *Ruines d'Ascalon*....	XX	20	20
Gaza. *Gaza*...............................	XVI	16	16
Raphia. *Refah*............................	XXII	22	22
Rhinocorura[10] *El Arich*...................	XXII	22[11]	32
Ostracena (al. Ostracine). *Ouaradeh*........	XXVI	26[12]	26
Cassio (al. Casio). *Dans le désert*...........	XXVI	26	26
Pentaschœno[13] (al. Pentaschœnone). *Katieh*..	XX	20[14]	20
Pelusio. *Ruines de Péluse*...................	XX	20	20
Heracleus. *Tell-el-Charygh*..................	XXII	22	22
Tanis. *Sann, ruines*........................	XXII	22	17
Thmuis[15]. *Tmayeh, ruines*.................	XXII	22	22
Cyno (al. Cynopolis). *Zebleh*...............	XXV	25[16]	25
Tava[17]. *Fischeh*..........................	XXX	30	30
Andro (al. Andropolis). *Zaouï-tel-Bar*.......	XII	12	12
Nithine[18]. *Darieh*........................	XII	12	12
Hermupoli[19] (al. Hermopoli Parva). *Damanhour*...	XXIV	24	24

[1] 14. W.
[2] 24. B. — 28. F. — 14. S.
[3] 23. S.
[4] 22. F.
[5] 32. W.
[6] 34. D. F. — 16 et 18. W.
[7] 20. W.
[8] 12. W. — 22. S.
[9] 12. W. — 19. S.
[10] *Rinocorubra*. B. D. F.
[11] 24. S.
[12] 24. B. D. F.
[13] *Pentascino*. B. D. F.
[14] 24. W.
[15] *Thumuis*. B. D. F.
[16] 30. S.
[17] *Tafa*. B. D. F.
[18] *Nrehine*. F.
[19] *Hieropoli*, mpm. 20. B. D. F.

ITINERARIUM. 43

ITINÉRAIRE.	DISTANCES données PAR LES MANUSCRITS.		DISTANCES mesurées PAR M. LAPIE.
	Millia plus minus.	Milles plus ou moins.	Milles rom.
Chereu[1]. *Keryoum*................	XXIV	24	20
Alexandria. *Alexandrie*............	XX	20[2]	20
G. Chereu. *Keryoum*...............	XXIV	24[3]	20
Hermupoli[4] (al. Hermopoli Parva). *Damanhour*...	XX	20	24
Andro (al. Andropoli). *Zuouï-tel-Bar*..........	XXI	21	31
Niciu. *Menouf*...............	XXXI	31	21
Letus (al. Letopolis). *Mansourieh*............	XXVIII	28[5]	26
Memphi. *Mit Rahyneh*..............	XX	20	20
Peme. *Marakh*...............	XX	20	20
Isiu[6] (al. Seo). *El Zaouieh*.........	XX	20	20
Cene[7] (al. Cœne sive Heracleopoli). *Almas*.....	XX	20	20
Tacona[8]. *Halfieh*...............	XX	20	20
Oxyryncho[9]. *Benaçeh*...............	XXIV	24	24
Ibiu (al. Ibeo). *Meniet*............	XXX	30	40
Hermopoli [Magna]. *Achmounein*.............	XXIV	24[10]	24
Cusis[11]. *El Kousieh*...............	XXIV	24	24
Lyco[12] (al. Lycopoli). *Siout ou Asiout*........	XXXV	35[13]	32
Apollonos Minoris[14]. *Sadfeh*...............	XVIII	18	23
Hisoris[15]. *Maragha*.............	XXVIII	28	28
Ptolemaida. *Menchieh*.............	XXII	22[16]	22
Abydo[17]. *El Kerbeh*...............	XXII	22	22
Diospoli [Parva]. *Gebadieh*............	XXVIII	28	18
Tentyra (al. Tentyri). *Ruines de Denderah*......	XXVII	27	27
Contra Copto. *El Souady*...............	XII	12[18]	12
Papa. *Nakadeh*...............	VIII	8[19]	8
Hermunthi (al. Hermonthi). *Erment*............	XXX	30	30
Lato (al. Latopoli). *Esneh*.............	XXIV	24	28
Apollonos Superioris (al. Apollinopoli Magna). *Edfou*.............	XXXII	32	32

[1] *Chereu*. B. D. F. — Entre *Chereu* et *Alexandria* on lit encore dans F.: *Hieropoli*, mpm. 20.
[2] 24. S.
[3] 23. D. — 19. S.
[4] *Heropoli*. B. — *Hieropoli*. D. — Cette ligne est placée plus haut dans F. Voy. la note 3.
[5] 29. D. F.
[6] *Usiu*. B. D. F.
[7] *Caene*. B. D. — *Otheme*. F.
[8] *Ticabona*. D. — *Icacona*. F.
[9] *Oxirincho*. F.
[10] 23. F.
[11] *Chusis*. B D. F.
[12] *Lico*. F.
[13] 32. D. F.
[14] *Apollinos Minores*. B. — *Appollinos Minore*, mpm. 17. D. — *Apollinos Minor*, mpm. 17. F.
[15] *Hysopis*. B. D. — *Hisopis*. F.
[16] 32. S.
[17] *Abido*. F.
[18] 11. S. — 27. W.
[19] 11. W.

6.

ITINÉRAIRE.	DISTANCES données PAR LES MANUSCRITS.	DISTANCES mesurées PAR M. LAPIE.
	Millia plus minus. / Milles plus ou moins.	Milles rom.
Contra Thumis¹ (al. Contra Thmuis). *El Hammam*........	XXIV / 24²	24
Contra Ombos³. *Sebahyeh*.............	XXIV / 24	19
Contra Syene⁴. *El Kobbeh*............	XXIII / 23	23
Parembole⁵. *Temple Beremren*........	XVI / 16	16
Tzitzi⁶. *Debout*....................	II / 2	2
Tafis (sive. Taphis). *Tafah*.........	XIV / 14	14
Talmis⁷. *El Kalabcheh*...............	VIII / 8	8
Tutzis. *Temple Kircheh*..............	XX / 20	20
Pselcis⁸. *Temple Dekkeh*.............	XII / 12	12
Corte. *Kesr Ghourtah*................	IV / 4	4
Hiera Sycamino⁹. *Maharrakah, près l'île Derar*....	IV / 4	4

XXXIII.

Iter¹⁰ a Pelusio Memphi. *Route des ruines de Péluse à Mit Rahyneh*..............	CXXII / 122¹¹	130
SIC :		
Daphno¹² (leg. Daphne). *Tell-Dephneh*........	XVI / 16	26
Tacasarta (al. Tacasiris). *Salahieh*...........	XVIII / 18¹³	18
Thou (al. Thoum). *Tell-el-Kebir*...........	XXIV / 24¹⁴	24
Scenas Veteranorum¹⁵. *Tell-el-Ioudieh*.........	XXVI / 26	26
Heliu¹⁶ (al. Heliopoli). *Ruines d'Heliopolis*......	XIV / 14	12
Memphi. *Mit Rahyneh*................	XXIV / 24	24

XXXIV.

Iter¹⁷ per partem Arabicam trans Nilum. *Par l'Arabie, au-delà du Nil*.............	″ / ″¹⁸	788

---

¹ *Tumuis*. B. D. — *Thumuis*. F.
² 23. S.
³ *Orobos*. F.
⁴ *Contra Suene, mpm.* 24. D. F.
⁵ *Parempole*. B. D. — *Parempoli*. F.
⁶ *Izitzi*. F.
⁷ Entre *Tzitzi* et *Talmis* on lit : *Tafis, mpm.* 14. B. D. F. — *Thalmis*. F.
⁸ *Pseleis*. D.
⁹ *Hierasicamino*. F.
¹⁰ *Item*. B. D. F.
¹¹ 123. B. — En marge : R. XI *minus sunt*. B. —

124. D. F. — La somme des distances partielles égale la distance générale annoncée. — 124. S.
¹² *Dafno*. F.
¹³ 16. S.
¹⁴ 14. B.
¹⁵ Tout ce qui précède, depuis le commencement de l'Itinéraire jusqu'à cet article, manque dans C.
¹⁶ *Helius, mpm.* 17. B. C. — *Helius mpm.* 14. F. — *Heliu, mp.* 24. S.
¹⁷ *Item*. B. C. D. F.
¹⁸ La distance générale n'est pas marquée dans les manuscrits.

ITINERARIUM.

ITINÉRAIRE.	DISTANCES données PAR LES MANUSCRITS.		DISTANCES mesurées PAR M. LAPIE.
	Millia plus minus.	Milles plus ou moins.	Milles rom.
Contra Pselcis [1]. *Kobban*..................	XI	11	10
Contra Talmis [2]. *Au Sud de Darmout*........	XXIV	24	30
Contra Taphis [3]. *Tafah oriental*.............	X	10	10
Philas [4]. *El Gianeh*........................	XXIV	24	34
Syene. *Assouan*...........................	III	3[5]	4
Ombos [6]. *Koum-Ombou*.....................	XXX	30	30
Contra Apollonos [7]. *Ruines*.................	XL	40	40
Contra Lato. *Helleh*........................	XL	40	40
Thebas (sive Diospolim Magnam). *Louksor ou Akseïr*..................................	XL	40	40
Vico Apollonos [8]. (al. Apollinopoli Parva). *Hachachieh*.............................	XXII	22[9]	6
Copton [10] (al. Coptos). *Khaft*................	XXII	22	22
Chenoboscio [11]. *Chourieh*..................	XL	40	40
Thomu [12]. *Chark*...........................	L	50	50
Pano (al. Panopoli sive Chemmi). *Akhmin*....	IV	4	4
Selino. *Gellaouieh*........................	XVI	16	16
Anteu [13] (al. Antæopoli). *Kaou-el-Kebir*........	XVI	16	16
Muthi [14]. *Bedari*...........................	VIII	8	8
Isiu. *Gasr*................................	XXIV	24	24
Hieracon. *El Maabdeh*.....................	XX	20	15
Pesla (al. Pescla). *Deïr Koseïr*..............	XXVIII	28	14
Antinou [15] (al. Antinoe). *Cheïk Ababdeh*......	XXIV	24	23
Peos Artemidos [16] (leg. Speos Artemidos). *Beni-Hassan-el-Kadim*................................	VIII	8	8
Musæ. *Cheïk-Hassan*......................	XXXIV	34[17]	34
Hipponon (al. Hypponon). *Faaret-el-Koddama*...	XXX	30	30
Alyi. *Geïada*..............................	XVI	16	16
Thimonespi [18] (al. Thimonepsi). *Baïad*........	XVI	16	16
Aphrodito [19] (al. Aphroditopoli). *Atfieh*.......	XXIV	24	24

[1] *Contra Pselos, mpm.* 10. B. — *Contra Pselos, mpm.* 11. F.
[2] *Talmas.* B. — *Calmis.* D. — *Thalmis.* F. — 14. S.
[3] *Contra Tafis.* F.
[4] *Filas.* F.
[5] 4. S. W.
[6] *Ambos.* B. C. D. F.
[7] *Contra Apollinos.* D. F.
[8] *Apollinos.* B. D. F.
[9] 6. C.
[10] 32. W.
[11] *Cenobosio.* B. D. F. — *Caenoboscio. mp.* 50. C.
[12] *Thomo.* D. F.
[13] Cet article et les deux suivants manquent. C. — *Antheu.* F.
[14] *Mitihu.* F.
[15] *Antenou.* B. D. — *Antenon.* C. — *Anthenou.* F. — 23. S.
[16] *Peusarcemidos.* B. — *Poes Artemidos.* C. — *Pensatemidos.* D. — *Pensarthemidos.* F.
[17] 24. C.
[18] *Thimonepsi.* B. D. — *Timonepsi.* C.
[19] *Afrodito.* F. — XXIII. S.

ITINÉRAIRE.	DISTANCES données PAR LES MANUSCRITS.		DISTANCES mesurées PAR M. LAPIE.
	Millia plus minus.	Milles plus ou moins.	Milles rom.
Scenas Mandras (al. Scenas Mandrarum). *Lersas*..	XX	20	20
Babylonia[1] (al. Babylone). *Vieux Caire ou Mesr-el-Atikeh*........	XII	12[2]	22
Heliu[3] (i. e. Heliopoli). *Ruines d'Héliopolis*......	XII	12[4]	12
Scenas[5] Veteranorum. *Tell-el-Ioudieh*...........	XVIII	18[6]	12
Vico Judæorum. *Tell-Ioudieh-el-Ghetteh*.........	XII	12[7]	13
Thou[8] (al. Thoum). *Tell-el-Kebir*............	XII	12	13
Hero (i. e. Heroopoli). *Abou-Keyched*.........	XXIV	24	24
Serapiu[9] (al. Serapeo). *Ruines de* Serapeum.....	XVIII	18[10]	18
Clismo[11] (al. Clysma). *Près d'Ayoun Mousa*......	L.	50	50

XXXV.

Iter[12] a Serapio Pelusio. *Des ruines de* Serapeum *aux ruines de Peluse*..............	LX	60[13]	50
Thaubasio[14] (al. Thaubasto). *Gherat-Cheik-Henedik.*	VIII	8	8
Sile (al. Selis). *Ruines*...............	XXVIII	28	18
Magdolo[15]. *Abouhé*......................	XII	12	12
Pelusio. *Ruines de Peluse*.................	XII	12	12

XXXVI.

A. Iter a Copto Beronicem usque. *De Kheft à Sekket-Bendar-el-Kebir*.............	CCVIII	208[16]	255
Peniconon[17] (al. Phœnicon). *Désert*............	XXIV	24	24
Didime (al. Didyme). *Désert*................	XXIV	24	24
Afrodito (al. Aphrodito). *Désert*..........	XX	20[18]	20

[1] *Babylona.* C. — *Babilonia.* F.
[2] XVI. S. — XXII. W.
[3] *Haelius.* C. — *Helium.* F.
[4] XXII. W.
[5] *Scena.* F.
[6] XXII. S. — 14. S.
[7] XXII. S.
[8] *Theli.* C.
[9] *Seraphiu.* F.
[10] 28. C.
[11] *Lysmo.* B. D.—*Clysmo, mpm.* 28. C.—*Lismo.* F.
[12] *Item* B. F.— *Item a Serapiu.* C. — *Item a Serapto.* D.

[13] 40. D. — La somme reproduit le nombre 60.
[14] *Tausbasion, mp.* 9. C. — *Taubasio.* F.
[15] *Magdalo.* C.
[16] *Item a Copton Veronicem, mpm.* 258. Sic. B.—En marge : R III *sunt super.* B. — *Item a Copton Beronicen usque, mpm.* 258 sic. C. — *Item a Copto Verenicem, mpm.* 358. sic. D.— *Item a Copton Verenicem, mpm.* 258. Sic. F. — *Item a Copto Veronicem usque, mpm.* 300, 184, 233, 257 et 254. S. — *Item a Copto* 261. W. — La somme donne 266.
[17] *Peniconi Conon, mpm.* 27. B. D. F. — *Poeniconon.* C.
[18] 24. C.

ITINERARIUM. 47

ITINÉRAIRE.	DISTANCES données PAR LES MANUSCRITS.		DISTANCES mesurées PAR M. LAPIE.
	Millia plus minus.	Milles plus ou moins.	Milles rom.
Compasi[1]. Désert..................	XXII	22	22
Jovis (al. Jovis Hydreo). Samount...........	XXIII	23[2]	23
Aristonis. Désert.................	XXX	30[3]	25
Phalagro[4] (al. Phalacro). Désert.........	XXX	30	25
Apollonos (al. Apollonis Hydreo). Désert.......	XXIV	24[5]	23
Cabalsi. Puits Aharatret................	XXIV	24[6]	24
Cenon Ydreuma[7] (al. Cænon Hydreuma). Habou-Grey.	XXVII	27	27
Beronicen[8]. Sekket-Bendar-el-Kebir...........	XVIII	18	18
B. Item[9] a Copto Beronicem. De Khaft à Sekket-Bendar-el-Kebir................	CCLVIII	258[10]	255
Sic :			
Pœniconiconon (al. Phœnicon). Désert.........	XXVII	27	24
Didime (al. Didyme). Désert.............	XXIV	24	24
Afrodito. Désert...................	XX	20	20
Compasi. Désert...................	XXII	22	22
Jovis. Samount....................	XXXIII	33	23
Aristonis. Désert..................	XXV	25	25
Falacro (leg. Phalacro). Désert...........	XXV	25	25
Apollonos. Désert...................	XXIII	23	23
Cabalsi. Puits Aharatret...............	XXVII	27	24
Cenondidreuma (al. Cænon Hydreuma) Habou-Grey.	XXVII	27	27
Beronicem. Sekket-Bendar-el-Kebir..........	XVIII	18	18

XXXVII.

Iter Thraciæ[11]. Route de Thrace.

A Cabyle[12] per compendium Hadrianopolim usque[13]. De Cabyla, par le plus court chemin, à Andrinople........................	XCVIII	98[14]	78

---

[1] *Comparsi*, mpm. 21 C.
[2] 24. C. — 33. D. F.
[3] 25. B. C. D. F.
[4] *Falacro*, mpm. 25. B. C. D. F.
[5] 23. B. F.
[6] 27. B. D. F.
[7] *Caenon Didreuma*. B. — *Cenon Didreuma*. D. F.
[8] *Veronicem*. B. D. — *Venoricem*. F.
[9] Cette route manque. B. C. D. F. — Wesseling, qui ne l'a trouvée que dans deux mss., l'a insérée dans son texte, mais en caractères italiques.
[10] La somme donne 271 au lieu des 258 annoncés.
[11] *Trachie*. F.
[12] *A Cabille*. F.
[13] *Adrianopolim usque mille plus minus*. F.
[14] 79. B. — 78. D. F. — Ce nombre et les huit suivants manquent. C. — 110 et 89. W. — 88 et 105. S. — La somme des distances partielles reproduit les 78 milles annoncés dans D. et F.

ANTONINI AUGUSTI

ITINÉRAIRE.	DISTANCES données PAR LES MANUSCRITS.		DISTANCES mesurées PAR M. LAPIE.
	Millia plus minus.	Milles plus ou moins.	Milles rom.
SIC :			
Orudisza ad Burgum. *Babacheste*	XXX	30	30
In Medio. *Bouiouk-Derbent*	XXV	25[1]	25
Hadrianopoli. *Edreneh ou Andrinople*	XXIII	23[2]	23
XXXVIII.			
A Plotinopoli[3] Heraclea. *De Djesr-Erkené à Erekli*	XCII	92[4]	141
SIC :			
Trajanopoli. *Orikhova*	XXII	22	34
Apris. *Ainadjik ou Ienidjek*	XXIII	23[5]	63
Resisto (al. Rhædesto). *Rodosto*	XXII	22[6]	16
Heraclea[7]. *Erekli*	XXV	25[8]	28
XXXIX.			
A. Iter[9] a Sebastia Cocuso[10] per Melitenam[11]. *De Sivas à Cocson, par Malatia*	CCXCIII	293[12]	254
SIC :			
Blandos. *Delikli-Tach*	XXIV	24	24
Euspoena. *Aladja-Khan*	XXVIII	28[13]	18
Aranis. *Hassan-Tchelebi*	XXIV	24[14]	14
Ad Prætorium. *Hekim-Khan*	XXVIII	28[15]	28
Pisonos. *Hassan-Padrik*	XXXII	32[16]	22
Melitena[17]. *Malathia*	XXXII	32[18]	22
Arcas. *Arka*	XXVI	26[19]	26
Dandaxima (al. Dandaxena)	XXIV	24	24
Osdara. *Sciohair*	XXIV	24	24
Ptandari (al. Tanandari). *Iani*	XXIV	24[20]	24

[1] 26. F.
[2] 24. B. D. F. — 25 et 30. S
[3] *A Platonopoli*. F.
[4] 93. F. — La somme reproduit les 92 annoncés.
[5] 33. D. F. — 22. S.
[6] 32. B. D. F. — 26. S.
[7] *Herachea*. F.
[8] 15. B. D. F. — 16. S. — 10. W.
[9] *Iter* manque. B. C. D. F. — On lit en marge : R XI *super sunt*. B.
[10] *Cocusa*. B.
[11] *Per Melitana*.
[12] 294. C. — 393. S. — La somme donne 304.
[13] 25. S.
[14] 23. F.
[15] 25. S.
[16] 22. S.
[17] *Meleta, mpm.* 22. C. — *Macelena.* D. F.
[18] 22. S.
[19] 25. S.
[20] 34. C.

ITINERARIUM.

ITINÉRAIRE.	DISTANCES données PAR LES MANUSCRITS.		DISTANCES mesurées PAR M. LAPIE.
	Millia plus minus.	Milles plus ou moins.	Milles rom.
Cocuso (al. Cucuso). *Geuksoun*	XXXVIII	38 [1]	40
B. Iter [2] a Sebastia Cocuso per Cæsaream. *De Sivas à Geuksoun par Kaisarieh*.	CCLVIII	268 [3]	239
SIC :			
Scanatu [4] (al. Scanato). *Sis*	XXVIII	28 [5]	18
Malandara. *Ruines au confluent du Tchékérek et du Kizil Ermak*	XXX	30	30
Armaxa. *Ruines près Guelermek*	XXVIII	28	28
Eulepa [6]. *Mahaldji*.....................	XXIV	24	24
Cæsarea (al. Mazaca). *Kaisarieh*...........	XVI	16	16
Artaxata (al. Arasaxa). *Sultan Khap*........	XXIV	24 [7]	24
Coduzabala [8] (al. Castabala). *A l'E. de Kainar*	XVIII	18 [9]	19
Comana (sive Comana Cappadocia). *Viranchehr*...	XXIV	24	18
Ptandari (al. Tanandari). *Soveyuri*	XXIV	24	24
Cocuso (al. Cucuso). *Cocson ou Geuksoun*.......	XXXVIII	38 [10]	40
c. Iter [11] a Sebastia Cocuso per compendium. *De Sivas à Geuksoun par le plus court chemin*...............................	CCVI	206 [12]	190
SIC :			
Tonosa. *Mandjilik*	L	50	50
Ariarathia [13]. *Karakaia*...................	L	50	40
Coduzabala [14] (al. Castabala). *A l'E. de Kainar*....	XX	20	20
Comana (sive Comana Cappadocia). *Viranchehr*..	XXIV	24	18
Ptandari (al. Tanandari). *Soveyuri*............	XXIV	24	24
Cocuso (al. Cucuso). *Cocson ou Geuksoun*	XXXVIII	38 [15]	38
XL.			
Iter [16] ab Arabisso [17] per compendium Satalam [18]. *De Ghouroun à Erzinghian en abrégeant*....	CCLXVIII	268 [19]	264

[1] 18. C. — 28. S.
[2] *Item*. B. D. F. — Cette route manque. C.
[3] En faisant l'addition on ne trouve que 254.
[4] *Sacanatu*. B. D. F.
[5] 25. S.
[6] *Fulepa*. D.
[7] 27. B. D. — 28. F.
[8] *Coduzalaba*. B.
[9] 19. D. F. — 29. W.
[10] 28. F.
[11] *Item*. B. D. F.

[12] En faisant l'addition on retrouve la distance générale annoncée.
[13] *Triarathia*. B. D. — *Triatrachia*. F.
[14] *Coduzalbala*. B. D. F.
[15] 28. C. F.
[16] *Item*. B. C. D. F.
[17] *Arrabisso*. F.
[18] *Satala*. F.
[19] 224. C. — La somme des distances partielles reproduit le nombre 268.

ITINÉRAIRE.	DISTANCES données PAR LES MANUSCRITS.		DISTANCES mesurées PAR M. LAPIE.
	Millia plus minus.	Milles plus ou moins.	Milles rom.
SIC :			
Tonosa. *Mandjilik*..................	XXVIII	28	18
Zoana. *Sur un affluent du Baliklou, riv.*........	XXV	25[1]	25
Gundusa[2]. *Sur l'Adji Dagh*.............	XXIII	23[3]	18
Eumeis. *A l'E. de Touzla.*..............	XXX	30	30
Zara[4]. *Zarah*......................	XVIII	18	18
Dagolasso[5] (al. Dagalasso). *Ketché Yurdy*.......	XX	20	20
Nicopoli. *Purk*	XXIV	24	35
Olotoedariza[6] (al. Caltiorissa). *Akbounar*......	XXIV	24[7]	34
Ad Dracones. *Cheiran*	XXVI	26[8]	26
Aza[9]. *Azah*......................	XXIV	24[10]	24
Satala, Leg.[11] xv Apollinaris. *Erzinghian*	XXVI	26	26
XLI.			
A. A Germanicia per Dolichen et Zeugma Edissam usque[12]. *De Marach ou de Banicia par Aïntab et Bir à Orfa*................	LXXXVII	87[13]	114
SIC :			
Sico[14] Basilisses. *Arabler*..................	XX	20	30
Doliche[15]. *Aïntab*......................	X	10	15
Zeugma[16]. *En face de Bir*.............	XII	12	24
Bemmaris[17] (al. Benmaris). *Ruines*...........	XX	20	20
Edissa (al. Edessa). *Orfa*................	XXV	25	25
B. Iter[18] a Germanicia per Samosata Edissa. *Route de Marach par Semisat à Orfa*......	LXX	70[19]	130

[1] 26. C. — 16. S.
[2] *Gundosa.* mpm. 44. A. D. F.
[3] 24. C.
[4] *Sara.* mp. 17. C.
[5] *Degalasso.* B. — *Dagalasso.* C. D. — *Dagalaso.* F.
[6] *Oluto œulariza.* B. — *Olotoaelariza.* C. — *Oluto Eulariza.* D. F.
[7] 14. S.
[8] 27. D. F. — 16, 17, 25. S.
[9] *Haza.* B. C. D. F.
[10] 33. S.
[11] *Sata legea Apollinaris.* C. — *Satalo legii.* F.
[12] *A Germania per Dolicum et Zeuma Ædissam usque.*

B. D. — *A Germanicia per Dolicum et Zeugma Ædissam usque.* C. — *A Germanitia per Dolicum et Zeuma Edissam usque.* F.

[13] Ce nombre manque ainsi que les onze nombres qui suivent. C. — La somme reproduit le nombre 87.
[14] *Sicos.* B. C. D. F.
[15] *Dolica.* B. C. — *Dolicam.* D. F.
[16] *Zeuma.* B. C. D. F.
[17] *Benemaris.* C.
[18] *Item a Germanitia per Samositam.* B. D. F.— *Item a Germanicia per Samosata.* C.
[19] La somme reproduit 70.

ITINERARIUM. 51

ITINÉRAIRE.	DISTANCES données PAR LES MANUSCRITS.		DISTANCES mesurées PAR M. LAPIE.
	Millia plus minus.	Milles plus ou moins.	Milles rom.
SIC :			
In Catabana[1]. *Au N. de Nadjar*	XV	15[2]	25
Nisus (al. Vissus sive Issium). *Près Orkeneb*	XVI	16[3]	26
Tharse (al. Tarsa). *Sur la riv. Geuksou*	XIV	14	24
Samosata, Leg. VII[4]. *Semisat*	XIII	13	13
Edissa. *Ofa*	XII	12[5]	42
XLII.			
Iter[5] ab Antiochia Emesa[6]. *Route d'Antakia à Hems*	CXXXIII	133[7]	134
SIC :			
Niaccaba[8] (al. Niacaba). *Schugr*	XXV	25[9]	26
Caperturi. *Ruines sur la rivière de Chaouryt*	XXIV	24	24
Apamia (al. Apamea). *Calaat-el-Medyk*	XX	20	20
Larissa. *Calaat-Seidjar*	XVI	16	16
Epiphania[10]. *Hamah*	XVI	16	16
Arethusa. *Rastoun*	XVI	16[11]	16
Emesa. *Hems*	XVI	16	16
XLIII.			
Iter[12] ab Arabisso[13] Muzana. *Route de Ghouroun à un affluent du Tokmasou*	LXVIII	48[14]	44
SIC :			
In medio. *Sur la riv. Baliklou*	XXII	22	22
Muzana[15]. *Sur un affluent N. du Tokmasou*	XXVI	26	22
XLIV.			
A. Iter[16] a Germanicia Edissa. *Route de Marach à Orfa*	LXXXIV	84[17]	112

[1] *In Catavana.* B. D. F.
[2] 13. S.
[3] 13. S.
[4] *Leg.* VI. D. F. — *Leg.* IIII, mp. 12, et *Leg.* VI, mp. 12 et 13. S.
[5] 11. D.
[6] *Item.* B. C. D. F.
[7] 124. C. — 134. D. F. — La somme reproduit 133.
[8] *Niaccuba.* B. D. F.
[9] 26. B. C. D. F.
[10] *Epithania.* B. D. F.
[11] 6. S.
[12] *Item.* B. C. D. F.
[13] *Arrabisso.* F.
[14] Ce nombre et les trente-sept qui suivent manquent. C. — La somme reproduit 48.
[15] *Auzana.* F.
[16] *Item.* B. C. D. F.
[17] L'addition reproduit 84.

7.

ITINÉRAIRE.	DISTANCES données PAR LES MANUSCRITS.		DISTANCES mesurées PAR M. LAPIE.
	Millia plus minus.	Milles plus ou moins.	Milles rom.
SIC :			
Sicobasilisses[1]. *Arabler*....................	XV	15[2]	30
Doliche. *Aïntab*........................	XV	15	15
Zeugma[3]. *En face de Bir*.................	XIV	14	24
Cannaba. *Ruines*.......................	XIII	13[4]	13
In medio. *Ruines*.......................	XII	12	12
Edissa[5] (al. Edessa). *Orfa*................	XV	15	18
B. Iter[6] a Cyrrho[7] Edissa[8]. *Route de Chillis ou Killis à Orfa*....................	XCII	92[9]	114
SIC :			
Ciliza[10] sive Urmagiganti. *Ruines*............	XII	12[11]	22
Abarara[12]. *Ruines*.....................	X	10	12
Zeugma[13]. *En face de Bir*.................	XXII	22	22
Bemmari Canna[14] (al. Benmari Cana). *Ruines* ...	XL	40	40
Bathnas Mari[15]. *Seroug*..................	VIII	8	8
Edissa[16]. *Orfa*.......................	X	10	10
C. Iter[17] a Nicopoli Edissa[18]. *Route de Derbend-mer à Orfa*.....................	CXXXVII	137[19]	125
SIC :			
Aliaria. *Près Bekludéré*.................	XIII	13	13

[1] *Sicos Basilices.* F.
[2] 12. S.
[3] *Zeuma.* B. C. D. F.
[4] 14. S.
[5] *Ædissa.* B. C. — Le nombre manque. D. F.
[6] *Item.* B. C.
[7] Les mots *Iter a Cyrro* manquent dans F.
[8] *Ædissa.* B. C.
[9] La somme donne 102 au lieu de 92.
[10] *Cilizasi.* F.
[11] Les mots *sive Urmagiganti* et le nombre manquent. B. D. F. — *Sive Urma.* C. — Le ms. D. ne sépare pas cette route de la précédente; après l'article *In medio, mpm.* 12, il porte : *Ædissa, mpm.* (sans nombre). *Cilizasi, mpm...... Veurnia, mpm..... Giganto, mpm....* (au lieu de *Ciliza sive Urmagiganti*) *Abarara, Ziumia, Bemmari, Canna, Bathenas, Meri, Ædissa,* ces sept noms étant placés les uns au-dessous des autres, sans nombre, ni signe aucun.
[12] Avant *Abarara* on lit dans B : *Ciliza, mp... Veurma, mp..... Gigando, mp.* et dans F : *Veturnia.... Giganto.....*
[13] *Ziuma.* B. F. — Le chiffre et les chiffres des noms suivants manquent. B.
[14] Le mot *Canna* est placé sous le mot *Bemmari*, comme s'ils formaient chacun un article particulier. B. F.
[15] *Bathenas.* B. — Le nombre manque; les deux noms *Bathenas* et *Meri* sont placés l'un sous l'autre, comme s'ils formaient chacun un article séparé. B. F. — *Bathemmas Meri.* C.
[16] *Ædissa.* B. C. — Le nombre manque. B.
[17] *Item.* B. D. F.
[18] *Ædissa.* B. C. — En marge : *R 1 super.* B.
[19] 138. B. D. F. — La somme reproduit les 137 annoncés.

ITINERARIUM.

ITINÉRAIRE.	DISTANCES données PAR LES MANUSCRITS.		DISTANCES mesurées PAR M. LAPIE.
	Millia plus minus.	Milles plus ou moins.	Milles rom.
Gerbedisso[1]. *Harsich*....................	XV	15	15
Doliche[2]. *Aïntab*	XX	20	30
Zeugma[3]. *En face de Bir*..............	XXIV	24	24
Cannaba. *Ruines*	XXV	25	13
In medio. *Ruines*.....................	XXII	22[4]	12
Edissa[5] (sive Edessa). *Orfa*............	XVIII	18	18
D. Iter[6] a Calecome[7] Edissa[8]. *De Aïn Cherby à Orfa*........................	LXXXV	85[9]	108
SIC :			
Bathnas. *Aedenek*	XXIV	24	24
Hierapoli. *Bambouch ou Bumbych*.......	XXI	21	21
Thilaticomum. *Ruines*.................	X	10[10]	31
Bathnas[11]. *Seroug*	XV	15	22
Edissa. *Orfa*.........................	XV	15	10
E. Iter[12] a Carris Hierapoli. *Route de Harran à Bambouch*........................	LXXXIII	83[13]	83
SIC :			
Bathnas[14]. *Seroug*....................	XXX	30	30
Thilaticomum. *Ruines*.................	XXII	22[15]	22
Hierapoli. *Bambouch*..................	XXXI	31	31
XLV.			
Iter[16] a Cyrrho[17] Emesa[18]. *Route de Chillis ou Khillis à Hems*	CLI	151[19]	156
SIC :			
Minniza[20] (al. Miniza). *Akhtarin*...........	XX	20	20

[1] *Gerbedisso*. C.
[2] *Dolica*. B. — *Dolich*. C. — *Dolicha*. D. F.
[3] *Zeuma*. B. D. F.
[4] 25. S.
[5] *Ædissa*. B. C.
[6] *Item*. B. C. D.
[7] *Item Callecoma*. F.
[8] *Ædissa*. B. C. D.
[9] La somme reproduit 85.
[10] 21. D. F. — 24. W.
[11] *Bathanas*. C.
[12] *Item*. B. C. D. F.
[13] 84. D. F. — La somme reproduit le nombre 83.
[14] *Bathanas*. C. — *Bathas*. D.
[15] 32. W.
[16] *Item*. B. D. F.
[17] *Cirro*. F.
[18] *Hemisa*. B. — *Hemesa*. C. D.
[19] La somme produit 151, qui est le nombre annoncé.
[20] *Minnicam*. C. — *Minicam*. D. F.

ITINÉRAIRE.	DISTANCES données PAR LES MANUSCRITS.		DISTANCES mesurées PAR M. LAPIE.
	Millia plus minus.	Milles plus ou moins.	Milles rom.
Beroa[1] (al. Berœa). *Alep*.............	XXII	22	25
Chalcida[2]. *Vieux Alep ou Kinesrin*......	XVIII	18	15
Arra (al. Marra). *Marrah*.............	XX	20[3]	25
Cappareas. *Près le Khan Cheikoun*...	XXIII	23[4]	23
Epiphania[5]. *Hamah*................	XVI	16	16
Arethusa[6]. *Rastoun*................	XVI	16	16
Emesa[7]. *Hems*.....................	XVI	16	16
XLVI.			
Iter[8] a Doliche[9] Seriane. *Route d'Aïntab aux ruines près Mouhuram*.............	CXXXVIII	133[10]	170
SIC :			
Hanunea (al. Channunia). *Kasr-Rouwant*......	XXV	25[11]	25
Cyrrho[12]. *Chillis ou Khillis*.............	XXIV	24	20
Minniza[13] (al. Miniza). *Akhtarin*.......	XXIV	24	20
Beroa. *Alep*.......................	XX	20	25
Chalcida[14]. Kinesrin ou Vieux Alep......	XV	15[15]	15
Androna. *Androneh*.................	XXVII	27[16]	37
Seriane. *Ruines près Mouhuram*........	XVIII	18	28
XLVII.			
Iter[17] a Calecome[18] Larissa. *Route de Aïn Cherby à Calaat-Seidjar*.................	LXXIX	79[19]	102
SIC :			
Chalcida. *Kinesrin ou Vieux Alep*.........	XVIII	18[20]	38
Temmeliso (al. Thelmenisso). *Khan el Sebel*....	XX	20	20

[1] *Heroa.* C. — *Berroa, mpm.* 25. D. — *Berroa, mpm.* 20. F.
[2] *Caldea.* C. — *Calcida.* F.
[3] Ce nombre et le suivant manquent. C.
[4] 24. F.
[5] *Epifania.* F.
[6] *Arecusa.* F.
[7] *Hemesa.* B. C. D. — *Nemesa.* F.
[8] *Item.* B. C. D. F.
[9] *Dolica.* B. F. — En marge : *R.* B. — *Dorica.* C.
[10] Ce nombre manque. C. — 128. S. — La somme produit 153 ; si l'on en retranchait le nombre 15 de l'article *Chalcida*, on retrouverait les 138 annoncés.
[11] Ce nombre manque. B. C.
[12] *Cipro.* C. — *Cirro.* F. — Avant cet article on lit : *Hemesa, mp.* 16. C.
[13] *Minnica, mp.* 34. C.
[14] Cette ligne manque. B. D. F. — Comme elle n'est donnée que par un seul ms. et qu'elle paraît interpolée, nous l'avons distinguée, à l'exemple de Wesseling, par des caractères italiques.
[15] Ce nombre manque, ainsi que les deux suivants. C.
[16] 17 et 24. S.
[17] *Item.* B. C. D. F.
[18] *Callicone.* D. — *Gallicone.* F.
[19] 78. D. F. — La somme reproduit 79.
[20] 19. D. F.

ITINERARIUM.

ITINÉRAIRE.	DISTANCES données PAR LES MANUSCRITS.		DISTANCES mesurées PAR M. LAPIE.
	Millia plus minus.	Milles plus ou moins.	Milles rom.
Apamia[1] (al. Apamea). *Calaat-el-Medyk*......	XXV	25	28
Larissa. *Calaat-Seidjar*.................	XVI	16[2]	16

XLVIII.

Iter[3] ab Eumari Neapoli[4]. *Des ruines d'Eumaris à Naplous*.................	CCXXVII	227[5]	242

SIC :

Geroda[6].................	XL	40	40
Thelseae (al. Thalsea).................	XVI	16[7]	16
Damasco. *Damas*.................	XXIV	24	24
Aere. *Aahere*.................	XXXII	32[8]	47
Neve[9]. *Nova*.................	XXX	30	30
Capitoliada[10]. *Beit-el-Ras*.................	XXXVI	36	30
Gadara. *Omkeis*.................	XVI	16	16
Scythopoli[11]. *Bysan*.................	XVI	16	16
In medio.................	X	10[12]	10
Neapoli (al. Sichem). *Naplous*.................	VII	7[13]	13

XLIX.

Iter[14] a Seriane Scythopli Occora. *Des ruines près Mouhuram à Bysan*.................	CCCXVIII	318[15]	321

SIC :

Salaminiada. *Salemiah*.................	XXXII	32[16]	32
Emesa. *Hems*.................	XVIII	18	28
Laudicia (al. Laodicea Scabiosa). *Près Djussi el Djedede*.................	XVIII	18[17]	18
Lybo. *Hermil*.................	XXXII	32[18]	32
Heliopoli. *Balbeck*.................	XXXII	32[19]	32

[1] *Epamia*. B. D. F.
[2] 15. D. F.
[3] *Item*. B. C. D. F.
[4] *Neapolim*. F.
[5] 228. D. F. — 210. S. — La somme reproduit 227.
[6] *Gerosa*. C. — *Cheroda*. D. F.
[7] 40. C.
[8] 34. D.
[9] Cette ligne manque dans F.
[10] *Capiteliadu*. C. — *Capitolia*. D. — *Capitoliacla*. F.
[11] *Scitopoli*. F.
[12] 6. C. — 12. S. — Cette ligne et la suivante manquent dans F.
[13] 3. C.
[14] *Item*. B. C. D. — En marge : R xxv *minus sunt*. B. — Cette route est hors de place et confuse dans F. Voyez la note 12 de la page 56.
[15] La somme reproduit 308.
[16] 33. S.
[17] 26. C.
[18] 38. C.
[19] 38. C.

ITINÉRAIRE.	DISTANCES données PAR LES MANUSCRITS.		DISTANCES mesurées PAR M. LAPIE.
	Millia plus minus.	Milles plus ou moins.	Milles rom.
Abila[1] (al. Abyla). *Nebi-Abel*............	XXXVIII	38	32
Damasco. *Damas*............	XVIII	18	8
Aere. *Aahere*............	XXXIII	32[2]	47
Neve. *Nova*............	XXX	30	30
Capitoliada. *Beit-el-Ras*............	XXXVI	36	30
Gadara. *Omkeis*............	XVI	16[3]	16
Scythopoli. *Bysan*............	XVI	16	16

L.

Iter[4] a Cæsarea Eleutheropolim. *Route de Kaisarieh aux ruines d'Eleutheropolis*........	LXXVII	77[5]	59
SIC :			
Betaro[6] (al. Betharo). *Au N. d'el Borg*........	XXXI	31	19
Diospoli (al. Lydda). *Ramleh*............	XXVIII	28[7]	22
Eleutheropolim. *Ruines*............	XVIII	18	18

LI.

Iter[8] a Damasco Emesa. *Route de Damas à Hems*............	CLII	152[9]	122
SIC :			
Abila[10] (sive Abyla). *Nebi-Abel*............	XXXVIII	38	8
Heliopoli[11]. *Balbeck*............	XXXII	32	32
Conna[12]. *Ras*............	XXXII	32[13]	32
Laudicia[14] (al. Laodicea Scabiosa). *Près Djussi el Djedede*............	XXXII	32	32
Emesa[15]. *Hems*............	XVIII	18	18

[1] *Abila* manque. C.
[2] 30. C. — 32. D.
[3] 20. S.
[4] *Item.* B. C. D. F. — Les nombres de cette route manquent. C.
[5] 78. S. — La somme reproduit le nombre 77.
[6] *Betocro.* D. F.
[7] 38. D.
[8] *Item.* B. C. D. F.
[9] La somme reproduit les 155 indiqués.
[10] *Abalia.* B.
[11] *Heliupoli.* F.
[12] Après *Conna* on lit dans F : *Damasco*, mp. 18.

Aere, mpm. 32.
Nene, mpm. 30.
Capitoliacla, mpm. 36.
Gadara, mpm. 16.
Citopoli, mpm. 16.

Ces noms appartiennent à la route de *Seriane* à *Scythopolis*. Ensuite le même manuscrit reproduit la route de *Cæsarea* à *Eleutheropolis* qu'il a déjà donnée, puis celle de *Damascus* à *Emesa*, dont il avait rapporté le commencement.

[13] 31. C.
[14] *Laoditia.* F.
[15] *Hemesa.* B. C. D. F.

ITINÉRAIRE.	DISTANCES données PAR LES MANUSCRITS.		DISTANCES mesurées PAR M. LAPIE.
	Millia plus minus.	Milles plus ou moins.	Milles rom.
LII.			
Iter[1] a Neapoli Ascalona. *Route de Naplous aux ruines d'Ascalon*............	LXXIII	73[2]	74
SIC :			
Ælia[3]. *Romani*................	XXX	30	30
Eleutheropoli. *Ruines*...........	XX	20	20
Ascalona (al. Ascalone). *Ruines d'Ascalon*......	XXIV	24	24
LIII.			
A. Iter[4] a Claudiopoli Ancyra[5]. *Route de Basta à Angora*.................	CXXXIV	134[6]	134
SIC :			
Cratia[7] (al. Flaviopolis). *Menkin*...........	XXIV	24	24
Carus[8] Vicus. *Keredeh*..............	XXX	30	30
Legna. *Sur l'Atik-Dagh*...........	XXIV	24	24
Crentius[9]. *Iabaz*..............	XXXII	32	32
Ancyram[10]. *Angora*.............	XXIV	24	24
B. Iter[11] a Pesinunte[12] Ancyra. *Route de Bahldassar à Angora*.............	XCIX	99[13]	100
SIC :			
Germa. *Yerma*...............	XVI	16[14]	16
Vindia[15]. *Ilidja*............	XXIV	24	24
Papira (al. Papyræ). *Baloukoudjou*...........	XXXII	32[16]	32
Ancyra[17]. *Angora*.............	XXVII	27[18]	28

[1] *Item*. B. C. D. F. — Les nombres manquent. C.
[2] 74. B. D. F. — L'addition produit 74.
[3] *Elia*. B. F.
[4] *Item*. B. C. D. F.
[5] *Angyra*. B. — *Angira*. F.
[6] 130. S. — L'addition reproduit le nombre 134.
[7] *Gratia*. B. C. — Au lieu de *Cratia* et des noms suivants, on lit dans D et F : *Germa, Vinda*, etc. qui appartiennent à la route qui suit.
[8] *Garus*. B. C.
[9] *Grentius*. B. — *Gentibus*. C.
[10] *Angyra*. B.
[11] *Item*. B. C. — Cette route porte le titre de la précédente dans D et dans F.
[12] *Persinunte*. B.
[13] L'addition reproduit les 99 annoncés.
[14] 15. C.
[15] *Vinda*. C. D. F.
[16] 16. C.
[17] *Angira*. F.
[18] 28. C.

ITINÉRAIRE.	DISTANCES données PAR LES MANUSCRITS.		DISTANCES mesurées PAR M. LAPIE.
	Millia plus minus.	Milles plus ou moins.	Milles rom.
LIV.			
Iter[1] a Tavia Cæsaream usque. *Route de Boghaz-keui à Kaïsarieh*	CIX	109	149
SIC :			
Therma. *Jurgatt*	XIX	19[2]	19
Soanda. *Batal Kalessi*...................	XVIII	18	28
Sacoena[3] (al. Saccosena). *Boslyan*...........	XXXII	32	48
Ochras. *A l'O. de Bachkhora*................	XVI	16	26
Cæsarea. *Kaïsarieh*......................	XXIV	24[4]	34
LV.			
A. Iter[5] a Dorilao (al. Dorylæo) Ancyra. *Route de Caradja-Chehr ou Eski-Chehr à Angora*..	CXLI	141[6]	134
SIC :			
Arcelaio (al. Archelaide). *Sevri-Hissar*	XXX	30	30
Germa. *Yerma*...........................	XX	20	20
Vindia. *Ilidja*..........................	XXXII	32	24
Papira[7] (al. Papyræ). *Baloukoudjou*...........	XXXII	32	32
Ancyra. *Angora*........................	XXVII	27	28
B. Iter[8] ab Ancyra Taviam[9] (al. Tavium). *Route d'Angora à Boghazkeui*..........	CXVI	116[10]	106
SIC :			
Bolelasgus[11]. *Hassan Oglou*.................	XXIV	24[12]	24
Sarmalius. *Karadjeleh*...................	XXIV	24[13]	24
Ecobrogis (al. Eccobriha). *Sur le Delid-tchai*.....	XX	20[14]	20
Adapera *Soungourlou*....................	XXIV	24	24
Tavia (al. Tavium). *Boghazkeui*.............	XXIV	24	14
c. Iter[15] a Tavia (al. Tavio) Sebastiam (al. Sebastem). *Route de Boghazkeui à Sivas*...	CLXI	161[16]	161

[1] *Item.* B. D. F. — En marge : R. 1 *minus est.* B.
[2] 18. B. C. D. F. — 8. S.
[3] *Saconna.* B. D. F.
[4] 23. S.
[5] *Item.* B. C. D. F.
[6] 151. F. — 112. S. — L'addition reproduit les 141 indiqués.
[7] *Papyra.* B. C.
[8] *Item.* B. C. D. F.
[9] *Tabian.* B. D. F.
[10] 117. D.—L'addition reproduit les 116 annoncés.
[11] *Bolegalgus.* B.— *Bolecasgus.* C.— *Bolegasgus.* D. F.
[12] 22. S.
[13] 23. C.
[14] Le nombre manque. C.
[15] *Item.* B. C. F.
[16] L'addition reproduit les 161 annoncés.

ITINERARIUM.

ITINÉRAIRE.	DISTANCES données PAR LES MANUSCRITS.		DISTANCES mesurées PAR M. LAPIE.
	Millia plus minus.	Milles plus ou moins.	Milles rom.
SIC :			
Corniaspa. *Sur l'Aladja, R*................	XXI	21[1]	21
Pardosena[2]. *Kerkelan*...................	XXV	25	25
Sibora[3] *Eleminn*......................	XXV	25	25
Agriane. *Kodjakeui*.....................	XX	20[4]	20
Simos. *Yanghi*.........................	XXX	30	30
Sebastia (al. Sebaste, prius Cabira). *Sivas*......	XL.	40	40
D. Iter a Tavia (al. Tavio) per Sebastopolim Sebastiam (al. Sebastem) usque. *Route de Boghazkeui par Turkhal à Sivas*	CLXVI	166[5]	173
SIC :			
Mogaro. *Aladja*........................	XXX	30	30
Darano. *Omer Pacha*....................	XXIV	24[6]	31
Sebastopoli. *Turkhal*....................	XL	40[7]	40
Verisa (al. Berisa). *Cora*.................	XXIV	24[8]	24
Phiarasi[9] (al. Phiara). *Boloskeui*...........	XII	12	12
Sebastia (al. Sebaste). *Sivas*..............	XXXVI	36	36
LVI.			
A. Iter[10] ab Ancyra per Nyssam (al. Nysam)[11] Cæsaream usque. *Route d'Angora par Yarapazon à Kaïsarieh*.................	CXCVIII	198[12]	183
SIC :			
Gorbeus[13] (al. Corbeus). *Tchoukourdjak*........	XXIV	24	22
Orsologiaco[14] (al. Rosologiaco). *Karakeui*......	XVIII	18	12
Aspona. *Près Guemelch*	XX	20	31
Parnasso[15]. *Mandjiour*...................	XXII	22	34
Nyssam[16] (al. Nysam). *Yarapazon*...........	XXIV	24	24
Osiana. *Ourgoup*......................	XXXII	32	22

[1] 31. S.
[2] *Parbosena*. B. D. — Le ms. C offre ici une lacune de six articles. — *Barboscena*. F.
[3] Cet article manque dans F.
[4] 25. S.
[5] 146. S. — L'addition reproduit le nombre 166.
[6] 15, 24, 31. S.
[7] 23. S.
[8] 22 et 34. S.
[9] *Fiarasi*. F.
[10] *Item*. B. C. D. F.
[11] *Nisam*. B. F.
[12] L'addition reproduit les 198 annoncés.
[13] *Grorbeus*. B. D.
[14] *Orsolaigaco*. F.
[15] *Parnaso*. F.
[16] *Nisam*. B. D. F.

8.

ANTONINI AUGUSTI

ITINÉRAIRE.	DISTANCES données PAR LES MANUSCRITS.		DISTANCES mesurées PAR M. LAPIE.
	Millia plus minus.	Milles plus ou moins.	Milles rom.
Saccasena[1]. *Indjésou*	XXVIII	28[2]	18
Cæsarea. *Kaïsarieh*	XXX	30	20
B. Iter[3] a Cæsarea Satala[4]. *Route de Kaïsarieh à Erzinghian*	CCCXXIV	324[5]	335
SIC :			
Eulepa. *Mahaldji*	XVI	16[6]	16
Armaxa[7]. *Ruines près Guelermek*	XXIV	24	24
Marandara (al. Malandara). *Au confluent du Tchékérek et du Kizil Ermak*	XXVIII	28	28
Scanalus[8] (al. Scanatum). *Sis*	XXXVIII	38[9]	30
Sebastia (al. Sebaste). *Sivas*	XXVIII	28	28
Camisa. *Kodjassar*	XXVII	27[10]	24
Zara[11]. *Zarah*	XXVII	27[12]	27
Dagolasso (al. Dagalasso). *Ketché Yurdy*	XX	20	26
Nicopoli. *Purh*	XXIV	24	35
Olotoedariza[13] (al. Caltiorissa). *Tekkek*	XXIV	24	24
Dracontes (al. Dracones). *Chaïrun*	XXVI	26	26
Aza[14]. *Azah*	XXIV	24[15]	24
Satala. *Erzinguian*	XXVI	26	26
C. Iter[16] a Satala Melitenam per ripam Samosata[17] usque. *Route d'Erzinghian à Malatia et le long de l'Euphrate jusqu'à Semisat*	CCCXLI	341[18]	321
SIC :			
Suissa[19]. *Sur le Karasou*	XVII	17[20]	17
Arauracos[21] (al. Arabrace). *Kemakh*	XVIII	18	18
Carsagis[22]. *Kouroutchai*	XXIV	24	24
Sinervas[23] (al. Sinibra). *Eguine*	XXVIII	28	28

[1] *Accasena.* F.
[2] 33. F.
[3] *Item.* B. D. F.
[4] *Satula.* F.
[5] L'addition produit 332 et non 324.
[6] 13. S.
[7] *Armaca.* B. D. F.
[8] *Soanatus.* F.
[9] 39. B. D. — 29. C.
[10] 24. C.
[11] *Zaro.* F.
[12] 18. B. C. D.
[13] *Olotedariza.* B. C. D. F.
[14] *Haia.* B. C. D. F.
[15] 14. S.
[16] *Item.* B. C. D. F.
[17] *Samusatam.* B. D. F.
[18] 342. S. — L'addition ne produit que 331.
[19] *Suisa.* B. D. F. — *Sivisa.* C.
[20] 27. C.
[21] *Asauracas.* B.—*Asauracos.* D. F.—Entre *Arauracos* et *Carsagis* on lit : *Arausaucos, mp.* 28, dans B; *Asauracos, mpm.* 28, dans D; et *Arasaucos, mpm.* dans F.
[22] *Sarsagis.* B. D. F.
[23] *Finerras.* C.

ITINERARIUM.

ITINÉRAIRE.	DISTANCES données PAR LES MANUSCRITS.		DISTANCES mesurées PAR M. LAPIE.
	Millia plus minus.	Milles plus ou moins.	Milles rom.
Analiba. *Sur le Tsalta-tchai*............	XXVIII	28	28
Zimara. *Divriki*......................	XVI	16	16
Teucila (al. Zenocopus). *Sur le Miran-tchai*....	XVI	16 [1]	16
Sabus. *Kentarmichan*................	XXVIII	28	18
Dascusa. *Arabkir*....................	XVI	16 [2]	16
Ciaca [3]. *Sepou*.....................	XXXII	32	32
Melitena (al. Melitene). *Malatia*.........	XVIII	18	18
Miasena [4]. *Sur le Bech-dagh*...........	XII	12 [5]	12
Lacotena [6]. *Lakaben*................	XXVIII	28	28
Perre. *Perrin*.......................	XXVI	26	26
Samosata. *Semisat*..................	XXIV	24	26
D. Iter [7] a Cæsarea Melitena. *Route de Kaïsarieh à Malatia*................	CCXXVIII	228 [8]	226
SIC :			
Artaxata (al. Arasaxa). *Sultan khan*.......	XXIV	24	24
Coduzalaba (al. Coduzabala, sive Castabala). *A l'E. de Kainar*................	XXI	24	19
Comana [Cappadociæ]. *Viranchehr*.......	XXVI	26 [9]	18
Siricis. *Près le Benbo-dagh*............	XXIV	24	26
Ptandaris (al. Tanandari). *Soveyuri*......	XVI	16 [10]	16
Arabisso. *Ghourouu*.................	XII	12 [11]	22
Osdara. *Derendeh*..................	XXVIII	28 [12]	28
Dandexena (al. Dandaxena). *Satreck*.....	XXIV	24 [13]	24
Arcas. *Arka*.......................	XXII	22	24
Melitenem [14]. *Malatia*...............	XXVIII	28 [15]	25
E. Iter [16] a Cæsarea Anazarbo [17]. *Route de Kaïsarieh à Aïn zarba*...............	CCXI	211 [18]	209
SIC :			
Arasaxa [19]. *Sultan khan*.............	XXIV	24	24

[1] 14 S.
[2] 25. S.
[3] *Chiaca*. B. C. D. F.
[4] *Maiasena*. C. — *Maisena*. F.
[5] 11. S.
[6] *Hacotin*. B. F.
[7] *Item*. B. C. D. F. — En marge : *R XII sunt super*. B.
[8] 222. S. — L'addition reproduit 228.
[9] 27. S.
[10] 15. C.
[11] 22. B. D. F. — 18. C.
[12] 29. B. D. F. — 18. C.
[13] 22. C.
[14] *Melitena*, mp. 29. B. D. — *Meletena*, mp. 18. C.
[15] 29. F.
[16] *Item*. B. D. F. — Cette route manque dans C.
[17] *Anatarbo*. F.
[18] 179. S. — L'addition des distances partielles produit 218 et non 211.
[19] *Artaxata*. B. D. F.

ITINÉRAIRE.	DISTANCES données PAR LES MANUSCRITS.		DISTANCES mesurées PAR M. LAPIE.
	Millia plus minus.	Milles plus ou moins.	Milles rom.
Coduzabala¹ (al. Castabala). *A l'E. de Kaïnar*....	XXIV	24	19
Comana [Cappadocia]. *Viranchehr*.............	XXIV	24²	18
Siricis. *Près le Benbo-dagd*..................	XXIV	24	26
Cocuso (al. Cucuso). *Cocsou ou Geuksoun*......	XXIV	24³	24
Laranda⁴. *Dalar*.............................	XVIII	18	18
Badimo. *Hadjin*.............................	XVIII	18	18
Prætorio⁵. *Au N. de Karasis*.................	XXII	22	22
Flaviada. *Sis*...............................	XXII	22	22
Anazarbo. *Aïn-zarbah*.......................	XVII	18	18

LVII.

Iter⁶ a Sebastia Cocuso (al. Cucuso). *Route de Sivas à Cocsou ou Geuksoun*.............	CCVI	206⁷	190
SIC :			
In medio. *Oulach*...........................	XXV	25	25
Tonosa. *Mandjilik*..........................	XXV	25	25
In medio. *Près Tounouz*......................	XXV	25	20
Ariarathia. *Karakaia*........................	XXV	25	20
Coduzabala⁸ (al. Castabala). *A l'E. de Kaïnar*...	XX	20	20
Comana. *Viranchehr*........................	XXIV	24	18
Ptandari⁹ (al. Tanandari). *Soveyuri*...........	XXIV	24	24
Cocuso (al. Cucuso). *Cocsou ou Geuksoun*......	XXXVIII	38¹⁰	38

LVIII.

Iter à Nicopoli Arabisso. *Route de Purk à Ghouroun*..	CCXXVI	226¹¹	240
SIC :			
Dagalasso. *Ketché Yurdy*.....................	XXIV	24	35
Zara. *Zarah*................................	XX	20	20
Camisa. *Kodjassar*...........................	XVIII	18	27
Sebastia (al. Sebaste). *Sivas*.................	XXIV	24¹²	24

---

¹ *Codozalaba*. B. D. — *Codolaba*. F.
² 26. B. — 27. D. F.
³ 15. B. — 25. D. F.
⁴ *Larando*. F.
⁵ *Præterio*. F.
⁶ *Item*. B. D. F. — En marge: *R. 1 super est*; et un peu plus en dessous: *R. hic xxviii super sunt*. B.

⁷ 166. S. — L'addition reproduit le nombre 206.
⁸ *Dodazalaba*. B. F. — *Gaduzalaba*. C. — *Doduzabala*. D.
⁹ *Tandari*. B. C. D. F.
¹⁰ 39. B. D. F. — 28. C.
¹¹ L'addition reproduit les 226 annoncés.
¹² 23. S.

ITINERARIUM. 63

ITINÉRAIRE.	DISTANCES données PAR LES MANUSCRITS.		DISTANCES mesurées PAR M. LAPIE.
	Millia plus minus.	Milles plus ou moins.	Milles rom.
In medio. *Khany*....................	XXV	25	25
Ariarathia. *Karakaia*...............	XXV	25	25
Coduzabala[1] (al. Castabala). *A l'E. de Kainar*....	XX	20	20
Comana. *Viranchehr*...............	XXIV	24[2]	18
Ptandari[3] (al. Tanandari). *Soveyuri*...........	XXIV	24	24
Arabisso. *Ghourhoun*...............	XXII	22	22
LIX.			
Iter a Sebastopoli Cæsaream usque. *Route de Turkhal à Kaïsarieh*................	CCVII	217[4]	188
SIC :			
Verisa (al. Berisa). *Cora*............	XXIV	24	24
Siara (al. Phiara). *Boloskeui*.........	XII	12[5]	12
Sebastia (al. Sebaste). *Sivas*.........	XXXVI	36[6]	36
Scanatus (al. Scanatum). *Sis*.........	XXVIII	28[7]	18
Malandara[8]. *Au confluent du Tchékérek et du Kizil Ermak*................	XXXVIII	38	30
Armaxa. *Ruines près Guelermek*........	XXVIII	28	28
Eulepa. *Zauza*....................	XXIV	24	24
Cæsarea. *Kaïsarieh*................	XXVI	26[9]	16
LX.			
A. Iter[10] a Cocuso (al. Cucuso) Arabisso[11]. *Route de Geuksoun à Ghouroun*........	LII	52[12]	62
SIC :			
Ptandari (al. Tanandari). *Soveyuri*...........	XXVIII	28[13]	40
Arabisso. *Ghouroun*................	XXIV	24[14]	22
B. Iter[15] a Cocuso (al. Cucuso) Melitenam. *Route de Geuksoun à Malatia*........	CLIII	153[16]	163

[1] *Codazalaba*. B. C. D.
[2] 18. S.
[3] *Candori*. B. D. F. — *Tandari*. C.
[4] Le ms. C omet ici, comme d'ordinaire, le nombre total de chaque route. — 207. S. — L'addition ne produit que 216.
[5] 22. F.
[6] 26. C. — 6. 33. S.
[7] 29. F. — 18, 38. S.
[8] *Maiondara, mp.* 28. C. — *Maiandara, mpm.* 39. D. F.
[9] 23. C.
[10] *Item.* B. C. D. F.
[11] *Arabisso usque.* D. F.
[12] 52, sic. B. D. F. — L'addition reproduit le nombre 52.
[13] 18. C.
[14] 18. C.
[15] *Item.* B. C. D. F.
[16] 154, D. — 140, 142, 152. S. — L'addition ne donne que 152.

ITINÉRAIRE.	DISTANCES données PAR LES MANUSCRITS.		DISTANCES mesurées PAR M. LAPIE.
	Millia plus minus.	Milles plus ou moins.	Milles rom.
SIC :			
Ptandari (al. Tanandari). *Soveyuri*.............	XXVIII	28[1]	40
Arabisso. *Ghoaroun*...................	XXII	22	22
Asdara (al. Osdara). *Derendeh*.............	XXVIII	28	28
Dandexena[2] (al. Dandaxena). *Satreck*........	XXIV	24	24
Arcas. *Arka*.......................	XXII	22	24
Melitena (al. Melitene). *Malatia*..............	XXVIII	28	25
c. Iter[3] a Melitena (al. Melitene) Samosata (al. Samosate). *Route de Malatia à Semisat*.	XCI	91[4]	92
SIC :			
Messena[5] (al. Miasena). *Sur le Bech-dagh*......	XII	12[6]	12
Lacotena[7] (al. Lacobena). *Lakaben*...........	XXVIII	28[8]	28
Perre (al. Perris). *Perrin*.................	XXVII	27	26
Samosata[9] (al. Samosate). *Semisat*...........	XXIV	24[10]	26
LXI.			
A. Iter[11] a Nicopoli Satalam. *Route de Purk à Erzinghian*........................	CXXII	122[12]	117
SIC :			
Olotoedariza[13] (al. Caltiorissa). *Tekkek*........	XXIV	24[14]	24
Carsat[15]. *Boglaitchor*..................	XXIV	24	34
Arauracos (al. Arabrace). *Kemakk*...........	XXIV	24	24
Suissa[16]. *Sur le Karasou*................	XXIV	24[17]	18
Satala. *Erzinghian*...................	XXVI	26[18]	17
B. Iter a Trapezunte[19] Satalam. *Route de Trébisonde à Erzinghian*................	CXXXV	135[20]	135

[1] 29. B. D. F. — 18. C.
[2] *Dandecena*. B. F. — *Dandaecena*. D.
[3] *Item*. B. C. D. F.
[4] L'addition reproduit 91.
[5] *Masena*. C. — *Mesena*. F.
[6] 18. W.
[7] *Locotena*. B. F.
[8] 18. F.
[9] *Samasata*. F.
[10] 27. B.
[11] *Item*. B. C. D. F.
[12] On retrouve par l'addition le nombre 122.
[13] *Oletoedariza*. F.
[14] 28. B.
[15] *Casris*. C.
[16] *Soissa*. B. C. D. F.
[17] 28. S.
[18] 27. S.
[19] *Trepezunte*. B. — En marge : R. 1 *super est*. B. — *Trepezunta*. D. F.
[20] 130, 132. — L'addition reproduit les 135 annoncés.

ITINERARIUM.

ITINÉRAIRE.	DISTANCES données PAR LES MANUSCRITS.		DISTANCES mesurées PAR M. LAPIE.
	Millia plus minus.	Milles plus ou moins.	Milles rom.
SIC:			
Ad Vicensimum[1] (leg. ad Vicesimum). *Djemichy*..	XX	20	20
Zigana[2]. *Gumuchkaneh*........................	XXXII	32[3]	32
Thia. *Kouasse-Kaleh*..........................	XXIV	24	24
Sedisscapifonti[4]. *Boulour*.....................	XVII	17	17
Domana[5]. *Satah*............................	XXIV	24	24
Satala. *Erzinghian*	XVIII	18[6]	18
LXII.			
Iter per ripam a Viminacio[7] Nicomediam. *Route de Rama à Ismid, en suivant les bords du fleuve*.............................	XII. LXXII	1272[8]	1118
SIC:			
Cuppis[9]. *Columbatz*.........................	XXIV	24	24
Novas (leg. ad Novas). *Dobra*.................	XXIV	24	12
Talia (leg. Taliatis). *Gögerdsinlik*..............	XII	12[10]	25
Egeta[11]. *Gladova ou Fethislam*.................	XXI	21[12]	21
Aquis. *Berza-Palanka*	XVI	16	16
Dortico. *Detz*................................	X	10	10
Bononia. *Bregova*............................	XVII	17[13]	17
Ratiaria, Leg. XIIII Gemina[14]. *Widdin*...........	XVIII	18	18
Almo (sive ad Almum). *Smordini*..............	XVIII	18	18
Cebro (al. ad Cebrum sive Camistrum). *Tzibrou-Palanka*.................................	XVIII	18	18
Augustis	XVIII	18	18
Variana. *Oreava ou Rahova*...................	XII	12	12
Valeriana[15]. *Kniajè*:.........................	XII	12	12
Oesco[16] Leg. v Mac. (i. e. Macedonica). *Glava*....	XII	12	12

[1] *Ad Vicissimum*. B. — *Ad in Vicensimum*. C. — *Ad Vicisimum*. F.
[2] *Licana*. C.
[3] 26. C. — 22. S.
[4] *Sedissafiponti*. B. D. F. — *Sediscadifonti*, mp. 18. C.
[5] *Pomana*. F.
[6] 28. F.
[7] *Fiminacio*. B. — En marge : *Hic R.* XVIII *super sunt*. B. — *Juminatio*. F.
[8] *Mille*. T CXXXII. B. D. — XI LXII. C. — CCXXXII F. — 1 mille CXXXI, MCXXXI, MCXXXII. S. — *Mille* CXXXII. W. — L'addition produit 1162.
[9] *Cuppe*. B. D. F. — *Cuppes*. C.
[10] 22. S.
[11] *Ageta*. B. D. F.
[12] 22. C.
[13] 18. S
[14] En marge : *R.* B. — *Riatiaria leug.* XIV, mp. 18. C. — Les mots *Leg.* XIV *Gemina* manquent. D. F.
[15] Cette ligne manque. B. D. F, et paraît avoir été ajoutée au texte par un copiste. — *Valerianis*. C.
[16] *Oesceo Legimag*. B. — En marge : *R.* B. — *Oesco Leug.* v *Mac.* C. — *Oesceo.* D. F. Les mots *Leg.* v *Mac.* ne sont pas dans ces mss.

ITINÉRAIRE.	DISTANCES données PAR LES MANUSCRITS.		DISTANCES mesurées PAR M. LAPIE.
	Millia plus minus.	Milles plus ou moins.	Milles rom.
Uto. *Staroselitza*............................	XIV	14	14
Securisca. *Tcherezelan*......................	XII	12[1]	12
Dimo. *Mouseliou*............................	XII	12[2]	12
Novas (al. ad Novas). Leg. I Ital[3]. *Gourabeli*.....	XVII	17	17
Scaidava. *Sistova*...........................	XVIII	18	13
Trimammio[4] (al. Trimamio). *Roudera*..........	VII	7	27
Sexantapristis[5] (al. Sexaginta Pristis). *Birgos*.....	VII	7[6]	7
Tigra. *Roustchouk*...........................	IX	9[7]	9
Appiaria. *Taban*.............................	XIII	13[8]	13
Transmariscam. *Tourk-Semil*...................	XVI	16[9]	16
Candidiana. *Saorsanlar*.......................	XIII	13[10]	13
Teglicio[11]. *Vetrena ou Veternitre*................	XII	12	12
Dorostoro (al. Durostoro) leg. XI. Cl. (i. e. Claudia)[12]. *Silistria*..................................	XII	12	12
Sucidava. *Derbend*...........................	XVIII	18	18
Axiopoli[13]. *Kouzgoun*........................	XII	12	12
Capidava. *Rassova*...........................	XVIII	18	18
Carso. *Hassanbeg*............................	XVIII	18	18
Cio. *Hirschova*..............................	X	10[14]	10
Biroe[15] (al. Boræo)............................	XVIII	18[16]	18
Trosmis Leg. I Jovia[17]. *Matchin*...............	XVIII	18[18]	18
Scythia[19]. *Scythie*.			
Arrubio. *Poulnovitza*.........................	IX	9[20]	9
Diniguttia (al. Dinogetia). *Iassactchi*...........	IX	9[21]	9
Novioduno Leg. II Herculea[22]. *Toultcha*..........	XX	20	20
Ægyso (al. Ægisso). *Karaïbeli*.................	XXIV	24[23]	24
Salsovia. *Babadagh*..........................	XVII	17[24]	17

[1] 15. B.
[2] 11. C. — Le nombre manque dans F.
[3] *NovasLeu* I. *Ita*, mp. 16. C. — *Novas Legihal*. D. — *Notus Legihal*. F.
[4] *Triamo*. C. — *Triammammio*. F.
[5] *Sexantaprifos*. F.
[6] 12. B. C. D.
[7] 8. B.
[8] 16. B. — *Apiariaria*, mp. 14. C.
[9] 18. S.
[10] 14. S.
[11] *Teclitio*. B. D. — *Teditio*. F.
[12] *Dorosdoro. Leg.* XXI *Cl.* B. — En marge: *R.* B. — *Leug.* XI *Cl.* C. — *Leg.* XXI *Cl.* D. — *Dorostoro mpm. Leg.* XXI *Cl. mpm.* 12. F.

[13] *Axiupoli*. B. — *Auxiupoli*. D. F.
[14] 18. C.
[15] *Beroe*. B. — *Birore*. C.
[16] 14. B. C. D. F. — 13. S.
[17] *Leug.* I *Jovia.* 6. C. — *Ley.* I *id est Jovia.* D. F.
[18] 13. S.
[19] *Sitica*, mp. 8. C. — *Scytica*. D. — *Scitica*. F.
[20] 18. S.
[21] 8. S.
[22] *Noviodunu. Lec.* II *Hercule* 10; mp. 20. B. — *Novioduno Leuq.* V *Herculea* C.
[23] 14, 22. S.
[24] 18. C. — 16. F.

ITINERARIUM. 67

ITINÉRAIRE.	DISTANCES données PAR LES MANUSCRITS.		DISTANCES mesurées PAR M. LAPIE.
	Millia plus minus.	Milles plus ou moins.	Milles rom.
Salmorude (al. Salmarude). *Karamakeui*........	IX	9	9
Valle[1] Domitiana. *Potouroar ou Potour*..........	XVII	17[2]	17
Ad Salices. *Kara-Kerman*.....................	XXVI	26[3]	26
Historio (al. Istropoli sive Istria). *Karagarlih*.....	XXV	25	15
Tomos. *Karli*................................	XXXVI	36	36
Callatis[4] (al. Calatis portu vel Caria). *Kartalia*...	XXX	30	30
Timogittia[5] (al. Tirizis). *Taouk-Limani*........	XVIII	18[6]	18
Dionysopoli (al. Cruni). *Baltchik*	XXIV	24	24
Odisso[7] (al. Odesso sive Adeno). *Varna*........	XXIV	24	24
Marcianopoli. *Chaptik*........................	XVIII	18	18
Soatris. *Kiopikeui*............................	XXVI	26[8]	26
Anchialis (al. Anchialo). *Ahioli ou Ahioglou*......	XXIV	24	36
Debelco[9] (al. Delveto). *Inkizli*................	XXIV	24	24
Sadame. *Fakih*................................	XVIII	18	18
Tarpodizo. *Devlet-Agatch*.....................	XVIII	18	18
Ostudizo[10]. *Hafsa ou Khafsa*..................	XXXII	32[11]	32
Burtudizo. *Eskibaba*...........................	XVIII	18	18
Bergule[12]. *Tchatal Bourgaz*...................	XVIII	18	18
Drizipara[13] (leg. Druzipara). *Karistan*..........	XIV	14	14
Izirallo[14] (al. Tzurullo). *Tchorlou*.............	XVI	16	16
Heraclea[15]. *Erekli*...........................	XVIII	18	18
Cenophrurio. *A l'ouest de Selivri*...............	XVIII	18	18
Melantiada (al. Malantiada). *Buiuk-Tchekmedjé*...	XXVII	27[16]	24
Byzantio. *Constantinople*......................	XVIII	18[17]	24
Pantichio[18]. *Pendik*.........................	XV	15	12
Libyssa (al. Lybissa). *Djebizé*................	XXIV	24	22
Nicomedia. *Ismid*............................	XXII	22	32
LXIII.			
A Beroa Hadrianopolim. *De Beroe à Andrinople*.....................................	LXXXVII	87[19]	72

[1] *Vale.* B. C. D. F.
[2] 18. C.
[3] 27. C.
[4] *Callacis.* B. D. F. — *Gallacis.* C.
[5] *Timocithya.* C.
[6] 17. S.
[7] *Udisso.* B. D. F.
[8] 17, 27. S.
[9] *Debeleo.* B. D. F.
[10] *Ostodizo.* B. D. — *Ostodiszo.* F.
[11] 24. C.
[12] *Bercule,* mp. 14. C.
[13] *Disizipara.* mp. 16. C. — *Drizipala.* D. F.
[14] *Tzrirallo.* B. — *Zizarlo,* mp. 18. C.
[15] *Taraclya.* C. — *Heradia.* F.
[16] 28. C.
[17] 16. C.
[18] *Panthetio.* B. D. F. — *Panthetio,* mp. 22. C.
[19] Les nombres de cette route manquent. C. — L'addition reproduit les 87 annoncés.

ANTONINI AUGUSTI

ITINÉRAIRE.	DISTANCES données PAR LES MANUSCRITS.		DISTANCES mesurées PAR M. LAPIE.
	Millia plus minus.	Milles plus ou moins.	Milles rom.
SIC:			
Castra Iarba (al. Castra Rubra sive Subzupara). *Coiunlou*..........	xxx	30	30
Burdipta (al. Burdista). *Djezair Moustapha Pacha*.	xxv	25[1]	22
Hadrianopolim. *Andrinople*............	xxxii	32	20
GALLIA[2]. *LA GAULE.*			
LXIV.			
Iter de Pannoniis in Gallias per mediterranea loca, id est a Sirmio[3] per Sopianas Treveros usque[4]. *Route des Pannonies dans les Gaules à travers les terres, c'est-à-dire de Mitrovitz par Fünfkirchen à Trèves*..........	"	"	1124
A. A Sirmio Lauriaco[5]. *De Mitrovitz à Ens*...	ccccxxxvii	437[6]	450
B. Augusta Vindelic. (lege Vindelicorum). *A Augsbourg*...................	ccxvi	216[7]	209
C. Ad Fines. *A Pfyn*................	cxxxvi	136[8]	144
D. Ad Treveros[9]. *A Trèves*............	ccxxxi	231[10]	321
SIC:			
A. Ulmos (sive Ulmum). *Ruines S. Elias*.....	xxvi	26	26
Cibalis[11]. *Vinkovcze*................	xxiv	24[12]	24
Mursa. *Eszeg*............	xxii	22	24
Antianis (al. Artianis). *Dalyok*..........	xxiv	24	24
Sopianis[13]. *Fünfkirchen*................	xxx	30	30
Limusa. *Galosfa*................	xxii	22	22

[1] 15. W.
[2] Ce titre manque. B. C. D. F.
[3] *A Syrmi.* F. — Ce qui suit jusqu'à *Lauriaco* exclusivement manque dans F.
[4] L'addition des quatre nombres qui suivent donne 1020, et celle des distances partielles 1102 milles et demi.
[5] En marge : *Ilic R.* v *super sunt.* B.
[6] 434. — L'addition produit 442.
[7] 236. C. — L'addition donne 217.
[8] L'addition produit 139.
[9] *Treveros Leug. n.* 121, *sic.* C. — *Ad Treveros leugas n. mp.* 231. W.
[10] 232, 236. S. — L'addition produit 304 milles et demi.
[11] *Civalis.* B. D. F. — En marge : *R. hic* xxxviiii. *minus sunt.* B.
[12] 23. C
[13] *Suppianis.* B. C. D. F.

ITINERARIUM.

ITINÉRAIRE.	DISTANCES données PAR LES MANUSCRITS.		DISTANCES mesurées PAR M. LAPIE.
	Millia plus minus.	Milles plus ou moins.	Milles rom.
Silacenis[1] *Szomajom*...............	XVI	16[2]	16
Valco. *Marczaly*.................	XXVIII	28[3]	23
Mogetiana. *Sz. Groth*.............	XXX	30	30
Sabaria. *Stein am Anger*..........	XXXVI	36[4]	36
Scarabantia (sive Scarabantia Julia). *Oedenbourg*.	XXXIV	34[5]	37
Muteno. *Neustadt*................	XII	12	20
Vindobona[6]. *Vienne*..............	XXII	22	22
Comagenis. *Tuln*.................	XXIV	24[7]	24
Cetio[8] (al. Citio). *Mautern*........	XXIV	24[9]	24
Arlape. *S. Leonhard*..............	XXII	22	22
Loco[10] Felicis (al. Lacubus Felicibus). *Ardagger*.	XXVI	26	26
Lauriaco. *Ens*...................	XX	20[11]	20
B. Ovilabis. *Wels*................	XXVI	26[12]	26
Laciaco[13]. *Vöklamarkt*............	XXXII	32	32
Jovavi (sive Juvavi). *Salzburg*......	XXIX	29[14]	29
Bidaio. *Altenmarkt*...............	XXXIII	33[15]	33
Ponte Æni. *Wasserburg*............	XVIII	18[16]	18
Isinisca. *Aschbach*...............	XX	20[17]	12
Ambre. *Dachau*..................	XXXII	32	32
Augusta Vindelic. (lege Vindelicorum)[18]. *Augsbourg*.	XXVII	27[19]	27
c. Rostro Nemaviæ. *Buchloe*.......	XXV	25[20]	25
Campoduno. *Kempten*.............	XXXV	35[21]	35
Vemania (al. Vimania). *Wangen*.....	XV	15[22]	15
Brigantia. *Bregenz*...............	XXIV	24	24
Arbore Felici. *Arbon*..............	XX	20	20
Ad Fines. *Pfyn*..................	XX	20	25

[1] *Siliceis.* B. C. D. F.
[2] 26. C.
[3] 24. C. — 23. S.
[4] 32. S.
[5] 36. C. — 37, 38. S.
[6] *Vindomona.* B. — *Vindomenia.* C. — *Vindomana.* D. F.
[7] 34. C.
[8] *Cretio.* F.
[9] 22. B.
[10] *Laco.* F.
[11] 32. S.
[12] 28. S.
[13] *Jociaco.* C. — *Jaciaco.* D.
[14] 28. B. C. D. F.
[15] 30. C. — 20. S. — 32. W.
[16] 19. C. — 32. S.
[17] 12, 27. S.
[18] *Augusta Vinde Leg.* F.
[19] 25. C.
[20] 15. D.
[21] 32. B. C. D. F.
[22] 16. D.

ITINÉRAIRE.	DISTANCES données PAR LES MANUSCRITS.		DISTANCES mesurées PAR M. LAPIE.
	Leugas² plus minus. (Lieues de 50 au degré)	Valeur en milles rom. (de 75 au degré).	Milles rom.
D. Vindonissa¹. *Brugg*................	XXX	45	41
Artalbinno³ (al. Arialbino). *Bâle*...........	XXIII⁴	34 ½	32
Monte Brisiaco. *Fort Mortier, en face de Brisack*...	XXX	45	40
Argentorato. *Strasbourg*	XXXVIII⁵	57	42
Tabernis. *Saverne*........................	XIV⁶	21	24
Decem Pagis. *Dieuze*.....................	XX⁷	30	40
Divodoro (al. Divoduro sive Mediomatricis). *Metz*.	XX⁸	30	36
[Caranusca]. *Luxembourg*.................	XII⁹	18	42
Treveros¹⁰ (sive Augustam Treverorum) *Trèves*...	XVI	24	26

LXV.

Iter per ripam Pannoniæ a Tauruno in Gallias ad leg. xxx usque¹¹. *Route, par la frontière de la Pannonie, de Semlin dans les Gaules, jusqu'à la xxx*ᵉ *légion, à Xanten.*

	Millia plus minus.	Milles plus ou moins.	Milles rom.
A. A Tauruno Lauriacum¹². *De Semlin à Ens*.	DLXXXVII	587¹³	590

---

¹ *Vindones*. B. — *Vindonissa Leug*. C. — *Vindonas*. D. F.

² *Leugas* manque dans F. — Dans cette route, les distances paraissent être marquées, non plus en milles, mais en lieues. La lieue, comme on le verra plus bas, vaut un mille et demi.

³ *Arialbinno*. B. C. D. F.

⁴ 24. C. — 26, 33. S.

⁵ 39. B. D. F.

⁶ 24. F.

⁷ 13, 16, 26. S.

⁸ 38. C.

⁹ Cette ligne manque. B. D. F. — La même ligne et la suivante manquent. C. — *Caranusca* est fourni par la carte de Peutinger.

¹⁰ Reichard met sur sa carte *Divodurum* (Metz).
  Caranusca (Thionville)............ 18
  Ricciacum (Ritzing)............. 15
  Treveri (Trèves)............... 25
                                      ——
                                      58
D'Anville : *Divodurum* ....
  Caranusca (Thionville)........... 18
  Ricciacum (Remich)............. 17
  Treveri (Trèves)............... 20
                                      ——
                                      55
Peutinger donne : *Mediomatrici*......
  Caranusca..................... 42
  Ricciacum..................... 10
  Treveri....................... 10
                                      ——
                                      62

Je crois la première disposition préférable, parce qu'il y a une route romaine reconnue qui va de Metz à Luxembourg. (*Note de M. Lapie.*)

¹¹ Cette route va plus loin, et comprend deux stations au-delà de Xanten.

¹² *A Daurano in Gallis ad Leug*. XXX. *A Daurino Lauriaco*. F.

¹³ En marge : R. *hic* B. — 187. C. — La somme des distances partielles est 629; si nous en retranchons le nombre 113, mis après *in medio Aciminci*, et qui évidemment ne marque pas la distance partielle de *Ritti* à *medium Aciminci* (voy. pag. 71, la note 10), il restera 516 milles, auxquels il faudrait,

ITINERARIUM. 71

ITINÉRAIRE.	DISTANCES données PAR LES MANUSCRITS.		DISTANCES mesurées PAR M. LAPIE.
	Millia plus minus.	Milles plus ou moins.	Milles rom.
B. Inde Augusta Vindelicum (sive Vindelicorum). *Puis à Augsbourg*............	CCXXII	222[1]	311
C. Argentorato. *A Strasbourg*............	CCCXXII	322[2]	338
D. Ad Leg. xxx[3]. *A Xanten*........R[4].	"	"	297½[5]
SIC:			
A. A Laurino[6] (leg. a Tauruno). *Semlin*.....	XXV	25[7]	"
Ritti[8]. *Szurduk*....................	XXXIII	33[9]	20
In medio Aciminci (al. Acinci). *Ruines près de Slankament*..............................	CXIII SIC.	113[10]	8
Cusi[11]. *Petervardein*...............	XXXIII	33[12]	23
Bononia (sive Malata). *Szuszek*..........	XVI	16	16
Cucci[13]. *Scharengrad*.............	XVI	16	16
Cornaco (al. Carnaco). *Vukovar*........	XVI	16	16
Teutiburgo[14] (al. Teutoburgio). *Sur le Danube, près d'Almas*.................	XVI	16	16
Mursa[15]. *Eszeg*....................	XVI	16	16
Ad Novas et Aureo Monte Antianis. *Par ad Novas et à Dalyok*................	XXIV	24	24
Altino in medio Lugione[16]. *Alsonyek*.........	XXV	25[17]	25
Ad Statuas in medio Alisca ad latus Ripa alta. *Csampa-Div*...........................	XXVIIII	29[18]	28

pour avoir le total de la distance générale, ajouter le chiffre de cette distance partielle, qui ne nous est pas donné par les mss., mais que M. Lapie fixe à 8 milles.

[1] 221. B. — 40. S. — Ce nombre et les cinq suivants manquent. C. — La somme des distances partielles est 223.

[2] 38. S. — La somme des distances partielles est 312.

[3] *Ad Lec. mpm.* 30. D. — *Ad Lech mpm.* 30. F.

[4] Cette lettre est mise à la place du nombre, qui manque dans les mss.; elle paraît être le signe d'une remarque et signifier *respice* ou *respiciendum*.

[5] Si l'on ajoute à ce nombre les 13 lieues, ou 19 milles et demi, qui sont de Xanten à Clèves, on aura 317 milles de Strasbourg à Clèves.

[6] *Ad Laurino*. F.

[7] 26. S. — Il ne faut pas de chiffre ici, puisque *Taurunum* est le point de départ.

[8] Cette ligne manque. C.

[9] 30, 32. S.

[10] 112. B. D. F. — Ce chiffre, très-élevé et suivi de *sic*, semble indiquer une distance générale, dont les éléments seraient fournis par les six distances partielles qui suivent immédiatement, et dont l'addition reproduit les 113 annoncés.

[11] Ce nom manque. C.

[12] 36. C. — 30. D. — 32. S.

[13] Ce nom manque. C.

[14] *Teutiburgio*. B. C. F.

[15] *Nursa*. F.

[16] *Altino indio Leg*. D. F.

[17] 15. S.

[18] 39. B. — 28. S — Cet article, dans C, en fait trois ainsi disposés :
Ad Statuas in medio.
Alisca ad latus.
Ripa alta, mp. 28.

ITINÉRAIRE.	DISTANCES données PAR LES MANUSCRITS.		DISTANCES mesurées PAR M. LAPIE.
	Millia plus minus.	Milles plus ou moins.	Milles rom.
Lussunio (al. Lussuno). *Földvar*...............	XVIII	18[1]	18
Annamatia in medio Intercisa. *Adony*..........	XXIV	24[2]	24
Vetussalina[3] in medio Matrica[4]. *Hanzelbek*.......	XXVI	26	18
Campona[5] (sive Lusomana) in medio Acinco[6], Leg. II Adjut *Veresvar*.................	XXIII	23	23
Ad Lacum[7] Felicis in medio Crumero. *Lac Tagyos*.	XXVI	26[8]	26
Azao in medio Bregetione, Leg. I Adjut. *Acs*.....	XVIII	18[9]	26
Ad Mures[10] et ad Statuas in medio Arrabona[11]. *Börcs*..................................	XXX	30	30
Quadratis in medio flexo[12]. *Altenburg*..........	XXII	22	22
Gerulata in medio Carnunto. *Karlburg*..........,	XXX	30[13]	15
LEG. XIIII GEMINA[14].			
Æquinoctio[15] et Ala Nova in medio Vindobona. *Fischament*.................................	XXVIII	28[16]	28
LEG. X GEM.			
Comagenis. *Tuln*.	XX	20[17]	35
Cetio (al. Citio). *Mautern*....................	XXX	30	24
Arlape. *S. Leonhard*.	XX	20	22
Loco (al. Lacu) Felicis[18]. *Ardagger*.............	XXV	25[19]	26
Lauriaco. *Ens*.............................	XX	20[20]	20
Leg. III[21].			
B. Ovilabis[22]. *Wels*....................	XVI	16	26

[1] 28. C.

[2] Cet article est partagé en deux de cette manière :
Annamatia in medio.
Intercisa, mp. 24. C.

[3] *Vetus Salinas.* F.

[4] Cet article en fait deux :
Vetus Salinas in medio, mp. 26.
Matrica, mp. 26. C.

[5] *Campania.* B. D. F.

[6] *Aquinquo.* B. D. — *Aquunquo.* F. — Cet article est ainsi écrit : *Campona in medio, a quinque leug.* II *adivi.* C. — *Campona in medio Aquinquo Leg.* I *Adjut.* mp. 20. S.

[7] *A Laco.* B. — *A locum Felicis in medium. Crumero*, mp. 22. C.
— *A laco Felicis in medio*, mp. 33.
Crumero Azao in medio. D. F.

[8] 33. B.

[9] 18. B. D. F. — *Azao in medio. Bregetionem leug* I *adivi mp.* 18. C.

[10] *Ad Muros.* F.

[11] *Adrabona.* B. D. F. — *Arabona* est à la ligne. C.

[12] *Flexo* est à la ligne. C.

[13] 20. S.

[14] *Leg.* 14. *GG. Gemina.* A. B. D. — Quatre lignes manquent. C.—*Leg.* XXIIII *GG. gemina.* F.—*Leg.* XXX *GG.* S.

[15] *Quinoctio.* D.

[16] 37. S.

[17] 30. A. B. D. F.

[18] *Laco Felicis.* F.

[19] 22. S.

[20] 22. B.

[21] Wesseling regarde ces mots comme provenant d'une erreur de copiste.

[22] *Ovilatus.* A. B. D. F.

ITINERARIUM. 75

ITINÉRAIRE.	DISTANCES données PAR LES MANUSCRITS.		DISTANCES mesurées PAR M. LAPIE.
	Millia plus minus.	Milles plus ou moins.	Milles rom.
Joviaco[1] (leg. Juvavo). *Salzburg*	XXVII	27	61
Stanaco[2]. *Braunau*	XVIII	18	38
Boiodoro[3] (al. Boioduro). *Près Passau*	XX	20	30
Quintianis. *Landau*	XXIV	24	36
Augustis (al. Augustanis). *Greulsperg*	XX	20	20
Regino[4]. *Ratisbonne*	XXIV	24	24
Abusina. *Neustadt*	XX	20	22
Vallato. *Bornbach*	XVIII	18	18
Summuntorio. *Kühbach*	XVI	16	16
Augusta Vindelicum[5]. *Augsbourg*	XX	20	20
c. Guntia. *Günzburg*	XXII	22	32
Celio Monte. *Kellmunz*	XVI	16	26
Campoduno. *Kempten*	XIV	14[6]	34
Vemania[7]. *Wangen*	XV	15	23
Brigantia[8]. *Bregenz*	XIV	14[9]	15
Arbore Felici[10]. *Arbon*	XX	20	19
Finibus. *Pfyn*	XX	20	25
Vituduro[11] (al. Vitoduro). *Ober-Winterthur*	XXII leg.	22	11
Vindonissa. *Brugg*	XXIV leg.[12]	24[13]	30
Rauracis (al. Augusta Rauracorum). *Augst*	XXVII leg.	27	27
Artalbinno[14] (al. Arialbino). *Bâle*	XXVII leg.	27[15]	6
Uruncis. *Mulhausen*	XXII leugas x[16]	22	22
Monte Brisiaco. *Fort Mortier, en face de Brisack*	XXII leugas xv	22[17]	23
Helveto[18] (al. Helcebo). *Ehl*	XXVIII leg. XIX	28[19]	28
Argentorato. *Strasbourg*	XXIX leg. VIII	29[20]	17
D. Brocomago (al. Bracomago). *Haguenau* ...	XX	20	20
Concordia. *Weissembourg*	XVIII	18	19

[1] *Joviacus.* A. F. — *Loviaco.* D
[2] *Stonago.* C.—Les articles qui suivent, au nombre de trente environ, sont défectueux, soit par les omissions des nombres, soit par la mutilation du ms. C.
[3] *Bolodero.* A. B. D. F — *Boladoro.* C
[4] *Regio.* A. B. D. F.
[5] *Augusta Vindonica.* C. — *Augusta Vindecum.* F.
[6] 24. F.
[7] *Vemanio.* A. D. F. — *Vemonia.* C.
[8] *Brigantia*, mpm. 24. A. B. D. F.
[9] 17. C.
[10] *Arbore Felice.* A. B. F.
[11] *Vitudoro.* A. B. D. F.

[12] Le mot *Leg* ou *Leugas* manque ici et dans les lignes suivantes jusqu'à l'article de *Colonia Agrippina*, où il se trouve. A. B. D. F.
[13] 23. A. B. D. F.
[14] *Artalbinno*, mpm. 26. A. — *Arialbino.* C. — *Artalbinno*, mpm. 17. F.
[15] 17. D.
[16] Les valeurs des milles en lieues sont fausses ici et dans le troisième nombre qui suit, où le chiffre x paraît avoir été passé.
[17] 23. A. B. C. D.
[18] Cette ligne manque. A. F.
[19] 28. B. C.
[20] 28. B. — 28, *Leg.* 19. C.

10.

ITINÉRAIRE.	DISTANCES données PAR LES MANUSCRITS.		DISTANCES mesurées PAR M. LAPIE.
	Millia plus minus.	Milles plus ou moins.	Milles rom.
Noviomago. *Spire*...........................	xx	20	32
Bingio. *Bingen*...........................	xxv	25	55
Antunnaco[1] (leg. Baudobrica). *Boppart*.........	xvii	17	25
Baudobrica[2] (leg. Antunnaco). *Andernach*......	xviiii	19[3]	22
Bonna. *Bonn*...........................	xxii	22	27
	Leugæ plus minus.	Lieues plus ou moins.	Lieues de 50 au degré.
Colonia Agrippina *Cologne*...................	Leg. "	"[4]	16
Durnomago[5]. *Worringen*....................	Leg. vii. Ala[6].	7	7
Burunco[7] (al. Barunco). *Studselberg*...........	Leg. v. Ala.	5	5
Novesio[8]. *Neuss*.........................	Leg. v. Ala.	5[9]	5
Gelduba. *Crevelt*.........................	Leg. ix. Ala.	9[10]	8
Calone[11]. *Homberg*.......................	Leg. ix. Ala.	9[12]	9
Veteris. *Rheinberg*........................	Leg. vii. Ala.	7[13]	7
Castra Leg. xxx Ulpia[14]. *Xanten*.............	"	"	8
Burginacio[15]. *Calcar*.....................	Leg. vi. Ala.	6[16]	6
Harenacio[17] (al. Arenatio). *Clèves*...........	Leg. x. Ala.	10	7

LXVI.

	Millia plus minus.	Milles plus ou moins.	Milles rom.
Iter a Lauriaco Veldidena. *Route d'Ens à Innspruck*...........................	cclxvi	266[18]	277
SIC :			
Ovilabis. *Wels*...........................	xx	20[19]	26

---

[1] *Anturnaco*. B. — *Autumnaco*. C. — Il y a ici transposition de noms. Peutinger donne :
  Bingium Baudobrica.......... 18
  Autunnacam.............. 17
  Bonna................. 17
[2] *Boudobrica*, mpm. 19. A. B. C. D. F.
[3] 18. S.
[4] Le chiffre manque.
[5] *Burnomago, leg.* vii, i *ala*. C.
[6] Le mot *ala* a été probablement ajouté ici et ailleurs par un copiste, qui aura cru que *leg.* signifiait *legio*, et qui, embarrassé du nombre de ces légions, dont plusieurs portaient le même numéro, aura pensé lever la difficulté en substituant une aile de légion à la légion entière.
[7] *Burungo*. A. D. F.
[8] *Novensio*. A. B. F. — *Nevensio*. C. D.
[9] 7. S.
[10] 7. S.
[11] *Colone*. A. D. — Ce lieu manque dans F.
[12] 21. W.
[13] 21. A. B. C. D. F.
[14] *Castra Ulpia. Leg.* 30. A. B. D. F. — Le nombre manque. Peut-être que *Vetera* et *Castra* ne sont qu'une même position?
[15] *Burcinatio*. A. B. D F. — *Bardinatio*. C.
[16] 7. S.
[17] *Aranacio*. A. D. F. — *Harunatio*. B.
[18] L'addition reproduit la distance générale annoncée.
[19] 26. C.

ITINERARIUM.

ITINÉRAIRE.	DISTANCES données PAR LES MANUSCRITS.		DISTANCES mesurées PAR M. LAPIE.
	Millia plus minus.	Milles plus ou moins.	Milles rom.
Laciaco¹. *Vöklamarkt*.	XXXII	32	32
Jovavi (al. Juvavi). *Salzburg*.	XXVIII	28²	27
Bidaio. *Altenmarkt*.	XXXIII	33	32
Ponte Æni. *Wasserburg*.	XVIII	18³	13
Isinisca⁴. *Aschbach*.	XX	20	20
Ambre. *Dachau*.	XXXII	32	32
Ad Pontes Tessenios⁵. *Pont sur la Loisach*.	XL	40	45
Parthano. *Partenkirch*.	XX	20	20
Veldidena. *Wilden, couvent près d'Innspruck*.	XXIII	23⁶	30

LXVII.

Iter a Lauriaco per medium Augusta Vindelicum sive Brigantia⁷. *Route d'Ens par Augsbourg à Bregenz*.	CCCXI	311⁸	307

SIC :

Ovilabis. *Wels*.	XXVI	26⁹	26
Laciaco. *Vöklamarkt*.	XXXII	32	32
Jovavi (al. Juvavi). *Salzburg*.	XXVIII	28	27
Bidaio. *Altenmarkt*.	XXXIII	33	32
Ponte Æni. *Wasserburg*.	XVIII	18	13
Isinisca¹⁰. *Aschbach*.	XX	20	20
Ambre. *Dachau*.	XXXII	32¹¹	32
Augusta Vindelicum. *Augsbourg*.	XXXVII	37	27
Rostro Nemaviæ¹². *Buchloe*.	XXV	25	25
Campoduno. *Kempten*.	XXXII	32¹³	35
Vemania. *Wangen*.	XV	15	23
Brigantia. *Bregenz*.	XXIV	24¹⁴	15

¹ Après cet article il y a une lacune de dix lignes. C. — *Jaciaco.* F.

² 19. A. D. F.

³ 19. A. D. F.

⁴ *Isinisco.* A. B. D. F.

⁵ *Ad Pontes Tesfenios.* A. B. D. — *Ad Pontes Tesfonios.* F.

⁶ 22. S.

⁷ Au lieu de *sive Brigantia* il faut sans doute lire *Brigantiam usque*.

⁸ En marge : *R. 1 super est.* B. — La somme produit 322.

⁹ 36. W.

¹⁰ *Isinisco.* A. B. C. D. — *Asinisco.* F.

¹¹ 33. W.

¹² *Rostronemavite.* A. F.

¹³ 33. A. D. F.

¹⁴ 14. A. D. F.

ITINÉRAIRE.	DISTANCES données PAR LES MANUSCRITS.		DISTANCES mesurées PAR M. LAPIE.
	Millia plus minus.	Milles plus ou moins.	Milles rom.

LXVIII.

A. Iter[1] a Ponte Æni ad Castra [Batava]. *Route de Wasserburg à Passau*............	CL	150[2]	90
SIC :			
Turo. *Ampfing*.....................	XLIII	43[3]	24
Jovisura. *Eggenfelden*.................	LXIV	64	24
Ad Castra (al. ad Batava Castra). *Passau*.......	LXII	62[4]	42
B. Iter a Ponte Æni Veldidena. *Route de Wasserburg à Innspruck*...............	XC	90[5]	90
SIC :			
Albiano. *Kufstein*....................	XXXVIII	38[6]	38
Masciaco. *Schwaz*....................	XXVI	26[7]	26
Veldidena. *Wilden, couvent près d'Innspruck*.....	XXVI	26[8]	26

LXIX.

Iter ab Hemona (al. Æmona) per Sisciam[9] Sirmi usque. *Route de Laybach par Siszek à Mitrovitz*........................	CCCXI	311[10]	320
SIC :			
Prætorio Latovicorum[11]. *Neustædtl*..........	XXXIV	34[12]	39
Novioduno. *Carlstadt*..................	XXXI	31[13]	31
Quadrata. *Verginmost*.................	XXVIII	28	24
Siscia. *Siszek*......................	XXIX	29	29
Varianis. *Kultina*....................	XXIII	23	24
Menneianis. *Bodegraje*.................	XXVI	26	26
Inicero[14]. *Posega*.....................	XXVIII	28	28
Sed mansio Augusti in Prætorio est.			
Picentino[15]. *Dodinarcka*................	XXV	25	15

---

[1] *Item.* A. B. C. D. F. — En marge : R. *Hic* XVIIII *super sunt.* B.—Cette route et les deux suivantes sont presque effacées. C.
[2] L'addition produit 169.
[3] 3. A.
[4] En marge : 43. B.
[5] L'addition reproduit 90.
[6] 28, 29. S.
[7] 27. A. F.
[8] 16. A. D. F.
[9] *Sisoiam.* A. D. F.
[10] L'addition produit 332.
[11] *Latamvicorum.* A. D. F.
[12] 31. S.
[13] 28. C.
[14] *Incero.* A. B. D. F.
[15] *Pecentino.* A. B. D. F. — En marge : R. *Hic* XVIIII *super sunt.* B.

ITINERARIUM.

ITINÉRAIRE.	DISTANCES données PAR LES MANUSCRITS.		DISTANCES mesurées PAR M. LAPIE.
	Millia plus minus.	Milles plus ou moins.	Milles rom.
Leucono (al. Leucone). *Kondricz*............	XXVI	26	20
Cirtisa[1] (al. Certissa). *Piskorevcze*.........	XII	12[2]	12
Cibalas[3] (al. Cibalem). *Vinkovcze*...........	XXII	22	24
Ulmos (sive Ulmum). *Ruines S. Elias*........	XXII	22[4]	22
Sirmi. *Mitrovitz*.........................	XXVI	26[5]	26

LXX.

A. Iter a Vindobona Pœtovione. *Route de Vienne à Pettau*.........................	CLXXXIV	184[6]	157
SIC:			
Aquis. *Baden*............................	XXVIII	28[7]	15
Scarabantia. *Oedenbourg*...................	XXXI	31[8]	31
Sabaria[9]. *Stein am Anger*..................	XXXIV	34[10]	34
Arrabone. *Körmönd*......................	XX	20[11]	20
Alicano *Martyancz*.......................	XL	40	31
In medio curta[12].			
Pœtovione[13]. *Pettau*.....................	XXXI	31	26
B. Iter[14] a Pœtovione Carnunto. *Route de Pettau à Haimburg*.........................	CLXXIV	174[15]	165
SIC:			
Halicano[16] (al. Alicano). *Martyancz*..........	XXXI	31	26
Salle. *Szala Egerszeg*.....................	XXX	30	35
Sabaria[17]. *Stein am Anger*.................	XXXI	31	31
Scarabantia[18]. *Oedenbourg*................	XXXIV	34	34
Carnunto. *Haimburg*.....................	XXXVIII	38[19]	39

LXXI.

A. A Sabaria Bregetione. *De Stein am Anger à Szőny*..............................	CII	102[20]	92

---

[1] *Cirosa*, mpm. 15. A. F. — *Virtisa*, m. p. 15. C.
[2] 15. D.
[3] *Civalis*. A. B. D. F. — *Cibolis*. C.
[4] 32. A. B. D. F. — 16. C.
[5] 23. A. D. F.
[6] 183. F. — L'addition reproduit le nombre 184.
[7] 18. C.
[8] 21. B.
[9] *Sarabaria*. A. D. F.
[10] 33. C.
[11] 18. C.
[12] *In medio curia*. C. — *Cuurtavione*, mp. 31. S.
[13] Ce nom est placé sur la même ligne que les mots *in medio curta*, dans B. D. F.
[14] En marge : *R. Hic x minus sunt.* B.
[15] 164. C. — L'addition ne produit que 164.
[16] *Heclicano*. A. D. — *Heclitano*. F.
[17] *Sauciva*. A. D. F. — *Savaiva*. B. — *Savaria*, mo. 30. C.
[18] *Scaravantia*. B. D. F.
[19] 28. C.
[20] L'addition reproduit 102.

ITINÉRAIRE.	DISTANCES données PAR LES MANUSCRITS.		DISTANCES mesurées PAR M. LAPIE.
	Millia plus minus.	Milles plus ou moins.	Milles rom.
SIC :			
Bassiana. *Ivany Egerszeg*................	XVIII	18[1]	18
Mursella[2]. *Egyed*......................	XXXIV	34	24
Arrabona. *Raab*.......................	XX	20	20
Bregetione. *Szöny*.....................	XXX	30	30
B. A Sabaria Acinco (al. Aquinco[3]). *De Stein am Anger à Bude ou Alt Ofen*...........	CLXVIII	168[4]	170
SIC :			
Mestrianis. *Merse*.....................	XXX	30	30
Mogentianis (al. Mogetianis). *Turgye*...........	XXV	25	25
Cæsariana[5]. *N. Vasony*...................	XXX	30	30
Osonibus. *Inota*.......................	XXIX	29[6]	29
Floriana. *Boglar*.......................	XXVI	26[7]	26
Acinco[8] (al. Aquinco). *Alt Ofen*.............	XXX	30	30
C. A Sopianis (al. Sapianis) Acinco[8] (al. Aquinco). *De Fünfkirchen à Alt Ofen*.....	CXXXV	135[9]	140
SIC :			
Ponte Sociorum. *Dombovar*................	XXV	25	25
Valle Cariniana. *Varos Hidvegh*.............	XXX	30	35
Corsio[10] sive Hercul. *Stuhlweissenburg*.........	XXX	30	30
Jasulonibus. *Ercsen*....................	XXV	25	25
Acinco (al. Aquinco.) *Alt Ofen*.............	XXV	25	25
D. Iter[11] a Sopianis (al. Sapianis) Bregetione. *Route de Fünfkirchen à Szöny*...........	C	100[12]	141
SIC :			
Jovia. *Apathia*.......................	XXXII	32	39
Gurtiana[13]. *Sz. Miklos*....................	XXV	25	27
Herculia (al. Corsio). *Stuhlweissenburg*.........	XX	20	27
Floriana. *Boglar*.......................	XV	15	20
Bregetione. *Szöny*.....................	VIII	18	28

[1] 19. C.
[2] *Mopsella.* C. — *Aursella.* F.
[3] *A Sabaria Aquinquo*, mpm. 169. Sic A. B. D. F. — En marge : *Hic R.* II *super.* B. — 169. C.
[4] 158, 169. S. — L'addition produit 170.
[5] *Cesarea.* A. B. D. F.
[6] 28. A. C. D. F. — 38. B.
[7] 28. A. B. F.
[8] *Acinquo.* A. B. C. D. F.
[9] 125. C. — L'addition reproduit 135.
[10] *Gursio.* A. D. F. — *Gorsio.* B. — *Gorsto sive Hercule.* C.
[11] *Idem ad Sopianas Bregetione.* A. F. — Les distances manquent. C.
[12] 110. S. — L'addition reproduit le nombre 100.
[13] *Fortiana.* C.

ITINERARIUM.

ITINÉRAIRE.	DISTANCES données PAR LES MANUSCRITS.		DISTANCES mesurées PAR M. LAPIE.
	Millia plus minus.	Milles plus ou moins.	Milles rom.

LXXII.

De Italia per Istriam in Dalmatias[1]. *De l'Italie par l'Istrie dans les Dalmaties.*

A. Iter a Siscia Mursa. *Route de Siszek à Eszeg.*	CXXXIV	134[2]	134
SIC :			
Varianis. *Kultina*..................	XXIV	24[3]	24
Aquis Balissis. *Dragovich*...............	XXXI	31[4]	31
Inicero. *Posega*....................	XXV	25	25
Stravianis. *Nassicz*.................	XXIV	24	24
Mursa. *Eszeg*....................	XXX	30	30
B. A Pœtovione Siscia. *De Pettau à Siszek*...	C	100[5]	101
Aquaviva. *Majerje*..................	XIX	19[6]	20
Pyrri (leg. Pyrii). *Kreutzkoros*.............	XXX	30	30
Dautonia (al. Dautonium). *Bestinecz*...........	XXIV	24	24
Siscia. *Siszek*.....................	XXVII	27	27

LXXIII.

A Sabaria Vindobona [7]. *De Stein am Anger à Vienne*.........................	LXXXVIII	88[8]	84
SIC :			
Scarabantia. *Oedenbourg*.................	XXXIV	34	34
Muteno. *Neustadt*....................	XVIII	18[9]	18
Vindobona. *Vienne*..................	XXXVI	36	32

LXXIV.

Iter ab Acinco (al. Aquinco) Crumeroque Castra constituta Sincio. *Route de Bude ou d'Alt Ofen au camp établi à* [10] *Sincium*........	XLII	42[11]	42

---

[1] Ce titre ne convient pas aux routes qui suivent, lesquelles ne conduisent point en Dalmatie.

[2] L'addition reproduit 134.

[3] 23. C. — 22. S.

[4] 30. A. B. C. D. F.

[5] 110. S. — L'addition reproduit les 100 annoncés.

[6] 18. S.

[7] *Vindobonia*. B. — *A Sauria Vindobona*, mp. 80. Sic. C.

[8] 89. S. — L'addition reproduit 88.

[9] 28. F.

[10] Le texte de cette route est incorrect ou défectueux ; il ne place pas *Sincium* au terme indiqué, à moins que *Sincium* et *Salv Mansio* ne soient qu'une même position.

[11] 43. S. — L'addition reproduit 42.

ITINÉRAIRE.	DISTANCES données PAR LES MANUSCRITS.		DISTANCES mesurées PAR M. LAPIE.
	Millia plus minus.	Milles plus ou moins.	Milles rom.
SIC :			
Ulcisia (sive Ulciza) Castra[1]. *Sz. Endre*........	IX	9	9
Cirpi (al. Carpi) Mansio. *Wissegrad*............	XII	12	12
Ad Herculem Castra. *Gran*....................	XII	12	12
Salva Mansio. *Tath*.........................	IX	9	9

LXXV.

A. Iter[2] a Sirmio Carnunto. *Route de Mitrovitz à Haimburg*......................	CCCXI	311[3]	324
SIC :			
Ulmo. *Ruines S. Elias*.......................	XXVI	26	26
Cibalis. *Vinkovcze*..........................	XXIV	24	22
Mursa. *Eszeg*..............................	XXII	22	24
Antianis. *Dalyok*...........................	XXIV	24	27
Sopianis (al. Sapianis). *Fünfkirchen*...........	XXX	30	30
Ponte Mansuetina (al. Ponte Sociorum). *Dombovar, sur la rivière de Kapos*..................	XXV	25	25
Tricciana. *Fok Szabadi*......................	XXX	30	40
Cimbrianis. *Veszprim*.......................	XXV	25	25
Crispiana. *Kereztur*.........................	XXV	25	25
Arrabona. *Raab*............................	XXV	25	25
Flexo. *Ovar ou Altenburg*....................	XXV	25	25
Carnunto. *Haimburg*........................	XXX	30	30
B. Iter[4] a Sirmio Salonas. *Route de Mitrovitz à Salone*.........................	CCLXXVI	276[5]	328
SIC :			
Budalia. *Martincze*.........................	VIII	8	8
Spaneta[6]. *Kukojevcze*.......................	VIII	8	8
Ulmos (sive Ulmum). *Ruines S. Elias*...........	X	10	10
Cibalis. *Vinkovcze*..........................	XXII	22	22
Cirtisa[7] (al. Certissa). *Piskorevcze*............	XXV	25	24
Urbate. *Gradiska*...........................	XXV	25	73
Servitti[8]. *Dubitza*..........................	XXIV	24	24

[1] *Vicusia Castra*, mp. 18. C. — *Ulcisio Castra*. F.
[2] *Item a Sirmi Carnunto*, mpm. 340. Sic. A. D. F.
[3] L'addition reproduit 311.
[4] En marge : *R.* I *minus*. B.
[5] 284. S. — L'addition reproduit 276.
[6] *Hispaneta*. B. C. D.
[7] *Cirtisia*. B. C. D. F.
[8] *Servito*. A. — *Servitei*. F.

ITINERARIUM.

ITINÉRAIRE.	DISTANCES données PAR LES MANUSCRITS.		DISTANCES mesurées PAR M. LAPIE.
	Millia plus minus.	Milles plus ou moins.	Milles rom.
Ad Ladios. *Près de Touriak*..................	XXIV	24	24
Æmate (al. Lamate). *Banialouka*.............	XIX	19[1]	19
Leusaba[2]. *Kottor*...........................	XIII	13[3]	13
Sarnade[4] (al. Saritte). *Jaitze*................	XVIII	18	18
Silviæ[5]. *Keupris*...........................	XXIV	24	24
Pelva[6]. *Livno*..............................	XVIII	18	18
Æquo. *Han, près de Xivinich*................	XVII	17	27
Salonas (al. Salonam). *Salone*...............	XXI	21	16
De Italia per Istriam in Dalmatias[7]. De l'Italie par l'Istrie dans les Dalmaties.			
LXXVI.			
A. Iter ab Aquileia per Istriam, extra mare, Salonas. *Route d'Aquileja par l'Istrie à Salone non compris la mer*.................	CXCVIII	198[8]	187
SIC:			
Fonte Timavi[9]. *Porto Timavo*................	XII	12[10]	12
Tergeste. *Trieste*............................	XII	12	14
Ningum. *Castel-Venere*......................	XXVIII	28	18
Parentium. *Parenzo*.........................	XVIII	18[11]	18
Polam[12]. *Pola*..............................	XXXI	31[13]	31
Trajectus sinus Liburnici Jader usque, stadia CCCCL. *Trajet du golfe Liburnique jusqu'à Zara, 450 stades*..................	"	"[14]	95
Blandona. *Zara-Vecchia ou Biograd*..........	XX	20	20
Arausa. *Slosclo*.............................	XX	20	15
Prætorio. *Rogosnitza*.......................	XXX	30	15
Tragurio. *Trau*.............................	XVI	16[15]	30
Salonas (al. Salonam). *Salone*...............	XIII	13[16]	13

[1] 18. B. C. — 28. W.
[2] *Leusava*. A. B. D. F. — *Leusitia*, mp. 12. C.
[3] 14. W.
[4] *Sarnadae*. A. D.— *Sanacle*. F.
[5] *Salute*, mp. 23. C.
[6] En marge : R. I. B.
[7] Cette ligne manque. A. B. C. D. F.
[8] 199, *sic*. A. B. D. F. — En marge : R. *super est*.
B. — L'addition produit 200.
[9] *Fronte Timavi*. C. — *Fonteomavi*. F. — *Ponte Timavi*. W.
[10] 15. B.
[11] 28. C. — 19. S.
[12] *Pola*, mpm. 21. A. D. F. — *Pola*. B.
[13] 21. C.
[14] Les 450 stades font environ 47 milles romains.
[15] *Trajurio*, mp. 15. C.
[16] 14. C.

ITINÉRAIRE.	DISTANCES données PAR LES MANUSCRITS.		DISTANCES mesurées PAR M. LAPIE.
	Millia plus minus.	Milles plus ou moins.	Milles rom.
B. Ab Aquileia per Liburniam Sisciam [1]. D'Aquileja par la Liburnie à Siszek......	CCXIII	213[2]	211
SIC :			
Fonte Timavi[3]. *Porto Timavo*.............	XII	12[4]	12
Avesica. *Optchina*........................	XII	12	12
Ad Malum[5]. *Kusin*	XIX	19[6]	9
Ad Titulos. *Starada*	XVII	17[7]	17
Tharsatico (al. Tarsatico). *Tersato, près de Fiume*..	XVII	17	17
Ad Turres. *Czerkvenicza*.................	XX	20	20
Senia (al. Signia). *Segna*.................	XX	20[8]	20
Avendone. *Jezerana*...	XVIII	18[9]	20
Arupio[10]. *Près de Josephsthal*..............	X	10	10
Bibium. *Poloj*	X	10	15
Romula. *Budachki*......................	X	10	10
Quadrata[11]. *Verginmosgrt*.................	XIV	14[12]	14
Ad Fines. *Prekopa*......................	XIV	14[13]	14
Siscia. *Siszek*..........................	XXI	21	21
LXXVII.			
Iter ab Augusta Vindelicum Verona. *Route d'Augsbourg à Vérone*................	CCLXXII	272[14]	281
SIC :			
Abuzaco (al. Abodiaco). *Gaispoint*............	XXXVI	36	36
Parthano. *Partenkirch*....................	XXX	30	34
Veldidena. *Wilden, couvent près d'Innspruck*......	XXX	30	30
Vipiteno. *Sterzing*	XXXVI	36	36
Sublavione[15] (al. Sub Sabiona). *Langenstein*......	XXXII	32	35
Endidæ. *Auer*	XXIV	24	26
Tridento. *Trente*.......................	XXIV	24	24
Ad Palatium. *Ala*.......................	XXIV	24[16]	24

[1] En marge : *R. Hic* IIII *super sunt*. B.
[2] 113. D. F.— 214. S.— L'addition produit 214.
[3] *Fronte Timavi*. C.
[4] 16. A. B. D. F.
[5] Cette ligne et les suivantes, jusqu'à l'article de *Lavicana*, manquent. A.
[6] 23. C. — 18. D. F. — 14. S.
[7] 12. S.
[8] 24. S.
[9] 7. S.
[10] *Aurupio*. D. F.
[11] *Quadranta*. D. F.
[12] 24. C.
[13] 23. C.
[14] 262. C. — L'addition reproduit 272.
[15] La suite manque jusqu'à l'*Arretio* de la route LXXXVI. B.
[16] 34. C.

ITINERARIUM.

ITINÉRAIRE.	DISTANCES données PAR LES MANUSCRITS.		DISTANCES mesurées PAR M. LAPIE.
	Millia plus minus.	Milles plus ou moins.	Milles rom.
Verona. *Verone*	XXXVI	36[1]	36
LXXVIII.			
Iter ab Aquileia Lauriaco. *Route d'Aquileja à Ens*	CCLXXII	272[2]	282
SIC :			
Viam Beloio. *Près d'Ausua*	XXX	30	30
Larice[3]. *Pletz*	XXIV	24	24
Santico. *Harth*	XXVII	27[4]	27
Viruno[5]. *Au nord de Klagenfurth*	XXX	30	30
Candalicas[6]. *Guttaring*	XX	20	20
Monate[7]. *S. Georgen*	XXX	30	35
Sabatinca. *Donnersbach*	XVIII	18[8]	18
Gabromago[9]. *Holzer*	XXX	30	30
Tutatione. *Kirchdorf*	XX	20	20
Ovilabis[10]. *Wels*	XX	20	22
Lauriaco. *Ens*	XXVI	26[11]	26
LXXIX.			
A. A Brigantia per lacum Mediolanum usque. *De Bregenz par le lac de Como à Milan*	CXXXVIII	138[12]	179
SIC :			
Curia. *Coire*	L	50	51
Tinnetione. *Tinzen*	XX	20	20
Muro. *Casaccia*	XV	15	15
Summo Lacu[13]. *Au haut du lac de Como*	XX	20	30
Como. *Como*	XV	15	38
Mediolano. *Milan*	XVIII	18	25
B. Alio itinere a Brigantia Comum. *Autre route de Bregenz à Como*	CXCV	195[14]	178

[1] 37. C.
[2] L'addition produit 275.
[3] *Lacire.* C. — *Larico.* F.
[4] 24. C.
[5] *Virando.* C.
[6] *Candalicos.* C.
[7] *Montana.* D. F.
[8] 28. C.
[9] *Gabrumago.* D. F.
[10] *Ovilavis.* D. F.
[11] 27. S.
[12] 139. S. — Les distances de cette route ne sont pas marquées. C. — L'addition reproduit le nombre 138.
[13] *Commo laco.* C. — *Summulaco.* D. — *Sammaco.* F.
[14] L'addition reproduit le nombre 195.

ITINÉRAIRE.	DISTANCES données PAR LES MANUSCRITS.		DISTANCES mesurées PAR M. LAPIE.
	Millia plus minus.	Milles plus ou moins.	Milles rom.
SIC:			
Curia. *Coire*............................	L	50	51
Tarvesede (al. Tarvesedo). *Splugen*.............	LX	60	59
Clavenna. *Chiavena*....................	XV	15	20
Ad Lacum Comacenum[1] (al. ad summum Lacum). *Au haut du lac de Como*.....................	X	10	10
Per Lacum Comum usque. *Par le lac jusqu'à Como*.	LX	60	38
LXXX.			
Iter ab Aquileia per compendium Veldidena. *Route d'Aquileja à Wilden par le plus court*..	CCXV	215[2]	205
SIC:			
Ad Tricensimum[3]. *Tricesimo*..................	XXX	30	30
Julia[4] Carnico. *Villa d'Invilino*...............	XXX	30	30
Loncio[5]. *Près de Sapada*....................	XXII	22[6]	22
Agunto. *Intragne*.........................	XVIII	18[7]	18
Littamo[8] (al. Litamo). *Welsberg*.............	XXIII	23[9]	23
Sebato. *Unter Vintel*....................	XXIII	23	23
Vipiteno. *Sterzing*......................	XXXIII	33[10]	23
Veldidena. *Wilden, couvent près d'Innspruck*.....	XXXVI	36[11]	36
LXXXI.			
Ab Opitergio Tridento. *D'Oderzo à Trente*....	CX	110[12]	110
SIC:			
Ad Cepasias[13]. *S. Florian*....................	XXVIII	28	28
Feltria. *Feltre*........................	XXVIII	28	28
Ausugo. *Borgo di Valsugana*................	XXX	30	30
Tridento. *Trente*.......................	XXIV	24[14]	24

[1] *Commatinum.* C.
[2] L'addition reproduit le nombre 215.
[3] *Ad Tricesimum.* D. F.
[4] *Julio.* C.
[5] *Langio.* C
[6] 12, 21. S.
[7] 17. D. F.
[8] *Littama.* C.
[9] 24. F.
[10] 34. S.
[11] 26. S.
[12] 109. C. — 108. S. — L'addition reproduit le nombre 110.
[13] *Ad Cerasias.* C. — *Ad Cerasias.* 34. S.
[14] 18. C.

ITINERARIUM.

ITINÉRAIRE.	DISTANCES données PAR LES MANUSCRITS.		DISTANCES mesurées PAR M. LAPIE.
	Millia plus minus.	Milles plus ou moins.	Milles rom.
LXXXII.			
A. Iter ab Aquileia Bononiam. *Route d'Aquileja à Bologne*....................	CCXVI	216[1]	216
SIC :			
Concordia. *Concordia*.....................	XXXI	31[2]	30
Altino. *Altino distrutto*..................	XXXI	31	30
Patavis (al. Patavio). *Padoue*............	XXXII	32	32
Ateste[3]. *Este*.............................	XXV	25	20
Anneiano[4]. *Legnago*.....................	XX	20	20
Vico Variano. *Bariano*....................	XVIII	18[5]	13
Vico Sernino[6]. *Finale*...................	XX	20	20
Mutina. *Modène*...........................	XXIII	23[7]	26
Bononia. *Bologne*.........................	XVIII	18	25
B. A Verona Bononia. *De Verone à Bologne*..	CV	105[8]	98
SIC :			
Hostilia. *Ostiglia*.........................	XXX	30	33
Colicaria[9]. *Concordia*...................	XXV	25[10]	15
Mutina. *Modène*...........................	XXV	25	25
Bononia. *Bologne*.........................	XXV	25	25
LXXXIII.			
A Vercellis Laude. *De Verceil à Lodi-Vecchio*.	LXX	70[11]	67
SIC :			
Laumello. *Lumello*........................	XXV	25[12]	28
Ticino. *Pavie*.............................	XXII	22[13]	21
Laude (al. Laude Pompeia). *Lodi-Vecchio*......	XXIII	23[14]	18

[1] L'addition produit 218.
[2] 35. S.
[3] La suite des nombres manque. C.
[4] *Aneiano*. F.
[5] 17. D. F. — 20. S.
[6] Cet article manque. C.
[7] 13. S.
[8] L'addition reproduit les 105 annoncés.
[9] *Colocaria*. F.
[10] 35. C. — 30. S.
[11] 60. D. F. — L'addition reproduit le nombre 70.
[12] 26. C.
[13] 25. C.
[14] 13. D. F.

ITINÉRAIRE.	DISTANCES données par les manuscrits.		DISTANCES mesurées par M. Lapie.
	Millia plus minus.	Milles plus ou moins.	Milles rom.

LXXXIV.

A Cremona Bononia. *De Cremone à Bologne* ..	CXII	112[1]	90
SIC:			
Brixello. *Brescello*............................	XXX	30	30
Regio. *Reggio*................................	XL	40	18
Mutina. *Modène*..............................	XXVII	27[2]	17
Bononia. *Bologne*............................	XXV	25	25

LXXXV.

A. Iter a Faventia Lucam. *Route de Faenza à Lucques*.........................	CXX	120[3]	109
SIC:			
In Castello. *Premilcuore*.....................	XXV	25	25
Anneiano[4]. *Dicomano*.......................	XXV	25	15
Florentia[5] [Tuscorum]. *Florence*............	XX	20	20
Pistoris[6] (al. Pistoria). *Pistoia*.............	XXV	25	24
Luca. *Lucques*...............................	XXV	25[7]	25
B. Iter[8] a Parma Lucam. *Route de Parme à Lucques*............................	C	100	115

VIA CLAUDIA. VOIE CLAUDIENNE.

LXXXVI.

A. Iter a Luca Romam per Clodiam. *Route de Lucques à Rome*......................	CCXXXVIII	238[9]	229
SIC:			
Pistoris[10] (al. Pistoria). *Pistoja*.............	XXV	25	25
Florentia. *Florence*..........................	XXV	25	24
Ad fines sive Casas Cæsarianas. *S. Giovanni*......	XXV	25	22

---

[1] 88, 92. S. — L'addition reproduit 112.
[2] 18, 26. S.
[3] 115. S. — L'addition reproduit le nombre 120.
[4] *Aneiano*. F.
[5] *Forentia*. F.
[6] Manque. C. — *Pistores*. D. F.
[7] 22. C.
[8] *Item a Parme Laca*. D.
[9] L'addition reproduit 239.
[10] *Pistores*. D. F.

ITINERARIUM.

ITINÉRAIRE.	DISTANCES données PAR LES MANUSCRITS.		DISTANCES mesurées PAR M. LAPIE.
	Millia plus minus.	Milles plus ou moins.	Milles rom.
Arretio[1] (sive Arretio Vetere). *Arezzo.*	XXV	25	20
Ad Statuas. *Capezzine.*	XXV	25	25
Clusio[2]. *Chiusi.*	XII	12	12
Vulsinis[3]. *Bolsena*	XXX	30	30
Forum[4] Cassi. *Près de Vetralla.*	XXVIII	28	28
Sutrio[5]. *Sutri.*	XI	11	10
Baccanas[6]. *Baccano, auberge.*	XII	12	12
Roma. *Rome.*	XXI	21	21
B. Iter[7] a Roma Foro Clodi[8]. *Route de Rome à Orivolo*	XXXII	32	32

LXXXVII.

Iter[9] ab Arimino Dertonam. *Route de Rimini à Tortone.*	CCXXIX	229[10]	222
SIC :			
Curva Cæsena[11] (sive Cesena). *Cesena.*	XX	20	20
Foro Livi[12]. *Forli.*	XIII	13	13
Faventia. *Faenza.*	X	10	10
Foro Corneli. *Imola.*	X	10	10
Claterna[13]. *S. Nicolo.*	XIII	13	13
Bononia. *Bologne.*	X	10	10
Mutina. *Modène.*	XXV	25	25
Regio (sive Regio Lepidi). *Reggio.*	XVIII	18	17
Tanneto[14] (sive Taneto). *S. Illario.*	X	10	10
Parma. *Parme.*	IX	9[15]	8
Fidentia (sive Julia Fidentia). *Borgo S. Donino...*	XV	15	15
Florentia. *Fiorenzuola.*	X	10	8
Placentia. *Plaisance.*	XV	15	15
Comillomago[16] (al. Cameliomago). *Bronni.*	XXV	25[17]	22
Iria. *Voghera.*	XVI	16[18]	16

---

[1] *Aretio.* F.
[2] *Closio.* F.
[3] *Vulfinis.* F.
[4] *Forma.* C. — *Foro.* F.
[5] *Futrio.* D.
[6] *Daccanas.* D. F.
[7] Item. B. C.
[8] *Clodii.* B. D. F.
[9] Item. B. C. D.

[10] 228. C. — L'addition reproduit 229.
[11] *Cesena.* F.
[12] *Foro Juli.* D. — *Foto Juli.* F.
[13] *Clacerma.* B. — *Clacerima.* D. F.
[14] *Tannetum.* B. C. D. — *Tanetum.* F.
[15] 8. C.
[16] *Cumillomago.* B. — *Cumillomagno.* D. F.
[17] 26. C. — 15. D.
[18] 26. F. — 25. S.

ITINÉRAIRE.	DISTANCES données PAR LES MANUSCRITS.		DISTANCES mesurées PAR M. LAPIE.
	Millia plus minus.	Milles plus ou moins.	Milles rom.
Dertona. *Tortone*............................	X	10	10

LXXXVIII.

ITINÉRAIRE.			
A. Iter[1] a Luca Pisas[2]. *Route de Lucques à Pise*.	XII	12[3]	11
B. Iter[4] a Luca Lunæ. *Route de Lucques à Luni, détruite*................................	XXXIII	33[5]	39

VIA AURELIA. VOIE AURÉLIENNE.

LXXXIX.

ITINÉRAIRE.			
A. A Roma per Tusciam et Alpes maritimas Arelatum usque. *De Rome par la Toscane et les Alpes maritimes jusqu'à Arles*.........	DCCXCVI	796[6]	778
SIC :			
Loria[7]. *Capo di Guido*......................	XII	12	12
Ad Turres. *Monterone*........................	X	10	10
Pyrgos. *S. Severa*............................	XII	12[8]	12
Castro Novo. *Tour au nord du cap Linaro*........	VIII	8[9]	9
Centum Cellis. *Civita-Vecchia*..................	V	5[10]	4
Martha[11] (sive Marta). *Clementino*.............	X	10	12
Forum Aureli. *Montalto*.......................	XIV	14[12]	8
Cosam[13]. *Cossa, auberge*.....................	XXV	25	25
Ad Lacum Aprilem. *Lac de Castiglione, près de Grosseto*.................................	XXII	22	28
Salebrone[14]. *Castiglione della Pescaia*...........	XII	12	12
Manliana. *Vignal-Vecchio*.....................	IX	9	19
Populonio[15]. *Populonia, détruite*...............	XII	12	12
Vadis Volaterris[16] (al. Vadis Volaterranis). *T. di Vada*	XXV	25[17]	30
Ad Herculem[18] (al. Portum Herculis). *Livourne*...	XVIII	18[19]	17
Pisæ[20]. *Pise*...............................	XII	12	11

[1] *Item*. B. C. D. F.
[2] *Pessis*. C. — *Pisis*. F.
[3] 15. D. F. — 10. S.
[4] *Item*. B. D. F.
[5] 32. C. — 23. S.
[6] 297. C.-795. S.-L'addition ne produit que 773.
[7] *Lorio*. C.
[8] 11. S.
[9] 9. C.
[10] 8. C.
[11] *Matha*. C.
[12] 24. C. — 13. S.
[13] *Cosani*. F.
[14] *Saleprone*. B.
[15] *Populonium*. 18. C. — *Populonia*. D.
[16] *Vadis Volaterrinis*. C.
[17] 22. B. D. F.
[18] *Ad Herculam*. F.
[19] 17. C. D. — 11. F.
[20] *Pissæ*. B. — *Bise*. D. F.

ITINERARIUM.

ITINÉRAIRE.	DISTANCES données PAR LES MANUSCRITS.		DISTANCES mesurées PAR M. LAPIE.
	Millia plus minus.	Milles plus ou moins.	Milles rom.
Papiriana (leg. Papyriana). *Viareggio*............	XI	11[1]	13
Lunæ[2]. *Luni, détruite*.....................	XII	12[3]	20
Boaceas[4] (al. Boactes). *La Spezia*.............	XII	12	12
Bodetia. *Moniase*........................	XXVII	27[5]	27
Tegolata[6] (al. Tigulia). *Serro*.................	XII	12	12
Delphinis (sive Portu Delphini). *Porto-Fino*......	XXI	21[7]	21
Genua. *Gênes*...........................	XII	12[8]	17
Libanum[9] (al. Libarnam). *Villa-Vecchia, près Ronco*.	XXXVI	36	36
Dertona[10]. *Tortone*.......................	XXXV	35	23
Aquis [Statiellis]. *Acqui*....................	XXVIII	28[11]	27
Crixia. *Rocchetta di Cairo*...................	XX	20[12]	22
Canalico. *Mallaro*........................	X	10	10
Vadis Sabbatis (al. Sabatiis). *Porto di Vado*......	XII	12	12
Pullopice[13]. *La Pietra*.....................	XII	12	12
Albingauno (al. Albio Ingauno). *Albenga*.......	VIII	8[14]	8
Luco (leg. Lucu) Bormani[15]. *Oneglia*...........	XV	15	15
Costa Balenæ[16] (sive Ballenæ). *N. D. d'Arva*.....	XVI	16	11
Albintimilio (leg. Albio Intemelio). *Vintimiglia*....	XVI	16[17]	16
Lumone. *Sospello*.........................	X	10	10
Alpe summa. *Lescarena*.....................	VI	6[18]	6
Hucusque[19] Italia. *Fin de l'Italie.*			
Abhinc[20] Gallia. *Commencement de la Gaule.*			
Cemenelo[21] (al. Gemenelio). *Saint-Clair*.........	IX	9	9
Varum Flumine (leg. Flumen). *Var, riv.*........	VI	6	6
Antipoli. *Antibes*.........................	X	10	10
Ad Horrea. *Auribeau*......................	XII	12	12
Forum Juli. *Fréjus*........................	XVIII	18[22]	18
Forum Voconi[23]. *Le Luc*...................	XXIV	24	24

[1] 12. F. — 51. S.
[2] Tune. B. D. F.
[3] 27. F.
[4] Boacias. C.
[5] 21. F.
[6] Tecolata. B. — Getolata. C. — Tecolate. D. — Tezolate. F
[7] 22. S
[8] 36. C.
[9] *Libarium*, mp. 35. C.
[10] *Dariona*, mp. 28. C.
[11] 18. C.
[12] 30. C.

[13] *Pollupice*. B. F. — *Lollupice*. D.
[14] 19. S.
[15] *Bormaniæ*, mp. 16. C.
[16] *Costa Ballene*. B. F. — *Costo Ballene*. D.
[17] 14. S.
[18] 8. F.
[19] *Usque hic*. B. D. F. — Ces deux lignes manquent. C.
[20] *Hinc*. D. — *Nunc*. F.
[21] *Cemenelo*. D. — *Cameleno*. F. — *Comenelo*, mp. 14. S.
[22] 17. S.
[23] *Vocona*, mp. 12. B. — *Forum Vocani*, mp. 12. C. — Cette ligne manque. D. F.

ITINÉRAIRE.	DISTANCES données PAR LES MANUSCRITS.		DISTANCES mesurées PAR M. LAPIE.
	Millia plus minus.	Milles plus ou moins.	Milles rom.
Matavonio[1]. *A l'est de Brignolle*.............	XII	12	12
Ad Turrem. *Saint-Maximin*.................	XIV	14	14
Tegulata[2]. *Auriol*......................	XVI	16	16
Aquis Sextis. *Aix*......................	XVI	16[3]	16
Massilia. *Marseille*.....................	XVIII	18	18
Calcaria[4]. *Près de Vitrolles*...............	XIV	14	14
Fossis[5] Marianis. *Foz-les-Martigues*...........	XXXIV	34	34
Arelate. *Arles*.........................	XXXIII	33[6]	24
B. Aliter a Roma Cosam[7]. *Autre route de Rome à Cossa, auberge*.................	LXI	61[8]	87
SIC :			
Careias[9] (al. Carcias). *Galera*.............	XV	15	15
Aquis Apollinaris[10]. *Allumiera*...............	XIX	19	29
Tarquinios. *Tarchina*....................	XII	12	12
Cosam[11]. *Cossa, auberge*..................	XV	15	31
C. Iter[12] a Roma per Portum Centum Cellis. *Route de Rome par le lac Fiumicino à Civita-Vecchia*..............................	LXIX	69[13]	61
SIC :			
In Portum [Augusti]. *Lac Fiumicino*...........	XIX	19	16
Fregenas. *T. di Maccarese*.................	IX	9	9
Alsio. *Palo*...........................	IX	9[14]	9
Ad Turres. *Monterone*...................	IV	4	2
Pyrgos. *S. Severa*......................	XII	12	12
Castro Novo[15]. *Tour au nord du cap Linaro*......	VIII	8	9
Centum Cellis. *Civita-Vecchia*...............	VIII	8	4
D. Ab Urbe Ostis[16]. *De Rome à Ostie*.......	XVI	16	14
Laurento. *Torre di Paterno*................	XVI	16[17]	8
Lanuvio (al. Lavinio). *Pratica*..............	XVI	16[18]	6

[1] *Mautavonio.* B. D. F.
[2] *Tecolata.* B. D. F.
[3] 15. B. C. — 17. F.
[4] *Calcana.* D. F.
[5] *Fossa.* F.
[6] 13. S.
[7] *Coso.* B. D. F.
[8] L'addition reproduit 61.
[9] *Cereias.* D. F.
[10] *Aquis Apollinaribus.* C. — *Aquis Apollenaris.* F.
[11] *Cusam.* F.
[12] *Item.* B. C. D. F.
[13] 68. S. — L'addition reproduit 69.
[14] 14. C.
[15] *Castremaio.* C.
[16] A la marge : R. B.
[17] 10. C.
[18] 15. D. F.

ITINERARIUM.

ITINÉRAIRE.	DISTANCES données PAR LES MANUSCRITS.		DISTANCES mesurées PAR M. LAPIE.
	Millia plus minus.	Milles plus ou moins.	Milles rom.
PRÆNESTINA[1]. *VOIE DE PALESTRINE.*			
E. Ab Urbe Benevento usque[2]. *De Rome à Benevente*..................	CLXXXVIII	188[3]	174
SIC :			
Gabios[4]. *Pantaro, près du lac Castiglione*.........	XII	12	12
Præneste. *Palestrine*......................	XI	11	11
Sub Anagniæ (al. Compitum Anagnia). *Anagni*..	XXIV	24[5]	14
Ferentino. *Ferentino*.....................	VIII	8	9
Frusinone. *Frosinone*.....................	VII	7[6]	7
Fregellano (al. Fregellis). *Ceprano*...........	XIV	14[7]	14
Fabrateria[8]. *Falvaterra*...................	III	3	3
Aquino. *Aquino*.........................	VIII	8[9]	13
Casino. *Abbaye du mont Cassin, près de S. Germano*..	VII	7	7
Venafro. *Venafro*........................	XVI	16	16
Teano[10]. *Teano*.........................	XVIII	18	18
Alifas[11] (al. Allifas). *Alife*................	XVII	17	17
Telesia[12]. *Telese*.......................	XXV	25[13]	15
Benevento. *Benevente*....................	XVIII	18	18
LAVICANA. *VOIE LAVICANE.*			
F. Ab Urbe Benevento usque. *De Rome à Benevente*.....................	CLXX	170[14]	171
SIC :			
Ad Quintanas[15] (al. Labicum). *Monte Porzio*....	XV	15	15
Ad Pictas (leg. ad Pactas). *Valmontone*.........	X	10	10
Compitum (sive Compitum Anagnia). *Anagni*.....	XV	15	15
Ferentino[16] (al. Ferento). *Ferentino*...........	VIII	8	9
Frusinone[17]. *Frosinone*....................	VII	7	7
Fregellano[18] (al. Fregellis). *Ceprano*..........	XIV	14	14

[1] Les mss. D et F ajoutent mpm. 1.
[2] A la marge : Hic R. 1 super est. B.
[3] L'addition reproduit 188.
[4] *Gabrios*. B. D. F.
[5] 14. S.
[6] 24. C.
[7] 24. S.
[8] *Fabraterias*. D. F.
[9] 9. C.
[10] *Theano*. B. C. D. F.
[11] *Alisas*, mpm. 16. B. — *Abfas*. F.
[12] *Thelesia*. F.
[13] 26. B. — 27. D. F.
[14] 520. S. —Somme égale, 170.
[15] *Aquinatanas*. F.
[16] *Frenentino*. A. F.
[17] *Frusione*. A. B. D. F.
[18] *Fregelano*. A. B. F.

ITINÉRAIRE.	DISTANCES données PAR LES MANUSCRITS.		DISTANCES mesurées PAR M. LAPIE.
	Millia plus minus.	Milles plus ou moins.	Milles rom.
Benevento mansionibus, quibus[1] et in Prænestina. Pour la suite de la route jusqu'à Benevente, par les mêmes étapes que celles de la voie de Palestrine....	CI	101[2]	100
LATINA. *VOIE LATINE.*			
G. Ab Urbe ad Decimum[3]. *De Rome à l'auberge de Vermicino*........	X	10	10
Roboraria[4]. *Rocca di Papa*........	VI	6[5]	6
Ad Pictas (leg. ad Pactas). *Valmontone.*........	XVII	17[6]	9
Compitum (sive Compitum Anagnia). *Anagni*....	XV	15	15
Intrat in Lavicanam. *La route se réunit ensuite à la voie Lavicane.*			
SALARIA. *VOIE SALARIENNE.*			
H. Ab Urbe Adriæ[7] usque. *De Rome à Atri*..	CLVI	156[8]	163
SIC :			
Ereto[9]. *Monte Rotondo*........	XVIII	18	16
Vico Novo (al. ad Novas). *Nerola.*........	XIV	14	14
Reate. *Rieti.*........	XVI	16	16
Cutilias. *Li Cesuni.*........	VIII	8[10]	8
Interocrio (al. Interocrea). *Antrodoco.*........	VI	6[11]	6
Falacrino (al. Phalacrino). *Civita-Reale.*........	XVI	16	16
Vico Badies. *Grisciano.*........	IX	9[12]	13
Ad Centesimum. *Quinto-Decimo.*........	X	10	10
Asclo[13] (al. Asculo Piceno). *Ascoli.*........	XII	12	12
Castro Truentino[14]. *S. Benedetto.*........	XX	20	20
Castro Novo. *Giulianova.*........	XII	12[15]	17
Adriæ (al. Hadriæ). *Atri.*........	XV	15[16]	15

[1] *Quibus* manque dans F.

[2] L'itinéraire compte, non pas 101, mais 112 milles de *Fregellanum*, Ceprano, à Benevento, par la voie de Palestrina. M. Lapie ne fait cette distance que de 99 milles. Voyez la route LXXXIX, E.

[3] En marge : R. B.

[4] Cette ligne et les deux suivantes manquent dans F.

[5] 3. A. B. C. D.

[6] 18. A.

[7] *Atrie*. B. — *Dradriæ*, mp. 150, sic C.

[8] 166. D. — 153. S. — L'addition reproduit 156.

[9] *Freto*. A. D. F.

[10] 18. A. B. D. F. — 9. C.

[11] 16. S.

[12] 8. A. D. F.

[13] *Asdo*. F.

[14] *Tuentino*. A. B. F.

[15] Ce nombre et le suivant manquent dans F.

[16] 12. C. — 14. S.

ITINERARIUM.

ITINÉRAIRE.	DISTANCES données PAR LES MANUSCRITS.		DISTANCES mesurées PAR M. LAPIE.
	Millia plus minus.	Milles plus ou moins.	Milles rom.
VALERIA. *VOIE VALÉRIENNE.*			
1. Ab Urbe Adriæ[1] usque[2]. *Autre route de Rome à Atri*..........	CXLVIII	148[3]	158
SIC :			
Tiburi. *Tivoli*............	XX	20	20
Carseolos[4]. *Carsoli*..........	XXII	22	23
Alba Fucentia[5]. *Albe*........	XXV	25[6]	25
Cerfennia. *Coll' Armeno*.......	XXIII	23[7]	23
Corfinio. *Popoli*............	XVII	17	17
Interbromio (al. Interpromio). *Tocco*.....	XI	11[8]	7
Teate[9] Marrucino. *Chieti*......	XVII	17	17
Adriæ[10] (al. Hadriæ). *Atri*......	XIV	14[11]	26
FLAMINIA. *VOIE FLAMINIENNE.*			
K. Ab Urbe per Picenum Anconam et inde Brundisium[12]. *De Rome par le Picenum à Ancône et de là à Brindisi*......	DCXXVII	627[13]	551
SIC :			
Utriculi (al. Otriculi). *Otricoli*........	XLVII	47[14]	46
Narniæ. *Narni*............	XII	12	7
Ad Martis. *La Costa*.........	XVII	17[15]	17
Mevaniæ[16]. *Bevagna*........	XVI	16	16
Nuceriæ. *Nocera*...........	XVIII	18	21
Dubios. *Col Fiorito*..........	VIII	8[17]	8
Prolaque (al. Prolaqueo). *Piorico*.....	VIII	8	8
Septempeda. *S. Severino*.......	XV	15[18]	15
Trea (al. Treia). *Treja*.........	IX	9[19]	9

[1] *Hadrie.* F.
[2] En marge : *R hic* XI *super sunt.* B.
[3] L'addition produit 149.
[4] *Cassiolos.* A. B. D. F. — *Carsiolis.* C.
[5] *Tucentia.* A. B. C. D. F.
[6] 22. S.
[7] 11. C. — 13. S.
[8] 12. C.
[9] *Thee.* A. D. F. — *Theae.* B. — *Theate.* C.
[10] *Hadriæ.* F.
[11] 24. A. B. C.

[12] *Brindisium.* A. B. D. —En marge : *Hic R.* X *super sunt*; et : *Hic R.* III *super sunt.* B. —Après *Brundisium*, on lit *usque.* C.
[13] L'addition produit 617.
[14] 44. C.
[15] 18. B. — 16. C.
[16] *Vemanie.* A. D. F. — *Vemaniae.* B. — *Nevaniæ, mp.* 18. C.
[17] 81. C.
[18] 16. A. B. D. F. — 8. C. — 17. S
[19] 16. C.

ITINÉRAIRE.	DISTANCES données PAR LES MANUSCRITS.		DISTANCES mesurées PAR M. LAPIE.
	Millia plus minus.	Milles plus ou moins.	Milles rom.
Auximo[1]. *Osimo*..................................	XVIII	18	18
Ancona. *Ancône*..................................	XII	12[2]	12
Numana. *Umana*..................................	VIII	8	7
Potentia. *Porto di Recanati*..................	X	10	8
Castello (al. Castro) Firmano. *Montagne au-dessus du Porto di Fermo*..................	XII	12[3]	18
Castro[4] Truentino. *S. Benedetto*..............	XXIV	24[5]	19
Castro Novo[6]. *Giulianova*......................	XII	12[7]	17
Hadriæ. *Atri*......................................	XV	15	15
Ostia Aterni[8]. *Pescara*..........................	XVI	16[9]	16
Angulo[10]. *Près de Francavilla*..................	X	10	5
Ortona[11]. *Ortona*.................................	XI	11	6
Anxano[12]. *Lanciano*..............................	XIII	13	8
Histonios[13] (al. Histonium). *Il Vasto*.........	XXV	25[14]	19
Uscosio[15]. *Monte Nero*...........................	XV	15	12
Arenio[16] (al. Larino). *Ruines au nord de Larino*	XIV	14	14
Corneli (al. Ergitii). *S. Severo*................	XXVI	26[17]	30
Ponte Longo. *Pont de Rignano*..................	XXX	30	10
Sipunto[18]. *Madone di Xiponta*..................	XXX	30	20
Salinis. *Reali Saline*............................	XV	15	21
Aufidena. *Alfidena*...............................	XL	40	28
Respa. *Giovenazzo*................................	XXIII	23	9
Barium. *Bari*.....................................	XIII	13	13
Arnesto[19] (al. Turribus Aurelianis). *Mola*.....	XXII	22	15
Gnatiæ[20] (al. Egnatiæ). *Monopoli*..............	XV	15	15
Speluncis (sive ad Speluncas). *Castello di Villanova*.	XXI	21	21
Brundisium (al. Brundusium). *Brindisi*.........	XVIII	18	28

XC.

L. Ab Helvillo Anconam. *De Sigillo à Ancône*.	L.	50[21]	82

[1] *Auximum.* A. B. D. F.
[2] 13. C.
[3] 22. B. — 10. C.
[4] *Castello.* A. F.
[5] 14. A. D. F.
[6] *Castello Novo.* A. F.
[7] 24. C.
[8] *Aeterni.* B. D. F.
[9] 15. A. F.
[10] *Angelum.* A. B. C. D. F.
[11] *Ortano.* C.
[12] *Auxona.* A. F. — *Auxano.* B. C.
[13] *Histonias.* A. F.
[14] 23. C.
[15] *Uscefio.* A. — *Uscusio.* C. — *Uscofio* F.
[16] *Aremo.* F.
[17] 25. C. — 16. S.
[18] *Siponto.* A. D. F.
[19] *Arneste.* A. F. — *Ernesto.* C.
[20] *Agnatiae.* C.
[21] Somme égale, 50.

ITINERARIUM.

ITINÉRAIRE.	DISTANCES données PAR LES MANUSCRITS.		DISTANCES mesurées PAR M. LAPIE.
	Millia plus minus.	Milles plus ou moins.	Milles rom.
SIC:			
Ad Calem (al. ad Callem). *Cagli*........	XIV	14	17
Ad Pirum [Filumini]. *Marotta Ost*.......	VIII	8	40
Senogallia¹ (al. Sena Gallica). *Sinigaglia*....	VIII	8	7
Ad Æsim². *Esino, riv*...............	XII	12	9
Ancona. *Ancône*................	VIII	8	8
XCI.			
Ad Septempeda Castro Truentino⁵. *De Santo-Severino à Santo-Benedetto*........	LXXIV	74⁴	74
SIC:			
Urbe Salvia. *Urbisaglia*............	XII	12	12
Firmum. *Fermo*................	XVIII	18	18
Asclo⁵ (al. Asculo). *Ascoli*...........	XXIV	24	24
Castro Truentino⁶. *S. Benedetto*........	XX	20	20
XCII.			
Iter quod ducit a Dyrrhachio⁷ per Macedoniam et Thraciam Byzantium usque. *Route conduisant de Durazzo par la Macédoine et la Thrace à Byzance ou Constantinople.*			
A Brundisio⁸ trajectus Dyrrhachium⁹ usque, stad. num. MCCCC¹⁰. *Traversée de Brindisi à Durazzo*..	*	//	100
A. A Dyrrhachio¹¹ Byzantium. *De Durazzo à Constantinople*................	DCCLIV	754¹²	745
SIC:			
Clodiana. *Elbassan*...............	XLIII	43¹⁵	33

---

¹ *Senagallia*, mpm. 18. A. D. — *Senucallia*, mpm. 18. B. — *Semigallia*, mpm. 18. F.

² *Ad Hesum*. A. F. — *Ad Hesim*. B. D. — *Adesim*, mp. 11. S.

³ *Tuentino*. A. B. D. F.

⁴ 73. B. D. — 63. C. — L'addition reproduit 74.

⁵ *Ascolo*. A. B. D. F.

⁶ *Tuentino*. A. B. D. F.

⁷ *Duratio*. A. B. D.

⁸ *Brundusio*. A.

⁹ *Durachium*. B. D. — *Dirachium*. F.

¹⁰ Stadia 1400. A. B. D. F. — En marge: *R. hic* XII *super sunt.* B. — 400. C. — La distance en ligne droite est de 100 milles romains, qui font 948 stades de 700 au degré.

¹¹ *A Durachio*. B. D. — *A Dyrachio*. F.

¹² *Acca* VII *sic.* C. — 854. S. — L'addition produit 763.

¹⁵ 33. C.

ANTONINI AUGUSTI

ITINÉRAIRE.	DISTANCES données PAR LES MANUSCRITS.		DISTANCES mesurées PAR M. LAPIE.
	Millia plus minus.	Milles plus ou moins.	Milles rom.
Scampis[1]........................	XX	20	21
Tres Tabernas. *Près de Molekha*..............	XXVIII	28[2]	27
Lignido (al. Lychnido). *Ruines sur le lac d'Ochrida*.	XXVII	27	25
Nicia (sive Nicis). *Florina*.................	XXXIV	34[3]	35
Heraclea. *Derbend*.......................	XXI	11[4]	12
Cellis. *Cailari*...........................	XXXIV	34[5]	24
Edessa[6]. *Vodena*.........................	XXVIII	28[7]	28
Pella. *Alahkilissia*.......................	XXVIII	28[8]	30
Thessalonica. *Salonique*...................	XXVII	27[9]	27
Mellissurgin. *Kilisseli*.....................	XX	20	20
Apollonia. *Bazar-Djedid*...................	XVII	17[10]	17
Amphipoli[11]. *Ienikeui*	XXX	30	31
Philippis. *Ruines de Philippi*	XXXIII	33	30
Neapoli. *La Cavale*	XII	12	10
Acontisma. *Tcheherbend*...................	IX	9[12]	9
Topiro[13] (sive Topyro). *Kara-Guieuzi*.........	XVII	17	17
Cosinto[14]. *Kutchuk-Loudedé*...............	XIII	13[15]	13
Porsulis, quæ[16] modo Maximianopolis. *Jebili ou Tabili*............................	XXIII	23[17]	23
Brendice[18]. *Chapdjilar*....................	XXI	21[19]	21
Milolito[20]. *Peresteria*.....................	XII	12	7
Timporo[21] (al. Tempyra)...................	XXVI	16	16
Trajanopoli. *Orikhova*.....................	IX	9[22]	9
Dymis[23]. *Feredjik ou Feret*................	XVI	16	16
Zervis (al. Zerna). *Termalitza en face de Zernetz*..	XXIV	24	24
Plotinopolim[24]. *Djesr Erkené*...............	XXI	21[25]	24
Hadrianopolim. *Andrinople*.................	XXI	21[26]	24
Ostudizo[27]. *Hafsa ou Khafsa*...............	XIX	19	19

[1] *Scambis.* A. F.
[2] 24. S.
[3] 32. C. — 24. S.
[4] 40. C.
[5] 24. S.
[6] *Aedissa.* B. — *Edissa.* D. F.
[7] 29. C.
[8] 29. C.
[9] 28. S.
[10] 27. A. D. F.
[11] *Ampipoli.* F.
[12] 8. S.
[13] *Topinio.* A. D. F.
[14] *Casinto.* F.
[15] 14. B.
[16] *Quod.* B. D. F.
[17] 13. A. D. F.
[18] *Priendice.* C.
[19] 22. A. F.
[20] *Milotito.* F
[21] *Timpiro.* A. B. D. — *Tympyra.* C. — *Timpiri.* F.
[22] 8. C.
[23] *Dimis.* F.
[24] *Plonitopolim,* mpm. 24. A.
[25] 24. B. C. D. F.
[26] 22. C.
[27] *Hostridizo.* A. B. D. F. — *Ostidizo,* mpm. 18. C.

ITINERARIUM.   97

ITINÉRAIRE.	DISTANCES données PAR LES MANUSCRITS.		DISTANCES mesurées PAR M. LAPIE.
	Millia plus minus.	Milles plus ou moins.	Milles rom.
Burdidizo[1] (leg. Burtudizo). *Eskibaba*..........	XIX	19	18
Bergulæ[2]. *Tchatal-Bourgaz*..............	XVII	17	18
Drusiparo[3]. (leg. Druzipara). *Karistan*..........	XVI	16[4]	14
Tirallo (leg. Tzurullo). *Tchorlou*.............	XVI	16	16
Perintho Heraclea[5]. *Erekli*...............	XVIII	18	18
Cenophrurio. *Sur la côte, à l'O. de Sélivri*........	XVIII	18	18
Melantiada[6]. *Baïuk-Tchekmedjé, ou Ponte-Grande*..	XXVII	27[7]	24
Byzantio, quæ Constantinopolis. *Constantinople*....	XIX	19[8]	24
B. Iter a Brundisio sive ab Hydrunto. Trajectus Aulonam, stadia num. M[9]. *Routes partant de Brindisi et d'Otrante. Traversée de Brindisi à Valona*, 1000 *stades*...............	*"*	*"*	85[10]
Inde per loca maritima in Epirum et Thessaliam et[11] Macedoniam. *De là en suivant les bords de la mer dans l'Épire, la Thessalie et la Macédoine*......................	*"*	*"*	811
SIC :			
Ad[12] Acroceraunia (al. Acrocerane). *Drimadez*....	XXXIII	33[13]	33
Phœnice[14]. *Pheniki, ruines*................	XLI	41	41
Butroto. *Bathrinto*...................	LVI	56[15]	16
Clycis Limen[16]. (al. Glykys Limen). *Port Glykys*..	XXX	30[17]	51
Actia Nicopoli[18]. *Ruines au N. de Prévesa*.......	XX	20	20
Achelou fluv. *Aspro-Potamos*................	XXV	25	75
Eveno[19]. *Fidaris, riv*.....................	XX	20	30
Delphis[20]. *Castri*......................	XL	40	40
Phocide. *Korako-Litha*...................	XL	40	20
Thespias[21]. *Thespies, ruinée*...............	XL	40	30
Megara. *Mégare*.......................	XL	40	35

[1] *Brundidizo*, mpm. 18. C.
[2] *Bragule*. A. F. — *Bercule*. C.
[3] *Drazybaro*. A. B. F. — 17. S.
[4] 12. C.
[5] *Perintho Erac*. F.
[6] *Melatutrada*. A. F. — *Melantrada*. B.
[7] 26. A.
[8] 29. S.
[9] 200 milles. A. D. — 1200. F.
[10] De Brindisi à Valona, 85 milles ou 800 stades; d'Otrante à Valona, 60 milles ou 550 stades.
[11] *In Macedoniam*. C. — *Et in Macedoniam*. D. F.

[12] *Ad* manque. A. B. C. F.
[13] 36. C.
[14] *Poenice*. B. D. — *Phenice*. F.
[15] 41. C.
[16] *Cilycis Limena*. C. — *Clicis Limen*. F.
[17] 50. A. F.
[18] *Accianinopolim*. A. — *Antia Nicopoli*. C. — *Aciu Nipopolim*. F.
[19] *Euvenno*. A. B. D. F. — *Avenno*. C.
[20] *Delphis* est la leçon de nos mss. Wesseling me le nominatif *Delphi*.
[21] *Thestias*. B. C. D. F.

ITINÉRAIRE.	DISTANCES données PAR LES MANUSCRITS.		DISTANCES mesurées PAR M. LAPIE.
	Millia plus minus.	Milles plus ou moins.	Milles rom.
Eleusina. *Eleusis, aujourd'hui Lepsina*............	XIII	13[1]	15
Athenis. *Athènes, aujourd'hui Athina*............	XIII	13[2]	14
Oropo[3]. *Oropo*.....................	XLIV	44	34
Thebis. *Thèbes, aujourd'hui Thiva*............	XXXVI	36[4]	26
Chalcide. *Chalcis, aujourd'hui Négrepont ou Egripos*.	XXIV	24	24
Opunte. *Oponte, ruinée*.....................	XLVIII	48	38
Demetriade. *Démétriade, ruinée, sur le golfe au Sud de Volo*..................	XIV	14	84
Larissa. *Larisse, aujourd'hui Ienitcher*............	XLIV	44	34
Dio. *Standia*.....................	XXIV	24	44
Pudaia[5]. (al. *Pydnæ*). *Cataphrygion*......	XIX	19[6]	19
Beroea. *Veria ou Karaveria*.................	XVII	17	27
Thessalonica. *Salonique ou Saloniki*............	LI	51	41
Mellissurgin[7]. *Kilisseli*..................	XXI	21[8]	20
c. Item recto itinere ab Hydrunto[9] Aulonam, stadia ĪƆ. *Autre route directe d'Otrante à Valona, 1000 stades*.................	*"*	*"*	60
Inde per Macedoniam usque Constantinopolim. *De là par la Macédoine à Constantinople*.	DCCLVI	756[10]	718
SIC :			
Apollonia. *Monastère de Pollini*................	XXV	25	16
Ad Novas. *Risogna*.....................	XXIV	24[11]	24
Clodianis. *El Bassan*.....................	XXV	25	25
Scampis..................................	XXII	22	21
Tribus Tabernis. *Près de Molekha*............	XXX	30	27
Lignido (al. *Lychnido*). *Ruines sur le lac d'Ochrida*.	XXVII	27[12]	27
Scirtiana. *Monastir ou Bitolia*.................	XXVII	27	27
Castra (al. *Nicæ*). *Florina*.....................	XV	15[13]	15
Heraclea. *Derbend*.....................	XII	12[14]	12
Cellis. *Cailari*.....................	XXXIII	33[15]	24
Edessa[16]. *Vodena*.....................	XXXIII	33	28

[1] 14. C.
[2] 14. C.
[3] *Aropo*. A. B. D. F. — *Eropo*. C.
[4] 33. S.
[5] *Padata*. A. B. — *Pudaia*. C. — *Puclata*. D. F. — Ce lieu a été omis dans le texte publié par Wesseling.
[6] 29. C.
[7] *Mellisurgin*, mpm. 30. A. B. D. F.
[8] 20. C.
[9] *Hydrunte* dans Wesseling.
[10] L'addition produit 771.
[11] 23. B.
[12] 28. S.
[13] 6. C.
[14] 15. B.
[15] 23. S.
[16] *Acdissa*. B. — *Hedessa*, mpm. 32. C. — *Edissa*. D. F.

ITINERARIUM.

ITINERAIRE.	DISTANCES données PAR LES MANUSCRITS.		DISTANCES mesurées PAR M. LAPIE.
	Millia plus minus.	Milles plus ou moins.	Milles rom.
Diocletianopolis[1] (al. Dicœpolis). *Ienitza*.......	XXX	30	30
Thessalonica. *Salonique ou Saloniki*............	XXIX	29	29
Apollonia. *Bazar-Djedid*....................	XXXVI	36	37
Amphipoli. *Ienikeui*.......................	XXXII	32	31
Philippis. *Ruines de Philippi*.................	XXXII	32[2]	30
Acontisma[3]. *Tcheherbend*...	XXI	21[4]	21
Otopiso[5] (al. Oropiso sive Topyro). *Kara-Guieuzi*..	XVIII	18[6]	17
Stabulo Diomedis. *Sur le golfe Lagos*...........	XXII	22	20
Impara (sive Pyrsoali[7], nunc Maximianopoli). *Ghumourdjina*....................................	XVIII	18[8]	12
Bricize[9] (al. Brendice). *Chapdjilar*.............	XX	20	20
Trajanopoli. *Orikhova*......................	XXXVII	37[10]	32
Cypsala[11] (al. Cypsela). *Ipsala*...............	XXIX	29[12]	28
Siracella (sive Syracellis). *Malgara ou Migalgara*..	XXX	30[13]	30
Apris. *Ainadjik ou Ienidjek*...................	XXI	21	22
Resisto[14] (al. Rhædesto). *Rodosto*.............	XXVI	26	16
Heraclea. *Erekli*..........................	XXVI	26	31
Cenophrurio. *Sur la côte, à l'ouest de Sélivri*.....	XXIV	24	18
Melantiada. *Buïuk-Tchekmédjé, ou Ponte-Grande*...	XXVIII	28[15]	24
Byzantio. *Constantinople*....................	XIX	19[16]	24
DE THRACIA IN ASIAM[17]. *DE THRACE EN ASIE.*			
XCIII.			
A. A Trajanopoli Callipolim[18] ad[19] trajectum Asiæ. *D'Orikhova à Gallipoli sur le canal des Dardanelles*.......................	CXXIX	129[20]	128
SIC :			
A Trajanopoli Dymis. *D'Orikhova à Feredjik ou Feret*	XII	12[21]	16

[1] *Diodianapolis.* F.
[2] 31. C.
[3] *Ancontisma, mpm.* 22. A. F.
[4] 22. C.
[5] *Otopisio.* A. B. D. F.
[6] 19. C.
[7] *Iniparo sive Pyrso alii.* F.
[8] *Imphara sive Phyrsali, mp.* 19. C.
[9] *Brixice.* A. F. — *Brixice.* B. C. D.
[10] 34. S.
[11] *Gipsala modo Cypsala.* A. D. F. — *Gypsala modo Cipsala.* B. — En marge : *Hic R. x super sunt.* B. — *Gypsala.* C.
[12] 19. S.
[13] 25. A. B. C. D. F. — 22, 25, 37. S.
[14] *Risisto.* A. B. C. D.
[15] 24. S.
[16] 18, 24. S. — Après cette ligne on lit : *Ab Aulona usque Constantinopolim.* A, et dans B. D. et F : *Ab Aulona usque Constantinopolim, mpm.* 756.
[17] Cette ligne et la suivante manquent. C.
[18] *Callipolim* manque. A. D. — À la marge : R. 1. super est. B.
[19] A. F.
[20] Le calcul produit 139.
[21] 13. A. B. C. F. — 14. D.

ITINÉRAIRE.	DISTANCES données PAR LES MANUSCRITS.		DISTANCES mesurées PAR M. LAPIE.
	Millia plus minus.	Milles plus ou moins.	Milles rom.
Siraselle[1] (al. Syracellæ). *Malgara ou Migalgara*...	XXXVIII	38	38
Apris[2]. *Ainadjik ou Ienidjek*................	XXI	21	22
Aphrodisiade[3]. *Kaouak*....................	XXXIV	34[4]	28
Callipoli. *Gallipoli*......................	XXIV	24[5]	24
B. A Callipoli trajectus in Asiam Lampsacum[6] usque, stadia LX[7]. *Trajet de Gallipoli en Asie jusqu'à Lampsaki, 60 stades*............	"	"	352
Inde Abydo. *De Lampsaki à Tekiet, ruines d'Abydos*.	XXIV	24	24
Dardano. *Ruines sur le canal des Dardanelles*......	IX	9	9
Ilio (sive Ilio Recenti). *Holilelikeui*............	XII	12	12
Troas (sive Alexandria Troas). *Eski-Stamboul*.....	XVI	16	16
Antandro[8]. *Antandros*.....................	XXXV	35	57
Adramuttio[9] (al. Adramyttio). *Adramiti ou Edermid*..	XXXI	31[10]	16
Pergamo. *Perghamah*.....................	LIII	53	43
Germe (al. Germa). *Soumah ou Somma*.........	XXV	25	25
Thyatira. *Akhissar*.......................	XXXIII	33[11]	33
Sardis (al. Sardibus). *Sart, ruines*.............	XXXIII	33[12]	37
Philadelphia. *Alah-Cheher*..................	XXVIII	28	28
Tripoli. *Ruines près Ienidjé*....................	XXXIII	33[13]	34
Hierapoli. *Pambouk-Kalesi*.....................	XII	12	12
Laudicia[14] (al. Laodicea). *Ladik ou Eskihissar*....	VI	6	6

XCIV.

Iter de Dalmatia in Macedoniam, id est, Salonis Dyrrhachium. *Route de Dalmatie en Macédoine, c'est-à-dire de Salone à Durazzo.*	CCCIII	303[15]	320
SIC :			
Ponte-Tiluri[16]. *Trigl*.....................	XVI	16[17]	16

---

[1] *Syrascele.* B. D. — *Surascel*, mpm. 37. C. — *Scrascele.* F.
[2] *Arris.* A. B. D. F.
[3] *Afrosiade.* F.
[4] 24. B. — 28. S.
[5] Cette ligne manque. C. — 34. S.
[6] *Trajectum in Asia Lamsicum.* F.
[7] 70. A. — *Stadia numero* 70. B. D. F.
[8] *Aatundro.* A. — *Antrando.* C. — *Antandro.* D. — *Atrimdro.* F.
[9] *Hadrumitio.* A. B. D. F.
[10] 15. 21. W.
[11] La suite manque jusqu'à *Augusta Rauracum.* A.
[12] 36. B. C. D. F.
[13] 34. C.
[14] *Ladicia*, mp. 11. C.
[15] 306. S. — Le calcul reproduit 303.
[16] *Potentiluri.* B.
[17] 2. S.

ITINERARIUM. 101

ITINÉRAIRE.	DISTANCES données PAR LES MANUSCRITS.		DISTANCES mesurées PAR M. LAPIE.
	Millia plus minus.	Milles plus ou moins.	Milles rom.
Trono. *Cista*........................	XII	12	12
Bilubio[1] (al. Billubio). *Fort Prolosatz*...........	XIII	13	13
Aufustianis. *Syalgori*..................	XVIII	18	18
Narona [colonia]. *Mostar*.............	XXV	25[2]	25
Dallunto[3]. *Gabela*...................	XXV	25	25
Leusinio[4]. *Zaccula*..................	XL	40	38
Andarba[5] (al. Sanderna). *Ruines sur la riv. Tribinschitza*...............	XXIX	29	29
Sallunto. *Grahova*...................	XVIII	18	18
Alata[6] (al. Nalata). *Cettigne*.............	XVII	17	18
Birziminio[7]. *Cesini*...................	X	10	10
Cinna (al. Sinna). *Tchiabak*.............	XVIII	18	18
Scodra. *Scutari*......................	XII	12	20
Dyrrhachio (antea Epidamno). *Durazzo*........	L	50	60

DE ITALIA IN GALLIAS.

XCV.

A. A Mediolano Arelate per Alpes Cottias[8].
De Milan à Arles par les Alpes Cottiennes.

SIC :

	CCCCXI	411[9]	389
Ticinum. *Pavie*....................	XXII	22[10]	22
Laumellum. *Lumello*.................	XXII	22[11]	21
Cottiæ[12]. *Candia*....................	XXIII	23	12
Carbantia[13]. *Cuniolo*................	XII	12[14]	12
Rigomago. *Rinco*...................	XII	12	12
Quadratis. *Morensengo*................	XV	15[15]	12
Taurinis (al. Augusta Taurinorum). *Turin*.......	XXIII	23[16]	16
Fines. *Près la Chiusa*..................	XVIII	18[17]	21
Segusione[18]. *Suse*.....................	XXXIII	33	16
Ad Martis. *Oulx*.....................	XVI	16	24
			16

[1] *Biladio*. B. F.
[2] 30. F.
[3] *Dilanto*. C.
[4] *Leufinio*. F.
[5] *Andariva*. C.
[6] *Allata*. F.
[7] *Biriziminio*. F.
[8] *Pontias*. B. D. F. — *Gallias*. C.
[9] 415. F. — Le calcul produit 432.
[10] 20. C.
[11] 21. C.
[12] *Guttiæ*, mp. 12. C.
[13] *Carcantiæ*. B. D. F. — *Garbantia*. C.
[14] 22. S.
[15] 13. C. — 20, 25. S.
[16] 17. C. — 24. S.
[17] 28. D. F. — 10. W.
[18] *Regusione*. F.

ITINÉRAIRE.	DISTANCES données PAR LES MANUSCRITS.		DISTANCES mesurées PAR M. LAPIE.
	Millia plus minus.	Milles plus ou moins.	Milles rom.
Brigantione [1]. *Briançon*............	XVIII	18[2]	19
Rame (al. Rama). *La Roche*............	XIX	19[5]	17
Eburoduno (al. Ebroduno). *Embrun*......	XVIII	18[4]	17
Caturigas[5]. *Chorges*................	XVII	17	16
Vapincum. *Gap*....................	XII	12	12
Alabonte (al. Alamonte). *Monestier d'Allemont*....	XVIII	18[6]	18
Segusterone[7]. *Sisteron*.............	XVI	16	16
Alaunio. *Peyruis*..................	XXIV	24[8]	13
Catuiaca[9]. *Reillanne*...............	XVI	16[10]	21
Apta[11] Julia. *Apt*.................	XV	15[12]	15
Fines. *Près Merindol, sur la Durance*........	XVI	16[13]	16
Cabellione. *Cavaillon*................	XII	12[14]	10
Glano[15]. *S. Remy*.................	XVI	16	12
Ernagino. *S. Gabriel*................	XII	12	8
Arelate. *Arles*...................	VII	7[16]	7
B. Iter[17] a Mediolano per Alpes Graias Vienna. *De Milan, par les Alpes Grecques, à Vienne*.	CCCVIII	308[18]	308
SIC :			
Novaria. *Novare*...................	XXXIII	33[19]	33
Vercellis. *Verceil*..................	XVI	16	14
Eporedia[20]. *Ivrée*................	XXXIII	33	33
Vitricium. *Verres*..................	XXI	21	21
Augusta Prætoria. *Aoste*..............	XXV	25	25
Arebrigium[21]. *Villaret*.............	XXV	25	15
Bergintrum[22]. *S. Maurice*...........	XXIV	24	34
Darantasia. *Moutiers*...............	XIX	19[23]	19
Oblimum[24]. *La Balie*..............	XIII	13	13

[1] *Bigrantione, mp.* 24. B. D. — *Bygrantione.* F.
[2] 24. F.
[3] 12. C.
[4] 19. B. D. F.
[5] *Taturricas, mp.* 18. C. — *Caturrigas.* F.
[6] 17. D.
[7] *Secusterone.* B. D. F.
[8] 23. B.
[9] *Catoluca.* B. D. F.
[10] 13. S.
[11] *Avia.* B. D. F.
[12] 12. C.
[13] 10. C.
[14] 15. B. D. — 16. F.
[15] *Clano.* B. D. F.
[16] 8. W.
[17] *Item.* B. C. D. F. — En marge : *R. hic* XXXI *super sunt.* B.
[18] Le calcul reproduit 308.
[19] 23, 32. S.
[20] *Epboredia.* B. D. F.
[21] *Ereburicum.* B. — *Areburicum.* D. F.
[22] *Berginitum, mpm.* 18. C.
[23] 18. B. D. F. — 14. C.
[24] *Bilumnum.* B. D. F. — *Obilinnum.* C.

ITINERARIUM. 105

ITINÉRAIRE.	DISTANCES données PAR LES MANUSCRITS.		DISTANCES mesurées PAR M. LAPIE.
	Millia plus minus.	Milles plus ou moins.	Milles rom.
Ad Publicanos. *Conflans*............	III	3	3
Mantala. *S. Pierre d'Albigny*........	XVI	16[1]	16
Lemincum. *Chambéry*...............	XVI	16	16
Labiscone (al. Laviscone). *Les Échelles*.....	XIV	14[2]	14
Augustum. *Aouste*.................	XIV	14[3]	14
Bergusia (al. Bergusium). *Bourgoin*.....	XVI	16	16
Vienna. *Vienne*...................	XX	20[4]	22
c. Iter a Mediolano per Alpes Graias Argentorato. *Route de Milan, par les Alpes Grecques, à Strasbourg*............	DLXXVI	576[5]	554
SIC :			
Ticinum. *Pavie*...................	XXII	22[6]	22
Laumellum. *Lumello*...............	XXII	22[7]	21
Vercellas. *Verceil*.................	XXVI	26[8]	28
Eporedia. *Ivrée*...................	XXXIII	33	33
Vitricium. *Verres*.................	XXI	21	21
Augusta Prætoria. *Aoste*............	XXV	25	25
Arebrigium[9]. *Villaret*.............	XXV	25	15
Bergintrum. *S. Maurice*............	XXIV	24	34
Darantasia[10]. *Moutiers*............	XVIII	18[11]	19
Casuaria[12]. *Ugine*................	XXIV	24[13]	24
Bautas. *Annecy*...................	XVIII	18[14]	25
Cenava[15] (al. Geneva). *Genève*......	XXV	25	25
Equestribus (al. colonia Equestri Novioduno). *Nion*.	XVII	17[16]	15
Lacu Lausonio. *Lausanne*...........	XX	20[17]	25
Urba. *Orbe*......................	XVIII	18[18]	18
Ariorica (al. Ariolica). *Pontarlier*......	XXIV	24[19]	21
Visontione (al. Vesontione). *Besançon*.....	XVI	16	32

[1] 13. S.
[2] 6. S.
[3] 17. C.
[4] 15. C.
[5] 577. D. F. — 550. S. — En marge : *R. hic* LXVIII *minus sunt.* B. — Le calcul produit 553.
[6] 26. C.
[7] 21. C.
[8] 25. D. F.
[9] Cette ligne manque dans F.
[10] *Darentasia*. F.
[11] 19. C. — Les nombres suivants de cette route manquent. C.
[12] *Cavaria*. B.
[13] 19. S.
[14] 17. B. D. F. — 30. S.
[15] Cette ligne manque. B. F.
[16] 16. B. D. F. — 27. S.
[17] 30. S.
[18] 21. S.
[19] 15. S.

ITINÉRAIRE.	DISTANCES données PAR LES MANUSCRITS.		DISTANCES mesurées PAR M. LAPIE.
	Millia plus minus.	Milles plus ou moins.	Milles rom.
Velatuduro (al. Valatoduro). *Rans-les-Isles*	XXII	22[1]	32
Epamantadurum[2] (al. Epamanduodurum). *Mandeure*............	XII	12	12
Gramato[3]. *Fesche Église*[4]............	XIX	19	9
Larga. *Largitzen*[5]............	XXV	25[6]	12
Uruncis[7]. *Illzach*[8]............	XVIII	18[9]	18
Monte Brisiaco[10]. *Vieux-Brisach*............	XXIV	24[11]	23
Helveto (al. Helcebo). *Ehl*............	XXV	25[12]	28
Argentorato. *Strasbourg*............	XXX	30[13]	17
D. Iter a Mediolano per Alpes Penninas Magontiacum (al. Mogontiacum). *Route de Milan, par les Alpes Pennines, à Mayence*.......	CCCCXIX	419[14]	514
SIC :			
Novaria. *Novare*............	XXXIII	33	33
Vercellas. *Verceil*............	XVI	16[15]	14
Eporedia. *Ivrée*............	XXXIII	33	33
Vitricio. *Verres*............	XXI	21	21
Augusta Prætoria. *Aoste*............	XXV	25	25

[1] 14. S. — Suivant M. Lapie, la lieue gauloise (égale à un mille romain et demi) est de 50 au degré, et vaut 1140 toises ou 2222 mètres; le mille romain est de 75 au degré, et vaut 760 toises ou 1481^m 48^{cent}.

[2] Cette ligne manque. B. D. — *Epimantaro*. C. — Nous verrons le même lieu nommé *Epamanduodurum* dans une autre route. — Suivant l'abbé Grandidier, quatre voies romaines partaient de Strasbourg, et conduisaient, savoir : la première, à Metz, par Saverne, Sarbourg et Dieuze ; la seconde, à Spire, par Brumath et Altstatt ; la troisième, à Besançon, par Ell, Brisack, Rüxheim, Largitzen, Grandvillars et Mandeure (c'est la nôtre) ; la quatrième, à Augst, par Ell, Horbourg, Bantzenheim et Kembs. En 1718 on découvrit à Mandeure une colonne milliaire marquée du chiffre XLVIII.

[3] Cette ligne manque. C. F. — Wesseling pense que *Gramato* doit être supprimé, parce qu'il n'est pas donné par le meilleur des manuscrits, et parce que la table de Peutinger ne compte que 16 milles d'*Epamanduodurum* à *Larga*. Il est certain que ce lieu, qui parait appartenir à une autre route que celle-ci, jette de la confusion dans cette dernière, et allonge outre mesure la distance d'*Epamanduodurum* à *Larga*. Néanmoins nous n'avons pas osé le supprimer, et nous avons fait plier nos calculs à l'exigence du texte.

[4] Entre Delle et Granvillers.

[5] Largitzen est à très-peu de distance de la rivière nommée la Largue, et à environ deux lieues S. O. d'Altkirch. La Largue se jette dans l'Ill par la rive gauche de celle-ci, près d'Ilfort, entre Altkirch et Mulhausen.

[6] 24. S.

[7] *Utirencis*. B. D. — *Orincis*. C. — *Utirentis*. F.

[8] A trois quarts de lieue N. de Mulhausen.

[9] 25. S. — Ce chiffre paraîtrait aussi marquer des lieues et non des milles.

[10] *Blusiaco*. B. D. F. — *Briasago*. C.

[11] 15. S.

[12] 20. B. D. F.

[13] 20. S.

[14] 416. C. — Le calcul produit 408. En marge : R. hic XI minus sunt. B.

[15] 15. C.

ITINERARIUM. 105

ITINÉRAIRE.	DISTANCES données PAR LES MANUSCRITS.		DISTANCES mesurées PAR M. LAPIE.
	Millia plus minus.	Milles plus ou moins.	Milles rom.
Summo Penino[1]. *Hospice du Mont Saint-Bernard*...	XXV	25	23
Octoduro. *Le Bourg près Martigny*............	XXV	25	25
Tarnaias[2] (sive Tarnadas). *S. Maurice*........	XII	12	12
Penne Locos[3] (al. Penni Lucus). *Noville*........	XIII	13	13
Vibisco[4] (sive Vivisco). *Vevey*...............	IX	9	9
Bromago[5]. *Promasens*.......................	IX	9	9
Minnodunum. *Moudon*.......................	VI	6[6]	6
Aventicum Helvetiorum[7]. *Avenche*...........	XIII	13[8]	20
Petinesca. *Baren*............................	XIII	13[9]	24
Saloduro[10]. *Soleure*.........................	X.	10[11]	10
Augusta Rauracum[12]. *Augst*....	XXII	22	32
Cambete[13]. *Gross-Kembs*....................	XII	12	18
Stabulis. *Ottmarsheim*.......................	VI	6	6
Argentovaria. *Horbourg près Colmar*...........	XVIII	18[14]	23
Helveto[15] (sive Helcebo). *Ehl*.................	VI	6[16]	24
Argentorato. *Strasbourg*.....................	XII	12	17
Saletione. *Seltz*.............................	VII	7[17]	30
Tabernis[18]. *Rheinzabern*.....................	XIII	13[19]	18
Noviomago (postea Nemetibus). *Spire*.........	XI	11	17
Borbitomago (sive Borbetomago, postea Vangionibus). *Worms*.	XIV	14	24
Bauconica (al. Bonconica). *Oppenheim*.........	XIII	13	17
Maguntiaco (sive Mogontiaco). *Mayence*........	XI	11[20]	11

[1] *Apennino.* B. — *Appennino.* D. — Cette ligne manque dans F. — La pierre milliaire, jadis placée au plus haut point du passage du grand Saint-Bernard, a été transportée à deux lieues au-dessous de l'hospice, au bourg de Saint-Pierre, où on la voit aujourd'hui. Elle est marquée du chiffre XXIII. Voy. M. Raoul-Rochette, *Lett. sur la Suisse*, t. III, p. 355.

[2] *Tarnadas.* B. D. F.

[3] *Locus.* B. F.

[4] *Bibisco.* B. D. F. — A une petite lieue de Vevey, dans l'église de Saint-Saphorin, il y a une colonne milliaire marquée du chiffre XXXVII, et qui donne exactement la distance d'Avenche à Saint-Saphorin. Voy. *Mémoir. de la Soc. des Antiq.* t. III, p. 519-523; et W. Coxe, *Lett. sur la Suisse*, t. II, p. 147.

[5] *Uromago.* C. — *Bramago.* D. F.

[6] 12. S.

[7] *Aventiculum.* D. F.

[8] 14. C.

[9] 14. C. — 22. S.

[10] *Saloturum.* B. C. D. F.

[11] 9. S.

[12] *Ramracum.* B. — *Raucarum.* C. — *Ranracum.* F.

[13] *Caribete.* A. D. F.

[14] 12. A. D. F.

[15] Ce lieu et le suivant manquent. A. F. — *Helvetum.* B. C.

[16] 16. S.

[17] 13. S.

[18] Ce *Tabernæ* est différent de celui qui figure dans la route LXIV D, page 70, et qui se nomme aujourd'hui Saverne. C'est de la route qui passait par ce dernier qu'il est parlé, dans un diplome de l'an 725, en ces termes : *Per loca prænominata, de ponticulo ad Fuenheim usque ad publicam stratam Tabernensem, ac deinde ad stratam pagi vel oppiduli Marleyensem*, etc. Diplôme du roi Thierry IV, en faveur de l'abbaye de Maurmunster, dans D. Bouquet, *Rec. des hist. de Fr.*, t. IV, p. 703 d.

[19] 12. S. — 23. W.

[20] 13. S.

ITINÉRAIRE.	DISTANCES données PAR LES MANUSCRITS.		DISTANCES mesurées PAR M. LAPIE.	
	Millia plus minus,	quæ fiunt leugæ.	Lieues gauloises.	Milles rom.
XCVI.				
A. À Mediolano per Alpes Cottias Viennam. *De Milan par les Alpes Cottiennes à Vienne*......	CCCCIX	"	"	403
B. Inde Durocortoro. *De Vienne à Reims.*	CCCXXX[1]	CCXX[2]	242	363
C. Inde Gessoriaco[3]. *De Reims à Boulogne.*	CLXXIV[4]	CXVI[5]	118	177
SIC :				
A. Ticinum. *Pavie*...............	XXII[6]	"	"	22
Laumello. *Lumello*.............	XXII	"	"	21
Rigomago[7]. *Rinco*.............	XXXVI	"	"	36
Quadratis. *Morensengo*.........	XVI	"	"	16
Taurinis (sive Augusta Taurinorum). *Turin*..	XXI	"	"	21
Ad fines. *S. Ambrosio*...........	XVI	"	"	16
Segusione[8]. *Suse*.............	XXIV	"	"	24
Ad Martis. *Oulx*...............	XVI	"	"	16
Brigantione. *Briançon*...........	XIX	"	"	19
Rame[9] (al. Rama). *La Roche*......	XVIII	"	"	17
Eburoduno[10] (sive Ebroduno). *Embrun*..	XVII	"	"	17
Caturigas[11] (sive Caturiges). *Chorges*...	XVI	"	"	16
Vapinco[12]. *Gap*...............	XII[13]	"	"	12
Monte Seleuco. *Mont-Saléon*......	XXIV[14]	"	"	21
Luco (al. Lucu Augusti). *Luc en Diois*...	XXVI[15]	"	"	26
Dea Vocontiorum[16]. *Die*........	XII	"	"	12
Augusta. *Aouste*...............	XXIII[17]	"	"	23
Valentia. *Valence*.............	XXII	"	"	22
Ursolis[18]. *S. Vallier*...........	XXII	"	"	20

[1] Le texte porte mpm. 330, quæ fiunt leugæ 220; mais, attendu que nous avons consacré une colonne particulière aux chiffres des lieues, nous nous sommes dispensés de répéter à chaque ligne les mots quæ fiunt. que nous avons écrits à la tête de chaque colonne. — 332. A. B. D. F. — 333, 316. W. — En marge : R. XXXVIII super sunt. B. — Le calcul produit 354 ou 347, suivant que l'on passe ou non par Lyon.

[2] 221. A. B. D. F. — 231, 216. W.

[3] Gosoriaco. F.

[4] 120, 124. S. — Le calcul produit 173. — En marge : Hic R. minus est. B.

[5] 112. C.

[6] 20. C. Le calcul produit 410

[7] Regiomago. A. F. — Rigiomago. B.

[8] Regusione. A. B. D. F.

[9] Roame. A. B. D. F.

[10] Ebreduno, mpm. 16. A. B. — Ebreduno, mpm. 17. C. D. F.

[11] Cauaricas. A. B. C. D.

[12] Vapingo. A. — Vapinquo. B D. F.

[13] 11. C.

[14] 33. A. D. F. — 23. B. C.

[15] 16. C.

[16] Dea Bocontiorum. A. B. C. D. F.

[17] 22. A. D. F.

[18] Ursinis. C.

ITINERARIUM.

ITINÉRAIRE.	DISTANCES données PAR LES MANUSCRITS.		DISTANCES mesurées PAR M. LAPIE.	
	Millia plus minus,	quæ fiunt leugæ.	Lieues gauloises.	Milles rom.
Vienna. *Vienne*...............	XXVI[1]	//	//	26
B. Lugduno. *Lyon*................	XXIII[2]	//	15	23
Aut per compendium. *Ou en abrégeant*......	XVI	//	11	17
Asa (al. Assa Paulini[3]). *Anse*............	XV	X	10	15
Lunna. *S. Jean d'Ardière*..............	XV	X	10	15
Matiscone[4]. *Mâcon*................	XV	X	10	15
Tinurtium[5]. *Tournus*...............	XIX	XIV[6]	13	19
Cabillono[7]. *Châlons*...............	XXI	XIV	11	16
Augustodunum[8] (al. Bibracte). *Autun*......	XXXIII[9]	XXII[10]	22	33
Sidoloucum (leg. Sidolocum). *Saulieu*......	XXVII[11]	XVIII[12]	17	25
Aballone. *Avallon*.................	XXIV[13]	XVI	17	25
Autesiodorum[14] (sive Autissiodorum). *Auxerre*.	XXXIII[15]	XXII	21	32
Eburobrica (sive Eburobriga). *Avrolles*.....	XVIII[16]	XII	12	18
Tricasis (leg. Tricassibus prius Augustobona). *Troyes*....	XXXIII	XXII	21	32
Arciaca (sive Artiaca). *Arcis-sur-Aube*.....	XVIII	XII	12	18
Durocatelaunos[17] (leg. Durocatalaunum postea Catalaunos). *Châlons-sur-Marne*.........	XXXIII[18]	XXII	22	33
Durocortoro[19] (postea Remis). *Reims*.......	XXVII	XVIII	18	27
c. Suessonas[20] (al. Augustam Suessionum prius Noviodunum). *Soissons*........	XXXVII[21]	XXV	24	36
Noviomago. *Noyon*..................	XXVII	XVIII	18	27
Ambianis (prius Samarobriva). *Amiens*......	XXXIV	XXIII	28	42
Pontibus. *Ponches*.................	XXXVI	XXIV	24	36
Gessoriaco[22] (postea Bononia). *Boulogne*.....	XXXIX[23]	XXVI[24]	24	36

[1] 16. C.
[2] 24. A.
[3] *Asapauli.* A. — *Asapulini.* B. — *Asa Pauli.* F. — D'Anville écrit *Assa Paulini.*
[4] *Matiscone* est mis après *Tinurtium.* A. D. F.
[5] *Tinartium.* C. — *Tonurtium.* F.
[6] 13. B. C. — 10. S.
[7] *Capilunno.* A. D. — *Gapilunno.* B. — *Cautannium.* C. — *Gapilumno.* F.
[8] *Augustuduno.* A. D. F. — *Augustoduno.* B.
[9] 34. S.
[10] 20. S.
[11] 29. C.
[12] 19. A. D. F. — 29 et 30. S.
[13] 27. S.
[14] *Autisiodero.* A. — *Autissiodor.* C. — *Autisiodoro.* F.
[15] 23. S.
[16] 23. S.
[17] *Durocatalaunos.* A. F. — *Durogatelahunus.* C.
[18] 33. D.
[19] Manque. A. — *Durocordoro.* B.
[20] *Suessionis*, mpm. 36. A. F. — *Suessones.* C.
[21] 36. D.
[22] *Gefsoriaco.* A. F. — *Gesoriaco.* B. D.
[23] 38. C.
[24] 15. S.

ITINÉRAIRE.	DISTANCES données PAR LES MANUSCRITS.		DISTANCES mesurées PAR M. LAPIE.	
	Millia plus minus,	quæ fiunt leugæ.	Lieues gauloises.	Milles rom.
XCVII.				
Iter[1] a Cavillono[2] (sive Cabillono) Treveros. *Route de Châlons à Trèves*.......	"	"	109	162
XCVIII.				
A. Iter[3] a Durocortoro Divodurum[4] usque. *Route de Reims à Metz*.............	LXII[5]	"	72	107
SIC :				
Basilia. *Suippes*....................	X	"	17	25
Axuenna[6]. *Clermont en Argonne*...........	XII	"	18	27
Virodunum. *Verdun*................	XVII	"	11	17
Fines. *Mars-la-Tour*...................	IX[7]	"	17	25
Ibliodurum. *Gravelotte*................	VI	"	4	6
Divodurum[8] (postea Mediomatrici). *Metz*....	VIII	"	5	7
B. Alio itinere a Durocortoro Divodurum[9] usque. *Autre route de Reims à Metz*...	LXXXVII[10]	"	96	143
SIC :				
Fano Minervæ[11]. *Pont de Somme-Vesle*.......	XIV[12]	"	23	34
Ariola. *Villers-aux-Vents*................	XVI	"	16	23
Caturigis[13]. *Bar-sur-Ornain*.............	IX	"	6	9
Nasium. *Naix*.....................	IX	"	9	14
Tullum. *Toul*.....................	XVI	"	17	26
Scarponna (sive Scarpona). *Charpagne*......	X	"	10	15
Divodurum[14] (postea Mediomatricos). *Metz*..	XII	"	15	22
C. Iter[15] a Durocortoro Treveros usque. *Route de Reims à Trèves*............	"	XCIX[16]	100	150
Vungo vic.[17] *Près Vone*.................	"	XXII	24	36

[1] *Item*. A. B. C. D. F. — En marge: *R. minus est.* B.
[2] *Cavillunno*. F. — Les nombres manquent.
[3] *Item*. A. B. C. D. F.
[4] *A Dorocortoro Divodurum*. A. B. — *A Dorocortorum Invodorum*. F.
[5] 74. S. — Somme égale 62.
[6] *Auxuena*. A. D. F. — *Auxena*. C.
[7] 8. C.
[8] *Divodorum*. F.
[9] *Divodorum* D. F.
[10] 88. A. D. F. — En marge : *Hic R.* 1 *minus est.* B. — L'addition ne produit que 86.
[11] *Foro Minerve*. A. F. — *Fono Minervæ*. D.
[12] 17. B.
[13] *Gaturrigis*. F.
[14] *Divodorum*. D. F.
[15] *Item*. B. C. D. F.
[16] 198. B. D. — 119. S. — Somme égale 99.
[17] *Vongo, leg.* 22. *Vicus*. C. — *Yungo vicus*. D.

ITINERARIUM.

ITINÉRAIRE.	DISTANCES données PAR LES MANUSCRITS.		DISTANCES mesurées PAR M. LAPIE.	
	Millia plus minus,	quæ fiunt leugæ.	Lieues gauloises.	Milles rom.
Epoisso[1] (al. Epuso). *Carignan*............	//	XXII[2]	20	30
Orolauno vic. *Arlon*....................	//	XX	22	33
Andethannæ[3] vic. *Echternach*............	//	XX[4]	22	33
Treveros civit. (al. Augustam Treverorum). *Trèves*........................	//	XV[5]	12	18
XCIX.				
Ab Augustoduno Luticia (sive Lutecia) Parisiorum[6]. *D'Autun à Paris*........	CLXXXVII[7]	//	165	248
SIC :				
Alisincum[8]. *A l'est de S. Honoré*..........	XXII	//	15	22
Decetia. *Decize*....................	XXIV	//	16	24
Nevirnum[9] (prius Noviodunum). *Nevers*.....	XVI[10]	//	14	21
Condate. *Cosne*...................	XXIV[11]	//	22	34
Brivodurum[12]. *Briare*..................	XVI	//	14	21
Belca. *Les Bordes*....................	XV	//	15	22
Cenabum[13] (al. Genabum postea Aurelianos). *Orléans*....................	XXII	//	18	27
Salioclita[14]. *Étampes*..................	XXIV	//	29	44
Luticia[15] (sive Lutecia postea Parisii). *Paris*..	XXIV	//	22	33
C.				
CAPUT GERMANIARUM[16]. COMMENCEMENT DES GERMANIES.				
A Lugduno[17] Argentoratum[18]. *De Leyden à Strasbourg*.......................	CCCXXV[19]	//	302	453

[1] *Epoissius vicus.* A. D. F. — *Epoissio vicus.* B.
[2] 27. S.
[3] *Andethannale.* A. B. C. D. F.
[4] 15. S.
[5] 16. F.
[6] *Lucia Parris eorum.* B. — *Lucia Pariseorum.* D.
[7] Somme égale 187.
[8] *Asilincum.* A. B. C. D. F.
[9] *Neivirnum.* A. D. F. — *Nebernum.* C.
[10] 15. S.
[11] 23. S.
[12] *Bridoborum.* A. D. F. — *Bribodorum.* B. — *Ebredorum.* C.
[13] *Canabum.* A. B. C. D. F.
[14] *Solioclita.* A. D. F.
[15] *Lotica.* C.
[16] Avant ce titre on lit : *A Lugdono*, écrit en védette dans B. C. D. et en commencement de ligne dans F.
[17] *A Lugduno* manque ici. B. C. F.
[18] *Argentorato.* F.
[19] Le calcul donne 343. Nous plaçons ce nombre et les suivants dans la colonne des milles, parce qu'ils sont précédés du signe *mpm.*; toutefois, si l'on se réglait d'après les distances, il paraîtrait que les uns marquent des milles et les autres des lieues.

ITINÉRAIRE.	DISTANCES données PAR LES MANUSCRITS.		DISTANCES mesurées PAR M. LAPIE.	
	Millia plus minus,	quæ fiunt leugæ.	Lieues gauloises.	Milles rom.
SIC :				
Albinianis¹ (sive Albinina). *Goudsche-Sluis*...	X	//	7	10
Trajecto. *Utrecht*..................	XVII	//	15	22
Mannaritio. *Ryswyk*................	XV	//	10	15
Carvone². *Lakenmond*...............	XXII³	//	10	15
Harenatio⁴ (al. Arenatio). *Clèves*........	XXII⁵	//	18	27
Burginatio⁶ (al. Quadriburgio). *Calcar*......	VI	//	5	7
Colonia Trajana. *Marienbaum*............	V	//	3	5
Veteribus. *Rheinberg*................	I⁷	//	10	15
Calone⁸. *Homberg*..................	XVIII	//	5	8
Novesiæ (al. Novesii). *Neuss*............	XVIII	//	12	18
Colonia Agrippina⁹. *Cologne*............	XVI	//	16	24
Bonna. *Bonn*.....................	XI	//	11	16
Antunnaco¹⁰. *Andernach*..............	XVII¹¹	//	18	27
Confluentibus. *Coblentz*....	IX¹²	//	7	11
Vinco. *Castellaun*...................	XXVI	//	17	26
Noviomago. *Neumagen*...............	XXXVII¹³	//	25	37
Treveros (al. Augustam Treverorum). *Trèves*..	XIII¹⁴	//	12	18
Divodurum¹⁵ (postea Mediomatricos). *Metz*..	XXXIV¹⁶	//	37	55
Ponte Sarvix¹⁷ (al. Ponte Saravi). *Sarrebourg*..	XXIV¹⁸	//	37	56
Argentorato. *Strasbourg*...............	XXII¹⁹	//	27	41
CI.				
A. A Treveris [Colonia] Agrippina. *De Trèves à Cologne*................	//	LXVI²⁰	81	121
SIC :				
Beda vicus²¹. *Bitbourg*...............	//	XII	12	18
Ausava vicus. *Prum*.................	//	XII²²	12	18

¹ *Albianis*. B. C. — *Albimanis*. D.
² *Carbone*. C. — *Carvone*. F.
³ 25. F. — 16. S.
⁴ *Herenatio*. A. D. F.
⁵ 25. B. — 32. C. — 12. W.
⁶ *Bulginatio*, mpm. 7. C.
⁷ Le nombre manque. A. B. D. F. — 200. C.
⁸ *Coloniæ*, mpm. 19. C.
⁹ *Coloniæ Agrippinæ*. B. D. F.
¹⁰ *Autunnaco*. C. — *Antannaco*. F.
¹¹ 18. A.
¹² 8. S.
¹³ 34. A. B. D. F. — 24. S.
¹⁴ 40. C.
¹⁵ *Vivodor*, mpm. 36. C. — *Divodorum*. D. F.
¹⁶ 24. S.
¹⁷ *Ponte Sardis*, mpm. 26. C.
¹⁸ 23. S.
¹⁹ 25. S.
²⁰ 67. A. B. D. F. — En marge: *Hic R.* XXVII *super sunt*. B. — L'addition produit 78.
²¹ *Beda*, leg. 12, *Vicus*. C.
²² 8. A. D. F — 7. B. — *Ausaba*, leg. 9, *Vicus*. C.

ITINERARIUM.

ITINÉRAIRE.	DISTANCES données PAR LES MANUSCRITS.		DISTANCES mesurées PAR M. LAPIE.	
	Millia plus minus,	quæ fiunt leugæ.	Lieues gauloises.	Milles rom.
Egorigio[1] vic.[2] *Butgenbach*............	"	XII	15	22
Marcomago vic. *Montjoie*.............	"	VIII[3]	8	12
Belgica[4] vicus[5]. *Schmidt*.............	"	VIII	8	12
Tolbiaco[6] vic. Supernorum[7]. *Zulpich*.......	"	X	10	15
Agrippina civitas[8] (sive colonia Agrippina). *Cologne*............................	"	XVI[9]	16	24
B. Iter[10] a Treveris Argentorato. *Route de Trèves à Strasbourg*..............	CXXIX[11]	"	137	205
SIC :				
Baudobrica. *Boppart*................	XVIII	"	9	13
Salissone. *Simmern*................	XXII[12]	"	25	37
Bingio[13]. *Bingen*.................	XXIII[14]	"	14	21
Magontiaco[15] (sive Mogontiaco). *Mayence*....	XII	"	12	17
Borbitomago[16] (sive Borbetomago). *Worms*...	XVIII[17]	"	18	28
Noviomago. *Spire*..................	XVIII	"	16	24
Argentorato. *Strasbourg*..............	XVIII[18]	"	43	65
CII.				
Iter[19] Colonia Trajana Coloniam Agrippinam. *Route de Marienbaum à Cologne*..	LXXI[20]	"	72	107
SIC :				
Mediolano. *Sonsbeck*.................	VIII	"	5	8
Sablonibus. *Gueldres*................	VIII	"	5	8
Mederiacum[21]. *Wachtendonk*.............	X	"	7	10

[1] *Egoregio*. F.
[2] *Egorigio, leg.* 8, *vicus Velgiga*. C. — Les deux lignes suivantes manquent. C.
[3] 58. A. B. D. F. — mpm. 58, *leg.* 28. S.
[4] Avant le mot *Belgica* on lit les mots *Leugas* 28, sans nom de lieu. A. B. D. F.
[5] Le mot *Vicus* manque. A. B. D. F.
[6] *Tolpiaco*. A. D. F. — *Tolbiaco , leg.* 10, *vicus Sopenor*. C.
[7] *Supenorum*. B. — *Supeniorum*. F.
[8] *Agrippina, leg.* 16, *civitas*. C.
[9] 17. D.
[10] *Item*. A. B. C. D. F.
[11] 128. A. D. F. — 127 et 119. S. — En marge : *R. hic 11 super sunt*. B. — Somme égale 129.
[12] 21. S.
[13] *Vingio*. A. B. C. D. F.
[14] 22. A.
[15] *Mogontia*. A. D. F. — *Mogontiaco*. B. C.
[16] *Bromitomago*. A. B. D. F. — *Bornitomago, mpm.* 16. C.
[17] 17. W.
[18] 19. A. D. F. — 22. C.
[19] *Item*. A. B. C. D. F. — En marge : *R. 1 super est*. B.
[20] L'addition produit 72.
[21] *Medoriacum*. F.

ITINÉRAIRE.	DISTANCES données PAR LES MANUSCRITS.		DISTANCES mesurées PAR M. LAPIE.	
	Millia plus minus.	Milles plus ou moins.	Lieues gauloises.	Milles rom.
Teudurum[1] (sive Tendurum). *Dahlen*..........	IX	9[2]	13	19
Coriovallum. *Rolduc*.....................	VII	7[3]	15	22
Juliacum. *Juliers*.......................	XII	12	8	12
Tiberiacum[4]. *Couvent ruiné, à l'O. de Königsdorf*.....	VIII	8	12	18
Colonia Agrippina. *Cologne*..................	X	10	7	10
CIII.				
Iter a Portu Gessoriacensi[5] (sive Gesoriaco postea Bononia) Bagacum usque. *Route de Boulogne à Bavay*.....................	LXXXIII	83[6]	83	124
SIC :				
Tarvenna. *Thérouenne*.....................	XVIII	18	21	31
Castello [Morinorum]. *Cassel*.................	IX	9[7]	11	16
Viroviacum. *Wervick*.....................	XVI	16	17	26
Turnacum. *Tournay*......................	XVI	16	14	21
Ponte[8] Scaldis. *Escautpont*..................	XII	12[9]	11	16
Bagacum. *Bavay*........................	XII	12	9	14
CIV.				
A. A Castello [Morinorum] per compendium Turnacum usque. *De Cassel à Tournay en abrégeant*......................	XXXVIII	38[10]	32	48
SIC :				
Minariacum[11]. *Erquinghem sur la Lys*............	XI	11	13	20
Turnacum. *Tournay*	XXVII	27[12]	19	28
B. A Castello [Morinorum] Colonia Agrippina. *De Cassel à Cologne*..................	CLXXII	172[13]	178	268
SIC :				
Minariacum. *Erquinghem sur la Lys*.............	XI	11	13	20
Nemetacum. *Arras*.......................	XIX	19	19	29

---

[1] *Theuderum.* B. — *Thendurum.* F.
[2] 8. C.
[3] 6. A. D. F.
[4] *Tibenacum.* F.
[5] *Item a porta Geforigensi.* A. D. F.
[6] Somme égale 83.
[7] 8. A. — 14. C.
[8] *Ponti Scaldis*, *mpm.* 11. A. — *Pontiscaldis.* B D. F.
[9] 16. F.
[10] Somme égale 38.
[11] *Mariacum.* A.
[12] 12. A. — 17. D. F.
[13] Somme égale 172.

ITINERARIUM.

ITINÉRAIRE.	DISTANCES données PAR LES MANUSCRITS.		DISTANCES mesurées PAR M. LAPIE.	
	Millia plus minus.	Milles plus ou moins.	Lieues gauloises.	Milles rom.
Camaracum. *Cambrai*................	XIV	14[1]	16	24
Bagacum. *Bavay*.....................	XVIII	18[2]	19	28
Vodgoriacum. *Givry*.................	XII	12	8	12
Geminiacum[3]. *Herlaymont*.........	X	10	10	16
Perniciacum. *Près Omal*............	XXII	22	31	46
Aduaca (sive Atuatuca) Tongrorum[4]. *Tongres*....	XIV	14	10	16
Coriovallum. *Rolduc*................	XVI	16[5]	21	31
Juliacum. *Juliers*....................	XVIII	18	8	12
Colonia [Agrippina]. *Cologne*.......	XVIII	18	19	28
c. Iter[6] a Tarvenna Turnacum[7]. *Route de Therouenne à Tournay*.............	XLIX	49[8]	48	73
SIC :				
Nemetacum. *Arras*...................	XXII	22	23	35
Turnacum. *Tournay*.................	XXVII	27	25	38
d. Iter[9] a Tarvenna Durocortoro[10]. *Route de Therouenne à Reims*................	CIII	'103[11]	105	155
SIC :				
Nemetacum. *Arras*...................	XXII	22	{17, 23}	35
Camaracum[12]. *Cambrai*............	XIV	14[13]		24
Augusta[14] Veromandorum (al. Veromanduorum). *S. Quentin*.	XVIII	18[15]	16	25
Contra[16] Aginnum (al. Contra Agimum). *Condren*.	XIII	13	11	16
Augusta[17] Suessonum (leg. Suessionum, prius Noviodunum). *Soissons*	XIII	13[18]	13	19

[1] 13, 18. W. — Des corrections ayant été faites dans les chiffres de cette route après le tirage de la feuille 14, la distance générale portée dans la troisième et dans la quatrième colonne de la page 112 de cette feuille 14 s'est trouvée inexacte et n'a pu être rectifiée à temps. La somme des lieues donne 174 et non 178, et celle des milles 262 et non 268.

[2] 17. C.

[3] Germinicum. C.

[4] *Aduagan Tongrorum*. A. — *Aduaca Tungrorum*. B. — *Ad Vaga Tungrorum*. C. — *Aduagantogrorum*. D. F.

[5] 6. C.

[6] *Item*. A. B. C. D. F.

[7] Sous ce titre est décrite la route de *Tarvenna* à *Durocortorum* dans A. D. F.

[8] Somme égale 49.

[9] *Item*. B. C.

[10] Ce titre manque. A. D. F. — En marge : *R. hic* 1 *super est*. B.

[11] L'addition produit 105.

[12] *Gamaracum*. F.

[13] 13. A. C. F.

[14] *Agusta*. A. — *Augusta Veromundorum*. B.

[15] 19. D.

[16] *Conta*. D.

[17] *Agusta*. A. — *Augustas Vesonum*, mpm. 12. B. — *Augusta Verson*, mpm. 12. C.

[18] 12. A. D. F.

ITINÉRAIRE.	DISTANCES données PAR LES MANUSCRITS.		DISTANCES mesurées PAR M. LAPIE.	
	Millia plus minus.	Milles plus ou moins.	Lieues gauloises.	Milles rom.
Fines. *Fismes*.................	XIII	13[1]	13	19
Durocortoro[2] (postea Remis). *Reims*........	XII	12	12	17
CV.				
A. Iter[3] per compendium a Nemetaco[4] Samarobrivam[5] (postea Ambianos). *Route abrégée d'Arras à Amiens*............	XVI	16	25	37
B. A Samarobriva[6] Suessonas[7] (al. Augustam Suessionum) usque. *D'Amiens à Soissons*........................	LXXXIX	89[8]	75	112
SIC :				
Curmiliaca. *Cormeilles*................	XII	12[9]	13	20
Cæsaromago. *Beauvais*................	XIII	13	12	17
Litanobriga[10]. *Pont-Sainte-Maxence*............	XVIII	18	20	30
Augustomago[11]. *Senlis*.................	IV	4[12]	5	7
Suessonas[13] (al. Augustam Suessionum, prius Noviodunum). *Soissons*..................	XXII	22	25	38
CVI.				
Iter[14] a Bagaco Nerviorum Durocortoro[15] Remorum usque. *Route de Bavay à Reims*....	LIII	53[16]	56	84
SIC :				
Duronum. *Etrœungt*.....................	XII	12	13	20
Verbinum. *Vervins*..................	X	10	13	19
Catusiacum. *Val S. Pierre*........	VI	6	4	6
Minaticum[17]. *Montcornet*.................	VII	7	5	7

[1] 14. C.
[2] *Dorocortorum*. F.
[3] Le mot *Iter* manque. A. B. C. D. F.
[4] *Anemetacum*. F.
[5] *Samorabrivas*. A. B. D. F. — *Samarabibras*. C.
[6] *A Samarabrivas*. B. — *A Samarobriva* manque dans F.
[7] *Suessionem*. A. — *Suessones*. B. —En marge : R. hic xx minus sunt. B. — *Suessone*. D.— *Suessonum*. F.
[8] L'addition ne produit que 69.
[9] 11. A. D. F.
[10] *Latanobriga*. A. — *Litanobrige*. D. — *Latanobrige*. F.
[11] *Agustamago*. A. F.
[12] 3. A. D. F.
[13] *Suesonas, npm.* 12. D.
[14] *Item*. A. B. D. F.
[15] *Durocortorum*. A. F. — *Durocordoro*. B. D.
[16] 52. F. — L'addition produit 63.
[17] *Minatiacum*. C.

ITINERARIUM. 115

ITINÉRAIRE.	DISTANCES données PAR LES MANUSCRITS.		DISTANCES mesurées PAR M. LAPIE.	
	Millia plus minus.	Milles plus ou moins.	Lieues gauloises.	Milles rom.
Muenna (leg. Axuenna). *Neufchâtel*............	XVIII	18[1]	12	19
Durocortoro (postea Remis). *Reims*............	X	10	9	13

CVII.

Iter a Carocotino [2] Augustobonam. *Du Château-Cretin, près de Grasville, à Troyes*.....	CLIII	153[3]	164	245
SIC :				
Juliobona. *L'Ile-Bonne*................	X	10	13	19
Lotum[4]. *Duclair*....................	VI	6	14	21
Latomago[5] (leg. Rotomago). *Rouen*............	XIII	13[6]	9	13
Ritumago. *Écouis*.....................	IX	9	13	19
Petromantalum (sive Petromantulum). *Magny*....	XVI	16	14	21
Luticia[7] (al. Lutecia, postea Parisiis). *Paris*.....	XVIII	18[8]	26	39
Mecleto[9] (leg. Meloduno). *Melun*..............	XVIII	18	18	28
Condate. *Montereau*....................	XV	15[10]	13	19
Agredicum[11] (leg. Agedincum, postea Senones). *Sens*......................................	XIII	13	16	23
Clanum[12]. *Bagnaux*....................	XVII	17	11	17
Augustobona (postea Tricasses). *Troyes*.........	XVI	16[13]	17	26

CVIII.

A. Iter[14] a Rotomago[15] Lutitiam (sive Luteciam) usque. *Route de Rouen à Paris*.....	LXXVII	77[16]	72	108
SIC :				
Uggade[17]. *Pont-de-l'Arche*..................	IX	9	7	11
Mediolano Aulercorum (postea Eburovicibus). *Évreux*	XIV	14	14	21
Durocasis (al. Durocasses vel Durocassibus). *Dreux*.	XVII	17[18]	16	24

[1] 8. A. C. F.
[2] *Item a Carocotino*. A. B. D. F.
[3] L'addition produit 151.
[4] *Lolium*. A. F. — *Loium*. C. D.
[5] *Ratomago*. C.
[6] 14. A. B. C. D. F.
[7] *Loticiam*. C.
[8] 19. A. C. D. F.
[9] *Medetlo*. C. — *Medeto*. F.
[10] 16. C. — 12. S.
[11] *Agedincum*. C.
[12] *Glano*. C.
[13] 13. C.
[14] *Item*. A. B. C. D. F.
[15] *Rothomgo*. F.
[16] 72. F. — L'addition reproduit 77.
[17] *Yggade*. A. D. F. — *Uggate*. C.
[18] 22. F.

15.

ITINÉRAIRE.	DISTANCES données PAR LES MANUSCRITS.		DISTANCES mesurées PAR M. LAPIE.	
	Millia plus minus.	Milles plus ou moins.	Lieues gauloises.	Milles rom.
Dioduro (al. Divoduro). *Neauphle-le-Château*....	XXII	22	18	27
Lutitia (leg. Lutecia, postea Parisiis). *Paris*......	XV	15[1]	17	25
B. Iter[2] a Cæsaromago Lutitiam (al. Luteciam) usque. *Route de Beauvais à Paris*.........	XLVI	46[3]	43	65
SIC :				
Petromantalum[4] (sive Petromantulum). *Magny*....	XVII	17	17	26
Briva Isaræ[5]. *Pontoise*.....................	XIV	14[6]	11	17
Lutitiam[7] (sive Luteciam, postea Parisios). *Paris*..	XV	15	15	22

CIX.

A. Iter[8] a Juliobona Mediolanum. *Route de l'Ile-Bonne à Evreux*...............	XXXIV	34	35	52
B. Iter[9] a Juliobona Durocasis (al. Durocassibus). *Route de l'Ile-Bonne à Dreux*.......	LXXVIII	78[10]	77	116
SIC :				
Breviodorum[11] (sive Breviodurum). *Brionne*......	XVII	17	18	27
Noviomago (postea Lexoviis). *Lisieux*..........	XVII	17	17	25
Condate. *Condé-sur-Iton*....................	XXIV	24	28	43
Durocasis (al. Durocassibus). *Dreux*......	X	10	14	21

CX.

A. Iter ab Andematunno[12] (al. Andomatuno, postea Lingonibus) Tullo Leucorum usque. *Route de Langres à Toul*...............	XLIII	43[13]	46	69
SIC :				
Mosa. *Meuvy-sur-la-Meuse*..................	XII	12	14	20
Solimariaca[14]. *Soulosse*..	XVI	16	17	26

[1] 25. F.
[2] *Item*. A. B. C. D. F.
[3] Somme égale 46.
[4] *Petromantalium*. D.
[5] *Bribaisare*. C. — *Brivaisare*. F.
[6] 17. C.
[7] *Loticia*. C.
[8] *Item*. A. B. C. D. F.
[9] *Item*. A. B. C. D. F.
[10] 88. A. — En marge: *R. hic x minus sunt*. B. — L'addition produit 68.
[11] *Brivodorum*, mpm. 18. C.
[12] *Item ab Andemanturno*. A. — *Item ab Antemantunno*. B. C. — *Item ab Andemantano*. D. F.
[13] Somme égale 43.
[14] *Solimariacum*. A. F. — *Salimariaca*. B.

ITINERARIUM.

ITINÉRAIRE.	DISTANCES données PAR LES MANUSCRITS.		DISTANCES mesurées PAR M. LAPIE.	
	Millia plus minus.	Milles plus ou moins.	Lieues gauloises.	Milles rom.
Tullum. *Toul*..........................	XV	15[1]	15	23
B. Iter ab Andematunno[2] (al. Andomatuno) Cambatem. *Route de Langres à Gross-Kembs*.............................	CII	102[3]	98	147
SIC :				
Varcia[4]. *Près de Larrey*................	XVI	16	16	24
Vesontione[5]. *Besançon*................	XXIV	24[6]	25	38
Epamanduoduro. *Mandeure*...........	XXXI	31	29	44
Cambate. *Gross-Kembs*.................	XXXI	31	28	41
CXI.				
Iter[7] ab Alauna Condate (postea Redones). *Route d'Alleaume près de Valognes à Rennes*.	LXXVII	77[8]	75	113
SIC :				
Cosediæ (sive Cossediæ). *Angoville, près de la Haye*.	XX	20	13	20
Fano Martis[9]. *Montmartin*..............	XXXII	32[10]	15	22
Ad Fines[11]. *Huynes*....................	XXVII	27[12]	21	32
Condate (postea Redones). *Rennes*.......	XXIX	29[13]	26	39

[1] 16. C.
[2] *Item ab Andemanturno*. A. — *Item ab Antemantunno*. B. C. D. — *Item ab Andemantuno*. F. — On découvrit, en 1703, à un quart de lieue du village de Sacquenay, une pierre milliaire portant cette inscription, AND. (*Andomatuno*) M. P. XXII. C'est la distance de Langres à Sacquenay.
[3] Somme égale 102.
[4] *Varscia*. C. — Des antiquaires de la Franche-Comté, et nommément M. Lampinet, conseiller au parlement de Dôle, ont pensé que *Varcia* était Vars, village entre Gray et Champlitte. Les villages de Vars et de Larrest sont, le premier à deux lieues un quart au sud, et le second à deux lieues à l'est de Champlitte. Mais nous devons faire observer qu'on ne découvre pas trace de voie romaine à Vars, tandis qu'on en a reconnu à Larrey.
[5] *Vesentione*. A. B. C. D. F.
[6] 19. C.
[7] *Item*. A. B. C. D. F. — En marge : *It. Hic* XXI *super sunt*. B. — M. de Gerville, dans ses Recherches sur le pays des *Unelli* (*Mém. de la Société des antiquaires de Normandie*, t. IV, p. 275, 277-279), se range à l'opinion de Sanson et des autres géographes, qui font Coutances de *Cosediæ*. Cependant *Cosedia* est, d'après la carte de Peutinger, à 29 milles de *Coriallum* (Cherbourg), et, d'après notre texte, à 20 milles d'*Alauna* (Alleaume, près de Valognes); ce qui convient parfaitement à la position d'Angoville, près de la Haye, et non à celle de Coutances, située à 47 milles de *Coriallum* et à 36 milles d'*Alauna*.
[8] L'addition produit 108.
[9] Ce *Fanum Martis* est différent de celui de la carte de Peutinger. Ce dernier occupait l'emplacement du château de Lehon, à environ 2 l. S. E. de Corseul.
[10] 30. C.
[11] On trouve les traces d'une voie romaine à Feins et dans le bois de Marcillé; mais Feins n'est qu'à 17 milles de Rennes.
[12] 7. C.
[13] 18. A. — 19. B. D. F. — 17. C.

ITINÉRAIRE.	DISTANCES données PAR LES MANUSCRITS.		DISTANCES mesurées PAR M. LAPIE.
	Millia plus minus.	Milles plus ou moins.	Milles rom.

CXII.

DE ITALIA IN HISPANIAS[1]. D'ITALIE EN ESPAGNE.

Ab Mediolano Vapincum[2] trans Alpes Cottias, mansionibus supra scriptis[3]. *De Milan à Gap par les Alpes Cottiennes, avec les étapes ci-dessus indiquées*...............	CCLV	255	
Inde ad Galleciam[4] ad[5] Leg. VII[6] Geminam. *De là, en se dirigeant vers la Galice à Léon*...	DCCCCLXXV	975[7]	948
SIC :			
Alamonte. *Monestier d'Allemont*............	XVII	17	18
Regusturone[8] (al. Segusterone). *Sisteron*.......	XVI	16	16
Alaunio. *Peyruis*........................	XXIV	24	13
Apta[9] Julia. *Apt*.........................	XXVIII	28	36
Cabellione[10]. *Cavaillon*....................	XXII	22	26
Arelate. *Arles*...........................	XXX	30	27
Nemausum. *Nîmes*.......................	XIX	19[11]	19
Ambrussum. *Lunel*......................	XV	15	17
Sextatione[12] (al. Sextantione). *Montpellier*......	XV	15	15
Foro Domiti[13]. *Frontignan*..................	XV	15	15
Araura[14] sive Ceserone[15]. (al. Cessera). *S. Thibéry*.	XVIII	18	18
Beterras (sive Bœterras). *Béziers*.............	XII	12	12
Narbone [Martio]. *Narbonne*................	XVI	16	16
Salsulis. *Salces*..........................	XXX	30	30
Ad Stabulum. *Le Boulou*...................	XLVIII	48[16]	28
Ad Pyrenæum[17] [summum]. *Bellegarde*........	XVI	16	7
Juncaria. *La Junquiera*.....................	XVI	16	6
Gerunda. *Gerone*........................	XXVII	27[18]	29

[1] Ce titre a été ajouté par Wesseling.
[2] *Vapinquo.* F.
[3] Voy. la route XCVI A., pag. 106.
[4] *Inde ad Galletias.* A. D. — *Inde ad Galliciam.* B. — *In Gallicia.* C. — *Inde ad Galleas.* F.
[5] *Ad* manque dans F.
[6] *Ad leugas* VII. B. D. En marge : *R. hic* XXXV *super sunt*. B. — *Ad leug.* VI *geminam, mp.* 12. C.
[7] L'addition produit 992.
[8] *Regustorone.* B. — *Segustorone.* C.
[9] *Abte.* A. B. D. F.
[10] *Cavellione.* A. B. C. D. F.
[11] 18. A.
[12] *Suxtatione.* C.
[13] *Domni.* A. B. D. F.
[14] *Auraura.*
[15] *Cessorone.* A. — *Cesserone.* C. — *Cesorone.* D. — *Cesorome.* F.
[16] 49. C.
[17] *Ad Pirineum.* F.
[18] 17. A. D. F.

ITINERARIUM. 119

ITINÉRAIRE.	DISTANCES données PAR LES MANUSCRITS.		DISTANCES mesurées PAR M. LAPIE.
	Millia plus minus.	Milles plus ou moins.	Milles rom.
Barcinone[1]. *Barcelone*..................	LXVI	66	66
Stabulo Novo[2]. *Villanova*..............	LI	51	31
Tarracone[3]. *Tarragone*.................	XXIV	24	24
Ilerda. *Lérida*........................	LXII	62	53
Tolous. *Monzon*......................	XXXII	32	27
Pertusa[4]. *Pertusa*.....................	XVIII	18	18
Osca. *Huesca*........................	XIX	19	19
Cæsaraugusta[5]. *Sarragosse*.............	XLVI	46[6]	45
Cascanto. *Cascante*...................	L	50[7]	47
Calagurra[8] (al. Calagurris). *Calahorra*.....	XXIX	29[9]	29
Verela[10] (al. Varia). *Varea*.............	XVIII	18[11]	30
Tritium[12] [Metallum]. *Tricio*............	XVIII	18	18
Libia (sive Livia). *Leyva*...............	XVIII	18	18
Segasamunclo[13] (al. Segisamunculo). *Balluercanes*..	VII	7	7
Virovesca[14]. *Briviesca*................	XI	11[15]	11
Segesamone (sive Segisamone). *Sasamon*	XLVII	47	47
Lacobriga[16]. *Villa-Laco*...............	XXX	30	30
Camala. *Carion*......................	XXIV	24[17]	23
Lance (sive Lancia). *Mansilla de las Mullas*.....	XXIX	29	48
Ad Legionem VII[18] Geminam. *León*...........	IX	9	9
CXIII.			
A. Iter[19] ab Arelate[20] Narbone [Martio]. *Route d'Arles à Narbonne*..................	CI	101[21]	112
B. Inde Tarraconem. *De là à Tarragone*	CCXXXIV	234[22]	233
C. Inde Carthagine Spartaria[23] (sive Nova). *Puis à Carthagène*.................	CCCLX	360[24]	314

[1] *Barcenona*, mpm. 67. A. D. F. — *Barcenone*, mpm. 66. B. — *Barcellone*, mpm. 47. C. — 77. W.
[2] *Stabuloncuo*. C.
[3] *Tarnacone*. B. D. F.
[4] *Pertula*. A. D. — *Percula*. F.
[5] *Caesarea Augusta*. A. B. D.
[6] 66. C.
[7] 40. C.
[8] *Calagorra*. B. D. — *Galagorta*. C.
[9] 28. S.
[10] *Verala*. B.
[11] 28. A. B. D. F. — 29. C.
[12] *Aritio*. A. B. D. F. — *Tritio*. C.
[13] *Regesamuntiæ*. C. — *Sagasamundo*. F.
[14] *Veronesca*. A. B. D. F.
[15] 40. C.
[16] *Lacobrica*. A. B. D. F.
[17] 14. S.
[18] *Ad leugas* VII. B. D.
[19] *Item*. A. B. D. F.
[20] *Arelato*. F.
[21] 100. F. — L'addition reproduit 101.
[22] En marge : *R. hic x super sunt*. B. — 330. C. — L'addition produit 244.
[23] *Cartagine Spartana*. F.
[24] En marge : *R. hic x minus sunt;* et *R. hic c minus sunt*. B. — L'addition produit 350.

ITINÉRAIRE.	DISTANCES données PAR LES MANUSCRITS.		DISTANCES mesurées PAR M. LAPIE.
	Millia plus minus.	Milles plus ou moins.	Milles rom.
D. Inde Castulone. *Et à Casidama*.........	CCCIII	303[1]	235
SIC :			
A. Nemausum[2]. *Nîmes*...................	XIV	14	19
Ambrussum[3]. *Lunel*.....................	XV	15	17
Sextantionem[4]. *Montpellier*.............	XV	15	15
Foro Domiti. *Frontignan*.................	XV	15	15
Ceserone[5] (sive Cessera). *S. Thibéry*.....	XVIII	18	18
Beterris[6] (sive Bœterris). *Béziers*.......	XII	12	12
Narbone [Martio]. *Narbonne*............	XII	12[7]	16
B. Ad Vigesimum[8]. *Au sud de la Palme*....	XX	20	20
Combusta. *Rivesaltes*....................	XIV	14	14
Ruscione[9] (al. Ruscinone). *Perpignan*.....	VI	6	6
Ad Centuriones. *Saint-Martin-de-Foneuille*..	XX	20	20
Summo Pyrenæo. *Bellegarde*..............	V	5[10]	5
Juncaria. *La Junquiera*..................	XVI	16	6
Cinniana[11]. *Ciurana*...................	XV	15	15
Aquis Voconis. *Masanet de la Selva*.......	XXIV	24[12]	33
Secerras[13]. *San Seloni*.................	XV	15	15
Prætorio. *Granollers*....................	XV	15	15
Barcinone[14]. *Barcelone*.................	XVII	17	17
Fines. *S. Sadurni*.......................	XX	20	20
Antistiana. *Llacuneta*...................	XVII	17[15]	17
Palfuriana. *Villaredona*.................	XIII	13	13
Tarracone[16]. *Tarragone*................	XVII	17	17
C. Oleastrum. *Miramar*.................	XXI	21	21
Traja (al. Tria) Capita. *Torre del Aliga*...	XXIV	24	14
Dertosa[17]. *Tortose*....................	XVII	17[18]	17

[1] 302. C.— Entre *Castulone* et *Nemausum* on lit *Arelato*, sans aucun nombre à la suite. C.—L'addition produit 221.
[2] *Nemausiam*. F.
[3] *Ambrussiam*. F.
[4] *Sextatione*. A. F. — *Sextantione*. B.
[5] *Tesserone*. C.
[6] *Beternis*. A. B. D. F.
[7] 15. C.
[8] *Ad Vicensimum*. C. — *Ad Vigisimum*. F.
[9] *Rustione*. A. F.
[10] 10. C.
[11] *Cimiana*, mpm. 16. C.
[12] 14. A. D. F.
[13] Les douze articles qui suivent manquent dans C, par l'effet de la mutilation du ms.
[14] *Barcenone*. B. D. F.
[15] 27. B. D.
[16] La suite manque jusqu'à *Caræ* de la route de *Laminium* à *Cæsaraugusta*. A. — *Terracone*. D.
[17] *Derdosa*. B.
[18] 27. S.

ITINERARIUM.

ITINÉRAIRE.	DISTANCES données PAR LES MANUSCRITS.		DISTANCES mesurées PAR M. LAPIE.
	Millia plus minus.	Milles plus ou moins.	Milles rom.
Intibili (sive Indibili). *Vinaros*..................	XXVII	27	27
Ildum[1]. *Torreblanca*......................	XXIV	24	24
Sepelaci. *Castellon de la Plana*...........	XXIV	24	24
Saguntum[2] (sive Sagontum). *Murviedro*.........	XXII	22	25
Valentia. *Valence*.....................	XVI	16[3]	17
Sucronem. *Sueca*.....................	XX	20	20
Ad Statuas (sive Sætabis). *Xativa ou San Felipe*...	XXII	22[4]	22
Ad Turres. *Olleria*.....................	IX	9[5]	9
Adello (leg. Ad Ellum). *Alforines*...........	XXIV	24	24
Aspis. *Aspe*........................	XXIV	24	24
Ilici. *Elche*......................	XXIV	24	14
Thiar. *San Gines*.....................	XXVII	27	27
Carthagine Spartaria (sive Nova). *Carthagène*.....	XXV	25	25
D. Eliocroca[6] [al. Ilorcis]. *Lorca*...........	XLIV	44[7]	48
Ad Morum. *Velez el Rubio*..................	XXIV	24	24
Basti. *Baza*........................	XXVI	26[8]	36
Acci. *Guadix*........................	XXVI	26[9]	26
Acatucci.[10] *Hinojares*..................	XXVIII	28	28
Viniolis. *Sur la R. Borosa*..................	XXVIII	28[11]	28
Mentesa Bastia[12] (al. Bastitana). *S. Tomé*........	XX	20	20
Castulone. *Cacidama*..................	XXV	25[13]	25
CXIV.			
A. Iter[14] a Corduba Castulone. *Route de Cordoue à Cacidama*.....................	XCIX	99[15]	89
SIC :			
Calpurniana. *Bujalance*..................	XXV	25[16]	25
Urcaone[17] (leg. Virgaone). *Porcuna*...........	XX	20	20

[1] *Ilduni.* D. — *Ildimi.* F.
[2] *Sacundum.* B. — *Secuntum.* D. — Manque dans F.
[3] 17. C.
[4] 32. C. — 24. S.
[5] 14. S.
[6] *Fliocraca.* F.
[7] 48. F. — 24. S.
[8] 16. B. D. F.
[9] 25. B. D. F.
[10] *Acatuci.* F.
[11] 24. B. D. F.
[12] *Mente Sabastiam.* B. D. — *Mentesabastia.* F.
[13] 22. B. D. F.
[14] *Item.* B. D. F. — Les deux routes suivantes manquent dans C, par l'effet de la mutilation du ms.
[15] Somme égale, 99.
[16] 26. D.
[17] *Vircaone.* B. D. — *Virgaone.* F.

ITINÉRAIRE.	DISTANCES données PAR LES MANUSCRITS.		DISTANCES mesurées PAR M. LAPIE.
	Millia plus minus.	Milles plus ou moins.	Milles rom.
Iliturgis (sive Illiturgis). *Torrecilla*............	XXXIV	34	24
Castulone. *Cacidama*......................	XX	20	20
B. Alio itinere a Corduba[1] Castulone. *Autre route de Cordoue à Cacidama*...........	LXXVIII	78[2]	78
SIC :			
Epora. *Montoro*........................	XXVIII	28	28
Uciense[3] (sive Ucciense). *Andujar*...........	XVIII	18	18
Castulone. *Cacidama*......................	XXXII	32	32
c. Iter a Castulone Malacam. *Route de Cacidama à Velez-Malaga*................	CCXCI	291[4]	291
SIC :			
Tugia. *Toya*...........................	XXXV	35	35
Fraxinum. *Collejares*.....................	XVI	16	16
Hactara[5]. *Cambil*........................	XXIV	24	24
Acci. *Guadix*..........................	XXXII	32	32
Alba. *Abla de Arroyo*.....................	XXXII	32	32
Urci[6]. *Alsoduz*........................	XXIV	24	14
Turaniana[7]. *Tabernas*....................	XVI	16	16
Murgi[8]. *Almeria*.......................	XII	12	12
Saxetanum (leg. Sexitanum). *Adra*...........	XXXVIII	38	38
Caviclum[9]. *Gualchos*....................	XVI	16	26
Menoba[10]. *Castillo de Nerju*................	XXXIV	34[11]	34
Malaca. *Velez-Malaga*.....................	XII	12	12
D. Iter[12] a Malaca Gadis (leg. Gadibus). *Route de Velez-Malaga à Cadix*...............	CXLV	145[13]	161
SIC :			
Sivel[14]. *Castillo de Fuengirola*................	XXI	21	21
Cilniana[15]. *Marbella*.....................	XXIV	24	24

[1] Les mots *Alio itinere a Corduba* sont passés. B.
[2] Somme égale, 78.
[3] *Sciense*. F.
[4] 281. C. — L'addition reproduit 291.
[5] *Hactaram*. D. F.
[6] *Urgi*.
[7] *Turraniana*. F.
[8] *Mulci, mpm.* 11. C.
[9] *Cavidum*. C. F.
[10] *Menova*. B. D. — *Meno*. C. — *Senova*. F.
[11] 23. C. — 28. W.
[12] *Item*. B. C. D. F. — En marge : *R. hic* x *super sunt*. B.
[13] L'addition produit 155.
[14] *Suel*. C.
[15] *Cilniaca*. F.

ITINERARIUM.

ITINÉRAIRE.	DISTANCES données PAR LES MANUSCRITS.		DISTANCES mesurées PAR M. LAPIE.
	Millia plus minus.	Milles plus ou moins.	Milles rom.
Barbariana. *Barajabii*...................	XXXIV	34[1]	34
Calpe Carteiam[2]. *S. Roch*...............	X	10	10
Portu[3] Albo (al. Alto Portu vel Tingintera). *Algésiras*.	VI	6	6
Mellaria. *Tarifa*.......................	XII	12	12
Belone (sive Bœlone) Claudia[4]. *Bolonia*........	VI	6	8
Besippone (sive Bœsipone seu Onoba). *Vejer de la Frontera*........................	XII	12	12
Mergablo[5] (sive Mergablura). *Conil*............	VI	6[6]	10
Ad Herculem (sive Herculis Templum). *S. Pedro*..	XII	12	12
Gadis (leg. Gadibus). *Cadix*...............	XII	12	12
E. Iter[7] a Gadibus[8] Corduba. *Route de Cadix à Cordoue*.......................	CCXCV	295[9]	294
SIC :			
Ad Pontem. *Puento Suazo*................	XII	12	12
Portu[10] Gaditano. *Puerto-Real*................	XIV	14	6
Asta[11] [Regia]. *Xeres de la Frontera*............	XVI	16	14
Ugia. *Cabezas de S. Juan*.................	XXVII	27[12]	27
Orippo[13]. *Alcala de Guadaira*................	XXIV	24[14]	26
Hispali. *Séville*........................	IX	9[15]	9
Basilippo. *Utreza*.......................	XXI	21[16]	23
Carula. *Montelano*......................	XXIV	24[17]	24
Ilipa[18]. *Ubrique*........................	XVIII	18[19]	24
Ostippo. *Ronda*........................	XIV	14	14
Barba[20]. *Casaraboncu*....................	XX	20	20
Antiquaria[21]. *Antequera*...................	XXIV	24	24
Angellas[22]. *Rute*.......................	XXIII	23[23]	23
Ipagro[24]. *Baena*........................	XX	20	20
Ulia. *Castro*...........................	X	10[25]	10

[1] 24. C.
[2] *Carpe Carceiam.* B. D. — *Calpe Cartegam.* C. — *Carpe Cariciam.* F.
[3] *Porto.* B. C. D. F.
[4] *Belone Glaudia.* B. — *Bellone Claudia.* F.
[5] *Merglabo.* C. — *Mercablo.* D. — *Mercallo.* F.
[6] 16. C.
[7] *Item.* B. C. D. F.—En marge : *R. hic 1 minus est.* B.
[8] *Gadis.* F.
[9] L'addition produit 294.
[10] *A Portu.* F.
[11] *Hasta.* B. C. D. F.
[12] 26. F.
[13] *Erippo.* C.
[14] 26. S.
[15] 60. C.
[16] 14. S.
[17] 21. S.
[18] *Ilippa.* F.
[19] 24. S.
[20] *Barsa.* C.
[21] *Anticaria.* F.
[22] *Ad Gemellas.* C.
[23] 24. D.
[24] *Inpagro.* B.
[25] 18. C.

ITINÉRAIRE.	DISTANCES données PAR LES MANUSCRITS.		DISTANCES mesurées PAR M. LAPIE.
	Millia plus minus.	Milles plus ou moins.	Milles rom.
Corduba. *Cordoue*....................	XVIII	18	18
F. Iter[1] ab Hispali Cordubam. *Route de Séville à Cordoue*.................	XCIII	93[2]	89
SIC :			
Obucula[3]. *Venta de Moncloa*...............	XLII	42[4]	42
Astigi. *Ecija*......................	XVI	16[5]	15
Ad Aras. *Carlota*...................	XVI	16[6]	12
Corduba[7]. *Cordoue*.................	XXIV	24	20
G. Ab Hispali Italicam. *De Séville à Santiponce*........................	VI	6[8]	6
H. Iter ab Hispali Emeritam [Augustam]. *Route de Séville à Mérida*.............	CLXII	162[9]	185
SIC :			
Carmone[10] (al. Carmona). *Carmona*...........	XXII	22	22
Obucula[11]. *Venta de Moncloa*...............	XX	20	20
Astigi[12]. *Ecija*.....................	XV	15	15
Celti (sive Celtica). *Fuentavojuna*.............	XXXVII	37[13]	47
Regiana. *Hornachos*..................	XLIV	44[14]	44
Emerita [Augusta]. *Mérida*................	XXVII	27[15]	37
I. Iter a Corduba[16] Emeritam [Augustam]. *Route de Cordoue à Mérida*............	CXLIV	144[17]	144
SIC :			
Mellaria[18]. *Hinojosa*....................	LII	52	52
Artigi. *Castuera*.....................	XXXVI	36[19]	36
Metellinum (sive Metallinum). *Medellin*.........	XXXII	32[20]	32

[1] *Item.* B. C. F. — Cette route et la suivante manquent. D.
[2] L'addition produit 98.
[3] *Abucula.* B. — *Abaiccula.* F.
[4] 62. C. — 43. F.
[5] 15. C.
[6] 12. F.
[7] Cette ligne manque dans F.
[8] 12. C. — 11. F.
[9] 165. B. — 161. W. — Le calcul donne 165.
[10] *Carinomine*, mpm. 27. C
[11] *Abuccula.* B. D. F.
[12] *Astici.* B. D. F.
[13] 27. W. — Il y a 27 dans le texte de Wesseling, mais c'est une faute.
[14] 24. S.
[15] 24. B. C. D. F.
[16] *Corduva.* B.
[17] 161. B. — L'addition reproduit 144.
[18] Cette ligne et les suivantes, jusqu'à *Equabona*, manquent. B.
[19] 33. S.
[20] 34. F. — 33. S.

ITINERARIUM.

ITINÉRAIRE.	DISTANCES données PAR LES MANUSCRITS.		DISTANCES mesurées PAR M. LAPIE.
	Millia plus minus.	Milles plus ou moins.	Milles rom.
Emerita [Augusta]. *Mérida*................	XXIV	24	24
J. Iter ab Olisipone[1] Emeritam [Augustam]. *Route de Lisbonne à Mérida*............	CXLI	141[2]	201
SIC :			
Equabona[3]. *Coyna*....................	XII	12[4]	12
Catobriga[5]. *Setubal*.....................	XII	12	12
Ciciliana[6] (al. Cœciliana). *Pinheiro*...........	VIII	8[7]	8
Malceca[8]. *Alcacer do Sal*................	XVI	16[9]	16
Salacia. *Arcao*......................	XII	12	12
Ebora. *Evora*.......................	XLIV	44	44
Ad Adrum (al. ad Anam) flumen (sive ad Pacem Augustam). *Badajoz*.....................	IX	9	59
Dipone[10]. *Talavera*....................	XII	12	12
Evandriana. *Sur la Guadiana, riv*............	XVII	17	17
Emerita[11] [Augusta]. *Mérida*...............	IX	9	9
K. Iter a Salacia Ossonoba[12]. *Route d'Arcao à Faro*........................	XVI	16	106
L. Iter[13] ab Olisipone Emeritam [Augustam]. *Route de Lisbonne à Mérida*............	CXLV	145[14]	182
SIC :			
Aritio Prætorio. *Benavente*................	XXXVIII	38	38
Abelterio[15]. *Erra*.....................	XXVIII	28	28
Matusaro. *Puente de Sor*.................	XXIV	24[16]	24
Ad Septem Aras. *Arronches*................	VIII	8	38
Budua. *Campomayor*...................	XII	12	12
Plagiaria[17]. *El-Comandante*...............	XII	12[18]	12
Emerita [Augusta]. *Mérida*...............	XXX	30	30

[1] *Olisippone*. F.
[2] 161. D. — 177. F. — Le calcul donne 151.
[3] *Aquabona*. C. — *Aequa Bona*. F.
[4] 16. F
[5] *Catobrica*. B. C. D. F.
[6] *Ciliana*. F.
[7] 12. C.
[8] *Malateca*, mpm. 26. C. — La fin de cette route est presque entièrement effacée. C. — *Malececa*. D. F.
[9] 26. B. D. F.
[10] Cette ligne a été passée. B. — *Dippone*. F.
[11] *Ementa*. F.
[12] *Ossobona*. B. — *Bona*. D. F.
[13] *Item*. B. D. — En marge : R. hic III super sunt. B. — *Alio itinere ab Olisippone Emeritam*. C. D. — *Alio itinere ab Alisippone Emeritam*. F.
[14] 154. C. D. — L'addition produit 152.
[15] *Abelteri*. B.
[16] 27. B.
[17] *Plagiari*. B. — *Plactaria*. C. — *Plagiam* D. F.
[18] 8. B. C. D. — 9. F.

ITINÉRAIRE.	DISTANCES données PAR LES MANUSCRITS.		DISTANCES mesurées PAR M. LAPIE.
	Millia plus minus.	Milles plus ou moins.	Milles rom.
M. Item alio itinere ab Olisipone[1] Emeritam [Augustam]. *Autre route de Lisbonne à Mérida*	CCXX	220[2]	214
SIC :			
Ierabrica[3] (al. Hierabriga). *Alenquer*............	XXX	30	30
Scalabin[4] (al. Scalabrim). *Santarem*............	XXXII	32	22
Tubucci[5]. *Abrantès*...........................	XXXII	32	32
Fraxinum. *Villa-Velha*.......................	XXXII	32[6]	32
Mundobriga[7]. *Portalegre*.......................	XXX	30[8]	30
Ad Septem Aras. *Arronches*...................	XIV	14[9]	14
Plagiaria. *El-Comandante*.....................	XX	20	24
Emerita [Augusta]. *Mérida*...................	XXX	30	30
N. Iter[10] ab Olisipone[11] Bracaram[12] Augustam. *Route de Lisbonne à Braga*..............	CCXLIV	244[13]	240
SIC :			
Ierabrica[14] (al. Hierabriga). *Alenquer*...........	XXX	30	30
Scalabin (al. Scalabrim). *Santarem*............	XXXII	32	22
Sellium[15]. *Séijo*.............................	XXXII	32	32
Conembrica (sive Conimbriga). *Coimbre*........	XXXIV	34	40
Eminio[16] (al. Æminio). *Carvelho*.............	X	10	10
Talabrica (sive Talabriga). *Villarinho*........	XL	40	40
Langobrica (sive Longobriga). *Feira*...........	XVIII	18	18
Calem (sive Callem). *Oporto*..................	XIII	13	13
Bracara[17] [Augusta]. *Braga*..................	XXXV	35	35
O. Iter a Bracara[18] [Augusta] Asturicam. *Route de Braga à Astorga*.................	CCXLVII	247[19]	257
SIC :			
Salacia. *Pombeiro*...........................	XX	20	20

[1] *Olisippone.* F.
[2] 250. C. — L'addition reproduit 220.
[3] *Gerabrica.* B. D. F.
[4] *Scallabin.* B.
[5] *Tabucci.* C.
[6] 33. C.
[7] *Mundobrica.* B. — *Montobrica.* C. D. — *Mantobrica.* F.
[8] 10. C.
[9] 40. C.
[10] *Item.* B. F. — Cette route ainsi que le commencement de la route suivante manquent. C.
[11] *Olisippone.* F.
[12] *Bragaram.* B. D. F.
[13] L'addition reproduit 244.
[14] *Lerabrica.* F.
[15] *Cellium.* B.
[16] *Emenio.* D.
[17] *Bragara.* B. D. F.
[18] *Bragara.* B. D.
[19] Le nombre manque. D. — 244. W. — L'addition produit 257.

ITINERARIUM. 127

ITINÉRAIRE.	DISTANCES données PAR LES MANUSCRITS.		DISTANCES mesurées PAR M. LAPIE.
	Millia plus minus.	Milles plus ou moins.	Milles rom.
Præsidio. *Canellas*..........	XXVI	26	26
Caladuno. *Anciaens*..........	XXVI	26[1]	26
Ad Aquas. *Trindad*..........	XVIII	18	18
Pinetum. *Mirandella*..........	XX	20	20
Roboretum. *Bragança*..........	XXXVI	36	36
Compleutica. *Villa-Vieja*..........	XXIX	29[2]	29
Veniatia (sive Veniata). *Requejo*..........	XXV	25	25
Petavonium. *Congosta*..........	XXVIII	28	28
Argentiolum. *Torneras*..........	XV	15	15
Asturica[3]. *Astorga*..........	XIV	14	14
P. Iter per loca maritima a Bracara [Augusta] Asturicam[4]. *Route de Braga à Astorga, en suivant les côtes de la mer*.....	CCVII	207[5]	332

	DISTANCES données PAR LES MANUSCRITS.		DISTANCES mesurées PAR M. LAPIE.	
SIC :	Stadia.[6]	Stades.	Stades de 700	Milles rom.
Aquis Celenis (sive Aquis Calidis Celinorum). *Caminha*...............	CLXV	165[7]	365	39
Vico Spacorum. *Vigo*..........	CXCV	195	205	23
Ad Duos Pontes. *Pontevedra*..........	CL	150	186	20
Grandimiro[8]. *Muros*.	CLXXX	180	280	30

	DISTANCES données PAR LES MANUSCRITS.		DISTANCES mesurées PAR M. LAPIE.
	Millia plus minus.	Milles plus ou moins.	Milles rom.
Trigundo. *Aranton*..........	XXII	22[9]	28
Brigantium (sive Flavium Brigantium). *Betanzos*..	XXX	30[10]	32
Caranico (al. Caronico). *Guiterli*.............	XVIII	18[11]	18
Luco[12] Augusti. *Lugo*	XIV	14[13]	20

[1] 16. D.
[2] 25, 34. S.
[3] *Asturiga*, mpm. 24. C.
[4] Cette route manque. C.
[5] L'addition produit 690 stades plus 204 milles, ce qui fait en tout un peu moins de 277 milles, en comptant 9 stades 14/25 dans le mille.
[6] Après le mot *stadia*, le ms. F ajoute *mpm.* dans cette ligne et dans les trois lignes suivantes.
[7] 145. F.
[8] *Grandi Muro*. F.
[9] 18. S.
[10] 22. S.
[11] 12. S.
[12] *Lugo*. F.
[13] 17. B. D. F. — 20. S.

ITINÉRAIRE.	DISTANCES données PAR LES MANUSCRITS.		DISTANCES mesurées PAR M. LAPIE.
	Millia plus minus.	Milles plus ou moins.	Milles rom.
Timalino. *Fontaneira*............	XXII	22[1]	24
Ponte Neviæ[2] (al. Naviæ). *Navia de Suarna*.....	XII	12	12
Uttari. *Castro de la Ventosa*............	XX	20	20
Bergido (al. Bergidio). *Perex*............	XVI	16	16
Asturica. *Astorga*............	L.	50	50
CXV.			
Iter[3] de Esuri Pace Julia. *Route d'Ayamonte à Beja*.	CCLXIV	264[4]	304
SIC :			
Balsa. *Villamartin*............	XXIV	24	24
Ossonoba[5]. *Faro*............	XVI	16	16
Aranni (al. Araudis). *S. Martin de Amoreiras*...	LX	60	60
Rarapia[6]. *Ferreira*............	XXXII	32[7]	35
Ebora[8]. *Evora*............	XLIV	44	44
Serpa. *Serpa*............	XIII	13	43
Fines (sive ad Fines). *Sur la Guadiana, riv.*.....	XX	20	20
Arucci[9] (sive Arucci Novo). *Ourique*.........	XXII	22[10]	32
Pace Julia[11]. *Beja*............	XXX	30	30
CXVI.			
A. Item alio itinere a Bracara [Augusta] Asturicam[12]. *Autre route de Braga à Astorga*...	CCXII	212[13]	194
SIC :			
Salaniana[14] (al. Saloniana). *Portela de Abade*.....	XXI	21[15]	11
Aquis Originis[16]. *Estrica*............	XXVIII	28[17]	18
Aquis Querquennis[18]. *Valladores*............	XIV	14	14
Geminas. *Sandras*............	XIII	13[19]	12
Salientibus. *Orense*............	XVIII	18[20]	18

[1] 24. F.
[2] *Ponte Novie*. D. — *Ponte Noive*. F.
[3] *Item*. B. D. F. — Cette route est transposée dans C.
[4] 267. B. D. F. — 164, 167, 257. S. — L'addition produit 261.
[5] *Ossanova*. B. D. — *Ossonova*. F.
[6] *Scalacia*. C. — *Rapta*. F.
[7] 35. B. C. D. F. — 25. W.
[8] *Eboram*. B. C. D. F.
[9] *Aruca*. F.
[10] 25. B. C. D. F.
[11] *Paci Julia*, mpm. 38. C.
[12] *Asturica*. F.
[13] 215. B. C. D. F. — L'addition reproduit 212.
[14] *Silaniana*. C. — *Salamana*. F.
[15] 11. D. F.
[16] *Ogirinis*. F.
[17] 18. B. C. D. F.
[18] *Quisquercennis*. C. — Cette ligne manque dans F.
[19] 16. B. C. D. F. — La fin de cette route et le commencement de la suivante manquent. C.
[20] 19. D. F.

ITINERARIUM.

ITINÉRAIRE.	DISTANCES données PAR LES MANUSCRITS.		DISTANCES mesurées PAR M. LAPIE.
	Millia plus minus.	Milles plus ou moins.	Milles rom.
Præsidio. *Rodicio*............................	VIII	8[1]	8
Nemetobriga[2]. *Puente Bibey*.................	XIII	13	16
Foro [Egurorum]. *Nogueyras*...................	XIX	19	19
Gemestario. *Penedelo*.........................	XVIII	18	18
Bergido[3] (al. Bergidio). *Perex*.............	X	10[4]	10
Interamnio[5] Flavio. *Ponferrada*.............	XX	20	20
Asturica. *Astorga*............................	XXX	30	30
B. Iter a Bracara[6] [Augusta] Asturicam. *Route de Braga à Astorga*.................	CCXCIX	299[7]	302
SIC :			
Limia. *Ponte de Lima*.........................	XIX	19[8]	18
Tude (sive Tyde). *Tuy*........................	XXIV	24	24
Burbida[9]. *Borcela*..........................	XVI	16	16
Turoqua. *Ribadavia*...........................	XVI	16	16
Aquis Celenis[10]. *Sur la petite rivière de Pontevedra*..	XXIV	24	24
Pria (al. Iria Flavia). *El Padron*............	XII	12	12
Asseconia[11]. *Santiago*......................	XXIII	23[12]	22
Brevis. *Burres*...............................	XII	12[13]	12
Martiæ. *Monteceda*............................	XX	20	20
Luco[14] Augusti[15]. *Lugo*...................	XVI	16[16]	16
Timalino[17]. *Fontaneira*.....................	XXII	22	24
Ponte Neviæ[18]. *Navia de Suarna*.............	XII	12	12
Uttaris[19]. *Castro de la Ventosa*............	XX	20	20
Bergido (al. Bergidio). *Perex*................	XVI	16	16
Interamnio Flavio[20]. *Ponferrada*............	XX	20	20
Asturica[21]. *Astorga*........................	XXX	30	30

[1] 17. D. — 18. F. — 19. S.
[2] *Nemetobrica*. B. — *Nemetoborica*. D. — *Nometobrica*. F.
[3] *Belgido*. D. F.
[4] 13. B. D. F.
[5] *Intereraconio*. B. — *Interepaconio Fluvio*. D. F.
[6] *Bragara*. B.
[7] Au lieu de 299, il y a dans l'édition de Wesseling 399, par erreur sans doute, attendu que nos mss. s'accordent à donner le nombre 299, et que l'addition produit 302.
[8] 29. S. — 18. W.
[9] *Burbacla*. F.
[10] *Celinis*. B.
[11] *Assegonia*, mpm. 13. C.
[12] 24. D. — 22. S.
[13] 22. C.
[14] *Loco*. B. D. F.
[15] *Augusto*. F.
[16] 13. B. C. F.
[17] *Timalimo*. F.
[18] *Noviæ*. F.
[19] *Uttarris*. B. — *Utcaris*. F.
[20] *Interamnio Fluvio*. C. F.
[21] *Sturica*. C.

ITINÉRAIRE.	DISTANCES données PAR LES MANUSCRITS.		DISTANCES mesurées PAR M. LAPIE.
	Millia plus minus.	Milles plus ou moins.	Milles rom.
CXVII.			
A. Iter ab Esuri[1] per compendium Pace Julia. *Route abrégée d'Ayamonte à Beja.*	LXXVI	76[2]	76
SIC :			
Myrtili (sive Julia Myrtili). *Mertola*............	XL	40	40
Pace Julia. *Beja*........................	XXXVI	36	36
B. Iter[3] ab ostio fluminis Anæ[4] Emeritam usque. *Route d'Ayamonte ou de l'embouchure de la Guadiana à Mérida.*.............	CCCXIII	313[5]	285
SIC :			
Præsidio. *S. Lucar de Guadiana*..............	XXIII	23[6]	23
Ad Rubras. *Villanueva de las Cruzes*...........	XXVII	27[7]	27
Onoba[8]. *Huelba*.........................	XXVIII	28	28
Ilipa. *Niebla*...........................	XXX	30	20
Tucci. *Castilleja del Campo*..................	XII	12[9]	22
Italica. *Santiponce*........................	XVIII	18	18
Monte Mariorum[10]. *Sierra-Morena*.............	XLVI	46	46
Curica (sive Curica Celti). *Xeres de los Caballeros*...	XLIX	49[11]	39
Contributa. *Los Santos*.....................	XXIV	24[12]	24
Perceiana[13].............................	XX	20	20
Emerita [Augusta]. *Mérida*..................	XXIV	24[14]	18
C. Iter[15] ab Emerita Cæsaraugustam. *Route de Mérida à Saragosse*...................	DCXXXII	632[16]	614
SIC :			
Ad Sorores. *Aliseda*.......................	XXVI	26[17]	26
Castris Celicis[18] (al. Castris Cæciliis). *Caceres*....	XX	20	20
Turmulos[19] (al. Termulos). *Puente de Alcuñete*...	XX	20	20
Rusticiana. *Galisteo*.......................	XXII	22	22

[1] *Æsuri.* F.
[2] Somme égale, 76.
[3] *Item.* B. D. F. — En marge : *Hic R. II minus sunt.* B. — Cette route est transposée. C.
[4] *Ani.* D. F.
[5] 314. D. F. — L'addition produit 301.
[6] 24. C. — 33. D. F. — 34. S. — 31. W.
[7] 28. C. — 17. S.
[8] *Onova.* B. D. F.
[9] 21. B. — 22. C. D. F.
[10] *Montem Ariorum.* B. — *Monte Mariolo.* F.
[11] 48. C.
[12] 28. C.
[13] *Percefana.* C. — *Perteiana.* F.
[14] 18. C.
[15] *Item.* B. C. D. F. — En marge : *R. hic v super sunt.* B
[16] Le calcul reproduit 632.
[17] 23. C.
[18] *Castris Caecili.* C.
[19] *Turmulas.* C.

ITINERARIUM. 131

ITINÉRAIRE.	DISTANCES données PAR LES MANUSCRITS.		DISTANCES mesurées PAR M. LAPIE.
	Millia plus minus.	Milles plus ou moins.	Milles rom.
Capara[1]. *Ventas de Capana*	XXII	22	22
Cecilionico[2] (al. Cæcilio vico). *S. Estevan*	XXII	22	22
Ad Lippos. *Monleon*	XII	12[3]	12
Sentice (al. Senticæ). *Calzadilla de Mandiges*	XII	12[4]	12
Salmatice (al. Salmanticæ). *Salamanque*	XXIV	24	24
Sibariam[5]. *Zamocina*	XXI	21	21
Ocello Duri[6]. *Zamora*	XXI	21	21
Albucella[7]. *Toro*	XXII	22	22
Amallobrica (sive Amallobriga). *Tordesillas*	XXVII	27[8]	18
Septimanca. *Simancas*	XXIV	24	14
Nivaria[9]. *Mojadas*	XXII	22	17
Cauca[10]. *Coca*	XXII	22	17
Segovia[11]. *Ségovie*	XXIX	29[12]	29
Miacum. *Torrelodones*	XXIV	24[13]	29
Titulcia[14]. *Getafe*	XXIV	24	24
Complutum[15]. *Alcala de Henares*	XXX	30	30
Arriaca. *Guadalaxara*	XXII	22	22
Cesada[16]. *Brihuega*	XXIV	24	24
Segontia. *Siguenza*	XXVI	26[17]	26
Arcobriga[18]. *Arcos*	XXIII	23	33
Aquæ Bilbitanorum. *Alhama*	XVI	16[19]	16
Bilbili. *Calatayud Vieja*	XXIV	24	20
Nertobriga[20]. *Ricla*	XXI	21[21]	21
Segontia[22]. *Rueda*	XIV	14[23]	14
Cæsaraugusta. *Saragosse*	XVI	16	16
D. Alio itinere ab Emerita Cæsaraugustam[24]. *Autre route de Mérida à Saragosse*	CCCXLIX	349[25]	418
SIC :			
Lacipea (sive Lacipeia). *Miajadas*	XX	20[26]	25

[1] *Caepara.* C.
[2] *Cecilioni.* B. — *Caelionicco.* C.
[3] 22. C. D. F.
[4] 15. B. C. D. F.
[5] *Salariam.* B. — *Sibarim.* C. D. F.
[6] *Oceloduri.* B. — *Acaelodurio.* C. — *Ocelodori.* D. F.
[7] *Albucela.* B. D. F. — *Albocela*, mpm. 16. C.
[8] 22. F.
[9] *Muaria*, mpm. 16.
[10] *Causa.* C.
[11] *Secovia.* B. D. F.
[12] 19. B. — 28. C. — La suite du ms. est perdue. C.
[13] 29. D. F.
[14] *Titultiam.* F.
[15] *Complotum.* F.
[16] *Cesata.* B. D. — *Cæsata.* F.
[17] 23. B. D. F.
[18] *Arcobrica.* B. D. — *Artobrica.* F.
[19] 15. F.
[20] *Nitobrica.* B. D. F.
[21] 11. D. F.
[22] *Secontia.* B. D. F.
[23] 19. D. F.
[24] *Cæsarea Augusta.* F.
[25] 348. B. D. F. — Le calcul produit 351.
[26] 15. S.

ITINÉRAIRE.	DISTANCES données PAR LES MANUSCRITS.		DISTANCES mesurées PAR M. LAPIE.
	Millia plus minus.	Milles plus ou moins.	Milles rom.
Leuciana. *Madronera*.	XXIV	24[1]	24
Augustobrica (sive Augustobriga). *Arzobispo*.	XII	12	52
Toletum. *Tolède*.	LV	55	65
Titulciam[2]. *Getafe*.	XXIV	24	24
Complutum[3]. *Alcala de Henares*.	XXX	30	30
Arriaca. *Guadalaxara*.	XXII	22	22
Cesada[4]. *Brihuega*.	XXIV	24	24
Segontia[5]. *Siguenza*.	XXVI	26[6]	26
Arcobriga[7]. *Arcos*.	XXIII	23	33
Aquæ Bilbitanorum. *Alhama*.	XVI	16[8]	16
Bilbili. *Calatayud Vieja*.	XXIV	24	20
Nertobriga[9]. *Ricla*.	XXI	21	21
Segontia[10]. *Rueda*.	XIV	14	14
Cæsaraugusta[11]. *Saragosse*.	XVI	16[12]	16
E. Iter[13] ab Asturica Cæsaraugustam[14]. *Route d'Astorga à Saragosse*.	CCCCXCVII	497[15]	476
SIC :			
Betunia[16]. *Cebrones*.	XX	20	20
Brigecio[17] (sive Brigetio). *Benevente*.	XX	20	20
Vico Aquario. *Villaseco*.	XXXII	32	32
Oceloduri (sive Ocello Duri). *Zamora*.	XII	12[18]	12
Titulciam, mansionibus supra scriptis. *De Zamora à Getafe par les étapes ci-dessus indiquées*.	CXCIV	194[19]	170
Cæsaraugustam[20], mansionibus supra scriptis. *De Getafe à Saragosse par les étapes ci-dessus indiquées*.	CCXV	215	222

[1] 22. S.
[2] *Titultiam.* F.
[3] *Complotum.* F.
[4] *Cesata.* B. D. — *Cæsata.* F.
[5] *Secontia.* B. D. F.
[6] 23. B. — 33. D. F.
[7] *Arcobrica.* B. D. F
[8] 15. F.
[9] *Nertobrica.* B. D. — *Nestobrica.* F.
[10] *Secontia.* B. D. F.
[11] *Cesarea Augusta.* F.
[12] 15. F.
[13] *Item.* B. D. F.
[14] *Cesarea Augusta.* F.
[15] 496. D. — 476. F. — L'addition produit 493.
[16] *Betunica.* D. — *Potunia.* F.
[17] *Bricieo.* B. — *Bricico.* D. F.
[18] 22. D. — 21. W.
[19] 193. B.
[20] Cette ligne manque dans F. — Voyez la route CXVII c, page 131.

ITINERARIUM.

ITINÉRAIRE.	DISTANCES données PAR LES MANUSCRITS.		DISTANCES mesurées PAR M. LAPIE.
	Millia plus minus.	Milles plus ou moins.	Milles rom.
F. Iter[1] ab Asturica per Cantabriam Cæsaraugusta. *Route d'Astorga, par le pays des Cantabres, à Saragosse*..............	CCCI	301[2]	314
SIC :			
Brigecio[3] (sive Brigetio). *Benevente*............	XL	40	40
Intercatia. *Belver*.......................	XX	20[4]	22
Tela (al. Gela). *Medina de Rio Seco*.........	XXII	22	22
Pintiam. *Valladolid*.....................	XXIV	24	24
Rauda. *Roa*...........................	//	//	36
Cluniam[5]. *Coruña*......................	XXVI	26	36
Vasamam (al. Uxamam). *Osma*............	XXIV	24[6]	24
Voluce. *Valecha*........................	XXV	25[7]	25
Numantia. *Garray*......................	XXV	25	25
Augustobriga. *Muro de Agreda*............	XXIII	23[8]	27
Turiassone. *Tarazona*...................	XVII	17	19
Caravi[9] (al. Curabi). *Mallen*..............	XVIII	18[10]	18
Cæsaraugusta. *Saragosse*.................	XXXVII	37[11]	32
G. Iter[12] a Turiassone Cæsaraugusta. *Route de Tarazona à Saragosse*................	LVI	56[13]	48
SIC :			
Balsione. *Borja*........................	XX	20	14
Allobone (sive Allobonæ). *Alagon*...........	XX	20	18
Cæsaraugusta. *Saragosse*.................	XVI	16	16
H. Per Lusitaniam ab Emerita Cæsaraugusta. *De Mérida à Saragosse par la Lusitanie*.....	CCCCLVIII	458[14]	549
SIC :			
Contosolia. *Guarena*....................	XII	12[15]	22

[1] *Item*. B. D. F.
[2] L'addition reproduit 301.
[3] *Brigeco*. B. D. F.
[4] 22. S.
[5] *Duniam*. F. — Dans les mss. et dans Wesseling, on lit *Rauda Cluniam*, sur la même ligne, et comme si ces deux noms ne désignaient qu'un seul lieu. Dans l'exemplaire de Schudius, ils forment deux lieux différents, et sont ainsi marqués : *Rauda mp.* XI. *Clunia* XVI.
[6] 34. D. F. — 23, 33. S.
[7] 15. D. F.
[8] 24. B. D. F. — 27. W.
[9] *Caravia*. D. F.
[10] 19. S.
[11] 28. S.
[12] En marge : *R. hic* IIII *minus sunt*. B
[13] Somme égale, 56.
[14] Le calcul reproduit 458.
[15] 15. B.

ITINÉRAIRE.	DISTANCES données PAR LES MANUSCRITS.		DISTANCES mesurées PAR M. LAPIE.
	Millia plus minus.	Milles plus ou moins.	Milles rom.
Mirobriga[1]. *Puebla de Alcoser*...............	XXXVI	36[2]	62
Sisalone (al. Sisapone). *Almaden*.............	XIII	13[3]	43
Carcuvium[4]. *Almodovar del Campo*............	XX	20	20
Ad Turres (al. Oretum). *Oreto*................	XXVI	26	26
Mariana. *Alcubillas*...........................	XXIV	24	24
Lamini. *Don Sancho*...........................	XXX	30	20
Alces. *Alcazar de S. Juan*.....................	XL	40	40
Vico Cuminario[5] (sive Caminario). *Bayona*......	XXIV	24	54
Titulciam[6]. *Getafe*...........................	XVIII	18	16
Cæsaraugustam[7], mansionibus supra scriptis. *De Getafe à Saragosse par les étapes ci-dessus indiquées.*	CCXV	215	222

CXVIII.

A Iter[8] a Laminio[9] Toletum. *Route de Don Sancho à Tolède*...................	XCV	95[10]	95
SIC :			
Murum[11]. *Quesada*........................	XXVII	27[12]	27
Consabro. *Consuegra*.......................	XXVIII	28[13]	28
Toletum. *Tolède*...........................	XL	40[14]	40
B. Iter a Laminio[9] alio itinere Cæsaraugustam[15]. *Autre route de Don Sancho à Saragosse.*	CCXLIX	249[16]	254
SIC :			
Caput fluminis Anæ. *Source de la Guadiana*.......	VII	7	7
Libisosia. *Lezuza*............................	XIV	14	24
Parietinis. *S. Clemente*.......................	XXII	22	32
Saltici. *S. Maria del Campo*...................	XV	15[17]	16
Ad Putea (al. ad Puteas). *Cuença*.............	XXXII	32[18]	32
Valeponga[19]. *Valsalobre*.....................	XL	40	40
Urbiaca. *Molina*.............................	XX	20[20]	25

---

[1] *Mirobrica*. B. D. F.
[2] 26. F. — 16. S.
[3] 14. D.
[4] *Caruvium*. F.
[5] *Cominario*. B. D. F.
[6] *Titultiam*. F.
[7] *Cæsarea Augusta*. F. — Voyez la route CXVII C, page 131.
[8] *Item*. B. D. F. — En marge : *R. III super sunt*. B.
[9] *Liminio*. F.
[10] Somme égale, 95.
[11] *Aurum*. F.
[12] 7. B.
[13] 24. W.
[14] 44. B. D. F. — En marge : *R. hic IIII super sunt*. B.
[15] *Cæsaream Augustam*. F.
[16] L'addition produit 229.
[17] 16. D. F. — 12. S.
[18] 16. S.
[19] *Valebonga*. D. F. — *Valebiniga, mp.* 32. S.
[20] 25. W.

ITINERARIUM. 135

ITINÉRAIRE.	DISTANCES données PAR LES MANUSCRITS.		DISTANCES mesurées PAR M. LAPIE.
	Millia plus minus.	Milles plus ou moins.	Milles rom.
Albonica. *Puerta de Daroca*............	XXV	25	25
Agiria. *Daroca*.....................	VI	6[1]	6
Caræ. *Cariñena*.....................	XX	20[2]	20
Sermone. *Mezalocha*..................	IX	9[3]	9
Cæsaraugusta. *Saragosse*..............	XIX	19[4]	18

CXIX.

Iter ab Asturica Tarracone[5]. *Route d'Astorga à Tarragone*.................	CCCCLXXXVI	486[6]	521
SIC :			
Vallata[7]. *S. Martin del Camino*...........	XVI	16	16
Interamnio[8]. *Villaroane*.................	XIII	13[9]	13
Palantia (sive Pallantia). *Mayorga*.........	XIV	14	24
Viminacio. *Beceril*....................	XXXI	31	31
Lacobriga[10]. *Villa Laco*................	XV	15[11]	18
Dessobriga[12] (sive Deobriga). *Melgar de Yuso*....	XV	15[13]	15
Segisamone[14]. *Sasamon*.................	XV	15	15
Deobrigula[15]. *Tardajoz*................	XV	15[16]	15
Tritium. *Monasterio de Rodilla*...........	XXI	21[17]	21
Virovesca[18]. *Briviesca*................	XI	11	11
Atiliana. *Calzada*....................	XXX	30	30
Barbariana. *S. Martin de Berberana*.........	XXXII	32[19]	42
Graccurris[20]. *Agreda*.................	XXXII	32	40
Balsione[21]. *Borja*...................	XXVIII	28	28
Cæsaraugusta[22]. *Saragosse*.............	XXXVI	36	34
Gallicum. *Zuera*.....................	XV	15	15
Bortinæ[23]. *Almudevar*................	XVIII	18	18
Oscam. *Huesca*.....................	XII	12[24]	12

[1] 3. W.
[2] 16. S.
[3] 29. A. D. F. — 20. S.
[4] *Caesarea Augusta, mpm.* 28. A. B. D. F. — 18, 38. S.
[5] *Item ab Asturica Terracone.* A. B. D. F. — En marge : *R. hic IIII minus sunt.* B.
[6] Le calcul donne 487.
[7] *Vabatu.* F.
[8] *Interaminio.* F.
[9] 16. B.
[10] *Lacobrica.* B. D. — *Lacobricam.* F.
[11] 10. B. D. F.
[12] *Dessobrica.* D. — *Desobrica.* F.
[13] 21. S.
[14] *Legisamone.* A. B. D. F.
[15] *Deobrica.* A. D. F. — *Deobricula.* B.
[16] 21. F.
[17] En marge : *R. hic x super sunt.* B.
[18] *Viromenna.* A. — *Virovenna.* B. D. F.
[19] 31. S.
[20] *Craeculis.* A. — *Craccurris.* B. D. — *Croaculis.* F.
[21] *Bellisono.* A. F. — *Bellissone.* B. D.
[22] *Cæserea Augustea, mpm.* 33. A. D. F.
[23] *Bostine.* A. — *Bostinæ.* F.
[24] 40. A. D. F.

ITINÉRAIRE.	DISTANCES données PAR LES MANUSCRITS.		DISTANCES mesurées PAR M. LAPIE.
	Millia plus minus.	Milles plus ou moins.	Milles rom.
Caum. *Sariñena*..	XXIX	29[1]	29
Mendiculeia (sive Mendiculea). *Alcolea*.	XIX	19	19
Ilerda. *Lérida*.	XXII	22[2]	22
Ad Novas. *Esplaga Calva*.	XVIII	18	18
Ad Septimum Decimum[3]. *Momblanch*.	XIII	13	18
Tarraconem[4]. *Tarragone*.	XVII	17[5]	17

CXX.

Iter a Cæsaraugusta[6] Beneharno[7]. *Route de Saragosse à Navarreins*.	CXII	112[8]	137

SIC :

Foro Gallorum[9]. *Gurrea*.	XXX	30	30
Ebellino. *S. Juan de la Peña*.	XXII	22	42
Summo Pyrenæo. *Santa Christina*.	XXIV	24	24
Foro Ligneo. *Urdos*.	V	5[10]	5
Aspaluca. *Acous*.	VII	7	7
Hurone. *Oleron*.	XII	12	17
Beneharnum. *Navarreins*.	XII	12	12

CXXI.

DE HISPANIA IN AQUITANIAM. *D'ESPAGNE EN AQUITAINE.*

A. Ab Asturica Burdigalam. *D'Astorga à Bordeaux.*	CCCCXXI	421[11]	485

SIC :

Vallata. *S. Martin del Camino*.	XVI	16	16
Interamnio. *Villaroane*.	XIII	13[12]	13
Palantia[13] (sive Pallantia). *Mayorga*.	XIV	14	24
Viminacio[14]. *Beceril*.	XXXI	31	31
Lacobriga[15]. *Villa Laco*.	XV	15	18
Segisamone[16]. *Sasamon*.	XV	15	30

---

[1] 19. S.
[2] 26. A. D. F.
[3] *Decimum* manque. B.
[4] *Terraconem*. B. D. — En marge : *R. hic* IIII *minus sunt*. B. — *Tarracone*. F.
[5] 18. F.
[6] *Item a Caesarea Augusta*. A. B. D. F.
[7] *Benearno*. B. F.
[8] L'addition reproduit 112.
[9] Ce qui suit jusqu'à *Bersino* ou *Belsino*, de la route de *Burdigala* à *Argantomagum*, manque. B.
[10] 20. S.
[11] L'addition produit 422.
[12] 30. A. D. F.
[13] *Iter per Alantia*. A. D. F.
[14] *Viminatio*. F.
[15] *Lacobricam*. F.
[16] *Legisamone*. A. D. F.

ITINERARIUM.

ITINÉRAIRE.	DISTANCES données PAR LES MANUSCRITS.		DISTANCES mesurées PAR M. LAPIE.
	Millia plus minus.	Milles plus ou moins.	Milles rom.
Deobrigula[1]. *Tardajoz*....................	XV	15	15
Tritium. *Monasterio de Rodilla*.............	XXI	21	21
Virovesca. *Briviesca*.....................	XI	11	11
Vindeleia. *Pancorbo*.....................	XII	12	12
Deobriga[2]. *Miranda de Ebro*..............	XIV	14	14
Beleia (sive Veleia). *Yruña*...............	XV	15	15
Suissatio[3]. *Zuaza*......................	VII	7[4]	7
Tullonio (sive Tullonia). *Alegria*...........	VII	7[5]	7
Alba. *Albeniz*...........................	XII	12	12
Araceli[6]. *Huarte Araquil*.................	XXI	21	21
Alantone. *Lete*..........................	XVI	16[7]	16
Pompelone. *Pampelune*...................	VIII	8	8
Turissa. *Osteriz*.........................	XXII	22	15
Summo Pyrenæo. *Roncevaux*..............	XVIII	18	8
Imo Pyrenæo. *S. Jean-Pied-de-Port*.........	V	5	15
Carasa. *Garris*..........................	XII	12	19
Aquis [Augustis] Tarbellicis[8]. *Dax*.........	XXXIX	39[9]	29
Mosconnum. *S. Julien*....................	XVI	16	26
Segosa. *Parantis en Born*..................	XII	12	22
Losa. *Sanguinet*.........................	XII	12	12
Boios[10] (al. Boates). *Tête de Buch*.........	VII	7[11]	12
Burdigalam[12]. *Bordeaux*.................	XVI	16	36
B. Iter ab Aquis [Augustis] Tarbellicis Burdigalam. *Route de Dax à Bordeaux*........	LXIV	64[13]	94
SIC:			
Coequosa (al. Cocosa). *Tartas*..............	XVI	16	16
Tellonum[14]. *Trensac*	XVIII	18	28
Salomaco. *Sore*...	XII	12	12
Burdigala. *Bordeaux*.....................	XVIII	18	38

[1] *Theobricula.* A. D. F.
[2] *Deobrica.*
[3] *Duissatio.* F.
[4] 12, 13. S.
[5] 6. F.
[6] *Aracœli.* D. — *Aracoli.* F.
[7] Le nombre manque. D.
[8] *Aquis Terrebellicis.* D. F.
[9] 19. A. D F.
[10] *Bosos.* A. F.
[11] 12. S.
[12] *Burdigala.* F.
[13] *Item ab Aquis Terræ Bellicis Burdigalam*, mpm. 44, sic. A. — *Item ab Aquis Terræ Bellicis Burdicalam*, mpm. 64. D. — *Item ab Aquis Terrebellicis Burdigalam*, mpm. 64. F. — L'addition produit 64.
[14] *Tolomnum.* A. — *Telonnum.* D. — *Telominum.* F.

ITINÉRAIRE	DISTANCES données PAR LES MANUSCRITS.		DISTANCES mesurées PAR M. LAPIE.
	Millia plus minus.	Milles plus ou moins.	Milles rom.
c. Iter ab Aquis [Augustis] Tarbellicis[1] Tolosam. *Route de Dax à Toulouse*...........	CXXX	130[2]	200
SIC :			
Beneharnum. *Navarreins*.............	XIX	19[3]	39
Oppido Novo. *Nay*..................	XVIII	18	33
Aquis Convenarum. *Bagnères en Bigorre*........	VIII	8[4]	28
Lugdunum[5] (postea Convenas). *S. Bertrand de Cominges*.............................	XVI	16	26
Calagorris[6]. *S. Martory*................	XXVI	26	26
Aquis Siccis (sive Aquis Sicis). *S. Julien-sur-Garonne*................................	XVI	16	16
Vernosole. *Vernoze*..................	XV	15[7]	15
Tolosa. *Toulouse*....................	XV	15	17

CXXII.

DE AQUITANIA IN GALLIAS.

DE L'AQUITAINE DANS LA GAULE CELTIQUE.

A. Iter[8] a Burdigala[9] Augustodunum. *Route de Bordeaux à Autun*...................	CCLXXIV	274[10]	406
SIC :			
Blavio[11] (al. Blavia). *Blaye*................	XIX	19	29
Tamnum[12]. *Talmont*	XVI	16	37
Novioregum. *Saujon*...................	XII	12	12
Mediolanum Santonum[13] (postea Santones). *Saintes.*	XV	15	15
Aunedonnacum[14] (sive Aunedonacum). *Aunay*...	XVI	16	26
Rauranum. *Rom*.....................	XX	20	31
Limonum[15] (postea Pictavos). *Poitiers*.........	XXI	21	26
Fines. *Béthines, sur la Dive*..................	XXI	21	34
Argantomago[16] (sive Argentomago). *Argenton*....	XXI	21	28
Ernodorum (sive Ernodurum). *Saint-Ambroise*....	XXVII	27	41
Avaricum (postea Bituriges). *Bourges*..........	XIII	13	18

[1] *Terræ Bellicis* A. D. — *Terrebellicis.* F.
[2] L'addition produit 133.
[3] 18. F.
[4] 18. S.
[5] *Lugudimum.* F.
[6] *Calagorgis.* A. D. F.
[7] 12. A. D. F.
[8] *Item.* A. D. F.
[9] *Burdicala.* D.
[10] 264. A. F. — L'addition produit 279.
[11] *Blauto.* A. D.
[12] *Tanum.* D.
[13] *Sanctonum.* F.
[14] *Aunedonacum.* F.
[15] *Lomounum.* A. D. F.
[16] *Agrantomago.* A. D. F.

ITINERARIUM.

ITINÉRAIRE.	DISTANCES données PAR LES MANUSCRITS.		DISTANCES mesurées PAR M. LAPIE.
	Millia plus minus.	Milles plus ou moins.	Milles rom.
Tinconcium[1]. *Sancoins*.................	XX	20	34
Deccidæ[2] (al. Decetiæ). *Decize*..........	XXII	22	29
Alisincum. *A l'est de Saint-Honoré*.........	XIV	14	24
Augustodunum (al. Bibracte). *Autun*.......	XXII	22	22
ITER[3] DE AQUITANIA IN GALLIAS.			
B. Iter[4] a Burdigala Argantomagum[5] (sive Argentomagum). *Route de Bordeaux à Argenton*.	CXCVII	197[6]	281
SIC :			
Sirione. *Preignac*....	XV	15	25
Ussubium[7]. *La Motte Landon*.................	XX	20	20
Fines[8]. *Aiguillon*..........................	XXIV	24	20
Aginnum. *Agen*........................	XV	15	24
Excisum. *Villeneuve-d'Agen*.......	XIII	13[9]	17
Trajectus[10] (al. Diolindum). *La Linde*..........	XXI	21[11]	16
Vesunna[12] (postea Petrocoriis). *Périgueux*......	XVIII	18	31
Fines[13]. *Firbeix*......................	XXI	21	28
Augustoritum[14] (postea Lemovices). *Limoges*	XXVIII	28[15]	34
Argantomago[16] (sive Argentomago). *Argenton*....	XXI	21	24
			62
CXXIII.			
Iter ab Aginno[17] Lugdunum (postea Convenas). *Route d'Agen à S. Bertrand de Cominges*....	LXV	65[18]	94
SIC :			
Lactura (al. Lactora). *Lectoure*................	XV	15	20
Climberrum[19] (sive Climberrim, postea Auscos). *Auch*..........................	XV	15	24
Belsino[20]. *Castelnau de Magnoac*...............	XV	15[21]	27
Lugdunum (postea Convenas). *S. Bertrand de Cominges*...................	XXIII	23	23

[1] *Tincontium*. F.
[2] *Decude*. F.
[3] Manque. D. — *Item*. F.
[4] *Item*. A. D. F.
[5] *Argentomagum*. F.
[6] Le calcul donne 196.
[7] *Usubium*. F.
[8] Manque. A. D. F.
[9] 16. A. F. — 14. D.
[10] *Travectus*. A. D. F.
[11] 11. W.
[12] *Vesunnam*. F.
[13] Manque. A. F.
[14] Avant *Augustoritum*, on lit : *Augustoricum, mpm.* 21. F.
[15] 21. S.
[16] *Argentomago*. F.
[17] *Agenno*. D.
[18] L'addition produit 68.
[19] *Climbrum*. F.
[20] *Bersino*. B.
[21] 10. A. D. F. — 12. B.

ITINÉRAIRE.	DISTANCES données PAR LES MANUSCRITS.		DISTANCES mesurées PAR M. LAPIE.
	Millia plus minus.	Milles plus ou moins.	Milles rom.
ITER BRITANNIARUM. *ROUTE DES BRETAGNES.* **CXXIV.**			
A. A Gessoriaco (sive Gesoriaco, postea Bononia) de Galliis, Ritupis (al. Rutupiis), in portu Britanniarum : stadia numero CCCCL. *De Boulogne, dans les Gaules, à Sandwich, port des Bretagnes : 450 stades*...............	*"*	*"*	49
B. A limite, id est, a vallo, Prætorio usque. *Depuis la limite, ou le mur d'Adrien, jusqu'à Hornsea*............	CLVI	156[1]	151
SIC :			
A Bremenio Corstopitum[2] (sive Corstopidum). *De Nether-Whitton à Corbridge*............	XX	20	20
Vindomora. *Ebchester*............	IX	9	9
Vinovia[3]. *Binchester*............	XIX	19	19
Cataractoni. *Près de Catterick*............	XXII	22	17
Isurium. *Aldborough*............	XXIV	24	24
Eburacum (sive Eboracum), Leg.[4] VI Victrix[5]. *York*	XVII	17[6]	17
Derventione. *Elwington, sur la Derwent, riv*......	VII	7	7
Delgovitia. *Market-Weighton*............	XIII	13[7]	13
Prætorio. *Hornsea*............	XXV	25	25
C. Iter[8] a vallo ad portum Ritupis (al. Rutupiarum). *Depuis le mur d'Adrien jusqu'à Sandwich*.	CCCCLXXXI	481[9]	527
SIC :			
A Blato Bulgio Castra Exploratorum. *De Bowness, extrémité occidentale du mur, à Wigton*........	XII	12[10]	12
Luguvallo. *Carlisle*............	XII	12	12

[1] L'addition reproduit 156. — Voyez, pour l'éclaircissement de cette route, la note de la page 148.

[2] *Abremænio Corstopilum.* B.

[3] *Viconia.* D. — *Vinonia.* F.

[4] *Leug.* B.

[5] Les mss. A et F présentent ici la disposition suivante :
   Eburacum, mpm. 6.
   Victrix, mpm. 17.
Dans le ms. D, on lit :
   Eburacum, leugas 6.
   Victrix, mpm. 17.

[6] 12, 14. S.

[7] 12. S.

[8] *Item.* A. B. D. F. — En marge *R. hic* XX *super sunt.* B.

[9] L'addition produit 498.

[10] 10. A. D. — Robert Henry fait, d'après Horsley, *Middleby* de *Blato Bulgio*, et *Netherby* de *Castra Exploratorum*.

ITINERARIUM.

ITINÉRAIRE.	DISTANCES données PAR LES MANUSCRITS.		DISTANCES mesurées PAR M. LAPIE.
	Millia plus minus.	Milles plus ou moins.	Milles rom.
Voreda. *Coal-Hills*................	XIV	14	14
Brovonacis. *Aldstone-Moor*...........	XIII	13	13
Verteris. *Sur la Tees, riv*...........	XIII	13[1]	13
Lavatris. *Bernard-Castle*............	XIV	14	14
Cataractoni[2]. *Près de Catterick*......	XIII	13[3]	18
Isurium[4]. *Aldborough*.............	XXIV	24	24
Eburacum (sive Eboracum). *York*.....	XVII	17	17
Calcaria[5]. *Seacroft*...............	IX	9	19
Camboduno. *Huddersfield*............	XX	20	20
Mamucio[6] (al. Mancunio, sive Manucio). *Manchester*................	XVIII	18	23
Condate. *Northwich*................	XVIII	18	18
Deva Leg.[7] xx. Victrix[8]. *Chester*.....	XX	20	20
Bovio. *Burwardsley*................	X	10	10
Mediolano[9]. *Drayton*..............	XX	20	20
Rutunio. *Stanton*..................	XII	12	12
Uroconio[10] (al. Viroconio). *Près d'Aston*...	XI	11	11
Uxacona[11]. *Près de Shériff-Hales*......	XI	11	11
Pennocrucio[12]. *Près de Four-Crosses*.....	XII	12	12
Etoceto. *Wall, au sud de Litchfield*.....	XII	12	12
Manduessedo. *Mancester, près d'Atherstone*.......	XVI	16	16
Venonis (sive Vennonis). *Wigston-Parva*......	XII	12	12
Bennavenna[13] (sive Bennaventum). *Daventry*....	XVII	17	21
Lactodoro[14]. *Towcester*.............	XII	12	12
Magiovinto[15] (al. Magiovinio). *Fenny-Stratford*...	XVII	17	17
Durocobrivis. *Dunstable*.............	XII	12	12
Verolamio[16] (sive Verulamio). *S. Albans*.....	XII	12	12
Sulloniacis. *Brockley-Hills, près de Chipping Barnet*.	IX	9[17]	9
Londinio[18]. *Londres*...............	XII	12	12
Noviomago. *Woodside, près de Croydon*....	X	10	10
Vagniacis. *Wrotham*................	XVIII	18	18
Durobrivis[19]. *Rochester*.............	IX	9	9

[1] 20. A. D. F.
[2] *Catarectone*. F.
[3] 16. A. B. D. F. — 18. S. — 26. W.
[4] *Isuriam*. B. D. F.
[5] *Cacaria*. B.
[6] *Mamutio*. F.
[7] *Leg*. B. F.
[8] *Vici*. A. B. D. — XXIIICI. F.
[9] *Medialano*. B.
[10] *Urioconico*. A. B. D. — *Urioconio*. F.
[11] *Usoccona*. A F.
[12] *Pennocrutio*. F.
[13] *Bennaventa*. B. D. — *Benaventa*. F.
[14] *Lactorodo*. A. D. — *Lactodrodo*. F.
[15] *Maginto*. A. D. F.
[16] *Velolamio*. A. F.
[17] 10. A. D. F.
[18] *Longidinio*. A. D. — *Longidimo*. F.
[19] *Duroprovis*. B. — *Durobrovis*. D. F.

ITINÉRAIRE.	DISTANCES données PAR LES MANUSCRITS.		DISTANCES mesurées PAR M. LAPIE.
	Millia plus minus.	Milles plus ou moins.	Milles rom.
Durolevo¹. *Lenham*.....................	XIII	13²	13
Duroverno³. *Canterbury*..................	XII	12	17
Ad portum Ritupis. *Sandwich*.............	XII	12	12
CXXV.			
A. Iter⁴ a Londinio ad portum Dubris. *Route de Londres au port de Douvres*............	LXVI	66⁵	70
SIC :			
Durobrivis⁶. *Rochester*....................	XXVII	27	29
Duroverno⁷. *Canterbury*...................	XXV	25	25
Ad portum Dubris. *Douvres*................	XIV	14	16
B. Iter a Londinio ad portum Lemanis. *Route de Londres au port de Lympne, près Hythe*...	LXVIII	68⁸	70
SIC :			
Durobrivis⁹. *Rochester*....................	XXVII	27	29
Duroverno¹⁰. *Canterbury*...................	XXV	25¹¹	25
Ad portum Lemanis. *Lympne, près Hythe*......	XVI	16	16
C. Iter¹² a Londinio Luguvallio¹³ (leg. Luguvallo) ad vallum. *Route de Londres à Carlisle, près de la muraille*.......................	CCCCXLIII	443¹⁴	418
SIC :			
Cæsaromago. *Chelmsford*..................	XXVIII	28	31
Colonia (sive Camaloduno colonia). *Colchester*....	XXIV	24	21
Villa Faustini. *Tornham Parva*..............	XXXV	35	35
Icianos. *Rymer-House*....................	XVIII	18	18
Camborico. *Cambridge*....................	XXXV	35	35
Duroliponte. *Huntingdon*..................	XXV	25¹⁵	15
Durobrivas. *Stamford*.....................	XXXV	35	30

¹ Auro Levo. F.
² 16. B.
³ Durorverno. B. D. F.
⁴ Cette route manque. A.
⁵ 14. B. — L'addition reproduit 66.
⁶ Dubobrius. B.
⁷ Durarvenno. B.
⁸ 66. A. D. F. Ce nombre appartient évidemment à la route précédente, qui manque dans les mêmes manuscrits. — L'addition reproduit 68
⁹ Dubobrius. A. D. F.
¹⁰ Durarveno. A. D. F. — Durarvenno. B.
¹¹ 15. A. D. F
¹² Item. A. B. D. F.
¹³ A Lundinio Luguvalio. F.
¹⁴ Le calcul donne 442.
¹⁵ 18. F.

ITINERARIUM.

ITINÉRAIRE.	DISTANCES données PAR LES MANUSCRITS.		DISTANCES mesurées PAR M. LAPIE.
	Millia plus minus.	Milles plus ou moins.	Milles rom.
Causennis. *Ancaster*................	XXX	30	30
Lindo [colonia]. *Lincoln*...........	XXVI	26	18
Segeloci (al. Ageloci). *Littleborough*...........	XIV	14[1]	14
Dano (al. Dauno). *Doncaster*...........	XXI	21	21
Legeolio. *Pontefract*................	XVI	16[2]	16
Eburaco (al. Eboraco). *York*...........	XXI	21	21
Isubrigantum (al. Isurium). *Aldborough*........	XVII	17[3]	17
Cataractoni[4]. *Près de Catterick*...........	XXIV	24	24
Lavatris[5]. *Bernard-Castle*...........	XVIII	18[6]	18
Verteris. *Sur la Tees, riv*...........	XIII	13[7]	14
Brocavo (al. Brovonacis). *Aldstone-Moor*........	XX	20	13
Luguvallio[8] (leg. Luguvallo). *Carlisle*...........	XXII	22[9]	27
D. Iter[10] a Londinio[11] Lindo. *Route de Londres à Lincoln*...........	CLVI	156[12]	159
SIC:			
Verolami (sive Verulamii). *S. Albans*...........	XXI	21	21
Durocobrivis[13]. *Dunstable*...........	XII	12	12
Magiovinio. *Fenny-Stratford*...........	XII	12	12
Lactodoro[14] (sive Lactoduro). *Towcester*...........	XVI	16	17
Isannavatia[15] (al. Isannavantia, sive Bennavento). *Daventry*...........	XII	12	12
Tripontio. *Calthorpe, sur l'Avon, riv*...........	XII	12	12
Vennonis[16]. *Wigston Parva*...........	IX	9	9
Ratis[17]. *Leicester*...........	XII	12	12
Verometo (al. Vernemeto). *Près de Willoughby*...	XIII	13	12
Margiduno. *Près de Bingham*...........	XIII	13[18]	12
Ad Pontem. *Près de Sverston*...........	VII	7	7
Crococalano[19]. *Winthorpe*...........	VII	7	7
Lindo [colonia]. *Lincoln*...........	XII	12[20]	14

[1] 24. B.
[2] 15. A. F. — 25. S.
[3] 16. A. D. F. — 26. S.
[4] *Caractoni*. A. D. F.
[5] *Levatrix*. D. — *Levatris*. F.
[6] 19. D.
[7] 14. A. B. D. F.
[8] *Luguvalio*. F.
[9] 25. B.
[10] *Item*. A. B. D. F.
[11] *Lundinio*. F.
[12] L'addition produit 158.
[13] *Durocobrius*. A. B. D. F.
[14] *Lactoduro*. F.
[15] *Isannavantia*. A. D. F.
[16] *Venonis*. B. D. F.
[17] *Ratas*. B. D. F.
[18] 12. A. B. D. F.
[19] *Crococalana*. B. D. F.
[20] 14. S.

ITINÉRAIRE.	DISTANCES données PAR LES MANUSCRITS.		DISTANCES mesurées PAR M. LAPIE.
	Millia plus minus.	Milles plus ou moins.	Milles rom.
E. Iter[1] a Regno Londinio. *Route de Chichester à Londres*	XCVI	96[2]	100
SIC :			
Clausentum. *Bishops-Waltham*............	XX	20	20
Venta Belgarum. *Winchester*............	X	10	10
Calleva[3] Atrebatum. *Silchester*..........	XXII	22	22
Pontibus. *Près d'Old-Windsor*...........	XXII	22	26
Londinio. *Londres*......................	XXII	22	22
F. Iter[4] ab Eburaco Londinium[5]. *Route d'York à Londres*	CCXXVII	227[6]	231
SIC :			
Lagecio[7] (sive Legeolio). *Pontefract*.......	XXI	21	21
Dano (al. Dauno). *Doncaster*............	XVI	16	16
Ageloco. *Littleborough*..................	XXI	21	21
Lindo [colonia]. *Lincoln*.................	XIV	14	14
Crococalano[8]. *Winthorpe*................	XIV	14	14
Margiduno[9]. *Près de Bingham*...........	XIV	14	14
Vernemeto. *Près de Willoughby*..........	XII	12	12
Ratis. *Leicester*........................	XII	12	12
Vennonis[10]. *Wigston Parva*..............	XII	12	12
Bannavanto[11] (al. Bennavento). *Daventry*..	XVIII	18[12]	21
Magiovinio. *Fenny-Stratford*.............	XXVIII	28	29
Durocobrivis. *Dunstable*.................	XII	12	12
Verolamio[13] (sive Verulamio). *S. Albans*...	XII	12	12
Londinio. *Londres*......................	XXI	21[14]	21
G. Iter[15] a Venta Icenorum[16] Londinio. *Route de Norwich à Londres*...................	CXXVIII	128[17]	122
SIC :			
Sitomago[18]. *Saxmundham*...............	XXXII	32	32

[1] *Item.* A. B. D. F.
[2] 95. B. — L'addition reproduit 96.
[3] *Galleva.* A. B. D. F.
[4] *Item.* A. B. D. F. — En marge : *R. super est.* B.
[5] *Longidinium.* D. — *Longidinum.* F.
[6] L'addition reproduit 227.
[7] *Lagetio.* F.
[8] *Crococalana.* B.
[9] Cette ligne manque. B. — *Margitudo.* F.
[10] *Venonis.* F.
[11] *Bennavento*, mpm. 19. A. F.
[12] 19. B. D.
[13] *Verolamo.* A. B. D. — *Verolanio.* F.
[14] 12. A. D. F.
[15] *Item.* A. B. D. F.
[16] *Icinorum.* D. F.
[17] 138. F. — L'addition produit 127.
[18] *Situmago.* A. F.

ITINERARIUM.   145

ITINÉRAIRE.	DISTANCES données PAR LES MANUSCRITS.		DISTANCES mesurées PAR M. LAPIE.
	Millia plus minus.	Milles plus ou moins.	Milles rom.
Combretonio¹ (sive Cambretonio). *Ipswich*.	XXII	22	22
Ad Ansam. *Stratford*.	XV	15	10
Camuloduno² (al. Camaloduno). *Colchester*.	VI	6	6
Canonio. *Kelvedon*.	IX	9	9
Cæsaromago. *Chelmsford*.	XII	12	12
Durolito. *Gidea, près Romford*.	XVI	16	16
Londinio. *Londres*.	XV	15	15
CXXVI.			
Iter a Clanoventa (sive Glanoventa) Mediolano. *Route de Penrith ou de Maryport à Drayton*.	CL	150⁵	159
SIC :			
Galava. *Keswick*.	XVIII	18	18
Alone (leg. Alonæ). *Town-End*.	XII	12	12
Galacum. *Preston-Patrick*.	XIX	19	19
Bremetonaci. *Garstang*.	XXVII	27⁴	27
Coccio. *Près de Rivington*.	XX	20	20
Mancunio. *Manchester*.	XVII	17⁵	17
Condate. *Northwich*.	XVIII	18	18
Mediolano. *Drayton*.	XVIII	18⁶	28
CXXVII.			
Iter⁷ a Segoncio Devam. *Route de Caernarvon à Chester*.	LXXIV	74⁸	75
SIC :			
Conovio. *Aberconway*.	XXIV	24	24
Varis. *Bodvary*.	XIX	19	19
Deva⁹. *Chester*.	XXXII	32	32
CXXVIII.			
A. Iter [a Calleva] per Muridonum (sive Muridunum) Viroconium. *Route de Silchester, par Salcomb-Regis, à Aston*.	CCLXXXVI	286¹⁰	338

¹ *Compretovio.* A. — *Conbretovio.* B. D. — *Comprætovio.* F.
² *Camoloduno.* B. D. — *Camdoduno.* F.
³ *Item a Clamoventa Mediolano*, mpm. 150, sic. A. B. D. F. — L'addition produit 149.
⁴ 24. F.
⁵ 27. W.
⁶ 19. A. B. D. F.
⁷ *Item a Seguntio.* A. B. F. — En marge : R. 1 *super est.* B. — *Item.* D.
⁸ L'addition produit 75.
⁹ *Devia.* B.
¹⁰ *Item a Muridono Viroconiorum*, mpm. 186, sic. A. B. D. F. — L'addition produit 293.

ITINÉRAIRE.	DISTANCES données PAR LES MANUSCRITS.		DISTANCES mesurées PAR M. LAPIE.
	Millia plus minus.	Milles plus ou moins.	Milles rom.
SIC :			
Vindomi (al. Vindoni). *Fareham*.............	XV	15	19
Venta Belgarum. *Winchester*..................	XXI	21	25
Brige (leg. Brigæ). *Broughton*...............	XI	11	11
Sorbioduni[1] (al. Sorvioduri). *Old-Sarum*, cast....	IX	9	9
Vindogladia. *Cranbourne*.....................	XII	12	14
Durnovaria. *Dorchester*......................	VIII	8	28
Muriduno. *Salcomb-Regis*.....................	XXXVI	36	36
Isca Dumnuniorum[2] (sive Dumnoniorum). *Exeter*.	XV	15[3]	15
Leucaro. *Loughor*............................	XV	15	20
Nido. *Neath*.................................	XV	15	15
Bomio (al. Bonio). *Cowbridge*................	XV	15	25
Iscæ Leg. II. Augusta[4]. *Caerléon*...........	XXVII	27[5]	27
Burrio. *Uske*................................	IX	9	9
Gobannio[6]. *Abergavenny*....................	XII	12	12
Magnis. *Hereford*............................	XXII	22	22
Bravinio[7]. *Ludlow*.........................	XXIV	24	24
Viroconio[8]. *Aston*.........................	XXVII	27	27
B. Iter[9] ab Isca[10], [legione II] Calleva. *Route de Caerléon à Silchester*................	CIX	109[11]	115
SIC :			
Burrio. *Uske*................................	IX	9	9
Blestio[12]. *Monmouth*.......................	XI	11	11

[1] *Sorvioduni*. A. B. D. — *Servioduni*. F.

[2] *Scadum Nunniorum*. A. D. F. — *Scadum Nuntiorum*. B. — La route devait, d'après les localités, s'arrêter à *Isca Dumnoniorum*. Ce qui suit paraît former une autre route partant probablement de *Maridunum* (Caermarthen), qui, dans l'Itinéraire, a pu. être confondu avec *Muridunum* (Salcomb-Regis). Telle est du moins l'opinion de d'Anville et de M. Reichard, à laquelle nous nous rangeons volontiers. Mais alors on comptera de *Maridunum* à *Leucarum* 20 milles, et non pas seulement 15, comme il est marqué dans le texte. On pourrait aussi aller de *Maridunum* (Caermarthen) à *Leucarum* (Loughor), d'abord en gagnant la côte du canal de Bristol à Ilfracomb, après une marche de 47 milles, puis en faisant une traversée de 45 milles entre Ilfracomb et *Leucarum*; ce qui donnerait pour distance générale 92 milles au lieu des 15 milles annoncés.

[3] 12. B.

[4] *Isce legi Augusti*, mpm. 28. A. F. — *Iscæ leia Augusta*. B. — *Augusti*. D.

[5] 28. D.

[6] *Cobannio*. A.

[7] *Bravonio*. B.

[8] *Viriconio*. A. D. F.

[9] *Item*. A. B. D. F.

[10] *Item Arisca*. F.

[11] L'addition produit 90.

[12] *Blescio*. A. F.

ITINERARIUM.

ITINÉRAIRE.	DISTANCES données PAR LES MANUSCRITS.		DISTANCES mesurées PAR M. LAPIE.
	Millia plus minus.	Milles plus ou moins.	Milles rom.
Ariconio. *Weston*........................	XI	11	11
Clevo (sive Glevo). *Glocester*...............	XV	15	15
Durocornovio. *Cirencester*...................	XIV	14	17
Spinis. *Speen*.............................	XV	15	37
Calleva. *Silchester*.........................	XV	15	15
c. Item, alio itinere, ab Isca, [legione II] Calleva. *Autre route de Caerléon à Silchester*.......	CIII	103[1]	93
SIC :			
Venta Silurum. *Ifton, ruines*.................	IX	9	9
Abone (ponendum Trajectus). *Compton-Greenfield*.	IX	9	9
Trajectus (reponend. Abone). *Oldland-Chap*.....	IX	9	9
Aquis Solis. *Bath*.........................	VI	6	6
Verlucione[2]. *Whetham*.....................	XV	15	15
Cunetione. *Mildenhall*......................	XX	20	15
Spinis. *Speen*.............................	XV	15	15
Calleva. *Silchester*.........................	XV	15	15
D. Iter[3] a Calleva Isca Dumnuniorum (sive Dumnoniorum). *Route de Silchester à Exeter*.	CXXXVI	136[4]	157
SIC :			
Vindomi (al. Vindoni). *Fareham*.............	XV	15	19
Venta Belgarum[5]. *Winchester*...............	XXI	21	25
Brige (leg. Brigæ). *Broughton*................	XI	11	11
Sorbioduni[6]. *Old-Sarun, cast*................	VIII	8	9
Vindogladia[7]. *Cranbourne*...................	XII	12	14
Durnonovaria (leg. Durnovaria). *Dorchester*.....	VIII	8[8]	28
Muriduno[9]. *Salcomb-Regis*..................	XXXVI	36	36
Isca Dumnuniorum[10] (sive Dumnoniorum). *Exeter*.	XV	15	15

[1] En marge : *R v minus sunt*. B. — L'addition produit 98.
[2] *Verlutione*. F.
[3] *Item*. A. B. D. F.
[4] En marge : *R. x minus sunt*. B. — L'addition produit 126.
[5] *Velgarum*. B. D. F.
[6] *Sorbiodoni*. F.
[7] *Vindocladia*. A. B. D. F. — En marge : *R. hic* XVIIII *minus sunt*. B.
[8] 9. D.
[9] *Moriduno*. B. D. F.
[10] *Dumnuviorum*. B. — *Dumnunniorum*. F.

NOTE POUR L'ÉCLAIRCISSEMENT DE LA ROUTE CXXIV A, PAGE 140.

Cette route présente en commençant quelque obscurité. Elle part de la frontière, c'est-à-dire du *vallum*, pour se diriger vers le sud ; mais les distances, au lieu d'être comptées à partir de la ligne indiquée, sont comptées de *Bremenium*, et *Bremenium* n'est pas sur la frontière ; de plus la distance de *Bremenium* à la frontière n'est pas marquée. Enfin, comme il y avait, vers la partie septentrionale de la Bretagne, deux *vallum* ou murs, celui d'Adrien et, au nord de celui-ci, le mur de Sévère, et que rien dans le texte (dont la dernière rédaction est postérieure aux temps de l'empereur Sévère, mort en l'an 211) ne désigne lequel de ces murs est ici mentionné, on peut être embarrassé sur le choix de l'un ou de l'autre. Ce qu'il y a de certain, c'est que *Bremenium* était situé dans l'espace compris entre les deux frontières ou murs, et beaucoup plus près du mur d'Adrien que de celui de Sévère. Si nous donnons à la route pour point de départ le mur de Sévère, *Bremenium* étant placé entre les deux termes de cette route, c'est-à-dire au sud du mur et au nord de *Prætorium*, pour avoir la distance générale de la même route, nous devrons ajouter la distance qui sépare le mur de *Bremenium* à la distance qui sépare *Bremenium* de *Prætorium*. Or si nous comptons de l'extrémité orientale du mur de Sévère, laquelle présente le point le plus rapproché, la première distance sera de 120 milles ; la seconde, si nous la tirons de l'addition des distances partielles marquées dans le texte, sera de 156 milles : donc le chiffre de la distance générale que nous cherchons sera de 276 milles. Au contraire, si nous supposons que la route parte, non du mur de Sévère, mais du mur d'Adrien, *Bremenium* ne se trouvera plus situé entre le point de départ et le point d'arrivée ; il se trouvera rejeté de 17 milles au nord du mur, et ce sera le mur lui-même qui sera placé entre *Bremenium* et *Prætorium* ; de sorte que, pour avoir la distance générale qui sépare les deux termes de la route, nous devrons, des 156 milles que l'addition fournit pour la distance de *Bremenium* à *Prætorium*, retrancher les 17 milles qui sont entre le mur d'Adrien et *Bremenium*, et nous aurons 139 milles pour la distance cherchée. Dans aucune des deux hypothèses, la distance du *vallum* à *Prætorium* ne peut être confondue, comme elle l'est dans le texte, avec la distance de *Bremenium* au même *Prætorium*. Quant à nous, qui rapportons au mur d'Adrien le *vallum* mentionné dans la route qui suit immédiatement et dans la route CXXV c, nous pensons, contrairement à l'opinion adoptée par Wesseling, qu'il s'agit ici du même mur et non pas de celui de Sévère, attendu qu'il n'est pas croyable qu'on eût désigné, à quelques lignes d'intervalle seulement, sous un même nom, deux choses tout à fait différentes.

IMPERATORIS ANTONINI AUGUSTI
ITINERARIUM MARITIMUM.

IMPERATORIS ANTONINI AUGUSTI
ITINERARIUM MARITIMUM.

UT NAVIGANS QUÆ LITTORA TENENS NOSSE DEBEAT, AUT QUÆ AMBIRE, INCIPIENS A GADIBUS VEL EXTREMA AFRICA, PERDOCET FELICITER[1].

ITINÉRAIRE.	DISTANCES données PAR LES MANUSCRITS.		DISTANCES mesurées PAR M. LAPIE.
	Stadia.	Stades olympiques.	Stades de 700.
I.			
A. Incipit quæ loca tangere debeas, cum navigare cœperis ex provincia Achaia, per Siciliam ad Africam usque. I. E.[2]			
Ab Isthmo Naupactum usque (*de l'isthme de Corinthe à Lépante ou Enébatche*), provinciæ Achaiæ	DCCL	750	750
A Naupacto Oxeas (*de Lépante ou Enébatche aux îles Courzolaires, près du cap Scrophès*), provinciæ Epiri[3] Veteris............	CCCC	400	400
Ab Oxeis Nicopoli (*des îles Courzolaires à Nicopolis, ruinée, au nord de Prévesa*), provinciæ suprascriptæ[4]..................	DCC	700	700
A Nicopoli Buthroto (*de Nicopolis à Buthrinto*), provinciæ suprascriptæ[5].............	D	500	700
A Buthroto Sasonis[6] insulam[7] (*de Buthrinto à l'île de Saseno ou Sasso*), provinciæ suprascriptæ, super Acroceraunia, et relinquit Aulonam[8] (*Valone*) in dextro interius.....	D	500[9]	700

[1] Tout ce qui précède dans ce titre manque, à l'exception des mots *Itinerarium maritimum*. A. B. D. F. — Aucun titre dans E.

[2] *I. E.* (*id est*) manque. A. B. D. F. — Ce commencement est très-incorrect dans E.

[3] *Operi.* B. — Le ms. C ne contient pas l'*Itinerarium maritimum*.

[4] *Supraspiptæ.* B.
[5] *Supraspriptæ.* B.
[6] *Sessionis.* B. F. — *Sassionis.* D. E.
[7] *Insula.* F.
[8] *Aulam.* F.
[9] 100. A. B. D. E. F.

ITINÉRAIRE.	DISTANCES données PAR LES MANUSCRITS.		DISTANCES mesurées PAR M. LAPIE.
	Stadia.	Stades olympiques.	Stades de 700
A Sasonis[1] insula trajectus[2] Hydrunto (*de l'île de Saseno ou Sasso à Otrante*), provinciæ Calabriæ............	CCCC	400	460
Ab Hydrunto litoraria[3] Leucas[4] (*d'Otrante au cap di Leuca*), provinciæ suprascriptæ....	CCC	300	300
A Leucis Crotona (*du cap di Leuca à Crotone*), provinciæ [suprascriptæ].............	DCCC	800[5]	800
A Crotona Naus[6] (*de Crotone au cap delli Cimiti*), provinciæ[7] [suprascriptæ]........	C	100	100
A Naus[8] Stilida[9] (*du cap delli Cimiti à la Punta di Stilo*), provinciæ suprascriptæ...	DC	600	600
Ab Stilida Zephyrio[10] (*de la Punta di Stilo à Brancaleone*), provinciæ [suprascriptæ]...	CCCC	400[11]	400
A Zephyrio[12] Rhegio[13] (*de Brancaleone à Reggio*), provinciæ suprascriptæ..........	CCCCXC	490[14]	490
A Rhegio[15] trajectus in Siciliam civit. Messana[16] (*de Reggio à Messine*)...............	LXX	70	70
A Messana[17] Tauromenio civit. (*de Messine à Taormina*), provinciæ[18] suprascriptæ.....	CCII	202[19]	302
A Tauromenio[20] Catina[21] civit. (*de Taormina à Catania*), provinciæ suprascriptæ.......	CCC	300	300

[1] *A Sassonis*. B. D. — *A Sessionis*. F
[2] *Insula Hydrunto*. D. F
[3] *Lictoraria*. F.
[4] *Leugas*. B. — *Ab Hidrunti, provinciæ suprascriptæ, stadia 300 litora Leucas*. E.
[5] 900. A. B. D. — *A Leucis Crotona Nanis, provinciæ suprascriptæ, stadia 900*. E.
[6] *Nanis*. E.
[7] *Provinciæ suprascriptæ*. E.
[8] *A Nanis*. E.
[9] *Stilide*. A. E. F. — *Stilidæ*. D.
[10] *Syphiro*. B. — *Zephyro*. D. F. — *Zyphyrie provinciæ suprascriptæ*. E.
[11] 320. A. D. F. — 420. B.
[12] *Zephyro*. D. F.
[13] *Regio civitas*. A. D. F. — *Regio civitatis*. B. — *Regionum*. E.
[14] 420. A. B. D. E. F.
[15] *Regio*. D. E. F.
[16] *Mesena*. F.
[17] *Mesena*. F.
[18] *Tauriminio civitas provinciæ*. D. F.
[19] 250. A. B. D. F.
[20] *Tauromini*o. D. F.
[21] *Cathenæ*. A. — *Catine*. B. — *Catene*. D. — *Cathene*. F.

ITINERARIUM MARITIMUM. 155

ITINÉRAIRE.	DISTANCES données PAR LES MANUSCRITS.		DISTANCES mesurées PAR M. LAPIE.
	Stadia.	Stades.	Stades de 700 au degré.
A Catina Syracusas[1] civit. (*de Catania à Syracuse*)[2], provinciæ suprascriptæ..........	DCCC	800[3]	320
A Syracusis Pachyno (*de Syracuse à Farino, port de Pachino*), provinciæ suprascriptæ..	CCCC	400	300
A Pachyno[4] Agrigentum civit. (*de Pachino à Girgenti*), provinciæ [suprascriptæ]......	CCCC	400	1140
Ab Agrigento Lilybæum civit. (*de Girgenti à Marsala*), provinciæ suprascriptæ........	DCCL	750[5]	750
A Lilybæo insula quæ appellatur Maritima (*de Marsala à l'île de Maretimo*), provinciæ suprascriptæ.....................	CCC	300	300
A Maritima insula trajectus in Africam (*de l'île de Maretimo au cap Bon, province d'Afrique*), id est.....................	CM	900[6]	1250
Si Ægimurum insulam (*de l'île de Maretimo à celle de Zembra*) volueris[7], provinciæ suprascriptæ.....................	DCCCC	900	900
Si Missuam civitatem (*à Sidi-Daoud*), provinciæ[8] [suprascriptæ].................	M	1000	1000
A Missua Carpos[9] (*de Sidi-Daoud à Hammam Gurbos*)..............................	CCC	300	300
A Carpis[10] Carthagine (*de Hammam Gurbos à Carthage, ruinée*).....................	CL	150[11]	150
Si autem non Carthagine, sed superius ad Libyam versus volueris adplicare, debes[12] venire de Sicilia ab insula Maritima in promontorium Mercuri[13] (*de l'île de Maretimo au cap Bon ou Ras Adder*).............	DCC	700	850

[1] *A Cathene Siracusa.* F.
[2] *A Cathena Siracusæ civitate.* A. — *A Catine Siracusas civitas.* D.
[3] 700. A. D. F
[4] Cette ligne manque. A. B. D. F.
[5] 250. A. B. D. E. F.
[6] Il y a 800 dans le texte de l'édition de Wesseling, mais c'est probablement une faute d'impression, attendu que tous nos mss. portent 900.
[7] *Idem si Etgurumnum insulam voluerit.* — A. D. F. — *Etgumurrum,* etc. B.
[8] *Provinciæ suprascriptæ.* A. B. F.
[9] *Corpus.* B.
[10] *Carpos.* B. D. F.
[11] 300. A. D. F.
[12] *Deberes.* E.
[13] *Promontorio Mercori.* D.

20.

ITINÉRAIRE.	DISTANCES données PAR LES MANUSCRITS.		DISTANCES mesurées PAR M. LAPIE.
	Stadia.	Stades.	Stades de 780 au degré.
Si Clypea (*de l'île de Maretimo à Kalibia*)....	DCC	700	950
Si Curubi (*de l'île de Maretimo à Gurba*).....	DCCCC	900[1]	1150
Si Neapolim[2] (*de l'île de Maretimo à Nabal*)..	MC	1100	1300
Si Adrumeto[3] (*de l'île de Maretimo à Sousa*)..	MDXL	1540[4]	1740
B. Item a portu Augusti Urbis trajectus[5] in Africam Carthaginem (*de Fiumicino à Carthage*).	VMCCL	5250[6]	3600
A Lilybæo de Sicilia[7] in Carthaginem (*de Marsala à Carthage, ruinée*)............	MD	1500	1400
A Caralis Sardiniæ[8] trajectus in Portum Augusti (*de Cagliari à Fiumicino*).........	IIIM	3000[9]	2700
A Caralis trajectus in Africam Carthaginem (*de Cagliari à Carthage*)...............	MD	1500	1800
A Caralis Galatam usque insulam (*de Cagliari à l'île de Galita*)..................	DCCCCXC	990[10]	1190
A Galata Tabracam (*de Galita à Tabarka*) in Africam..............................	CCC	300	400
Inter Corsicam et Sardiniam fretum Gallicum (*détroit de Bonifacio*)...............	XC	90[11]	90
De Hispaniis.			
A Belone[12] (al. Bælone) trajectus in Tingin Mauritaniæ (*de Bolonia à Tanger*)[13].....	CCXX	220[14]	220
A Carthagine Spartaria trajectus Cæsarea Mauritaniæ (*de Carthagène à Tennis*)........	IIIM	3000[15]	1550
De Galliis[16].			
A portu Gessoriacensi[17] ad portum Ritupium (al. Rutupium, *de Boulogne à Sandwich*).	CCCCL	450[18]	450

[1] 800. B.
[2] *Sirineopoli.* A. F. — *Iri Neopoli.* D.
[3] *Si Hadrumeto stadia* 1 *mille* DXL, *stadia vero* CCL.
B. — *Si Adrumetum, stadia* 1560. F.
[4] 1560. A.
[5] *Item a portu Augusti urbis est trajectus.* B. E.
[6] Le nombre manque. B.
[7] *Sylycia.* E.
[8] *Sardina.* B. — *Sardiana.* D. F.
[9] III. A. B. E. — III *tria millia.* D. — 3. E.
[10] 925. A. B. D. E. — 935. F. — 915. S.
[11] 20. A. E. F.
[12] *A Bellone.* F.
[13] *In Tingi Mauritaniam.* A. B. D. F.
[14] 760. S.
[15] III, *tria milia.* A. F. — III. B. D.
[16] *De Gallis.* F.
[17] *Gessorgiagensi.* A. F. — *Gesorigiagensi.* B. E. — *Gesorgiagensi.* D.
[18] 401. E. — 950. S.

ITINERARIUM MARITIMUM.

ITINÉRAIRE.	DISTANCES données PAR LES MANUSCRITS.		DISTANCES mesurées PAR M. LAPIE.
	Stadia.	Stades.	Stades de 700 au degré.
De Istria[1].			
A Pola Jader[2] (*de Pola à Zara*) in Dalmatias.	CCCCL	450[3]	850
De Italia.			
Ab Ancona Jader (*d'Ancône à Zara*) in Dalmatias[4]........	DCCCL	850[5]	950
Ab Aterno Salonas (*de Pescara à Salone*) in Dalmatias.......	MD	1500	1500
A Brundisio de Calabria, sive ab Hydrunte[6], Aulone (*de Brindisi ou d'Otrante à Valone*).	M	1000	800
A Brundisio Dyrrachi[7] (*de Brindisi à Durazzo*) in Macedonia............	M	1000[8]	940
A Solona Sipunte[9] (al. Siponto, *de Salone à la madona di Xiponta, au sud-ouest de Manfredonia*)............	MD	1500	1500
II.			
Itinerarium portuum vel positionum navium ab Urbe Arelatum usque (*de Rome à Arles*)[10].	Millia plus minus.	Milles plus ou moins.	Milles rom.
A Portu Augusti Pyrgos (*de Fiumicino à S. Severa*), positio............	XXXVIII	38[11]	27
A Pyrgis[12] Panapione (*de S. Severa à Panapio, sur la rivière de Carcara*), positio[13]......	III	3[14]	3
A Panapione Castro Novo (*de Panapio à la tour au nord du cap Dinaro*), positio........	VII	7[15]	7

[1] Ce titre manque. B. — *De Histria*. F.
[2] *A Poloiader*. F.
[3] 1550. B. — 350. S.
[4] 1500. Le mot *stadia* manque. A.
[5] 1500. B. E. F. — *Mille* D *quingenta*. D.
[6] *Hydrunti*. F.
[7] *Duraci*. A. F. — *Durachi*. B. D. — *Durachiam*. E.
[8] Le texte de Wesseling porte 1500, contre l'autorité de tous nos mss. qui ont 1000, et contrairement aux mesures de M. Lapie.
[9] *A Salonas Siponte*. F.
[10] La ligne qui contenait le trajet de Rome à Fiumicino a été passée. Wesseling, dans ses notes, propose de la rétablir ainsi : *Ab Urbe* (Rome) *ad Portum Augusti* (Fiumicino), *mp*. XIX.
[11] *Ab urbe Arelato* (*Relato*. F.) *usque ad portum Augusti, mpm.* 38. A. B. D. F. — *Ad portum Augusti imperatoris, plus minus.* 38. E. — 28. S.
[12] *A Prigis*. F.
[13] *Positio* manque. B. D. F.
[14] *A Prigis Panapione Castro Novo, positio, mpm.* 8. A.
[15] 8. F. — Cette ligne manque. A. — Après le mot *positio* on lit *imperatoris*, dans cette ligne et dans les lignes suivantes. E.

20.

ITINÉRAIRE.	DISTANCES données PAR LES MANUSCRITS.		DISTANCES mesurées PAR M. LAPIE.
	Millia plus minus.	Milles plus ou moins.	Milles rom.
A Castro Novo Centumcellis[1] (*de Castrum Novum à Civita-Vecchia*), positio............	v	5[3]	5
A Centumcellis Algas (*de Civita-Vecchia au val d'Aliga*), positio................	III	3	3
Ab Algis Rapinio[3] (*du val d'Aliga au couvent de S. Augustin*), positio................	III	3	3
A Rapinio[4] Graviscas (*du couvent de S. Augustin à Clementino*), positio................	VI	6	3
A Graviscis Maltano[5] (*de Clementino à Bandita*), positio................	III	3	2
A Maltano[6] (fort. Martano) Quintiano[7] (*de Bandita à Casaccie*), positio............	III	3	3
A Quintiano[8] Regas (*de Casaccie à Muretto*), positio................	VI	6	3
A Regis[9] Armine fluvius (*de Muretto à la rivière de Fiora*) habet positionem........	III	3	3
Ab Armine portum[10] Herculis (*de la rivière de Fiora à Porto-Ercole*)................	XXV	25[11]	25
A portu Herculis in Cetaria (*de Porto-Ercole à la tour de Calamoresca*), positio[12]......	IX	9	9
In Cetaria[13] Domitiana (*de la tour de Calamoresca à S. Stefano*), positio.............	III	3	3
A Domitianis Almina[14] (sive Albinia, *de S. Stefano à la rivière d'Albegna*) fluvius habet positionem........................	IX	9[15]	9

[1] *Centumcelli.* F.
[2] 3. B.
[3] *Rapionis.* A. D. F. — *Rapioni.* B.
[4] *A Rapionio.* A. D. F.
[5] *Maltana.* B. — *Maltario.* E.
[6] *Maltana.* F.
[7] *Quintiana.* A. D. F. — *Quintiana.* B.
[8] *A Quintiana.* A. B. D. F.
[9] *A Regas Arnine.* A. B. F. — *A Regas Armine.* D.
[10] *Ab Arnine Portu.* A. B. F. — *Ab Harnine portu.*
[11] 3o. B. D. E. F.
[12] *A portu Herculis Incitaria portus.* A. B. F. — *A porta Herculis intaria portus.* D. — Le mot *Domitiana* paraîtrait n'appartenir qu'à la ligne suivante.
[13] *Ab Incitaria.* A. B. D. E. F.
[14] *A Domiciana Almiana.* A. — *A Domiciana Almiania.* B. D. F.
[15] Le nombre manque. B. D. F.

ITINERARIUM MARITIMUM.

ITINÉRAIRE.	DISTANCES données PAR LES MANUSCRITS.		DISTANCES mesurées PAR M. LAPIE.
	Millia plus minus.	Milles plus ou moins.	Milles rom.
Ab Almina portus Telamonis (*de la rivière d'Albegna à Talamone-Vecchio*)..........	....	...[1]	4
A portu Telamonis[2] Umbronis fluvius[3] (*de Talamone-Vecchio à la rivière d'Ombrone*)..	XII	12	12
A portu Telamonis lacu Aprile[4] (sive Prile, *de Talamone-Vecchio au lac de Castiglione*).	XVIII	18	13
A lacu Aprile in Alma[5] flumen (*du lac de Castiglione à la rivière d'Alma*) habet positionem.	XVIII	18[6]	18
Ab Alma flumine Scabris (*de la rivière d'Alma au lac Scarlino*), portus[7]...............	VI	6	6
Ab Scabris[8] Falesia (*du lac Scarlino à Piombino*), portus.....................	XVIII	18	18
A Falesia Populonio[9] (*de Piombino à Populonia ruinée*), portus................	XIII	13[10]	8
A Populonio Vadis (*de Populonia à Vado*), portus.............................	XXX	30[11]	30
A Vadis portu Pisano[12] (*de Vado à Livourne*).	XVIII	18	18
A portu Pisano[13] Pisis, fluvius (sive Arno, fluvius, *de Livourne à l'Arno, rivière de Pise*)..	IX	9[14]	9
A Pisis Luna[15], fluvius, Macra (*de l'Arno à Marinella sur la rivière de Magra*)..........	XXX	30	30
A Luna Segesta[16], positio (leg. portus Veneris, *de Marinella à Porto-Venere*)..........	XXX	30	15
A Segesta portum Veneris (leg. a portu Veneris Segesta, al. Segeste, *de Porto-Venere à Sestri-Levante*), positio.....................	XXX	30[17]	30

[1] *Ab Almiania portus Talamonis*, mpm. A. B. D. F.
[2] *Talamonis*. F.
[3] Le mot *fluvius* manque. B. D.
[4] *A portu Talamonis laco Aprili, positio*. A. B. D. F.
[5] *Alnoa*. F. — La préposition *in* est de trop.
[6] 19. A. D. — 24. F.
[7] *Portus est* mpm. 6. A. D. F. — *Flumen Scupris portus*, mpm. 3. B.
[8] *Ab Sapris*. B.
[9] *Populonio Vadis portus*, mpm. 30. B.
[10] 12. A. D. F. — 16. E.
[11] Cette ligne manque. A. B. D. F. — *A Populonio Vadei porti*. 30. E.
[12] *Pisiano*. D. F.
[13] *Pisiano*. D.
[14] 8. A. B. D. E. F. — Cette ligne est répétée deux fois, ayant déjà été placée avant les deux précédentes. B.
[15] *Lune*. A. B. D. F.
[16] *A Lune Segeste*. A. B. D. F. — Il y a ici transposition, et l'on doit lire : *A Luna portum Veneris*.
[17] Cette ligne manque. A. D. F.

ITINÉRAIRE.	DISTANCES données PAR LES MANUSCRITS.		DISTANCES mesurées PAR M. LAPIE.
	Millia plus minus.	Milles plus ou moins.	Milles rom.
A portu Veneris¹ (leg. a Segesta, portus Delphini, *de Sestri-Levante à Porto-Fino*).....	XVIII	18	15
A portu Delphini Genua (*de Porto-Fino à Gênes*), portus²........................	XVI	16³	20
A Genua Vadis (*de Gênes à Vado*), portus....	XXX	30	30
A Vadis Sabatiis Albingaunum (leg. Albium Ingaunum, *de Vado à Albenga*), portus⁴..	XVIII	18⁵	18
Ab Albingauno⁶, portum Mauricii (*d'Albenga au port Maurice*), Tavia⁷ fluvius⁸........	XXV	25	20
[A portu Mauricii Tavia, fluvius, *du port Maurice à la rivière de Giabonte*, positio]......	"	"	9
A Vintimilio (leg. a Tavia fluvio) Albium Intemelium (*de la rivière de Giabonte à Vintimiglia*), plagia⁹....................	XII	12	16
A Vintimilio Hercule Monœci¹⁰ (*de Vintimiglia à Monaco*), portus...................	XVI	16	16
Ab Hercule Monœci¹¹ Avisione (*de Monaco à Esa*), portus......................	XXII	22	5
Ab Avisione Anaone¹² (*d'Esa à Anao, près le cap S. Hospicio*), portus................	IV	4¹³	4
Ab Anaone ad Olivulam¹⁴ (*d'Anao à Villefranche*), portus....................	XII	12	6
Ab Olivula Nicia (sive Nicæa, *de Villefranche à Nice*), plagia......................	V	5	5
A Nicia Antipoli (*de Nice à Antibes*), portus..	XVI	16	14

¹ Portu. F.
² Gencia portus. A.
³ 12. B. — 18. D.
⁴ *A Vadis Suadis Albingano, positio.* A. B. D. F.
⁵ 17. D. F.
⁶ *Albingano.* A. D. F. — *Algingauno.* B.
⁷ *Tavia* manque. B.
⁸ *Tavia Fluvius* manque A. D. F. — Les mots *Tavia fluvius* sont ici de trop, mais ils indiquent, entre *Portus Mauricii* et *Albium Intemelium*, une station intermédiaire que nous introduirons dans le texte.
⁹ *A viginti milia Plagiam, mpm.* 22. A. — *A Vin-* *dimilia Plagia, mpm.* 15. B. — *A viginti milia Plagiam mpm.* 12. D. F.
¹⁰ *Erclemannico.* A. — *Hercle Mannico, plus minu* 16. B. — *A Vigintimilio Ercle Mannico.* D. — *Herc Mannico.* F.
¹¹ *Ab Erclemannico.* A. —*Ab Hercle Mannico.* B. E. — *Ab Herclo Mannico.* F.
¹² *Avisione Naone.* A. D. F. — *A Visione Anaon* B.
¹³ 3. F.
¹⁴ *Ab Olivula.* D.— *Ab Atisaone ad Olivola.* E.

ITINERARIUM MARITIMUM.

ITINÉRAIRE.	DISTANCES données PAR LES MANUSCRITS.		DISTANCES mesurées PAR M. LAPIE.
	Millia plus minus.	Milles plus ou moins.	Milles rom.
Ab Antipoli Lero et Lerinus[1], insulæ (*d'Antibes aux îles de Lérins*)..................	XI	11	11
A Lero et Lerino Foro Juli (*des îles de Lérins à Fréjus*), portus.................	XXIV	24[2]	24
A Foro Juli sinus Sambracitanus (*de Fréjus à la plage de S. Tropez*), plagia..........	XXV	25[3]	20
A Sinu Sambracitano Heraclia Caccabaria (*de la plage de S. Tropez à la tour de Camarat*) Porbaria, portus[4]..................	XVI	16	16
Ab Heraclia Caccabaria Alconis (*de la tour de Camarat à la pointe de la Chappe*)........	XII	12[5]	12
Ab Alconis Pomponianis[6] (*de la pointe de la Chappe au château de Giens*), portus......	XXX	30	30
A Pomponianis Telone[7] Martio (*du château de Giens à Toulon*), portus...............	XV	15[8]	15
A Telone[9] Martio Taurento (*de Toulon à Tarente*), portus.....................	XII	12	28
A Taurento[10] Carsicis (*de Tarente à la Ciotat*), portus[11]..........................	XII	12	6
A Carsicis Citharista (*de la Ciotat à Cassis*), portus................................	XVIII	18	8
A Citharista portu Æmines[12] (*de Cassis au port Sormiou*), positio..................	VI	6	6
A portu Æmines[13] Immadras[14] (*du port Sormiou à l'île de Jaros*), positio..........	XII	12	7

[1] *Libero Edernuis.* A. D. F. — *Ab Antipoli Leoro Ethecius.* E.

[2] 28. A. B. D. E. F. — 27. W. — *Ab Leoro Elerino phoro*, etc. E.

[3] *Samblacitanus plagia*, mpm. 15. A. D. F.

[4] *A Simis* (*Sinus* F.). *Samblacitano Eraclia Cacabaria, portus.* A. F. — *Porbaria* manque. B. D. — Le mot *porbaria*, formé de la première syllabe du mot *portus* qui suit et de la fin du mot qui précède, paraît n'avoir été inséré dans le texte que par une faute de copie.

[5] 22. E.

[6] *Pompeianis.* A. B. D. F.

[7] *A Pompeianis Telonem.* A. B. D. F.

[8] 18. A. B. D. F. — 12. E.

[9] *A Teloneo.* A. D. F.

[10] *A Tauroneo.* F.

[11] *Porta.* F.

[12] *Mines.* A. — *Minus.* B. — *Mines positus.* D. F. — *Mines positio imperatoris.* E. — Le mot *positio* paraît être de trop.

[13] *A Portu Mines.* A. B. D. F.

[14] *Inmatras.* B. F. — *In Matras positus.* D.

ITINÉRAIRE.	DISTANCES données PAR LES MANUSCRITS.		DISTANCES mesurées PAR M. LAPIE.
	Millia plus minus.	Milles plus ou moins.	Milles rom.
Ab Immadris[1] Massilia[2] Græcorum (*de l'île de Jaros à Marseille*), portus............	XII	12	12
A Massilia[3] Græcorum Incaro, (*de Marseille à Incarus, sur la côte, à l'E. du port Megean*), positio[4].......................	XII	12	12
Ab Incaro Dilis (*d'Incarus au port de Sausset*), positio.......................	VIII	8[5]	8
A Dilis Fossis Marianis (*du port de Sausset à Foz les Martigues*), portus[6]...............	XX	20[7]	15
A Fossis ad Gradum[8] Massilitanorum[9] (*de Foz les Martigues au gras de Foz*), fluvius Rhodanus[10].......................	XVI	16	16
A Gradu[11] per fluvium Rhodanum Arelatum (*du gras de Foz par le Rhône à Arles*)....	XXX	30	30

III.

In mari Oceano, quod Gallias[12] et Britannias[13] interluit.

Insulæ[14] Orcades (*les îles Orcades*), num. III[15].

Insula[16] Clota in Hiverione[17]. (*L'île Arran, sur la côte occidentale de l'Écosse.*)

Vecta (*île de Wight*). Riduna (*île d'Aurigny*). Sarmia[18] (*île de Grenesey*).

Cæsarea (*île de Jersey*). Barsa (*île de Cers*). Lisia[19].

---

[1] *Ab Inmatris.* A. B. D. F.
[2] *Masilia.* F.
[3] *Masilia.* F.
[4] *Incarus portus* est le port de Carri, suivant Bouche et d'Anville.
[5] 13. A. F.
[6] *Portus* manque. D. F.
[7] 12. A. B. E. F.
[8] *Gratam.* A. D. E. F.
[9] *Massilinatorum.* B. — *Masilitanorum.* F.
[10] *Hrodanus.* B
[11] *Grato.* A. F.—*Gratu.* B. D. E.—Ici finit le ms. E
[12] *Galliam.* A. F.
[13] *Brittaniam.* F.
[14] *Insulæ* manque. B.
[15] *Num. 3* manque. A. B. D. F.
[16] *Insula* manque. B.
[17] *Glota Hiverione.* B. — *Dota in Vierione.* F.
[18] *Sarma.* F.
[19] *Isia.* B.

ITINÉRAIRE.	DISTANCES données PAR LES MANUSCRITS.		DISTANCES mesurées PAR M. LAPIE.
	Stadia.	Stades.	Stades de 700 au degré.
Andium. Sicdelis. Uxantis (*île d'Ouessant*). Sina[1] (*île de Sein*).			
Vindilis[2] (*Belle-Ile*). Siata (*île de Houat*). Arica[3] (*île de Hoedie*).			
Inter Hispanias et Tingim[4] (fort. leg. Tingitanam) Mauritaniam.			
Insula Diana (*île près du cap Saint-Martin*). Lesdos[5] (*île Grossa*). Ebusos (al. Ebusus[6] Ivice).			
Ab hac insula Carthagine Spartaria[7] (*d'Ivice à Carthagène*)................	CCCC	400	1700
Et a suprascripta insula ad Baleares[8] (*d'Ivice aux îles Baléares*)................	CCC	300	500
Insula Columba (leg. Colubraria) (*îles Columbrètes*). Balearis major (*Mayorque*).			
Insula Nura[9], Balearis minor[10] (*Minorque.*)			
Inter se habent Baleares[11] (*de Mayorque à Minorque*)................	DC	600	300
Item inter Carthaginem Spartariam (*Carthagène*) et Cæsaream Mauritaniæ[12]. (*Tniss*).			
Insula Erroris (*île Alboran*) et Tauria[13] (*île Risgoun*), inter se habent...............	LXXV	75	975
Ad has suprascriptas insulas, a Calama de Mauritania Amecas. (*Ticambrin? ruines*).....	LXXV	75	25
Insula Crinis (*île Habibas*) et[14] Stœchadis[15] (*île Plane*).			

[1] *Usantisma.* A. F.— *Xantisma.* B.— *Uxantisma.* D.
[2] *Indelis.* B. — *Vindelis.* D. F.
[3] *Iga.* A. B. D. F.
[4] *Tingi.* A. B. F.
[5] *Lesbos.* A. B. D. — *Losbos.* F.
[6] *Erusos.* A. B. D. F.
[7] *Cartaginem Spartanam.* F.
[8] *Beleares.* F.
[9] *Naura.* B.
[10] Manque la suite jusqu'à ces mots : *Mari quo Græcia adluitur.* B.
[11] *Balearis.* F.
[12] *Mauritaniam.* A. — *Mauritania.* F.
[13] *Taura.* F.
[14] *Et* manque. F.
[15] *Stocadis.* F.

ITINÉRAIRE.	DISTANCES données PAR LES MANUSCRITS.		DISTANCES mesurées PAR M. LAPIE.
	Stadia.	Stades.	Stades de 700 au degré.
Item inter Sardiniam et Italiam.			
Insula¹ Ilva² (*île d'Elbe*).			
De Tuscia a Populonio (*de l'île d'Elbe à Populonium, ruinée, au N. O. de Piombino en Toscane*).............	DC	600	100
Insula Planasia (*île Pianosa*).			
Inter Ilvam³ et Planasiam (*entre l'île d'Elbe et l'île Pianosa*) sunt.............	XC	90	90
Insula Igilium a Cosa⁴ (*de l'île de Giglio à Cosa, ruines au S. E. d'Orbitello*).............	XC	90	190
Item inter Sardiniam et Africam.			
Insula Galata a Caralis (*de l'île de Galita à Cagliari*) de Sardinia.............	DCCXXX	730	1230
Et a Tabraca (*de l'île de Galita à Tabarka*) ex Africa⁵.............	CCC	300	400
Insula Palmaria (*île Aguglia*).			
Inter hanc et Galatam (*entre l'île Aguglia et l'île de Galita*).............	XLV	45⁶	25
Insula Phalans, insula Vulturia.			
Ante promontorium Apollinis (*le cap Zibib*), Ægimurus⁷ insula a Carthagine (*de l'île de Zembra à Carthage, ruinée*).............	CCXXX	230	330
Inter Italiam et Siciliam.			
Insulæ num. tres Pontiæ a Terracina *des îles Ponza à Terracine*.............	CCC	300	300
Insula Pandateria⁸ a Tarracina⁹ (*de l'île Vandotena à Terracine*).............	CCC	300	350
Insula Ægina.			

---

[1] *Hisula.* F.
[2] *Ilba.* A. D. F.
[3] *Albam.* A. D. F.
[4] *Ocosa.* D. — Cette ligne manque. F.
[5] *A Tabraca et Africa.* A. F.
[6] 40. A. D. F.
[7] *Egimurum.* A. D. — *Egimurtim.* F.
[8] *Pandaterira.* A. — *Pandaterina.* F.
[9] *A Terracina.* F.

ITINERARIUM MARITIMUM.

ITINÉRAIRE.	DISTANCES données PAR LES MANUSCRITS.		DISTANCES mesurées PAR M. LAPIE.
	Stadia.	Stades.	Stades de 700 au degré.
Insula Ænaria[1] a Cumis (*de l'île Ischia à Cumes, ruinée*) de Campania................	XLV	45	100
Insula Prochyta a Miseno[2] (*de l'île de Procida au cap Misène*) de Campania..........	XXX	30	30
Insula Capraria[3] a Puteolis (*de l'île de Capri à Pozzuoli*).............................	CCC	300	200
Egira et Celsina.			
Item insulæ numero III Ægina (*I. Dattolo*), Heracleotes[4] (*I. Liseia?*) et Didyma (*Salina*).			
Insula Strongylos a Messana[5] (*de l'île Stromboli à Messine*)....................	CCCXX	320	520
Insula Liparis[6] (*île Lipari*).			
A Strongylo Liparis[7] (*de Stromboli à Lipari*), sunt...............................	CCC	300	300
Insula Heraclia.			
Insulæ Æthusa (*île de Linosa*) et Thapsos[8] (*Africa ou Makdia*).			
Distat ab oppido Megara[9], id est, castello Syracusanorum (*des ruines de Megara ou Hybla au château de Syracuse*)...............	XI	11	103 (ou 11 milles)
Item inter Siciliam et Africam.			
Insula Cossura[10] (al. Cossyra) a Lilybæo (*de l'île Pantellaria à Marsala*) sunt.........	CLXXX	180	780
A Clypea (*de l'île Pantellaria à Kalibia*) ex Africa.............................	DXC	590	490
Insulæ Malta (sive Melita, *Malte*), Hephæstia et Phalacron[11].			

---

[1] *Naria.* A. D. F.
[2] *Propocirta a Missedone.* A. D. F.
[3] *De.* A. D. F.
[4] *Egira, Erioclitis.* A. F. — *Egina, Heriocliotes.* D.
[5] *A Mesana.*
[6] *Lipparos.* A. F. — *Lyparos.* D.
[7] *A Strongilos Lipparis.* F.
[8] *Arethusa et Tapsus.* A. D. — *Atehusa et Tapsus.* F.
[9] *Megera.* A. F.
[10] *Corsuca.*
[11] *Insula Maltaci, Æfesta et Falacron.* A. D. — *Insula Maltatie, Festa et Falacoron.* F.

ITINÉRAIRE.	DISTANCES données PAR LES MANUSCRITS.		DISTANCES mesurées PAR M. LAPIE.
	Stadia.	Stades.	Stades de 700 au degré.
Insula Cercina[1] (*île de Kerkines*).			
Hæc a Tacapis distat (*de l'île de Kerkines à Cabes*)............................	DCXXII	622	722
Insula Girba a Gitti[2] (sive Gichthi, *de l'île Gerbi à Geress*) de Tripoli.............	XC	90	150
Insula Triaieia, Strota et Cephalenia (*Céphalonie*).			
Asteris (*Dascaglio*), Ithaca (*Thiaki*), Paxos (*Paxo*), Propaxos (*Antipaxo*), Oxia[3] (*îles Courzolaires*).			
Inter Dalmatiam et Istriam[4] insulæ.			
Apsoros[5] (sive Absorus, *île Osero*), Brattia (*Brazza*), Bolentia[6] (al. Olintha, *Solta*), Issa (*Lissa*).			
Lissa (*île de Lissa*).			
Corcyra[7] (*île Corzola*), Melita[8] (*île Meleda*).			
A Melita Epidauros[9] (*de Meleda au vieux Raguse*)................................	CC	200	250
Insula Saso[10] a Dyrrhachio[11] (*de l'île Sassono ou Sassa à Durazzo*)....................	CCC	300	600
Insula Cassiope (*Palæo-castro près de Casopo*), insula Goreiro (fort. Corcyra? *île de Corfou*).			
Ab Hydrunte Cassiope insula (*d'Otrante à Palæocastro*)...........................	M	1000	800
Hæ suprascriptæ duæ insulæ..............	XX	20	
Insula Pyridis stat[12].			

[1] *Cercenna.* A. D. F.
[2] *Giti.* F.
[3] *Insula Tragreia* (*Trægeia*, D.—*Tagreira.* F.) *Cephalania, Sirota, Itaca, Asteris, Propaxos, Paxos, Oxia.* A. F.
[4] *Dalmatias et Histriam.* F.
[5] *Absoros.* F.
[6] *Bracia, Solentia.* A. — *Bratia, Solemtia.* D. F.
[7] *Corura.* F.
[8] *Melta.* A. D. F.
[9] *A Melta Epidaros.* A. D. — *A Melta Epidaros.* F
[10] *Sato.* A. D. F.
[11] *A Durachi.* A. D. F.
[12] *Stat manque.* A. D. F.

ITINÉRAIRE.	DISTANCES données PAR LES MANUSCRITS.		DISTANCES mesurées PAR M. LAPIE.
	Stadia.	Stades.	Stades de 700 au degré.

IV.

In mari quod Thraciam et Cretam (*Candie*) interluit.

Insulæ Erythre[1], Delessa, Euboea (*Égripos ou Négrepont*).

Carsa, Chalcis, Lemnos (*Lemno*), Sigeos.

Samothraca (*Samothraki*), Anacole, Calippia.

Cæa[2], Andros (*Andro*), Hios (*Nio*), Tenedos (*Ténédos*).

Tenos (*Tine*), Boia, Balesos, Andros (*Andro*), Icos (*Skyropoulo*).

Cale, Chalcia (*Karky*), Scyros (*Skyro*), Icaria (*Nicaria*).

Insulæ Strophades (*îles Strivali*), quæ ante Plotæ[3] dictæ sunt, in Ionio mari, quo Græcia adluitur.

In his Harpyiæ[4] morabantur.

Insulæ Cephaleniæ (*Céphalonie*), Zacynthos[5] (*Zante*) et Dulichia[6] (sive Dulichium, *Thiaki*). Hic est mons Ithacus, ubi est patria Ulixis.

Insulæ Parnassi[7] montis Dryopes[8].

Insula Samos[9] (*Samos*) in mari Ægeo. In hac Juno[10] nata est.

Insula Bœotiæ Aulis. In hac Græci adversum[11] Trojanos conspiraverunt.

Insula Pallene (*presqu'île de Cassandria*) in Thracia. In hac Minerva nutrita est.

---

[1] *Insula Erithra.* F.
[2] *Cea.* D. F.
[3] *Plodæ.* D.
[4] *In hac Carripiæ.* B. — *In hac Arpiae.* D. F.
[5] *Insulæ Thepalanie, Zazintos.* F.
[6] *Dultia.* D. — *Dulcia.* F.
[7] *Parnasi* F.
[8] *Diopes.* D. F.
[9] *Samo.* F.
[10] *Juro.* B.
[11] *Adversus.* F.

ITINÉRAIRE.	DISTANCES données PAR LES MANUSCRITS.		DISTANCES mesurées PAR M. LAPIE.
	Stadia.	Stades.	Stades de 700 au degré.
Insula Cyprus (*Chypre*) sive Paphos[1], Veneri[2] consecrata, in Carpathio mari.			
Item in Hellesponto[3] insulæ Cyclades, inter Ægeum et Maliæum[4] mare constitutæ, circumdantur etiam Pelago Myrtoo.			
Delos (*Délos*). In hac Apollo et Diana ex Latona nati sunt. Hæc insula Ortyx[5] dicta est ab Asteria[6], sorore Latonæ, quæ, cum vim Jovis fugeret, in coturnicem conversa, illuc delata est.			
Myconos a Delo (*de Myconi à Délos*), distat.	D	500	5
Icasia a Mycono[7] (*de Nicaria à Myconi*) distat.	CCC	300	300
Dionysa (*île de Raclia*), Edenedia[8], Scyros[9] (sive Syros, *Syra*).			
Insula Paros (*île de Paro*). In hac lapis candidissimus nascitur, qui dicitur Parius.			
Naxos (*île de Naxie*). In hac Ariadne[10] a Theseo relicta, a Libero patre adamata est.			
Phocæ, Leuce[11], Cythnos[12] (*île de Thermia*), Ascaphos.			
Seriphos (*Serpho*), Siphnos[13] (*Siphanto*), Cimelos (*Argentière ou Kimoli*), Coos (al. Ceos, *Zea*).			
Olearos (*Antiparo*), Andros (*Andro*), Gyaros[14] (*Ghioura*).			
Suprascriptæ insulæ, in mari vagari[15] solitæ erant: has Apollo conligavit et stabiles fecit.			

[1] *Papphnon.* D.
[2] *Cyprum, sive Phapphnon Venire.* B. — *Cyprum sive Paphon, Veneri.* F.
[3] *In Hellespontum.* F.
[4] *Maileum.* D. F.
[5] *Ortigia.* F.
[6] *Esteria.* B.
[7] *Miconon.* F.
[8] *Edeneida.* D. — *Et Deneida.* F.
[9] *Syros.* F.
[10] *Adriathie.* F.
[11] *Leuci.* A. B. D. F.
[12] *Chitos.* D. — *Chinctos.* F.
[13] *Siphonos.* F.
[14] *Eparos.* F.
[15] *Vacare.* A. B. D. F.

ITINERARII ANTONINI PII FRAGMENTA[1].

Divus Augustus, quamvis totum orbem recte diviserit, ubi ait : « Orbis « totus dividitur in partes tris, Europam, Africam et Asiam, quæ fere est « dupla ad quamlibet duarum, » in descriptione tamen locorum orbis multa loca, memoratu digna, siluit; quæve in præcipuis itineribus oppida et urbes occurrant, quæ maxime tum militibus, tum peregrinantibus, tum historicis non parum proficiunt, neglexit; ea nos nunc ordine percurrere instituimus.

Ab Urbe in Gallias itur itineribus sex : maritimo, litoreo, Aureliano, Cassiano, Tiberino, Flaminio.

I. Maritimum tenet Fregenas (*T. di Maccarese*), Castrum Novum (*près le cap Linaro*), Cellas (*Civita-Vecchia*), Herculem (*Porto-Ercole*), Thelamonem (*Telamone-Vecchio*), caput Etruriæ, Phaliscas, Trajanum (*cap Troja*), Populonium (*ruines de* Populonium), Vada (*Vado*), Ligurnum, Erycis (*Lerici*), Entelliam (*Chiavari*), Delphinum (*Porto-Fino*), Genuam (*Génes*) inter Porsenam et Pheritonem, Monachum (*Monaco*), Niceam (*Nice*).

II. Litoreum continet Alsium (*Palo*), Cære (*Ceri*), Pyrganum (*S. Severa*), Forum Cellæ (*Civita Vecchia*), Graviscas (*Clementino*), Cosas (*ruines de* Cosa), Volaterras (*Volterra*), Pisam (*Pise*), Lunam (*ruines*), et ipsum transitum in Gallias Cariaram.

III. Aurelianum, quod et Claudianum, fertur per ipsam Aureliam, Thermas Stygianas, forum Novem Pagorum Claudii (*l'Orinolo*), Tarquinias (*Tarchina, ruines*), Saturniam (*Saturnia*), Volcen, Tunniatem montem, Rosellas (*Roselle*), Rosetum (*Rosata?*), Tursenam (*Torricivola?*), et transitum Apuam.

IV. Cassiano itinere itur per Politorum, Arcenum, Minionem, Forum Cassii (*entre Viano et le Lago di Vico*), Aruntes Camillarios, Tudernum, Verentanum, Umbronem montem, Senam coloniam (*Sienne*), Phocenses (*Fucechio*), Lucam (*Lucques*), et Caferonianum (*Antisciana?*) transitum in Gallias.

---

[1] Ces fragments, dont on conteste l'authenticité, ont été mis au jour en 1488 par Annius de Viterbe. Ils ne se trouvent dans aucun manuscrit connu. Annius y a joint de longs commentaires. Il a pu être trompé par ceux qui vendaient les manuscrits dans le xv° siècle, où l'imprimerie était à son berceau; mais il n'était point un faussaire : c'est ce qu'a prouvé M. le marquis de Fortia d'Urban, 1° dans les Mémoires pour servir à l'Histoire ancienne du Globe, tome VII, Paris, 1808, 2° dans la seconde partie du tome V de l'Histoire de Hainaut, par Jacques de Guyse, Paris, 1831, page 461. M. Eusèbe Salverte, aussi de l'Académie des Inscriptions, a soutenu la même cause par de nouveaux arguments dans son Essai historique et philosophique sur les noms d'hommes, de peuples et de lieux, Paris, 1824, tome II.

V. Tiberinum, quod et Ciminum, fertur Gallera, Lartheniano sive Veiente (al. Veiis, *Isola*), Rosulo (*mont Rossi*), Sutrio (*Sutri*), Lacu Elbii (*Lago di Vico*), et Jugis Ciminiis, Fano Vulturnæ (*Viterbo*), cujus claris gestis invidit Livius. Saleumbrone, Volturna, Larthe amni, Volsiniis (*Bolsena*), Clusio veteri (*Chiusi*), olim Comersolo, Clusio novo, a quo dictus Clusentinus transitus Annibalis et Fesulæ transitus.

VI. Flaminium habet Castrum Novum (*près le cap Linaro*), Ocream et Ocriculum (*Otricoli*), Narniam (*Narni*), olim Nequinam, Tuder (*Todi*), Hispellum (*Spello*); aut, a Castro Novo, Spoletum (*Spoleto*), Camerinum (*Camerino*), Urbinum (*Urbino*), Pisaurum (*Pesaro*), Ariminum (*Rimini*).

ITINERARIUM

A BURDIGALA HIERUSALEM

USQUE.

ITINERARIUM[1]
A BURDIGALA HIERUSALEM
USQUE
ET AB HERACLEA PER AULONAM[2], ET PER URBEM ROMAM MEDIOLANUM USQUE.

ITINÉRAIRE.	DISTANCES données PAR LES MANUSCRITS.		DISTANCES mesurées PAR M. LAPIE.	
	Leugæ.	Lieues.	Lieues de 50 au degré[3].	Milles rom.
SIC :				
I.				
Civitas Burdigala (*Bordeaux*), ubi est fluvius Garonna (*la Garonne*), per quem facit mare Oceanum accessa et recessa, per leugas plus minus centum.				
Mutatio[4] Stomatas. *Castres*............	VII	7	8½	13
Mutatio Sirione. *Preignac*...............	VIIII	9	8	12
Civitas Vasatas (al. Vasata). *Bazas*........	VIIII	9	8	12
Mutatio Tres Arbores. *Lerm*..............	V	5	5	8
Mutatio Oscineio. *Houeilles*..............	VIII	8	9	14
Mutatio Scittio (al. Sociatum). *Sos*........	VIII	8	8	12
Civitas Elusa. *Eauze*....................	VIII	8	9	14
Mutatio Vanesia. *S. Jean-Pouge*..........	XII	12	12	18
Civitas Auscius (al. Ausci). *Auch*.........	VIII	8	8	12
Mutatio ad Sextum. *Castelnau-Barbarens*...	VI	6	6	9
Mutatio Hungunverro. *Gimont*...........	VII	7	7	10½
Mutatio Bucconis. *Ile-en-Jourdain*........	VII	7	7	10½
Mutatio ad Jovem. *Près de Léguevin*......	VII	7	7	10½
Civitas Tholosa (al. Tolosa). *Toulouse*.....	VII	7	7	10½

[1] Cet itinéraire ne nous a été conservé que par un seul manuscrit. Ce manuscrit est à Paris dans la Bibliothèque du Roi, où il porte le n° 4808. Nous l'avons collationné avec le texte publié par Wesseling, et nous avons relevé dans ce texte des fautes assez graves.

[2] Le ms. porte *ab Deracla per Alaunam*, mais une main très-ancienne a mis un point sous le *d* et un *h* au-dessus, ce qui fait *ab Heracla*, etc.

[3] Pour avoir les distances en lieues communes de France (de 25 au degré), il suffit de prendre la moitié du nombre exprimant les lieues de 50 au degré.

[4] Dans le ms. les mots *mansio*, *matatio*, etc. sont toujours séparés du nom propre par un point.

ITINÉRAIRE.	DISTANCES données PAR LES MANUSCRITS.		DISTANCES mesurées PAR M. LAPIE.
	Millia plus minus.	Milles plus ou moins.	Milles rom.
Mutatio ad Nonum. *Pontpertuzat*.............	VIIII	9	9
Mutatio ad Vicesimum. *Vieille-Vigne*..........	XI	11	11
Mansio Elusione. *Montferrand*...............	VIIII	9	9
Mutatio Sostomago. *Castelnaudary*...........	VIIII	9	9
Vicus Hebromago (al. Eburomago). *Villarazens*...	X	10	10
Mutatio Cœdros (leg. Cedros). *Mont-Soulens*......	VI	6	6
Castellum Carcassone (al. Carcasone). *Carcassonne*.	VIII	8	8
Mutatio Tricensimum. *Barbaira*..............	VIII	8	8
Mutatio Hosuerbas (al. Husuerva). *Lézignan*.....	XV	15	15
Civitas Narbone [Martio]. *Narbonne*...........	XV	15	15
Civitas Biterris (al. Bæterris). *Béziers*.........	XVI	16	16
Mansio Cessarone (al. Cesserone). *S. Thibéry*.....	XII	12	12
Mutatio Foro Domiti. *Frontignan*.............	XVIII	18	18
Mutatio Sostantione (al. Sextantione). *Montpellier*..	XVII	17	15
Mutatio Ambrosio (al. Ambrusso). *Lunel*........	XV	15	15
Civitas Nemauso. *Nîmes*....................	XV	15	17
Mutatio Ponte Ærarium. *Pont près Bellegarde*.....	XII	12	12
Civitas Arelate[1]. *Arles*.....................	VIII	8	8
Fit a Burdigala Arillatæ[2] usque milia[3] CCCLXXI. Mutationes XXX. Mansiones XI[4].			
II.			
Mutatio Arnagine (al. Ernagino). *S. Gabriel*.....	VIII	8	7
Mutatio Bellinto. *Les Aubes*.................	X	10	10
Civitas Avenione. *Avignon*..................	V	5	5
Mutatio Cypresseta[5]. *Au sud de Sorgues*.........	V	5	5
Civitas Arausione. *Orange*..................	XV	15	10
Mutatio ad Letoce[6]. *Montdragon*..............	XIII	13	9

[1] *Arellate*, Wesseling.
[2] *Arellate*, Wesseling.
[3] *Millia*, Wesseling.
[4] La distance générale de Bordeaux à Arles se compose de 108 lieues ou 162 milles et de 213 milles, en tout 375 milles, nombre qui ne diffère de celui du texte que de quatre unités. Cette distance est, suivant M. Lapie, de 379 milles. Les stations, *mansiones*, sont comprises dans les relais, *mutationes*. En comptant les deux termes de la route, on trouve que ceux-ci sont au nombre de 33 et celles-là au nombre de 11; parmi ces dernières nous mettons les villes, *civitates*, mais non le *vicus Hebromagus*, ni, à tort peut-être, le *Castellum Carcassona*.

[5] C'est l'endroit où la route d'Avignon à Orange tournait à gauche pour aller traverser la Sorgue dans un bac à son embouchure dans le Rhône, lorsque le pont de Sorgues n'était pas encore construit. Ce chemin et le bac existent encore aujourd'hui. Voyez les Antiquités de Vaucluse. Paris, 1808, pag. 93. J'ai vu encore un bois de cyprès en cet endroit. (Le M. de F.)

[6] Wesseling met *ad Lectoce*.

ITINÉRAIRE.	DISTANCES données PAR LES MANUSCRITS.		DISTANCES mesurées PAR M. LAPIE.
	Millia plus minus.	Milles plus ou moins.	Milles rom.
Mutatio Novem Craris. *Pierrelatte*..............	X	10	10
Mansio Acuno. *Ancenne*....................	XV	15	15
Mutatio Vancianis (al. Batianis). *Baix*.........	XII	12	10
Mutatio Umbenno. *Près de Beauchastel*.......	XII	12	10
Civitas Valentia. *Valence*....................	VIIII	9	9
Mutatio Cerebelliaca. *Chabeuil*...............	XII	12	7
Mansio Augusta. *Aouste*.....................	X	10	15
Mutatio Darentiaca. *Saillians*................	XII	12	7
Civitas Dea Vocontiorum. *Die*................	XVI	16	16
Mansio Luco (al. Lucu Augusti). *Luc-en-Diois*....	XII	12	12
Mutatio Vologatis. *Entre Baurières et la Baume*....	VIIII	9	9
Inde ascenditur Gaura Mons. *Mont Toussieres.*			
Mutatio Cambono. *S. Pierre-d'Argenson*........	VIII	8	8
Mansio Monte Seleuci. *Mont-Saléon*............	VIII	8	8
Mutatio Daviano. *Veyne*.....................	VIII	8	8
Mutatio ad Fine (leg. ad Fines). *La Roche-des-Arnauds*.............	XII	12	7
Mansio Vapinco[1]. *Gap*......................	XI	11	6
Mansio Catorigas (al. Caturiges). *Chorges*.......	XII	12	12
Mansio Hebriduno (al. Ebroduno). *Embrun*......	XVI	16	16
Inde incipiunt Alpes Cottiae.			
Mutatio Rame. *La Roche*.....................	XVII	17	17
Mansio Byrigantum (al. Brigantio). *Briançon*.....	XVII	17	17
Inde ascendis Matronam. *Mont Genèvre.*			
Mutatio Gesdaone (al. Gadaone). *Cezanne*......	X	10	11
Mansio ad Marte (leg. ad Martis). *Oulx*........	VIIII	9	8
Civitas Secussione (al. Segusione). *Suse*........	XVI	16	16
Inde incipit Italia[2].			
Mutatio ad Duodecimum. *La Gialnera*..........	XII	12	12
Mansio ad Fines. *S. Ambrosio*................	XII	12	7
Mutatio ad Octavum. *Rivoli*..................	VIII	8	8
Civitas Taurinis (al. Augusta Taurinorum). *Turin*.	VIII	8	8
Mutatio ad Decimum. *Cassino*................	X	10	10
Mansio Quadratis. *Morensengo*................	XII	12	11
Mutatio Ceste (al. Cestiæ). *Ceretto*.............	XI	11	6
Mansio Rigomago. *Rinco*.....................	VIII	8	8
Mutatio ad Medias. *Près de Quarti*.............	X	10	10

[1] Wesseling écrit *Vapineo*.

Dans le ms. on lit, *Inde incipit alia*; ce qu'i est évidemment une faute du copiste.

174 A BURDIGALA HIERUSALEM USQUE

ITINÉRAIRE.	DISTANCES données PAR LES MANUSCRITS.		DISTANCES mesurées PAR M. LAPIE.
	Millia plus minus.	Milles plus ou moins.	Milles rom.
Mutatio ad Cottias. *Candia*.................	XIII	13	13
Mansio Laumello. *Lumello*..................	XII	12	12
Mutatio Duriis. *Dorno*.....................	VIIII	9	9
Civitas Ticeno (al. Papia). *Pavie*..........	XII	12	12
Mutatio ad Decimum. *Binasco*................	X	10	11
Civitas Mediolanum. *Milan*..................	X	10	11
Mansio Fluvio Frigido (al. Lambro). *Le Lambro, riv.*	XII	12	7
Fit ab Arillato Mediolanum usque milia CCCLXXV. Mutationes LXIII. Mansiones XXII [1].			
III.			
[*Mansio Fluvio Frigido (al. Lambro).* Le Lambro, riv.]	XII	12	7
Mutatio Argentia. *Colombarolo*...............	X	10	5
Mutatio Ponte Aurioli (al. Ponte Aureoli). *Pontirolo*.	X	10	10
Civitas Vergamo (al. Bergomo). *Bergame*.......	XIII	13	13
Mutatio Tellegatæ[2]. *Telgate*..............	XII	12	12
Mutatio Tetellus (leg. Betellus). *Calino*....	X	10	10
Civitas Brixa (al. Brixia), *Brescia*.........	X	10	10
Mansio ad Flexum. *Pont S. Marco*.............	XI	11	11
Mutatio Beneventum. *Castel-Venzano*..........	X	10	10
[*Mutatio Ariolica*[3]. Ogliosi]..............	"	"	10
Civitas Verona. *Vérone*......................	X	10	13
Mutatio Cadiano. *Caldiero*...................	X	10	10
Mutatio Auræos. *Montebello*..................	X	10	11
Civitas Vincentia (al. Vicetia, sive Vicentia). *Vicence*.	XI	11	11
Mutatio ad Finem (al. Fines). *Arlesego*......	XI	11	11
Civitas Patavi. *Padoue*......................	X	10	10
Mutatio ad Duodecimum. *Près de Mirano*.......	XII	12	12
Mutatio ad Nonum. *Santa-Croce*...............	XI	11	11

[1] L'addition donne 498 milles; M. Lapie en compte 451. En ôtant 12 du premier nombre et 7 du second, afin de retrancher la distance de Milan à la station du Lambro, laquelle station est située au delà du terme de la route, il restera 486 pour le total du texte, et 444 pour celui de M. Lapie. Le nombre des relais est de 44, et celui des stations de 21; dans ces nombres n'est pas comprise la station sur le Lambro, qui appartient à la route suivante.

[2] Wesseling écrit *Tollegatæ*.

[3] De *Beneventum* à *Verona* le texte marque 10 milles lorsqu'il y en a 24; d'un autre côté, le texte compte 24 relais sur cette route lorsqu'on n'en trouve que 23, y compris la station sur le Lambro; c'est pourquoi il nous semble qu'un relais a été omis entre *Beneventum* et *Verona*, et comme l'itinéraire d'Antonin place entre ces deux lieux celui d'*Ariolica*, nous avons jugé à propos de l'insérer ici dans le texte. Ajoutons que le total des distances partielles de la route, telle que nous la rétablissons ici, est égal à celui qui nous est donné ci-après.

ITINÉRAIRE.	DISTANCES données PAR LES MANUSCRITS.		DISTANCES mesurées PAR M. LAPIE.
	Millia plus minus.	Milles plus ou moins.	Milles rom.
Civitas Altino. *Altino, détruit*............	VIIII	9	9
Mutatio Sanos. *Fosalta*.................	X	10	10
Civitas Concordia. *Concordia*............	VIIII	9	20
Mutatio Apicilia. *Lattisana*.............	VIIII	9	9
Mutatio ad Undecimum. *Zillina*..........	X	10	10
Civitas Aquileia. *Aquileia*..............	XI	11	11
Fit a Mediolano Aquileia[1] usque mil. CCLI. Mutationes XXIIII. Mansiones VIIII[2].			

IV.

Mutatio ad Undecimum. *Monfalcone*........	XI	11	11
Mutatio ad Fornolus. (leg. ad Furnulos). *Komen*...	XII	12	12
Mutatio Castra. *Wippach*................	XII	12	12
Inde sunt Alpes Juliæ.			
Ad Pirum Summas Alpes. *Struscheza*........	VIIII	9	9
Mansio Longatico. *Loitsch*...............	X[3]	10	7
Mutatio ad Nonum. *Bouke*...............	VIIII[4]	9	9
Civitas Emona (al. Æmona). *Laybach*......	XIIII[5]	14	9
Mutatio ad Quartodecimo. *F. Fischern au nord de la Save, riv.*...........................	X	10	10
Mansio Hadrante. *S. Oswald*.............	XIII	13	13
Fines Italiæ et Norci (leg. Norici). *Limite entre la Carniole et la Styrie.*			
Mutatio ad Medias. *Roscheina*............	XIII	13	13
Civitas Celeia. *Cilley*...................	XIII	13	13
Mutatio Lotodos. *Polana*................	XII	12	12
Mansio Ragindone (al. Ragandone). *Windisch-Feistritz*............................	XII	12	12
Mutatio Pultovia. *Près de S. Lorenzen*......	XII	12	9
Civitas Petovione (al. Pœtovione). *Pettau*.....	XII	22	9
Transis pontem, intras Pannoniam inferiorem (leg. superiorem).			
Mutatio Ramista. *Sauritsch*..............	VIII	9	10
Mansio Aqua viva. *Majerje, près de Petrianecz*...	VIIII	9	10

[1] Dans Wesseling il y a *Aquileiam*.
[2] Moyennant la réunion à cette route de la station sur le Lambro et l'addition du relais d'Ogliosi, tous les nombres marqués ici sont exacts. Cependant la distance générale est, suivant M. Lapie, de 256 milles.
[3] Wesseling écrit 12.
[4] 8, Wesseling.
[5] 13, Wesseling.

ITINÉRAIRE.	DISTANCES données PAR LES MANUSCRITS.		DISTANCES mesurées PAR M. LAPIE.
	Millia plus minus.	Milles plus ou moins.	Milles rom.
Mutatio Popolis (al. Populis). *Zamlaka*..........	X	10	11
Civitas Jovia. *Apathia*................	VIIII	9	8
Mutatio Sunista (al. Sonista). *Legrad*...........	VIIII	9	9
Mutatio Peritur (al. Piretis). *Kopreinitz*.........	XII	12	12
Mansio Lentolis (al. Lentulis). *Virje*...........	XII	12	12
Mutatio Cardono (al. Carroduno, sive Cariniana). *Kloster sur la Katalena, riv*...............	X	10	10
Mutatio Cocconis (al. Cucconis). *Gradacz*........	XII	12	12
Mansio Serota. *Verocze*....................	X	10	10
Mutatio Bolentia. *Au N. de Czabuna*............	X	10	10
Mansio Maurianis (al. Marinianis). *Près de Vranyes-sevcze*...........................	VIIII	9	10
Intras Pannoniam superiorem (leg. inferiorem).			
Mutatio Serena. *Moszlavina*..................	VIII	8	9
Mansio Vereis (al. Berebis). *Sokacz-Miholacz*.....	X	10	10
Mutatio Jovalia (al. Jovallia). *Veliskovcze*........	VIII	8	9
Mutatio Mersella (al. Mursa minor). *Saag*.......	VIII	8	9
Civitas Mursa (al. Mursa major). *Eszeg*..........	X	10	11
Mutatio Leutvoano (al. Leucono). *Près de Vera*...	XII	12	12
Civitas Cibalis. *Vinkovcze*...................	XII	12	12
Mutatio Celena (al. Cansilena). *Orolik*..........	XI	11	11
Mansio Ulmo. *Ruines S. Elias*................	XI	11	11
Mutatio Spaneta. *Kukojevcze*.................	X	10	10
Mutatio Vedulia (al. Budalia). *Martincze*........	VIII	8	8
Civitas Sirmium. *Mitrovitz*..................	VIII	8	8
Fit ab Aquileia Sirmium usque milia CCCCXII[1]. Mansiones XVII. Mutationes XXXVIII.			
V.			
Mutatio Fossis. *Jarak*......................	IX	9	9
Civitas Bassianis. *Debrincze*.................	X	10	10
Mutatio Noviciani. *Kernyesevcz*...............	XII	12	12
Mutatio Altina (al. Altinum). *Dans la plaine, à une lieue et demie à l'ouest de Semlin*............	XI	11	11
Civitas Singiduno. *Belgrade*.................	VIII	8	8
Finis Pannoniæ et Misiæ[2]. Limite entre l'Esclavonie et la Servie.			
Mutatio ad Sextum. *Veliko Sello*..............	VI	6	7

[1] L'addition des distances particielles produit 413 milles; M. Lapie n'en compte que 404. Le nombre des relais est exact, mais celui des stations est 16 et non 1...

[2] Wesseling écrit *Mysiæ*.

ITINERARIUM.

ITINÉRAIRE.	DISTANCES données PAR LES MANUSCRITS.		DISTANCES mesurées PAR M. LAPIE.
	Millia plus minus.	Milles plus ou moins.	Milles rom.
Mutatio Tricornia Castra (al. Tricornium). *Ritokp*..	VI	6	6
Mutatio ad Sextum Miliare. *Grotzka*............	VII	7	7
Civitas Aureo Monte. *Près de Slona*............	VI	6	6
Mutatio Vingeio (al. Vinceia). *Semendria*.......	VI	6	6
Civitas Margo. *Fort Kullicza ou Kulich*.........	VIIII	9	8
Civitas Viminatio. *Ram*......................	X	10	20
Ubi Diocletianus occidit Carinum.			
Mutatio ad Nonum. *Maljana*..................	VIIII	9	9
Mansio Municipio[1]. *Passarovitz*................	VIIII	9	9
Mutatio Jovis Pago. *Libo*.....................	X	10	12
Mutatio Bao. *Gurnia*........................	VII	7	6
Mansio Idomo. *Hassan-Pacha-Palanka*..........	VIIII	9	9
Mutatio ad Octavum. *Devibagherlam*...........	VIIII	9	29
Mansio Oromago (al. Horreo Margi). *Keupri-Ravenatz*.	VIII	8	18
Finis Mysiæ et Daciæ[2].			
Mutatio Sarmatorum. *Près de Parahin-Palanka*....	XII	12	12
Mutatio Cametas. *Rachnia*....................	XI	11	11
Mansio Ipompeis (al. Pompeii præsidio). *Boulovan*.	VIIII	9	9
Mutatio Rappiana. *Alexinitza*.................	XII	12	10
Civitas Naisso. *Nissa*........................	XII	12	14
Mutatio Redicibus (al. Radicibus). *Sur la Nissava, riv.*	XII	12	7
Mutatio Ulmo. *Près de Pauvlitz*................	VII	7	7
Mansio Romansiana (al. Remisiana). *Moussa-Pacha-Palanka*.................................	VIIII	9	9
Mutatio Latina. *Stotol*.......................	VIIII	9	9
Mansio Turribus. *Tchardah*...................	VIIII	9	9
Mutatio Translitis. *Zaribrod*..................	XII	12	12
Mutatio Ballanstra. *Près de Sribnitz*............	X	10	10
Mansio Meldia. *Kalkali*......................	VIIII	9	9
Mutatio Scretisca. *Entre Proleche et Wollujek*.....	XII	12	12
Civitas Serdica. *Sophia ou Triaditza*............	XI	11	11

Fit a Sirmio Serdicam[3] usque milia CCCXIIII[4].
Mutationes XXIIII. Mansiones XIII.

VI.

Mutatio Extuomne. *Ghoubian*.................	VIII	8	8
Mansio Buragara. *Ruines sur l'Isker, riv.*.........	VIIII	9	9

---

[1] On lit *Muncipio* dans le MS.
[2] Il y a dans le MS. *Finis Myssiæ et Asiæ*.
[3] Le MS. porte : *Syrmium Serdica*.

[4] L'addition produit 318 milles. M. Lapie en compte 353. Les relais sont au nombre de 34 et les stations au nombre de 14.

ITINÉRAIRE.	DISTANCES données PAR LES MANUSCRITS.		DISTANCES mesurées PAR M. LAPIE.
	Millia plus minus.	Milles plus ou moins.	Milles rom.
Mntatio Sparata, *sur l'Isker, riv.*	VIII	8	8
Mansio Iliga (al. Helice). *Samakov*.............	X	10	10
Mutatio Soneio. *Bagna*	VIIII	9	15
Finis Daciæ et Thraciæ[1].			
Mutatio Ponte Ucasi. *Pont sur la Maritza*........	VI	6	6
Mansio Bonamans (leg. bona Mansio). *Kiz-Dervent*.	VI	6	6
Mutatio Alusore. *Sarambegh*.	VIIII	9	9
Mansio Basapare (al. Bessapara). *Tatar-Bazardjik*.	XII	12	12
Mutatio Tugugero. *Près de Kouataim*...........	VIIII	9	10
Civitas Eilopopuli (al. Philippopoli). *Filibé ou Philippopolis*.	XII	12	12
Mutatio Syrnota. *Tchemer-Keupri*.............	X	10	5
Mutatio Paramvole (al. Parembole). *Papazli*......	VIII	8	8
Mansio Cillio (al. Cellis). *Tchirpan*.	XII	12	12
Mutatio Carassura. *Tchakaller*................	VIIII	9	9
Mansio Arzo[2] (al. Asso). *A l'ouest de Cheremit*....	XI	11	11
Mutatio Palæ. *Près de Moussaldja*.............	VII	7	7
Mansio Castozobra (al. Castra Zarba). *Coiounlou*..	XI	11	11
Mutatio Rhamis. *Près de Sulokeui*.............	VII	7	11
Mansio Burdista. *Djezaïr-Moustapha-Pacha*.......	XI	11	11
Mutatio Daphabæ. *Enilikeui*	XI	11	21
Mansio Nicæ. *Wakesal*......................	VIIII	9	16
Mutatio Tarpodizo (al. Tarpodiso). *Devlet Agatch*.	X	10	10
Mutatio Urisio[3]. *Kirk Kilissia*..................	VII	7	22
Mansio Virgolis (sive Bergulis). *Tchatal ou Araba-Bourgas*.	VII	7	27
Mutatio Nargo. *Près d'Ewrenkuss*..............	VIII	8	7
Mansio Drizupara (al. Druzipara). *Karistan*......	VIIII	9	7
Mutatio Tipso. *Sundukli ou Karassini*...........	X	10	7
Mansio Tunorullo (al. Turullo, sive Tzurullo). *Tchorlou*.	XI	11	9
Mutatio Beodizo. *Près d'Eapli*	VIII	8	9
Civitas Heraclia[4] (al. Heraclea). *Erekli*..........	VIIII	9	9
Mutatio Baunne (al. Daminum). *Papasli*	XII	12	12
Mansio Salamembria (al. Selymbria). *Silivri*.....	X	10	10
Mutatio Callum. *Gallos ou Ialuss*...............	X	10	10
Mansio Atyra (al. Athyra). *Buīuk-Tchekmedjé*....	X	10	10

[1] Il y a dans le MS. *Traciæ*.
[2] Wesseling écrit *Azzo*.
[3] Ici manque évidemment un relais indiqué par Antonin et Peutinger; c'est *Bertudizus* (Eski Baba qui est à 10 milles de *Urisio* et à 17 de *Virgolis*.
[4] Dans le MS. on lit *Herachlia*

ITINÉRAIRE.	DISTANCES données PAR LES MANUSCRITS.		DISTANCES mesurées PAR M. LAPIE.
	Millia plu minus.	Milles plus ou moins.	Milles rom.
Mansio Regio (al. Rhegio). *Kutchuk-Tchekmedjé*...	XII	12	12
Civitas Constantinopoli. *Constantinople.*	XII	12	12
Fit a Serdica Constantinopoli mil. CCCCXIII. Mutationes XII. Mansiones XX [1].			
Fit omnis summa a Burdigala Constantinopolim vicies bis centena viginti unum milia. Mutationes CCXXX. Mansiones CXII [2].			

VII.

Item Ambulavimus Dalmatio et Dalmaticei, Zenofilo cons. III. kal. jun. a Calcidonia, et reversi sumus Constantinopolim VII. kal. jan. Consule suprascripto.

A Constantinopoli[3] transis Pontum, venis Calcedoniam, ambulas provinciam Bithyniam[4].

Mutatio Nassete[5]. *Maltepé.*	VII	7	7
Mansio Pandicia (al. Pantichium). *Pendik*.......	VII	7	7

[1] L'addition produit 349 et non 413 milles; M. Lapie en compte 400. Il y a 37 relais, parmi lesquels 18 stations.

[2] Ces nombres : 2221 milles, 230 *mutationes* et 112 *mansiones* ne sont pas exacts, ainsi qu'il résulte du tableau de récapitulation suivant :

ROUTES.	NOMBRES FOURNIS PAR LE TEXTE.				TOTAUX EFFECTIFS.		
	Sommes des distances partielles.	Totaux annoncés.					
	Millia.	Millia.	Mutationes.	Mansiones.	Millia.	Mutationes.	Mansiones.
I. De *Burdigala* à *Arelate*.......	375	371	30	11	379	33	11
II. D'*Arelate* à *Mediolanum*......	498	375	63	22	451	44	21
III. De *Mediolanum* à *Aquileia*....	251	251	24	9	256	24	9
IV. D'*Aquileia* à *Sirmium*........	413	412	39	17	404	39	16
V. De *Sirmium* à *Serdica*........	318	314	24	13	353	34	14
VI. De *Serdica* à *Constantinopolis*..	349	413	12	20	400	37	18
TOTAUX GÉNÉRAUX....	2204	2136	192	92	2243	211	89

[3] Wesseling écrit, *Constantinopolim*.
[4] Dans le MS. on lit : *provintiam Bithiniam*.
[5] Le point de départ est Constantinople.

ITINÉRAIRE.	DISTANCES données PAR LES MANUSCRITS.		DISTANCES mesurées PAR M. LAPIE.
	Millia plus minus.	Milles plus ou moins.	Milles rom.
Mutatio Pontamus. *Touzla*.................	XIII	13	6
Mansio Libissa (al. Libyssa). *Guebizé ou Djebizé*..	VIIII	9	9
Ibi positus est Rex Annibalianus, qui fuit Afrorum.			
Mutatio Brunga. *Uraki ou Ereké*.............	XII	12	12
Civitas Nicomedia. *Ismid ou Iznikmid*...........	XIII	13	18
Fit a Constantinopoli Nicomediam[1] usque mil. VIII. Mutationes VII. Mansiones III[2].			
VIII.			
Mutatio Hyribolum (al. Eribulum). *Ienikeui*.....	X	10	10
Mansio Lybum[3]. *Bagtchedjik*.................	XI	11	11
Mutatio Liada. *Kirmizli*.....................	XII	12	12
Civitas Nicia (al. Nicæa). *Isniik*..	VIII	8	8
Mutatio Schinae. *Près de Tanisman*............	VIII	8	8
Mansio Mido (al. Oriens Mido, vel Medio). *Sinoskeui*.	VII	7	7
Mutatio Chogeæ. *Bekedje*....................	VI	6	6
Mutatio Thateso. *Tossikeui*..................	X	10	10
Mutatio Tutaio (al. Tottaio). *Caradja*...........	VIIII	9	9
Mutatio Protunica. *Tarakli*..................	XI	11	10
Mutatio Artemis. *Ruines sur le Gunuk, riv*.......	XII	12	12
Mansio Dablæ. *Torbali ou Tereboli*.............	VI	6	6
Mansio Ceratæ (sive Cænon Gallicanon). *Sur le Meless*.	VI	6	18
Finis Bithiniæ[4] et Galatiæ.			
Mutatio Finis (al. Fines). *Sommité entre les sources du Meless et du Kiostebek ou Nalikhan*........	X	10	10
Mansio Dadastan (al. Dadastana). *Kiostebek*......	VI	6	6
Mutatio Transmonte (leg. Trans montem). *Près d'un Derbend*................................	VI	6	6
Mutatio Milia. *Nalikhan*.....................	XI	11	12
Civitas Juliopolis. *Sevri-Hissar*................	VIII	8	8
Mutatio Hycronpotamum (al. Hypion Potamum). *Ruisseau qui se jette dans la Sacaria, riv*.......	XIII	13	13
Mansio Agannia (al. Lagania). *Beybazar*........	XI	11	11
Mutatio Ipetobrogen. *Près de Coulé*............	VI	6	11
Mansio Mnizos. *Aiass*.......................	X	10	12
Mutatio Prasmon. *Ruines sur le Martalo, riv*.....	XII	12	12

[1] On lit dans le MS. *a Constantinopolim Nicomedia*.
[2] Le MS. porte *mansiones* VIII. — L'addition donne 61 milles : M. Lapie n'en compte que 59. Il y a 6 relais et non 7, et 3 stations, non compris Constantinople, qui est compté dans la route précédente.
[3] *Libum*, dans Wesseling.
[4] *Bithyniæ*, Wesseling.

ITINERARIUM. 181

ITINÉRAIRE.	DISTANCES données PAR LES MANUSCRITS.		DISTANCES mesurées PAR M. LAPIE.
	Millia plus minus.	Milles plus ou moins.	Milles rom.
Mutatio Cenaxem palidem[1] (leg. paludem). *Madjon-Keui*...............	XIII	13	13
Civitas Anchira Galatia (al. Ancyra Galatiæ). *Angora.*	//	//	13
Fit a Nicomedia Anchiram Galatiæ[2] usque mil. CCLVIII. Mutationes XXVI. Mansiones XII[3].			
IX.			
Mutatio Delemna. *Ruines.*.............	X	10	11
Mansio Curveunta (al. Corbeus). *Balabanluge*....	XI	11	11
Mutatio Rosolodiaco (al. Rosolagiaco). *Karageutchik.*	XII	12	12
Mutatio Aliassum. *Karakeui.*.............	XIII	13	13
Civitas Arpona (al. Aspona). *Ruines sur un ruisseau.*	XVIII	18	18
Mutatio Galea. *Kirchek.*...............	XIII	13	13
Mutatio Andrapa. (al. Andraca). *Mangior.*.......	VIIII	9	8
Finis Galatiæ[4] et Cappadociæ.			
Mansio Parnasso. *Ruines.*...............	XIII	13	13
Mansio Jogola (al. Ozzala). *Akseraï.*...........	XVI	16	17
Mansio Nitalis (al. Nitazis). *Ruines.*..........	XVIII	18	18
Mutatio Argustana (Fort. Angustana ?). *Agatzlikeui.*	XIII	13	13
Civitas Colonia (al. Archelais colonia). *Ruines.*....	XVI	16	16
Mutatio Momoasson. *Kaïrli.*..............	XII	12	12
Mansio Anathiango (al. Nazianzo). *Ruines de Nazianze.*................	XII	12	13
Mutatio Chusa. *Ruines.*.................	XII	12	12
Mansio Sasima[5]. *Près du lac Ghiol-Djouk.*.......	XII	12	12
Mansio Andavilis (al. Andabalis). *Nigdeh.*.......	XVI	16	16
Ibi est villa Pampali, unde veniunt equi Curules[6].			
Civitas Thiana (al. Tyana). *Klisessar ou Ketch-Hissar.* Inde fuit Appollonius[7] Magus.	//	//	16
Civitas Faustinopoli. *Sur le Boulgar Dagh.*.......	XII	12	12
Mutatio Cæna. *Sur le Kirk-Guetchik, riv.*........	XIII	13	13
Mansio Opodanda (al. Podandus). *Fort Doulek.*...	XII	12	12
Mutatio Pilas (leg. Pylas). *Khan-Bechtach*.......	XIIII	14	15
Finis Cappadociæ et Ciliciæ.			

[1] Wesseling écrit *Cenaxepalidem.*
[2] Il y a dans le MS. *Anchira Galatia.*
[3] L'addition des nombres du texte produit 228, et celle des nombres de M. Lapie 254. Il y a 25 relais parmi lesquels 10 stations, non compris Angora, qui est compté dans la route qui précède.
[4] *Gallatiæ* dans le MS.
[5] Wesseling écrit *Sasimam.*
[6] *Pampati, unde veniunt æqui,* dans notre MS.
[7] *Apollonius,* Wesseling.

ITINÉRAIRE.	DISTANCES données PAR LES MANUSCRITS.		DISTANCES mesurées PAR M. LAPIE.
	Millia plus minus.	Milles plus ou moins.	Milles rom.
Mansio Mansucrine[1] (al. Mopsucrene). *Sur le Berghigar Dagh*..........	XII	12	12
Civitas Tharso. *Tarsous*............	XII	12	12
Inde fuit apostolus Paulus.			

Fit ab Anchira Galatia[2] Tharso[3] usque milia CCCXLIII. Mutationes XXV. Mansiones XVIII[4].

X.

Mutatio Pargais........................	XIII	13	13
Civitas Abdana[5] (leg. Adana). *Adana*.........	XIIII	14	14
Civitas Mansista (al. Mopsuestia). *Messis*.......	XVIII	18	18
Mutatio Tardequeia. *Ruines à l'ouest de Kartanlek*..	XV	15	15
Mansio Cantavolomis (al. Castabala). *Ayass*......	XVI	16	16
Mansio Baiæ. *Pias*..................	XVII	17	16
Mansio Alexandria Scabiosa[6]. *Scanderoun ou Alexandrette*.........	XVI	16	16
Mansio Pictanus. *Beylan*................	VIIII	9	9
Fines Ciliciæ et Syriæ.			
Mansio Pangrios (al. Pagras). *Pagros, château*....	VIII	8	8
Civitas Antiochia. *Antakia*..............	XVI	16	21

Fit a Tharso Ciliciæ Antiochiam[7] milia CXLI. Mutationes X. Mansiones VII[8].

XI.

Ad Palatium Dafne.....................	V	5	5
Mutatio Hysdata. *Cheik-Keui*..............	XI	11	11
Mansio Platanus. *Sur le Nahr Gebere*..........	VIII	8	8
Mutatio Bachaias. *Ordou*................	VIII	8	8
Mansio Cattelas (al. Cathela). *Gitte-Galle*.......	XVI	16	16
Civitas Ladica (al. Laodicea). *Latakieh*.........	XVI	16	16
Civitas Gavala (al. Gabela). *Jebileh*............	XIIII	14	14
Civitas Balaneas (al. Balanea). *Banœas*.........	XIII	13	14
Finis Syriæ Cœlis et Fœnicis.			

[1] *Mansverine*, Wesseling.
[2] *Gallatia* dans le MS.
[3] Wesseling écrit *Tharson*.
[4] La distance générale est de 317 milles, et non de 343 : M. Lapie en compte 320. Il y a 24 relais, parmi lesquels 14 stations, au lieu des 25 relais et 18 stations annoncés.
[5] *Adana*, Wesseling.
[6] On lit *Scabiosam* dans le MS.
[7] *Cilicia Antiochia* dans le MS.
[8] L'addition produit 142; M. Lapie compte 146. Il y a 10 relais dont 7 stations, comme il est marqué dans le texte.

ITINERARIUM. 183

ITINÉRAIRE.	DISTANCES données PAR LES MANUSCRITS.		DISTANCES mesurées PAR M. LAPIE.
	Millia plus minus.	Milles plus ou moins.	Milles rom.
Mutatio Maraccas. *Marakeia*..................	X	10	10
Mansio Antaradus. *Aïn-ol-Hye*...............	XVI	16	16
Est civitas in mare a ripa mil. II[1].			
Mutatio Spiclin. *Sur le Nahr-Abach*...........	XII	12	12
Mutatio Basiliscum. *El Aarous*...............	XII	12	12
Mansio Arcas. *Arka*........................	VIII	8	8
Mutatio Bruttus. *Sur le Nahr-el-Bered*.........	IIII	4	4
Civitas Tripoli. *Tripoli ou Tarabolos*...........	XII	12	12
Mutatio Tridis (al. Trieris). *Enty*.............	XII	12	12
Mutatio Bruttosalia.........................	XII	12	12
Mutatio Alcobile. *Gafar-Djouni*...............	XII	12	22
Civitas Birito[2] (leg. Beryto). *Berout ou Beirout*...	XII	12	12
Mutatio Heldua. *Près l'embouchure du Nahr-el-Kahdi*.	XII	12	12
Mutatio Parphirion (al. Porphyrion). *Ruines près l'embouchure du Nahr-Barouk*...............	VIII	8	4
Civitas Sidona. *Seïdeh*.....................	VIII	8	4
Ibi Helias ad viduam ascendit et petiit sibi cibum[3].			
Mutatio ad Nonum. *Sur le Nahr-Nosey*.........	IIII	4	4
Civitas Tyro (sive Sor). *Sour*................	XII	12	12

Fit ab Antiochia Tyro[4] usque milia CLXXIIII. Mutationes XX. Mansiones XI[5].

XII.

Mutatio Alexandroschene. *Ruines*.............	XII	12	12
Mutatio Ecdeppa (al. Ecdippa). *Zeb ou Achzib*...	XII	12	12
Civitas Ptolomaida[6] (al. Ptolemaida, sive Aco). *Saint-Jean-d'Acre*............................	VIII	8	8
Mutatio Calamon. *Calamoun*.................	XII	12	20
Mansio Sicamenos (al. Sycaminos). *Atlit, ou château Pèlerin*................................	III	3	3
Ibi est mons Carmelus, ibi Helias sacrificium faciebat.			
Mutatio Certha[7]. *Château ruiné*..............	VIII	8	8
Fines Syriæ et Palestinæ.			

[1] Il s'agit ici de la ville d'*Aradus*.
[2] *Berito*, Wesseling.
[3] *Cybum* dans le MS.
[4] *Tyrum*, Wesseling.
[5] Au lieu des 174 milles annoncés, l'addition en produit 257, et M. Lapie en marque 260. Il y a 24 relais et non pas seulement 20; quant au chiffre des stations il est exact, si l'on ne fait pas une station de *palatium Daphne*.
[6] *Ptolemaida*, Wesseling.
[7] Wesseling écrit *Certa*.

ITINÉRAIRE.	DISTANCES données PAR LES MANUSCRITS.		DISTANCES mesurées PAR M. LAPIE.
	Millia plus minus.	Milles plus ou moins.	Milles rom.
Civitas Cæsarea Palestina, id est, Judæa. *Kaisarieh, ruines*....................	VIII	8	8

Fit a Tyro Cæsaream Palestinam[1] milia LXXIII. Mutationes II. Mansiones III[2].

XIII.

Ibi est Balneus Cornelii centurionis, qui multas eleemosynas[3] faciebat. In tertio miliario est Mons Syna, ubi fons est, in quem mulier si laverit, gravida fit.

Civitas Maxianopoli (al. Maximianopoli). *Ruines sur le Mont-Carmel*................	XVII	17	17
Civitas Stradela. *Près Kabattieh*............	X	10	10

Ibi sedit Achab rex, et Helias prophetavit.
Ibi est campus, ubi David Goliat occidit.

Civitas Sciopoli (al. Scythopoli, sive Bethsan). *Bysan ou Baïsan*.....................	XII	12	12
Aser, ubi fuit villa Job...................	VI	6	8
Civitas Neapoli. *Naplous*..................	XV	15	15

Ibi est mons Agazaren. Ibi dicunt Samaritani Abraham sacrificium obtulisse, et ascenduntur usque ad summum montem gradus[4] num. CCC. Inde ad pedem[5] montis ipsius locus est, cui nomen est Sechim (*Sichem*). Ibi positum est monumentum, ubi positus est Joseph in villa quam dedit ei Jacob pater ejus. Inde rapta est et Dina filia Jacob a filiis Amorreorum[6]. Inde passus mille, locus est cui nomen Sechar, unde descendit mulier Samaritana, ad eumdem locum, ubi Jacob puteum fodit, ut de eo aqua impleret, et dominus noster Jesus Christus cum ea locutus est[7]. Ubi sunt arbores platani, quos plantavit Jacob, et balneus qui de eo puteo lavatur.

Inde milia XXVIII euntibus Hierusalem, in parte sinistra est villa, quæ dicitur Bethar (al. Bethel). *Beteser*........................	XXVIII	28	28

Inde passus mille est locus, ubi Jacob cum iret in Mesopotamiam[8] addormivit, et ibi est arbor amigdala,

---

[1] Dans le MS. on lit : *Cæsarea Palestina*.
[2] L'addition ne donne que 63, et M. Lapie ne compte que 71, au lieu des 73 du texte. Il y a 7 relais parmi lesquels 3 stations.
[3] Dans le MS. on lit : *qui alymosinas*.
[4] *Gradi*, dans le MS.
[5] *Pede montis*, MS.
[6] *Amorræorum*, Wesseling.
[7] *Loquutus*, Wesseling.
[8] *Mesopotamia*, MS.

ITINERARIUM.

ITINÉRAIRE.	DISTANCES données PAR LES MANUSCRITS.		DISTANCES mesurées PAR M. LAPIE.
	Millia plus minus.	Milles plus ou moins.	Milles rom.
et vidit visum, et Angelus cum eo luctatus est. Ibi fuit rex Hieroboam, ad quem missus fuit propheta, ut converteretur ad Deum excelsum : et jussum fuerat prophetæ, ne cum pseudopropheta[1], quem secum rex habebat, manducaret. Et quia seductus est a pseudopropheta[2], et cum eo manducavit, rediens occurrit prophetæ leo in via, et occidit eum leo.			
Inde Hierusalem. *Jérusalem*.	XII	12	12
Fit a Cæsarea Palestinæ[3] Hierusalem usque, mil. CXVI. Mansiones IIII. Mutationes IIII[4].			
Sunt in Hierusalem piscinæ magnæ duæ ad latus templi, id est una ad dexteram, alia ad sinistram, quas Salomon fecit. Interius vero civitatis sunt piscinæ gemellares, quinque porticus habentes, quæ appellantur Betsaida. Ibi ægri multorum annorum sanabantur; aquam autem habent hæ piscinæ in modum coccini turbatam. Est ibi et cripta, ubi Salomon dæmones torquebat. Ibi est angulus turris excelsissimæ, ubi Dominus ascendit et dixit ei is qui tentabat eum.			

[1] *Pseudoprophetam*, MS.
[2] *Idem*, MS.
[3] *Palestina*, MS.
[4] L'addition produit 100 milles ; le chiffre de M. Lapie est 102. Le nombre des relais paraît être de 7, parmi lesquels 5 stations.

Le résumé de la route générale de Constantinople à Jérusalem, au lieu d'être placé ici, est mis à la fin de la route qui suit et qui est celle de Jérusalem à Kaïsarieh. Ce résumé qui compte de Constantinople à Jérusalem 1164 milles, 69 relais et 58 stations (voyez à la fin de la route XIV), n'est pas exact, ainsi qu'il résulte du tableau qui suit :

ROUTES.	Sommes des distances partielles.	NOMBRES FOURNIS PAR LE TEXTE.			TOTAUX EFFECTIFS.		
		Totaux annoncés.					
	Millia.	Millia.	Mutationes.	Mansiones.	Millia.	Mutationes.	Mansiones.
VII. De *Constantinopolis* à *Nicomedia*	61	8	7	3	59	6	3
VIII. De *Nicomedia* à *Ancyra*	228	258	26	12	254	25	10
IX. D'*Ancyra* à *Tarsus*	317	343	25	18	320	24	14
X. De *Tarsus* à *Antiochia*	142	141	10	7	146	10	7
XI. D'*Antiochia* à *Tyrus*	257	174	20	11	260	24	11
XII. De *Tyrus* à *Cæsarea*	63	73	2	3	71	7	3
XIII. De *Cæsarea* à *Hierusalem*	100	116	4	4	102	7	5
TOTAUX GÉNÉRAUX	1168	1113	94	58	1212	103	53

ITINÉRAIRE.	DISTANCES données PAR LES MANUSCRITS.		DISTANCES mesurées PAR M. LAPIE.
	Millia plus minus.	Milles plus ou moins.	Milles rom.

Et ait ei Dominus : Non tentabis Dominum Deum tuum, sed illi soli servies. Ibi est et lapis-angularis magnus, de quo dictum est : Lapidem quem reprobaverunt ædificantes. Item ad caput anguli, et sub pinna turris ipsius, sunt cubicula plurima, ubi Salomon palatium habebat. Ibi etiam constat cubiculus, in quo sedit et sapientiam descripsit, ipse vero cubiculus uno lapide est tectus. Sunt ibi et excepturia magna aquæ subterraneæ, et piscinæ magno opere ædificatæ, et in æde ipsa ubi templum fuit, quod Salomon ædificavit, in marmore ante aram, sanguinem Zachariæ ibi dicas hodie fusum. Etiam parent vestigia clavorum militum, qui eum occiderunt, in totam aream, ut putes in cera fixum esse. Sunt ibi et statuæ duæ Adriani[1]. Est et non longe de statuis lapis pertusus, ad quem veniunt Judæi singulis annis, et unguent eum, et lamentant se cum gemitu et vestimenta sua scindunt, et sic recedunt. Est ibi et domus Ezechiæ regis Judæ. Item exeunti[2] in Hierusalem, ut ascendas Sion, in parte sinistra, et deorsum in valle juxta murum, est piscina, quæ dicitur Siloa, habet quadriporticum, et alia piscina grandis foras. Hic fons sex diebus atque noctibus currit : septima vero die est Sabbatum[3] in totum nec nocte nec die currit. In eadem ascenditur Sion, et paret ubi fuit domus Caiphæ sacerdotis, et columna adhuc ibi est, in qua Christum flagellis ceciderunt. Intus autem intra murum Sion, paret locus ubi palatium habuit David, et septem synagogæ, quæ illic fuerunt, una tantum remansit, reliquæ autem arantur et seminantur, sicut Isaias propheta dixit. Inde ut eas foris murum de Sion[4] euntibus ad portam Neapolitanam, ad partem dextram, deorsum in valle sunt parietes, ubi domus fuit sive prætorium Pontii Pilati. Ibi Dominus auditus est antequam pateretur. A sinistra autem parte est monticulus Golgotha, ubi Dominus crucifixus est. Inde quasi ad lapidem missum est cripta ubi corpus ejus positum fuit, et tertia die resurrexit. Ibidem modo jussu Constantini imperatoris basilica facta est, id est, Dominicum miræ pulchritudinis, habens ad latus excepuria unde aqua levatur, et balneum a tergo, ubi infantes lavantur. Item ab Hierusalem euntibus ad portam, quæ est contra orientem, ut ascendatur in montem Oliveti, vallis quæ dicitur Josaphath ad partem sinistram ubi sunt vineæ. Est et petra, ubi Juda Scarioth Christum tra-

---

[1] *Hadriani*, Wesseling.
[2] *Exeuntibus*, MS.
[3] *Sabathum*, Wesseling.
[4] *Sione*, Wesseling.

ITINERARIUM.

ITINÉRAIRE.	DISTANCES données PAR LES MANUSCRITS.		DISTANCES mesurées PAR M. LAPIE.
	Millia plus minus.	Milles plus ou moins.	Milles rom.
didit. A parte vero dextra est arbor palmæ, de qua infantes ramos tulerunt et veniente Christo substraverunt. Inde non longe quasi ad lapidis missum sunt monumenta duo monubiles miræ pulchritudinis facta. In unum positus est Isaias propheta, qui est vere Monolitus, et in alium Ezechias rex Judæorum. Inde ascendis in montem Oliveti, ubi Dominus ante passionem apostolos docuit. Ibi facta est basilica jussu Constantini. Inde non longe est monticulus, ubi Dominus ascendit orare et apparuit illic Moyses et Helias, quando Petrum et Joannem secum duxit. Inde ad Orientem passus mille quingentos est villa, quæ appellatur Bethania. Est ibi cripta ubi Lazarus positus fuit, quem Dominus suscitavit.			
Item ad Hierusalem in Hiericho. *Richa, ruines de Jéricho*..................	XVIII	18	18
Descendentibus montem in parte dextra, retro monumentum est arbor Sicomori, in quam Zachæus ascendit, ut Christum videret. A civitate passus mille quingentos est fons Helisei prophetæ, antea si qua mulier ex ipsa aqua biberat, non faciebat natos. Ad latus est vas fictile Helisæi, misit in eo sales, et venit et stetit super fontem, et dixit: Hæc dicit Dominus: Sanavi aquas has; ex eo si qua mulier inde biberit, filios faciet. Supra eundem vero fontem est domus Rachab fornicariæ, ad quam exploratores introierunt, et occultavit eos, quando Hiericho versa est, et sola evasit. Ibi fuit civitas Hiericho, cujus muros gyraverunt cum arca Testamenti filii Israel et ceciderunt muri. Ex eo non paret nisi locus ubi fuit arca Testamenti et lapides XII, quos filii Israel de Jordane levaverunt. Ibidem Jesus filius Nave circumcidit filios Israel, et circumcisiones eorum sepelivit.			
Item ab Hiericho ad mare Mortuum. *A la mer Morte ou lac Asphaltite*...............	IX	9	9
Est aqua ipsius valde amarissima, ubi in totum nullius generis piscis est, nec aliqua navis, et si qui hominum miserit se ut natet, ipsa aqua eum versat.			
Inde ad Jordanem ubi Dominus a Joanne baptizatus est. *Au Jourdain*................	V	5	5
Ibi est locus super flumen monticulus in illa ripa, ubi raptus est Helias in cœlum. Item ab Hierusalem euntibus Bethleem milia quatuor, super strata in parte dextra, est monumentum, ubi Rachel posita est uxor Jacob. Inde			

ITINÉRAIRE.	DISTANCES données PAR LES MANUSCRITS.		DISTANCES mesurées PAR M. LAPIE.
	Millia plus minus.	Milles plus ou moins.	Milles rom.
millia duo a parte sinistra est Bethleem, ubi natus est Dominus [1] Jesus Christus; ibi basilica facta est jussu Constantini. Inde non longe est monumentum Ezechiel, Asaph, Job et Jesse, David, Salomon, et habet in ipsa cripta ad latus deorsum descendentibus, Hebræis scriptum nomina super scripta.			
Inde Bethasora (al. Bethsoron). *Bet Summar*..	XIIII	14	14
Ubi est fons, in quo Philippus eunuchum baptizavit.			
Inde Therebinto (al. Terebintho). *Charbet el Botten*	VIIII	9	9
Ubi Abraham habitavit, et puteum fodit sub arbore Therebinto, et cum angelis locutus est, et cibum sumpsit. Ibi basilica facta est jussu Constantini miræ pulchritudinis.			
Inde Therebinto Cebron (al. Chebron). *Hebron ou Khalil*	II	2	2
Ubi est memoria per quadrum ex lapidibus miræ pulchritudinis, in qua positi sunt Abraham, Isaac, Jacob, Sarra, Rebecca et Lia.			
XIV. Item ab Hierosolyma [2] sic.			
Civitas Nicopoli. *Romani*.....................	XXII	22	17
Civitas Lidda (al. Lydda, sive Diospolis). *Ramley*..	X	10	10
Mutatio Antipatrida (prius Chabarzaba). *Soufi*....	X	10	12
Mutatio Betthar (al. Betharus). *Au nord del Borg*..	X	10	10
Civitas Cæsarea. *Kaïsarieh, ruines*...............	XVI	16	19
Fit omnis summa a Constantinopoli usque Hierusalem mil. undecies centena LXIIII. mil. Mutationes LXVIIII. Mansiones LVIII [3].			
Item per Nicopolim Cæsaream mil. LXXIII, S. [i. e. semis, sive 500 passus]. Mutationes v. Mansiones III [4].			

[1] *Dominus noster Jesus*, Wesseling; *noster* ne se trouve pas dans le MS.

[2] Jérusalem étant le terme du voyage, les routes qui suivent sont celles du retour.

[3] Cette récapitulation est hors de place, elle devrait être mise à la page 185. (Voyez la note 4 de cette même page).

[4] Le résumé de la route de Jérusalem à Kaïsarieh donne 68 milles, 5 relais dont 3 stations.

ITINERARIUM.

ITINÉRAIRE.	DISTANCES données PAR LES MANUSCRITS.		DISTANCES mesurées PAR M. LAPIE.
	Millia plus minus.	Milles plus ou moins.	Milles rom.
XV.			
Item[1] ab Heraclea per Macedoniam mut. ærea mil. XVI.			
Mansio Registo[2] (leg. mutatio Bedizo, sive Beodizo). *Turmenti*............	XII	12	9
Mutatio Bedizo (leg. mansio Registo, al. Rhædesto). *Rodosto*........	XII	12	22
Civitas Apris (al. Theodosiopoli). *Aïnadjik*.......	XII	12	16
Mutatio Zesutera. *Kahraman*..................	XII	12	12
Finis Europæ et Rhodopeæ.			
Mansio Sirogellis (al. Syracellis). *Migalgara*.....	X	10	10
Mutatio Drippa. *Sur la rivière de Keschan*........	XIIII	14	14
Mansio Gipsila (al. Cypsela). *Ipsala*.............	XII	12	16
Mutatio Demas (al. Dyme). *Feredjik*...........	XII	12	12
Civitas Trajanopoli. *Orikhova ou Trajanopolis*.....	XIII	13	16
Mutatio Adunimpara (al. ad Timpara, sive Tempyra). *Sur une rivière*....................	VIII	8	9
Mutatio Salei. *Sur les montagnes*..............	VII	7 1/2	7
Mutatio Melalico (al. Milolito). *Peresteria*.......	VIII	8	9
Mansio Berozicha (al. Brendice). *Chapdjilar*.....	XV	15	7
Mutatio Breierophara. *Village sur une petite rivière*.	X	10	10
Civitas Maximianopoli. *Ghumourdjina*..........	X	10	10
Mutatio Adstabulodio (al. ad Stabulum Diomedis). *A l'O. d'Iassikeui*......................	XII	12	12
Mutatio Rumbodona (al. Rumbodunum). *Paizler, sur le lac Lafri*...................	X	10	10
Civitas Epyrum (al. Topyrum). *Kara-Guieuzi*.....	X	10	10
Mutatio Purdis (al. Purgis, sive Pyrgis). *Carassou-Khan*........................	VIII	8	8
Finis Rhodopeæ et Macedoniæ.			
Mansio Hercontroma (al. Acontisma). *Tcheherbend-Keui*.....................	VIIII	9	9
Mutatio Neapolim. *La Cavale*................	VIIII	9	9
Civitas Philippis. *Ruines de Philippi*...........	X	10	12
Ubi Paulus et Sileas in carcere fuerunt.			

[1] L'auteur revenant ensuite de *Cæsarea* à *Heraclea* par la même route qu'il avait parcourue en allant, se dispense de répéter les détails de cette route, que l'on trouvera sous les n°s XII, XI, X, IX, VIII, VII et VI; mais à partir d'*Heraclea* il suit à son retour une route nouvelle, dont il a soin de marquer les détails.

[2] Il y a ici transposition; *Beodizus* doit être placé avant *Rhædestus*.

ITINÉRAIRE.	DISTANCES données PAR LES MANUSCRITS.		DISTANCES mesurées PAR M. LAPIE.
	Millia plus minus.	Milles plus ou moins.	Milles rom.
Mutatio ad Duodecim. *Moustagnia*.............	XII	12	12
Mutatio Domeros (al. Doberos). *Kainardjikhan*...	VII	7	7
Civitas Amphipolim. *Ruines près de Ienikeui*......	XIII	13	11
Mutatio Pennana. *Proatta-Karaoul*............	X	10	10
Mutatio Peripidis (leg. Euripidis). *Fort ruiné*.....	X	10	10
Ibi positus est Euripides poeta.			
Mansio Appollonia [1] (al. Apollonia). *Bazar-Djedid*.	XI	11	11
Mutatio Heracleustibus. *Ravagna*..............	XI	11	11
Mutatio Duodea. *Cahwiller*...................	XIIII	14	14
Civitas Thessalonica. *Salonique*...............	XIII	13	13
Mutatio ad Decimum. *Arabli*.................	X	10	10
Mutatio Gephira (al. Gephyra). *Sur le Caraismak, riv.*	X	10	10
Civitas Pelli [2] (leg. Pella). *Ienidjé*.............	X	10	10
Unde fuit Alexander Magnus Macedo.			
Mutatio Scurio (al. Cyrio). *Voutzitra ou Vistritza*..	XV	15	15
Civitas Edissa (al. Edessa). *Près de Vodena*......	XV	15	15
Mutatio ad Duodecimum. *Ruines à l'E. du lac d'Ostrovo*...	XII	12	12
Mansio Cellis. *Caïlari*.......................	XVI	16	16
Mutatio Grande. *Au nord de Ghalghuilar*........	XIIII	14	6
Mutatio Melitonus. *Bagna*...................	XIIII	14	6
Civitas Heraclea. *Derbend, sur le Kutchuk-Carassou*.	XIII	13	12
Mutatio Parambole. *Floria*..................	XII	12	12
Mutatio Brucida. *Dans les montagnes entre Monastir et le lac Drenovo*..........................	XVIIII	19	19
Finis Macedoniæ et Epyri.			
Civitas Cledo (al. Lychnido). *Ruines, près Saint-Naoum*..................................	XIII	13	16
Mutatio Patras. *Ruines au S. O. de Panta Vinia*...	XII	12	12
Mansio Claudanon. *Camenitza*................	IIII	4	4
Mutatio in Tabernas (al. Tres Tabernæ). *Près Molekha*.......................................	VIIII	9	9
Mansio Granda Via (al. Candavia). *Sur le Scombi, riv*.	VIIII	9	9
Mutatio Trajecto [3]. *Pont de Koukousa, sur le Scombi, riv*.	VIIII	9	9
Mansio Hiscampis (al. Scampis). *Ruines*.........	VIIII	9	9
Mutatio ad Quintum......................	VI [4]	6	6

[1] *Apolonia*, Wesseling.
[2] *Polli*, MS.
[3] *Trejecto*, MS.
[4] Ce n'est pas, comme on le verra plus loin, le seul endroit où la distance ne se trouve pas en rapport avec la désignation du lieu; mais nous avons dû reproduire exactement les nombres donnés par notre MS.

ITINERARIUM. 191

ITINÉRAIRE.	DISTANCES données PAR LES MANUSCRITS.		DISTANCES mesurées PAR M. LAPIE.
	Millia plus minus.	Milles plus ou moins.	Milles rom.
Mansio Coladiana (al. Clodiana, sive Claudiana). *El Bassan*...........	XV	15	15
Mansio Marusio. *Grabasit*.............	XIII	13	13
Mansio Absos (al. Apsus). *Berat*...........	XIIII	14	14
Mutatio Stefanaphana (al. Stephani phana). *Sur la Boscovitza, riv*........	XII	12	12
Civitas Apollonia. *Monastère de Pollini*.......	XVIII	18	18
Mutatio Stefana (al. Stephanacium). *Goritza*.....	XII	12	8
Mansio Aulona, trajectum[1]. *Valone ou Avlone*....	XII	12	8
Fit omnis summa ab Heraclea per Macedoniam Aulona usque milia DCLXXXVIII[2]. Mutationes LVIII. Mansiones XXV[3].			

XVI.

Trans mare stadia mille, quod facit......	C	100	60
Et venis Odronto (leg. Hydruntum), mansio. *Otrante*...........	I	1	1
Mutatio ad Duodecimum. *Près de Callimera*......	XIII	13	13
Mansio Clipeas (al. Lipeas, sive Lupias). *Lecce*...	XII	12	12
Mutatio Valentia (al. Valentio). *S. Pietro-Vernotico*.	XIII	13	16
Civitas Brindisi (al. Brundisio). *Brindisi*........	XI	11	11
Mansio Spitenæes[4] (al. Speluncas). *Porto di Specchiola*.	XIIII	14	14
Mutatio ad Decimum. *Torre di S. Leonardo*.......	XI	11	11
Civitas Leonatiæ (al. Egnatiæ). *Torre Egnazia*....	X	10	10
Mutatio Turres Aurilianas (sive Turres Cæsaris). *Torre di Ripagnola*..........	XV	15	18
Mutatio Turres Juliana (leg. Julianas, sive Turris Juliana). *Mola*...........	VIIII	9	9
Civitas Beroes (al. Barium). *Bari*.............	XI	11	11
Mutatio Butontones[5] (al. Butuntum). *Bitonto*....	XI	11	11
Civitas Rubos. *Ruvo*...............	IX	11	11
Mutatio ad Quintumdecimum. *Près Andria*.......	XV	15	15
Civitas Canusio. *Canosa*.............	XV	15	15
Mutatio Undecimum. *Cerignola*.............	XI	11	11

[1] *Trejectam*, MS.
[2] DCLXXVIII, Wesseling.
[3] L'addition ne produit que 663 milles ½, qui, suivant M. Lapie, doivent encore être réduits à 653. Si l'on ne compte pas le lieu de départ, le chiffre des relais est exact, celui des stations est trop fort d'une unité.
[4] *Spilenæ es*, MS.
[5] *Botontones*, Wesseling.

ITINÉRAIRE.	DISTANCES données PAR LES MANUSCRITS.		DISTANCES mesurées PAR M. LAPIE.
	Millia plus minus.	Milles plus ou moins.	Milles rom.
Civitas Serdonis (al. Erdonis, sive Herdonis). *Ordona*........	xv	15	15
Civitas Æcas. *Troja*..................	xviii	18	18
Mutatio Aquilonis (al. Aquilonia). *Tuori*.......	x	10	10
Finis Apuliæ et Campaniæ.			
Mansio ad Equum[1] Magnum (al. Tuticum). *Fojano*............	viii	8	8
Mutatio Vicus Forno (leg. Foro) Novo. *Pago*.....	xii	12	12
Civitas Benevento. *Benevent*..............	x	10	10
Civitas et Mansio Claudiis (al. Caudiis). *Près Rotondi*..........	xii	12	12
Mutatio Novas. *Près Cervino*..............	viiii	9	9
Civitas Capua. *Capoue*................	xii	12	12
Fit summa ab Aulona usque Capuam. Mil. cclxxxviiii Mutationes xxv. Mansiones xiii[2].			

XVII.

Mutatio ad Octavum. *A l'est de la Posta*........	viii	8	9
Mutatio Ponte Campano. *Molino Ceppani*........	viiii	9	6
Civitas Sonuessa (al. Sinuessa). *Li Vagnoli*......	viiii	9	7
Civitas Menturnas (al. Minturnas). *Taverna*......	viiii	9	9
Civitas Formis. *Mola*................	viiii	9	9
Civitas Fundis. *Fondi*................	xii	12	13
Civitas Terracina[3]. *Terracine*..............	xiii	13	13
Mutatio ad Medias. *Mesa*..............	x	10	10
Mutatio Appi Foro. *Foro Appio*............	viiii	9	9
Mutatio Sponsas. *Torre Mercata*............	vii	7	12
Civitas Aricia et Albona (al. Albana). *La Riccia et Albano*............	xiiii	14	16
Mutatio ad Nono (leg. ad Nonum). *T. Selce*.....	vii	7	7
In Urbe Roma. *Rome*................	viiii	9	9
Fit a Capua usque ad urbem Romam mil. cxxxvi. Mutationes xiiii. Mansiones viiii[4].			

[1] *Æquum*, MS.

[2] Le total annoncé est, d'une part, 1000 stades ou 100 milles, plus 289 milles, en tout 389 milles, et 25 relais, dont 13 stations. L'addition produit 388 milles, que M. Lapie réduit à 354, et 25 relais, dont 14 stations.

[3] *Tarragina*, MS.

[4] L'addition ne produit que 125 milles; M. Lapie en compte 129, c'est-à-dire 7 de moins que le nombre annoncé. On ne trouve que 13 relais au lieu de 14, et 7 stations au lieu de 9.

ITINERARIUM.

ITINÉRAIRE.	DISTANCES données PAR LES MANUSCRITS.		DISTANCES mesurées PAR M. LAPIE.
	Millia plus minus.	Milles plus ou moins.	Milles rom.
Fit ab Heraclea per Aulonam in urbem Romam usque mil. undecies centena XIII. Mutationes XVII. Mansiones XLVI [1].			
XVIII.			
Ab urbe Mediolanum.			
Mutatio Rubras (al. Saxa rubra). *Près la Prima Porta.*	VIIII	9	9
Mutatio ad Vicensimum. *Auberge près de Castelnuovo.*	XI	11	11
Mutatio Aqua Viva. *Auberge d'Aqua-Viva*	XII	12	12
Civitas Vericulo (al. Otriculo). *Otricoli*	XII	12	14
Civitas Narniæ. *Narni*	XII	12	7
Civitas Interamna. *Terni*	VIIII	9	9
Mutatio Tribus Tabernis. *Près Battiferro*	III	3	3
Mutatio Fani Fugitivi. *Ceselli*	X	10	11
Civitas Spolitio (al. Spoletio). *Spolete*	VII	7	5
Mutatio Sacraria. *Posta delle Vene*	VIII	8	7
Civitas Trevis (al. Trebia). *Trevi*	IIII	4	4
Civitas Fulginis (al. Fulgino). *Foligno*	V	5	5
Civitas Foro Flamini. *Près Turri*	III	3	4
Civitas Noceria (al. Nuceria). *Nocera*	XII	12	12
Civitas Ptanias (al. Tadinas). *Au sud de Gualdo*	VIII	8	8
Mansio Herbelloni (al. Helvillo). *Sigillo.*	VII	7	7

[1] Au lieu de ces trois derniers nombres, il devrait y avoir 1213 milles, 97 relais, et 47 stations. Le relevé de l'itinéraire depuis *Heraclea* jusqu'à Rome est exposé dans le tableau ci-dessous.

ROUTES.	NOMBRES FOURNIS PAR LE TEXTE.				TOTAUX EFFECTIFS.		
	Sommes des distances partielles.	Totaux annoncés.					
	Millia.	Millia.	Mutationes.	Mansiones.	Millia.	Mutationes.	Mansiones.
XV. D'*Heraclea* à *Aulona*	663½	688	58	25	653	58	24
XVI. D'*Aulona* à *Capua*	388	389	25	13	360	25	14
XVII. De *Capua* à *Roma*	125	136	14	9	129	13	7
TOTAUX GÉNÉRAUX	1176½	1213	97	47	1142	96	45

A BURDIGALA HIERUSALEM ITINERARIUM.

ITINÉRAIRE.	DISTANCES données PAR LES MANUSCRITS.		DISTANCES mesurées PAR M. LAPIE.
	Millia plus minus.	Milles plus ou moins.	Milles rom.
Mutatio Adhesis (al. ad Ensem). *Scheggia*.........	x	10	10
Mutatio ad Cale (leg. ad Calem). *Cagli*.........	XIIII	14	7
Mutatio Intercisa. *Passo del Furlo*.............	VIIII	9	9
Civitas Foro Simproni. *Fossombrone*.............	VIIII	9	7
Mutatio ad Octavo (leg. Octavum). *Le Tenaglie*...	VIIII	9	8
Civitas Fano Furtunæ. *Fano*...................	VIII	8	8
Civitas Pisauro. *Pesaro*.......................	XXIIII	24	8
Usque Ariminum. *Rimini*......................	[XXIII]	[23]	23
Mutatio Conpetu (al. Compitum). *Savignano*.....	XII	12	12
Civitas Cesena. *Cesena*........................	VI	6	8
Civitas Foro Populi. *Forlimpopoli*..............	VI	6	7
Civitas Foro Livi. *Forli*.......................	VI	6	6
Civitas Faventia. *Faenza*......................	V	5	10
Civitas Foro Corneli. *Imola*....................	X	10	10
Civitas Claterno (al. Claterna). *S. Nicolo*......	XIII	13	13
Civitas Bononia. *Bologne*......................	X	10	10
Mutatio ad Medias. *Samoggia*.................	XV	15	12
Mutatio Victuriolas. *Près le Panaro, riv.*........	X	10	10
Civitas Mutena (al. Mutina). *Modène*..........	III	3	3
Mutatio Ponte Secies. *Sur la Secchia, riv.*........	V	5	5
Civitas Regio [Lepido]. *Reggio*.................	VIII	8	12
Mutatio Canneto (al. Tanneto). *S. Illario*.......	X	10	10
Civitas Parme (al. Parmæ). *Parme*............	VIII	8	8
Mutatio ad Turum (leg. ad Tarum). *Casal-Guelfo*.	VII	7	7
Mansio Fidentiæ. *Borgo S. Donino*............	VIII	8	8
Mutatio ad Fonteclos (al. ad Fonticulos). *Fiorenzuola*.	VIII	8	8
Civitas Placentia. *Plaisance*..................	XIII	13	15
Mutatio ad Rota (al. ad Rotam, sive Rotas). *Casal-Pusterlengo*................................	XI	11	11
Mutatio Tribus Tabernis. *Secugnago*...........	V	5	5
Civitas Laude [Pompeia]. *Lodi-Vecchio*.........	VIIII	9	9
Mutatio ad Nonum. *Melegnano*.................	VII	7	7
Civitas Mediolanum. *Milan*...................	VII	7	9

Fit omnis summa ab urbe Roma Mediolanum usque mille ccccxvi. Mutationes XLII. Mansiones XXIIII[1].

Explicit Itinerarium.

---

[1] Au lieu des 416 milles annoncés, l'addition en produit 440, qui, d'après le compte de M. Lapie, doivent être réduits à 423 seulement. Les relais sont au nombre de 47 et non pas de 42, et les stations au nombre de 27 et non pas de 24.

TABULA
PEUTINGERIANA.

TABULA PEUTINGERIANA.

ITINÉRAIRE.	DISTANCES marquées DANS LA TABLE.		DISTANCES mesurées PAR M. LAPIE.
	Millia plus minus.	Milles plus ou moins.	Milles rom.
I. **VIA AURELIA.** *VOIE AURÉLIENNE.*			
Roma Gemenellum. *De Rome à S. Clair*.....	//	//	461
Lorio (al. Loria). *C. di Guido*..............	XII	12	12
Bebiana. *Castiglione*.......................	//[1]	//	6
Alsium. *Palo*.............................	VI	6	6
Pyrgos. *S. Severa*.........................	X	10	10
Punicum. *Près Marinella*...................	VI[2]	6	5
Castro novo. *Tour au nord du cap Linaro*.....	VIIII	9	4
Centum cellis. *Civita-Vecchia*...............	IIII	4	4
Mindo (al Minio) F. *Mignone, riv*............	//	//	6
Gravisca. *S. Clementino*....................	CO[3]	//	3
Tabellaria. *A l'ouest de Corneto*.............	V	5	3
Marta F. *Marta, riv*.......................	II	2	2
Foro Aureli. *Montalto*......................	III	3	8
Armenita (al. Arnina) F. *Fiora, riv*.........	IIII	4	3
Ad Nonas (leg. ad Novas). *Pescia*...........	III	3	7
Succosa (sive sub Cosa). *Capalbio*...........	II	2	7
Cosa. *Ruines d'Ansedonia, près l'auberge de Cosa*...	CO	//	8
Albinia F. *Albegna, riv*....................	VIIII	9	9
Telamone. *Telamone Vecchia ou T. Talamonaccia*..	IIII	4	4
Hasta. *Collecchio*.........................	VIII	8	6
Umbro F. *Ombrone, riv*....................	VIIII	9	9
Saleborna (sive Salebro). *Castiglione della Pescaia*.	XII	12	14
Maniliana (sive Manliana). *Vignale*..........	VIIII	9	19
Populonio. *Populonia, détruite*..............	XII	12	12
Vadis Volateris (al. Vadis Volaterranis). *T. di Vada*.	X	10	30
Valinis. *Rosignano*........................	X	10	5
Ad fines. *Près S. Luce, aux sources de la riv. Fine et du torrent Fine*........................	XIII	13	8

[1] Lorsque les mesures anciennes ne sont pas indiquées, c'est qu'elles manquent dans la table.

[2] L'édition précédente porte v.

[3] Nous n'avons pu expliquer ce *CO* qui se rencontre plusieurs fois dans la table et qui paraît servir à remplacer une distance.

ITINÉRAIRE.	DISTANCES marquées DANS LA TABLE.		DISTANCES mesurées PAR M. LAPIE.
	Millia plus minus.	Milles plus ou moins.	Milles rom.
Piscinas. *Peccioli*....................	VIII	8	8
Turrita (al. Triturrita). *Ponsacco*...........	XVI	16	7
Pisis. *Pise*........................	"	"	16
Fossis Papirianis (leg. Papyrianis). *Foce di Viareggio*....................	XI	11	13
Ad Taberna frigida. *Frigido Torrent*..........	XII	12	14
Lunæ. *Luni détruite, près Marinella*..........	X	10	6
Ad Monilia. *Moneglia*..................	XIII	13	33
Ad Solaria. *Lavagna*..................	VI	6	11
Ricina. *Recco*......................	XV	15	15
Genua. *Gênes*......................	VII	7	12
Ad Figlinas. *Pegli*....................	XXVII	27	7
Hasta. *Arenzano*.....................	XIII	13	8
Navalia. *Invrea*.....................	VII	7	7
Alba Docilia. *Albissola*.................	XIII	13	8
Vico Virginis. *Legine*..................	X	10	5
Vadis Sobates (al. Sabatiis). *Porto di Vado*......	VIIII	9	4
Albincauno (al. Albio Ingauno). *Albenga*......	XXIX	29	19
Luco Boramni (al. Bormani). *Oneglia*.........	XV	15	15
Costa Bellene (sive Ballenæ). *N. D. d'Arva*.....	"	"	9
Albintimillo (al. Albio Intemelio). *Vintimiglia*....	XVI	16	16
In Alpe Maritima. *Roccabrune*..............	VIIII	9	9
Gemenello (al. Cemenelio). *S. Clair*..........	VIIII	9	9
A. Alsio [*Portum Augusti*[1]]. *De Palo à [Fiumicino]*....................	VIIII	9	18
B. Vadis Volateris Aquas Volaternas (al. Volaterranas). *De T. di Vada à Monte Cerboli*..	"	"	22

II.

VIA FLAMINIA. *VOIE FLAMINIENNE.*

Roma Brigantionem. *De Rome à Briançon*...	"	"	565
Ad Pontem Julii. *Pont noble*................	III	3	3
Ad Rubras. *Près Prima Porta*...............	VI	6	6
Ad Vicesimum (sive Vigesimum). *Près Castelnuovo.*	XI	11	11
Aqua Viva. *Ost^a. di Acquaviva*...............	"	"	12
Interamnio (sive Interamna). *Terni*...........	VII	7	30
Ad Martis. *La Costa*....................	"	"	11

[1] Le nom manque dans la table, mais la position est indiquée.

PEUTINGERIANA.

ITINÉRAIRE.	DISTANCES marquées DANS LA TABLE.	DISTANCES mesurées PAR M. LAPIE.
	Millia plus minus. / Milles plus ou moins.	Milles rom.
Mevanie (leg. Mevaniæ). *Bevagna*	XII / 12	16
Foro Flamini. *Près Turri*	XVI / 16	9
Nucerio Camellaria (sive Nuceria). *Nocera*	XII / 12	12
Halvillo (sive Helvillo). *Sigillo*	XV / 15	15
Ad Ensem. *Au sud de Cantiano*	X / 10	10
Ad Calem. *Cagli*	VII / 7	7
Ad Intercisa. *Sur le Cantiano, riv.*	VIIII / 9	9
Foro Semproni. *Fossombrone*	XII / 12	7
Fano Furtunæ (leg. Fortunæ). *Fano*	XVI / 16	16
Pisauro. *Pesaro*	VIII / 8	8
Arimino. *Rimini*	XXIII / 23	23
Ad Confluentes. *Savignano*	XII / 12	12
Curva Cesena. (sive Cæsena). *Cesena*	VIII / 8	8
Foro Populi (al. Popilii). *Forlimpopoli*	VII / 7	7
Foro Livi. *Forli*	VII / 7	6
Faventia. *Faenza*	X / 10	10
Sinnium F. *Senio, riv.*	III / 3	4
Foro Corneli. *Imola*	VI / 6	6
Silarum F. *Silaro, riv.*	VII / 7	7
Claterna. *S. Nicolo au sud de Quaderna*	VII / 7	6
Isex F. *Idice, riv.*	VI / 6	6
Bononia. *Bologne*	IIII / 4	4
Foro Gallorum. *Castel Franco*	XVII / 17	17
Mutina. *Modène*	VIII / 8	8
Lepidoregio (sive Regio Lepidi). *Reggio*	XVII / 17	17
Tannetum (sive Tanetum). *S. Illario*	XI / 11	10
Parna (leg. Parma). *Parme*	II / 2	8
Fidentia. *Borgo S. Donino*	XV / 15	15
Florentia. *Fiorenzuola*	X / 10	8
Placentia. *Plaisance*	XV / 15	15
Comeli Magus (sive Cameliomagus). *Bronni*	″ / ″	22
Iria. *Voghera*	XVI / 16	16
Dertona. *Tortone*	″ / ″	10
Foro Sului (al Fulvii). *Alexandrie*	″ / ″	15
Hasia (al. Asta). *Asti*	XXII / 22	22
Augusta Taurinorum. *Turin*	XVI / 16	31
Finibus. *Près la Chiusa*	XVIII / 18	16
Segusione. *Suze*	XXII / 22	19
Martis. *Oulx*	XVII / 17	16
Gacuone (al. Gesdaone). *Cezanne*	VIII / 8	8
In Alpe Cottia. *Mont Genève*	V / 5	5
Brigantione. *Briançon*	VI / 6	6

ITINÉRAIRE.	DISTANCES marquées DANS LA TABLE.		DISTANCES mesurées PAR M. LAPIE.
	Millia plus minus.	Milles plus ou moins.	Milles rom.

III.

VIA CLODIA (al. CLAUDIA).
VOIE CLAUDIENNE.

Roma in Alpem Penninum (sive in Apenninum). *De Rome aux Apennins*.........	"	"	296
Ad Pontem Julii. *Pont noble*...............	III	3	3
Ad Sextum. *Près Inviolata*................	III	3	3
Veios. *Près Isola*.......................	VI	6	6
Vacanas (al. Baccanas). *Près Baccano Ost^a*.....	VIIII	9	9
Sutrio. *Sutri*..........................	XII	12	12
Vico Matrini. *Entre Viano et le lac de Vico*.....	"	"	6
Forum Cassi. *Campo Giordano*..............	IIII	4	4
Aquas Passaris. *Pasiera, riv*...............	XI	11	6
Volsinis (sive Vulsiniis). *Bolsena*...........	VIIII	9	22
Pallia F. *Paglia, riv*.....................	"	"	12
Clusio. *Chiusi*.........................	VIIII	9	22
Ad Novas. *Près Valiano*..................	VIIII	9	9
Adretio (al. Arretio, sive Aretio). *Arezzo*......	XXIIII	24	24
Umbro (al. Ombro) F. *Ambra, riv*...........	XV	15	15
Bituriza (al. Biturgia). *Montevarchi*..........	"	"	3
Ad Aquileia. *Incisa*.....................	XIIII	14	14
Florentia Tuscorum. *Florence*...............	"	"	13
Ad Solaria. *S. Angiolo*...................	VIIII	9	9
Hellana. *Agliana*.......................	VIIII	9	9
Pistoris (sive Pistoria). *Pistoia*...........	VI	6	6
Ad Martis. *B° a Buggiano*.................	VIII	8	11
Luca. *Lucques*.........................	XII	12	12
Foro Clodi. *Pietra Santa*..................	"	"	17
Lunæ. *Luni détruite, près Marinella*..........	XVI	16	16
Boron. *Villa Franca*.....................	"	"	18
In Alpe Pennino (sive in Apennino). *Monts Apennins.*	II	2	15

IV.

Florentia Tuscorum Pisas. *De Florence à Pise.*	"	"	46
Arnum F. *M. Lupo sur l'Arno*................	"	"	12
In Portu. *Empoli*.......................	IV	4	4
Valvata. *Cascina*.......................	XVII	17	22
Pisis. *Pise*............................	VIII	8	8

ITINÉRAIRE.	DISTANCES marquées DANS LA TABLE.		DISTANCES mesurées PAR M. LAPIE.
	Millia plus minus.	Milles plus ou moins.	Milles rom.
A. Luca Pisas. *De Lucques à Pise*.........	VIIII	9	14

V.

Clusio Florentiam Tuscorum. *De Chiusi à Florence*..................	"	"	70
Ad Novas. *Près Valiano*.................	VIIII	9	9
Ad Grecos (sive ad Græcos). *Fojano*.......	VIIII	9	9
Ad Joglandem. *Civitella*.................	XII	12	12
Umbro (al. Ombro) F. *Ambra, riv.*.........	X	10	10
Bituriza. *Montevarchi*...................	"	"	3
Ad Aquileia. *Incisa*.....................	XIIII	14	14
Florentia Tuscorum. *Florence*............	"	"	13

VI.

Clusio Populonium. *De Chiusi à Populonia*...	"	"	125
Ad Novas. *Près Valiano*.................	VIIII	9	9
Manliana. *Monte Pulciano*...............	VIII	8	8
Ad Mensulas. *Montalcino*................	XVIII	18	18
Umbro (al. Ombro) F. *Ombrone, riv. à Buonconvento.*	XVI	16	6
Sena Julia. *Sienne*.....................	VI	6	16
Ad Sextum. *Monticiano*.................	XVI	16	16
Aquæ Populaniæ. *Montoni*...............	XXXIII	33	33
Maniliana (al. Manliana). *Vignale*.........	VII	7	7
Populonio. *Populonia*...................	XII	12	12

VII.

Roma Portum Herculis. *De Rome à Porto Ercole.*	"	"	132
Ad Pontem Julii. *Pont Noble*.............	III	3	3
Ad Sextum. *Près Inviolata*..............	III	3	3
Careias. *Galera*.......................	VIIII	9	9
Vacanas (al. Baccanas). *Près Baccano ost*^{a}.......	VIIII	9	9
Ad Novas. *Anguillara*...................	VIII	8	8
Sabate. *Bracciano*.....................	"	"	4
Foro Clodo (leg. Foro Clodii). *L'Orinolo*.....	CO	"	4
Blera. *Bieda*..........................	XVI	16	16
Marta. *Marta, riv.*.....................	VIIII	9	9
Tuscana (sive Tuscania). *Toscanella*........	"	"	4
Materno. *Ischia*.......................	XII	12	12

ITINÉRAIRE.	DISTANCES marquées DANS LA TABLE.		DISTANCES mesurées PAR M. LAPIE.
	Millia plus minus.	Milles plus ou moins.	Milles rom.
Saturnia. *Saturnia*....................	XVIII	18	18
Succosa (sive sub Cosa). *Capalbio*............	VIII	8	18
Cosa. *Ruines d'Ansedonia, près l'ost^a di Cosa*......	CO	"	8
Portus Herculis. *Porto Ercole*................	XX	20	7

VIII.

Roma Clusium. *De Rome à Chiusi*..........	"	"	131
Ad Pontem Julii. *Pont Noble*................	III	3	3
Ad Sextum. *Près Inviolata*..................	III	3	3
Careias. *Galera*..........................	VIIII	9	9
Vacanas (al. Baccanas). *Près Baccano ost^a*.....	VIIII	9	9
Nepe (sive Nepete). *Nepi*....................	VIIII	9	9
Faleros (leg. Falerios). *S. M. di Fallari*........	V	5	5
Castello Amerino. *Orte*.....................	XII	12	12
Ameria. *Amelia*..........................	VIIII	9	9
Tuder. *Todi*..............................	VI	6	18
Vetona (sive Vettona). *Bettona*..............	XX	20	20
Pirusio (al. Perusia). *Perugia*..............	XIIII	14	9
Clusio. *Chiusi*............................	"	"	25

IX.

Roma Tarquinios. *De Rome à Tarchina, ruines.*	"	"	57
Lorio. *C. di Guido*.......................	XII	12	12
Bebiana. *Castiglione*......................	"	"	6
Turres. *Près Monterone*....................	"	"	4
Aquas Apollinaris (leg. Apollinares). *Allumiera*...	VIII	8	23
Tarquinis. *Tarchina, ruines*..................	XII	12	12
A. Blera Tarquinios. *De Bieda à Tarchina, ruines.*...............................	"	"	15

X.

Castro novo Tarquinios. *Du C. Linaro à Tarchina, ruines.*........................	"	"	18
Aquas Tauri. *Bagni, près l'aqueduc de Trajan*....	VII	7	7
Lacus et mons Ciminus (sive Ciminius). *Au sud de Corneto.*.............................	XII	12	7
Tarquinis. *Tarchina, ruines*..................	"	"	4

PEUTINGERIANA.

ITINÉRAIRE.	DISTANCES marquées DANS LA TABLE.		DISTANCES mesurées PAR M. LAPIE.
	Millia plus minus.	Milles plus ou moins.	Milles rom.
XI.			
Arimino (sive Ariminio)·Aquileiam. *De Rimini à Aquilée*........	"	"	209
Rubico F. *Fiumesino, riv*.............	XII	12	12
Ad Novas. *Cesenatico*................	III	3	3
Sabis (sive Sapis). *Ost^a. del Savio*.......	XI	11	11
Ravenna. *Ravenne*...................	XI	11	11
Butrio. *S. Alberto*...................	VI	6	11
Augusta (sive Fossa Augusta). *Valle di Agosta*..	VI	6	11
Sacis ad Padum. *Lago Santo*...........	XII	12	12
Neroma (sive Neronia). *Guiliola*........	IIII	4	4
Corniculani. *Sur le Canale Ipolito*.......	VI	6	6
Radriani (leg. Hadriani). *Ariano Vecchio*..	VI	6	6
Maria. *Près Contarina*................	VII	7	7
Fossis. *Ternova*.....................	VI	6	6
Evrone (al. Edrone Portu). *Codevigo*.....	XVIII	18	18
Mino Meduaco (leg. Meduaco Minore). *Licornio, riv. près Lova*................	VI	6	6
Maio Meduaco (leg. Meduaco Majore). *Seriola sur l'ancien cours de la Brenta*........	VI	6	6
Ad Portum (sive Portum Venetum). *Portesin*....	III	3	3
Altino. *Altino, ruines*................	XVI	16	16
Concordia. *Concordia*................	XXX	30	30
Aquileia. *Aquilée*...................	XXX	30	30
XII.			
Ravenna Tridentum. *De Ravenne à Trente*...	"	"	180
Ab Hostilia per Padum. *Ostiglia*.........	"	"	85
Verona. *Vérone*.....................	XXXIII	33	33
Vennum. *Volargnie*..................	XVIII	18	18
Sarnis. *Seravalle*....................	XXIIII	24	24
Tredente (sive Tridento). *Trente*........	XX	20	20
XIII.			
Hostilia Comum. *D'Ostiglia à Como*......	"	"	138
Mantua. *Mantoue*...................	XL	40	20
Beloriaco (al. Bedriaco). *Rivarolo*.......	"	"	20
Cremona. *Crémone*..................	XXII	22	22

26.

ITINÉRAIRE.	DISTANCES marquées DANS LA TABLE.		DISTANCES mesurées PAR M. LAPIE.
	Millia plus minus.	Milles plus ou moins.	Milles rom.
Acerras. *Pizzighettone*...............	XIII	13	13
Laude Pompeia. *Lodi Vecchio*.............	XXII	22	22
Mediolanum. *Milan*...................	XVI	16	16
Como. *Como*.......................	XXXV	35	25

XIV.

Como Altinum. *De Como à Altino, ruines*....	//	//	214
Bergomum. *Bergame*...................	//	//	34
Leuceris. *Lovere*....................	XX	20	25
Brixia. *Brescia*.....................	XXXV	35	25
Ariolica. *Li Ogliosi*..................	XXXII	32	32
Verona. *Vérone*.....................	XIII	13	13
Vicentia. *Vicence*....................	XXXIII	33	32
Patavis (sive Patavio). *Padoue*..........	XXII	22	21
Altino. *Altino, ruines*.................	XXX	30	32

XV.

Vicentia Aquileiam. *De Vicence à Aquilée*....	//	//	104
Opitergio. *Oderzo*...................	XXXIII	33	54
Concordia. *Concordia*..................	XL	40	20
Aquileia. *Aquilée*....................	XXX	30	30

XVI.

Placentia Augustam Pretoriam. *De Plaisance à Aoste*........................	//	//	164
Ad Padum. *Au Pô, riv.*...............	XX	20	15
Quadrata. *Corte Olona*................	VII	7	7
Lambrum. *Belgioso*...................	//	//	3
Ticeno (sive Ticino). *Pavie*.............	//	//	8
Laumellum. *Lumello*..................	XXI	21	21
Cutias (al. Cottias). *Candia*............	XII	12	12
Vergellis (sive Vercellis). *Verceil*.........	XIII	13	16
Eporedia. *Ivrée*.....................	XXXIII	33	33
Utricio (sive Vitricio). *Verres*...........	XXI	21	21
Augusta Pretoria. *Aoste*...............	XXVIII	28	28

PEUTINGERIANA.

ITINÉRAIRE.	DISTANCES marquées DANS LA TABLE.		DISTANCES mesurées PAR M. LAPIE.
	Millia plus minus.	Milles plus ou moins.	Milles rom.
XVII.			
Dertona Genuam. *De Tortone à Gênes*......	*"*	*"*	39
Libarnum (sive Libarna). *Villa Vecchia près Ronco*.	*"*	*"*	23
Genua. *Gênes*.....................	XVI	16	16
XVIII.			
Dertona Vada Sabatia. *De Tortone à Vado*...	*"*	*"*	81
Aquis Tatelis (sive Aquis Statiellis). *Acqui*......	XXVII	27	27
Crixia. *Rochetta di Cairo*................	XXII	22	22
Calanico. *Mallaro*.....................	XX	20	20
Vadis Sobates (al. Vadis Sabatiis). *Vado*........	XII	12	12
XIX.			
Dertona Augustam Taurinorum. *De Tortone à Turin*.....................	*"*	*"*	93
Aquis Tatelis (sive Aquis Statiellis). *Acqui*......	XXVII	27	27
Alba Pompeia. *Alba*.....................	X	10	24
Polentia (sive Pollentia). *Polenza*.............	*"*	*"*	7
Augusta Taurinorum. *Turin*................	XXXV	35	35
XX.			
VIA SALARIA. *VOIE SALARIA.*			
Roma Fanum Fortunæ. *De Rome à Fano*....	*"*	*"*	214
Fidenis. *C. Giubileo*.....................	*"*	*"*	6
Ereto. *Monte Rotondo*.....................	XIIII	14	10
Ad Novas. *Nerola*.....................	XIIIII	15	14
Reate. *Rieti*.....................	XVI	16	16
Aque Cittillie (leg. Aquæ Cutiliæ). *Sur le Velino, riv.*	VIIII	9	8
Interocrio (sive Interocrea). *Antrodoco*.........	VII	7	6
Foroecri (sive Foro Ocrei). *Santa Croce*.........	XII	12	12
Palacrinis (al. Falacrino). *Civita Reale*........	IIII	4	4
Ad Martis (leg. ad Martem). *Accumoli*.........	XVI	16	14
Surpicano. *Arquata*.....................	VII	7	7
Ad Aquas. *Acqua Santa*.................	IX	9	9

ITINÉRAIRE.	DISTANCES marquées DANS LA TABLE.		DISTANCES mesurées PAR M. LAPIE.
	Millia plus minus.	Milles plus ou moins.	Milles rom.
Asclopiceno[1] (al. Asculo Piceno). *Ascoli*........	x	10	10
Pausulas. *Morro di Valle*.................	XIIII	14	38
Polentia. *Porto di Recanati, près la Potenza, riv*....	VIIII	9	9
Misco (sive Misio) F. *Musone, riv*.............	V	5	4
Numana. *Umana*.......................	IX	9	2
Anconæ. *Ancone*.......................	XII	12	12
Sestias (leg. ad Sextias). *Caso Bruciate*........	XIIII	14	9
Senagalli (sive Sena Gallica). *Sinigaglia*........	XII	12	9
Ad Pirum Filumeni. *C. Marotta*..............	VII	7	7
Mataurum F. *Metauro, riv*..................	VIII	8	6
Fanò Fortunæ (leg. Fortunæ). *Fano*...........	II	2	2

XXI.

Ancona [*Septempedam*]. *D'Ancone à* [S. Severino]......................	"	"	50
Ausimo (al. Auximo). *Osimo*................	XII	12	12
Ricina. *Ruines sur le Potenza, riv*.............	XIIII	14	14
Urbe Salvia. *Urbisaglia*...................	XII	12	12
Septempeda[2]. S. *Severino*..................	XII	12	12

XXII.

Roma Interamnam. *De Rome à Terni*.......	"	"	66
Fidenis. *C. Giubileo*.....................	"	"	6
Ereto. *M. Rotondo*......................	XIIII	14	10
Ad Novas. *Nerola*......................	XIIII	15	14
Farfar F. *Farfa, riv*.....................	"	"	3
Æquo Falsico (sive Falisco). *Corfigni*..........	XVI	16	21
Inter Manana (sive Interamna). *Terni*.........	XII	12	12

XXIII.

Interamnio Spoletium. *De Terni à Spoleto*...	"	"	19
Recine. *Collestato*......................	VI	6	6

---

[1] Après *Asclopiceno* il faudrait :
   Firmum..............XXIIII. 24.
   Pausulas............XIIII. 14.

[2] Probablement *Septempeda*, et de là à *Nuceria*, suivant Antonin. Ce n'est pas dans le texte, mais comme il y a un chiffre sans nom qui s'accorde avec Antonin, nous avons pensé qu'il était bon de terminer cette route en montrant où elle pouvait se rattacher.

PEUTINGERIANA. 207

ITINÉRAIRE.	DISTANCES marquées DANS LA TABLE.	DISTANCES mesurées PAR M. LAPIE.	
	Millia plus minus.	Milles plus ou moins.	Milles rom.
Ad Tine (al. Ad Fines). *Nicciano*............	XI	11	6
Fano Fugitivi. *Ceselli*....................	II	2	2
Spoletio. *Spoleto*...	V	5	5
XXIV.			
Interocrio [*Pinnam*]. *D'Antrodoco à* [*Civita di Penne*]............................	"	"	64
Fisternas (al. Testrinam). *Montereale*........	X	10	10
Frulos. *Paganico*.......................	III	3	3
Pitinum. *S. Vetturino*...................	VII	7	7
Priferno. *Paganico*.....................	XII	12	12
Amiternus[1]. *Assergio*...................	XII	12	7
Pinna? *Civita di Penne*..................	"	"	25
XXV.			
Priferno Ostiam Eterni. *De Paganico à Pescara.*	"	"	98
Aveia. *Pog°. Picenza*....................	VII	7	7
Frustenias. *S. Demetrio*.................	II	2	2
Alba. *Albe*...........................	XVIII	18	18
Marrubio. *S. Benedetta*..................	XIII	13	13
Cirfenna (al. Cerfennia). *Coll' Armeno*......	VII	7	7
Mons Imeus. *Forca Caruso*...............	V	5	5
Statule. *Goriano Siculi*...................	"	"	5
Corfinio. *Popoli*	VII	7	7
Inter Primum (sive Interpromium). *Tocco*.....	VII	7	7
Noceios. *S. Valentino*....................	V	5	5
Tea Nomarruci (al. Teate Marrucino). *Chieti*...	XII	12	12
Ostia Eterni (al. Ostia Aterni, sive Aternum). *Pescara*................................	"	"	10
XXVI.			
Ostia Eterni Polentiam. *De Pescara à Porto di Recanati*............................	"	"	98
Salinas. *Cappelli sur le Salino, riv*............	V	5	5
Pinna. *Civita di Penne*...................	VI	6	11

[1] Et de là probablement à *Pinna*, afin de rattacher cette route à un point déjà déterminé par d'autres routes et parce que nous savons qu'entre ces deux endroits il existe une voie romaine.

ITINÉRAIRE.	DISTANCES marquées DANS LA TABLE.		DISTANCES mesurées PAR M. LAPIE.
	Millia plus minus.	Milles plus ou moins.	Milles rom.
Macrinum (sive Matrinum). *Selvi*............	VII	7	12
Castro Novo. *Guilianova*.................	XVIII	18	18
Castro Trentino (sive Castro Truentino). *S. Benedetto*........................	"	"	17
Cupra Maritima. *Torre*...................	XII	12	7
Castello Firmani. *Torre di Cupo d'Arco*.........	XII	12	12
Tinna. *Tenna, riv*.....................	II	2	2
Flusor F. *Chienti, riv*....................	"	"	5
Sacrata. *Porto Monte Santo*................	VI	6	6
Polentia. *Porto di Recanati, près la Potenza, riv*...	"	"	5
A. Pinna Castrum Novum. *De Civita di Penne à Giulianova*......................	"	"	25
Hadria. *Atri*........................	VII	7	10
Castro Novo. *Giulianova*..................	XII	12	15
B. Castello Firmani Firmum Vicenum. *De Capo d'Arco à Fermo*................	"	"	3

XXVII.

VIA NUMENTANA. *VOIE NOMENTANE.*

Roma Eretum. *De Rome à Monte Rotondo*....	"	"	17
Nomento. *La Mentana*....................	XIIII	14	14
Ereto. *Monte Rotondo*...................	"	"	3
A. Nomento Tibur. *De la Mentana à Tivoli*..	VIIII	9	9

XXVIII.

VIA TYBURTINA (leg. TIBURTINA). *VOIE TIBURTINE.*

Roma Sublacium. *De Rome à Subbiaco*......	"	"	66
Ad Aquas Albulas. *L. Dell' Isoli Natanti*........	XVI	16	16
Tibori (sive Tiburi). *Tivoli*.................	"	"	4
Variæ. *Vicovaro*......................	VIII	8	8
Lamnas (sive Laminas). *Scarpa*..............	V	5	5
Carsulis (sive Carseolis). *Carsoli*.............	X	10	10
In monte Grani. *Monte Fontecelesti*...........	VI	6	6
In monte Carbonario. *Monte Moleto*...........	V	5	5

ITINÉRAIRE.	DISTANCES marquées DANS LA TABLE.	DISTANCES mesurées PAR M. LAPIE.
	Millia plus minus. Milles plus ou moins.	Milles rom.
Vignas. *Dans le monte Calvo*...............	v 5	5
Sublacio (al. Sublaqueo). *Subbiaco*...........	VII 7	7

XXIX.

VIA PRENTINA (al. PRÆNESTINA). VOIE DE PALESTRINE.

Roma Carsulos. *De Rome à Carsoli*........	// //	69
Cabios (sive Gabios). Gabii, *ruines près Castiglione di Lanti*....................	XII 12	12
Preneste. *Palestrina*....................	XI 11	11
Treblis (al. Trebiis). *Trevi*..................	XI 11	21
Carsulis (al. Carseolis). *Carsoli*..............	XV 15	25

XXX.

VIA LAVICANA. VOIE LAVICANE.

Roma ad Birium. *De Rome à S. Hillario*.....	// //	30
Ad Quintanas. *La Colonna di Rospigliosi*.........	XV 15	15
Ad Statuas. *Près S. Cesareo Osteria*...........	III 3	3
Ad Pactas (al. ad Pictas). *Près Valmontone de Panfili*.	VII 7	7
Ad Birium. *S. Hillario, près Ponte Sacco*.........	V 5	5

XXXI.

VIA LATINA. VOIE LATINE.

Roma Capuam. *De Rome à Capoue*.........	// //	126
Ad Decimum *Près Morena di Cenci*............	X 10	10
Ad Birium. *S. Hillario, près Ponte Sacco*........	// //	20
Conpito Anagnino (sive Anagnia). *Anagni*......	X 10	10
Ferentinum. *Ferentino*....................	VIIII 9	9
Febrateriæ (al. Fabrateriæ). *Falvaterra*	VII[1] 7	24
Melfel. *Près du Garigliano, riv*................	IIII 4	4
Aquino. *Aquino*........................	IIII 4	7
Casinum. *S. Germano, près l'abbaye de Monte Casino*.	VIIII 9	8

[1] Cette distance fait voir qu'il faudrait lire :
    Frusino....................... 7.
    Febrateriæ..................... 17.

ITINÉRAIRE.	DISTANCES marquées DANS LA TABLE.		DISTANCES mesurées PAR M. LAPIE.
	Millia plus minus.	Milles plus ou moins.	Milles rom.
Ad Flexum. *Camino*..................	VIII	8	8
Teano Scedicino (sive Teano Sidicino). *Teano*....	VIIII	9	14
Cale. *Calvi*.....................	III	3	3
Casilino. *Taverna di Marotta*................	VII	7	6
Capuæ. *Capoue*.....................	III	3	3

XXXII.

VIA APPIA. *VOIE APPIENNE*.

Roma Regium. *De Rome à Reggio*..........	"	"	429
Bobellas (al. Bovillas). *Ost^a Fratocchie*..........	X	10	10
Aricia. *La Riccia*....................	III	3	6
Sub Lanubio (leg. Sub Lanuvio). *Sur le Gennaro, riv*......................	"	"	4
Tres Tabernas[1]. *Cisterna*................	"	"	11
Terracina. *Terracine*...................	X	10	32
Fundis. *Fondi*.....................	XIII	13	13
Formis. *Mola*.....................	XIII	13	13
Menturnis (sive Minturnis). *Taverna*............	VIIII	9	9
Sinuessa. *Li Vagnoli*..................	VIIII	9	9
Ad Pontem Campanum. *Molino di Ceppani*.......	"	"	7
Urbanis. *Cimbrisco*...................	III	3	3
Ad Nonum. *La Posta*..................	III	3	3
Casilino. *Taverna di Marotta*..............	VI	6	6
Capuæ. *Capoue*.....................	III	3	3
Suessula. *Maddaloni*..................	VIIII	9	9
Nola. *Nola*.......................	VIIII	9	12
Ad Teglanum. *Cast^o di Palma*............	V	5	5
Nuceria. *Nocera*....................	VIIII	9	12
Salerno. *Salerne*....................	VIII	8	8
Pestum (al. Posidonia). *Pesto, ruines*...........	IX	9	24
Ceserma (al. Cæsariana). *Buonabitacolo*........	XXXVI	36	36
Blanda. *Maratea*....................	VII	7	27
Laumium (al. Lavinium). *Scalea*............	XVI	16	16
Cerelis (al. Cerillis). *Cirella Vecchio*..........	VIII	8	8
Clampeia (al. Clampetia). *Langobardi*.........	XL	40	40
Temsa (sive Tempsa). *S. Mango*.............	X	10	14
Tanno F. *F. di S. Ippolito*................	XIII	14	14

[1] Deux stations sont omises :
Forum Appii.............. 13.
Ad medias.................. 9.
Terracina................... 10.

PEUTINGERIANA.

ITINÉRAIRE.	DISTANCES marquées DANS LA TABLE.		DISTANCES mesurées PAR M. LAPIE.
	Millia plus minus.	Milles plus ou moins.	Milles rom.
Vibona Balentia (al. Hipponium, postea Vibo Valentia). *Monteleone*................	XI	11	21
Tauriana. *Drosi*......................	XXIII	23	23
Arciade. *Près du Marro, riv*............	XII	12	7
Aquas Mallias. Bagnara...............	XII	12	7
Regio (sive Rhegio). *Reggio*...........	XVII	17	17

XXXIII.

VIA HOSTENSIS (al. OSTIENSIS).
VOIE D'OSTIE.

Roma Terracinam. *De Rome à Terracine*.....	″	″	95
Hostis (al. Ostia). *Ostia*..............	XVI	16	16
Laurento. *T. Paterno*.................	XVI	16	8
Lavinium. *Pratica*...................	VI	6	6
Antium. *Porto d'Anzo*................	XVII	17	17
Astura. *Astura*.....................	VII	7	9
Clostris (sive Clostris Romanis). *Sur le lac Fogliano*.	IX	9	9
Ad Turres Albas. *Près le lac Caprolace*.....	III	3	3
Circeios. *Ruines sur le lac Paola*.........	XII	12	12
Ad Turres. *S. Felice*.................	IIII	4	4
Terracina. *Terracine*.................	XI	11	11
A. Roma Laurentum. *De Rome à T. di Paterno*.	XII	12	16

XXXIV.

Menturnis Neapolim. *De Taverna à Naples*...	″	″	61
Sinuessa. *Li Vagnoli*..................	VIIII	9	9
Safo (al. Savo) F. *Savone, riv*...........	VII	7	7
Vulturno. *Castel Volturno*.............	XII	12	7
Literno. *Zaccarino*...................	XII	12	12
Cumas. *Cuma*.......................	VI	6	6
Bajæ. *Baja*.........................	III	3	3
Lac Avernus. *L. d'Averne*..............	″	″	2
Invinias. *Flauti*.....................	III	3	3
Puteolis (sive Puteolano). *Pouzzoles ou Pozzuoli*..	CO	″	2
Pausilippum[1]. Grotte de Pausilippo............	V	5	5

[1] Le nom manque, mais la position est indiquée.

ITINÉRAIRE.	DISTANCES marquées DANS LA TABLE.		DISTANCES mesurées PAR M. LAPIE.
	Millia plus minus.	Milles plus ou moins.	Milles rom.
Neapoli. *Naples*............................	//	//	5
XXXV.			
Menturnis Puteolanum. *De Taverna à Pouzzoles*............................	//	//	90
Teano Scedicino (al. Sidicino). *Teano*..........	//	//	18
Telesie (leg. Telesiæ). *Telese*...............	//	//	32
Syllas. *Squilla*......................	VI	6	6
Capuæ. *Capoue*......................	III	3	13
Puteolis (sive Puteolano). *Pouzzoles*...........	XXI	21	21
XXXVI.			
Corfinio Neapolim. *De Popoli à Naples*......	//	//	123
Sulmonæ. *Sulmona*......................	VII	7	7
Jovis Larene (al. Jovis Paleni). *Pettorano*.......	VII	7	7
Aufidena. *Alfidena*.......................	XXV	25	25
Esernie (al. Æserniæ). *Isernia*...............	IX	9	18
Cluturno (al. Vulturno). *Longano*............	VIII	8	8
Ebutiana. *Ailano*.........................	//	//	9
Ad Lefas Gazatie (al. Allifæ). *Alife*...........	IX	9	9
Castra Aniba. *Avignano*....................	//	//	7
Ad Diana (leg. ad Dianam). *La Piana*.........	VI	6	6
Capuæ. *Capoue*.........................	VIIII	9	9
Atella. *Aversa*...........................	VIIII	9	9
Neapoli. *Naples*..........................	VIIII	9	9
A. Cluturno (al. Vulturno) Teanum Scedicinum. *De Longano à Teano*............	VIIII	9	22
B. Æsernia Teanum Scedicinum. *D'Isernia à Teano*..............................	//	//	34
Ad Rotas. *Au pied du M. Roduni*.............	VII	7	7
Teano Scedicino (al. Sidicino). *Teano*..........	//	//	27
XXXVII.			
Neapoli Templum Minervæ. *De Naples à S. Costanzo*...........................	//	//	29
Herclanium (sive Herculaneum). *Resina*........	XI	11	6

ITINÉRAIRE.	DISTANCES marquées DANS LA TABLE.		DISTANCES mesurées PAR M. LAPIE.
	Millia plus minus.	Milles plus ou moins.	Milles rom.
Oplontis. *Bosco di Villarossa*	VI	6	6
Stabios (sive Stabias). *Castel a Mare*	III	3	6
Surrento. *Sorrento*	"	"	7
Templum Minervæ. *S. Costanzo près Nerano*	"	"	4
A. Neapoli Nuceriam. *De Naples à Nocera*	"	"	23
Herclanium (sive Herculaneum). *Resina*	XI	11	6
Oplontis. *Bosco di Villa Rosso*	VI	6	6
Pompeis. *Scavi di Pompeia*	III	3	3
Nuceria. *Nocera*	XII	12	8
B. Nuceria Surrentum. *De Nocera à Sorrento*	XII	12	17
C. Stabiis Pompeios. *De Castel a Mare à Scavi di Pompeia*	III	3	4

XXXVIII.

Salerno Vibonam Balentiam. *De Salerne à Monteleone*	"	"	221
Icentiæ (al. Picentiæ). *Vicenza*	XII	12	9
Silarum F. *Sele, riv.*	VIIII	9	14
Nares Lucanas. *Supino*	VIIII	9	9
Acerronia. *L'Auletta*	VIIII	9	9
Foro Popili. *S. Pietro*	V	5	5
Vico Mendicoleo. *Moliterno*	"	"	30
Nerulos (sive Nerulum). *Castelluccio*	XXVI	26	26
Nteramnio (leg. Interamnio). *Entre le Coscilello, riv. et le Tiro, riv.*	XXVIII	28	28
Caprasia. *Casello*	VIII	8	8
Crater (al. Cratis, sive Crathis) F. *Crati, riv.*	XXVI	26	16
Contentia (sive Consentia). *Cosenza*	XVIII	18	12
Temsa (al. Tempsa). *Mango*	XX	20	20
Aquæ Ange (sive Aquæ Angiliæ). *Nicastro*	XI	11	11
Annicia. *Près Coringa*	VIII	8	8
Vibona Balentia (al. Hipponium, postea Vibo Valentia). *Monteleone*	"	"	16

XXXIX.

Capua Brundusium. *De Capoue à Brindisi*	"	"	241
Calatie (leg. Calatiæ). *Caserta*	VI	6	6

ITINÉRAIRE.	DISTANCES marquées DANS LA TABLE.		DISTANCES mesurées PAR M. LAPIE.
	Millia plus minus.	Milles plus ou moins.	Milles rom.
Ad Novas. *Forchia*	VI	6	6
Caudio. *Près Rotondi*	VIIII	9	9
Benebento (sive Benevento). *Benevent*	XI	11	12
Nueriola. *Sur le Calore, riv*	IIII	4	4
Calor F. *Calore, riv*	VI	6	6
Eclano (sive Æculano). *Bonito*	V	5	5
Subromula (sive sub Romula). *S. Angelo di Lombardi*	XVI	16	16
Aquilonia. *Cairano*	XI	11	11
Ponte Aufidi. *Ponte di Pietra dell'Olio*	VI	6	16
Venusie (leg. Venusiæ). *Venosa*	XVIII	18	18
Silutum (al. Silvium). *Gravina*	XXXV	35	35
Sublubatia (sive sub Lupatia). *S. Eramo*	XXV	25	21
Norve (al. Norba, sive Norva). *Tari*	XX	20	20
Ad Veneris (al. Fanum Veneris). *Près des ruines de Castiglione*	VIII	8	8
Gnatie (al. Egnatiæ). *Torre Egnazia*	VIII	8	13
Spelunis (al. ad Speluncas). *Porto Specchiola*	XXI	21	21
Brindisi (al. Brundusium). *Brindisi*	XXVIIII	29	14
A. Benebento (sive Benevento) Salernum. *De Benevent à Salerne*	"	"	47
Abellino. *Avellino*	XVI	16	16
Icentiæ (sive Picentiæ). *Vicenza*	XII	12	22
Salerno. *Salerne*	XII	12	9

XL.

Venusia Nerulos. *De Venosa à Castelluccio*	"	"	174
Silutum (al. Silvium). *Gravina*	XXXV	35	35
Pisandes. *Montepeloso*	XVI	16	16
Lucos (sive Lucum). *Tolve*	XXIIII	24	16
Potentia. *Potenza*	XII	12	17
Anxia. *Arzi*	XV	15	15
Crumento (sive Grumento). *Armento*	XVIII	18	18
Cos...anum (leg. Cosilianum).*C. Sarracino*	XXV	25	15
Vico Mendicoleo. *Moliterno*	XVI	16	16
Nerulos (sive Nerulum). *Castelluccio*	XXVI	26	26

ITINÉRAIRE.	DISTANCES marquées DANS LA TABLE.		DISTANCES mesurées PAR M. LAPIE.
	Millia plus minus.	Milles plus ou moins.	Milles rom.
A. Acerronia Potentiam per montem Balabonem (leg. Baladonem). *De l'Auletta à Potenza par la Serra della Lama*.........	"	"	15
B. Crumento (sive Grumento) Tarentum. *D'Armenta à Tarente*....................	XXIIII	24	79

XLI.

Tarento Vibonam Balentiam. *De Tarente à Monteleone*...................	"	"	235
Turiostu (al. Turiostum). *Ruines près du Brandano, riv*.....................	"	"	30
Heraclea. *Scanzana*................	XXV	25	14
Semnum (al. Siris). *Sinno, riv*.............	IIII	4	6
Turis (al. Sybari, postea Thuriis). *Antica Sibari, ruines*...................	"	"	34
Petelia (sive Petilia). *T. di Melissa*..........	XXXVIII	38	57
Crontona (leg. Crotona). *Crotone*...........	"	"	15
Lacenium (sive Lacinium). *Cap delli Cimiti*......	XL	40	12
Annibali (sive Hannibali). *T. di Catanzaro*......	XXXVI	36	36
Scilatio (al. Scylacio). *Squillace*............	XXX	30	7
Vibona Balentia (al. Hipponium, postea Vibo Valentia). *Monteleone*.................	XXV	25	25

XLII.

Regio (sive Rhegio) Caulon. *De Reggio à la Rocella*........................	"	"	70
Leucopetra. *Pellaro*..................	V	5	5
Scyle. *Près la T. S. Gio. d'Avolo*.............	XX	20	20
Lucis (al. Locris). *Près Bruzzano*...........	LX	60	15
Caulon. *La Rocella*..................	XXX	30	30.

XLIII.

Tarento Brundusium per oram maritimam. *De Tarante à Brindisi par le littoral*.........	"	"	158
Manduris (sive Manduria). *Manduria*.........	XX	20	25
Neretum. *Nardo*...................	XXIX	29	29
Baletium (sive Aletium). *Taglie*.............	X	10	10

ITINÉRAIRE.	DISTANCES marquées DANS LA TABLE.		DISTANCES mesurées PAR M. LAPIE.
	Millia plus minus.	Milles plus ou moins.	Milles rom.
Uzintum (al. Uxentum). *Ugento*............	x	10	10
Veretum. *Alessano*.....................	x	10	10
Castra Minervæ. *Castro*.................	XII	12	12
Ydrunte (al. Hydrunto). *Otrante*........	VIII	8	10
Luppia (sive Lupiis). *Lecce*............	XXV	25	25
Balentium (sive Valentium). *Vernotico*...	XV	15	16
Brindisi (al. Brundisium). *Brindisi*.....	x	10	11
A. Tarento Brundusium per compendium. *De Tarente à Brindisi en abrégeant*..........	//	//	53
Mesochoro (al. Mesochorione). *M. Mesola*.....	x	10	10
Urbius (al. Uria). *Oria*.................	x	10	20
Scamnum (al. Scanvium). *Latiano*..........	VIII	8	8
Brindisi (al. Brundusium). *Brindisi*......	xv	15	15
XLIV.			
Ostia Eterni (sive Aterni) Brundusium. *De Pescara à Brindisi*....................	//	//	268
Ortona. *Ortona*.........................	XVI	16	11
Anxano. *Lanciano*.......................	XI	11	8
Annum. *Pietracosnentina*................	III	3	3
Pallanum. *Turino*.......................	IIII	4	4
Istonium (sive Histonium). *Il Vasto*.....	XII	12	12
Larinum. *Larino Antico*.................	XXIII	23	26
Teneapulo (al. Teano Apulo). *Près le Saccione, riv.*	XII	12	12
Ergitium. *S. Severo*....................	XVIII	18	18
Siponto. *Madona di Xiponto*.............	XXV	25	30
Anxano. *T. di Rivolo*...................	VIIII	9	9
Salinis. *Sur le lac Salpi*..............	XII	12	12
Aufinum (leg. Aufidum). *Ofanto, riv.*...	XII[1]	12	8
Bardulos. *Barletta*.....................	VI	6	6
Turenum. *Trani*.........................	VIIII	9	9
Natiolum. *Molfetta*.....................	VI	6	11
Barium. *Bari*...........................	VIIII	9	16
Turris Cesaris. *Mola*...................	XX	20	20
Dertum. *Polignano*......................	IX	9	9
Gnatie (leg. Egnatiæ). *Torre Egnazia*...	IX	9	9

[1] L'autre édition porte VIII.

PEUTINGERIANA.

ITINÉRAIRE.	DISTANCES marquées DANS LA TABLE.	DISTANCES mesurées PAR M. LAPIE.
	Millia plus minus. / Milles plus ou moins.	Milles rom.
Spelunis (leg. Speluncis). *Porto di Specchiola*....	XXI / 21	21
Brindisi (al. Brundisium). *Brindisi*............	XXVIIII / 29	14
A. Ad Lefas Gazatie (al. Allifæ). Beneventum. *De Alife à Benevent*................	*" / "*	43
Sepinum (leg. Sœpinum). *Sepino*.............	*" / "*	18
Sirpium. *Morcone*........................	XII / 12	7
Benebento (leg. Benevento). *Benevent*.........	XVIII / 18	18

XLV.

Benevento Sipontum. *De Benevent à la Mad. di Xiponto*...................	*" / "*	89
Foro Novo. *Pago*..	X / 10	10
Æquo (leg. Equo)Tutico. *Fojano*.............	XII / 12	12
Æcas Hercul. Rani (al. Æcas cum Herculis Fano). *Troja*........	XVIII / 18	18
Nuceria Apulæ, Pretorium Lavicanum. *Lucera*...	*" / "*	12
Arpos. *Foggia*.........................	VIIII / 9	9
Siponto. *Mad. di Xiponto près Manfredonia*......	XXI / 21	21

XLVI.

Benevento Venusiam. *De Benevent à Venosa*..	*" / "*	87
Foro Novo. *Pago*......................	X / 10	10
Fursane. *Greci*........................	XII / 12	10
Erdonia (al. Herdonea, sive Herdonia). *Ordona*..	XVIII / 18	17
Ad Pirum. *T. d'Alemanna*..................	XII / 12	28
Venusie (leg. Venusiæ). *Venosa*.............	*" / "*	12
		20

XLVII.

Capua Æcas. *De Capoue à Troja*............	*" / "*	79
Ad Diana. *La Piana*.....................	III / 3	8
Castra Aniba. *Alvignano*...................	VI / 6	6
Ad Lefas Gazatie (al. Allifæ). *Alife*...........	*" / "*	6
Sepinum (leg. Sæpinum). *Sepino*.............	*" / "*	7
Æcas Hercul. Rani (al. Æcas cum Herculis Fano). *Troja*..............	VI / 6	18
		40

ITINÉRAIRE.	DISTANCES marquées DANS LA TABLE.		DISTANCES mesurées PAR M. LAPIE.
	Millia plus minus.	Milles plus ou moins.	Milles rom.
XLVIII.			
Benevento Teanum Apulum. *De Benevent au Saccione, riv., près S. Capriola*............	"	"	74
Sirpium. *Morcone*.........................	XVIII	18	18
Lepinum (leg. Sæpinum). *Sepino*.............	XII	12	7
Bobiano (leg. Boviano). *Bojano*...............	XII	12	8
Ad Canales. *Campobasso*.....................	XI	11	11
Ad Pyrum (sive ad Pirum). *Tav. près Campolieto.*	VIII	8	8
Geronum (al. Geronium). *S. Croce*...........	VIIII	9	14
Teneapulo (leg. Teano Apulo). *Sur le Saccione, riv.*	VIII	8	8
XLIX.			
Esernia (al. Æsernia) Teanum Apulum. *D'Isernia au Saccione, riv*....................	"	"	56
Ad Pyrum [leg. ad Pirum]. *Tav. près Campolieto.*	IX	9	34
Geronum (al. Geronium). *S. Croce*...........	VIIII	9	14
Teneapulo (leg. Teano Apulo). *Sur le Saccione, riv.*	VIII	8	8
L.			
Egnatia Venusiam. *De la Torre Egnazia à Venosa*.................................	"	"	101
Ad Veneris. *Près les ruines de Castiglione*........	VIII	8	13
Norve (sive Norbæ). *Turi*....................	VIII	8	8
Ehetium [al. Egetium, sive Netium]. *Noja*......	"	"	10
Celia (leg. Cœlia). *Ceglie*....................	VIIII	9	9
Butuntos (al. Butuntum). *Bitonto*.............	VIIII	9	12
Rubos. *Ruvo*...............................	XIIII	14	11
Rudas. *C. del Monte*........................	XII	12	12
Venusie (leg. Venusiæ). *Venosa*...............	"	"	26
LI.			
VIA TRIUMPHALIS. *VOIE TRIOMPHALE.*			
Roma ad Sanctum Petrum[1]. *De Rome à un temple près du mont Arsiccio*............	CO	"	5

[1] Cet *ad Sanctum Petrum* était sans doute un temple ou une maison placée près du mont Arsiccio, à 4 ou 5 milles N. O. de Rome, et d'où partaient les triomphateurs pour faire leur entrée dans la ville.

PEUTINGERIANA. 219

ITINÉRAIRE.	DISTANCES marquées DANS LA TABLE.		DISTANCES mesurées PAR M. LAPIE.
	Millia plus minus.	Milles plus ou moins.	Milles rom.
LII.			
SICILIA. *SICILE.*			
A. Messana Thermas. *De Messine à Termini*..	"	"	130
Tindareo (al. Tyndari). *Santa-Maria de Tindere*..	XXXVI	36	36
Agatinno (al. Agathyrno). *S. Marco*............	XXIX	29	29
Calacte. *Caronia*...................	XII	12	16
Halesa (al. Alæsa). *Au télégraphe de Tusa*.......	XII	12	10
Cephaledo (al. Cephalœdi). *Cefalu*...........	XVIII	18	15
Thermis (al. Himera, sive Thermis Himerensibus). *Termini*.....................	XXIIII	24	24
B. Thermis Drepanum. *De Termini à Trapani*.	"	"	84
Solunto (al. Soloento). *Au-dessus de Castel di Solanta*.	"	"	12
Panormo. *Palerme*.................	XII	12	12
Segesta (al. Aquæ Segestanæ, sive Pintianæ). *Gli Bagne entre Alcamo et les ruines de Segeste*.......	XXXVI	36	36
Depanis (al. Drepano). *Trapani*..............	XIII	13	24
C. Drepano Syracusas. *De Trapani à Syracuse*.	"	"	211
Lilybeo (leg. Lilybæo). *Marsala*..............	XVIII	18	18
Aquas Labodes (al. Aquas Larodis). *Sciacca*.....	XLV	45	46
Agrigento. *Girgenti Vecchio*..................	XL	40	40
Calvisiana. *Terranova*.....................	XLIIII	44	41
Hible (al. Hyblæ Heræœ). *Entre Biscari et Chiaramonte*.	XXIIII	24	24
Agris (leg. Acris). *Palazzolo*.................	XVIII	18	18
Siracusis (leg. Syracusis). *Syracuse*...........	XXIIII	24	24
D. Syracusis Thermas. *De Syracuse à Termini*.	"	"	150
Catana[1]. *Catania*.....................	XLIIII	44	44
Æthna (al. Ætna). *Paterno*......	"	"	12
Centurippa (sive Centuripæ). *Centorbi*..........	XII	12	12
Agurio (al. Agyrio). *S. Filippo d'Argiro*........	XII	12	12
Enna. *Castro Giovanni*.....................	XVIII	18	18
Thermis (al. Himera, sive Thermis Himerensibus). *Termini*.............................	"	"	52

[1] Le nom manque, mais la position est indiquée : ce doit être *Catana*, suivant Antonin.

ITINÉRAIRE.	DISTANCES marquées DANS LA TABLE.		DISTANCES mesurées PAR M. LAPIE.
	Millia plus minus.	Milles plus ou moins.	Milles rom.
GALLIA. *FRANCE*.			
LIII.			
Gemenello (al. Cemenelio) Vocum. *De S. Clair à Masanet de la Selva*............	//	//	452
Varum. *Var, riv.*............	VI	6	6
Antipoli. *Antibes*............	X	10	10
Ad Horrea. *Auribeau*............	XII	12	12
Foro Julii. *Fréjus*............	XVII	17	18
Foro Voconi. *Le Luc*............	XVII	17	24
Matavone (sive Matavonio). *Près Brignoles*......	XXII	22	12
Ad Turrem. *S. Maximin*............	XVII	17	14
Tegulata. *Auriol*............	XVI	16	16
Aquis Sestis (leg. Aquis Sextiis). *Aix*............	XV	15	16
Masilia (sive Massilia) Græcorum. *Marseille*....	XVIII	18	18
Calcaria. *Près Vitrolles*............	XXXIII	33	14
Fossis Marianis. *Foz-les-Martigues*............	XXXIII	33	34
Arelato (sive Arelate). *Arles*............	XXXIII	33	24
Ugerno. *Beaucaire*............	VIIII	9	9
Nenniso (al. Nemauso). *Nîmes*............	XV	15	15
Ambrusium (sive Ambrussum). *Lunel*............	XV	15	17
Sertacione (al. Sextantione). *Montpellier*........	XX	20	15
Foro Domitii. *Frontignan*............	XV	15	15
Cesserone (sive Araura). *S. Thibéry*............	XVIII	18	18
Beteris (al. Bœterris). *Béziers*............	XII	12	12
Narbone [Martio]. *Narbonne*............	XXI	21	16
Ruscione (sive Ruscino). *Perpignan*............	VI	6	38
Illiberre (al. Illibere). *Elne*............	VII	7	8
Ad Centenarium (al. ad Centuriones). *S. Martin-de-Foncuilla*............	XII	12	12
In Summo Pyreneo. *Bellegarde*............	V	5	5
Declana. *S. Julien*............	IIII	4	4
Luncaria (al. Juncaria). *La Junquière*............	XII	12	2
Cenuiana (al. Cinniana). *Ciurana*............	XV	15	15
Cerunda (sive Gerunda). *Gérone*............	XII	12	14
Vocom (al. Aquæ Voconæ). *Masanet-de-la-Selva*....	XII	12	19
LIV.			
Foro Voconi Arelatum. *Du Luc à Arles*......	//	//	139
Anteis (al. Argenteus) F. (i. e. fluvius). *Pont sur l'Argens*............	XVIIII	19	6

PEUTINGERIANA.

ITINÉRAIRE.	DISTANCES marquées DANS LA TABLE.		DISTANCES mesurées PAR M. LAPIE.
	Millia plus minus.	Milles plus ou moins.	Milles rom.
Reis Apollinaris (leg. Reis Apollinaribus). *Riez*....	XXXII	32	32
Aquis Sestis (leg. Sextiis). *Aix*................	XLIIII	44	44
Pisavis (leg. Pisanis). *Pellissane*..............	XVIII	18	18
T..isias (leg. Terisias). *Bois-Vert*............	XVIII	18	13
Clano (sive Glano). *S. Rémy*..................	XI	11	11
Ernagina (al. Ernaginum). *Lansac*.............	VIII	8	8
Arelato (al. Arelate). *Arles*...................	VI	6	7
LV.			
Brigantione Arelatum. *De Briançon à Arles*...	"	"	198
Rama. *La Roche*...........................	XVIIII	19	17
Eburuno (al. Ebroduno). *Embrun*.............	XVII	17	17
Catorigomagus (al. Caturiges). *Chorges*........	VII	7	16
Ictodurum. *La Bastie*.......................	VI	6	6
Vapincum. *Gap*............................	VI	6	6
Alarante (al. Alamonte). *Le Monestier-d'Allemont*...	XVIII	18	18
Alarante[1]................................	XVI	16	"
Segusterone (al. Segustera). *Sisteron*..........	XVI	16	16
Alaunio. *Peyrais*...........................	XIIII	14	13
Catuiacia (al. Catuiaco). *Reillanne*............	XVI	16	21
Apta Julia. *Apt*............................	XII	12	15
Ad Fines. *Mérindol*........................	X	10	16
C..alline (leg. Cabellione). *Cavaillon*..........	XII	12	10
Clano (sive Glano). *S. Rémy*..................	XII	12	12
Ernagina. *Lansac*..........................	VIII	8	8
Arelato (al. Arelate). *Arles*..................	VI	6	7
LVI.			
Brigantione Valentiam. *De Briançon à Valence.*	"	"	133
Geminas (l. Gerainas). *La Chapelle-en-Valgodemard*.	XIIII	14	24
Geminas. *S. Genis, près Mens*................	XIIII	14	24
Luco (sive Luco Augusti). *Luc-en-Diois*........	XVIII	18	28
Bocontiorum (leg. Dea Vocontiorum). *Die*......	XII	12	12
Augustum (sive Augusta). *Aouste*............	XIII	13	23
Valentia. *Valence*...........................	XXII	22	22
LVII.			
Brigantione Vigennam. *De Briançon à Vienne.*	"	"	116

[1] Il y a ici double emploi suivant Antonin et les localités.

ITINÉRAIRE.	DISTANCES marquées DANS LA TABLE.		DISTANCES mesurées PAR M. LAPIE.
	Millia plus minus.	Milles plus ou moins.	Milles rom.
Stabatione. *Le Monêtier*................	VIII	8	8
Durotinco (al. Durotraco). *Villard-d'Arene*.......	VII	7	12
Mellosecio (al. Mellosedo). *Bourg d'Oysans*.......	X	10	16
Catorissium. *S. Pierre-de-Mézage*............	V	5	15
Culabone (sive Cularone, postea Gratianopoli). *Grenoble*....................	XII	12	12
Morginno. *Moiran*.....................	XIIII	14	14
Turecionno (al. Turecionico). *Près de S. Julien-de-l'Herms*...................	XIIII	14	24
Vigenna (al. Vienna). *Vienne*................	XV	15	15
LVIII.			
Arelato Lugdunum. *D'Arles à Lyon*..........	"	"	164
Ernagina (al. Ernaginum). *Lansac*............	VI	6	7
Avennione (al. Avenione). *Avignon*...........	XV	15	15
Arusione (al. Arausione). *Orange*............	XV	15	15
Senomago (al. Næomago). *S. Paul-Trois-Châteaux*.	XV	15	17
Acunum. *Anconne*....................	XVIII	18	18
Batiana. *Baix*......................	XII	12	10
Valentia. *Valence*....................	XVIIII	19	19
Tegna. *Tain*.......................	XIII	13	11
Figlinis. *S. Rambert*...................	XVI	16	17
Vigenna (al. Vienna). *Vienne*...............	XVII	17	18
Lugdune caput Galliarum; usque hic leugas. *Lyon*. (De là à l'extrémité nord de la Gaule, les distances sont en lieues gauloises.).............	XVI	16	17
LIX.			
Narbone Burdigalum. *De Narbonne à Bordeaux*.	"	"	255,
Usuerna (leg. Usuerva). *Lézignan*............	XVI	16	15
Liviana. *Capendu*....................	XI	11	11
Carcassione (al. Carcasone). *Carcassonne*........	XII	12	12
Eburomago (al. Hebromago). *Villarazens*........	XVII	17	14
Fines. *Pechbusque*....................	"	"	13
Bad... (leg. Badera). *Baziége*.............	XVIIII	19	18
Tolosa. *Toulouse*.....................	XV	15	15
Sa..ali (leg. Sartali). *Sarrant*..............	XX	20	30
Lactora. *Lectoure*....................	XVI	16	21
Aginnum. *Agen*.....................	XIII	13	20
Fines. *Aiguillon*.....................	XV	15	17
Vesubio (al. Ussubio). *La Motte-Landeron*.......	XX	20	24

PEUTINGERIANA.

ITINÉRAIRE.	DISTANCES marquées DANS LA TABLE.		DISTANCES mesurées PAR M. LAPIE.
	Millia plus minus.	Milles plus ou moins.	Milles rom.
Serione (al. Sirione). *Preignac*...............	XX	20	20
Burdigalo (al. Burdigala). *Bordeaux*..........	X	10	25
LX.			
Tolosa Burdigalam. *De Toulouse à Bordeaux*..	"	"	169
Casinomago. *Samatan*.....................	XVIIII	19	29
Eliberre (al. Elimberre, sive Augusta, postea Auscis). *Auch*.................	XV	15	21
Besino (al. Besino, sive Vanesia). *S. Jean-Poutge*..	XII	12	13
Clusa (leg. Elusa). *Eauze*..................	X	10	18
Sotiatum. *Sos*...........................	XV	15	14
Oscineium. *Houeilles*.....................	"	"	13
Stomata[1]. *Castres*.......................	"	"	48
Burdigalo. *Bordeaux*.....................	III	3	13
LXI.			
Aginno Bibonam. *D'Agen à Cahors*..........	"	"	96
Excisum. *Villeneuve-d'Agen*.................	XIII	13	16
Diolindum. *La Linde*.....................	XXI	21	31
Bibona (al. Divona, postea Cadurci). *Cahors*.....	XXIIII	24	49
A. Tolosa Bibonam. *De Toulouse à Cahors*....	"	"	64
Fines. *S. Nauphary*.......................	XXVIII	28	28
Cosa. *Cos*..............................	VII	7	10
Bibona (al. Divona, postea Cadurci). *Cahors*.....	XX	20	26
B. Cesserone Bibonam. *De S. Thibéry à Cahors*.	"	"	159
Loteva (al. Luteva, sive Forum Neronis). *Lodève*..	XXVIII	28	28
Condatomago. *Sainte-Rome*................	XXIII	23	38
Segodum (leg. Segodunum, postea Rutenos). *Rodez*.	XXX	30	30
Carantomago (al. Carentomago). *Villefranche-d'Aveyron*.............................	XV	15	30
Varadeto. *Varayre*.......................	XI	11	17
Bibona (al. Divona, postea Cadurci). *Cahors*.....	XV	15	16
LXII.			
Luguduno Segodunum. *De Lyon à Rodez*.....	"	"	184
Foro Segustavarum (scrib. Mediolano). *Près de Bressieux*...........................	XVI	16	16
Mediolano (scrib. Foro Segusianorum). *Feurs*....	XIIII	14	14

[1] Ces noms *Sotiatum*, *Oscineium* et *Stomata* manquent, et nous sont fournis par l'itinéraire de Bordeaux.

ITINÉRAIRE	DISTANCES marquées DANS LA TABLE.		DISTANCES mesurées PAR M. LAPIE.
	Millia plus minus.	Milles plus ou moins.	Milles rom.
Aquis Segete (al. Segeste). *Aurec*.............	VIIII	9	24
Icidmago. *Yssingeaux*....................	XVII	17	17
Revessione. *Le Puy-en-Velay*................	XVII	17	17
Condate. *S. Arcons-de-Barges*...............	XII	12	17
Anderitum (postea Gabali). *Anterrieux*........	XXII	22	32
Ad Silanum. *Castelnau*....................	XVIII	18	23
Segodum (al. Segodunum, postea Ruteni). *Rodez*.	XXIIII	24	24

LXIII.

Augusta Pretoria Vigennam. *D'Aoste à Vienne*.	"	"	182
Arebrigium. *Villaret*......................	XXV	25	15
Ariolica. *La Rivieglica*....................	XVI	16	16
In Alpe Graia. *Col de la Seigne*.............	VI	6	6
Bergintrum. *Bourg S. Maurice*...............	XII	12	12
Aximam. *Ayme*..........................	VIIII	9	9
Darantasia. *Moutiers*.....................	X	10	10
Obilonna (al. Obilunum). *La Batie*...........	XIII	13	13
Ad Publicanos. *Conflans*...................	III	3	3
Mantala. *S. Pierre-d'Albigny*................	XVI	16	16
Leminco. *Chambéry*......................	XVI	16	16
Lavisconc. *Les Échelles*....................	XIIII	14	14
Augustum. *Aouste*.......................	XIIII	14	14
Bergusium. *Bourgoin*.....................	XVI	16	16
Vigenna (al. Vienna). *Vienne*...............	XXI	21	22

LXIV.

Augusta Pretoria Arialbinum. *D'Aoste à Beningen*...........................	"	"	189
Eudracinum. *Étrouble*.....................	XXV	25	15
In Sommo (leg. Summo) Pennino. *Grand S.-Bernard*.	XIII	13	8
Octoduro. *Le Bourg près Martigny*............	XXV	25	25
Tarnaias (al. Tarnadas). *S. Maurice*..........	XII	12	12
Pennolucos (al. Penni Lucus). *Renaz*.........	XIIII	14	13
Vivisco. *Vevey*...........................	VIIII	9	9
Viromagus (al. Bromagus). *Promasens*........	VIIII	9	9
Minodum (al. Minnodunum). *Moudon*.........	VI	6	6
Aventicum Heletiorum (al. Helvetiorum). *Avenche*.	XVIII	18	20
Petenisca (al. Petinesca). *Buren*.............	XIIII	14	24
Salodurum. *Soleure*.......................	X	10	10
Augusta Ruracum (al. Rauracorum). *Kaiser-Augst*.	XXII	22	32
Arialbinnum. *Beningen, près Bâle*............	VI	6	6

PEUTINGERIANA.

ITINÉRAIRE.	DISTANCES marquées DANS LA TABLE.		DISTANCES mesurées PAR M. LAPIE.	
	Leugæ.	Lieues gauloises.	Lieues gauloises.	Milles rom.
A. Arialbino Lugdunum. *De Beningen à Leyde*........	//	//	334	500
Cambete. *Gross-Kembs*........	VII	7	8	12
Argentovaria. *Horbourg*........	XII	12	20	30
Helellum (al. Helcebum). *Elle ou Elen, sur l'Ill, riv.*........	XII	12	16	24
Argentorate (al. Argentorato). *Strasbourg*........	XII	12	12	18
Brocomacus (leg. Brocomagus). *Brumpt*........	VII	7	7	10
Saletione. *Seltz*........	XVIII	18	18	27
Tabernis. *Rheinzabern*........	XI	11	12	18
Noviomagus (postea Nemetes). *Spire*........	XII	12	12	18
Borgetomagi (al. Borbetomagi, postea Vangionum). *Worms*........	XIII	13	16	24
Bonconica. *Oppenheim*........	XI	11	11	18
Mogontiaco. *Mayence*........	VIIII	9	9	13
Bingium. *Bingen*........	XII	12	12	18
Vosavia (al. Vosalia). *Ober-Wesel*........	VIIII	9	9	13
Bontobrice (al. Baudobrica). *Boppart*........	VIIII	9	9	13
Confluentes. *Coblentz*........	VIII	8	8	12
Antunnaco (al. Autunnaco). *Andernach*........	VIIII	9	8	12
Rigomagus. *Remagen*........	VIIII	9	9	13
Bonnae. *Bonn*........	VIII	8	9	13
Agripina (al. Colonia Agrippina). *Cologne*........	XI	11	11	16
Novesio. *Neuss*........	XVI	16	16	24
Asciburgia (al. Asciburgium). *Hohen-Bodberg*........	XIIII	14	9	13
Veteribus. *Rheinberg*........	XIII	13	9	13
Colo. Trajana. *Marienbaum*........	XL	40	10	15
Burginatio (sive Quadriburgio). *Calcar*........	V	5	3	5
Arenatio. *Clèves*........	VI	6	6	9
Noviomagi. *Nimègue*........	X	10	10	15
Castra Herculis. *Huissen*........	VIII	8	8	12
Carvone. *Lakenmond*........	XIII	13	9	13
Levefano (al. Levæ Fano). *Ingen*........	VIII	8	6	8
Fletione. *Ysselstein*........	XVI	16	14	21
Lauri. *Bekeness*........	XII	12	8	12
Nigropullo. *Zwammerdam*........	V	5	3	5
Albanianis. *Goudsche-Sluis*........	II	2	2	3
Matilone. *Près Kouderkerk*........	V	5	3	5
Pretorium Agrippinæ (leg. Prætorium Agrippinæ). *Près Zwieten*........	III	3	2	3
Lugduno [Batavorum]. *Leyde*........	II	2	1	2

ITINÉRAIRE.	DISTANCES marquées DANS LA TABLE.		DISTANCES mesurées PAR M. LAPIE.	
	Leugæ.	Lieues gauloises.	Lieues gauloises.	Milles rom.
LXV.				
Lugduno Noviomagum. *De Leyde à Nimègue*..	"	"	63	95
Foro Adriani (al. Hadriani). *Delft*............	"	"	8	12
Flenio. *Lekkerkerk*......................	XII	12	12	18
Tablis. *Giesendam*.......................	XVIII	18	8	12
Caspingio. *Tuil*..........................	XII	12	12	18
Grinnibus. *Heesselt*......................	XVIII[1]	18	4	5
Al Duodecimum. *Yzendorn*................	V	5	8	12
Noviomagi. *Nimègue*.....................	XVIII	18	12	18
LXVI.				
Lugduno Agrippinam. *De Lyon à Cologne*....	"	"	298	449
Ludnam (al. Lunnam). *S. Jean-d'Ardière*........	XVI	16	20	30
M...scone (leg. Matiscone). *Mâcon*...........	XIIII	14	10	15
Tenurcio (al. Tinurtio). *Tournus*..............	XII	12	13	19
Cabillione (al. Cabillono). *Châlons*............	XII	12	11	16
Vidubia. *Vosne*...........................	XX	20	20	30
Filena (al. Tilena). *Thil-Châtel*...............	XIX	19	19	29
Andemantunno (al. Andomantuno, postea Lingonibus). *Langres*.........................	XXVIII	28	18	28
Mose (leg. Mosæ). *Meuvy*...................	XI	11	13	20
Noviomagus. *Neufchâteau*...................	VIIII	9	14	22
Tullio (al. Tullo). *Toul*.....................	XV	15	18	27
Scarponna (al. Scarpona). *Charpagne*..........	X	10	10	15
Divo Durimedio Matricorum (al. Divoduro, postea Mediomatricis). *Metz*..................	XIIII	14	15	22
Caranusca. *Ruines près de Filsdorf*............	XLII	42	23	35
Ricciaco. *Grevenmacheren*...................	X	10	10	16
Aug. Tresvirorum (leg. Augusta Trevirorum). *Trèves*..............................	X	10	7	10
Beda. *Bitbourg*...........................	XII	12	12	18
Ausava. *Prum*............................	XII	12	12	18
Icorigium (al. Egorigium). *Butgembach*.....	XII	12	15	22
Marcomagus. *Montjoie*.....................	VIII	8	8	12

[1] Les quatre distances depuis *Foro Adriani* jusqu'à *Grinnibus* ne se rapportent nullement aux distances modernes, probablement à cause d'une transposition commise ici par le copiste, qui aurait dû, à ce qu'il paraît, mettre ces nombres avant les lieux qu'ils suivent.

PEUTINGERIANA.

ITINÉRAIRE.	DISTANCES marquées DANS LA TABLE.		DISTANCES mesurées PAR M. LAPIE.	
	Leugæ.	Lieues gauloises.	Lieues gauloises.	Milles rom.
Ozunerica. *Duren*................	X	10	14	21
Agripina (al. Colonia Agrippina). *Cologne*.......	VI	6	16	24

LXVII.

Augusta Trevirorum Bingium. *De Trèves à Bingen*..................	"	"	56	83
Noviomagus. *Neumagen*...............	VIII	8	12	18
Belginum. *Oberstein*................	XX	20	17	25
Dumno (al. Dumnisso). *Kirn*............	VIII	8	6	8
Bingium. *Bingen*..................	XVI	16	21	32

LXVIII.

Argentorato Divodurum Matricorum. *De Strasbourg à Metz*.................	"	"	62	93
Tabernis. *Saverne*..................	"	"	16	24
Ponte Saravi. *Fenestrange*.............	XII	12	12	18
Ad Decem Pagos. *Hellimer*.............	X	10	10	15
Al Duodecimum. *Ariance*..............	XII	12	12	18
Matricorum (leg. Mediomatricum). *Metz*........	XII	12	12	18

LXIX.

Vivisco Gesoriacum. *De Vevey à Boulogne*....	"	"	330	493
Lacum Losonne (al. Lacum Lausonium). *Lausanne*..................	XIII	13	9	13
Abiolica (al. Ariolica). *Pontarlier*.............	XVI	16	26	39
Filo Musiaco. *Fallerans*................	XIIII	14	12	18
Vesontine (leg. Vesontione). *Besançon*.........	XV	15	10	15
Segobodium. *Seveux*.................	XVIII	18	19	28
Varcia. *Près Larrey*.................	VI	6	6	9
Andemantunno (al. Andomantuno, postea Lingonibus). *Langres*................	X	10	16	24
Segessera. *Bar-sur-Aube*...............	XXI	21	29	43
Corobilium. *Corbeil*..................	XXI	21	21	31
Durocortoro (postea Remis). *Reims*.......	"	"	37	56
Aug. Suessorum (leg. Augusta Suessionum, prius Noviodunum). *Soissons*...............	"	"	24	36
Lura. (al Isara). *Simpigny*...............	XVI	16	16	24

ITINÉRAIRE.	DISTANCES marquées DANS LA TABLE.		DISTANCES mesurées PAR M. LAPIE.	
	Leugæ.	Lieues gauloises.	Lieues gauloises.	Milles rom.
Rodium. *Roye*.	VIIII	9	10	15
Setucis. *Thennes*.	X	10	12	18
Sammarobriva (al. Samarobriva, postea Ambiani). *Amiens*.	X	10	7	10
Duroicoregum. *Doulens*.	XIIII	14	13	19
Ad Lullia. *S. Pol*.	XI	11	11	17
Lintomagi (al. Luttomagi). *Au sud de Ligny*.	VII	7	8	12
Castello Menapiorum (sive Morinorum). *Cassel*.	XIIII	14	14	21
Gesogiaco (leg. Gesoriaco) quod nunc Bononia. *Boulogne*.	XXIIII	24	30	45

LXX.

	Millia plus minus.	Milles plus ou moins.		Milles rom.
Vigenna (al. Vienna) Lacum Losonne. *De Vienne à Lausanne*.	"	"		141
Bergusium. *Bourgoin*.	XXI	21		22
Augustum. *Aouste*.	XVI	16		16
Etanna. *Yenne*.	XII	12		12
Condate. *Seyssel*.	XXI	21		21
Gennava (al. Geneva). *Genève*.	XXX	30		30
Colonia Equestris. *Nion*.	XII	12		15
Lacum Losonne (al. Lacum Lausonium). *Lausanne*.	XII	12		25

LXXI.

Aventico Helvetiorum Vesontionem. *D'Avenche à Besançon*.	"	"		71
Eburoduno. *Yverdun*.	XVII	17		21
Abiolica (al. Ariolica). *Pontarlier*.	VI	6		17
Filo Musiaco. *Fallerans*.	XIII	14		18
Vesontine (al. Vesontione). *Besançon*.	XV	15		15

LXXII.

	Leugæ.	Lieues gauloises.	Lieues gauloises.	Milles rom.
Cabillione (al. Cabillono) Augustam Ruracorum. *De Châlon à Kaiser-Augst*.	"	"	119	178
Ponte Dubris (al. Dubis). *Pont de Navilly sur le Doubs*.	XIIII	14	14	21
Crusinie (al. Crusiniæ). *Moulin rouge près de Lavangeot*.	XVIIII	19	19	28

PEUTINGERIANA.

ITINÉRAIRE.	DISTANCES marquées DANS LA TABLE.		DISTANCES mesurées PAR M. LAPIE.	
	l.cugæ.	Lieues gauloises.	Lieues gauloises.	Milles rom.
Vesontine (leg. Vesontione). *Besançon*..........	XV	15	15	23
Loposagio. *Baume-les-Dames*..................	XIII	13	13	19
Epomanduo (al. Epamanduoduro). *Mandeure*....	XVIII	18	18	27
Large (al. Largæ). *Largitzen*.................	XVI	16	16	24
Cambete. *Gross-Kembs*.......................	XII	12	12	18
Arialbinum. *Beningen près Bâle*................	VII	7	8	12
Augusta Ruracum (al. Rauracorum). *Kayser-Augst*.	VI	6	4	6

LXXIII.

Cabillione Gesoriacum *De Châlon-sur-Saône à Boulogne*......................	//	//	336	503
Augustodunum (antea Bibracte). *Autun*.........	XXI	21	22	33
Sidotoco (al. Sidoloco). *Saulieu*................	XVIII	18	17	25
Aballo. *Avallon*.............................	XVI	16	16	24
Autessio Duro (leg. Autissioduro). *Auxerre*......	XXII	22	21	32
Bandritum. *Charmoy*.........................	VII	7	7	12
Agetincum (al. Agedincum, postea Senones). *Sens*..	XXV	25	18	27
Riobe. *Provins*..............................	XXVI	26	18	27
Condate. *Montereau*.........................	XIIII	14	14	21
Meteglo (al. Meloduno). *Melun*................	XV	15	13	19
Luteci (al. Lutecia, postea Parisii). *Paris*.....	XVII	17	19	28
Bruussara (al. Briva Isara). *Pontoise*...........	XV	15	15	22
Petrum Viaco (al. Petromantalo). *Magny*.......	//	//	12	18
Ritumagus. *Radopont*........................	XII	12	18	27
Ratumagus (sive Rotomagus). *Rouen*...........	VIII	8	8	12
Brevoduro (al. Brevioduro). *Brionne*...........	XX	20	18	27
Juliobona. *Ile Bonne*.........................	XVIII	18	18	27
Gravinum. *Grainville*........................	X	10	12	18
Portus Veneti? S. *Valery*.....................	X	10	7	10
Gesogiaco (al. Gesoriaco) quod nunc Bononia. *Boulogne*.....................................	//	//	63	94

LXXIV.

Petrum Viaco Castellum Menapiorum. *De Magny à Cassel*......................	//	//	91	136
Casaromago (al. Cæsaromago, postea Bellovacis). *Beauvais*..................................	XV	15	17	26

ITINÉRAIRE.	DISTANCES marquées DANS LA TABLE.		DISTANCES mesurées PAR M. LAPIE.	
	Leugæ.	Lieues gauloises.	Lieues gauloises.	Milles rom.
Sammarobriva (al. Samarobriva, postea Ambiani). Amiens..................................	XXXI	31	24	36
Teucera. *Thièvres*......................	XII	12	12	18
Tervanna (al. Tarvenna). *Therouenne*.	XIII	13	27	40
Castello Menapiorum (sive Morinorum). *Cassel*...	"	"	11	16

LXXV.

Autessio Duro (al. Autissioduro) Casaromagum. *D'Auxerre à Beauvais*................	"	"	130	195
Eburobriga. *Avrolles*......................	"	"	12	18
Aug. Bona (leg. Augustobona, postea Tricasses). *Troyes*.................................	XVIII	18	21	32
Riobe. *Provins*............................	"	"	29	43
Calagum. *Coulommiers*.....................	"	"	18	27
Fixtuinum (al. Sixtiunum, sive Latinum, postea Meldi). *Meaux*.	XII	12	10	15
Aug. Magus (leg. Augustomagus, postea Silvanectes). *Senlis*...........................	XVI	16	16	24
Casaromago (al. Cæsaromago, postea Bellovacis). *Beauvais*................................	XXII	22	24	36

LXXVI.

Augusta Suessorum (al. Suessionum) Tarvennam. *De Soissons à Therouenne*......	"	"	80	120
Aug. Viro Muduorum (leg. Augusta Veromanduorum). *Saint-Quentin*....................	XXV	25	24	36
C .....o (leg. Camaraco). *Cambray*.	"	"	17	25
Nemetaco (postea Atrebatibus). *Arras*.	XIIII	14	16	24
Tervanna (al. Tarvenna). *Therouenne*...........	XXII	22	23	35

LXXVII.

Calago Castellum Menapiorum. *De Coulommiers à Cassel*......................	"	"	150	225
Bibe. *Orbais*.............................	XXXI	31	23	35
Durocortoro (postea Remis). *Reims*.............	XXII	22	21	32

PEUTINGERIANA. 231

ITINÉRAIRE.	DISTANCES marquées DANS LA TABLE.		DISTANCES mesurées PAR M. LAPIE.	
	Leugæ.	Lieues gauloises.	Lieues gauloises.	Milles rom.
Auxenna (al. Axuenna). *Neuf-Châtel*...........	X	10	9	13
Ninittaci (al. Minatici, sive Ninitaci). *Montcornet*..	IX	9	13	19
Vironum (al. Verbinum). *Vervin*..............	XIII	13	9	13
Duronum. *Etreung*........................	X	10	11	17
Baca Conervio (leg. Bagaco Nerviorum). *Bavay*...	XI	11	13	19
Pontes Caldis (leg. Ponte Scaldis). *Escautpont*.....	X	10	9	14
Turnaco. *Tournay*.........................	XII	12	11	16
Virovino (al. Viroviaco). *Wervike*..............	XI	11	14	21
Castello Menapiorum (sive Morinorum). *Cassel*....	XII	12	17	26
LXXVIII.				
Noviomago Durocortorum. *De Neufchâteau à Reims*..............................	"	"	70	105
Aquæ. *Chernuzey*..........................	VII	7	5	7
Ad Fines. *Bertheleville*......................	V	5	3	5
Nasic (leg. Nasium). *Naix*...................	XIIII	14	9	14
Caturices (al. Caturigæ). *Bar-sur-Ornain*........	IX	9	9	14
Tanomia (al. Fanum Minervæ). *Près de Vadenay*..	XXV	25	29	43
Durocortoro (postea Remis). *Reims*.............	XIX	19	15	22
LXXIX.				
Durocortoro Agripinam. *De Reims à Cologne*..	"	"	144	216
Noviomagus. *Bignicourt*.....................	XII	12	15	22
Mose (al. Mosomagus). *Mouzon*...............	XXV	25	24	36
Meduanto. *Chiny*..........................	VIIII	9	12	18
Andesina. *Hensival*.........................	"	"	53	80
Munerica. *Près d'Hochem*....................	XVI	16	24	36
Agripina (al. Colonia Agrippina). *Cologne*........	VI	6	16	24
LXXX.				
Camaraco Agripinam. *De Cambray à Cologne*.	"	"	124	186
Hermomacum (sive Hermonacum). *Escarmaing*...	LX	40	10	15
Baca Conervio (leg. Bagaco Nerviorum). *Bavay*...	VIII	8	8	12
Voso Borgiaco (al. Vodgoriaco). *Vaudré*.........	XII	12	12	18
Geminico Vico (al. Geminiaco). *Au sud de Celles*..	XVI	16	10	15
Pernaco (al. Perniciaco). *Tombes du Soleil, au nord d'Ambsiniaux*	XLVI	46	22	33

ITINÉRAIRE.	DISTANCES marquées DANS LA TABLE.		DISTANCES mesurées PAR M. LAPIE.	
	Leugæ.	Lieues gauloises.	Lieues gauloises.	Milles rom.
Atuaca (al. Atuatuca, postea Tungri). *Tongres*....	XVI	16	16	24
Cortovallio (al. Coriovallo). *Herken*............	XVI	16	16	24
Luliaco (leg. Juliaco). *Juliers*................	XII	12	12	18
Agripina (al. Colonia Agrippina). *Cologne*........	XVIII	18	18	27
LXXXI.				
Atuaca (al. Atuatuca, postea Tungris) Noviomagum. *De Tongres à Nimègue*.........	"	"	65	98
Feresne. *Dilsen*............................	XVI	16	16	24
Catualium. *Neer*...........................	XIIII	14	14	21
Blariaco. *Blerick*...........................	XII	12	7	11
Cevelum. *Cuyk*............................	XXII	22	22	33
Noviomagi. *Nimègue*........................	III	3	6	9
LXXXII.				
Aug. Duno (leg. Augustoduno) Luteciam. *D'Autun à Paris*.....................	"	"	175	262
Boxum (sive Boxura). *Luzy*..................	VIII	8	14	21
Aquis Nisincii (al. Alisinci). *Bourbon-Lancy ou Bellevue-les-Bains*...............	XXII	22	12	18
Degena (al. Decetia). *Decize*..............	XIIII	14	16	24
Ebirno (al. Nevirno, prius Novioduno). *Nevers*....	XVI	16	14	21
Massava. *Pouilly*..........................	XVI	16	16	24
Brivoduro. *Briare*..........................	XVI	16	20	30
Belca. *Bonnée*............................	XV	15	15	22
Cenabo (al. Genabo, postea Aurelianis). *Orléans*..	XXII	22	18	27
Luteci (al. Lutecia, postea Parisii). *Paris*........	XLVII	47	50	75
LXXXIII.				
Burdigala Agedincum. *De Bordeaux à Sens*...	"	"	258	387
Blama (al. Blavia). *Blaye*....................	IX	9	19	29
Lamnum (leg. Tamnum). *Talmont*.............	XXII	22	25	37
Mediolano Saneorum (al. Mediolano, postea Santonibus). *Saintes*.........................	XIII	13	15	23
Avedonnaco (al. Aunedonnaco). *Aunay*........	XVI	16	17	26
Brigiosum. *Briou*..........................	VIII	8	7	11

ITINÉRAIRE.	DISTANCES marquées DANS LA TABLE.		DISTANCES mesurées PAR M. LAPIE.	
	Leugæ.	Lieues gauloises.	Lieues gauloises.	Milles rom.
Rarauna (al. Rauranum). *Rom sur la Dive*.......	XII	12	14	20
Lemuno (al. Limono, postea Pictavis). *Poitiers*...	XVI	16	17	26
Casaroduno (leg. Cæsaroduno, postea Turonibus). *Tours*............................	XLII	42	44	66
Cenabo (al. Genabo, postea Aurelianis). *Orléans*...	LI	51	50	75
Fines. *Près de Chambon*.....................	XV	15	15	22
Aquis Segeste. *Dordives*.....................	XXII	22	17	26
Agetineum (al. Agedincum, postea Senònes). *Sens*.	XXII	22	17	26

LXXXIV.

ITINÉRAIRE.	Leugæ.	Lieues gauloises.	Lieues gauloises.	Milles rom.
Lugduno Burdigalum. *De Lyon à Bordeaux*.	"	"	267	403
Foro Segustavarum (Scrib. Mediolano). *Près de Bressieux*............................	XVI	16	11	16
Mediolano (Scrib. Foro Segusianorum). *Feurs*....	XIIII	14	9	14
Roidomna (al. Rodumna). *Roanne*.............	XXII	22	15	23
Ariolica. *Avrilly*............................	XII	12	15	23
Vorogio. *Varenne*...........................	XVIIII	19	19	29
Aquis Calidis. *Vichy*........................	VIII	8	9	14
Aug. Nemeto (leg. Augustonemeto, postea Arvernis). *Clermont*............................	"	"	21	32
Ub..um (leg. Ubimum). *Pont-Gibaud*.........	VIIII	9	9	14
Fines. *S. Avril d'Auvergne*.....................	X	10	12	18
Acitodonum (al. Acitodunum). *Ahun*...........	XX	20	20	30
Pretorio. *Mont de Jouer, ville ruinée, près de Saint-Goussand*............................	XVIII	18	18	27
Ausrito (leg. Augustorito, postea Lemovicibus). *Limoges*............................	XIIII	14	14	21
Fines. *Firheix*.............................	XIIII	14	17	25
Vesonna (al. Vesunna, postea Petrocorii). *Périgueux*............................	XIIII	14	24	36
C...nacco. *Neuvic*.........................	X	10	10	15
Corterate. *Coutras*..........................	XIX	19	22	33
V..atedo (leg. Varatedo). *Vayres*...............	XVIII	18	10	15
Burdigalo (al. Burdigala). *Bordeaux*...........	"	"	12	18

LXXXV.

ITINÉRAIRE.	Leugæ.	Lieues gauloises.	Lieues gauloises.	Milles rom.
Augustonemeto Gesocribate. *De Clermont à Brest*............................	"	"	344	518
Cantilia. *Chantelle*.........................	XXIIII	24	24	36

ITINÉRAIRE.	DISTANCES marquées DANS LA TABLE.		DISTANCES mesurées PAR M. LAPIE.	
	Leugæ.	Lieues gauloises.	Lieues gauloises.	Milles rom.
Aquis Neri (leg. Neris). *Néris*................	XV	15	17	26
Mediolano. *Châteaumeillant*..................	XII	12	22	33
Argantomago (sive Argentomago). *Argenton*....	XXVIII	28	25	38
Fines. *Bethines*..............................	"	"	19	28
Lemuno (al. Limono, postea Pictavis). *Poitiers*...	XX	20	23	34
Segora. *Montreuil en Bellay*.................	XXXIII	33	33	50
Portunamnetu (sive Condivicno). *Nantes*.........	XVIII	18	50	75
Duretie (al. Durerie). *Rieux*.................	XXIX	29	28	42
Dartoritum (al. Dariorigum, postea Veneti). *Vannes*.	XX	20	24	36
Sulim (al. Sudim, sive Sulium). *Pontivy*........	XX	20	21	32
Vorgium (al. Vorganium, postea Osismii). *Carhaix*...................................	XXIIII	24	24	36
Gesocribate (sive Gesobrivate). *Brest*...........	XLV	45	35	52

LXXXVI.

Ausrito (al. Augustorito, postea Lemovicibus) Avedonnacum. *De Limoges à Aunay*.......		"	55	82
Cassinomago. *Chassenon*.....................	XVII	17	17	25
Ser. anicomago (leg. Sermanicomago). *Chermé*...	XII	12	22	33
Avedonnaco (al. Aunedonnaco). *Aunay*.........	"	"	16	24

LXXXVII.

Vesonna (al. Vesunna, postea Petrocoriis) Mediolanum. *De Périgueux à Saintes*........	"	"	55	82
Sarrum. *Cherment*...........................	XX	20	24	36
Condate. *Cognac*............................	X	10	20	30
Mediolano (postea Santonibus). *Saintes*........	"	"	11	16

LXXXVIII.

Ausrito (leg. Augustorito) Avaricum. *De Limoges à Bourges*......................	"	"	83	124
Pretorio (al. Prætorio). *Mont de Jouer, ville ruinée, près de Saint-Goussand*.................	XIIII	14	14	21
Argantomago (al. Argentomago). *Argenton*......	XXIIII	24	29	43
Alerta (al. Alerca). *S. Vincent d'Ardentes*........	XIIII	14	14	21
Avaricum (postea Bituriges). *Bourges*...........	XXVIII	28	26	39

PEUTINGERIANA. 255

ITINÉRAIRE.	DISTANCES marquées DANS LA TABLE.		DISTANCES mesurées PAR M. LAPIE.	
	Leugæ.	Lieues gauloises.	Lieues gauloises.	Milles rom.
LXXXIX.				
Lugduno Coriallum. *De Lyon à Coriallum, à l'est de Cherbourg*	*"*	*"*	371	558
Foro Segustavarum (scrib. Mediolano). *Près de Bressieux*..	XVI	16	11	16
Mediolano (scrib. Foro Segusianorum). *Feurs*....	XIIII	14	9	14
Roidomna (al. Rodumna). *Roanne*.............	XXII	22	15	23
Ariolica. *Avrilly*...........................	XII	12	15	23
Sitillia. *Thiel*.............................	*"*	*"*	21	32
Aquis Bormonis. *Bourbon-l'Archambault*........	XVI	16	18	27
Degena (al. Decetia). *Decize*.................	XXX	30	20	30
Tincollo (al. Tinconcio, sive Tinconio). *Sancoins*..	XXXIII	33	19	29
Avaricum (postea Bituriges). *Bourges*..........	XX	20	22	34
Gabris. *Gièvres, en face de Chabris*.............	XXIIII	24	28	42
Tasciaca. *Montrichard*......................	XXIIII	24	17	25
Casaroduno (al. Cæsaroduno, postea Turonibus). *Tours*.................................	*"*	*"*	17	25
Fines. *Le Château-du-Loir*...................	*"*	*"*	18	27
Sub Dinnum (al. Suindinum, postea Cenomani). *Le Mans*..............................	XVI	16	17	25
Nudionnum (al. Næodunum, postea Diablintes). *Jublains*.............................	*"*	*"*	28	42
Aræegenue (al. Aræegenus). *Pont d'Ouilly*........	*"*	*"*	32	48
Augustoduro. *Bayeux*......................	XXIIII	24	24	36
Croncia Connum (al. Crociatonum). *S. Côme-du-Mont*..................................	XXI	21	21	32
Alauna. *Alleaume, près Valogne*..............	VII	7	11	16
Coriallo. *A l'est de Cherbourg*................	*"*	*"*	8	12
XC.				
Augustoduno Aquas Bormonis. *D'Autun à Bourbon-l'Archambault*...................	*"*	*"*	55	83
Ticlonno (leg. Telonno). *Toulon-sur-Arroux*.....	XII	12	15	22
Pocrinio. *Périgny-sur-Loire*...................	XII	12	13	20
Sitillia. *Thiel*..............................	XIIII	14	9	14
Aquis Bormonis. *Bourbon-l'Archambault*.......	XVI	16	18	27

ITINÉRAIRE.	DISTANCES marquées DANS LA TABLE.		DISTANCES mesurées PAR M. LAPIE.	
	Leugæ.	Lieues gauloises.	Lieues gauloises.	Milles rom.

XCI.

Subdinnum Juliobonam. *Du Mans à Lillebonne*............	"	"	129	194
Mitricum (al. Autricum, postea Carnutes). *Chartres*.	L	50	50	75
Durocassio (al. Durocassibus). *Dreux*..........	XIII	13	15	23
Condate. *Condé-sur-Iton*.....................	X	10	14	21
Mediolano Autercorum (leg. Aulercorum, postea Eburovicibus). *Viel-Évreux*..............	XII	12	12	18
Brevoduro (al. Brevioduro). *Brionne*...........	"	"	20	30
Juliobona. *Lillebonne*......................	XVIII	18	18	27

XCII.

Casaroduno (al. Cæsaroduno, postea Turonibus) Regineam. *De Tours à Erquy*.......	"	"	138	208
Robrica. *Longué*...................	XXVIIII	29	30	45
Juliomago (postea Andecavis). *Angers*...........	XVII	17	17	26
Conbaristum (al. Combaristum). *Combrée*.......	XVI	16	21	32
Sipia. *Visseiche*....................	XVI	16	16	24
Condate (postea Redones). *Rennes*..............	XVI	16	16	24
Fano Martis. *Lehon, près Dinan*...............	XXV	25	22	33
Reginea. *Erquy*.........................	XIIII	14	16	24

XCIII.

Lemuno (al. Limono, postea Pictavis) Coriallum. *De Poitiers à Coriallum, à l'est de Cherbourg*............	"	"	194	292
Segora. *Montreuil en Bellay*................	XXXIII	33	33	50
Juliomago (postea Andecavis). *Angers*..........	XVIII	18	22	33
Conbaristum (al. Combaristum). *Combrée*......	XVI	16	21	32
Sipia. *Visseiche*...................	XVI	16	16	24
Condate (postea Redones). *Rennes*.............	XVI	16	16	24
Legedia. *Saint-Pierre-Langée*..............	XLVIIII	49	39	58
Cosedia (al. Cossedia). *Montsurvent*...........	XIX	19	19	28
Coriallo. *A l'est de Cherbourg*.............	XXVIIII	29	29	43

PEUTINGERIANA.

ITINÉRAIRE.	DISTANCES marquées DANS LA TABLE.		DISTANCES mesurées PAR M. LAPIE.
	Millia plus minus.	Milles plus ou moins.	Milles rom.

XCIV.
ANGLETERRE.

A. Dubris Londinium. *De Douvres à Woodside près Croydon et probablement à Londres*....	//	//	81
Duroaverus (al. Durovernum). *Canterbury*.......	//	//	16
Durolevo (al. Duroleno). *Lenham*.............	VII	7	17
Ratibis (al. Ratibus, sive Madviacis). *Maidstone*...	VII	7	9
Madus (al. Noviomagus). *Woodside*...........	XVII	17	29
Londinium[1]. *Londres*.......................	//	//	10
B. Dubris Ratupas. *De Douvres à Sandwich*..	//	//	13
C. Dubris Lemavium. *De Douvres à West-Hythe*.....................	//	//	13
D. Londinio ad Taum[2]. *De Londres à Lowestoft*.	//	//	112
Baromaci. *Chelmsford*......................	//	//	31
Caunonio (al. Canonio). *Kelvedon*............	XII	12	12
Camuloduno. *Colchester*....................	VIII	8	9
Ad Ansam. *Stratford*.......................	V	5	6
Convetoni (al. Cambretonio). *Ipswich*.......	XV	15	10
Sinomagi (al. Sitomagi). *Saxmundham*........	XV	15	22
Ad Taum. *Lowestoft*.......................	XXII	22	22
E. Iscadumnomorum (leg. Isca Dumnoniorum) Ridumum (al. Muridunum). *D'Exeter à Salcomb Regis près Sidmouth*.......	XV	15	15

ALAMANNIA. SOUABE ET BAVIÈRE.
XCV.

Augusta Ruracum (al. Rauracorum) Castellum Biodurum. *D'Augst à Passau*............	//	//	405
Vindonissa. *Brugg*.......................	XXII	22	27
Tenedone. *Zurzach*.	VIII	8	8

[1] Cette route devant, d'après les localités, se terminer à *Londinium*, nous avons cru nécessaire de la continuer jusqu'à cette ville, quoique cette continuation ne se trouve pas marquée dans la table.
[2] Cette route, suivant Antonin, doit partir de *Londinium*.

ITINÉRAIRE.	DISTANCES marquées DANS LA TABLE.		DISTANCES mesurées PAR M. LAPIE.
	Millia plus minus.	Milles plus ou moins.	Milles rom.
Juliomago. *Stählingen*	XIIII	14	14
Brigobanne. *Breunlingen*	XI	11	15
Aris Flavis. *Altstadt, près de Rottweil*	XIIII [1]	14	20
Samulocenis. *Ebingen*	XIIII	14	24
Grinarione. *Redlingen*	XXII	22	22
Clarenna (sive Clarona). *Ehingen*	"	"	18
Ad Lunam. *Urspring*	XVII	22	22
Aquileia. *Heidenheim*	XX	20	20
Opiæ. *Nördlingen*	XVIII	18	18
Septemiaci. *Marktoffingen*	VII	7	7
Losodica. *Kriselbach*	VII	7	7
Medianis. *Schobdach*	XI	11	11
Iciniaco. *Gunzenhausen*	VIII	8	8
Biricianis (al. Bericianis). *Alesheim*	VII	7	7
Vetonianis. *Eichstett*	XVIII	18	18
Germanico. *Gaimersheim*	XII	12	12
Celeuso. *Près Pföring, sur le Danube*	VIIII	9	19
Arusena (al. Abusena). *Sur l'Abens, au nord de Neustadt*	III	3	3
Regino (al. Regina). *Ratisbonne ou Regensburgh*	XXII	22	22
Sorvioduro (al. Servioduro). *Straubing*	XXVIII	28	28
P..rensibus (leg. Petrensibus). *Osterhofen*	XXXII [2]	32	27
Castellum Bolodurum (al. Boiodurum). *Passau*	XVIII	18	28

XCVI.

Augusta Rauracum Taurunum. *D'Augst à Semlin*	"	"	1054
Vindonissa. *Brugg*	XXII	22	27
Ad Fines. *Pfyn*	"	"	41
Arbor Felix. *Arbon*	XXI	21	25
Brigantio (scrib. Ad Rhenum). *Rheinek*	X	10	10
Ad Renum (scrib. Brigantio). *Bregentz*	VIIII	9	9
Vemania (al. Vimania). *Wangen*	XV	15	15
Viaca. *Mindelheim*	XXIII	23	43
Augusta Vindelicum (al. Vindelicorum). *Augsbourg*	XX	20	30
Rapis. *Schwabmünchen*	XVIII	18	18
Navoæ (al. Novoe). *Kaufbeuren*	XXIIII	24	24
Camboduno (al. Campoduno). *Kempten*	XVIII	18	18

[1] L'ancienne édition porte 13. [2] L'ancienne édition donne 27.

PEUTINGERIANA. 239

ITINÉRAIRE.	DISTANCES marquées DANS LA TABLE.		DISTANCES mesurées PAR M. LAPIE.
	Millia plus minus.	Milles plus ou moins.	Milles rom.
Escone. *Bertholshofen*....................	XX	20	20
Abodiaco. *Gaispoint*....................	XVIII	18	18
Urusa. *Seeshaupten*....................	XIII	13	14
Bratananio (al. Bratanamo). *Fokenbaiern*........	XII	12	12
Isunisca (al. Isinisca). *Aschbach*.............	XII	12	12
Adenum (al. Pons OEni). *Wasserburg*..........	XX	20	20
Bedaio (al. Bidaio). *Altenmarkt*.............	XIII	13	13
Artobrigé (leg. Artobrigæ). *Près Beting*.........	XVI	16	16
Ivavo (al. Juvavo, sive Juvavia). *Salzburg*.......	XVI	16	16
Tarnantone. *Neumarkt*....................	XIII	13	13
Laciacis (al. Laciaco). *Vœcklmark*............	XIIII	14	14
Tergolape. *Schwandstadt*..................	XVIII	18	18
Ovilia (al. Ovilabis). *Wels*.................	XIIII	14	14
Blaboriciaco (al. Lauriaco). *Au nord de Ens*......	XIIII	14	26
Elegio. *Strengberg*.......................	XIII	13	13
Ad Ponte Ises (leg. ad Pontem Ises). *Pont sur l'Ips, riv. près Neumarkt*....................	XXIII	23	23
Arelate (al. Arlape). *Près Erlaph*.............	VIII	8	8
Namare. *Melk*..........................	VII	7	7
Trigisamo. *S. Pölten*.....................	XVI	16	16
Pirotorto. *Mitterndorf*....................	VIII	8	16
Comagenis. *A l'est de Tulln*................	VIII	8	8
Citium (al. Cetium Montem). *Klosterneuburg*....	VII	7	15
Vindobona. *Vienne*.......................	VI	6	8
Villagai. *A l'est de Schwechat*...............	X	10	10
Aequinoctio (al. Ala Nova). *Fischament*........	IIII	4	4
Carnunto. *Hainburg*.....................	XIIII	14	17
Gerulatis. *Oroszvar ou Karlburg*.............	XIIII	14	14
Ad Flexum. *Ovar ou Altenburg*..............	XVI	16	16
Stailuco. *S. Miklos*.......................	XIII	13	13
Arrabo fl. et opp. *Raab*....................	XII	12	12
Brigantio (al. Bregetio). *Szöny*..............	XXX	30	30
Lepavist. *Tuzis*..........................	V	5	5
Gardellaca. *Neudorf*......................	XIII	13	13
Lusomana. *Csaba*........................	XIII	13	18
Aquinco. *Alt Ofen ou Vieux-Bude*............	XII	12	12
Vetusallo (al. Vetus Salina). *Entre Teteny et Hanzelbek*...........................	XIIII	14	14
Annamatia. *Adony*.......................	XXII	22	22
Lusiene (al. Lussunium). *Föld-Var*...........	XV	15	24
Altaripa (al. Alta Ripa). *Csampa-Die*.........	X	10	18
Lugione. *Bar*............................	XXII	22	41

ITINÉRAIRE.	DISTANCES marquées DANS LA TABLE.		DISTANCES mesurées PAR M. LAPIE.
	Millia plus minus.	Milles plus ou moins.	Milles rom.
Antiana. *Dalyok*........................	XII	12	12
Donatianis. *Au nord de Keskend*.........	XII	12	12
Ad Labores. *Bellye*.....................	XIII	13	13
Tittoburgo (al. Teutoburgo). *Bieloberdo*.	XIII	13	13
Cornaco. *Vukovar*.......................	XVI	16	16
Cuccio. *Illok*..........................	XIII	13	21
Milatis (al. Malatis). *Petervardein*.....	XVI	16	26
Cusum. *Beschka*.........................	XVI	16	16
Acunum (al. Aciminum). *Alt Salankemen*...	XL	40	11
Bittio (al. Rittio). *Szurduk*...........	VIII	8	8
Burgenis. *Nove-Banovcze*.................	XIII	13	13
Tauruno. *Semlin ou Zimony*...............	X	10	10

XCVII.

Ad Lunam Augustam Vindelicum. *D'Urspring à Augsbourg*...............	″	″	52
Pomone. *Horgau*.........................	XL	40	40
Augusta Vindelicum (al. Vindelicorum). *Augsbourg*.	XII	12	12

XCVIII.

Como Brigantionem. *De Como à Bregentz*...	″	″	178
Clavenna. *Chiavenna*....................	XVIII	18	48
Tarvessedo (al. Tarvessede). *Splugen*....	XX	20	20
Cunuaureu (al. Cuneo Aureo). *Vals*.......	X	10	10
Lapidaria. *Campadels*...................	XVII	17	17
Turia (al. Curia). *Coire*...............	XXXII	32	32
Magia. *Au nord de Mayenfeld*............	XVI	16	16
Clunia. *Altenstadt*.....................	XVIII	18	18
Brigantio (al. Brigantia). *Bregentz*.....	XVII	17	17

XCIX.

Tridento Augustam Vindelicum. *De Trente à Augsbourg*.................	″	″	224
Ponte Drusi. *Près Bolzano, sur l'Adige, riv.*	XL	40	40
Sublabione (al. Sub Sabione). *Seben, monastère près de Clausen*......	XIII	13	13
Vepiteno (al. Vipiteno). *Sterzing*.......	XXXV	35	35
Matreio. *Matrey*........................	XX	20	20

ITINÉRAIRE.	DISTANCES marquées DANS LA TABLE.		DISTANCES mesurées PAR M. LAPIE.
	Millia plus minus.	Milles plus ou moins.	Milles rom.
Vetonina (al. Veldidena). *Wilden, couvent près d'Inspruck*............	XVIII	18	16
Scarbia. *Scharnitz*............	XVIIII	19	19
Tarteno (al. Parthano). *Partenkirchen*............	XI	11	11
Coveliacas. *Sechering*............	XX	20	20
Avodiaco (al. Abodiaco). *Gaispoint*............	"	"	14
Ad Novas. *Landsberg*............	"	"	14
Augusta Vindelicum (al. Vindelicorum). *Augsbourg*.	"	"	22

C.

Aquileia Juvavum. *D'Aquileja à Salzburg*....	"	"	241
Ad Silanos. *Cighigno*............	XXXV	35	35
Tasinemeti (al. Tarvisio, sive Tasmemeto). *Wernberg à l'E. de Villach*............	"	"	36
Saloca. *Teschling*............	VIIII	9	9
Varuno (al. Viruno Colonia Claudia). *Au nord de Klagenfurt*............	XI	11	11
Matucaio. *Troibach*............	XIIII	14	14
Beliandro. *S. Salvator*............	XIII	13	13
Tarnasici. *Ober-Lasnitz*............	XIIII	14	14
Graviacis (al. Gradiacis). *Bodendorf*............	XIIII	14	14
Inimurio (al. in Murio). *Damsweg*............	XVI[1]	16	17
In Alpe. *Scheidberg*............	XIIII	14	14
Ani. *Radstadt*............	XVI	16	16
Vocario (al. Vacorio). *Werfen*............	XVII	17	17
Cuculle (al. Cuculli). *Kuchel*............	XVII	17	17
Ivavo (al. Juvavo, sive Juvavia). *Salzburg*......	XIIII	14	14

CI.

Varuno (al. Viruno) Ovilia. *Des environs de Klagenfurt à Wels*............	"	"	146
Matucaio. *Près Dirnfeld*............	XIIII	14	14
Noreia. *Huttenberg*............	XIII	13	13
Noreia. *Neumarkt*............	XIII	13	13
Ad Pontem. *Pont sur la Mur, riv. près S. Georgen*..	XIIII	14	14
Viscellis (al. Vesellis). *Près Scheiben*............	"	"	1
Tartursanis (leg. Tatursanis). *Zeyring*............	IX	9	9
Surontio. *S. Johann*............	X	10	10

[1] XVII dans l'édition précédente.

ITINÉRAIRE.	DISTANCES marquées DANS LA TABLE.		DISTANCES mesurées PAR M. LAPIE.
	Millia plus minus.	Milles plus ou moins.	Milles rom.
Stiriate. *Rottenmann*............	XV	15	15
Gabromagi. *Holzer près Windischgarsten*.........	XV	15	15
Ernolatia (al. Ernolana). *S. Pankratz*.........	VIII	8	8
Tutastione (leg. Tutatione). *Kirchdorf*........	XII	12	12
Vetonianis (al. Vetomanis). *Kremsmünster*......	XI	11	11
Ovilia (al. Ovilabis). *Wels*..................	XI	11	11
A. Ovilibus (al. Ovilabi) Marinianum. *De Wels à Efferding*............	"	"	30
CII.			
Carnunto [Cæsariana?]. *De Haimburg à N. Vasony*..................	"	"	156
Ulmo. *Nyulas ou Goiss*................	XIIII	14	14
Scarabantio (al. Scarabantia Sulia). *Oedenburg ou Sopronium*................	XXV	25	25
Sabarie (leg. Sabariæ, Col. Claudiæ Juliæ). *Stein-am-Anger*........	XXXIII	33	34
Arrabone (al. Arrabona). *Körmond*............	XX	20	20
Ad Vicesimum. *Sümeg*..................	XLIII	43	43
Cæsariana? *N. Vasony*...................	XX	20	20
CIII.			
Aquileia Taurunum. *D'Aquileia à Semlin*...	"	"	451
Ponte Sonti. *Pont sur l'Isonzo*..............	XIIII	14	9
Fl. Frigido. *Wippach, riv. près S. Croce*.....	"	"	27
In Alpe Julia. *Alpes Juliennes*...............	XV	15	15
Longatico. *Loitsch*.......................	V	5	7
Nauporto. *Près d'Ober-Laybach*.............	VI	6	6
Emona (al. Æmona). *Laybach*.............	XII	12	12
Savo Fl. *Save, riv*......................	VIIII	9	9
Ad Publicanos. *Kraxen*..................	XI	11	8
Adrante (al. Hadrante). *S. Oswald*...........	VI	6	6
Celeia. *Cilli*..........................	XXXVII	37	26
Ragandone (al. Ragondone). *Windisch Feistritz*..	XVIII	18	24
Petavione (al. Pœtovione). *Pettau*............	XVIII	18	18
Remista (al. Ramista). *Sauritsch*............	X	10	10
Aquaviva. *Majerje, près Petrianecz*...........	X	10	10
Populos. *Zamlaka*.....................	XI	11	11

ITINÉRAIRE.	DISTANCES marquées DANS LA TABLE.		DISTANCES mesurées PAR M. LAPIE.
	Millia plus minus.	Milles plus ou moins.	Milles rom.
Botivo[1]. *Apathia*...........................	VIII	8	8
Sonista (al. Sunista). *Legrad*...............	VIIII	9	9
Piretis. *Kopreinitz*.........................	XII	12	12
Luntulis (al. Lentulis). *Virje*..............	XI	11	11
Jovia[2]. *Près Katalena*.....................	VIII	8	10
Sirotis (al. Serotis). *Verocze*.............	X	10	22
Bolentio (al Bolentia). *Au nord de Czabuna*..	X	10	10
Marinianis. *Près de Vrunyessevcze*...........	X	10	10
Seronis (al. Serenis). *Moszlavina*...........	VIIII	9	8
Berebis. *Sokacz Miholacz*....................	X	10	10
Jovallio (al. Jovallia). *Veliskovcze*........	VIIII	9	9
Mursa Minor. *Saag*...........................	VIIII	9	9
Mursa Maior. *Eszek*..........................	X	10	11
Ad Labores, Pont. Uscæ. *Korogy et Pont sur la Vuka*.	XII	12	12
Cibalis. *Vinkovcze*..........................	X	10	10
Cansilena (al. Celena). *Orolik*..............	XI	11	11
Ulmo. *Ruines de S. Elias, près d'Illincze*...	XI	11	11
Spaneta[3]. *Kukojevcze*......................	"	"	10
Sirmium. *Mitrovitz*..........................	XIII	13	16
Bassianis. *Ruines au nord de Dobrincze*......	XVIII	18	19
Idiminio. *Kernyesecze*.......................	VIII	8	12
Tauruno. *Semlin*.............................	VIIII	9	14

CIV.

Varuno (al. Viruno) Celciam. *De S. George près Klagenfurt à Cilli*................	"	"	74
Luenna (al. Juenna) *Mittersdorf*............	XXIII	23	23
Colatione. *Windischgrätz*...................	XXII	22	22
Upellis. *Weitenstein*.......................	XVI	16	16
Celeia. *Cilli*..............................	XIII	13	13

CV.

Emona (al. Æmona) Cibalim. *De Laybach à Vinkovcze*...............................	"	"	276
Acervone. *Gross Gaber*.......................	XVIII	18	18

---

[1] *Botivo* ou *Jovia*, suivant Antonin et l'Itinéraire de Jérusalem.

[2] Ce doit être *Cardono*, suivant l'Itinéraire de Jérusalem. Voyez la note précédente.

[3] Dans le texte il y a *Ulmospaneta*, d'un seul mot et avec une seule distance; nous avons rectifié cet endroit, qui est évidemment fautif.

ITINÉRAIRE.	DISTANCES marquées DANS LA TABLE.	DISTANCES mesurées PAR M. LAPIE.
	Millia plus minus. / Milles plus ou moins.	Milles rom.
Ad Pretorium (leg. Prætorium Latovicorum). *Neustædtl*........	XIIII / 14	14
Crucio. *Moetling*...............	XVI / 16	16
Novioduni. *Carlstadt*...........	XVI / 16	16
Romula. *Budachkigo*...........	X / 10	10
Quadrata. *Verginmoszt*.........	XIIII / 14	14
Ad Fines. *Glina*...............	XIIII / 14	13
Siscia. *Siszek*.................	XX / 20	16
Ad Pretorium. *Biednik*........	// / //	8
Servitio. *Doubitza*.............	XXX / 30	30
Urbate. *Gradiska*.............	XXIII / 23	24
Marsonie (al. Marsoniæ). *Derbent*.....	XXXIII / 33	38
Certis. *Piskorevcze*.............	XXV / 25	35
Cibalis. *Vinkovcze*.............	XXIIII / 24	24

CVI.

Marsonia Sirmium. *De Derbent à Mitrovitz*.	// / //	97
Ad Basante. *Gradachacz*.........	// / //	30
Saldis. *Verchani*...............	XX / 20	30
Drinum Fl. *Drin, riv*..........	XXVIII[1] / 28	19
Sirmium. *Mitrovitz*............	XVIII / 18	18

TURQUIE.

CVII.

Aquileia Salonam. *D'Aquileja à Salona*.....	// / //	380
Fonte Timavi. *Porto Timavo*..........	// / //	14
Tergeste. *Trieste*................	XIIII / 14	14
Parentio. *Parenzo*...............	XLVIII / 48	36
Pola. *Pola*....................	XXX / 30	31
Portus Planaticus. *Medolino*........	VI / 6	6
Arsia Fl. *Porto di Carnizza*........	VIII / 8	13
Alvona (al. Albona). *Albona*........	XII / 12	12
Tarsatica. *Tersato près Fiume*......	XX / 20	30
Ad Turres. *Czirkvenicza*..........	XX / 20	20
Senia (al. Signia). *Segna*..........	XX / 20	20
Avendone. *Jezerana*..............	XX / 20	20
Arypio (al. Arupio). *Szalopek Szello*.....	X / 10	10

[1] L'édition précédente marque XIX.

PEUTINGERIANA. 245

ITINÉRAIRE.	DISTANCES marquées DANS LA TABLE.		DISTANCES mesurées PAR M. LAPIE.
	Millia plus minus.	Milles plus ou moins.	Milles rom.
Epidotio. *Plaski*........................	X	10	10
Ancus. *Prisolie*.......................	XVI	16	16
Ausancalione. *Korenicza inférieur*.........	XV	15	15
Clambetis. *Udbina*.....................	XVI	16	16
Hadre. *Grachatz*......................	XIII	13	18
Burno. *Kistagne ou Khistagna*...........	XIII	13	25
Promona. *Castel Petrova, sur le mont Promina*....	XVI	16	16
Magnò. *Dernis*........................	VIII	8	8
Andretio. *Près de Verba*................	XIIII	14	14
Salona. *Salona*........................	XVI	16	16

CVIII.

Jadera Burnum. *De Zara à Kistagne*......	″	″	36
Nedino. *Bigliane inf.*...................	XII	12	12
Aserie (leg. Aseriæ). *Lissicieh*...........	XII	12	12
Burno. *Kistagne*......................	XII	12	12

CIX.

Jadera Salonam. *De Zara à Salona*.......	″	″	106
Sardona (al. Scardona). *Scardona*..........	XX	20	45
Tariona ? *Castel Andreis*................	XI	11	11
Ad Pretorum (leg. ad Prætorium). *Rogosnitza*....	XX	20	12
Lorano. *Boraja*.......................	XX	20	12
Ragurio (al. Tragurio). *Trau*............	XV	15	12
Sicsis (al. Siesa). *Castel Stafileo*.........	V	5	5
Salona. *Salona*........................	VIIII	9	9

CX.

Servitio Salonam. *De Doubitza à Salona*....	″	″	154
Ad Fines. *Sur le mont Kozaratz*...........	XVI	16	16
Casra (leg. Castra). *Koukavitza*...........	XIII	13	13
Lamatis (al. Aematis). *Banialouka*........	XII	12	12
Leusaba. *Leusaba*.....................	X	10	13
Baloie (leg. Balojæ). *Skender Vakoup*......	XII	12	10
Indenea. *Miloscherczi*...................	V	5	5
Saritte. *Jaïtze*.......................	VII	7	7

ITINÉRAIRE.	DISTANCES marquées DANS LA TABLE.		DISTANCES mesurées PAR M. LAPIE.
	Millia plus minus.	Milles plus ou moins.	Milles rom.
Jonaria. *Szokol*........................	XIII	13	13
Bariduo. *Glamotch*.....................	XIIII	14	24
Inalperio (leg. in Alperio). *Tour du Prologh, mont.*	"	"	17
Æquo [colonia]. *Han sur la Cettina, riv*.......	VIII	8	8
Salona. *Salona*........................	XVI	16	16

CXI.

Salona Sirmium. *De Salona à Mitrovitz*....	"	"	231
Tilurio. *Trigl*........................	XVI	16	16
Ad Libros. *Ounitza*....................	XXII	22	22
In Monte Bulsinio. *Rospopoglie*...........	VIIII	9	9
Bistue Vetus. *Douvno*...................	VI	6	6
Ad Matricem. *Nerenta ou Neretva*...........	XXV	25	35
Bistuæ Nova (leg. Novæ). *Bosnaseraï*.........	XX	20	30
Stanecli. *Près de Kneshine*................	XXIV	24	24
Argentaria. *Novacassaba*.................	"	"	23
Ad Drinum. *Zvornik*...................	"	"	21
Gensis. *Lojnitza*......................	XV	15	15
Sirmium. *Mitrovitz*....................	XXX	30	30

CXII.

Tauruno Constantinopolim. *De Semlin à Constantinople*........................	"	"	1088
Confluentibus. *Confluent de la Save et du Danube*..	III	3	3
Singiduno. *Belgrade*....................	CO	"	1
Tricornio. *Ritopek*.....................	XIIII	14	14
Monte Aureo. *Slona*....................	XII	12	12
Margum Fl. *Morava, riv*.................	XIIII	14	14
Viminatio[1] (al. Viminacio). *Rama*...........	X	10	20
Punicum. *Gradistie*....................	XIII	13	13
Vico Cuppæ. *Columbatz*.................	XI	11	11
Ad Novas. *A l'ouest de Dobra*..............	XII	12	12
Ad Scrofulas (al. ad Frofulas). *Au N. de Boretch*..	X	10	10
Faliatis (sive Taliatis). *Gögerdsinlik ou Goloubintze*.	XV	15	15
Gerulatis. *A l'est du M. Viskul*.............	VIII	8	10

[1] Le comte de Marsigli, *Danub.* t. II, p. 10, croit avoir découvert les ruines de *Viminacium* sur les deux rives de la Mlava ou Mlauna, à peu de distance de l'embouchure de cette rivière, et près d'un village turc appelé Kastolaz.

ITINÉRAIRE.	DISTANCES marquées DANS LA TABLE.		DISTANCES mesurées PAR M. LAPIE.
	Millia plus minus.	Milles plus ou moins.	Milles rom.
Unam (al. Unnam). *Près de Gornitza*............	VI	6	6
Egeta. *Gladova ou Feth Islam*..................	VI	6	6
Clevora (al. Clevosa). *Verloga*................	VIIII	9	9
Ad Aquas. *Berza Palanka*.....................	VIIII	9	9
Dortico. *Detz*................................	XXIIII	24	10
Ad Malum. *Florentin*.........................	XXV	25	25
Ratiaris. *Widdin*.............................	XVI	16	16
Remetodia. *Au sud-est de Hann*................	XII	12	12
Almo. *Smorden*...............................	IIII	4	6
Pomodiana. *Lom*.............................	VIIII	9	9
Camistro. *Tzibrou Palanka*....................	VIIII	9	9
Augustis. *Près de Kodosloai, sur l'Ogoust, riv.*....	VI	6	18
Pedonianis. *Kniaje*...........................	XX	20	20
Esco (al. OEsco). *Glava*......................	XI	11	11
Vio (al. Uto). *Staroselitzi*....................	XIIII	14	14
Anasamo. *Matchale*..........................	VIIII	9	9
Securispa (al. Securisca). *Tcherezelan*..........	XVII	17	8
Duno (al. Dimo). *Mouseliou*...................	XIII	13	13
Ad Novas. *Près de Gourabeli*..................	XVI	16	16
Jatro (al. Jantro). *Bieltchev sur la Jantra, riv.*...	VIIII	9	26
Trimamio. *Dikalika, ruines*...................	XVI	16	16
Pristis. *Roustchouk*..........................	XII	12	12
Tegris. *Marotin*..............................	VIIII	9	9
Appiaris. *Près d'Orankcui*....................	XIIII	14	13
Trasmarisca. *Toutourkai*.....................	XIII	13	16
Nigrinianis (al. Candidianis). *Près de Gawran*....	XII	12	12
Tegulicio. *Près de Tataritza*...................	XIII	13	13
Durostero (al. Durostoro). *Silistria ou Drista*.....	XI[1]	11	7
Sagadava. *Kalineia ou Kalneia*................	XVIII	18	13
Sucidava (al. Succidava). *Satonou*.............	XII	12	7
Axiopolis. *Kouzgoun*.........................	XVII	17	12
Calidava (al. Capidava). *Rassova ou Russewata*...	XVIII	18	18
Carsio (al. Carso). *Hassanbeg*.................	XVIII	18	18
Bereo. *Près du lac Dundermen*.................	XXV	25	28
Troesmis. *Matchin*...........................	XXI	21	18
Arubio (al. Arrubio). *Ioulnovitza*.............	VIIII	9	9
Novioduni. *Toultscha*........................	XXVI	26	29
Salsovia. *Babadagh*..........................	XLI	41	24
Ad Stonia (leg. ad Stoma). *Sur le lac Rassein, au nord de Kisanli*.............................	XXIIII	24	24

[1] L'édition précédente porte XII, 12.

ITINÉRAIRE.	DISTANCES marquées DANS LA TABLE.		DISTANCES mesurées PAR M. LAPIE.
	Millia plus minus.	Milles plus ou moins.	Milles rom.
Histriopoli (al. Istropoli). *Kargaliuk ou Kargolik*..	LX	60	20
Tomis. *Karli ou Tomisvar*....................	XL	40	36
Stratonis. *Mangali ou Mangalia*................	XII	12	15
Callatis. *Kartalia ou Kollat*....................	XXII	22	15
Trissa. *Taouk Limani*........................	XXIIII	24	18
Bizone (al. Bizo). *Kavarna*....................	XII	12	12
Dyosinopoli (al. Dionysopoli). *Baltschik*.........	XII	12	12
Odessos (al. Odessus). *Varna*.................	XXXII	32	24
Erite. *Petrikeui*..............................	XI	11	11
Templo Jovis. *Près d'Erakliakeui*..............	XVI	16	16
Mesembria (al. Mesymbria). *Missivri ou Mesembri*..	XVI	16	16
Ancialis (al. Anchialo). *Ahioli ou Ahioglou*......	XII	12	12
Appollonia (al. Apollonia). *Sizeboli*............	XVIII	18	30
Thera. *Iarimoussa*...........................	XII	12	17
Buatico (al. Burtico). *Boukhta Sandal Liman*.....	X[1]	10	42
Scyllam (al. Scylam). *Ormanli*.................	XII	12	37
Philias (al. Phileas). *Près d'Ialandji Boghas*......	XII	12	22
Thimea (al. Cyaneas). *Iles près de Fanaraki*.....	XX	20	30
Sycas. *Galata*...............................	XII	12	18
Constantinopolis. *Constantinople*...............	"	"	"
CXIII.			
Viminatio (al. Viminacio) Tiviscum. *De Ram à Lugos*...............................	"	".	83
Lederata. *Weiskirchen*........................	X	10	10
Apo Fl. *Karach, riv.*.........................	XII	12	12
Arcidava. *Gross Kakova*.......................	XII	12	12
Centum Putea. *Szurdok*.......................	XII	12	12
Bersovia. *Boksan*............................	XII	12	12
Azizis. *Près Szocsan*..........................	XII	12	12
Caput Bubali (leg. Caput Bubale). *Source de la R. Bogoniez*................................	III	3	3
Tivisco (al. Tibisco). *A l'E. de Prizaka*.........	X	10	10
CXIV.			
Faliatis (al. Taliatis) Parolissum. *De Gögerdsinlik à K. Doboka*.......................	"	"	308
Tierva (al Tierna). *Alt Orsova*................	XX	20	20

[1] Le chiffre manque dans l'édition précédente.

PEUTINGERIANA.

ITINÉRAIRE.	DISTANCES marquées DANS LA TABLE. Millia plus minus.	Milles plus ou moins.	DISTANCES mesurées PAR M. LAPIE. Milles rom.
Ad Mediam. *Mehadia*	XI[1]	11	15
Pretorio. *Kornia*.......................	XIIII	14	14
Ad Pannonios (al. ad Pannonias). *Près Ruska*....	IX	9	9
Gaganis. *Szadova*.....................	IX	9	9
Masclianis. *Korpa*.....................	XI	11	8
Tivisco (al. Tibisco). *A l'est de Prizalca*.........	XIIII	14	14
Agnaviæ (al. Agnavæ). *Au nord de Cserescha-Birztra.*	XIIII	14	14
Ponte Augusti. *Bauezar*..................	VIII	8	8
Sarmategte (al. Sarmizegethusa Colonia). *Varhely*.	XV	15	15
Ad Aquas. *Oklos*......................	XIIII	14	14
Petris. *Piski*........................	XIII	13	13
Germizera. *Gyalmar*....................	VIIII	9	9
Blandiana. *A l'ouest de Mühlenbach*............	VIIII	9	9
Apula (al. Apulum Colonia). *Karlsburg*.........	VIII	8	8
Brucla. *Dreykirchen*.....................	XII	12	12
Marcodava[2]. *Miriszlo*...................	″	″	12
Salinis (al. Salino). *Thorenburg*.............	XII	12	12
Patavissa (al Patavissum). *Pata*.............	XII	12	12
Napoca (Colonia). *Gyerla ou Szamosujvar*......	XXIIII	24	24
Optatiana. *Kapjan*.....................	XVI	16	16
Largiana (al. Cargiana). *N. Honda*............	XV	15	15
Cersiæ. *Berkess*.......................	XVII	17	17
Porolisso (al. Parolisso). *Nagy Banya*.........	IIII	4	9

CXV.

Egeta Apulam (al. Apulum Coloniam). *De Gladova à Karlsburg*..................	″	″	386
Drubetis. *Rogova*.......................	XXI	21	21
Amutria (al. Amutrium). *Près de Cstatye*.......	XXXVI	36	36
Pelendova. *Tchegartcha*..................	XXXV	35	35
Castris Novis. *Craiova*...................	XX	20	20
Romula. *Tourna, en face de Nikopol*...........	LXX	70	70
Acidava. *Près de Saede*...................	XIII	13	13
Rusidava. *Draganest*....................	XXIIII	24	24
Ponte Aluti (al. Alutæ). *Pont sur l'Alouta à Hipotest.*	XIIII	14	14
Burridava. *Près de Pletchoi*................	XIII	13	13
Castra Tragana (al. Trajana). *Voitest*..........	XII	12	12

[1] x dans l'édition précédente.
[2] Cette position donnée par Ptoléméc a été intercalée ici pour mieux expliquer la route où il est probable qu'elle a été omise.

ITINERAIRE.	DISTANCES marquées DANS LA TABLE.	DISTANCES mesurées PAR M. LAPIE.
	Millia plus minus. / Milles plus ou moins.	Milles rom.
Arutela. *Broundeni*....................	VIIII / 9	9
Pretorio. *Babeni*.....................	XV / 15	15
Ponte vetere. *Au sud de Rimnik*...........	VIIII / 9	9
Stenarum. *Talmacs, au N. de Rothenthurn*......	XLIIII / 44	44
Cedoniæ. *Hermanstadt*.................	XII / 12	12
Acidava. *Koncza*.....................	XXIIII / 24	24
Apula (al. Apulum Colonia). *Karlsburg*........	XV / 15	15

CXVI.

ITINERAIRE.		
Viminatio (al. Viminacio) Constantinopolim. *De Ram à Constantinople*..............	/ //	627
Municipio. *Passarovitz*..................	XVIII / 18	18
Iovis pago. *Libo*......................	X / 10	12
Idimo (al. Idomo). *Hassan Pacha Palanka*......	XII / 12	15
Horrea (al. Horreum) Margi. *Keupri Ravenatz*...	XVI / 16	47
Presidio Dasmini. *Près de Memetchek*.........	XVII / 17	17
Presidio Pompei. *Boulovan*................	XV / 15	15
Granirianis. *Alexinitza*.................	XII / 12	10
Naisso. *Nissa ou Nich*...................	XIII / 13	14
Romesiana (al. Remesiana, sive Romatianæ). *Moussa Pacha Palanka*.....................	XXIIII / 24	23
Turribus. *Tchardah*...................	XXV / 25	18
Meldiis. *Kalkali*.....................	XXIIII / 24	31
Sertica (al. Serdica, sive Sardica). *Sophia ou Triaditza*............................	XXVIII / 28	23
Sarto. *Ieni ou Novikhan*..................	XX / 20	20
Egirca. *Ichleman*.....................	XVIII / 18	18
Zyrmis (al. Zyrinis). *Serandjan*.............	XIIII / 14	24
Phinipopolis (al. Philippopolis). *Philippopolis ou Filibé*...........................	XXIIII / 24	34
Ranilum. *Cara Osman*..................	XXVII / 27	27
Pizo (al. Opizo). *A l'est de Tchakaller*.........	XXV / 25	25
Arsum (al. Assum). *A l'ouest de Cheremit*......	XII / 12	8
Castris Rubris (al. Zarba). *Coiounlou*..........	XVIIII / 19	18
Burdenis (al. Burdista, sive Burdipta). *Djezaïr Moustapha Pacha*.....................	XVI / 16	22
Hadrianopoli. *Andrinople ou Edreneh*..........	XX / 20	20
Hostizo (al. Ostudizo). *Hafsa ou Khafsa*........	XVIII / 18	18
Burtizo (al. Durtizo, sive Burdutizo). *Eskibaba*..	XVIII / 18	18

ITINÉRAIRE.	DISTANCES marquées DANS LA TABLE.	DISTANCES marquées DANS LA TABLE.	DISTANCES mesurées PAR M. LAPIE.
	Millia plus minus.	Milles plus ou moins.	Milles rom.
Bergule (al. Bergulæ, sive Virgolæ). *Tchatal Bourgaz*........	XVIII	18	18
Drysiporo (al. Druzipara). *Karistan*............	XII	12	14
Syrallo (al. Turullo, sive Tzurullo). *Tchorlou*.....	XII	12	16
Perintus (al. Perinthus, postea Heraclea). *Erekli*..	X	10	18
Ad Statuas. *A l'ouest de Silivri*..............	"	"	18
Mel..tiana (leg. Melantiana). *Buiuk Tchekmedjé*.	XVIIII	19	24
Regio (al. Rhegio). *Kutchuk Tchekmedjé*........	XXIIII	24	12
Constantinopolis (prius Byzantium). *Constantinople*............	XII	12	12

CXVII.

Esco (al. Œsco) Anchialum. *De Glava à Ahioli*............	"	"	271
Ad Putea. *En face de Glava*............	"	"	1
Storgosia. *Au nord-ouest du Vieux-Doubnik*.......	VII	7	7
Dorionibus. *Neu-Bas-Doubnik*................	XI	11	11
Melta. *Plevna*............	X	10	10
Nicopolistro (al. Nicopoli ad Hæmum, sive Jatro). *Nikoup*............	L	50	50
Marcianopolis. *Devna ou Pereslav*............	CXXX	130	130
Pannisso. *Pravadi*............	XII	12	13
Scatras (al. Saotras). *Kioprikeui*............	XII	12	13
Cazalet (al. Cazatet). *Eradjik*............	XVIII	18	18
Ancialis (al. Anchialo). *Ahioli*............	XVIII	18	18

CXVIII.

A. Phinipopoli (al. Philippopoli) Nicopolistrum. *De Felibé à Nikoup*............	"	"	98
Subradice (al. sub Radice). *Liza ou Ilidja*......	XII	12	27
Montemno (al. Monte Imo, sive Hæmo). *Mont Balcan, ou Emineh Dagh*............	VI[1]	6	28
Ad Radices. *Kabrova ou Gabrova*............	VIII	8	10
Sostra[2] (al. Sotra). *Drenova*............	X	10	13

[1] VII dans l'édition précédente.   [2] L'édition précédente porte *Sotra*.

ITINÉRAIRE.	DISTANCES marquées DANS LA TABLE.		DISTANCES mesurées PAR M. LAPIE.
	Millia plus minus.	Milles plus ou moins.	Milles rom.
Nicopolistro (al. Nicopoli ad Hæmum). *Nikoup*....	"	"	20
B. Melta Sostram (al. Sotram). *De Plevna à Dranova*............	XIII	13	63
C. Durostero (al. Durostoro, sive Durostolo) Marcianopolim. *De Silistria à Devna*....	"	"	69
Palmatis (al. Palmato). *Buiuk Caïnardji*........	XIIII	14	14
Marcianopolis. *Karaiousin*...............	XLV	45	55

CXIX.

Phinipopoli (al. Philippopoli) Anchialum. *De Felibé à Ahioli*............	"	"	171
Ranilum. *Cara Osman*............	XXVII	27	27
Berone (al. Berœa, sive Irenopoli). *Eski Zara ou Saghra*............	XXXVI	36	36
Cabilis (al. Cabyle). *Carnabat*............	LII	52	72
Aquis Calidis. *Près de Roumili Keui*............	"	"	24
Ancialis (al. Anchialo). *Ahioli*............	XII	12	12

CXX.

Ancialis Perintum. *D'Ahioli à Erekli*......	"	"	138
Pudizo (al. Budizo). *Urumkeui*............	XVII	17	32
Utsurgas. *Uskiup ou Skupo*............	XLII	42	47
Cenopurio (al. Cœnophrurio). *Magrioza*........	XXX	30	30
Perintus (al. Perinthus, postea Heraclea). *Erekli*..	XXVIIII	29	29

CXXI.

Salona Ratiaris. *De Salone à Widdin*.......	"	"	604
Tilurio. *Trigl*............	XVI	16	16
Billubio. *Fort Prolosatz*............	XII	12	25
Ad Novas. *Ruines sur une montagne*............	VIIII	9	9
Ad Fusciana (al. Aufustiana). *Sultigori*........	VIIII	9	9
Bigeste (leg. Bigestæ). *Doberkovi*............	XIII	13	13
Narona (colonia). *Mostar*............	XIII	13	12

PEUTINGERIANA.

ITINÉRAIRE.	DISTANCES marquées DANS LA TABLE.		DISTANCES mesurées PAR M. LAPIE.
	Millia plus minus.	Milles plus ou moins.	Milles rom.
Ad Turres. *Pocsitejl*................	XXII	22	12
Dilunto. *Gabela*..................	XIII	13	13
Pardua. *Brestinza*..................	XIIII	14	14
Ad Zizio. *Slano*...................	XVI	16	16
Asamo. *Vieux Raguse*................	XXVIII	28	28
Epitauro (al. Epidauro colonia). *Près de Bezbozi.*	XX	20	20
Resinum (sive Rhizinium). *Risano*.........	XX	20	20
Vicinium. *Cattaro*...................	XX	20	15
Batua (al. Butua). *Boudoua ou Budua*........	XV	15	15
Scobre (al. Scodra, colonia Claudia Augusta). *Scutari*..............	XX	20	50
Ad Picaria (al. Epicaria). *Près de Kiaf Malit*.....	XXX	30	30
Creveni. *Près de Poucha*................	XXX	30	30
Gabuleo. *Près de Grasdaniko*.............	XVII	17	17
Theranda. *Diacovo ou Jacova*.............	XXX	30	30
Viciano. *Vousitrin*..................	XXV	25	25
Vindenis. *Cassovo*...................	XIX	19	19
Ad Fines. *Cratovo*..................	XX	20	20
Hammeo. *Sur la Toplitza, riv.*............	XX	20	20
Ad Herculem. *Precop ou Orkup*............	VI	6	16
Naisso. *Nissa*....................	XIIII[1]	14	19
Timaco majori. *Gorgouchevatz*............	XXVII	27	27
Timaco minori. *Jenikhan*...............	X	10	10
Conbustica (al. Combustica). *Belgradtchik*......	XXVII	27	27
Ratiaris. *Widdin*...................	XXVII	27	27

CXXII.

Salona Peguntium? *De Salone à Drasnitza?*.	"	"	45
Epetio. *Slobre*....................	IIII	4	4
Oneo. *Almissa*....................	VII	7	12
Inaronia. *Macarska*.................	XII	12	22
Peguntium (sive Piguntiam)? *Drusnitza*........	VII	7	7

CXXIII.

Salona ad Dianam. *De Salone à S. Georges*..	"	"	11
Epetio. *Slobre*....................	IIII	4	4

[1] XIII dans l'autre édition.

ITINÉRAIRE.	DISTANCES marquées DANS LA TABLE.	DISTANCES mesurées PAR M. LAPIE.
	Millia plus minus. Milles plus ou moins.	Milles rom.
Spalato (sive Aspalathos). *Spalatro*............	// //	3
Ad Diana (leg. ad Dianam). *S. Georges*........	// //	4

CXXIV.

Ad Zizio Dyrratium (al. Dyrrhachium, prius Epidamnum). *De Slano à Duratzo*......	// //	196
Leusino (al. Leusinio). *Près de Zaccala*........	VIII 8	8
Sallunto. *Slano sur la Tribinschitza, riv*..........	XII 12	12
Sanderva (al. Andarba). *Sur la Tribinschitza, riv*..	XVII 17	17
Varis. *Corianiki*.............................	VI 6	6
Sallunto. *Grahovo*............................	XI 11	12
Nalata (al. Alata). *Cettigne*...................	XVIII 18	18
Bersummo (al. Birziminio). *Près de Cesini*.......	X 10	10
Sinna (al. Cinna). *Tchiabak*...................	XVI 16	18
Scobre (al. Scodra colonia). *Scutari*............	XX 20	20
Lissum. *Alessio ou Lech*.......................	XXX 30	25
Pistum. *Monastère près de Croia*...............	XXV 25	25
Dyrratio (al. Dyrrhachio, prius Epidamno). *Duratzo*..	XXX 30	25

CXXV.

Dyrratio Perintum. *De Duratzo à Erekli*....	// //	639
Asparagium? *Au nord-ouest de Pekini*.........	XV 15	20
Clodiana. *El Bassan*.........................	XXVI 26	26
Scampis (al. Hiscampis). *A l'ouest de Djourad*...	XX 20	21
Genesis (al. Genusus) fl. *Scombi ou Tobi, riv*.....	VIIII 9	9
Ad Dianam. *Près de Sedjim*...................	VII 7	7
In Candabia (al. in Candavia). *Sur le lac Maliki*..	VIIII 9	19
Pons Servili. *Ponta Vinia*.....................	VIIII 9	9
Lignido (al. Lychnido). *Au nord du monastère de Saint-Nahum*................................	XVIIII 19	9
Brucida? *Ruines*.............................	XVI 16	16
Nicca (al. Nicæa). *Florina*....................	// //	19
Heraclea [Lyncestis]. *Derbend du Kutchuk Carasou*.	XI 11	12
Cellis. *Caïlari*................................	XXXII 32	24
Edessa. *Vodina ou Vodena*....................	XLV 45	28
Pella. *Allahkilissia*...........................	XLV 45	30
Tessalonicæ. *Salonique*.......................	XXVII 27	27

PEUTINGERIANA. 255

ITINÉRAIRE.	DISTANCES marquées DANS LA TABLE.		DISTANCES mesurées PAR M. LAPIE.
	Millia plus minus.	Milles plus ou moins.	Milles rom.
Mellissirgin (al. Melissurgim). *Kilisseli*........	XX	20	20
Appollonia (al. Apollonia). *Bazar Djedid*......	XVIII	18	17
Amphipoli. *Ienikeui*...........................	XXX	30	31
Philippis. *Ruines de Philippi*.................	XXXIII	33	30
Fons. *Fontaine près de Machelache*............	"	"	5
Neapolis. *La Cavale*..........................	co.	"	7
Acontisma. *Tcheherbend*......................	XLIIII	44	9
Topiro (al. Topyro). *Kara Guieuzi*............	XVIII	18	17
Consinto (al. Cosinto). *Kutchuk Loudedé*......	XIII	13	13
Porsulis. *Jébili*...............................	XXIII	23	23
Brendici (al. Brigizi). *Chapdjilar ou Schaptzi*....	XX	20	21
Micolito (al. Milolito). *Peresteria*............	XII	12	7
Dymis. *Feredjik ou Feret*.....................	XXIII	23	23
Aenos. *Enos*..................................	XX	20	20
Colla. *Tcheriban*..............................	XX	20	15
Zorlanis. *Kechan ou Rouskoïuan*..............	XVII	17	17
Syrascellæ (al. Syracellæ). *Migalgara ou Malgara*..	XVI	16	16
Apris. *Aïnadjik ou Iénidjek*...................	XXV	25	22
Bitenas. *Adjiklar*.............................	XIII	13	13
Mocasura. *Karewli ou Kaleuvri*...............	XIII	13	13
Hiereo (al. Hierea). *Karevda*.................	XIII	13	8
Perintus (al. Perinthus, sive Heraclea). *Erekli*....	XVI	16	16
CXXVI.			
Heraclea Serticam. *Du Derbend du Kutchuk Carasou à Sophia*....................	"	"	180
Ceramiæ. *Ruines sur le Kutckuk Carasou*........	XI	11	10
Euristo. *Sur la même rivière*.................	XXIIII	24	14
Stopis (al. Stobis). *Stobi*.....................	XII	12	7
Tranupara. *Istip*.............................	XXX	30	30
Astibo. *Stutzaïtza*............................	XX	20	20
Peutalia (al. Pantalia). *Ghiustendil*...........	L.	50	50
Ælea. *Radomie ou Dragomir*.................	IIX	8	20
Sertica (al Serdica). *Sophia ou Triaditza*.......	XX	20	29
CXXVII.			
Tessalonica (al. Thessalonica) Scunis. *De Salonique à Uskup*.....................	"	"	197
Gallicum. *Au nord d'Ambarkeui sur la R. Gallico*..	XVI	16	16

ITINÉRAIRE.	DISTANCES marquées DANS LA TABLE.		DISTANCES mesurées PAR M. LAPIE.
	Millia plus minus.	Milles plus ou moins.	Milles rom.
Tauriana. *Tomanitza*	XVII	17	17
Idomenia (al. Idumenia). *Gradiska*	XX	20	27
Stenas. *Hammam Tchiftlik*	XII	12	12
Antigonia. *Tikvech*	XI	11	11
Stopis (al. Stobis). *Stobi*	XII	12	12
Gurbita. *Ruines à l'est de Pletfar*	VIII	8	8
Ad Cephalon. *Perlepé*	XIII	13	13
Presidio (al. Præsidio). *Sur le Kutchuk Carasou*	VIIII	9	9
Ad Hercule (leg. ad Herculem). *Près Doia*	VIIII	9	9
Ad Fines. *Gritchovo*	VIII	8	8
Anausaro. *Sur les montagnes*	XXXII	32	22
Aquæ ? *Tettovo*	XII	12	12
Scunis (al. Scupis). *Uskup ou Scopia*	XXI	21	21

CXXVIII.

Philippis Heracleam Santicam (al. Sinticam). *Des ruines de Philippi à Nevrekop*	"	"	52
Truilo (al. Triulo). *Au sud de Roussio*	X	10	10
Graero. *Près le Carasou, riv.*	XVII	17	17
Euporea (al. Euporia)	VIII	8	8
Heraclea Santica (al. Sintica). *Nevrekop*	XVII	17	17

CXXIX.

Heraclea Santica Philippos. *De Nevrekop aux ruines de Philippi*	"	"	55
Scotusa (al. Scotussa). *Monasterdjik*	IIII	4	4
Sarxa. *Près du mont Menikion*	XVIII	18	18
Strymon. *Anghista, riv.*	XIII	13	13
Duravescos (al. Daravescus). *Drama*	VIII	8	8
Philippis. *Ruines de Philippi*	XII	12	12

CXXX.

A. Hadrianopoli Aenum. *D'Andrinople à Enos*	"	"	98
Plotinopoli. *Djesr Erkené*	XXIIII	24	24
Zirinis (al. Zernis). *Termalitza ou Thermolitza*	XXIIII	24	24
Aenos. *Enos*	XX	20	50

ITINÉRAIRE.	DISTANCES marquées DANS LA TABLE.		DISTANCES mesurées PAR M. LAPIE.
	Millia plus minus.	Milles plus ou moins.	Milles rom.
B. Apris Sestum. *D'Aïnadjik à Zemenik*....	"	"	69
Aprodisia (al. Aphrodisias). *Kawak*............	XXXIII	33	28
Callipol. (leg. Callipolis). *Gallipoli*.............	XXIII	24	24
Sestos (al. Sestus). *Zemenik*..................	XII	12	17
C. Apris Macrontecos. *D'Aïnadjik à Coutchadlu*.	"	"	33
Heraclea. *Avracha*.............................	"	"	18
Macrontecos (al. Macrontichos). *Coutchadlu*......	X	10	15

CXXXI.

Dyrratio (al. Dyrrachio, prius Epidamno) Pyræum. *De Duratzo au Pirée*..........	"	"	478
Genesis (al. Genesus) Fl. *Scombi, riv.*........	"	"	20
Hapsum (al. Apsum) Fl. *Ergent, riv.*..........	XX	20	18
Apollonia. *Monastère de Pollini*................	XVIII	18	16
Aulona. *Valone ou Avlone*.....................	XVI	16	16
Ocrocenaurio (al. Acrocerauniis). *Drimadez*.....	XXXIII	33	33
Phenice (al. Phœnice). *Pheniki, ruines*........	XLI	41	41
Rutharoto (al. Buthroto colonia). *Butrinto*......	LVI	56	16
Ad Dianam. *Ianiari*...........................	VIII	8	18
Ciclis (al. Glycys) Limen. *Port Glykys*.........	XIII	13	33
Actia Nicopoli. *Ruines au nord de Prevesa*......	XX	20	20
Perdioricto (al. Diorycto). *Ruines en face de Sainte-Maure*....................................	XX[1]	20	15
Halisso (al. Halyso, sive Alyzia). *Ruines près de Candili*.....................................	XX[2]	20	20
Aciloum (al. Acheloum) Fl. *Aspro-potamos, riv.*...	XXXIIII	34	24
Evvenos (al. Evenus) Fl. *Fidaris, riv.*..........	X	10	20
Calidon (al. Calydon) Fl. *Ruines*.............	X	10	5
Naupactos (al. Naupactus). *Lépante ou Enébatché*.	IX	9	15
Evanthia. *Ruines près du port Monastiraki*......	IIX	8	28
Anticirra (ponendum Crusa, i. e. Crissa). *Crissa*...	XV	15	15
Crusa (huc transfer. Anticirra, i. e. Anticirrha). *Asprospitia*.................................	XII	12	16
Pache (al. Pagæ). *Alepokhori*................	XX	20	45
Megara. *Mégare*.............................	XV	15	15
Eleusina (al. Eleusis). *Lepsina*................	XV	15	15

[1] 15 dans l'autre édition.   [2] 15 dans l'autre édition.

ITINÉRAIRE.	DISTANCES marquées DANS LA TABLE.		DISTANCES mesurées PAR M. LAPIE.
	Millia plus minus.	Milles plus ou moins.	Milles rom.
Athenas. *Athènes*	XIIII	14	14
Pyreo (al. Piræeo). *Port Lion*	V	5	5

CXXXII.

Apollonia Actiam Nicopolim. *Du monastère de Pollini aux ruines de Nicopolis*	"	"	166
Amatria (al. Amantia). *Près de Nivitza Malisiotes*	XXX	30	30
Hadrianopoli (postea Justinianopoli). *Palæo-episcopi*	LV	55	55
Ilio (al. Elæo). *Braia*	XXIIII	24	24
Buchetium? *Solnikie*	XII	12	12
Actia Nicopoli. *Ruines de Nicopolis*	XLV	45	45

CXXXIII.

Actia Nicopoli Thessalonicam. *Des ruines de Nicopolis à Salonique*	"	"	279
Larissa. *Larisse ou Ienitcher*	LXX	70	120
Olympium. *Ruines près de Crania*	XV	15	15
Stenas. *Près du pont de Bacrina sur le Salambria.*	X	10	10
Sabatium. *Près de Nesiva*	XV	15	12
Dium. *Standia*	XII	12	12
Hatera. *Khateri*	XII	12	7
Anamo. *Vroumeri*	XII	12	7
Bada. *Lephtekhori*	VII	7	12
Arulos. *Millova*	XX	20	10
Acerdos. *Sur l'Indjé Carasou*	XV	15	10
Beroea. *Carapheria ou Veria*	XII	12	7
Pella. *Allahkilissia*	XXX	30	30
Tessalonicæ (al. Thessalonicæ, prius Thermæ). *Salonique*	XXVII	27	27

CXXXIV.

Larissa Megaram. *De Larisse à Mégare*	"	"	225
Grannona (al. Cranon). *Tolehr*	XV	15	15
Falera. *Armyros*	XXXVIII	38	38
Thapedon. *Près du lac Daoukli*	XXVII	27	27
Thermopylas. *Dervend Elaphou*	XXVII	27	27
Scarpias (al. Scarphe). *Longachi ou Palæochora*	VII	7	7
Elathia (al. Elatea). *Ruines près d'Elevta*	XX	20	20

ITINÉRAIRE.	DISTANCES marquées DANS LA TABLE.		DISTANCES mesurées PAR M. LAPIE.
	Millia plus minus.	Milles plus ou moins.	Milles rom.
Ceroni (al. Chæronea). *Kaprena*.....	XXV	25	15
Cronias (al. Coronea). *Hagios Ioannis*............	VII	7	12
Plateas (al. Platæas). *Kokla*.................	XXVII	27	24
Eleusina (al. Eleusis). *Lepsina*............	XL	40	25
Megara. *Mégare*..................	XV	15	15

MORÉE.

CXXXV.

Megara Trajectum. *De Mégare à Palæo Castron.*	"	"	434
Istamo (al. Isthmo). *Ruines près des Murailles*....	XXIII	23	23
Corintho. *Corinthe*..................	VIII	8	8
Lethi (al. Lechæi). *Ruines sur la côte*...........	III	3	2
Sicione (al. Sicyone). *Vasilika*................	XX	20	11
Agira (al. Ægira). *Près de Mavra Litharia*.......	XXV	25	25
Agion (al. Ægium). *Vostitza*.................	XII	12	20
Pathras (al. Patras). *Patras*................	XXV	25	25
Dyme. *Hagios Konstantinos*...................	XV	15	20
Cyllenæ. *Près du lac Kotiki*..................	XIIII	14	14
Netido (al. Elide). *Près de Kalyvia*.............	XIIII	14	14
Olympia. *Ruines sur le Rouphia, riv.*............	"	"	31
Samaco (al. Samico). *Ruines près du fort Klidi*....	XV	15	15
Cyparissa. *Arkadia*.	XXIIII	24	24
Pylios (al. Pylus Messeniacus). *Vieux Navarin*...	XV	15	25
Mothone (al. Methone). *Près de Modon*........	XXX	30	15
Asine. *Coron*...........................	XV	15	15
Messene. *Apano Mavromati*..................	XXX	30	30
Lacedemone (al. Lacedæmone, sive Sparta). *Palæokhori*............................	XXX	30	35
Cytmon (al. Gythium). *Près de Marathonisi*.....	XXX	30	30
Asopos (al. Asopus). *Près de la presqu'île Xyli*...	XXVII	27	27
Boas. *Palæo-kastron*.......................	XXV	25	25
Trajectus (fort. Scandia, vel Cythera?). *Saint-Nicolo dans l'île Cérigo, ou fort Saint-Francisco*........	CC stadia	200 *stades*	20

CXXXVI.

Corintho Lacedæmonem. *De Corinthe à Palæokhori*.................................	"	"	129
Cleonas. *Ruines près de Khani Kourtesa*..........	VI	6	10

ITINÉRAIRE.	DISTANCES marquées DANS LA TABLE.		DISTANCES mesurées PAR M. LAPIE.
	Millia plus minus.	Milles plus ou moins.	Milles rom.
Nemea. *Ruines près de Koutzomati*............	"	"	4
Micenis (al. Mycenis). *Ruines près de Karvathi*...	"	"	12
Argos. *Argos*....................	XII	12	7
Tegeas (al. Tegea). *Près de Piali*.............	"	"	30
Melena (al. Menalia, sive Mænalum). *M. Apano-Khrépa*............................	XX	20	11
Megaiopili (leg. Megalopoli). *Sinano*...........	XXII	22	22
Lacedemone (al. Lacedæmone, sive Sparta). *Palæochori*............................	"	"	33
A. Sicione Argos. *De Vasilika à Argos*.......	"	"	36
Nemea. *Ruines près de Koutzomati*............	XII	12	17
Argos. *Argos*....................	X	10	19
B. Corintho Cincris (al. Cenchreas). *De Corinthe à Kekhries*...................	VII	7	7
C. Argos Epitaurum (al. Epidaurum). *D'Argos aux ruines près de Nea Epidavros*.........	VII	7	27
D. Olympia Lacedæmonem. *Des ruines sur le Rouphia à Palæokhori*................	"	"	73
Melena (leg. Melæneæ). *Melée ou Bardaki*......	XII	12	22
Megaiopili (leg. Megalopoli). *Sinano*...........	"	"	18
Lacedemone (al. Lacedæmone, sive Sparta). *Palæochori*............................	"	"	33

CXXXVII.

INSULA CRETICA. *CRÈTE ou CANDIE.*

A. Cydonia (leg. Cisamo) Gortynam. *De Kisamos à Métropoli*....................	"	"	94
Cisamos (huc transponend. Cydonia). *Iérami*.....	VIII	8	13
Lappa. *Ruines*....................	VIIII	9	9
Eleuterna (al. Eleutherna). *Telefterna*.........	XXXII	32	32
Subrita (al. Sybrita). *Ruines au nord de Vasilios*...	VIII	8	8
Cortina (al. Gortyna). *Métropoli*..............	XXXII	32	32
B. Cortina Lisiam. *De Métropoli au port Calismeonne*........................	XVI	16	16
C. Cortina Ladenam. *De Métropoli à Mitropoli*.	XII	12	12

ITINÉRAIRE.	DISTANCES marquées DANS LA TABLE.		DISTANCES mesurées PAR M. LAPIE.
	Millia plus minus.	Milles plus ou moins.	Milles rom.
D. Cortina Hieram. *De Métropoli à Girapetra.*	*"*	*"*	116
Cnoso (al. Cnosso). *Kynosa ou Macritichos*.......	XXIII	23	23
Cresonesso (al. Chersoneso, sive Cherrhoneso). *Maglia*............................	XVI	16	16
Litium (al. Licium). *Critza.*.............	XVI	16	16
Arcade (al. Arcades). *Ruines au sud d'Orno*......	XVI	16	16
Blenna (al. Bienos). *Pointe des Quarante Saints*....	XXX	30	25
Hiera (al. Hierapytna). *Girapetra*............	XX	20	20
E. Hiera Cortinam. *De Girapetra à Métropoli.*	*"*	*"*	56
Inata (al. Inatus). *Ruines près du cap Sudsuro*.....	XXXII	32	32
Cortina (al. Gortyna). *Métropoli*.............	XXIIII	24	24
F. Cisamo Cortinam. *De Kisamos à Métropoli.*	*"*	*"*	127
Cantano. *Ruines au sud des monts Levka*.........	XXIIII	24	24
Liso (al. Lisso). *Castel Sélino*...............	XVI	16	16
Tharrus? *Ville ruinée sur la pointe Loutraki*.....	XXX	30	32
Cortina (al. Gortyna)? *Métropoli*.............	*"*	*"*	55
G. Cisamo Lisum (al. Lissum). *De Kisamos à Castel Sélino*........................	XXXII	32	32

ASIE MINEURE.

CXXXVIII.

Calcedonia Trapezuntem. *De Cadikedi à Trébizonde*............................	*"*	*"*	730
Chrisoppolis (al. Chrysopolis). *Scutari*.........	*"*	*"*	2
Avisurius (al. Jovis Urii templum). *Château Génois.*	*"*	*"*	15
Ad Promontorium. *Ioum Bouroun*............	XXV	25	6
Ad Herbas (al. Rhebas) Fl. *Rivière de Riva*......	XV	15	4
Melena (al. Melæna). *Près de Kermankiahia*......	XVI	16	16
Artane. *Sur la riv. Kabakoz*..................	XVIIII	19	16
Philum (al. Psylium). *Sur une petite rivière*......	XVIIII	19	15
Chelas. *A l'est du cap Kirpen*................	XXVII	27	17
Sagaris (al. Sangarius) Fl. *Rivière Sakaria*.......	XXVIII	28	19
Hyppium Fl. *Kara, riv.*.....................	XXXIX	39	19
Byleum (al. Elæum) Fl. *Halabli, riv.*...........	*"*	*"*	20
Lygum (al. Lycum) Fl. *Petite rivière*...........	II	2	10
Heraclea. *Bender Erekli.*....................	IIII	4	4

ITINÉRAIRE.	DISTANCES marquées DANS LA TABLE.		DISTANCES mesurées PAR M. LAPIE.
	Millia plus minus.	Milles plus ou moins.	Milles rom.
Scylleum (al. Psylla). *Cap Kilimoli*............	XXX	30	30
Tium. *Filios*..........................	XII	12	12
Mastrum (al. Amastris). *Amasserah ou Amasrah*...	XII	12	27
Tycæe. *Ruines*.........................	XX	20	20
Cereas. *Sur le mont Sagra*.................	XV	15	15
Mileto. *Dorkian*.......................	XV	15	38
Sinope. *Sinope*........................	XVIIII[1]	19	88
Cloptasa. *Kemar*.......................	VII	7	7
Orgibate. *Keupli Aghazi*..................	"	"	5
Zacoria (al. Zagora). *Ruines sur la côte*........	"	"	23
Helega. *Aladjam*.......................	XXV	25	15
Nautagino (al. Naustathmo). *Bafra*..........	XII	12	12
Ezene (al. Eusene). *Près du cap Kalem*........	XX	20	20
Missos (al. Amisus). *Samsoun*..............	VIII	8	13
Ancon. *A l'embouchure du Djekyl Ermak*........	XXIIII	24	24
Heracleon (al. Heracleaum). *Sur le cap Thermeh*..	XL	40	20
Caena (al. Ænoe). *Eunieh*.................	XXX	30	25
Camila. *Sur la riv. d'Eunieh*...............	VII	7	7
Pytane. *Sur la riv. d'Eunieh*...............	VIII	8	8
Polemonio. *Ruines à l'est de Fatsah*...........	XX	20	20
Melantum (al. Melantias). *Ordou*............	VIII	8	23
Carnasso (al. Ceraso). *Kérésoun*.............	XXXVI	36	32
Zepirium (al. Zephyrium). *Zeffre*............	XXIIII	24	17
Philocalia (al. Philocalæa). *Héléhou ou Euloi*.....	XI	11	24
Cordile (al. Cordyla). *A l'ouest de Platana*.......	XXX	30	30
Trapezunte. *Trébizonde*...................	XVI	16	12

CXXXIX.

Calcedonia Sinopem. *De Cadikeui à Sinope*..	"	"	441
Livissa (al. Lybissa, sive Libyssa). *Djebizé*......	XXXVII	37	29
Nicomedia. *Ismid*.......................	XXIII	23	30
Lateas. *Sardeouan*......................	XXIIII	24	24
Demetriu. *Khandek*.....................	XVIII[2]	18	22
Dusepro Solympum (leg. Dusæ pros Olympum). *Douztché ou Lasdjah*........................	XIII	13	23
Hadrianopolis? *Eski Hissar, près de Boli*........	XXX	30	30
Manoris. *Tchaga ou Tichal Keui*.............	XX	20	20
Potomia Cepora. *Bainder*..................	XXXII	32	32

[1] L'autre édition porte 18. [2] L'autre édition ne donne pas de distance.

ITINÉRAIRE.	DISTANCES marquées DANS LA TABLE.	DISTANCES mesurées PAR M. LAPIE.
	Millia plus minus. Milles plus ou moins.	Milles rom.
Antoniopolis. *Tchirkis*........................	XV 15	15
Anadynata. *Karadjore*........................	XXVIII 28	28
Gangaris (al. Gangra). *Kiangari*...............	XXXVI 36	36
Pompeiopolis. *Tach Kupry*....................	XXXV 35	75
Sinope. *Sinope*...............................	XXVII 27	77

CXL.

Artane Hadrianopolim. *De la riv. Kabakoz à Eski-Hissar*............................	" "	125
Templum Herculis. *Au nord du lac Sabandja*....	XXX 30	30
Sagar (al. Sagaris, sive Sangarius) Fl. *Sakaria, riv.*	X 10	20
Hadrianopolis? Eski Hissar, près de Boli........	" "	75
A. Nicomedia Templum Herculis. *D'Ismid au nord du lac Sabandja*...................	XVII 17	17

CXLI.

Gangra Sinopem. *De Kiangari à Sinope*.....	" "	250
Otresa. *Près d'Eskelik*........................	XXX 30	35
Virasia. *Gheumich*............................	XXV 25	55
Amasia. *Amasieh*.............................	XVI 16	31
Cromen. *Sur le Ferad Dagh*....................	XI 11	11
Cythero. *Sur une petite rivière*.................	VII 7	7
Egilan (al. Egilanum). *Marsiouan*.............	VIII 8	8
Carambas. *Kedeh Kara ou Vezir Khan*..........	XXVIII 28	18
Stefane. *Marais près du Kizyl Ermak, riv*.......	XXIIII 24	24
Thomia. *Baï-Abad*............................	XXVIII 28	18
Syrtas. *Seraï*.................................	XX 20	20
Sinope. *Sinope*...............................	XXIII 23	23

CXLII.

Nicomedia Polemonium. *D'Ismid à Fatsah*...	" "	587
Eribulo (al. Eribolo). *Ienikeni*.................	XII 12	10
Nicea (al. Nicæa.). *Isnik*......................	XXXIII 33	31
Tateabio (al. Tottæo). *Caradja*................	XL 40	40
Dablis. *Torbaly*...............................	XXIII 23	28
Dadastana. *Kiostebek*.........................	XL 40	34

ITINÉRAIRE.	DISTANCES marquées DANS LA TABLE.		DISTANCES mesurées PAR M. LAPIE.
	Millia plus minus.	Milles plus ou moins.	Milles rom.
Juliopoli (sive Gordio). *Sevrihissar*	XXVIII[1]	28	26
Valcaton	XII	12	12
Fines Cilicie (leg. Fines Bithyniæ). *Sur l'Alah Dagh*................................	X	10	10
Lagania. *Beybazar*.........................	XXVIII	28	28
Mizago (al. Prasmone). *Slanos sur le Mortalo, riv.*.	XXXVIII	38	38
Ancyra? *Angora*...........................	XXVIII	28	23
Acitoriziaco (al. Acido Rhiziaco, sive Acitorigiaco). *Karadgeleh*...............................	XXXVI	36	36
Eccobriga. *Tchialiklar Keui*.................	XXXIII	33	33
Lassora (al. Lascoria). *Près du Kizyl Ermak, riv.*..	XXV	25	20
Stabiu. *Sur le Kizyl Ermak, riv.*...............	XVII	17	17
Tavio. *Tchouroum*.........................	"	"	7
Tonea. *Ulvan*.............................	XIII	13	13
Garsi (al. Varsi). *Gheumich*.................	XXX	30	30
Amasia. *Amasieh*...........................	XXX	30	30
Palalce....................................	XV	15	15
Coloe. *Sounisa*............................	XII	12	12
Pidis.....................................	X	10	10
Mirones. *Sur le Tchieubrek, riv.*...............	XVI	16	16
Neocesaria (al. Neo-Cæsarea). *Niksar*..........	X	10	10
Bartae (al. Bartace)........................	XXXVIII	38	38
Polemonio. *Fatsah*.........................	"	"	20
CXLIII.			
Tavio Neocesariam. *De Tchouroum à Niksar*..	"	"	136
Rogmorum (al. Rogmonum). *Hammam-Euzi*....	XXXVI	36	21
Aegonne (al. Eugono). *Près de Sacla Keui*......	XXXVI	36	21
Ptemari. *Assadgieu*........................	XXVIII	28	18
Zela. *Zeleh*...............................	XXVI	26	16
Stabulum (al. ad Stabulum). *Bazarkeui*........	XXXII	32	22
Seramisa (al. Seranusa). *Sur le Djebel Djanik*....	XXII	22	22
Neocesaria (al. Neo-Cæsarea). *Niksar*..........	XVI	16	16
CXLIV.			
Tavio Satalam. *De Tchouroum à Erzenghian*..	"	"	323
Tomba. *Kerkelan*..........................	XVI	16	16

[1] L'autre édition porte 29.

ITINÉRAIRE.	DISTANCES marquées DANS LA TABLE.		DISTANCES mesurées PAR M. LAPIE.
	Millia plus minus.	Milles plus ou moins.	Milles rom.
Eugoni (al. Ægonnis). *Guelin*.	XXII	22	22
Ad Stabulum. *Bazarkeui*.	"	"	46
Mesyla. *Varestan*.	XXII	22	22
Comana Pontica. *Ruines près Gumelek kupri*.	XVI	16	15
Gagonda. *Au sud du Kelkis sou*.	XVI	16	16
Magabula. *Ardreas*.	V	5	5
Danae. *Assadar*.	XXV	25	25
Speluncis. *Kouleihissar*.	XXV	25	25
Nicopoli. *Purk*.	"	"	32
Caltiorissa. Tekkek.	XIIII	14	24
Draconis (al. ad Dracones). *Cheiran*.	"	"	26
Cunissa. *Akbounar*.	XIII	13	13
Hassis (al. Hassa, sive Aza). *Keuzé*.	X	10	20
Ziziola. *Urucht*.	XIII	13	13
Satala. *Baibout*.	XII	12	13

CXLV.

Polemonio Zimaram. *De Fatsah à Divriki*.	"	"	166
Sauronisena. *Sur la Fathsa, riv*.	"	"	30
Matuasco. *Ruines dans la montagne*.	XVI	16	16
Anniaca. *Sur la riv. Thermeh*.	XVIII	18	18
Ablata? Karahissar.	"	"	18
Nicopoli. *Purk*.	XVIII	18	18
Ole Oberda. *A la source du Pakir*.	XXI	21	21
Caleorsissa. *Sur le Guemin Dagh*.	XV	15	15
Analiba. *Sur le Tsalta Tchai*.	XXIIII	24	14
Zimara. *Divriki*.	XV	15	16

CXLVI.

Trapezunte Satalam. *De Trébizonde à Baibout*.	"	"	124
Magnana. *Djevislik*.	XX	20	20
Gizenenica (al. Gizennenica). *Yerkupri*.	X	10	10
Bylæ (al. Pylæ). *Sur le Zingana*.	XVIII	18	18
Frigdarium. *Istaori*.	VI	6	6
Patara. *Pasvan*.	VIII	8	8
Medocia. *Gumuchkhané*.	XIIII	14	14
Solonenica (al. Solonennica). *Bouskelah*.	XII	12	12

ITINÉRAIRE.	DISTANCES marquées DANS LA TABLE.		DISTANCES mesurées PAR M. LAPIE.
	Millia plus minus.	Milles plus ou moins.	Milles rom.
Domana. *Balakhor*	XVIII	18	18
Satala. *Baibout*	XVIII	18	18

CXLVII.

Draconis Samosatam. *De Cheiran à Semisat*...	"	"	317
Haris. *Borskeui*	XVI	16	16
Elegarsina. *Sur la riv. Djenfeni*	XVII	17	17
Bubalia. *Sur la riv. Djenfeni*	VIII	8	8
Zimara. *Divriki*	XXVII	27	27
Zenocopi. *Source de la riv. Mirantchai*	XVIII	18	18
Vereuso. *Source du Gozdouk*	XVIII	18	18
Saba (al. Sabus). *Cantarmichhan*	XIII	13	13
Dascusa. *Arabkir*	XVIII	18	16
Hispa. *Sur le Gozdouk*	XVIII	18	18
Arangas. *Sur l'Euphrate, près le Kepou Dagh*	XVIII	18	18
Craca (al. Ciaca). *Sepou*	VIIII	9	9
Melentenis (al. Melitene). *Malatia*	XXVIII	28	18
Corne. *Corna*	VIII	8	8
Metita. *Fez Oglou*	XIIII	14	14
Glaudia (al. Claudias). *Ara Kloudieh*	XII	12	12
Barsalium (al. Barsalus). *Gergen Kalehsi*	XLVI	46	46
Heba. *Karajan Veran*	VIIII	9	9
Charmodara (al. Cholmadara). *Kerkunah*	XXX	30	20
Samosata. *Semisat*	XII	12	12

CXLVIII.

Tavio Mazacam Cæsaream. *De Boghazkeui à Kaisarieh*	"	"	171
Évagina. *Aslangelis*	XVI	16	16
Saralio. *Sur le Delid tchai*	XXIIII	24	14
Zama. *Sur l'Hadji Oman Oglou, riv.*	XXII	22	12
Aquas Arauenas (al. Aquas Aruenas). *Source du Kanak sou*	XXXV	35	35
Dona. *Sur le Kanak sou*	XX	20	20
Sermusa. *Ruines au sud du Kanak sou*	XX	20	20
Siva (al. Siba). *Près Taf*	XVI	16	16
Cambe. *Boudjinia*	XXII	22	22

ITINÉRAIRE.	DISTANCES marquées DANS LA TABLE.		DISTANCES mesurées PAR M. LAPIE.
	Millia plus minus.	Milles plus ou moins.	Milles rom.
Mazaca Cesarea (al. Mazaca, sive Cæsarea ad Argæum). *Kaisarieh*....................	XVI	16	16

CXLIX.

Mazaca Cæsarea Nicopolim. *De Kaisarieh à Purk*..............................	''	''	215
Sorpara. *Mandjesoun*.....................	XIII	13	13
Foroba. *Palas*...........................	XIIII	14	14
Armaza (al. Armaxa). *Ruines près Guelermek*.....	XIIII	14	14
Eudagina. *Charkichla*..................	XVI	16	16
Magalasso. *Kartadji*..................	XXXII	32	22
Comaralis. *Tchaly*.....................	XXXII	32	22
Sevastia (al. Sebaste, sive Sebastia). *Sivas*........	XXII	22	12
Comassa (al. Camisa). *Kodjassar*............	XXIII	23	27
Doganis. *Sur la riv. Karou*................	XV	15	15
Megalasso (al. Dagalassus). *Ketché Yurdy*........	XXV	25	25
Mesorome. *Kastanos*.....................	XXII	22	22
Nicopoli. *Purk*..........................	XIII	13	13

CL.

Ancyra Mazacam Cæsaream. *D'Angora à Kaisarieh*................................	''	''	294
Nitazo. *Banam*........................	XXX	30	30
Aspasi. *Au sud du Karagaz Dagh*..............	XXXI	31	31
Aspona. *Près Guemeleh*..................	XII	12	12
Garmias. *Sur le Baranli Dagh*.................	X	10	10
Corveunte. *Chukur Agba*..................	XII	12	22
Ubinnaca. *Sur le Touz Gheul*...............	XXII	22	22
Salaberina. *Khan ruiné*.....................	XX	20	30
Cæna. *Emir kasi*.......................	XVI	16	16
Tracias. *Près d'Ortakeui*....................	XVI	16	16
Tyana. *Klisessar ou Ketch-hissar*..............	XVI	16	16
Addavalis (al. Andabalis). *Nigdeh*.............	XXVII	27	16
Scolla. *Khan ruiné, au N. d'Enchil*.............	XV	15	27
Cibistra (al. Cybistra). *Kara-hissar*............	XXII	22	15
Tetra (al. Tetrapyrgia). *Sur l'Oulanlich Dagh*.....	IX	9	22
Mazaca Cesarea (al. Mazaca, sive Cæsarea ad Argæum). *Kaisarieh*.....................	''	''	9

ITINÉRAIRE.	DISTANCES marquées DANS LA TABLE.		DISTANCES mesurées PAR M. LAPIE.
	Millia plus minus.	Milles plus ou moins.	Milles rom.

CLI.

Pronetios (leg. Pronecto, sive Præneto) Laodiceam Combustam. *De Karamousal à Ladik*.	"	"	326
Nicea (al. Nicæa). *Isnik*..................	XXVIII	28	28
Agrillo (al. Agrilio). *Près de Vezirkan*.........	XXIIII	24	34
Dorileo (al. Dorylæo). *Eski-Cheher*............	XXXV	35	45
Mideo (al. Midaïo, sive Midæo). *Au confluent des rivières Alhaur et Sakaria*..................	XXVIII	28	28
Tricomia. *Mouhalitch*.....................	XXVIII	28	28
Pesinunte (al. Pessinunte). *Balhdassar*.........	XXI	21	21
Abrostola. *Tadjer*........................	XXIIII	24	24
Amurio (al. Amorio). *Hergan Kalessi*..........	XXIII	23	23
Laudiciaca Tacecaumeno. *Ladik*..............	XX	20	95
Abrostola Tyanam. *De Tadjer à Klisessar*.......	"	"	227
Tolosocorio (al. Tolistochorio). *Sur l'Indjesou*....	XXIIII	24	11
Bagrum.................................	VII	7	24
Verisso.................................	XX	20	7
Egdava (al. Ecdaumava, sive Egduca)..........	XX	20	20
Pegella (al. Pregella)......................	XX[1]	20	20
Congusso (al. Congusto). *Fakaul*..............	XX	20	20
Petra. *A l'O. de Kulukeui*...................	XV	15	15
Comitanasso. *Kotchhissar*...................	XX	20	20
Ubinnaca. *Sur le Touz Gheul*................	XII	12	12
Salaberina. *Khan ruiné*....................	XX	20	30
Cæna. *Emir kasi*.........................	XVI	16	16
Tracias. *Près d'Ortakeui*...................	XVI	16	16
Tyana. *Klisessar ou Ketch-hissar*.............	XVI	16	16

CLII.

Dorileo (al. Dorylæo) Tyanam. *D'Eski-Cheher à Klisessar*.	"	"	380
Docymeo (al. Docimæo). *Seid el lar*...........	XXXII	32	62
Synnada. *Eski Karahissar*...................	"	"	8
Lullæ (al. Juliopoli). *Chaiheui*................	XXXII	32	32
Philomelo (al. Philomelio). *Ak cheher*..........	XXXV	35	35
Laudiciaca Tacecaumeno (al. Laodicea Combusta). *Ladik*................................	XXVIII	28	48

[1] L'autre édition ne donne pas de distance.

ITINÉRAIRE.	DISTANCES marquées DANS LA TABLE.		DISTANCES mesurées PAR M. LAPIE.
	Millia plus minus.	Milles plus ou moins.	Milles rom.
Caballucome. *Oprouk*........................	XXIII	23	23
Sabatra. *Ville ruinée*........................	XXXII	32	32
Pyrgos. *Ruines près Kudji*..................	XXIII	23	23
Yconio (al. Iconio). *Konieh*................	XX	20	20
Baratha (al. Barathus). *Karabounar*......	X	10	50
Tyana. *Kliisessar ou Ketch-hissar*........	XXXIX	39	49
B. Synnada Apameam Ciboton. *D'Eski Kara-hissar à Dinneïr*..................	"	"	63
Euforbio (al. Euphorbio). *Emir Hassan*........	XXXVII	37	37
Apamea Ciboton (al. Apamea Cibotus). *Dinneïr*..	XXXVI	36	26

CLIII.

Dorileo (al. Dorylæo) Apameam Ciboton. *D'Eski-Cheher à Dinneïr*................	"	"	153
Nacolea (al. Nacolia). *Ruines*...............	XX	20	20
Conni (al. Conna). *Altoun-tach*...........	XL	40	40
Eucarpia. *Sur l'Asklitchai*.................	XXXII	32	27
Eumenia. *Ischekli ou Ackkli*...............	XXX	30	30
Pella (al. Peltæ). *Baklatouz*................	"	"	15
Ad Vicum. *Goumloukhan*..................	XII	12	12
Apamea Ciboton (al. Cibotus). *Dinneïr*....	XIIII	14	9

CLIV.

Dorileo (al. Doryleo) Philadelfiam. *D'Eski-Cheher à Alah-Cheher*................	"	"	165
Cocleo (al. Cotyaïo). *Kutahieh*.............	XXX	30	40
Agmonia. *Ahatkeui*........................	XXXV	35	35
Aluda. *Ouchak*............................	XXV	25	25
Clanudda. *Singuia*........................	XXX	30	30
Philadelfia (al. Philadelphia). *Alah-Cheher*...	XXXV	35	35

CLV.

Lamasco (al. Lampsaco) Cium. *De Lampsaki à Kemlik*............................	"	"	187
Parium. *Kemars*...........................	XXII	22	23

ITINÉRAIRE.	DISTANCES marquées DANS LA TABLE.		DISTANCES mesurées PAR M. LAPIE.
	Millia plus minus.	Milles plus ou moins.	Milles rom.
Priapos (al. Priapus). *Karabougaz*............	XV	15	15
Cranico (al. Granico) Fl. *Sataldere, riv.*........	XXVII	27	27
Cyzico. *Ruines de Cyzique, près de Koukorou*.....	XLVIII	48	43
Lamasco. *Nikoraki*........................	XXIIII	24	34
Prusias (leg. Apamea). *Moudania*............	XX	20	25
Cio. *Kemlik*............................	XXV	25	20
A. Pylis Cium. *De Yalova à Kemlik*.......	"	"	20

CLVI.

Cio Pergamum. *De Kemlik à Perghamah*....	"	"	172
Prusad Olympum (leg. Prusa ad Olympum). *Brousse*................................	XV	15	20
Appollonia (al. Apollonia). *Aboullona*.........	"	"	21
Mileopoli (al. Miletopoli). *Ruines au sud du lac Manias*................................	XX	20	35
Hadrianuteba (al. Hadrianuthera). *Balikesser ou Balikesri*..............................	XXXIII	33	33
Pergamo. *Perghamah*.....................	VIII	8	63

CLVII.

Cyzico Pergamum. *De Balkiz à Perghamah*..	"	"	104
Phemenio (al. Pomaneno). *Près du lac Bigha*.....	"	"	39
Argesis (al. Ergasteria). *Ruines*..............	XXX	30	30
Pergamo. *Perghamah*.....................	XXXV	35	35

CLVIII.

Lamasco (al. Lampsaco) Yconium. *De Lampsaki à Konieh*.......................	"	"	561
Avido (al. Abydo). *Tekiet, ruines d'Abydos*......	XXIIII	24	20
Dardano. *Ruines sur le canal des Dardanelles*.....	VIIII	9	9
Ilio [Recente]. *Halileli Keui*.................	"	"	12
Alexandria Troas. *Eski Stamboul*............	XVI	16	16
Smynthium. *Près Nessourak*................	IIII	4	10
Assos (al. Assus). *Ruines d'Assos*............	XV	15	15
Gargara. *Gargara, ruines*...................	XXIIII	24	16

PEUTINGERIANA.

ITINÉRAIRE.	DISTANCES marquées DANS LA TABLE.	DISTANCES marquées DANS LA TABLE.	DISTANCES mesurées PAR M. LAPIE.
	Millia plus minus.	Milles plus ou moins.	Milles rom.
Antandros (al. Antandrus). *Antandros*.........	XVI	16	16
Ad Nimittios (al. Adramyttium). *Adramiti ou Edermid*.............	XVI	16	16
Pergamo. *Perghamah*...............	"	"	43
Gerame (al. Germa). *Ruines au nord-ouest de Kirkagatch*.............	XXV	25	31
Tyatira (al. Thyatira). *Akhissar*..........	XXXIII	33	23
Philadelfia (al. Philadelphia). *Alah-Cheher*......	XXX[1]	30	65
Tripoli. *Kachenitjé*...............	XXXIIII	34	34
Hierapoli. *Pambouk Kalessi*............	XII	12	12
Trallis. *Ruines, près Kavasi*............	XV	15	15
S....tu (leg. Socratu). *Jasouk*...........	XXVIII	28	28
Ad Vicum. *Près Omai*.............	IX	9	12
Apamea Ciboton (postea Celænæ). *Dinneïr*......	XIIII	14	9
Appollonia (al. Apollonia). *Olou Bourlou*.......	XXIIII	24	24
Antiochia Pisidia (leg. Pisidiæ). *Ruines au nord de Jalovatz*.............	XLV	45	45
Yconio (al. Iconio). *Konieh*............	LX	60	90

CLIX.

Ad Nimittios (al. Adramyttio) Alexandriam Catisson. *D'Adramitti à Alexandrette*......	"	"	1182
Corifanio (al. Coryphas). *Sur le cap Bahala*.....	XV	15	15
Elatia. *Au nord-ouest de Kara-Aghadj*.........	V	5	5
Attalia. *Aiasmend*................	XV	15	15
Ela (al. Elæa). *Cazlu*..............	X	10	30
Marinna (al. Myrina, sive Morina). *Nemourt*.....	XII	12	12
Cyme. *Ruine de Cyme*.............	VIIII	9	9
Themnum (al. Temnum). *Menimen*...........	XXXIII	33	33
Smyrna. *Smyrne*.................	"	"	18
Teos. *Près de Sighadjik*.............	XXII	22	32
Lebedo. *Xingi*.................	XX	20	15
Colofon (al. Colophon). *Au nord du cap Kara Aghadjik*.................	XV	15	11
Ephesum. *Près d'Aïasalouk*............	XX	20	12
Lince (fort. Prienne?) *Près de Samson*........	LXXI	71	26
Miletum. *Palatcha*................	LVI	56	46

[1] L'autre édition porte 25.

ITINÉRAIRE.	DISTANCES marquées DANS LA TABLE.		DISTANCES mesurées PAR M. LAPIE.
	Millia plus minus.	Milles plus ou moins.	Milles rom.
Minde (al. Myndus). Fl. *Mentecha*............	LVI	56	56
Chidum (al. Cnidum). *Sur le cap Crio*.........	XXVII	27	127
Lorimna (al. Loryma). *Phinte*................	LXX	70	70
Cano (al. Cauno). *Ruines sur le Keuigize sou*.....	LXII	62	47
Patras (al. Patara). *Patera*.................	XV	15	65
Antefillon (al. Antiphellus). *Andiphilo*.........	XXX	30	22
Coridallo (al. Corydallo). *Haggevelleh*.........	LIII	53	53
Phaselis. *Tekrova*.........................	XXIX	29	19
Atalia (al. Attalea). *Adalia ou Satalie*.........	XLVII	47	32
Sidi (al. Side). *Eski Adalia*..................	''	''	45
Selinunte (al. Trajanopoli). *Selinty*...........	''	''	68
Ammurio (al. Anemurio). *Cap Anamour*.......	''	''	37
Arsinoe. *Softa Kalassi*.....................	XXIII	23	13
Celendenis (al. Celenderis). *Chelindreh*........	''	''	20
Seleucia [Trachea]. *Selefkeh*................	XXII	22	42
Corioco (al. Coryco). *Au nord de Lamas*.......	XVIII	18	28
Pompeiopolis..............................	XX	20	10
Solœ. *Mezetlu*............................	XXXII	32	12
Zephyrio. *Mersyn*.........................	XIII	13	8
Mallo. *Mallo*.............................	X	10	50
Aregea (al. Ægæ). *Ayasskalah*...............	XXV	25	20
Catabolo (al. Castabala). *Karakaïa*...........	XXVIII	28	24
Issos (al. Issus, postea Baiæ). *Pias*...........	V	5	17
Alexandria Catisson (al. Alexandria Cata Isson). *Alexandrette ou Scanderoun*...............	VI	6	16
A. Anazarbus Castabala. *D'Ainzarbah kalessi à Karakaïa*..........................	XXIV	24	24
B. Pergamo Elam (al. Elæam). *De Perghamah à Cazlu*...........................	XVI	16	16
C. Tyatira (al. Thyatira) Smyrnam. *D'Ak-hissar à Smyrne*.....................	XXXVI	36	64
D. Thyatira Philadelphiam. *D'Ak-hissar à Alah-Cheher*............................	XXV	25	55
CLX.			
Tyatira (al. Thyatira) Ephesum. *D'Ak-hissar à Aïasalouk*........................	''	''	96
Sardes? Sart.............................	XXXVI	36	33
Ypepa (al. Hypæpa). *Tapoi*.................	XX	20	20

ITINÉRAIRE.	DISTANCES marquées DANS LA TABLE.	DISTANCES mesurées PAR M. LAPIE.
	Millia plus minus. Milles plus ou moins.	Milles rom.
Anagome. *Baindir*........................	VIIII 9	9
Ephesum. *Aïasalouk*.....................	XXXIIII 34	34
A. Smyrna Ephesum. *De Smyrne à Aïasalouk*.	" "	77
Metropolis. *Ruines à l'ouest de Tourbali*.........	" "	23
Anagome. *Baindir*........................	" "	26
Ephesum. *Aïasalouk*.....................	XXXIIII 34	34

CLXI.

Epheso Sidi. *D'Aïasalouk à Eski Antaliah*....	" "	318
Magnesia. *Ienekbazar*.....................	XXX 30	20
Antiochiæ [Mæandri]. *Ienitchehr kalessi*.........	LXXI 71	66
Carura. *A l'ouest de Dérèkeui*................	" "	18
Laudicium Pilycum (leg. Laodicea pros Lycum). *Ladik ou Eski-hissar*..................	XX 20	20
Temissonio (al. Themisonio). *Ruines près Teseni*..	" "	53
Cormassa (al. Cormasa). *Ruines sur le mont Taurus.*	XXXIIII 34	64
Perge. *Ruines sur l'Ak-tchaï, riv.*...............	XII 12	26
Syllio (al. Syllæo). *Ruines*..................	" "	18
Aspendo. *Ruines sur la riv. Kapri*..............	XI 11	11
Sidi (al. Side). *Eski Antaliah ou Adalia*.........	XVII 17	22
A. Perge (al. Perga) Sidi. *Des ruines sur l'Ak-tchaï à Eski-Antaliah*..................	" "	32
Cano. *Ruines dans la plaine*.................	" "	5
Patamo. *Sur la côte*......................	XV 15	15
Sidi (al. Side). *Eski Antaliah*................	" "	12
B. Trallis Laudicium Pilycum (al. Laodiceam). *De Guzel-Hissar à Ladik*..............	VI 6	83
C. Antiochia Pisidia (al. Pisidiæ) Sidi. *Des ruines près Ialovatz à Eski Antaliah*............	LXXX 80	110
D. Yconio (al. Iconio) Ammurium. *De Konieh à Anamour*.....................	" "	156
Taspa (sive Derba). *Casaba ou Kafirian*.........	" "	47
Isaria. *Aladaghkhan*.....................	XXIV 24	44
Ammurio (al. Anemurio). *Anamour*...........	XV 15	65

ITINÉRAIRE.	DISTANCES marquées DANS LA TABLE.		DISTANCES mesurées PAR M. LAPIE.
	Millia plus minus.	Milles plus ou moins.	Milles rom.
E. Yconio (al. Iconio) Seleuciam. *De Konieh à Selefkeh*............	"	"	144
Taspa (al. Derba). *Cassaba ou Kafirian*.........	"	"	47
Isaria. *Aladaghkan*............	XXIIII	24	44
Crunis. *Karadiken*............	"	"	20
Seleucia [Trachea]. *Selefkch*............	XXXIII	33	33
F. Yconio Solœ. *De Konieh à Mezetlou*......	"	"	146
Ad Fines. *Sur le mont Taurus ou Alah Dagh*.....	"	"	100
Tetrapyrgia. *Dans les montagnes*............	XVI	16	16
Pompeiopolis. *Au pied des montagnes*............	XVIII	18	18
Solœ. *Mezetlou*............	XX	20	12
G. Yconio Tarsum Ciliciæ. *De Konieh à Tarsous*............	"	"	151
Fines Cilicie (leg. Ciliciæ). *Près d'Erekli*.......	XX	20	80
In Monte Tauro. *Mont Taurus ou Alah Dagh*.....	XXV [1]	25	25
Piramum. *Sur le Tarsous Tchai, riv*............	XXX	30	30
Tarso Cilicie (leg. Ciliciæ). *Tarsous*............	XVI	16	16
H. Yconio Tarsum Ciliciæ. *De Konieh à Tarsous*............	"	"	182
Aquis Calidis. *Près d'Ouloukiskla*............	"	"	105
Paduando (al. Podando). *Fort Doulek*............	XII	12	32
Coriopio. *Tchaked Khan*............	XXII	22	22
In Monte. *Sur le mont Berghigar*............	XI	11	11
Tarso Cilicie (leg. Ciliciæ). *Tarsour*............	XII	12	12

CLXII.

Mazaca Cesarea (sive Cæsarea ad Argum) Melitenem. *De Kaisarieh à Malatia*.........	"	"	246
Sinispora. *Près Barsana*............	XXIIIF	24	14
Arasaxa. *Sultan Khan*............	XIII	13	10
Larissa. *Ekrek*............	X	10	10
In Cilissa. *A l'ouest de Karatépé*............	XXIII [2]	23	13
Comana Capadocia (leg. Cappadociæ). *Viranchehr*.	XX	20	20
Asarino. *Marabis*............	XXIIII	24	24
Castabala. *El Bostan*............	XXIIII	24	24

[1] L'autre édition ne donne pas de distance.   [2] L'autre édition donne 13.

PEUTINGERIANA.

ITINÉRAIRE.	DISTANCES marquées DANS LA TABLE.		DISTANCES mesurées PAR M. LAPIE.
	Millia plus minus.	Milles plus ou moins.	Milles rom.
Pagrum. *Sur un affluent du Geuksou*.............	XX	20	20
Arcilapopoli. *Pevreleu*........................	XXX	30	20
Singa. *Erkeneh*..............................	XXX	30	20
Arega. *Sur un affluent du Geuksou*...........	XIIII	14	14
Nocotesso. *Surja*.............................	XII	12	12
Lagalasso. *Geuzeneh*.........................	XXIIII	24	14
Sama. *Près Jaffanah*.........................	XVIII	18	18
Melentenis (al. Melitene). *Malatia*...........	XIII	13	13

CLXIII.

Tarso Ciliciæ Alexandriam Catisson. *De Tarsous à Alexandrette*......................	"	"	126
Adana. *Adana*	XXVIII	28	27
Mompsistea (al. Mopsuestia). *Messis*..........	XIX	19	18
Anazarbo. *Ain Zerbah kalessi*................	XI	11	21
Epifania (al. Epiphania). *Au sud-est d'Urzin*.....	XXX	30	30
Alexandria Catisson (al. Alexandria Cata Isson). *Alexandrette ou Scanderoun*...............	XXX	30	30
A. Anazarbo Aregea. *D'Ain Zerbah Kalessi à Ayass*.......................................	XXIIII	24	28

CLXIV.

Comana Capadocia (leg. Cappadociæ) Samosatam. *De Viranchehr à Semisat*........	"	"	180
Catara. *Ruines sur un affluent du Geuksou*........	XXI	21	31
Salandona. *Sur le Geuksou*....................	III	3	23
Cilca novum. *Sur le Geuksou*.................	V	5	15
Arianodum. *Sur le Geuksou*..................	V	5	15
Nastæ (al. Hastæ). *Belveren*.................	V	5	15
Octacuscum (al. Octacusum). *Sur le Geuksou*....	V	5	15
Capriandas. *A la source d'un affluent du Geuksou*..	IIII	4	14
Pordonnium. *Pelvereh*........................	IIII	4	14
Perre. *Près Besni*............................	II	2	12
Carbanum. *Près Bur Kanah*...................	II	2	12
Samosata. *Semisat*...........................	IIII	4	14

CLXV.

Anazarbo Samosatam. *De Ain Zerbah à Semisat*......................................	"	"	175
Comacenis. *Kenisat*..........................	XXVII	27	27

ITINÉRAIRE.	DISTANCES marquées DANS LA TABLE.		DISTANCES mesurées PAR M. LAPIE.
	Millia plus minus.	Milles plus ou moins.	Milles rom.
Heracome (al. Nicopoli). *Derbendmar*..........	XIIII	14	14
Samosata. *Semisat*.......................	"	"	124

CLXVI.

INSULA CYPROS. *ILE DE CHYPRE.*

A. Paphos Salaminam. *Des ruines près de Ktima à Eski Famagouste*................	"	"	112
Soloæ (al. Soloe). *Soli ou Aligora*............	XXIIII	24	34
Lapheto (al. Lapetho). *Lapta ou Lapito*........	XXXIII	33	33
Cerinia (al. Cerynia). *Cerina*...............	VIII	8	8
Citari (al. Chytro). *Palekhytro*..............	XXIII	23	13
Salamina (al. Salamis). *Eski Famagouste*.......	XXIIII	24	24
B. Soloæ Citium. *De Soli à Larnaca*........	"	"	73
Tamiso (al. Tamaso). *Tremithia*..............	XXIX	29	29
Thremitus (al. Tremithus). *Ermiti*............	XXIIII	24	30
Cito (al. Citio). *Larnaca*...................	XXIIII	24	14
C. Salamina Amathum. *D'Eski Famagouste à Eski Limassol*.....................	"	"	57
Thremitus (al. Tremithus). *Ermiti*............	XVIII	18	18
Amathus. *Eski Limassol*....................	XXIX	29	39
D. Salamina Paphos. *D'Eski Famagouste aux ruines près de Ktima*................	"	"	110
Cito (al. Citio). *Larnaca*...................	"	"	27
Amathus. *Eski Limassol*....................	XXIIII	24	34
Curio. *Piscopia*..........................	XVI	16	16
Palephato (al. Palæ Paphos). *Kouklia*.........	XXII	22	22
Paphos. *Ruines à l'ouest de Ktima*............	XI	11	11

CLXVII.

SYRIE.

Alexandria Catisson Ascalonem. *D'Alexandrette aux ruines d'Ascalon*..................	"	"	425
Rosos (al. Rhosos). *Khesrig*..................	XXVIII	28	28
Seleucia [Pieria]. *Kepsé*....................	XV	15	15
Ad Orontem. *Oronte, ou el Asi, riv*...........	XII	12	12

ITINÉRAIRE.	DISTANCES marquées DANS LA TABLE.		DISTANCES mesurées PAR M. LAPIE.
	Millia plus minus.	Milles plus ou moins.	Milles rom.
Laudiciæ (al. Laodiceæ ad Mare). *Ladikieh ou Latakieh*........	XV	15	45
Gabala. *Jebileh*...............	XI	11	14
Palto. *Boldo*.................	VIII	8	7
Balneis (al. Balaneis). *Baneas*............	VIII	8	7
Andarado (al. Antarado). *Aïn el Hye*........	XXIIII	24	26
Ortosias (al. Orthosias). *Ortosa*............	XXX	30	24
Tripoli. *Tarabolos*.............	XII	12	12
Botrus (al. Botrys). *Botroun*............	XX	20	20
Biblo. *Djebai.l*................	XII	12	12
Balbyblos (al. Palæ-Byblus, sive Alcobile). *Gafar Djouni*..............	ıı	ıı	12
Beritho (al. Beryto). *Berout ou Beirout*........	VII	7	12
Sydone (al. Sidone). *Seideh*...........	XXIX	29	20
Tyro (sive Sor). *Sour*...........	XXIIII	24	24
Ptolemaide (sive Aco). *S. Jean d'Acre*........	XXXII	32	32
Thora (al. Dora). *Tartourah*............	XX	20	20
Cesaria (al. Cæsarea). *Ruines de Kaisarieh*.......	VIII	8	11
Appolloniade. *Près de l'embouchure de la el Hadda, riv*...............	XXII	22	25
Joppe (sive Iapho). *Jaffa*............	ıı	ıı	13
Jamnia (sive Iabne). *Ebneh*............	XII	12	12
Azoton (al. Azotus, sive Asdod). *Esdoud*........	X	10	10
Ascalone. *Ruines d'Ascalon*............	XII	12	12
CLXVIII.			
Antiochia Samosatam. *D'Antakia à Semisat*...	ıı	ıı	177
Pagaris (al. Pagris). *Pagros, château*...........	VI	6	16
Meleagrum. *Derbesak, château*............	X	10	10
Metridatis (leg. Mithridatis) regnum. *Sur un contrefort du Djébel Beylan*............	VI	6	6
Thanna. *Sur la riv. Açoud*...........	VII	7	7
Cesum (al. Cæsum). *Idem*...........	VII	7	7
Heracome (al. Hieracome). *Derbendmar*........	VII	7	7
Samosata. *Semisat*............	ıı	ıı	124
CLXIX.			
Samosata Laudiciam (al. Laodiceam ad mare). *De Semisat à Ladikieh*..............	ıı	ıı	272
Tarsa. *Sur le Geuksou*.............	XVIIII	19	13

ITINÉRAIRE.	DISTANCES marquées DANS LA TABLE.		DISTANCES mesurées PAR M. LAPIE.
	Millia plus minus.	Milles plus ou moins.	Milles rom.
Sugga (al. Singa). *Sur le Geuksou*............	XXI	21	21
Aquæ....... *Chanasere, ruines*.............	XX	20	20
Dolica (al. Doliche). *Aïntab*.................	XXVIII	28	28
Channunia. *Kasr Rouwant*...................	XXVIII	28	25
Cyrro (al. Cyrrho). *Khillis*..................	XX	20	20
Gendarum. *Près Runcubra*...................	XXXVI	36	36
Gephyra. *Ruines près Cheron*................	XXII	22	22
Antiochia. *Antakia*.........................	XXII	22	22
Bacataiali (al. Bachajæ). *Sur le Nahr Gebere*.....	XXVII	27	27
Laudiciæ (al. Laodiceæ ad Mare). *Ladikieh*......	''	''	32

CLXX.

Gendaro Samosatam. *De Runcubra à Semisat*..	''	''	181
Thuræ. *Ruines*.............................	''	''	22
Regia. *Zelehcf ou Filhat*.....................	XVII	17	17
Ad Serta. *Ruines sur le Sadsjour riv*............	XX	20	20
Ad Zociandem. *Kolabli*......................	XII	12	12
Zeugma. *En face de Bir*......................	XII	12	12
Arulis (al. Arudis). *Romkala*................	XXIIII	24	24
Ad Pontem Singe (al. Singæ). *Pont sur le Geuksou*.	XXIIII	24	24
Ad fl. Capadocem. *Riv. Azrah*................	III	3	30
Samosata. *Semisat*..........................	''	''	3

CLXXI.

Antiochia Zeugma. *D'Antakia en face de Bir*..	''	''	167
Emma. *Ruines près de Rhia*..................	XXXIII	33	33
Calcida (al. Chalcis). *Kinesrin ou vieux Alep*......	XX	20	20
Berya (al. Berœa, sive Chalybon). *Alep*.........	XXIX	29	15
Bannis. *Baab*..............................	XXVII	27	27
Thiltauri. *Ruines près d'un puits*..............	XV	15	15
Bathna. *Aeddench*..........................	XII	12	12
Hierapoli. *Bambouch ou Bambych*.............	XVIII	18	21
Zeugma. *En face de Bir*......................	XXIIII	24	24

CLXXII.

Zeugma Atlas. *En face de Bir aux ruines d'Athas*.	''	''	121
Europus? *Kalaat el Nidjum*...................	XXIIII	24	24

ITINÉRAIRE.	DISTANCES marquées DANS LA TABLE.	DISTANCES mesurées PAR M. LAPIE.
	Millia plus minus. / Milles plus ou moins.	Milles rom.
Ceciliana (al. Cæciliana). *Ruines sur l'Euphrate*...	XVI — 16	16
Betammali (al. Bethammari). *Ruines sur l'Euphrate.*	XIIII — 14	14
Serre (al. Serræ). *Seruk*	XIII — 13	13
Apammari. *Ruines sur l'Euphrate*............	VIII — 8	8
Eraciza (al. Eragiza). *Rajik*...............	XVIII — 18	18
Barbalisso. *Belez*.........................	XVI — 16	16
Attas (al. Atthas, sive Athis). *Ruines d'Athas*.....	XII — 12	12
A. Hierapoli Cecilianam (al. Cæcilianam). *De Bambych aux ruines sur l'Euphrate*........	XXIIII — 24	24
B. Hierapoli Eracizam. *De Bambych à Rajik*..	XXV — 25	35

CLXXIII.

Bathna Andaradum. *De Aedeneh à Ain el Hye.*	" — "	179
Bersera (al. Dersera). *Ruines*................	XVIII — 18	28
Cahi (al. Chalcis). *Kinesrin ou vieux Alep*.......	XX — 20	33
Teumeuso (sive Thelmenisso). *Ruines*.........	XX — 20	20
Apamia (al. Apamea). *Kalaat el Medik*.........	XXIIX — 28	28
Orontem fl. *Riv. Oronte ou el Asi*.............	XII — 12	12
Raphanis. *Rafaniat*........................	XXI — 21	21
Jammura. *Ruines sur un torrent*..............	" — "	25
Andarado (al. Antarado). *Ain el Hye*.........	XII — 12	12

CLXXIV.

Apamia adversus Nicephorium Euphratis. *De Calaat el Medik à Racca el Wacith*.......	" — "	230
Theleda. *Zeiun el Asouad.*...................	XLVIII — 48	48
Occaraba. *A l'E. de Kasrel Gedda*............	XXVIII — 28	28
Centum putea (al. Centum putei). *Près Ain Ghor.*	XXVII — 27	17
Palmyra. *Tadmor ou Palmyre, ruines*..........	" — "	16
Haræ. *Jareka ou Reka*.....................	XVIIII — 19	19
Oruba (al. Oriza). *Subneh ou Sokhné*..........	XXII — 22	22
Cholle. *Il Coum*...........................	XXII — 22	22
Risapa (al. Resapha). *El Rissafa*.............	XX — 20	27
Sure. *El Sour*............................	XXI — 21	21
.... *Ile Serié*................	II — 2	2
Finis exercitus Syriaticæ et conmertium Barbarorum (fort. addend. adversus Nicephorium Euphratis). *Racca el Wacith, en face de Racca*...........	VIII — 8	8

ITINÉRAIRE.	DISTANCES marquées DANS LA TABLE.		DISTANCES mesurées PAR M. LAPIE.
	Millia plus minus.	Milles plus ou moins.	Milles rom.
CLXXV.			
Apamia Berithum (al. Berytum). *De Calaat el Medyk à Berout*............	"	"	210
Larissa. *Calaat Seidjar*................	XVI	16	16
Epifania (al. Epiphania). *Hamah*...........	XIIII	14	16
Aretusa (al. Arethusa) fl. *Rastoun*............	XX	20	16
Nemesa (al. Emesa). *Hems*.................	XVI	16	16
Laudicia (al. Laodicea) Scabiosa. *Iouschiah*......	XX	20	18
Fl. Eleuter (al. fl. Eleutherus). *Nahr el Kebir, riv.*	XXII	22	22
Heldo. *Ras el Haded*.....................	XXVIII	28	28
Eliopoli (al Heliopoli). *Balbeck*..............	XX [1]	20	20
Beritho (al. Beryto). *Berout*................	LVIII	58	58
CLXXVI.			
Raphanis Ortosiada. *De Deir Szoleïb à Ortosa*..	"	"	46
Carion. *Ruines sur un torrent*................	X	10	10
Demetri (al. Demetriadi). *Ruines*............	XIIII	14	14
Fl. Eleuter (al. Eleutherus). *Nahr el Kebir, riv*...	XII	12	12
Ortosias (al. Orthosias). *Ortosa*..............	X	10	10
CLXXVII.			
Laudicia Scabiosa Tyrum. *De Iouschiah à Sour.*	"	"	164
Deleda (al. Oeleda). *Ruines sur la riv. Asi ou Oronte*............................	X	10	10
Ocurura. *Jabrada*......................	XV	15	15
Adarin. *Einatireh ou Deir Athié*.............	XV	15	15
Ad Medera. *Marra*.....................	X	10	10
Damaspo (al. Damasco). *Damas*.............	XXVI	26	26
Ad Ammontem. *Ayty*....................	XXVIII	28	28
Cesarea paneas (leg. Cæsarea Paneas). *Banias*....	XXVIII	28	28
Tyro (sive Sor). *Sour*......................	XXXII	32	32
CLXXVIII.			
Eliopoli (al. Heliopoli) Agamanam? *De Balbeck à Kahem*......................	"	"	332
Abila (al. Abyla). *Nebi Abel*..............	XXXII	32	32

[1] Pas de distance sur l'autre édition.

ITINÉRAIRE.	DISTANCES marquées DANS LA TABLE.	DISTANCES mesurées PAR M. LAPIE.
	Millia plus minus. / Milles plus ou moins.	Milles rom.
Damaspo (al. Damasco). *Damas*..............	XVIII 18	18
Ad Medera. *Marra*......................	XXVI 26	26
Adarin. *Einatireh ou Deïr Athié*................	X 10	10
Adamana. *Nebk*........................	XII 12	12
Casama. *Dans le désert*...................	XX 20	20
Cezere. *Dans le désert*...................	XX 20	20
Danova. *Dans le désert*...................	XVIII 18	18
Nezala (al. Nezzala, sive Nehala). *Dans le désert*..	XX 20	20
Heliaramia. *Dans le désert*.................	XLIIII 44	44
Agamana? (et inde Nazarram et Seleuciam). Kahem sur l'Euphrate.....................	XXXII 32	122

CLXXIX.

Damaspo (al. Damasco) Herusalem. *De Damas à Jérusalem*........................	* *	284
Ænos. *Sasa*............................	XXIIII 24	14
Chanata (al. Canatha). *Kanneytra*..............	XXXVII 37	19
Rhose (al. Neve). *Nova*.....................	XX 20	20
Hatita (al. Haditha, sive Haclitha). *Sur le Djebel Zerka*................................	XL 40	60
Gadda. *Yadjouch*.......................	XI 11	11
Philadelfia (al. Philadelphia). *Ruines d'Ammam*...	XIII 13	13
Rababatora (al. Rabbath Moab). *Rabba*.........	LXII 62	42
Thamaro (al. Thamara). *Tell el Msoggal*........	LXVIIII[1] 69	52
Antea dicta Herusalem, nunc Helya Capitolina (al. Jerusalem, sive Ælia Capitolina). *Jérusalem*...	LIII 53	53

CLXXX.

Cesaria Philadelfiam. *De Kaisarieh à Ammam*.	* *	204
Caporcotani (al. Capharcotiam). *Karm Enneficeh*.	XXVIII 28	28
Scytopoli (al. Scythopoli, sive Bethsan). *Bisan ou Baïsan*..............................	XXIIII 24	24
Tyberias (al. Tiberias). *Tabarieh*..............	XXIII 23	23
Cadara (al. Gadara). *Omm Keis*................	XVI 16	16
Capitoliade. *Beit el Ras*.....................	XVI 16	16
Adraha (al. Adraa, sive Edrei). *Draa*...........	XVI 16	16
Bostris. *Boszra*..........................	XXIIII 24	24

[1] 68 sur l'autre édition.

ITINÉRAIRE.	DISTANCES marquées DANS LA TABLE.		DISTANCES mesurées PAR M. LAPIE.
	Millia plus minus.	Milles plus ou moins.	Milles rom.
Thantia. *Calaat el Zerka*..................	XXIIII	24	24
Hatita (al. Haditha). *Sur le Djebel Zerka*.......	IX	9	9
Gadda. *Yadjoueh*.....................	XI	11	11
Philadelfia (al. Philadelphia). *Ruines d'Ammam*...	XIII	13	13
### CLXXXI.			
Scytopoli (al. Scythopoli, sive Bethsan) Neapolim. *De Baïsan à Naplous*.............	"	"	78
Coabis (sive Coreæ). *Ruines sur l'Ouadi Medjedda*..	XII	12	12
Arcelais (al. Archelais). *Ruines sur l'Ouadi Faraz*.	XII	12	12
Herichonte (al. Jericho). *Richa*...............	XII	12	22
Neapoli (al. Sichem). *Naplous*................	XXXII[1]	32	32
### CLXXXII.			
Cesaria Herusalem. *De Kaïsarieh à Jérusalem.*	"	"	71
Neapoli (al. Sichem). *Naplous*.................	XXXI	31	31
Cofna (al. Gophna). *Ruines à l'est de Gib*......	XX	20	24
Herusalem (al. Jerusalem). *Jérusalem*...........	XVI	16	16
A. Cesaria Lamniam. *De Kaïsarieh à Ebneh*..	"	"	53
Luddis (al. Lydda, sive Diospoli). *Lodd*........	XII	12	41
Lamnia (al. Jamnia, sive Jabne). *Ebneh*........	XII	12	12
### CLXXXIII.			
Herusalem Lamniam. *De Jérusalem à Ebneh*..	"	"	59
Cofna (al. Gophna). *Ruines à l'est de Gib*........	XVI	16	16
Amavante (al. Thamnathsare). *Ruines*.........	XVIII	19	19
Luddis (al. Lydda). *Lodd*..................	XII	12	12
Lamnia (al. Jamnia, sive Jabne). *Ebneh*........	XII	12	12
A. Herusalem Ascalonem. *De Jérusalem aux ruines d'Ascalon*....................	"	"	53
Ceperaria...............................	XXIIII	24	24
Betogabri (al. Bethagabri). *Beït Gibrim*........	VIII[2]	8	13
Ascalone. *Ruines d'Ascalon*.................	XVI	16	16

[1] Sur l'autre édition il n'y a pas de chiffres.   [2] 13 sur l'autre édition.

ITINÉRAIRE.	DISTANCES marquées DANS LA TABLE.		DISTANCES mesurées PAR M. LAPIE.
	Millia plus minus.	Milles plus ou moins.	Milles rom.
EGYPTUS. ÉGYPTE.			
CLXXXIV.			
Ascalone Memphim. *Des ruines d'Ascalon à Mit Rahyneh*............	"	"	283
Rinocorura (al. Rhinocorura). *El Arich*.........	XV	15	54
Ostracine. *Ouaradeh*..................	XXIII	23	26
Cassio (al. Casio). *Ruines*..............	"	"	26
Gerra (al. Gerrha). *Anbdyab*............	XXIII	23	28
Pelusio. *Ruines près de Kasr Tineh*............	VIII	8	8
Phacusi (al. Phacusa). *Tell Fakous*............	XXXVI	36	56
Senphu (al. Seriphus). *Kasr el Aras*...........	VII	7	7
Sinuati. *Fasoukeh*....................	"	"	7
Stratonicidi (sive vico Judæorum). *Tell Joudieh el Ghetteh*............................	XXIIII	24	24
Babilonia (al. Babylon.). *Vieux Caire*..........	XXXVI	36	37
Memphis. *Mit Rahyneh*....................	"	"	10
CLXXXV.			
Herusalem Memphim. *De Jérusalem à Mit Rahyneh*...............................	"	"	454
Elusa. *Dans le désert*.....................	LXXI	71	71
Oboda. *Idem*...........................	XXIIII	24	24
Lysa. *Idem*............................	XLVIII	48	28
Cypsaria. *Ouadi Szays*..................	XXVIII	28	18
Rasa (al. Gerasa). *Dans l'Ouadi Arabah*..........	XVI	16	16
Ad Dianam. *Idem*......................	XVI	16	16
Haila (al. Ailath, sive Ælana). *Ruines près de Calaat el Akabah*.....	XVI	16	16
Phara. *Près de Bir Themmed*..................	L	50	50
....deia (fort. Medeia?). *Bir Rastagara*........	LXXX	80	80
Clisma (al. Clysma). *Ayoun-Mousa*............	XL	40	30
Lacus Mori (leg. lacus Amari). *Petit golfe près de Suez*..	"	"	7
Arsinoe. *Calaat el Adjeroud*...................	"	"	12
Babilonia (al. Babylon). *Vieux Caire*............	"	"	76
Memphis. *Mit Rahyneh*.....................	"	"	10

ITINÉRAIRE.	DISTANCES marquées DANS LA TABLE.	DISTANCES mesurées PAR M. LAPIE.
	Millia plus minus. Milles plus ou moins.	Milles rom.

CLXXXVI.

Rababatora (al. Rabbabatora, sive Rabbath Moab) Hailam. *De Rabba aux ruines d'Aïlath*.	"	"	186
Thornia (al. Thoana). *Dhana*............	XLVIII	48	48
Negla. *Près Szyhhan*................	"	"	22
Petris (al. Petra). *Ruines près d'Eldy dans l'Ouadi-Mousa*...............	XXII	22	22
Zadagatta. *El Szadeké*...............	XVIII	18	18
Havarra. *Ruines près de la source Gana*........	XX	20	20
Presidio. *Ruines dans l'Ouadi Abounada*........	XXIIII	24	24
Ad Dianam. *Dans l'Ouadi Abrabah*...........	XXI	21	16
Haila. *Ruines près de Calaat el Akabah*........	XVI	16	16

CLXXXVII.

Pelusio Ermupolim (al. Hermopolim). *Des ruines de Péluse à Eramoun*...........	"	"	103
Heracleo (al. Sethro, sive Heracleopoli parva). *Tell el Charygh*...................	"	"	22
Taniticus fl.? *Canal de Moez*...............	XVI	16	17
Iscopolis (leg. Iseopolis). *Behbit*............	XVI	16	36
Buto. *Bichbieh*......................	XII	12	12
Ermupoli (al. Hermopoli). *Eramoun*.........	XVI	16	16

CLXXXVIII.

Babilonia Herasicaminam. *Du vieux Caire au T. Maharrakah*......................	"	"	661
Venne (al. Peme). *Marakh*................	LXXII	72	32
Sinottum (al. Sinotum). *Zeitoun*............	VI	6	31
Ptolemaidonar (al. Ptolemaïde). *Benisouef*.....	"	"	6
Heracleo (al. Heracleopoli Magna, sive Cæne). *Almas*......................	VI	6	6
Fenchi. *Fechn*......................	XXV	25	25
Tamonti. *Cheik Abbaceh*................	XX	20	20
Antino (al. Antinoe, antea Besa). *Cheïk Abahdeh*.	XLIIII	44	64
Tyconpoli. *Près Hagh Kandil*..............	XII	12	12

PEUTINGERIANA.   285

ITINÉRAIRE.	DISTANCES marquées DANS LA TABLE.		DISTANCES mesurées PAR M. LAPIE.
	Millia plus minus.	Milles plus ou moins.	Milles rom.
Panopoli (sive Chemmi). *Akhmin*.............	"	"	105
Ananu. *Chouahin*........................	XVII	17	27
Cenoboscio (al. Chenoboscio). *Chourieh*.......	XXVIII	28	27
Hormucopto (al. Coptos). *Khaft*.............	XLIII	43	40
Diospoli Guetibe (al. Diospoli Magna, sive Thebis). *Louksor*...............................	XXV	25	28
Lato (al. Contra Lato). *Helleh*..............	XX	20	40
Tentira (al. Tentyra, fort. parva). *Temples ruinés*..	XVI	16	25
Ombos. *Koum Ombou*.....................	XX	20	55
Syene. *Asouan*...........................	XII	12	30
Spelci (al. Contra Pselcis). *Kobban*...........	XLII	42	78
Herasicamina (al. Hiera Sycaminos). *Temple Maharrakah*...............................	VI	6	10

CLXXXIX.

Hormucopto Pernicide portum. *De Khaft à Sekket Bendar el Kebir*.................	"	"	255
Phenice (al. Phœnicon). *Désert*.............	XII	12	24
Affrodites (ponendum Didymis). *Désert*........	XXIIII	24	24
Dydymos (transponend. Aphroditis). *Désert*.....	XX	20	20
Compasin. *Désert*.......................	XV	15	22
Dios (al. Hydreum Jovis). *Samount*............	XXII	22	23
Xeron (al. Aristonis). *Désert*................	XXIIII	24	25
Philacon (al. Phalacrum). *Désert*............	XXIIII	24	25
Apollonos (al. Hydreum Apollinis). *Désert*.......	XXIIII	24	23
Cabau (al. Cabalsis). *Puits Aharatret*.........	XXVII	27	24
Cenonnydroma (al. Cænon Hydreuma). *Habou Grey*	XXIII	23	27
Pernicide (al. Berenice) portum. *Sekket Bendar el Kebir*...............................	XXII	22	18

CXC.

Antino Pretonium (al. Parætonium). *De Cheïk Abahdeh à Berek Marsah*................	"	"	494
Acori. *Matachrah*........................	XVII	17	17
Telmi. *Assarah el Djebel*...................	XC	90	90
Tasdri. *Satf*............................	XLI	41	41
Memphis. *Mit Rahyneh*....................	"	"	20
Auleu. *Menchyeh*........................	XXIIII	24	14

ITINÉRAIRE.	DISTANCES marquées DANS LA TABLE.		DISTANCES mesurées PAR M. LAPIE.
	Millia plus minus.	Milles plus ou moins.	Milles rom.
Niciu (al. Prosopis). *Menouf*	XXXVI	36	32
Naucrati. *Chobrekait*	XLIII	43	43
Melcati. *Birket el Gheytas*	XXXII	32	32
Alexandria? Alexandrie	XXIIII	24	24
Tapostri (al. Taposiri). *Abousir*	XXV	25	30
Monogami (al. Monocamini). *Lamaïd ou Erab Kullia*	IX	9	24
Comaru. *Maktaëraï*	XV	15	30
Patrico	XV	15	15
Philiscu (al. Phœnicus). *Près le Ras el Kanaïs*	XXVIII	28	48
Pretonio (al. Parætonio). *Berek Marsah*	XXIIII	24	34

AFRICA. *AFRIQUE.*

CXCI.

Pretonio Cyrenem coloniam. *De Kasr Medjah à Ghrennah*	*"*	*"*	364
Thabrasta? Kasr Abou Adjoubah	*"*	*"*	26
Nesus. *Kasr Chammès*	XXIIII	24	42
Aratu	XXVI	26	32
Catabathmo [Magno, sive Majore]. *Kasr Ladjedabiah.*	XXVIII	28	18
Nemeseo	XXIIII	24	24
Cardu	XXXVI	36	36
Antipego (al. Antipyrgo). *Toubrouk*	XXVII	27	27
Meciris. *El Kourrat*	XXII	22	22
Paliuris (al. Paliurus). *Kourmat el Temimeh*	XXXIII	33	34
Matidis. *Kasr Ghardam*	XXXVI	36	36
Agabis. *Kasr Lemle*	XXXVI	36	36
Appollonia (al. Apollonia). *Marsah Sousa*	XVIII	18	18
Cyrenis col. *Ghrennah*	XIII	13	13
A. Antipego (al. Antipyrgo) Goniam. *De Toubrouk à l'extrémité du cap*	III	3	3

CXCII.

Cyrenis col. Leptimagnam col. *De Ghrennah à Lébida*	*"*	*"*	786
Balacris. *Belanig*	XII	12	12
Cenopolis. *Margad*	XXI	21	21

PEUTINGERIANA.

ITINÉRAIRE.	DISTANCES marquées DANS LA TABLE.		DISTANCES mesurées PAR M. LAPIE.
	Millia plus minus.	Milles plus ou moins.	Milles rom.
Callis. *Al Harib*..................	XII	12	12
Ptolomaide. *Tolometa*..................	XX	20	20
Tauchira col. (al. Arsinoe). *Taoukrah ou Teukera*..	"	"	26
Hadrianopoli (al. Adriani). *Pointe d'Adrien ou Sou-louc*..................	XXV	25	18
Bernicide (al. Berenice, sive Hesperis). *Bengazi ou Ben-Ghazi*..................	XXVIII	28	28
Ampalaontes. *Anciens forts*..................	XV	15	10
Zautaberna (al. Zau Taberna, sive Caminos). *Ghiminis*..................	XXIII	23	20
Noetu (al. Charotus). *Ruines*..................	XXV	25	22
Phenica (al. Phenicæ, sive Attici). *Ruines*........	XXV	25	25
Corniclanu. *Muratao*..................	XXV	25	25
Priscu Taberna..................	XVIII	18	18
Ad Puteum. *Manahal*..................	XXX	30	30
Anabucis Presidium. *Près d'un lac*..................	XXX	30	30
Arephilenorum (al. Philænorum Aræ, sive Bana-dedari). *Ruines antiques*..................	XXV	25	25
Tagulis (al. Tugulis, sive Tugulus). *Pointe Ali*....	XXX	30	24
Turris et Taberna. *Makiruka*..................	VI	6	6
Præsidio. *Ruines*..................	XXII	22	22
Ad Turrem. *Chedkannah*..................	XX	20	20
Ad Capsum ultimum. *Charfah*..................	XII	12	12
Ad Palmam. *Marsah Hammar*..................	XVII	17	17
Aulahon: *Ruines*..................	XX	20	20
Stina locus Judeorum Augusti. *Medina Sultan*....	"	"	3
Ad Speluncas (al. Iscina). *Chaiouacha*..........	XIII	13	13
Zure. *Ruines Ben Adid*..................	XIII	13	13
Macomad Selorum (leg. Macomades Selorum). *Ruines antiques près Marsah Zaphran*..........	XIII	13	13
Putea Nigra (al. Putea Major). *Ruines*..........	XIII	13	8
Pretorium (al. Prætorium). *Dans le désert*........	XXVIII	28	28
Ad Ficum. *Sur un torrent*..................	XVIII	18	18
Chosol. *Mhad Husein, ruines antiques*..........	XXXV	35	35
Bissio aqua amara (al. Auzui). *Marabout de Kal-falla*..................	XXX	30	25
Naladus (al. Nalada). *Segumengioura*..........	XXV	25	25
Ad Cisternas. *Melfa*..................	XV	15	20
Casa Runoniana. *Kharra, pointe*..................	XXV	25	25
Tubactis (al. Thubactis, sive Base) municip. *Mesurata*..................	XXV	25	25
Simnana. *Sur un petit cap*..................	XXII	22	17

ITINÉRAIRE.	DISTANCES marquées DANS LA TABLE.		DISTANCES mesurées PAR M. LAPIE.
	Millia plus minus.	Milles plus ou moins.	Milles rom.
Nivirgitab. *Selheine*	XV	15	15
Sugolin. *Ziliten*	XV	15	15
Leptimagna col. (al. Lepti Magna colonia). *Lebida*.	XXX	30	25

CXCIII.

Tagulis ad Capsum ultimum. *De la pointe Ali à Charfah*	//	//	71
Digdida municipium Selorum	//	//	24
Præsidio. *Ruines*	XII	12	12
Zagazaena (al. Sagazama). *Ouadi Chakka*	//	//	22
Ad Capsum ultimum. *Charfah*	//	//	13
A. Ad Ficum Bissio. *Du Torrent au Marabout Kalfalla*	//	//	55
Musula. *Dans le désert*	XXV	25	25
Bissio aqua amara (al. Auzui). *Marabout de Kalfalla*	XXX	30	30
B. Bissio ad Cisternas. *Du Marabout Kalfalla à Melfa*	XXXV	35	45
C. Tubactis mun. Nivirgitab. *De Mesurata à Selheine*	//	//	30
Virga (al. Berge). *Zouya*	X	10	10
Nivirgitab. *Selheine*	XV	15	20

CXCIV.

Leptimagna col. Tacape col. *De Lebida à Cabès ou Gabs*	//	//	335
Ad Palmam. *Ruines*	XII	12	12
Quintiliana. *Ruines sur le Ras el Hamra*	XIIII	14	14
Getullu (al. Megradi). *Ruines sur la côte*	XXIIII	24	24
Turris ad Algam. *Tajoura*	XV	15	15
Osa (al. OEea) col. *Tripoli*	XII	12	10
Assaria. *El Zawieh*	XX	20	20
Pontos. *Ezouagah*	XIII	13	19
Sabrata. *Tripoli Vecchio ou Sabart*	XVI	16	16
Ad Amonem (al. Ad Ammonem). *Kadula Nufliz*	XVI	16	16
Ad Cypsaria Taberna. *Touzant*	XVII	17	17
Pisida (al. Pisinda) municipio. *Brega*	XX	20	23

ITINÉRAIRE.	DISTANCES marquées DANS LA TABLE.		DISTANCES mesurées PAR M. LAPIE.
	Millia plus minus.	Milles plus ou moins.	Milles rom.
Presidio (al. Præsidio). *A l'O. d'El. Biban*.......	XV	15	25
Putea Pallene. *Djeza Moncha*...............	XVIII	18	18
Liha (al. Ponte Zitha) mun. *Kaliat*...........	XV	15	15
Gigti (al. Gichthi, sive Githi). *Buchalah*.......	XVII	17	17
Templ. Veneris. *Zurchaf*....................	XV	15	15
Fulgurita (al. Agma). *Catana*................	XXVI	26	26
Tacape col. *Cabes ou Gabs*..................	XXV	25	25
CXCV.			
Leptimagna Osam coloniam. *De Lebida à Tripoli*...........................	"	"	76
Subututtu. *Dans les montagnes*...............	XXV	25	25
Cercar. *Désert*............................	XV	15	15
Flacci Taberna. *Désert*.....................	XX	20	20
Osa (al. OEea) col. *Tripoli*.................	XVI	16	16
A. Osa col. Sabratam. *De Tripoli à Sabart*...	"	"	55
Vax villa repentina? *Désert*.................	XVIII	18	28
Sabrata. *Sabart ou Tripoli Vecchio*...........	XXVII	27	27
B. Gigti Fulguritam. *De Geress à Catana*....	XXV	25	30
CXCVI.			
Tacape col. Sabratam. *De Cabes à Sabart*....	"	"	186
Martæ. *Désert*............................	X	10	10
Afas (al. Asas) Lupeici. *Désert*.............	XXVI	26	26
Augarmi (al. Augemmi). *Désert*....	V	5	5
Ausere fl. *Ouadi Fessa*.....................	XXV	25	25
Putea. *Désert*.............................	"	"	30
Laminiæ. *Sur l'Ouadi Brega*................	"	"	30
Veri. *Sur l'Ouadi Zaara*....................	"	"	25
Sabrata. *Sabart ou Tripoli Vecchio*...........	"	"	35
CXCVII.			
Tacape col. Carthaginem coloniam. *De Cabes aux ruines de Carthage*................	"	"	319
Ad Palmam. *Tafalamah*....................	XXII	22	17
Lacene (leg. Lacenæ). *A l'embouchure de l'Oued el Akareith*................................	VI	6	6

ITINÉRAIRE.	DISTANCES marquées DANS LA TABLE.		DISTANCES mesurées PAR M. LAPIE.
	Millia plus minus.	Milles plus ou moins.	Milles rom.
Presidio Silvani. *Tour Nathor*.............	VIII	8	8
Ad Oleastrum. *En face de l'île Surkenis*	XVIII	18	13
Macomades Minores. *Maharess*...............	XXVII	27	17
Thenœ colonia? *Thaini*.....................	XXVII	27	17
Taparura (al. Taphrura). *Sfakus ou Sfax*.......	XX	20	8
Usilla mun. *Inchilla ou Sidi Makelouf, ruines*.....	"	"	20
Ruspe. *Gilgel*............................	VI	6	16
Aholla (al. Acholla, sive Achulla). *Ackdecha ou Elatiah*................................	"	"	15
Sullecti. *Salekto*..........................	XII	12	12
Tapsum (al. Thapsum).¹ *Cap Dimas*...........	XV	15	15
Lepteminus (al. Leptis Minor). *Lemta*.........	VIII	8	13
Ruspina. *Près de Kheneis*...................	"	"	6
Hadrito (al. Hadrumeto). *Susa ou Sousa*.......	XXV	25	15
Orbita. *Ouad el Bania et puits romain*..........	"	"	8
Ad Horrea. *Herkla*.........................	XXII	22	10
Cubin. *Ruines Bordj Hammam Labregal*........	VII	7	7
Lamniana. *El Manaré*......................	XXII	22	22
Pudput (al. Putput). *Hammamet*..............	X	10	10
Siagu (al. Siagul). *Kasr el Zeit*...............	III	3	3
Vinavicus (leg. Vina vicus). *Sidi Djedidi*.......	XV	15	15
Ad Mercurium. *Sidi Ali-el-Kelbousi*...........	VI	6	6
Ad Aquas (al. Aquæ Calidæ, sive Casula). *Hammam Gurbos ou Kourbes*..........	VIIII	9	9
Maxula. *Hammam Lynph ou el Enf*...........	XXI	21	20
Thuni (al. Tunete). *Tunis*...................	VII	7	11
Chartagine (al. Carthagine) colon. *Ruines de Carthage*................................	X	10	10

CXCVIII.

Usilla municip. Hadrumetum. *D'Inchilla à Sousa*................................	"	"	78
Bararus mun. *Rugga*.......................	"	"	23
Thiforo (al. Tysdro) col. *El Jemme ou Ledgem*.	VIIII	9	9
Sassuravicus (leg. Sassura vicus). *Ruines romaines*.	XII	12	12
Aviduvicus (leg. Avidi vicus). *Zramdine*........	IX	9	9
Hadrito (al. Hadrumeto). *Sousa*..............	XXV	25	25
A. Sullecti Thiforum (al. Tysdrum) col. *De Salekto à el Jemme*.....................	"	"	27

ITINÉRAIRE.	DISTANCES marquées DANS LA TABLE.	DISTANCES mesurées PAR M. LAPIE.
	Millia plus minus. / Milles plus ou moins.	Milles rom.
B. Thiforo (al. Tysdro) col. Leptem Minorem. *De el Jemme à Lemta*	" / "	33
C. Pudput Misuam. *De Hammamet à Sidi Daoud*	" / "	70
Neapoli. *Nabel*	XII / 12	10
Clipeis (al. Clypea). *Kalibia*	XVI / 16	41
Misua (al. Missua). *Sidi Daoud*	XII / 12	19

CXCIX.

Chartagine col. Rusibricari Matidiæ. *Des ruines de Carthage aux ruines de Rusubricari*	" / "	570
Gallum Gallinatium (al. Gallinaceum)	XV / 15	15
Utica colonia. *Bouchater*	VI / 6	7
Membione (al. Membrone). *Aoudja*	VI / 6	6
Tuniha (al. Tinisa). *Ras el Djebel*	X / 10	10
Ipponte diarito (al. Hippone Zaryto). *Bizerte*	XX / 20	20
Cabraca (al. Thabraca). *Ruines sur l'Oued el Zaine*	LX / 60	70
Tuniza. *La Calle*	XXIIII / 24	29
Ad Dianam? *Au S. du C. Rosa*	XV / 15	15
Armoniacum (al. Armuam) fl. *R. Sebus ou Mafragg*	XV / 15	15
Ubus (al. Rubricatus) flumen. *Seibouse, riv.*	X / 10	12
Hyppone (al. Hippone) Regio. *Ruines de Bounah*	V / 5	5
Sublucu. *Tagodeite*	XXXIII / 33	18
Tacatua. *Toukouch*	XVIII / 18	18
Muharur (al. Muharus). *Au S. du C. Toukouch*	VII / 7	7
Zaca. *Sidi Akessa*	VIII / 8	8
Culucitani. *Cap Tchekidieh*	VII / 7	7
Paratianis. *Sur l'Oued Gajetta*	XVI / 16	18
Rusicade colonia. *Philippeville, près le Ras Skikida.*	XXV / 25	25
Chullu (al. Cullu). *Collo*	L / 50	40
Paccianis Matize (al. Matidiæ). *Ruines au S. de Mers el Zeitoun*	LX / 60	40
Igilgili col. *Jigelli ou Djidgel*	XXIIII / 24	35
Choba (al. Coba) municip. *Ruines de Mansouriah*	XXXVIII / 38	28
Muslubio Horreta (al. Musulubio Horrea). *Beni Suleyman*	XXVIII / 28	14
Saldas colonia. *Bougie*	XXVI / 26	16

ITINÉRAIRE.	DISTANCES marquées DANS LA TABLE.		DISTANCES mesurées PAR M. LAPIE.
	Millia plus minus.	Milles plus ou moins.	Milles rom.
Rusahu (al. Rusarus) municipium. *Sidi Deoud*...	xxv[1]	25	25
Rusippisir (al. Rusipisir) municipio. *Sidi Hamet ben Iousef*............	XXIII	23	13
Lommio (al. Jomnio) municipio. *Mers el Fahm*...	XLII	42	18
Rusuccuru colon. *Dellys*..............	XXVIII	28	18
Cissi municipio. *Mers el Djinet*..........	XII	12	12
Rusibricari (al. Rusubbicari) Matidiæ. *Chrub Vehlrab, ruines*.............	XXII	22	12
CC.			
Chartagine (al. Carthagine) colonia Hipponem Regium. *Des ruines de Carthage aux ruines de Bounah*.........	"	"	215
Cicisa (al. Cigisa). *Artia*............	XVIIII	19	18
Thuraria. *Gdeida*.............	XV	15	15
Thuburbiminus (al. Tuburbum Minus). *Tuburbo*.	III	3	3
Clucar (al. Cluacaria). *Kasr el Djed*.........	XVI	16	16
Elefantaria (al. Elephantaria). *Haouch el Bahrein*.	X	10	10
Teglata. *Ruines près le Djebel Testour*........	XIII	13	13
Vico Augusti. *Ruines*............	VII	7	7
Picus. *Ruines*............	VII	7	7
Novis Aquilianis. *Ruines*...........	VIIII	9	9
Armascla fl. *Oued el Bull*...........	VI	6	6
Ad Silma. *Ruines*............	XII	12	12
Bulla Regia. *Bull*............	XII	12	12
Sunitu (al. Simittu) colonia. *Sur l'Oued el Bull*...	"	"	7
Ad Aquas. *Source de l'Oued el Bull*.........	V	5	5
Odiana. *Ruines des Ouled Ali sur un affluent de l'Oued Mafrag*............	XXV	25	25
Hyppone (al. Hippone) Regio. *Ruines de Bounah*..	L.	50	50
CCI.			
Chartagine (al Carthagine) col. Rusicadem coloniam. *Des ruines de Carthage à Philippeville près le Ras Skikida*............	"	"	344
Ad Pertusa. *Sidi sad Chouchan*.........	XIIII	14	14
Ad Mercurium. *Sidi Athman el Hadid*........	IIII	4	4

---

[1] Il y a 26 sur l'autre édition.

ITINÉRAIRE.	DISTANCES marquées DANS LA TABLE.		DISTANCES mesurées PAR M. LAPIE.
	Millia plus minus.	Milles plus ou moins.	Milles rom.
Inuca. *Oudena*........................	II	2	3
Sicilibba. *Haouch Alouina*.............	XIII	13	19
Thurris (al. Turzo). *Ruines*...........	V	5	5
Vallis. *Haouch el Moraba*..............	VI	6	6
Ad Atticillæ. *Ruines*..................	X	10	10
Choreva (al. Coreva). *Ruines*..........	X	10	10
Aquis.................................	VIII	8	8
Tionica (leg. Tignica). *Thunga*........	VI	6	6
Aobia (al. Agbia). *Haouch Agbia*.......	VI	6	11
Mubsi (al. Musti). *Sidi el Abo Rabba*..	VII	7	7
Thacia. *Ruines romaines*...............	VII	7	7
Drusiliana. *Sidi bou Zouiz*............	VII	7	7
Siguese. *Ouled Sahel*..................	VII	7	7
Sicca Veria (leg. Veneria). *Keff*......	XXX	30	20
Naraggara. *Edjebel Jebbir*.............	XII	12	30
Gegetu. *Kasr Tasar*....................	"	"	15
Thacora (al. Thagura). *El Metneinia*...	V	5	5
Vasidice (leg. Vasidicæ). *Ruines près Aouasim*...	V	5	5
Ad Molas. *A l'O. de Mtaourouch*........	VI	6	6
Tipasa. *Tifaich*.......................	XII	12	12
Capraria. *Sur l'Oued Bou Moya*.........	XII	12	12
Thibili (al. Tibili). *Announah*........	VII	7	17
Castellum Fabatianum. *Ruines sur l'Oued Berda*..	XXV	25	25
Cirta colonia. *Constantine*............	"	"	23
Ad Palmam. *Sur l'Oued Baba*............	XII	12	12
Ad Villam Selæ. *Ruines d'el Arrouch*...	XXV	25	18
Rusicade (al. Rusiccade) colonia. *Philippeville*....	XXX	30	20
A. Thurris (al. Turzo) Tignicam. *Des ruines de Turris à Thunga*......................	"	"	40
Chisiduo. *Ruines*......................	IIII	4	4
Membrissa (al. Membressa). *Medjez el Bab*......	VIII	8	8
Tichilla. *Testour*.....................	XVI	16	16
Tionica (leg. Thignica). *Aïn Thunga*...	XII	12	12
B. Tipasa Hypponem (al. Hipponem) Regium. *De Tifaich aux ruines de Bounah*.........	"	"	43
Vico Juliani. *Alachoure*...............	XVIII	18	18
Hyppone (al. Hippone) Regio. *Ruines de Bounah*.	XXV	25	25

ITINÉRAIRE.	DISTANCES marquées DANS LA TABLE.		DISTANCES mesurées PAR M. LAPIE.
	Millia plus minus.	Milles plus ou moins.	Milles rom.
c. Hyppone Regio Cirtam coloniam. *Des ruines de Bounah à Constantine*	"	"	99
Ad Villam Servilianam. *Gelu Bouseba, ruines*	xxx	30	30
Aquis Thibilitanis (al. Tibilitanis). *Hammam Meskhoutin*	xv	15	15
Cirta col. *Constantine*	LIIII	54	54
d. Hyppone Regio Rusicadem coloniam. *Des ruines de Bounah à Philippeville*	"	"	58
Ad Plumbaria. *Ruines à l'E. du L. Fetzara*	"	"	15
Nedibus. *Sebargoud, ruines*	xvii	17	17
Rusicade colonia. *Philippeville*	xliiii	44	26
e. Maxula Sicilibbam. *De Hammam el Enf à Haouch Alouina*	"	"	78
Uthica (al. Uthina). *Sidi Hadji Soliman*	xx	20	20
Onellana. *Ruines de Sidi Harbi*	xv	15	15
Tuburbomajus (al. Tuburbo majore). *Zagouan* ...	xv	15	15
Sicilibba. *Haouch Alouina*	xxviii	28	28
f. Tuburbo majore Aquis. *De Zouan ou Zagouan à des ruines*	"	"	43
Avitta. *Zouf el Zagouan ou Zouan*	v	5	5
Zachara. *Zunghar*	x	10	10
Risca. *Rihan*	xviii	18	18
Aquis. *Ruines*	x	10	10

CCII.

Hadrito (al. Hadrumeto) Onellanam. *De Sousa à Sidi Harbi*	"	"	68
Gurra. *Koudiah*	vii	7	7
Ulisippira. *Ruines*	"	"	13
Aggerfel (al. Aggersel). *Ruines*	viii	8	8
Mediocera. *Ruines romaines*	vi	6	6
Bibæ. *Ruines de Aïn Medekeur*	xvi	16	8
Onellana. *Sidi Harbi*	xvi	16	16

CCIII.

Siguese Steifi col. *D'Ouled Sahel à Setif*	"	"	257
Flacciana	xiiii	14	14

PEUTINGERIANA.

ITINÉRAIRE.	DISTANCES marquées DANS LA TABLE.		DISTANCES mesurées PAR M. LAPIE.
	Millia plus minus.	Milles plus ou moins.	Milles rom.
Sibus. *Ruines dans la plaine de Zirrz*............	XIIII	14	14
Ad Arvalla (al. ad Arvala). *Gasta*.............	XVI	16	16
Vico Valeriani. *Gellah*..................	VIII	8	8
Vatari (al. Vazarita). *El Gattar*..............	XXV	25	25
Velefi......................................	III	3	3
Ad Pisinas..................................	VI	6	6
Rustici. *Sur l'Oued el Kouassan*.............	VIIII	9	9
Magri. *Ruines au sud du Djebel el Maïda*........	IIII	4	4
Fonte Potamiano. *Sur l'Oued el Nil*...........	III	3	3
Gasaupala (al. Gazaufala). *Temlouke*...........	"	"	"
Ad Rubras. *Bled ben Sadenla*.................	VI	6	6
Ad Centenarium. *Ruines dans la plaine de Temloucke.*	VI	6	6
Thenebreste. *Ferdj Kordjef*...................	VI	6	6
Thigisi. *El Bordj*..........................	VI	6	6
Sigus. *Ruines sur l'Oued el Keleb*.............	VIIII	9	9
Buduxi (al. Buduzi). *Ruines sur un affluent de l'Oued el Keleb*................................	V	5	5
Visalta. *Ruines*............................	VIIII	9	9
Lucullianis. *Omolei Sinab*...................	XII	12	14
Salviana. *Ruines des Belesma*................	"	"	3
Thadute. *Tattubt*...........................	XXV	25	15
Ad Sturnos. *Ruines*.........................	XII	12	12
Baccarus. *Ruines près le Dj. Kokobto Edjemel*.....	X	10	10
Ad Stabulum Olearium. *Ruines des Abdelnour*....	V	5	5
Ad Portum. *Ruines au sud de l'Oued Memera*.....	"	"	3
Steifi (al. Sitifi) col. *Setif ou Stef*.............	XXXV	35	35
CCIV.			
Cirta col. Steifi col. *De Constantine à Setif*...	"	"	95
Aquartille. *Ruines sur l'Oued Bagara*...........	VIIII	9	9
Numituriana. *Sur l'Oued Rummel*..............	"	"	10
Mileu (al. Milevis) colona. *Milah*..............	VI	6	6
.... *Ruines*............................	VII	7	7
Nobas Fusciani. *Aïn Kacheba*.................	XII	12	12
Fons Camerata. *Source de l'Oued el Mailah*......	IIII	4	4
Berzeo. *Beni Kecha*........................	IIII	4	4
Modolana. *Sur l'Oued Bouselah*...............	IIII	4	4
Caput Budelli. *Sur le Djebel Thalem*...........	VII	7	7
Culchut (al. Cuiculum et Culchul) colonia. *Djimilah*	VII	7	7
Monte. *Kasbaite*...........................	XIII	13	13
Steifi (al. Sitifi) col. *Setif ou Stef*.............	XII	12	12

ITINÉRAIRE.	DISTANCES marquées DANS LA TABLE.		DISTANCES mesurées PAR M. LAPIE.
	Millia plus minus.	Milles plus ou moins.	Milles rom.
A. Thibili (al. Tibili) Gasaupalam. *Des ruines d'Anounah à Temlouke*..................	"	"	12
Ad Lapidem Bajum. *Ruines des Beni Oujena*.....	"	"	6
Gasaupala (al. Gazaufala). *Temlouke*...........	VI	6	6
B. Igilgili col. Culchut col. *De Jigelli ou Djidjel à Djimila*................................	"	"	101
Tucca, fines Affrice et Mauritaniæ. *Sur l'Oued el Kebir*..................................	XLVI	46	46
Culchut (al. Cuiculum) colonia. *Djimila*........	LX	60	55
CCV.			
Choba (al. Coba) municipio Culchut col. *Des ruines de Mansouriah à Djimilah*..........	"	"	58
Ad Basilicam. *Ruines des Beni Nemdil*..........	XV	15	15
Ad Ficum. *Sur l'Oued el Kebir*................	XV	15	15
Mopti municipium. *Sur l'Oued Guerama*........	XXVII	27	17
Culchut (al. Cuiculum) colonia. *Djimilah*.......	XI	11	11
A. Igilgili col. ad Basilicam. *De Djigelli aux ruines des Beni Nemdil*..................	XXXIII	33	43
CCVI.			
Saldis colonia Rusuccuru coloniam. *De Bougie à Dellys*................................	"	"	89
Ruzai municipium. *Sidi Daoud*................	XXV	25	25
Syda municipium. *Iffliga*.....................	XL	40	30
Tigisi. *Bordj Tigioussou*.....................	XXXII	32	22
Rusuccuru colon. *Dellys*......................	XII	12	12
CCVII.			
Steifi col. Castra. *De Setif ou Stef à Kef Radjela Callah*.................................	"	"	85
Tamannuna municipium et castellum. *Zammourah*.	"	"	35
Tamascani municipium. *Callah*................	X	10	10
Equezeto. *Ruines des Beni Abbes*..............	X	10	10
Galaxia. *Melehlou*...........................	"	"	10
Castra. *Kef Radjela*..........................	XX	20	20

ITINÉRAIRE.	DISTANCES marquées DANS LA TABLE.		DISTANCES mesurées PAR M. LAPIE.
	Millia plus minus.	Milles plus ou moins.	Milles rom.
CCVIII.			
Saldis colonia Præsidium. *De Bougie à Biskarah*	"	"	220
Ruzai municipium. *Sidi Daoud*	XXV	25	25
Ad Olivam. *Djinan el Beylik*	XXX	30	30
Ad Sava municipium. *Sidi Eisah*	XXV	25	18
Tamannuna municipium et castellum. *Zammourah*.	XXV	25	25
Lemelli Presidium. *Ruines près le Dj Marissan*...	VI	6	6
Præsidium. *Biskarah*	C	100	116
A. Steifi col. Præsidium. *De Setif ou Stef à Burgh*	"	"	131
Ad Oculum Marinum. *Bordj Redir*	XL	40	40
Vaccis. *Msilah*	XXV	25	25
Salinas Nubonenenses (al. Nubonenses). *El Chott, marais salé*	XVI	16	16
Præsidium. *Biskarah*	L	50	50
B. Vaccis Tubonis. *De Msilah à Tubna*	XXV	25	25
CCIX.			
Drusiliana Vatarim. *De Sidi bou Zouiz*	"	"	150
Larabus (al. Laribus). *Sidi bou Agez*	XII	12	12
Orba	VII	7	10
Altuburos (al. Altiburus). *Ruines*	XVI	16	16
Mutia	XVI	16	16
Ad Medera. *Hydra*	XVI	16	16
Ad Mercurium. *Kisah*	XIIII	14	14
Theveste (al Thebeste). *Tebessa ou Tipsa*	XI	11	11
Mova. *Près le Dj Boukadra*	XV	15	15
Vasampus. *Au N. du Djebel Guelb*	XII	12	12
Flavia Marci. *Sur l'Oued Meskiena*	XX	20	12
Vatari (al. Vazarita). *El Gattar*	XVI	16	16
CCX.			
Theveste ad Oculum Marinum. *De Tebessa ou Tipsa au Bordj Redir*	"	"	223
Ad Aquas Casaris (al. Cæsaris). *Ruines près Aïn Chabrou*	VII	7	7

*38

ITINÉRAIRE.	DISTANCES marquées DANS LA TABLE.		DISTANCES mesurées PAR M. LAPIE.
	Millia plus minus.	Milles plus ou moins.	Milles rom.
Ad Mercurium..................................	XVI	16	16
Ruglata. *Mahamall*...........................	VIIII	9	9
Ad Germani...................................	X	10	10
Ad Cahalis (al. ad Cazalis). *Neiny*........	VI	6	6
Zyrnas Maseli (al. Mascula).................	X	10	10
Vico Aureli. *Ruines sur l'Oued el Bagaï*....	XIIII	14	14
Ad Lali......................................	XII	12	12
Lampsilii....................................	"	"	40
....	III	3	3
Lambiridis? Ruines.........................	X	10	10
Ad Dianam. *Zaïnah*..........................	XII	12	12
Ad Centenarium. *Ruines chez les Ouled Sultani*....	XV	15	18
Swaddurusi (al. Aurasu) Præsidium. *Col du Djebel Sultani*...........................	X	10	10
Zaras. *Jigbah*...............................	XII	12	12
Ad Capsu (al. ad Capsum) Juliani. *A l'E. du Dj Iaite.*	XVI	16	16
Ad Oculum Marinum. *Bordj Redir*............	XVIII	18	18
CCXI.			
Vico Aureli ad Centenarium. *Des ruines sur l'Oued Bagaï aux ruines des Ouled Sultani*..	"	"	107
Liviana. *Aïn Megar*..........................	XVIII	18	18
Popleto. *Ruines*.............................	V	5	5
Thamugadi. *Ruines d'Ager Soudah*............	VIIII	9	9
Lambafudi....................................	V	5	5
Lambese. *Ruines de Lemba*...................	XVIII	18	12
Lambiridi. *Ruines*...........................	"	"	18
Lamasbua (al. Lamasba). *Ruines de Lamaza*....	"	"	30
Ad Centenarium. *Ruines chez les Ouled Sultani*....	X	10	10
CCXII.			
Theveste Lambese. *De Tebessa aux ruines de Lemba*..	"	"	309
Ubaza Castellum. *Au pied du Djebel Nemencha*....	LVIIII	59	59
Ad Majores. *Dans le désert*.................	XLII	42	42
Ad Medias. *Idem*.............................	XXVIII	28	28
Badias. *Badys*...............................	XXV	25	25
Thabudeos. *Sur l'Oued el Abeadh*............	XXIII	23	23
Gemellas. *Près l'Oued el Abeadh*............	XXIIII	24	24
Ad Piscinam. *Zerybt el Oued*................	XXXIII	33	23
Mesar Filia. *Sur l'Oued el Abeadh*.........	XVIIII	19	19
Ad Aquas Herculis. *Idem*....................	VI	6	6

ITINÉRAIRE.	DISTANCES marquées DANS LA TABLE.		DISTANCES mesurées PAR M. LAPIE.
	Millia plus minus.	Milles plus ou moins.	Milles rom.
Ad Calceum Herculis. *Sur l'Oued el Abeadh*......	VIIII	9	9
Ad duo Flumina. *Réunion de deux rivières*........	VIIII	9	9
Symmachi. *Sur l'Oued Thibéadh*	VIIII	9	9
Ad Basilicam Diadumene. *Idem*................	XV	15	15
Lambese. *Aux ruines de Lemba*................	"	"	18

CCXIII.

Thisdro col. Altuburos. *D'El Jemme aux ruines d'Altuburi*..........................	"	"	149
Æliæ..	"	"	18
Terento	X	10	10
Aquas Regias. *Haouch Chirechira*..............	XVI	16	26
Aggar. *Sidi Ibrahim el Saher*..................	XIIII	14	14
Manange. *Kasr el Ahmar*.......................	VII	7	7
Uzappa. *Sidi Ali Cheïb*.........................	VI	6	5
Autipsidam. *Sur l'Oued Serdiana*.....	VI	6	6
Avula. *Idem*....................................	VII	7	7
Seggo. *Sur l'Oued Akkmas*	X	10	10
Zamareigia (al. Zama Regia). *Giama*...........	XX	20	20
Assures (al. Assuræ). *Ruines Haouch el Zanfour*...	X	10	10
Altessera. *Fedj el Ksaur*......................	X	10	10
Altuburos. *Ruines*..............................	XVI	16	16

CCXIV.

Tacape col. ad Majores. *De Cabès dans le désert.*	"	"	195
Ad Aquas [Tacapitanas]. *El Hammah*..........	XVI	16	17
Silesva. *Ruines*.................................	XIX	19	20
Thasarte	XII	12	12
Veresvos..	XVIIII	19	19
Capsa colonia. *Gafsa*..........................	XXIII	23	23
Vico Gemellas. *Ruines près Kasr el Arassi*	XXIIII	24	27
Theleote (al. Thelepte) colonia. *Haouch el Kima*..	XX	20	20
Ad Palmam.....................................	"	"	15
Ad Majores	XLVIII	48	48
A. Tacape col. Silesvam. *De Cabès aux ruines de Silesva*....................................	"	"	36
Avibus..	XVIIII [1]	19	18

[1] D'autres éditions portent 18.

ITINÉRAIRE.	DISTANCES marquées DANS LA TABLE.		DISTANCES mesurées PAR M. LAPIE.
	Millia plus minus.	Milles plus ou moins.	Milles rom.
Silesva. *Ruines à l'E. du Sebkah el Loudeah*	XVIII [1]	18	18

CCXV.

Tacape colonia Capsam coloniam. *De Cabès à Gafsa*	"	"	300
Avibus	XVIIII [2]	19	18
Timezegeri Turris	X	10	10
Mazatanzur. *Mansourah*	VI	6	6
Putco. *Ebilli*	VII	7	17
Agarsel (al. Aggarsel). *Près du Sebkah el Loudeah.*	XIIII	14	14
Aggar Selnepte (al. Aggarsel Nepte). *Neft*	CXV	115	65
Thusuros (al. Tisuros). *Tozer*	XXX	30	20
Thiges. *Tegeouse*	XXV	25	15
Speculum. *Sbekkah*	XV	15	15
Ad Turres. *Dans le désert*	XVIII	18	18
Cerva. *Idem*	XXXIII	33	33
Ad Prætorium. *Idem*	XXIII	23	23
Presidi Diolele (al. Diolete). *Gorbata*	XVIII	18	18
Capsa colonia. *Gafsa*	XX	20	20
A. Cerva Ubazam Castellum. *Désert*	"	"	61
Alonianum. *Dans les montagnes*	XX	20	20
Theleote (al. Thelepte) colonia. *Haouch el Khima.*	XXI	21	21
Ubaza Castellum. *Au pied du Djebel Nemenchah*	XX	20	28
B. Puteo Tinzunedum. *D'Ebilli à*	"	"	"

GRANDE ASIE.

CCXVI.

Trapezunte Sebastoplim. *De Trebizonde à Iskouria, ruines*	"	"	253
Nyssillime (al. Hyssi limen, sive Susurmæna). *Sourmeneh ou Chaouchi*	XXIIII	24	24
Opiunte (al. Ophi). *Off*	XVIII	18	18
Reila (al. Rhizæum). *Rizeh*	XV	15	15
Ardineo (al. Adineo, sive Adieno). *Mapavreh*	XVIII	18	18

---

[1] D'autres éditions portent 19.

[2] D'autres éditions portent 20.

ITINÉRAIRE.	DISTANCES marquées DANS LA TABLE.	DISTANCES marquées DANS LA TABLE.	DISTANCES mesurées PAR M. LAPIE.
	Millia plus minus.	Milles plus ou moins.	Milles rom.
Atheni (al. Athenæ). *Athina ou Boulep*	XVI	16	16
Abgabes. *Abou*	VIIII	9	17
Cissa. *Khoppa*	XI	11	16
Apsaro. *Gounieh*	XVI	16	16
Portualtu (al. Portu Alto). *Batoum*	VI	6	6
Apasidam (leg. ad Isidem). *Kintrichi*	XVI	16	16
Nigro (al. Mogro). *Scpie*	III	3	13
Phasin. *Poti*	VI	6	11
Cariente (al. Chariente). *Redoute Khalé*	III	3	8
Chobus. *Au N. d'Anaklia*	XVI	16	16
Sicanabis (al. Singames). *Sur la R. Goudaoua* ..	XVIIII	19	19
Cyanes. *Sur la R. Tsorika*	IIII	4	4
Tassiros (al. Tarsuras). *Ruines d'Illori*	XII	12	12
Stempeo. *Sur la côte*	IIII	4	4
Sebastoplis (al. Dioscurias). *Iskouria, ruines* ..	IIII	4	4

CCXVII.

Sebastopoli Artaxatam. *D'Iskouria ruines à Akbach*	"	"	365
Ad Fontem Felicem. *Digati, près des sources du Khopi.*	LX	60	60
Ad Mercurium. *Koutais*	XXXV	35	35
Caspiæ. *Gori*	XLV	45	95
Apulum. *Khavli*	V	5	10
Pagas. *Tsalki*	VII	7	27
Gaulita. *Lori, ruines*	XL	40	40
Misium. *Kichliak*	XIIII	14	24
Condeso. *Hamamli*	X	10	10
Strangira. *Satchli*	XIIII	14	24
Artaxata. *Akbach ou Ardachat*	XXX	30	40

CCXVIII.

Satala Artaxatam. *D'Erzinghian à Akbach*	"	"	385
Salmalasso. *Ascala Tolos*	XX	20	20
Darucinte (al. Daracinte). *Baibout*	XX	20	20
Aegea. *A l'E. de Guazabunt*	XX	20	20
Lucus Basaro. *Karakeui*	XV	15	15
Sinara (al. Synoria). *Ipsera*	XXII	22	22
Calcidava (al. Chalcidana). *Sur le Tchorok*	XII	12	12

ITINÉRAIRE.	DISTANCES marquées DANS LA TABLE.		DISTANCES mesurées PAR M. LAPIE.
	Millia plus minus.	Milles plus ou moins.	Milles rom.
Autispaate. *Ligani*	XII	12	12
Tharsidarate. *Fort Keskin.*	XV	15	15
Batamissa (al. Batanissa). *Près Moultchour*	XX	20	20
Ad Confluentes. *Confluent du Tchorok et de l'Ardanoudji. R.*	X	10	10
Barantea. *Arganoudji*	XXX	30	30
Andaga. *Ardagan.*	XXVI	26	26
Armanas. *Soulidoutch*	XII	12	22
Chadas (al. Cars). *Kurs*	XVII	17	17
Colchion. *Au N. O. de Bazardjik*	XXIIII	24	14
Raugonia. *Tikar.*	XXIIII	24	14
Hariza (al. Haritza). *Talyn, ruines*	XXIIII	24	24
Coloceia. *Près Sardar Abad*	XXIIII	24	24
Paracata. *Erivan.*	XXXIII	33	33
Artaxata. *Akbach*	XXIII	23	13

CCXIX.

Artaxata Lehelam. *D'Akbach à Maratian*	"	"	159
Geluina. *Au nord de Sadarak*	XX	20	20
Sanora. *Kizilkich.*	XXIIII	24	24
Lalla. *Karal*	XII	12	12
Ugubre. *Ruines*	X	10	10
Teleda (al. Teleba). *Garassi*	XL	40	40
Philado. *Dachkessan*	XLIIII	44	44
Lehela. *Maratian*	VIIII	9	9

CCXX.

Philado Sanoram. *De Maratian à Kizilkich* ...	"	"	168
Lazo. *Djulfa Migri*	"	"	105
Satara. *Nakhtchivan*	XVI	16	21
Bustica. *Giarmatchatak*	XVIII	18	18
Sanora. *Kizilkich*	XXIIII	24	24

CCXXI.

Melentenis Raugoniam. *De Malatia à Tikar* ...	"	"	642
Ad Aras. *Sur l'Euphrate*	VIII	8	8

PEUTINGERIANA.

ITINÉRAIRE.	DISTANCES marquées DANS LA TABLE.		DISTANCES mesurées PAR M. LAPIE.
	Millia plus minus.	Milles plus ou moins.	Milles rom.
Thirtoma.	VIIII	9	9
Mazara.	VIII	8	8
Colchis. *Tel Aresias*.	XVI	16	16
Corvitu (al. Corvilus). *Karpout*.	XIII	13	13
Arsinia. *Abousykeui*.	XIIII	14	14
Coissa. *A l'O. de Choabachi*.	XIIII	14	14
Artagicerta? *Ortakhan*.	XVI	16	16
Ad Tygrem (al. Martyropolis). *Argana Maden*.	XXVII	27	27
Nararra (sive Argana). *Argana*.	XIII	13	13
Colchana. *Khazu*.	XLV	45	95
Triganocartem (al. Tigranocertam). *Sert*.	XV	15	45
Zanserio. *Khizun*.	XXX	30	30
Cymiza. *A l'E. de Meckes*.	XX	20	20
Dyzanas. *Chirvan*.	XXII*	22	22
Patansana. *Au S. E. d'Illi Kilissa*.	XXVII	27	27
Vastauna. *Vastan*.	XXVI	26	26
Molchia. *A l'E. de Geuleh*.	XXXII	32	32
Dagnevana. *Tedouan*.	XXVI	26	26
Flego..na (leg. Flegosma). *Akhlath*.	XV	15	15
Isumbo. *Près le lac Nazouk*.	XV	15	15
Nasabi (al. Nazabi). *Melezgherd*.	XVII	17	17
Anteba. *Toprakhalch*.	XXIIII	24	24
Sorve (leg. Sorvæ). *Ruines sur la montagne*.	XXIIII	24	24
Catispi. *Khaghizman*.	XXVII	27	27
Raugonia. *Tikar*.	XXXVIIII	39	39

CCXXII.

Artaxata (leg. Raugonia)[1] Ecbatana Partiorum. *De Tikar à Hamadan*.	"	"	634
Catispi. *Kaghizman*.	XXXVIIII	39	39
Sorvæ. *Ruines sur la montagne*.	XXVII	27	27
Anteba. *Toprak Kaleh*.	"	"	24
Nasabi (al. Nazabi). *Melezgherd*.	XXIIII	24	24
Goboi (al. Goboni). *Ardjich*.	XVII	17	47
Filadelfia (al. Philadelphia). *Kotour*.	XXIIII	24	84
Trispeda. *Selmas*.	XX	20	30
Paresaca. *Ouroumie ou Ourmia*.	XLV	45	65
Arabum. *Dachagul*.	IIII	4	24

[1] Le nombre qui semble marquer la distance entre *Artaxata* et *Catispi* est mal placé dans la Table.

ITINÉRAIRE.	DISTANCES marquées DANS LA TABLE.	DISTANCES mesurées PAR M. LAPIE
	Millia plus minus. — Milles plus ou moins.	Milles rom.
Eneca. *Mamian*....................	VII — 7	27
Rhasum. *Barri*....................	IIII — 4	34
Ad Tomenta. *Sankala*...............	IIII — 4	24
Naucanio (al. Naustathmo). *Kaplankou*...	IIII — 4	34
Nicea Nialia. *Sinné*................	VI — 6	66
Ecbatanis Partiorum. *Hamadan*........	L — 50	85

CCXXIII.

Zeugma Cesiphun (leg. Ctesiphontem). *De Bir à Imam Jaffar*................	" — "	664
Thiar. *Ruines*.....................	XII — 12	12
Batnis (al. Bathnis). *Ruines*..........	XXXII — 32	32
Charris. *Harran*...................	XXX — 30	45
Sahal............................	XXXII — 32	32
Ressaina (al. Resaïna). *Ras-Aïn*.......	XXXVI — 35	35
Rene. *Au S. de Korosmama*...........	XXXVI — 36	36
Macharta. *Djournaïk*................	XXVIII — 28	28
Nisibi. *Nissebin ou Nisbin*............	XXIIII — 24	24
Thebeta. *Sur un affluent de la R. Sakhjakhah*.....	XXXIII — 33	33
Baba. *Près Samukkah*...............	XVIIII — 19	19
Singara. *Sindjar*...................	XXXIII — 33	33
Zaguræ...........................	XXI — 21	21
Ad Pontem. *Sur la rivière Tirtar*.......	XVIII — 18	18
Abdeæ. *El Hadhr*..................	XVIII — 18	18
Ad fl. Tigrem (al. Canalis). *Tirtar, rivière sèche*...	XX — 20	20
Canalis? *Idem*.....................	XX — 20	20
Hatris. *Hatder*....................	XXXV — 35	35
Sabbin...........................	XXVIII — 28	28
Phalcara. *Mehjar*..................	XXVIII — 28	28
Gibrata. *Abou Delif*................	" — "	4
Peloriarca. *A l'O. d'Elbat ou Khan-Bull*....	XX — 20	20
Charra. *Gharfah*...................	XX[1] — 20	23
Artemita. *Delli Abbas*...............	XXIIII — 24	24
Cesiphun (al. Ctesiphon). *Imam Jaffar*...	LXXI — 71	71

CCXXIV.

Tigranocerta Peloriarcam. *De Sert à Samara*..	" — "	618
Thalbasaris. *Sur le Tigre, R.*..........	XV — 15	15

[1] L'autre édition ne donne pas de nombre.

PEUTINGERIANA.

ITINÉRAIRE.	DISTANCES marquées DANS LA TABLE.		DISTANCES mesurées PAR M. LAPIE.
	Millia plus minus.	Milles plus ou moins.	Milles rom.
Sitæ. *Chelek*	X	10	10
Adipte. *Au S. de Kermo*	XII	12	12
Sardebar. *Medyah*	X	10	10
Arcaiapis. *Ehbah*	X	10	10
Sammachi. *Djezireh*	XIIII	14	14
Aque Frigide (leg. Aquæ Frigidæ). *Près Sarm Sakli*	XVII	17	17
Arcamo. *Akhbiekh*	"	"	9
Thamandi. *Dgueur*.	XXX	30	30
Nisibi. *Nissebine*	XVI	16	16
Sarbane. *Ridsjel el Abbas*	X	10	26
Sapham (al. Sapphe). *Sfaa*	XXVIII	28	38
Ad fl. Tigrim. *Tigre, riv.*	"	"	8
Vica (al. Vicus). *Fort ruiné à l'O. de Mersjour* ...	X	10	10
Belnar. *Khorsabad*	XX	20	20
Siher (al. Sizer). *Teleuscof*	XXX	30	30
Concon. *Ali Agha*	XXIIII	24	24
Biturs (al. Bituris). *Gardarack*	XX	20	20
Thelser. *Altoun kupri*	LXXV	75	55
Fl. Rhamma. *Khasso Tchai*	XL	40	40
Nisistu (al. Nisistus). *Chadé*	XXIIII	24	24
Danas. *Kifri*	XXXVI	36	36
Titana fl. *Chirouan, riv.*	XXVII	27	27
Albania. *Grandes ruines de Kesr-Chirin*	XX	20	20
Titana fl. *Dialla, riv.*	"	"	50
Peloriarca. *A l'O. d'Elbat ou Khan Bull*	XLVII	47	47
A. Ad Tygrem Sardebar. *Inconnue*	XIII	13	"

CCXXV.

Edessa Singaram. *D'Orfa à Sindjar*	"	"	203
Barbare. *Soumalar*	XL	40	40
Minnocerta. *Djaour keui*	X	10	10
Chanmaudi. *Sur un affluent du Khabour*	XXII	22	32
Thilapsum. *Ruines*	XVI	16	26
Sizinnus. *Sur un affluent du Khabour*	XXII	22	32
Singara. *Sindjar*	XXX	30	63

CCXXVI.

Edessa Hatris. *D'Orfa à Hatder*	"	"	322
Hostra. *Maslema*	XII	12	72

ITINÉRAIRE.	DISTANCES marquées DANS LA TABLE.		DISTANCES mesurées PAR M. LAPIE.
	Millia plus minus.	Milles plus ou moins.	Milles rom.
Tharrana. *Sur le Khabour*	XVIII	18	68
Roschirea. *Idem*	XVIII	18	18
Tigubis (al. Thengubis). *Al Nahraïm*	XVII	17	17
Hadia	XVI	16	16
Themessata	XV	15	15
Magrus	VIII	8	8
Batitas	XX	20	20
Alaina	XII	12	12
Sirgora	XX	20	20
Zogorra	XII	12	12
Dicat	X	10	10
Ad Herculem	XII	12	12
Hatris. *Hatder*	XXII	22	22

CCXXVII.

Edessa Tharranam. *D'Orfa au Khabour, riv.*	"	"	144
Thalama	"	"	12
Halia	XII	12	12
Sathena. *Près Mamaudja*	VIII	8	8
Simtita. *Nagib khan*	XII	12	12
Vicus. *Sersat, château ruiné*	XXX	30	30
Thelbon. *Djemra*	VIII	8	8
Banata	XXIIII	24	24
Aladin (al. Aladdin)	XX	20	20
Tharrana. *Sur le Khabour*	XVIII	18	18

CCXXVIII.

Edessa Alainam. *D'Orfa à l'Ouadi al Sebaa*	"	"	267
Charra (al. Charræ). *Harran*	XXVI	26	46
Fons Scabore (leg. Chaboræ). *Source du Khabour*	XXVII	27	27
Birrali. *Sur le Khabour*	XLIIII	44	44
Thallaba. *Thalaban*	XXVIII	28	28
Thubida. *Obeidia*	XXVIII	28	28
Lacus Beberaci. *Lac Katounieh*	XVIII	18	18
Haste	"	"	32
Amostac	XX	20	20
Alaina	XXIIII	24	24

PEUTINGERIANA.

ITINÉRAIRE.	DISTANCES marquées DANS LA TABLE.		DISTANCES mesurées PAR M. LAPIE.
	Millia plus minus.	Milles plus ou moins.	Milles rom.
A. Tigubis. Arigubbi (leg. a Rigubi, sive Tigubi) ad fontem Scoborem. Fons Scabore. De la source du Khabour à al Nahraïm.....	XVI	16	126
B. Diotahi Dertam. *Inconnus*	LX	60	"
C. Seleucia Naharram. *De al Modaïn à Hit*...	"	"	144
Sohene. *Sur l'Euphrate*	LVI	56	56
Monumenta regum. *Abou Susa*...........	XL	40	40
Naharre. *Surf el Mullia*................	XXIIII	24	24
Naharra (al. Nabarda). *Sur l'Euphrate*........	XXIIII	24	24
D. Seleucia Volocesiam. *De al Modaïn à Balcha*.	"	"	62
Babylonia (al. Babylon). *Hilla*	XLIIII	44	44
Volocesia (al. Vologesia). *Balcha*.............	XVIII	18	18
CCXXIX.			
Seleucia Spasinucaram. *De al Modaïn à Kalaa el Hafar*..........	"	"	358
Dorista. *Numanga*	XLV	45	45
Abara. *Ubassorah*.....................	XX	20	30
Currapho. *Près Cout il Hamara*.............	XX	20	20
Thamara. *Près Surkar*..................	XXXV	35	35
Cybate. *Gabar ou Ghobeir*................	XX	20	30
Donantilia. *Arabes Uuder Abul Mohamed*........	XL	40	50
Dablan. *Arabes Celled*	XX	20	20
Aserga. *Umil Gunnul*...................	XIII	13	13
Anar. *Près Nehrouan*..................	XL	40	40
Assabe. *Sur le Chatt el Arab*	XXV	25	25
Epara. *Mehdan*......................	XXV	25	25
Spasinucara (al. Spasinu Charax). *Sablah*.......	XV	15	15
Et inde fortasse ad lacum Chaldaicum ? *Ce lac n'existe plus*........................	X	10	10
A. Seleucia Ecbatanam Partiorum. *De al Modaïn à Hamadam*......................	"	"	290
Rache. *Mendeli*	LX	60	70
Rutarata. *Zarnah*	XL	40	40
Berdanna. *Kirmancha*...................	XX	20	60
Ecbatanis Partiorum. *Hamadan*.	CXX	120	120

308 TABULA

ITINÉRAIRE.	DISTANCES marquées DANS LA TABLE.		DISTANCES mesurées PAR M. LAPIE.
	Millia plus minus.	Milles plus ou moins.	Milles rom.
CCXXX.			
Ecbatanis Partiorum Antiochiam. *D'Hamadan à Merv-chah-djehan*	''	''	924
Onoadas. *Koumezan*	''	''	50
Darathe. *Pallandouz*	XVI	16	36
Concobas. *Koum*............................	X	10	60
Beltra. *Semnann*	XX	20	160
Hecantopolis (al. Hecatompylos). *Damgan*.......	VIIII	9	69
Spane. *Jai Jirm*.............................	L	50	140
Pascara. *Sunkhas*....	XXXII	32	32
Europos. *Maurseg*	X	10	70
Nagae. *Nichabour*...........................	XV	15	55
Catippa. *Kademga*...........................	XX	20	20
Fociana. *Cheriffabad*.........................	XX	20	20
Stai. *Mecched*..............................	X	10	20
Sapham. *Firmin*.............................	XXXV	35	35
Oscanidati. *Kelat*............................	XXXV	35	35
Asbana. *Killak Mahouyah*.....................	XXII	22	32
Alexandria. *Chahychour*......................	XX	20	30
Antiochia. *Merv-chah-djehan*	LX	60	60
CCXXXI.			
Nagæ Magarim. *De Nichabour à Merv-urroud.*	''	''	387
Palitas. *Routoumadjan*.......................	XLV	45	65
Parhe. *Tourbet*..............................	XV	15	25
Propasta. *Kaouf*.............................	LXXV	75	75
Aris (al. Aria, sive Alexandria). *Herat*........	XXV	25	65
Thubrassene. *Sya Khan*.......................	XL	40	40
Aspacora. *Kara Tuppe*.......................	LII	52	52
Parthona. *Tamry*............................	XV	15	15
Magaris. *Merv-urroud*	L	50	50
A. Aspacora Carsaniam. *De Kara Tuppa à Meinouna*...........................	''	''	125
Scobaru (al. Scobarus). *Astrabad*.............	LXX	70	70
Carsania. *Meimouna*.........................	LV	55	55

PEUTINGERIANA.

ITINÉRAIRE.	DISTANCES marquées DANS LA TABLE.		DISTANCES mesurées PAR M. LAPIE.
	Millia plus minus.	Milles plus ou moins.	Milles rom.

CCXXXII.

Ecbatanis Partiorum Ariam. *D'Hamadan à Hérat*	''	''	882
Anarus. *Djeounabad*	XXXVII	37	37
Sevavicina (leg. Seva Vicina). *Dergaiasim*	XX	20	20
Thermantica. *Nouharah*	XI[1]	11	23
Orubicaria. *Kioschkek*	XX	20	20
Pyctis. *Siauvck*	XVIII	18	18
Ange. *Robat Kerim*	XXVII	27	27
Rages (al. Rhagæ). *Raï, ruines près de Téhéran*...	XVI	16	25
Tazora (fort. Hecatompylos?) *Damgan*	X	10	190
Cetrora. *Khanahoudy*	X	10	110
Bacinora. *Dérouma*	XXXV	35	115
Arate. *Tersych*	XX	20	60
Pharca. *Rouhi*	XVII	17	92
Aris (al. Aria, sive Alexandria). *Hérat*	XXV	25	115

CCXXXIII.

Ecbatanis Partiorum *Nigranigrammam? D'Hamadan à Jaysulmir*	''	''	3841
Rapsa. *Belguiann*	XXX	30	130
Bregnana. *Alevinn*	XXII	22	82
Siacus. *Yiezdekhast*	XXX	30	140
Nisaci. *Surmeh*	X	10	50
Portipa. *Khona Kergan*	XII	12	52
Persepoliscon. Mercium Persarum (leg. Persepolis, commercium Persarum). *Ruines d l'E. de Kanarah*	XII	12	52
Pantyene. *Moukhareghey*	LX	60	90
Arciotis. *Killahi-Agha*	XXX	30	70
Caumatis. *Kerman*	XX	20	120
Aradarum. *Boum*	X	10	110
Tazarene. *Regan*	XX	20	120
Bestia deselutta. *Bunpour*	XX	20	120
Rhana. *Foreg ou Pureg*	XX	20	120
Alcon. *Forg*	X	10	120

[1] Il n'y a pas de distance indiquée sur l'autre édition.

ITINÉRAIRE.	DISTANCES marquées DANS LA TABLE.		DISTANCES mesurées PAR M. LAPIE.
	Millia plus minus.	Milles plus ou moins.	Milles rom.
Paricea (al. Paricæa). *Deh Keir*............	LXX	70	70
Nincildæ. *Gru*..........................	CLX	160	160
Elymaide. *Endian*......................	LXX	70	170
Colcisindorum. *Minab*..................	DCXXX	630	630
Thimara. *Punjpour*.....................	DCXXV	625	625
Calippe. *Chikarpour*....................	CCCCL	450	450
Nigranigramma? *Jaysulmir* [1]............	CCXX	220	220
CCXXXIV.			
Tazora Bestiam deseluttam. *De Lahore à Bunpour*..............................	"	"	1171
Spatura. *Wuzirabad*.....................	LXX	70	70
Alexandria Bucefalos. *Jellalpour*..........	"	"	50
Arni. *Coch, ruines*.....................	XX	20	150
Pileiam. *Leïa*...........................	XX	20	100
Ora. *Oreagi*............................	XX	20	120
Phara. *Sira killa*.......................	XV	15	115
Ochirea. *Mustoug*.......................	XV	20	120
Cotrica. *Saraouan*......................	XVI	16	116
Bauterna. *Regan, ruines*.................	XX	20	120
Rana. *Dezuc ou Ghul*...................	XX	20	90
Bestia deselutta. *Bunpour*...............	XX	20	120
CCXXXV.			
Tazora Elymaidem (leg. Gangem Regiam). *De Lahore à Rajemal*..................	"	"	1205
Palibotra (ponend. ad fl. Gangem). *Au Gange, à Anopcheher*...........................	CCL	250	400
Ad fl. Gangem (leg. Palibothra). *Patna*........	D	500	600
Elymaide (leg. Gange Regia). *Rajemal*........	CCL	250	205

[1] Cette route se continuait très-probablement jusqu'à *Palibothra*, aujourd'hui Patna.

PEUTINGERIANA.

Nous ajoutons ici, d'après Pline, les noms et les distances qui peuvent rectifier ou compléter la Table de Peutinger, pour la partie de l'Asie.

ITINÉRAIRE.	DISTANCES marquées DANS LA TABLE.		DISTANCES mesurées PAR M. LAPIE.
	Millia plus minus.	Milles plus ou moins.	Milles rom.
CCXXXVI.			
A. Nisibi (al. Antiochia) Ostium Gangis. *De Nisibin à l'embouchure du Gange*.........	"	"	4983
Artaxata. *Ardachir*.....................	DCCL	750	370
Gazam. *Tauris*.......................	CCCCL	450	175
Ecbatana. *Hamadan*...................	CCCCL	450	300
Caspias Pylas. *Défilé de Kaouar*............	XX	20	250
Hecatombylon. *Damgan*................	CXXXIII	133	133
Alexandriam Arion. *Herat*................	DLXXV	575	575
Prophthasiam Drangarum. *Djellalabad ou Zarang*.	CXCIX	199	199
Arachosiam. *Chadizy*...................	DXV	515	415
Ortospanum. *Khozeristan*................	CCL	250	250
Alexandriam Caucasi. *Chachy sultan*	L.	50	50
Peucolaitin (sive Peucelam). *Ohand*.........	CCXXVII	227	317
Taxila. *Attock*.......................	LX	60	60
Hydaspen fl. *Jelum ou Jhylum, riv.*...........	CXX	120	120
	Mill. Pass.	Milles et pas.	
Hyphasin fl. *Gurrah, riv.*..................	XXIX CCCXC	29 390	189
Hesidrum fl. *Riv. de Sirhind*...............	CLXVIII	168	168
Jomanem. fl. *Jumnah ou Djemnah, riv.*........	CLXVIII (al. CLXXIII)	168 (al. 173)	118
Gangem fl. *Gange, riv.*...................	CXII	112	62
Rhodapham. *Husseinpour*................	CXIX	119	69
Calinipaxa. *Kanoge*....................	CLXVII. D.	167½	105
Confluentem Jomanis et Gangis. *Confluent de la Jumnah et du Gange*...... ...	DCXXV (al. DCXXXVIII)	625 (al. 638)	195
Palibothra. *Ruines près de Patna*............	CCCCXXV	425	225
Ostium Gangis. *Embouchure du Gange*......	DCXXXVIII	638	638
B. Damasco Babylonem. *De Damas à Hilla*...	"	"	628
Palmyram. *Palmyre*....................	CLXXVI	176	167
Seleuciam Parthorum. *Al Modaïn*...........	CCCXXXVIII	338	417

ITINÉRAIRE.	DISTANCES marquées DANS LA TABLE.		DISTANCES mesurées PAR M. LAPIE.
	Millia plus minus.	Milles plus ou moins.	Milles rom.
Babylonem. *Hilla*........................	XC	90	44
c. Seleucia Parthorum Ecbatana. *De al Modain à Hamadan*.......................	"	"	770
Susam. *Ruines au N. de Bulghydh*.............	CCCCL	450	250
Ecbatana. *Hamadan*.......................	CCCCL	450	250

FIN DE LA TABLE DE PEUTINGER.

NOMS
ET POSITIONS GÉOGRAPHIQUES
DE LA TABLE,
QUI N'ONT PU ENTRER DANS LES ITINÉRAIRES.

Nota. Nous reproduirons partout les leçons, même fautives, de la Table.

Abyos Cythæ (leg. Abii Scythæ). *Peuple du nord de l'Asie.*
Achaia. *Province de la Morée.*
Achei. *Peuple sur la côte des Abases.*
Acheon (sive Achæus). *Soutchali.*
Ac-i (leg. Acria, sive Acra).
Ae-um Mar. (leg. Ægæum Mare). *Archipel.*
Alamannia. *Peuples germains dans la Franconie et en Souabe.*
Alani. *Peuple d'Europe en Russie.*
Albania. *Province d'Asie dans le Daghestan.*
Alpes Bastarnice (sive Carpathus Mons). *M. Krapacks.*
Amaxobii Sarmate. *Peuple d'Europe en Russie.*
Amazones. *Peuple d'Europe en Russie.*
Amyrni.
Ango portus (sive Argous portus). *Port Ferrajo.*
.... (Antiochia insula prope Constantinopolim, sive Antigoni insula) I. *Antigona.*
Antiochia Tharmata. *Candahar.*
Andre Indi. *Peuple d'Asie dans le Caboul.*
Apulia. *Province dans le royaume de Naples.*
....tania (leg. Aquitania). *Province de la Gaule en Gascogne.*
Ara Alexandri. *Herat.*
Arabia. *Peuple ou contrée d'Arabie.*
Arcadia. *Province de la Morée.*
Areæ Fines Romanorum.
Are Philenorum, Fines Affrice et Cyrenensium. *Autels des Philènes, ruines antiques sur la côte du golfe de Sidra.*
Argene Superioris. *Peuple d'Asie dans la Perse.*
Ariacta. *Peuple de la Thrace.*
Arma Lausi. *Peuple germain dans la Franconie.*
Arote. *Peuple d'Asie dans la Tartarie indépendante.*
Arsoæ. *Peuple de la Circassie.*
Arsoæ. *Peuple de l'Imérétie.*
Asclepii Templum.

As-nia (leg. Asice Sardinia).
Aspurgiani. *Peuple de la Circassie.*
Asticus (sive Astica). *Contrée de la Thrace.*
Asia. *Asie Mineure.*
Atrapatene (sive Atropatene). *Province d'Asie dans la Perse.*
Atribi. *Atribe.*
Au-ncili-us (leg. Aulon cilicius). *Détroit d'Anamour.*

Babylonia. *Province de la Turquie d'Asie.*
Bactrianæ. *Peuple d'Asie dans le Bokhara.*
Bagigetuli. *Peuple d'Afrique dans la régence de Tripoli.*
Bagitenni (sive Vagienni). *Peuple d'Italie dans le Piémont.*
Bariani. *Peuple d'Asie dans le Badakchan.*
Bechiricæ. *Peuple de l'Asie Mineure.*
Belgica. *Province du nord de la Gaule.*
Bettegerri. *Peuple de Thrace.*
Beturiges (sive Bituriges Cubi). *Peuple gaulois dans le Berry.*
Bithinia. *Province de l'Asie Mineure.*
Bituriges (sive Vivisci). *Peuple gaulois dans la Guyenne.*
Blastarni (sive Bastarnæ). *Peuple d'Europe en Hongrie.*
Blinca.
Bocontii (sive Vocontii). *Peuple gaulois dans le Dauphiné.*
Bœ Colen Montes (sive Bœcolicus Mons). *M. Moraije dans l'intérieur de la Libye.*
Bosforani. *Peuple habitant la Crimée et le Kouban.*
Brittius (sive Bruttii). *Peuple d'Italie dans le royaume de Naples.*
Bruani.
Brusdorciani. *Peuple de la Turquie d'Europe.*
Bulinia. *Contrée d'Illyrie.*

Bur (sive Burii). *Peuple germain dans la Silésie.*
Burcturi (sive Bructuri). *Peuple germain dans la Westphalie.*
Byzantini. *Peuple de Thrace.*

Cabacos.
Cadurci. *Peuple gaulois dans la Guyenne.*
Calabria. *Province d'Italie dans le royaume de Naples.*
Cambiovicenses. *Peuple gaulois du Limousin.*
Campi deserti. *Grand désert de Perse.*
Campi deserti et inhabitabiles propter aque inopiam.
Cannate. *Peuple du pays des Cosaques.*
Capania (sive Campania). *Province d'Italie dans le royaume de Naples.*
Cap. Anis paludis. *Marais de Pinsk.*
Cap. Fl. Nusacus (sive Poritus). *Mious R.*
Cap. Fl. Selliani (sive Borysthenis). *Source du Dnieper.*
Caralis. *Cagliari.*
Caria. *Province de l'Asie Mineure.*
Caspiane. *Peuple d'Asie dans la Perse.*
Caspyre (sive Caspiria). *Contrée d'Asie dans le Cachemyr.*
Catace. *Peuple d'Asie dans le Caboul.*
Caturiges. *Peuple gaulois du Dauphiné.*
Cavares. *Peuple gaulois du comtat d'Avignon.*
Caucasi. *Peuple de Circassie.*
Cedrosiani (sive Gedrosii). *Peuple d'Asie dans le Balouchistan.*
Cenophali hic nascuntur.
Cenomani. *Peuple d'Italie dans la Lombardie.*
Cepos (sive Cepus). *Kichla.*
Ceronesos (sive Chersonesus). *Chersonèse de Thrace.*
Chaci (sive Chauci). *Peuple d'Allemagne dans le Hanovre.*
Chamavi. *Peuple d'Allemagne dans la Hollande et le duché de Berg.*
Chimerium (sive Cimmerium). *Takil-bouroun.*
Chiroœ. *Peuple de la Circassie.*
Chisæ. *Peuple de Circassie.*
Chritionis.
Cilicia. *Province de l'Asie Mineure.*
Cirrabe Indi. *Peuple d'Asie dans le Caboul.*
Cirribe Indi. *Peuple d'Asie dans l'Inde.*
Clenderitis. *Peuple de l'Asie Mineure.*
Colchi. *Peuple d'Asie.*
Colopheni. *Peuple de la Circassie.*
Cotiara.
Cotii regnum. *Peuple gaulois de la Savoie.*

Creticum Pelagus. *Mer de Candie.*
Crhepstini. *Peuple germain dans le duché de Berg*
Crucis.
Curia.
Curis.
Cyrenei montes. *M. Akhdar en Afrique.*
Hi montes subjacent paludi simili Meotidi per quem Nilus transit.

Dacpetoporiani. *Peuple d'Europe en Russie.*
Dagæ. *Peuple d'Europe en Moldavie.*
Dalmatia. *Province d'Europe en Dalmatie.*
Damasceni. *Peuple de Syrie.*
Damirice. *Peuple d'Asie dans le Caboul.*
Danubii Fl. Hostia. *Embouchures du Danube.*
Delta. *Daraoueh.*
Derbicce. *Peuple d'Asie dans la Tartarie Indépendante.*
Deserta. *Déserts des Arabes.*
Desertum. *Déserts très-arides s'étendant de l Mecque à Oman.*
Desertum, ubi quadraginta annis erraverun filii Israel ducente Moyse. *Déserts de l'Arabi Pétrée.*
Diabene. *Peuple d'Asie dans la Perse.*
Divali. *Peuple de la Géorgie.*
Divalimusetice. *Peuple d'Asie dans l'Arménie.*
Drangiane. *Contrée d'Asie dans le Caboul.*

Eniochi (sive Heniochi). *Peuple des Abases.*
Essedones (sive Issedones) Scythæ. *Peup d'Asie dans la Chine.*
Etrura (al. Etruria, sive Tusci). *Province d'Itali la Toscane et partie des États de l'Église.*

Finicum et Syriacum pelagus. *Mer de Syrie.*
Fl. Aciloum (sive Achelous). *Aspro-Potamos.*
Fl. Agalingus (sive Tyras). *Dniester, riv.*
Fl. Albinia. *Albenga, riv.*
Fl. Ambrum (sive Frigidus). *Lambro, riv.*
Fl. Animo. *Lamone, riv.*
Fl. Arabo (sive Arrabo). *Raab, riv.*
Fl. Arar. *Saône, riv.*
Fl. Araxes. *Aras, riv.*
Fl. Armenita (sive Arminia). *Fiora, riv.*
Fl. Arsia. *Arsa, riv.*
Fl. Aspia. *Aspido, riv.*
Fl. Atesia (sive Athesis). *Adige, riv.*
Fl. Aveldium. *Torrent entre Barletta et Tra*
Fl. Aventia. *Lavenza, riv.*
Fl. Aufidus. *Ofanto, riv.*
Fl. Aunes. *Neheuk, riv.*
Fl. Bagamada (sive Bagradas). *Mejerdah,*

Fl. Be. *Torrent près de Ziraffe.*
Fl. Bersula. *Scrivia, riv.*
Fl. Betvetelum. *Riv. de Challant.*
Fl. Brintesia. *Brenta, riv.*
Fl. Burotas (leg. Eurotas). *Vasili-Potamos, riv.*
Fl. Calincius. *Morgab, riv.*
Fl. Calor. *Calore, riv.*
Fl. Castur (leg. Caystrus). *Kutchuk Meïnder, riv.*
Fl. Chulcul. *Rivière qui se jette dans le lac de Bizerta.*
Fl. Cleusis (leg. Clusius). *Chiese, riv.*
Fl. Clotoris. *Riv. au S. E. d'Ortona.*
Fl. Comara (sive Vomanus). *Vomano, riv.*
Fl. Crater. *Crati, riv.*
Fl. Cynips. *Khahan, riv.*
Fl. Cyrus. *Kour, riv.*
Fl. Drinum. *Drin, riv.*
Fl. Ebrus (sive Hebrus). *Maritza, riv.*
Fl. Escus (sive OEscus). *Isker, riv.*
Fl. Eurotos (leg. Eurotas). *Vasili-Potamos, riv.*
Fl. Evenos. *Phidaris, riv.*
Fl. Farfar. *Farfa, riv.*
Fl. Fevos. *Varaita, riv.*
Fl. Flosis. *Potenza, riv.*
Fl. Flusor. *Chienti, riv.*
Fl. Frigido. *Wipach, riv.*
Fl. Ganges. *Ganges, riv.*
Fl. Garunna (sive Garumna). *Garonne, riv.*
Fl. Genesis (sive Genusus). *Tobi ou Scombi, riv.*
Fl. Girin (sive Gir). *Adjédi, riv.*
Fl. Grater (leg. Crater). *Crati, riv.*
Fl. Hadra. *Larda, riv.*
Fl. Hapsum. *Ergent ou Baratino, riv.*
Fl. Hermon (sive Hermus). *Sarabat, riv., ou Kuditschaï.*
Fl. Herninum (sive Truentus). *Tronto, riv.*
Fl. Heromicas (sive Hieromax). *Cheriat el Mandhour, riv.*
Fl. Jala. *Malea, riv.*
Fl. Indus. *Sind, fl.*
Fl. Jordanis. *Arden ou Jourdain, riv.*
Fl. Isex (sive Idex). *Idice, riv.*
Fl. Ivaro (sive Juvavus). *Salzach, riv.*
Fl. Labonia. *Arestra, torrent.*
Fl. Latis. *Maira, riv.*
Fl. Licenna (sive Liquentia). *Livenza, riv.*
Fl. Lucus. *Imper, torrent.*
Fl. Macra. *Magra, riv.*
Fl. Margum. *Morava, riv.*
Fl. Marta. *Marta, riv.*
Fl. Matava (al. Matavrum, sive Metaurus). *Metauro, riv.*

Fl. Meduacum. *Bacchiglione, riv.*
Fl. Misiu. *Riv. au sud de Monte-Santo.*
Fl. Miso (sive Miscus). *Musone, riv.*
Fl. Musalla (leg. Mosella). *Moselle, riv.*
Fl. Nelurum. *Arzilla, riv.*
Fl. Nigella. *Ongina, riv.*
Fl. Nigrinum (sive Jaxartes). *Sihoun, riv.*
Fl. Nilus, qui dividit Asiam et Lybiam. *Nil, fl.*
Fl. Nimera (sive Himera). *Termini, riv.*
Fl. Nirannus (sive Hirannus). *Salso, riv. ?*
Fl. Novaria. *Agogna, riv.*
Fl. Odubria. *Staffora, riv.*
Fl. Orsus (sive Orgus). *Orco, riv.*
Fl. Oxus. *Djihoun, riv.*
Fl. Paala. *Parma, riv.*
Fl. Padus. *Pô, fl.*
Fl. Paleris. *Tunnuk, riv.*
Fl. Pallia. *Paglia, riv.*
Fl. Pamisus. *Pirnatza, riv.*
Fl. Pastium. *Canale di Terzo.*
Fl. Patabus (leg. Batavus). *Ce doit être l'embouchure de la Meuse, riv., ou la Meuse elle-même.*
Fl. Renus (sive Rhenus). *Rhin, fl.*
Fl. Riger (leg. Liger). *Loire, riv.*
Fl. Rigonum. *Stirone, riv.*
Fl. Rodanus (sive Rhodanus). *Rhône, fl.*
Fl. Rubico (sive Rubicon). *Pisatello, riv.*
Fl. Rustunum (leg. Crustumium). *Conca, riv.*
Fl. Safo. *Savone, riv.*
Fl. Sagar (al. Sagaris, sive Sangarius). *Sakaria, riv.*
Fl. Sannum. *Salina Maggiore, riv.*
Fl. Saternum. *Santerno, riv.*
Fl. Savo. *Save, riv.*
Fl. Silarum. *Silaro, riv.*
Fl. Silarum. *Sele, riv.*
Fl. Simetus (sive Symæthus). *Giarretta, riv.*
Fl. Sygris (sive Amardus). *Kizil Ouzein, riv.*
Fl. Tanno. *Riv. S. Ippolito.*
Fl. Ticenum (sive Ticinus). *Tessin ou Ticino, riv.*
Fl. Tanais, qui dividit Asiam et Europam. *Don, fl.*
Fl Tigtila. *Bessagno, torrent.*
Fl. Tiliabante (sive Tilavemptus). *Tagliamento, riv.*
Fl. Tinna. *Tenna, riv.*
Fl. Tontus (sive Tonzus). *Tondja, riv.*
Fl. Tygris. *Tigre, riv.*
Fl. Varum. *Var, riv.*
Fl. Varusa. *Varaita, riv.*
Fl. Ubartum (sive Ollius). *Oglio, riv.*

Fl. Umbro. *Ombrone, riv.*
Fl. Vesidia. *Seravezza, riv.*
Fl. Victium (sive Sessites). *Sesia, riv.*
Fl. Umatia (sive Mella). *Mella, riv.*
Fl. Vulpis. *Vesubia, riv.*
Flumeipersi. *Peuple ou contrée de la Perse.*
Fossa, facta per servos Scutar-um.
Franci. *Peuples Germains dans la Westphalie.*

Gæte. *Peuple d'Europe dans la Valachie.*
Gætuli. *Peuple ou contrée d'Afrique.*
Galatia. *Province de l'Asie Mineure.*
Gallia Comata. *Peuple en deçà des Alpes.*
Gandari Indi. *Peuple d'Asie dans l'Inde.*
Garamantes. *Peuples d'Afrique au sud de Tripoli.*
Gedalusium. *Contrée d'Afrique dans la régence d'Alger.*
Girba. *Casr Girba.*
Gnadegetuli. *Peuple d'Afrique dans la régence de Tripoli.*
Gretia. *Contrée de la Provence.*

Hadriaticum Pelagus. *Mer Adriatique.*
Hale.
Haribus.
Hermoca.
Hermonassa.
Hiberia (sive Iberia). *Peuple d'Asie dans la Géorgie.*
Hic Alexander responsum accepit usquequo Alexander.
Hiroæ. *Peuple d'Asie dans le Nakchyvan.*
— T. G. fl. (leg. Ostia fl. Tigridis). *Embouchure de l'Euphrate.*
Hostia fl. Banubii (leg. Danubii). *Embouchures du Danube.*

Icampenses. *Peuple d'Afrique dans la régence d'Alger.*
Ichthyofagi. *Peuple d'Asie sur la côte du Mekran.*
Iepirum Novum (sive Epirus Nova). *Province d'Albanie.*
Igeum Mare (pro Ionium Mare). *Mer Ionienne.*
Ilmerde. *Peuple de Circassie.*
India. *Contrée de l'Asie.*
In his locis elephanti nascuntur.
In Alpe Maritima. *Mt du Grace, près Roquebrune.*
Ins.
Insubres. *Peuple d'Italie.*
Ins.
Ins. A.-t. (fort. Insula Achillis dicta). *Ilar Adassi ou Ile des Serpents.*

Ins.—s (fort. Acritas). *Iles Gaïdouria?*
Ins. Acrocerus.
Ins. Arva (sive Arba). *Ile Arbe.*
Ins. B. —
Ins. Bertula. *Ile Spargi.*
Ins. Boa (sive Boæ). *Ile Boua ou Bua.*
Ins. Boaris. *Ile Toro.*
Ins. Bovenna. *Ile Vacca.*
Ins. Brattia. *Ile Brazza.*
Ins. Brigades (leg. Erycodes). *Ile Alicudi.*
Ins. Calliopa.
Ins. —isi (fort. Carisia).
Ins. Casara (sive Casandra). *Ile du golfe Persique.*
Ins. Cephalania (sive Cephallenia). *Ile Céphalonie.*
Ins. Cephalena. *Ce doit être un double emploi.*
Ins. C—s (leg. Casos). *Ile Coxo ou Caso.*
Ins. Chio (leg. Chios). *Ile Chio.*
.....yrodes (fort. Pyrodes). *Ile Feludje?*
Ins. Corcyra [Nigra]. *Ile Corzola.*
Ins. Coria.
Ins. Corsica. *Ile de Corse.*
Ins. Crocira (leg. Corcyra). *Ile de Corfou.*
Ins. Cretica. *Ile de Candie.*
Ins. Laria (fort. Mænaria?). *Ile Meloria.*
Ins. Curica (sive Curicta). *Ile Veglia.*
Ins. Cynura (sive Carnus). *Ile Kalamo.*
Ins. Cypros. *Ile de Chypre.*
Ins. Cyprusa. *Ile du golfe Persique.*
Ins. Cyrona. *Ile Arcoudi.*
Ins. Cytera. *Ile Cérigo.*
Ins. Delo. *Ile Délos.*
Ins. Diabate (sive Dia). *Ile Standia.*
Ins. Dicaris (sive Icaria). *Ile Nicaria.*
Ins. Dion. *Ce doit être un double emploi.*
Ins. Dionisa (sive Donysa). *Ile Stenosa.*
Ins. Dyme (sive Didyme). *Ile Salina.*
Ins. Egilta. *Cette île a probablement disparu.*
Ins. Erkronis. *Ile Sansego?*
Ins. Faria (sive Pharus). *Ile Lésina.*
Ins. F-codes (sive Phœnicodes). *Ile Felicudi.*
Ins. Galliata (sive Calathe). *Ile Galita.*
Ins. Hel-u (leg Helru).
Ins. Herculis. *Ile Asinara.*
Ins. Herculis. *Ile Basiluzzu.*
Ins. Herculis. *Monte Argentaro.*
Ins. Hie (al. Hiera). *Ile Hagios Stratis.*
Ins. Icaria. *Ile Nicaria.*
Ins. I- (leg. Igilium). *Ile Giglio.*
Ins. Isa.
Ins. Issa. *Ile Lissa.*
Ins. It- (al. Ithaca). *Ile Thiaki.*

GÉOGRAPHIQUES. 317

Ins. Ladestris (al. Ladestro, sive Æstria). *Ile Lagosta.*
Ins. — (fort. Ins. Ledas).
Ins. Lemnos. *Ile Lemno.*
Ins. Lesbos. *Ile Métélin.*
Ins. Leucadia. *Ile Sainte-Maure.*
Ins. Leuce. *Ile Saint-Théodore.*
Ins. Linie (sive Syme). *Ile Symi.*
Ins. Lipara. *Ile Lipari.*
Ins. Melita. *Ile Meleda.*
Ins. Mænaria. *Ile Meloria.*
Ins. Milos (sive Melos). *Ile Milo.*
Ins. Milos. *Ce doit être un double emploi.*
Ins. — (fort. Monsis).
Ins. Naxo (sive Ilva). *Ile d'Elbe.*
Ins. Ostodis (sive Ustica). *Ile Ustica.*
Ins. Pamados (sive Pomodo). *Ile Pago.*
Ins. Pa-asta (al. Planasia). *Ile Pianosa.*
Ins. Pa-tton (al. Peparethus). *Ile Pepéri.*
Ins. Paxus. *Ile Paxo.*
Ins. Piliapon-nos. *Ile du golfe Persique.*
Ins. — (fort. Poraus).
Ins. Proco-essus (leg. Proconnesus.). *Ile Marmara.*
Ins. Pullaria. *Iles Levrera?*
Ins. — yitder (al. ins. Pyrodes).
Ins. Rhodos. *Ile de Rhodes.*
Ins. Ru-a (leg. Ruraria). *Ile Toro.*
Insula Sardinia. *Ile de Sardaigne.*
Ins. Sasonis (sive Sason). *Ile Sasso ou Sasseno.*
Ins. Sasonis. *Double emploi.*
Ins. S-omara (leg. Sepomania). *Omago.*
Ins. Sicilia. *Ile de Sicile.*
Ins. Siranna.
Ins. Sissa (sive Cissa). *Ile Ugliana.*
Ins. — (fort. Solar?).
Ins. Solentii (sive Olyntha). *Ile Solta.*
Ins. Stira (leg. Thera). *Ile Santorin.*
Ins. Strongile. *Ile Stromboli.*
Ins. Suoron. *Ile de las Medas?*
Ins. S—s (fort. Synas).
Ins. — as (fort. Thas).
Ins. Tauris. *Ile Torcola.*
Ins. Thilos (leg. Philos). *Ile du golfe Persique.*
Insubres. *Peuples d'Italie.*
Insula ... ninen.
Insula. — aria (leg. Ficaria). *Ile Cavoli.*
Insula Taproba-e (leg. Taprobane). *Ile Ceylan.*
Ins. Um —.
Ins. Ursaria. *Ile Unie?*
Ins. Vulcani. *Ile Vulcano.*
Ins. Zachintus. *Ile de Zante.*
Ins. — (leg. Zephice).

Ins. — (fort. Zerrios).

Jovis Penninus, id est Agubio.
Jovis Tifatinus. *Château de Morrone.*
Iseum.
Isteria (leg. Histria). *Province d'Istrie.*
Italia. *Italie.*
Itania (leg. Aquitania). *Province de la Gaule.*
Jutugi (sive Juthungi). *Peuple germain dans la Hongrie.*

Lac As — (leg. Asphaltites). *Lac Almotanah, mer Morte ou lac Asphaltite.*
Laconice (sive Laconia). *Province de la Morée.*
Lactorates Auci. *Peuples gaulois dans la Gascogne.*
Lacus Acerusius. *Lac di Licola.*
Lacus [Brigantinus]. *Lac de Constance.*
Lacus-son (Asson, i. e. Ascanius). *Lac d'Isnik.*
Lacus [Larius]. *Lac de Como.*
Lacus Clisius. *Source de la riv. Clusone.*
Lacus Dor.
Lacus Losanensis (sive Lemanus). *Lac de Genève.*
Lacus Lignido. *Lac d'Ochrida.*
Lacus Meotidis. *Mer d'Azov.*
Lacus Nenus. *La Gollie de la Vassio?*
Lacus Nusaptis (sive lacus Niludicus). *Lac Tchad?*
Lacus Salinarum; hìc sal per se conficitur.
Lacus Tibris (leg. Liberiadis). *Lac Tabarieh.*
Lacus Tritonum. *Bahyre Faraoune.*
Lazi. *Peuple du Gouriel.*
Lenur.
Liburnia. *Province d'Illyrie.*
Liguria. *Peuple d'Italie dans le Piémont.*
Loci Deregi. *Peuple de la Bulgarie.*
Luccania (leg. Lucania). *Province d'Italie dans le royaume de Naples.*
Lugdunenses. *Province centrale de la Gaule.*
Lupiones Sarmate. *Peuple d'Europe en Russie.*
Lupones. *Peuple d'Asie dans le Karabagh.*
Lybicum Pelagus. *Mer de Libye.*
Lyburnia. *Province d'Illyrie dans la Croatie.*
Lycia. *Province de l'Asie Mineure.*

Macara.
Macedonia. *Province de Turquie.*
Madobalani. *Peuple d'Asie dans le Khorasan.*
Malichi.
Manirate. *Peuple d'Europe en Russie.*
Marcomanni. *Peuple germain dans la Bohème.*
Mardiane. *Peuple d'Asie dans la Perse.*

M — Ascolpus (leg. mare Ascolpus). *Golfe d'Égine.*
Mare Hyrcanium. *Mer Caspienne.*
Marianis. *Impériale, ruines sur le Golo, riv.*
Mauruceni (sive Marrucini). *Peuple d'Italie dans le royaume de Naples.*
Maxere. *Peuple d'Asie dans la Tartarie Indépendante.*
Media. *Peuple d'Asie dans la Perse.*
Media Major. *Peuple d'Asie dans la Perse.*
Media Provincia. *Province d'Italie dans la Lombardie.*
Media Provi (i. e. Provincia). *Province de la Croatie.*
Mediomatrici. *Peuple gaulois de la Lorraine.*
Medio Minor. *Contrée d'Asie dans la Perse.*
Memnocones Ethiopes. *Peuple de l'intérieur de l'Afrique.*
Meote. *Peuple dans le pays des Cosaques.*
Mesia inferior. *Province de Turquie en Bulgarie.*
Mesia Superior. *Province de Turquie en Servie.*
Mesiates. *Peuples d'Italie à l'ouest du lac de Como.*
Mesopotamia. *Al Djesireh.*
Monim.
Mons Caiacas. *M. Goltsain Tolegai?*
Montes Cyrenei. *Djebel Akhdar.*
Mons Daropanisos (leg. Paropamisus). *Mont Hindoukoch.*
Mons Feratus. *Djebel Jurjura.*
Mons Imeus (sive Imaus). *Balour Dagh.*
Mons Lymodus (sive Emodi Montes). *M. Himalaya.*
Mons Oliveti. *Mont des Oliviers, près de Jérusalem.*
Mons Parverdes (sive Paryadres). *Tildiz Dagh.*
Mons Syna. (Hic legem acceperunt in monte Syna filii Israel.) *Djebel Mousa ou M. Sinaï.*
Mons Taurus. *M. Taurus.*
Musoniorum. *Peuple d'Afrique dans la régence d'Alger.*
Musulamiorum. *Peuple d'Afrique dans la régence d'Alger.*
Muziris.
Mys-y (fort. Mysucy).

Nababes. *Peuple d'Afrique dans la régence d'Alger.*
Naburni. *Peuple d'Italie dans le Piémont.*
Nagmus. *Peuple d'Afrique dans la régence d'Alger.*
Nantuani. *Peuple d'Italie dans le Piémont.*
Natio Selorum. *Peuple d'Afrique dans le Fezzan.*

Neapoli. *Naboli, dans le fond du golfe d'Oristano.*
Nerdani. *Peuple de Circassie.*
Nesamones (leg. Nasamones). *Peuples d'Afrique au sud de la Cyrénaïque.*
Nigihegetuli. *Peuple d'Afrique dans la régence d'Alger.*
...... flumen quidam Grin vocant, alii Nilum appellant. Dicitur enim sub terra Etyopum in Nilum ire lacum.
Nimphi (sive Nymphæum). *Ruines sur la côte.*
Nitiobroges. *Peuple gaulois dans la Guyenne.*
Norico (sive Noricum). *Province d'Autriche.*
Numidarum (sive Numidæ). *Peuple d'Afrique dans la régence d'Alger.*
Nura. *Nura.*

Oappadocia (leg. Cappadocia). *Province de l'Asie Mineure.*
Opiros (sive Eperos). *Ruines au S. E. du Ras el Ouyah ou cap Licontah.*
Osisini (leg. Osismii). *Peuple gaulois dans la Bretagne.*
Ostia Fl. Rodani. *Embouchures du Rhône.*
Otios Cythæ (leg. Otio-Scythæ). *Peuple d'Asie.*

Paflagonia. *Province de l'Asie Mineure.*
Palestina (sive Judæa). *Province de Syrie.*
Paludes.
Pamphilicum Pelagus. *Golfe de Satalie.*
Pannonia inferior. *Province de Hongrie.*
Pannonia superior. *Province de Hongrie.*
Paralocæscythæ. *Peuple d'Asie dans la Circassie.*
Parisi. *Peuple gaulois dans l'île de France.*
Parnaci. *Peuple d'Europe.*
Parria. *Peuple d'Asie dans la Perse.*
Patamo.
Patavia (leg. Batavia). *Province de Hollande.*
Patinæ.
Penastii. *Peuple de Thrace, Turquie d'Europe.*
Pentapolites. *Peuple d'Afrique.*
Persida (sive Persia). *Contrée d'Asie, la Perse.*
Petel. L. letica. *Peuple de la Turquie.*
Phamacorium (leg. Phanagoria).
Phœnix (sive Phœnicia). *Province de Syrie.*
Phrygia. *Province de l'Asie Mineure.*
Phrystanite. *Peuple de la Mingrélie.*
Picenum. *Province d'Italie dans l'État de l'Église.*
Piramum.
Pirate. *Peuple d'Asie.*
Pisauta.
Piti. *Peuple d'Europe en Moldavie.*
Pontici. *Peuple de l'Asie Mineure.*
Pontus Euxinus. *Mer Noire.*

GÉOGRAPHIQUES. 319

P-ntus polemoni (leg. Pontus Polemoniacus).
Port. B-t-um (leg. Bœotorum).
— Allire (leg. Port. Callire).
Port. Epetius. *Port de Slobre.*
Port. Meomens-m (leg. Meomensium). *Golfe de Bourgas.*
Port. Salentinum. *Port près le cap de Nau ou delle Colonne.*
Port. Themomontes. *Port à l'embouchure du Buiuk Camtchik.*
Portus Calouttanus (fort. Salonitanus). *Port de Salona.*
Portus Epilicus. *Port de Nona.*
Portus —(fort. Portus Helodes).
Portus longus. *Port Longone.*
Portus Pediæ. *Près la Tour Egnazia.*
Portus Senia. *Port de Segna.*
Portus Tragecynus. *Ce Port doit être celui de Messine, d'où l'on passait en Italie, comme cela se fait encore aujourd'hui.*
Portus Turris Juliana. *Port de Mola.*
Potamiæ. *Peuple de l'Asie Mineure.*
Promontorium Pyreneum. *Cap de Creux.*
Provincia Gadetiula (sive Gætulia). *Province d'Afrique au sud d'Alger.*
Psaccani. *Peuple du pays des Cosaques.*
Psacccani. *Peuple du pays des Cosaques.*
Pyrogeri. *Peuple de Thrace.*

Quadi. *Peuple germain dans la Moravie.*
Quæri. *Castagne sur la riv. Quieto.*
Quielpranci (fortasse, Chamavi qui et Franci).

Ramma.
Raudiani. *Peuple d'Asie dans le Caboul.*
Rauraci. *Peuple de la Gaule en Suisse et en Alsace.*
Regi Otraspa. *Contrée d'Italie dans la Lombardie.*
Rerviges. *Peuple gaulois dans la Belgique.*
Rimesica. *Contrée de la Thrace.*
Roxulani (sive Roxolani) Sarmate. *Peuple en Russie.*
Rufini taberna.
Ru-as.
Ruhai.
Rumi Scythæ. *Peuple d'Asie.*
Ruteni. *Peuple de la Gaule dans la Guyenne.*

Sagaes Cythæ (leg. Sagæ Scythæ). *Peuple d'Asie dans le Badakchan?*
Salentini. *Peuple d'Italie dans le royaume de Naples.*

Saline immense quæ cum luna crescunt et decrescunt. *Grand marais salé au sud du cap Mesurata, le long des côtes occidentales du golfe de Sidra.*
Salolime.
Sannigæ. *Peuple de la Circassie.*
Sardetæ. *Peuple de la Circassie.*
Sarmate vagi. *Peuple d'Europe en Russie.*
Sassone Sarmate. *Peuple de la Circassie.*
Saurica (leg. Taurica). *Presqu'île d'Europe, la Crimée.*
Scytia Dymirice. *Contrée d'Asie.*
Selteri (sive Suelteri). *Peuple gaulois dans la Provence.*
Sengauni (leg. Ingauni). *Peuple d'Italie dans la Ligurie.*
Seracœ (fort. Carœa). *Taganrog.*
Sera major (fort. Sera Metropolis). *Singan-fou.*
Serapeum. *Ruines au sud des lacs Temsah ou Amers.*
Silva Marciana. *Forêt Noire.*
Silva Vosagus. *Les Vosges.*
Silvo. *Pointe Salvore.*
Sindecæ (fort. Sindice). *Environs d'Anapa.*
Sinus Aquitanicus. *Golfe de Gascogne.*
Sinus Corinthus. *Golfe de Lépante.*
Sinus Macedonicus. *Golfe de Salonique.*
Sinus Pestanus. *Golfe de Salerne.*
— u (fort. Thitu).
Sinus — usin-s (leg. Ausinus). *Partie nord-ouest de la mer Noire.*
— m—i (leg. Sinus Carmanius).
— Her— (leg. Sinus Heracleensis).
Solitudines Sarmatarum. *Dans la Russie.*
Sopatos.
Sorices.
Sors Desertus. *Contrée de la Russie entre le Dniester et le Boug.*
Sostra.
Stratoclis (sive Stratoclia). *Près Bougaz.*
Suani Sarmatæ. *Peuple de la Circassie.*
Suani. *Peuple de la Circassie.*
Subasto (leg. Bubastus). *Tell Basta.*
Suevia. *Contrée en Allemagne.*
Suedihiberi (sive Suevi Hiberi). *Peuple de l'Arménie.*
Sulci. *Près Villarios.*
Syria Arabia. *Contrée de Syrie.*
Syriacole (leg. Cœle Syria). *Province de Syrie.*
Syrri (leg. Syri). *Peuple d'Asie.*
Syrtes Majores. *Djoun al Kabrit, ou golfe de Sidra ou de la Syrte.*
Syrtes Minores. *Golfe de Cabes.*

Syrtites. *Peuple d'Afrique.*

Tanasis (leg. Tanaitæ) Galatie. *Peuple de Russie.*
Tanchire. *Peuple d'Asie dans la Tartarie Indépendante.*
Taricea (leg. Taricheæ). *Au sud de Kharra.*
Tauriani (sive Taurini). *Peuple d'Italie dans le Piémont.*
Tauromenio. *Taormina.*
Teagina.
Templum Augusti.
Tionica.
T-u (leg. Tmu).
Tolomeni. *Peuple d'Asie dans le Karadagh.*
Torrens. *Torrent en Afrique dont le nom moderne est inconnu.*
Treveri. *Peuple gaulois du pays de Trèves.*
Trhacia (leg. Thracia). *Province de la Turquie.*
Trogoditi Persi. *Peuple de la Turquie d'Asie.*
Trumpli (leg. Triumpilini). *Peuple d'Italie dans la Lombardie.*
Tuicias.
Tundis.
Turribus (sive Turris Libyssonis). *Porto Torres.*
Turris Stagna. *Torre di Penna.*
Tusci (sive Etrusci). *Peuple d'Italie dans la Toscane.*

Uchium.
Ulcæ.
Umbranicia. *Province du Languedoc.*
Uttea. *A l'ouest du lac de Cagliari.*

Vacreus.
Vanduli (sive Vandali). *Peuple germain dans la Saxe.*
Vapincum.
Vapli (sive Vapii).
Varii (fort. Attuarii). *Peuple germain dans la Westphalie.*
Veliate. *Peuple d'Italie dans le duché de Parme.*
Venadi (sive Venedi) Sarmatæ. *Peuple d'Europe dans la Russie.*
Venedi. *Peuple d'Europe en Pologne.*
Veneti. *Peuple gaulois dans la Normandie.*
Viceni.
Volcetecucsi (fort. Volcæ Tectosages). *Peuple gaulois dans le Languedoc.*

Xatis Scythæ (sive Chatæ Scythæ). *Peuple d'Asie dans la Chine.*

Zacoria.
Zeuma.
Zimises. *Peuple d'Afrique dans la régence d'Alger.*

ΣΚΥΛΑΚΟΣ ΤΟΥ ΚΑΡΥΑΝΔΕΟΣ
ΠΕΡΙΠΛΟΥΣ.

PÉRIPLE
DE SCYLAX DE CARYANDE.

PÉRIPLE.	MESURES données PAR LES TEXTES.			DISTANCES mesurées PAR M. LAPIE.
	Jours de navigation.	Nuits de navigation.	Stades.	Stades.
I. **ΕΥΡΩΠΗ.** *EUROPA.*				
Ἀπὸ Ἡρακλείων στηλῶν τῶν ἐν τῇ Εὐρώπῃ, μέχρι Ἡρακλείων στηλῶν τῶν ἐν τῇ Λιβύῃ. Du rocher de Gibraltar à Ceuta..................	1[1]	"	"	150[2]
II. **ΙΒΗΡΕΣ.** *HISPANIA.*				
Ποταμὸς Ἴβηρ. Èbre, rivière.				
Γάδειρα, νῆσοι δύο. Ile Cotinussa.				
Πόλις ἀπὸ Ἡρακλείων στηλῶν. De Gades ou Gadeira aux Colonnes..................	1	"	"	720
Ἐμπόριον. Ampurias.				
Παράπλους τῆς Ἰβηρίας. Du rocher de Gibraltar à Ampurias..................	7	7	"	7700
III. **ΛΙΓΥΕΣ καὶ ΙΒΗΡΕΣ.** *LIGURES et IBERI.*				
Ἀπὸ Ἐμπορίου μέχρι Ῥοδανοῦ ποταμοῦ. D'Ampurias à l'embouchure du Rhône.......	2	1	"	1800

[1] Les jours sont ici de 800 stades, et les nuits de 300.
[2] M. Lapie compte par stades de 700 au degré.

PÉRIPLE.	MESURES données PAR LES TEXTES.			DISTANCES mesurées PAR M. LAPIE.
	Jours de navigation.	Nuits de navigation.	Stades.	Stades.
IV. **ΛΙΓΥΕΣ.** LIGURES.				
Μασσαλία πόλις ἑλληνὶς καὶ λιμήν. Marseille.				
Ἀπὸ Ῥοδανοῦ ποτ. μέχρι Ἀλπίου (sive Albii Intemelii). De l'embouchure du Rhône à Vintimille.	4	4	"	2000
V. **ΤΥΡΡΗΝΟΙ.** TYRRHENI.				
Ἀπὸ δ' Ἀλπίου μέχρι Ῥώμης πόλεως. De Vintimille à Rome..............................	"	"	"	3800
Παράπλους. De la Roya, rivière, au Tibre, rivière.	4	4	"	3600
VI. **ΚΥΡΝΟΣ.** CORSICA.				
Ἀπὸ Τυρρηνίας εἰς Κύρνον. D'Orbitello à Bastia.....	1	1/2	"	950
Αἰθαλία (al. Ilva) νῆσος. Ile d'Elbe.				
VII. **ΣΑΡΔΩ.** SARDINIA.				
Ἀπὸ Κύρνου εἰς Σαρδώ. De la Corse à la Sardaigne..	1/3	"	"	50
Ἀπὸ Σαρδοῦς εἰς Λιβύην. De la Sardaigne à l'Afrique	1	1	"	1200
Ἀπὸ Σαρδοῦς εἰς Σικελίαν. De la Sardaigne à la Sicile.................................	2	1	"	1800
VIII. **ΛΑΤΙΝΟΙ.** LATINI.				
Κίρκαιον. Monte Circeo ou Circello.				
Ἐλπήνορος μνῆμα. Elpenori monumentum.				
Λατίνων παράπλους. Du Tibre au Monte Circeo...	1	1	"	600

SCYLAX.

PÉRIPLE.	MESURES données PAR LES TEXTES.			DISTANCES mesurées PAR M. LAPIE.
	Jours de navigation.	Nuits de navigation.	Stades.	Stades.
IX. ΟΛΣΟΙ. *VOLSCI.* Parties de la campagne de Rome et de la terre de Labour.				
Ὀλσῶν παράπλους. Du Monte Circeo à la rivière Garigliano....................	1	"	"	400
X. ΚΑΜΠΑΝΟΙ. *CAMPANI.* Terre de Labour.				
Κύμη πόλις ἑλληνίς. Cuma, ruines. Νεάπολις πόλις ἑλληνίς. Naples. Πιθηκοῦσα νῆσος καὶ πόλις ἑλληνίς. Ile d'Ischia. Παράπλους Καμπανίας. De la rivière Garigliano à la Pointe Campanella.................	1	"	"	650
XI. ΣΑΥΝΙΤΑΙ. *SAMNITES.* Partie nord de la Principauté ultérieure.				
Παράπλους Σαυνιτῶν. De la pointe Campanella à la rivière Sele......................	1/2	"	"	400
XII. ΛΕΥΚΑΝΟΙ. *LUCANI.* Partie sud de la Principauté ultérieure et les Calabres.				
Θουρία (al. Θούριον, sive Θούριοι). Antica Sibari. Πλοῦς παρὰ Λευκανίαν. De la Sele, rivière, aux ruines de Sibari, près la rivière Crati........ Ποσειδωνία (al. Παῖσλος). Ruines de Pæstum. Ἑλαὰ Θουρίων ἀποικία. Lajno. Πανδοσία. Verbicaro. Πλαταεῖς (al. Κλαμπετία). Sto Lucido.	6	6	"	4400

PÉRIPLE.	MESURES données PAR LES TEXTES.			DISTANCES mesurées PAR M. LAPIE.
	Jours de navigation.	Nuits de navigation.	Stades.	Stades.
Τερίνα (al. Τέρεινα). Sta Eufemia.				
Ἱππώνιον. Bivona.				
Μέδαμα. Rosarno.				
Ῥήγιον ἀκρωτήριον καὶ πόλις. Reggio.				
Λοκροί[1]. Ruines près Bruzzano.				
Καυλωνία. La Rocella.				
Κρότων. Cotrone.				
Λακίνιον ἱερὸν Ἥρας. Cap Nau ou delle Colonne.				
Καλυψοῦς νῆσος. Cette île a probablement disparu, car on n'en retrouve aucune trace.				
Κράθις ποταμός. Crati, rivière.				
Σύβαρις (καὶ Θουρία) πόλις. Antica Sibari, ruines.				

XIII.

ΣΙΚΕΛΙΑ. *SICILIA.*

PÉRIPLE.	Jours	Nuits	Stades.	Stades.
Ἀπὸ Ῥηγίου εἰς Πελωριάδα. De Reggio au Phare..	"	"	12[2]	125
Ἔλυμοι. *Elymi.*				
Σικανοί. *Sicani.*				
Σικελοί. *Siculi.*				
Φοίνικες. *Phœnices.*				
Τρῶες. *Trojani.*				
Ἕλληνες. *Græci.*				
Μεσσήνη καὶ λιμήν. Messine.				
Ταυρομένιον. Taormina.				
Νάξος. Ruines sur la rivière Alcantera.				
Κατάνη. Catania ou Catane.				
Λεοντῖνοι. Lentini.				
Εἰς τοὺς Λεοντίνους κατὰ Τηρίαν ἀνάπλους. Depuis l'embouchure de la rivière Lentini jusqu'à Lentini.	"	"	20	20
Σύμαιθος ποταμός. Giaretta, rivière.				
Μεγαρὶς πόλις. Ruines à l'est de Melilla.				
Ξιφώνειος λιμήν. Port d'Augusta.				
Συράκουσαι καὶ λιμένες ἐν αὐτῇ δύο. Syracuse.				
Ἕλωρον πόλις. Ruines au sud-est de Noto.				
Πάχυνος ἀκρωτήριον. Cap Passaro.				
Καμαρίνα. Ruines de *Camarina.*				
Γέλα. Torre Dirillo.				

---

[1] Nous ajoutons ici les sept positions suivantes, que Scylax donne après la Sicile.

[2] De Reggio au Phare il y a 125 stades, mais la partie la plus rapprochée de la Sicile est Torre di Cavallo, où il n'y a que 12 à 15 stades.

SCYLAX. 325

PÉRIPLE.	MESURES données PAR LES TEXTES.			DISTANCES mesurées PAR M. LAPIE.
	Jours de navigation.	Nuits de navigation.	Stades.	Stades.
Ἀκράγας (*Agrigentum*). Girgenti.				
Σελινοῦς. Ruines de *Selinunte*.				
Λιλύβαιον ἀκρωτήριον. Cap Boeo, près Marsala.				
Ἱμέρα. Termini.				
Ἔστι Σικελία τρίγωνος· τὸ δὲ κῶλον ἕκαστον αὐτῆς ἐστί. Chacun des côtés du triangle que forme la Sicile contient environ	"	"	1500	"
Du phare au cap Passaro, environ.........	"	"	"	1300
Du cap Passaro au cap Boeo, environ.......	"	"	"	1900
Du cap Boeo au phare, environ...........	"	"	"	2320
Λιπάρα νῆσος. Ile Lipari.				
Μύλαι πόλις ἑλληνὶς καὶ λιμήν. Melazzo.				
Ἀπὸ Μυλῶν ἐπὶ Λιπάραν. De Melazzo à l'île Lipari.	1/2	"	"	220

XIV.

ΙΑΠΥΓΕΣ. *IAPYGIA sive MESSAPIA.*

Basilicate et terre d'Otrante.

Παράπλους παρὰ τὴν Ἰαπυγίαν. Des ruines de Sibari au mont Gargano......................	6	6	"	3700
Ἡράκλειον πόλις. Scanzana sur l'Agri, rivière.				
Μεταπόντιον. Ruines près l'embouchure du Basento, rivière.				
Τάρας πόλις. Tarente.				
Ὑδροῦς λιμήν. Otrante.				
Δρίον ὄρος. Mont Gargano.				

XV.

ΔΑΥΝΙΤΑΙ, *sive APULIA.*

Terre de Bari et Capitanate.

Λατέρνιοι. Laternii.				
Ὀπικοί. Osci.				
Κραμόνες. Cramones.				
Βορεοντῖνοι (fors. Φρεντανοί). Ferentani.				
Πευκετιεῖς. Peucetii.				
Παράπλους τῆς Δαυνίτιδος χώρας. Du mont Gargano à la rivière Fortore.................	2	2	"	700

PÉRIPLE.	MESURES données PAR LES TEXTES.			DISTANCES mesurées PAR M. LAPIE.
	Jours de navigation.	Nuits de navigation.	Stades.	Stades.
XVI. **ΟΜΒΡΙΚΟΙ.** *UMBRI.* La province de Sannio, les Abbruzes, les Marches de Fermo et d'Ancône.				
Ἀγκὼν πόλις. Ancône.				
Παράπλους τῆς Ὀμβρικῆς. De la rivière Fortore à la rivière Esina...................	2	1	"	1700
XVII. **ΤΥΡΡΗΝΟΙ.** *TUSCI.* La Toscane, le duché d'Urbin et la Romagne.				
Πόλις ἑλληνίς. Probablement *Ariminum*, Rimini.				
Ποταμός. Marecchia, rivière.				
Ἀνάπλους εἰς τὴν πόλιν κατὰ ποταμόν. En remontant l'Arno jusqu'à Pise..................	"	"	20	20
Ἀπὸ Πίσης μέχρι Σπίνης. De Pise à Porto di Primaro par terre, en traversant l'Italie.............	3	"	"	1300
De la rivière Esina au Porto di Primaro.....	"	"	"	860
XVIII. **ΚΕΛΤΟΙ.** *CELTÆ.*				
XIX. **ΕΝΕΤΟΙ.** *VENETI.* État de Venise.				
Ἠριδανὸς ποταμός. Le Pô, fleuve.				
Παράπλους ἀπὸ Σπίνης πόλεως. De Porto di Primaro au Porto Timavo...................	1	"	"	1600
XX. **ΙΣΤΡΟΙ.** *ISTRIA.*				
Ἴστρος[1] ποταμός. Le Danube, fleuve.				
Παράπλους τῆς Ἰστριανῶν χώρας. De Porto Timavo à la rivière Arsa...................	1	1	"	700

---

[1] Le Danube traverse la Pannonie à une grande distance de l'Istrie.

PÉRIPLE.	MESURES données PAR LES TEXTES.			DISTANCES mesurées PAR M. LAPIE.
	Jours de navigation.	Nuits de navigation.	Stades.	Stades.

XXI.
ΛΙΒΥΡΝΟΙ. CROATIA.

Ἴδασσα. Ika?				
Ἀττιενίτης. Buccari?				
Δυύρτα. Novi?				
Ἀλουψοί. S. Giorgio?				
Ὀλσοί. Jablanua?				
Πεδῆται. Carlopago?				
Ἡμίονοι. Lukovo?				
Εἶστρις (sive Curicta) νῆσος. Ile Veglia.........	"	"	Long. 310	250
			Larg. 120	120
Κλείτρει Λιτρία (sive Arba) νῆσος. Ile Arbe......	"	"	Long. "	130
			Larg. "	50
Μεντορίδες (sive Absyrtides I⁰). Iles Lassini......	"	"	"	"
Καταρβάτης ποταμός. Probablement le détroit par où s'écoule la mer de Novigrad.				
Παράπλους τῆς Λιβυρνίδος χώρας. De la rivière Arsa au détroit de Mastiniza.................	2	"	"	1350

XXII.
ΙΛΛΥΡΙΟΙ. ILLYRII.
Dalmatie et Albanie.

Ἡράκλεια πόλις καὶ λιμήν. Gliubaz.
Λωτοφάγοι. Nation barbare.
Ἱεραστάμναι. Peut-être aux environs de Zara, ancienne *Jadera*.
Βουλινοί. Bulini.
Ὕλλοι κατοικοῦσι χερρόνησον[1]. Nation barbare, habitant une péninsule.
Κέρκυρα νῆσος. Ile de Corfou.

---

[1] Cette péninsule dont parle l'auteur est sans aucun doute la partie comprise entre les petites mers ou lacs de Novigrad et de Karin et la rivière de Zermagna, d'une part; le port de Sebenico, le lac de Proclian et la rivière Kerka, de l'autre; ce qui lui donnerait une étendue de 1,600 stades environ de tour, étendue beaucoup moins considérable que le Péloponèse (Morée), qui en a environ 6,000, et auquel cette péninsule est comparée par Scylax, à moins que l'auteur n'ait compris dans ses limites les côtes de Spalatro jusqu'à la rivière Cetina; alors elle aurait une étendue de 2,600 stades.

PÉRIPLE.	MESURES données PAR LES TEXTES.			DISTANCES mesurées PAR M. LAPIE.
	Jours de navigation.	Nuits de navigation.	Stades.	Stades.
Παράπλους τῆς Βουλινῶν χώρας, ἐπὶ Νεστὸν ποταμόν. Du détroit de Mastiniza à l'entrée du port de Sebenico, embouchure de la rivière Kerka.....	1	"	"	800

XXIII.

ΝΕΣΤΑΙΟΙ. *DALMATIA.*

Μάνιος κόλπος. Golfe de Spalatro.				
Παράπλους τοῦ κόλπου. De la rivière Kerka à la rivière Narenta................	1	"	"	1000
De l'île S. Archangelo au cap Gomena, extrémité de la presqu'île de Sabioncello......	"	"	"	600
Προτεραὶ νῆσος. Ile Zirona piccola.				
Κρατειαὶ νῆσος. Ile Zirona grande.				
Ὀλύντα νῆσος. Ile Solta.				
Αὗται δὲ ἀπ' ἀλλήλων ἀπέχουσιν. Entre chacune de ces îles on compte.............	"	"	2	"
De Zirona piccola à Zirona grande........	"	"	"	10
De Zirona grande à Solta................	"	"	"	25
De Solta à Brattia[1], île Brazza............	"	"	"	5
Νέος Φάρος νῆσος ἑλληνίς. Ile Lesina.				
De Solta à Lesina.....................	"	"	"	100
Ἴσσα νῆσος. Ile Lissa.				
Μελίτη νῆσος. Ile Meleda.				
Κέρκυρα ἡ μέλαινα. Ile Corzola.				
Ἀπὸ τῆς Μελίτης ἀπέχει Κέρκυρα. De l'île Corzola à Meleda............................	"	"	20	100
Ἀπὸ δὲ τῆς παραλίας χώρας. De l'île Corzola à la presqu'île de Sabioncello................	"	"	8	8

XXIV.

MANIOI. *MANII.*

Territoire de Raguse et de Cattaro.

Νάρων ποταμός. Narenta, riv.				
Ἐμπόριον ἀπέχον ἀπὸ θαλάσσης. Du fort Opus à la mer...............................	"	"	80	80

---

[1] *Brattia*, aujourd'hui Brazza, dont l'auteur ne parle pas et qu'il confond avec *Pharus*, Lesina, qui est à 100 stades d'*Olynta*, Solta.

PÉRIPLE.	MESURES données PAR LES TEXTES.			DISTANCES mesurées PAR M. LAPIE.
	Jours de navigation.	Nuits de navigation.	Stades.	Stades.
Ἡ λίμνη ἣ ἀνήκει εἰς Αὐταριάτας. Marais d'Utovo.				
Νῆσος ἐν τῇ λίμνῃ. Dans ce marais une île qui a...	"	"	120	120
Νάρων ποταμός. Narenta, riv.				
Ἀρίων ποταμός. Ombla, riv..............	1	"	"	1050
Κάδμου καὶ Ἁρμονίας οἱ λίθοι. Melonta?.......	1/2	"	"	275
Ἀπὸ τοῦ Ἀρίωνος εἰς Βουθόην. De la rivière Ombla à Budua...........	"	"	"	500

XXV.
ΕΓΧΕΛΕΙΣ. ENCHELEI.
Sandjak de Scutari.

Ῥιζοῦς [ποταμός]. Risana, rivière dans le golfe de Cattaro.				
Ἐκ Βουθόης εἰς Ἐπίδαμνον, πόλιν ἑλληνίδα. De Budua à Durazzo................ par mer....	1	1	"	950
par terre....	3	"	"	1000

XXVI.
ΙΛΛΥΡΙΟΙ. ILLYRII.
Cavaya, Pekini et Malia Castra.

Πάλαμνος ποταμός. Lizana, rivière dont une partie du cours a changé.				
Ἐπίδαμνος. Durazzo.................	"	"	"	"
Ἀπολλωνία, πόλις ἑλληνίς. Monastère de Pollini...	2	"	"	500
Ἡ Ἀπολλωνία ἀπὸ τῆς θαλάσσης ἀπέχει. Du monastère de Pollini à la mer.................	"	"	50	25
Ποταμὸς Αἴας (sive Aous, fl.). Vioussa ou Poro, riv.				
Ἀπὸ Ἀπολλωνίας εἰς Ἀμαντίαν. Du monastère de Pollini à Nivitza Malisiotes.............	"	"	320	275
Πρὸς Ὠρίκου καθήκει Αἴας εἰς θάλατταν. De l'embouchure de la rivière Vioussa à Porto Raguseo..	"	"	80	200
Τῆς δὲ Ἀμαντίας. De la rivière Vioussa près Lounetai, à Nivitza Malisiotes.................	"	"	60	90
Ἀτίνταες. Canton d'Ianina.				
Κάοιδις Χώρα. Castidis regio.				
Ἐρυθεῖα πεδίον. Erythia campus.				
Κεραύνια ὄρη [ἐν τῇ Ἠπείρῳ]. Mᵗˢ Acroceraunes.				
Σασὼν νῆσος. Ile Sasseno.				

PÉRIPLE.	MESURES données PAR LES TEXTES.			DISTANCES mesurées PAR M. LAPIE.
	Jours de navigation.	Nuits de navigation.	Stades.	Stades.
Παράπλους εἰς Ὤρικον πόλιν. De l'île Sasseno à Porto Raguseo..................................	1/3	"	"	90

XXVII.
ΩΡΙΚΟΙ. *ORICII.*
Sandjak d'Avlone.

Ἀμαντίας χώρα. Portion de l'Épire.
Τὸ στόμα τοῦ Ἰονίου κόλπου ἐστὶν ἀπὸ Κεραυνίων ὀρῶν μέχρι ἄκρας Ἰαπυγίας. L'embouchure du golfe Ionique s'étend depuis les monts Acroceraunes ou d'Iapourie jusqu'au cap Leuca.
Ἐπὶ δὲ Ὑδρόεντα πόλιν ἐν τῇ Ἰαπυγίᾳ ἀπὸ τῶν Κεραυνίων. Depuis les monts Acroceraunes ou d'Iapourie à Otrante.................................. | " | " | 500 | 500 |

XXVIII.
ΧΑΟΝΕΣ. *CHAONES.*
Iapourie et Delvino.

| Παράπλους Χαονίας. Du Porto Raguseo à Dema... | 1/2 | " | " | 550[1] |

XXIX.
ΚΟΡΚΥΡΑ. *CORFOU.*

Πόλις ἑλληνίς, λιμένας ἔχουσα τρεῖς. Ville de Corfou.

XXX.
ΘΕΣΠΡΩΤΟΙ. *THESPROTI.*
Cantons de Paracaloma, Philates et Chamouri.

Ἐλαία λιμήν. Port Glykys.
Ἀχέρων ποταμός. Mavro Potamos, riv.
Ἀχερουσία λίμνη. Lac Tchouknida.
Παράπλους τῆς Θεσπρωτίας. De Dema au port Glykys.................................. | 1/2 | " | " | 575 |

---

[1] Ou 660 en contournant le cap Linguetta.

PÉRIPLE.	MESURES données PAR LES TEXTES.			DISTANCES mesurées PAR M. LAPIE.
	Jours de navigation.	Nuits de navigation.	Stades.	Stades.
XXXI. ΚΑΣΣΩΠΟΙ. *CASSOPI.* Canton de Spiantza.				
Ἀνακτορικὸς (sive Ambracius) κόλπος. Golfe d'Arta.				
Παράπλους τῆς Κασσωπῶν χώρας. Du port Glykys à la pêcherie de Covthra...............	1/2	"	"	400
Ἀνακτορικὸς κόλπος ἀπὸ τοῦ στόματος ἕως εἰς τὸν μυχόν. Depuis l'embouchure jusqu'à l'extrémité du golfe d'Arta.......................	"	"	120	180
Τὸ στόμα εὖρος. Son embouchure a de largeur....	"	"	4	8
XXXII. ΜΟΛΟΤΤΟΙ. *MOLOSSI.* Canton de Rogous.				
Παράπλους τῆς Μολοττίας χώρας. De la pêcherie de Covthra à la pêcherie de Tchépéli..........	"		40	40
XXXIII. ΑΜΒΡΑΚΙΑ. *AMBRACIA.* Canton de Chazi.				
Ἀμβρακία πόλις ἑλληνὶς ἀπέχει ἀπὸ θαλάττης. D'Arta au golfe.....................				
Τεῖχος καὶ λιμὴν κάλλιστος. Philo Castron.	"	"	80	80
Πηνειὸς ποταμός. Salambria, rivière.				
Ὁμόλιον, Μαγνητικὴ πόλις. Ruines entre Spilæa et Ambelakia.				
Παράπλους τῆς Ἀμβρακίας. De la pêcherie de Tchépéli à la rivière d'Arta.........	"	"	120	120
XXXIV. ΑΚΑΡΝΑΝΙΑ. *ACARNANIA.* Cantons de Vonitza et de Xéroméros.				
Ἄργος τὸ Ἀμφιλοχικὸν, πόλις[1]. Armyros.				

[1] Polybe place cette ville à 180 stades d'Arta, ce qui s'accorde avec la position d'Armyros.

PÉRIPLE.	Jours de navigation.	Nuits de navigation.	Stades.	Stades.
	MESURES données PAR LES TEXTES.			DISTANCES mesurées PAR M. LAPIE.

PÉRIPLE.	Jours de navigation.	Nuits de navigation.	Stades.	Stades.
Εὔριπος[1]. Monastère Saint-Georges.				
Θύριον ἐν τῷ κόλπῳ. Varico.				
Ἔξω τοῦ Ἀνακτορικοῦ κόλπου, Ἀνακτόριον. Azio, en dehors du golfe d'Arta.				
Λιμὴν Ἀκτὴ (sive Actium). La Punta.				
Λευκὰς πόλις, τὸ πρὶν καὶ Ἐπιλευκάδιος, ἐπὶ τὸν Λευκάταν, ἀκρωτήριον. Hamaxiki, sur le cap Ducato.				
Νῆσος. Ile Sainte-Maure.				
Φαρὰ πόλις. Ruines à l'embouchure de la rivière Granada.				
Ἰθάκη νῆσος, καὶ πόλις, καὶ λιμήν. Ile Thiaki.				
Κεφαληνία νῆσος. Ile Céphalonie.				
Ἀλύζεια πόλις. Ruines à l'est et près de Candili, sur le continent.				
Κάρνος νῆσος. Ile Kalamo.				
Ἀστακὸς πόλις. Ruines près de Dragomestre.				
Ἀχελῶος ποταμός. Aspro-Potamos.				
Οἰνειάδαι πόλις. Trigardon.				
Παράπλους Ἀκαρνανίας. De la rivière d'Arta à l'Aspro-Potamos, riv., en contournant l'île Sainte-Maure.	2	″	″	1500
Ἐχινάδες νῆσοι. Iles Courzolaires.				

XXXV.

ΑΙΤΩΛΙΑ. ÆTOLIA.

Cantons de Zygos et de Venetico.

Καλυδὼν πόλις. Ruines sur le mont Varassova.				
Μύκαρνα πόλις. Beyzadé?				
Μολύκρεια πόλις. Au sud de Tzéréli.				
Δελφικὸς κόλπος, οὗ στόμα. Golfe de Lépante, dont l'embouchure a de largeur..................	″	″	10	10
Ναύπακτος πόλις. Lépante ou Enebatché.				
Παράπλους τῆς Αἰτωλίας. De l'Aspro-Potamos à Lépante...	1	″	″	450

XXXVI.

ΛΟΚΡΟΙ. LOCRI.

Canton de Malandrino.

Λοκροὶ Ὀζόλαι. Locri Ozolæ.

---

[1] Sur la partie étroite de la baie de Caravanserail, qui forme un euripe, dans le genre de celui de Négrepont

SCYLAX. 333

PÉRIPLE.	MESURES données PAR LES TEXTES.			DISTANCES mesurées PAR M. LAPIE.
	Jours de navigation.	Nuits de navigation.	Stades.	Stades.
Εὔανθις πόλις. Galaxidi.				
Ἄμφισσα πόλις. Salone.				
Παράπλους τῆς χώρας Λοκρῶν. De Lépante à la rivière Skitza............................	1/2	″	″	375

XXXVII.

ΦΩΚΕΙΣ. PHOCENSES.

Canton de Salone.

Κιρραῖον πεδίον. Plaine de Cirrha.				
Δελφοὶ πόλις. Castri.				
Ἀντίκυρα πόλις. Aspra Spitia.				
Παράπλους τῆς Φωκέων χώρας. De la rivière Skitza à Aspra Spitia..........................	1/2	″	″	250

XXXVIII.

ΒΟΙΩΤΟΙ. BŒOTI.

Cantons de Livadie et de Thèbes.

Κορσιαὶ (fort. Κρεουσία) πόλις. Livadostro.				
Σίφαι πόλις. Palæokastro, au sud de Dobrena.				
Εὔτρητος λιμήν. Hagios Vasilios.				
Τεῖχος τῶν Βοιωτῶν. Munimentum Bœotorum.				
Παράπλους τῆς Βοιωτίας. D'Aspra Spitia au cap de Livadostro...........................	1/2	″	″	300

XXXIX.

ΜΕΓΑΡΕΙΣ. MEGARENSES.

Canton de Dervena Choria.

Αἰγόσθενα πόλις. Porto Germano.				
Πηγαὶ τεῖχος. Alepochori.				
Γεράνεια ὄρος. Mont Macri Plagi.				
Παράπλους τῆς Μεγαρέων χώρας. Du cap de Livadostro au mont Macri Plagi...............	″	″	100	100

PÉRIPLE.	MESURES données PAR LES TEXTES.			DISTANCES mesurées PAR M. LAPIE.
	Jours de navigation.	Nuits de navigation.	Stades.	Stades.

XL.

ΚΟΡΙΝΘΟΣ. *CORINTHUS*[1].

Canton de Corinthe.

Κόρινθος πόλις. Cortho ou Corinthe.				
Ἱερὸν [*Junonis*]. Cap Malangara ou Hagios Nikolaos.				
Λέχαιον. Ruines.				
Ἰσθμός. Ruines près des anciennes murailles.				
Ἀπὸ θαλάσσης πρὸς τὴν ἐπὶ ἡμῶν θάλασσαν, διὰ τοῦ ἰσθμοῦ. Du golfe de Lépante au golfe d'Égine...	″	″	40	40
Παράπλους τῆς Κορινθίων χώρας. Du mont Macri Plagi à la rivière Koutzomati...............	1/2	″	″	300

XLI.

ΣΙΚΥΩΝ. *SICYON*.

District de Vocha, canton de Corinthe.

Σικυὼν πόλις. Vasilika.				
Παράπλους. De la rivière Koutzomati à la rivière Xylokastro.......................	″	″	120	120

XLII.

ΑΧΑΙΟΙ. *ACHÆI*.

Cantons de Vostitza et de Patras.

Πελλήνη πόλις. Ruines près Zougra.
Αἴγειρα πόλις. Ruines près Mavra Litharia.
Αἴγιον πόλις. Vostitza.
Αἰγαὶ πόλις. Ruines près d'Akrata.
Ῥύπες πόλις. Croka.

---

[1] Suivant l'ordre observé par Scylax, nous avons fondu dans un seul article les deux de l'édition de M. Gail portant les nos 40 et 41. Cette rectification a été faite d'après un manuscrit des petits Géographes acquis récemment par la Bibliothèque royale, manuscrit plus correct et plus complet que ceux qui ont servi à toutes les éditions.

SCYLAX.

PÉRIPLE.	MESURES données PAR LES TEXTES.		DISTANCES mesurées PAR M. LAPIE.
	Jours de navigation. / Nuits de navigation.	Stades.	Stades.
Ἐξωχερίου (*fort.* Ἐξοχαὶ Ῥίου). Château de Morée. Πάτραι πόλις. Patras. Δύμη πόλις. Hagios Konstantinos. Παράπλους τῆς Ἀχαίας χώρας. De la rivière Xylokastro à la rivière Risso ou Mana............	″ ″	700	800
XLIII. **ΗΛΙΣ.** *ELIS.* Canton de Gastouni.			
Κυλλήνη πόλις καὶ λιμήν. Clarentza. Ἀλφειὸς ποτ. Rivière Rhouphia. Ζάκυνθος νῆσος. Ile de Zante. Παράπλους τῆς Ἠλείων χώρας. De la rivière Risso au fort Clidi...................	″ ″	700	700
XLIV. **ΑΡΚΑΔΙΑ.** *ARCADIA.* Cantons de Phanari, de Karytæne et de Tripolitza.			
Τέγεα πόλις. Palæo Episkopi, près Piali. Μαντίνεια πόλις. Palæopoli ou Goritza. Ἡραία πόλις. Ruines près Anemodouri sur le Rhouphia, rivière. Ὀρχομενὸς πόλις. Kalpaki. Στύμφαλος πόλις. Ruines près le lac Zaraka. Παράπλους τῆς Λεπρεατῶν χώρας. Du fort Clidi à la rivière Pavlitsa ou Bouzi...............	″ ″	100	120
XLV. **ΜΕΣΣΗΝΗ.** *MESSENIA.* Cantons d'Arcadia et de Navarin.			
Μεσσήνη πόλις. Mavromati. Κυπάρισσος λιμήν, ἀπὸ θαλάττης. D'Arcadia à la mer..................	″ ″	7	7

PÉRIPLE.	MESURES données PAR LES TEXTES.			DISTANCES mesurées PAR M. LAPIE.
	Jours de navigation.	Nuits de navigation.	Stades.	Stades.
Ἰθώμη πόλις, ἀπὸ θαλάττης. Du mont Vourcano à la mer....................	"	"	80	120
Παράπλους τῆς Μεσσηνίας χώρας. De la rivière Pavlitsa ou Bouzi à la rivière Vrysomeronero.....	"	"	300	300

XLVI.

ΛΑΚΕΔΑΙΜΩΝ. *LACEDÆMON.*

Cantons de Modon, de Coron, etc.

Ἀσίνη πόλις. Coron.
Μοθώνη πόλις. Près Modon.
Ἀχίλλειος λιμήν. Porto Marinari.
Ψαμαθοῦς λιμήν. Porto Quaglio.
Ἱερὸν Ποσειδῶνος. Pyrgos Agrilas ou Hagios Ilias.
Ταίναρος. Port Kisternès.
Λᾶς πόλις καὶ λιμήν. Port Vathy.
Γύθειον, ἐν ᾧ νεώριον καὶ τεῖχος. Près Marathonisi.
Εὐρώτας ποτ. Iri, rivière, ou Vasili-Potamos.
Βοῖα πόλις. Ruines au sud-ouest de Pharaklo.
Μαλέα ἄκρα. Cap Malia ou Saint-Angelo.
Κύθηρα νῆσος, καὶ πόλις καὶ λιμήν. Ile Cérigo.
Κρήτη νῆσος. Ile de Candie.
Σίδη πόλις καὶ λιμήν. Près Velanidia.
Ἐπίδαυρος πόλις καὶ λιμήν. Palæa Monembasia.
Πρασία πόλις καὶ λιμήν. Ruines sur le cap Tou Tyrou.
Μέθανα (leg. Ἀνθάνα) πόλις καὶ λιμήν. Helleniko ou ruines près le monastère de Loukou.
Σπάρτη πόλις. Palæochori, près Magoula.

| Παράπλους τῆς Λακεδαιμονίων χώρας. De la rivière Vrysomeronero à Astros................ | 3 | " | " | 2650 |

XLVII.

ΚΡΗΤΗ. *CANDIE.*

| Ἀπὸ Λακεδαίμονος, ἕως ἐπὶ τὸ ἀκρωτήριον τῆς Κρήτης (al. *Corycum Pr.*). Du cap Malia au cap Buso. | 1 | " | " | 600 |

PÉRIPLE.	MESURES données PAR LES TEXTES.			DISTANCES mesurées PAR M. LAPIE.
	Jours de navigation.	Nuits de navigation.	Stades.	Stades.
Φαλάσαρνα πόλις, καὶ λιμὴν κλειστός. Ruines au sud de la pointe Phorada.				
Κριοῦ μέτωπον ἀκρωτήριον. Cap Crio ou Saint-Jean.				
Πλοῦς ἐπὶ Χερρονήσου τὰς ἁλιάδας τῶν Κυρηναίων. Du Cap Crio ou Saint-Jean à Marsa Sousa.	1	1	"	1900
Ἔστι δὲ ἡ Κρήτη μακρά. Du cap Buso au cap Sidero.	"	"	2500	2500
Πολύρρηνα (al. Πολυρρηνία). Palæo-Castro.				
Δικτυνναῖον Ἀρτέμιδος ἱερόν. Monastère de Saint-Georges.				
Ὑρτακίνα. Monastère de Cogna ou Gonias.				
Κυδωνία πόλις καὶ λιμήν. Iérami.				
Ἔλυρος πόλις. Elyrus.				
Μέλισσα (s. Λίσσα) πόλις, καὶ λιμὴν παρὰ Κριοῦ μέτωπον. Castel Selino, près du cap Crio ou Saint-Jean.				
Ὄρος κάλλιστον (al. Dictynnæus mons).				
Ὀλοῦς λιμήν. Port au sud du port Magny.				
Πτερία χώρα. Peut-être l'Akrotiri, grand promontoire en face de Thera, île ?				
Λαμπαία χώρα. Canton de Sphakié [1].				
Μεσάπος ποτ. La rivière Masela ?				
Ὀσμίδα. Osmida.				
Ἐλεύθερναι. Telefterna.				
Συβρίτα καὶ λιμήν. Ruines près Hagios Vasilios.				
Φαιστός. Hodigitria.				
Ὀαξός. Ruines du port de Lismé.				
Κνῶσσος. Macritichos, ruines.				
Γορτύνα. Métropoli.				
Βαῦκος (leg. Ῥαῦχος). Castel Pediada ?				
Λύκτος. Myrina.				
Πραῖσος. Ruines sur la rivière Sudsuro, près Trapetti.				
Γράνος (fort. Ἴτανον) ἀκρωτήριον. Cap Yala.				

XLVIII.

ΚΥΚΛΑΔΕΣ ΝΗΣΟΙ. CYCLADES.
Dodekanisia.

Μῆλος καὶ λιμήν. Ile Milo.				
Κίμωλος (al. Κιμωλίς). Ile Kimolo ou Argentière.				
Ὠλίαρος. Ile Anti-Paro.				

[1] Cette partie de l'île n'a que 100 stades de large.

PÉRIPLE.	MESURES données PAR LES TEXTES.		DISTANCES mesurées PAR M. LAPIE.
	Jours de navigation.	Nuits de navigation.	Stades.	Stades.

Σίκινος (al. Σίκηνος). Ile Sikino.
Θήρα. Ile Santorin.
Ἀνάφη. Ile Nanphio.
Ἀστυπάλη (al. Ἀστυπάλαια). Ile Stanpalia.

XLIX.
ΑΡΓΟΣ. ARGOS.
Canton d'Argos.

Ἄργος πόλις. Argos.
Ναυπλία πόλις καὶ λιμήν. Nauplie de Romanie.
Κλεῶναι. Ruines près du Khan de Kourtesa.
Μυκῆναι. Ruines près Kharvati.
Τίρυνς. Ruines au sud de Boulati.
Ἀργολικὸς κόλπος. Golfe de Nauplie.
Παράπλους τῆς Ἀργείας κύκλῳ. D'Astros à l'île Dascalia ou Makronisi, sans aller jusqu'au fond du golfe ....   "   "   150   150

L.
ΕΠΙΔΑΥΡΟΣ. EPIDAURUS.
Partie du canton de Nauplie.

Ἁλία (al. Ἁλιαί) καὶ λιμήν. Halia.
Περίπλους τῆς Ἐπιδαύρου. De l'île Dascalia ou Makronisi au cap occidental de la baie Vourlia .....   "   "   100   100

LI.
ΕΡΜΙΩΝ. HERMION.
Canton de Kato Nakhage.

Ἑρμιών (al. Ἑρμιόνη) πόλις, καὶ λιμήν. Kastri.
Ἑρμιῶνος περίπλους. Du cap occidental de la baie Vourlia au monastère Métokhi d'Hydra ......   "   "   80   350
Σκύλλαιον ἀκρωτήριον τῆς Τροιζηνίας. Cap Skyli.
Σούνιον ἀκρωτήριον τῆς Ἀθηναίων χώρας. Cap Colonne.
Βέλβινα νῆσος. Ile Saint-Georges d'Arbora.
Ἀπὸ τοῦ στόματος τοῦ κόλπου εἴσω εἰς τὸν ἰσθμόν. Du cap Skyli à l'isthme de Corinthe, en suivant le fond des petits golfes ....   "   740   740

SCYLAX.

PÉRIPLE.	MESURES données PAR LES TEXTES.			DISTANCES mesurées PAR M. LAPIE.
	Jours de navigation.	Nuits de navigation.	Stades.	Stades.
LII. **ΤΡΟΙΖΗΝΙΑ.** *TROEZENIA.* Partie du canton de Kato Nakhage.				
Τροιζὴν πόλις καὶ λιμήν. Ruines près Damala.				
Καλαυρία νῆσος. Ile Poros.				
Παράπλους. Du monastère Métokhi d'Hydra au port Prouali....................................	"	"	300	350
LIII. **ΑΙΓΙΝΑ.** *ÆGINA.* Ile Enghia ou Égine.				
Αἴγινα πόλις καὶ λιμένες δύο. *Ægina.*				
LIV. **ΕΠΙΔΑΥΡΟΣ.** *EPIDAURUS.* Canton de Nauplie.				
Ἐπίδαυρος πόλις. Epidavros.				
Παράπλους τῆς Ἐπιδαύρου χώρας. Du port Prouali au port Sophiko.....................	"	"	30	130
LV. **ΚΟΡΙΝΘΙΑ.** *CORINTHIA.* Canton de Corinthe.				
Κεγχρεῖαι (al. Κεγχρεαὶ) τεῖχος. Kékhriès.				
Ἰσθμὸς, οὗ ἱερὸν Ποσειδῶνος. Ruines près des anciennes murailles.				
Σιδοῦς τεῖχος. Ruines à l'ouest de Sousaki.				
Τεῖχος Κρεμμυῶν (al. Κρομυῶν Strab. et Pausan., Κρομμυῶν Plutarch.). Hagios Theodoros.				
Παράπλους τῆς Κορινθίων χώρας μέχρι τῶν ὁρίων τῶν Μεγαρέων. Du port Sophiko aux rochers situés entre Hagios Theodoros et Kineta.........	"	"	300	300

43.

PÉRIPLE.	MESURES données PAR LES TEXTES.			DISTANCES mesurées PAR M. LAPIE.
	Jours de navigation.	Nuits de navigation.	Stades.	Stades.

LVI.

ΜΕΓΑΡΑ. *MEGARA.*
Canton de Mégare.

Μέγαρα πόλις καὶ λιμήν. Mégare.				
Νισαία τεῖχος. Hagios Nikolaos.				
Παράπλους τῆς Μεγαρέων χώρας μέχρι Ἰάπιδος. Des rochers près Kineta, au petit cap à l'est des Salines.	"	"	140	140

LVII.

ΑΤΤΙΚΗ. *ATTIQUE.*

Ἐλευσίς, οὗ ἱερὸν Δήμητρος καὶ τεῖχος. Lefsina.
Σαλαμὶς νῆσος, καὶ πόλις καὶ λιμήν. Ile Coulouri.
Πειραιεύς, καὶ τὰ σκέλη. Port Lion.
Ἀθῆναι. Athina ou Athènes.
Ἀνάφλυστος τεῖχος, καὶ λιμήν. Port et village d'Anaphyso.
Σούνιον ἀκρωτήριον, καὶ τεῖχος. Cap Colonne.
Ἱερὸν Ποσειδῶνος[1]. Tour sur un petit cap au sud du port Mandri.
Εἰρικὸς (leg. Θορικὸς) τεῖχος καὶ λιμένες δύο. Porto Therico ou Porto Mandri.
Ῥαμνοῦς τεῖχος. Hevræo-Kastro.

Περίπλους τῆς Ἀθηναίων χώρας. Du cap près des Salines au petit cap au sud de Dramesi......	"	"	1140	1140
Ἀπὸ Ἰάπιδος χώρας ἐπὶ Σούνιον. Du cap près des Salines au cap Colonne..................	"	"	490	590
Ἀπὸ Σουνίου μέχρι τῶν ὅρων τῶν Βοιωτίων. Du cap Colonne à un petit cap au sud de Dramesi....	"	"	650	650

LVIII.

ΝΗΣΟΙ ΚΥΚΛΑΔΕΣ. *CYCLADES.*
Dodekanisia.

Κέως (al. Κία) νῆσος· αὕτη τετράπολις. Ile Zea, où l'on trouve quatre villes :

---

[1] Cette position et la suivante, qui manquent dans toutes les éditions, nous ont été fournies par le manuscrit des Petits Géographes de la Bibliothèque royale.

SCYLAX.

PÉRIPLE.	MESURES données PAR LES TEXTES.			DISTANCES mesurées PAR M. LAPIE.
	Jours de navigation.	Nuits de navigation.	Stades.	Stades.
Ποιήεσσα, καὶ λιμήν. Port Kabia.				
Κορησία. Port de Zea.				
Ἰουλίς. Zea.				
Αἶραι (fort. Καρθαία). Port au sud-est.				
Ἑλένη. Ile Makronisi.				
Κύθνος νῆσος, καὶ πόλις. Ile Thermia.				
Σέριφος νῆσος, καὶ πόλις, καὶ λιμήν. Ile Serpho.				
Σίφνος. Ile Siphanto.				
Πάρος, λιμένας ἔχουσα δύο. Ile Paro.				
Νάξος. Ile Naxia.				
Δῆλος. Ile Délos.				
Ῥήνη. Ile Sidili, ou grande Délos.				
Σύρος. Ile Syra.				
Μύκονος (al. Μύκολος), αὕτη δίπολις. Ile Myconi.				
Τῆνος καὶ λιμήν. Ile de Tine.				
Ἄνδρος καὶ λιμήν. Ile Andro.				
Ἴος καὶ λιμήν. Ile Nio.				
Ἀμοργὸς, αὕτη τρίπολις, καὶ λιμήν. Ile Amorgo.				
Ἴκαρος [1], δίπολις. Ile Nicaria.				
Εὔβοια νῆσος, αὕτη τετράπολις. Ile de Négrepont où se trouvent quatre villes :				
Κάρυστος. Castel Rosso.				
Ἐρετρία καὶ λιμήν. Palæo-Kastro.				
Χαλκὶς καὶ λιμήν. Egripos ou Négrepont.				
Ἑστιαία (postea Ὠρεὸς) καὶ λιμήν. Ruines à l'ouest de Xérochorion.				
Ἡ Εὔβοια, ἀπὸ Κηναίου Διὸς ἱεροῦ ἐπὶ Γέραιστον Ποσειδῶνος ἱερόν. Probablement du cap Mantelo au cap Lithada, en suivant la côte intérieure.....	"	"	1350	1350
De Négrepont au cap Koumi ou Kili....	"	"	"	330
En face de l'île Stoura, sa largeur est de...	"	"	"	40
Κατὰ Ἐρετρίαν [2], Σκύρος καὶ πόλις. Ile Skyro.				
Ἴκος, αὕτη δίπολις. Ile Skyro-Poulo.				
Πεπάρηθος, αὕτη τρίπολις, καὶ λιμήν. Ile Piperi.				
Σκίαθος, αὕτη δίπολις, καὶ λιμήν. Ile Skiathos.				

[1] Cette île fait partie des Sporades et non des Cyclades.

[2] Ce n'est point en face d'Érétrie, puisque cette ville est située sur la côte occidentale.

PÉRIPLE.	MESURES données PAR LES TEXTES.		DISTANCES mesurées PAR M. LAPIE.
	Jours de navigation. / Nuits de navigation.	Stades.	Stades.

LIX.

ΒΟΙΩΤΙΑ. *BŒOTIA.*

Canton de Négrepont.

Ἱερὸν Δήλιον. Dramesi.
Αὐλὶς ἱερόν. Fort de Kara Baba.
Εὔριπος τεῖχος. Probablement le pont de Négrepont.
Ἀνθηδὼν τεῖχος. Palæo-Kastro au nord de Loukisie.
Θῆβαι. Thiva.
Θεσπιαί. Ruines au sud-est d'Erimo-Kastro.
Ὀρχομενός. Scripou.
Ἀπὸ Δηλίου μέχρι τῶν Λόκρων ὁρίων. Du cap au sud de Damesi au port Skropo-Neri............ // // 250 250

LX.

ΛΟΚΡΟΙ. *LOCRI.*

Canton de Talanti.

Λάρυμνα πόλις. Ruines helléniques.
Κυνόσουρος (al. Κῦνος οὖρος). Ruines près Livanatès.
[Ὀποῦς]. Ruines près le port Armyra.
Ἀλόπη. Ruines près la rivière Péréna.
Παράπλους τῆς χώρας. Du port Skropo-Neri au cap Sotira........................ // // 200 400

LXI.

ΦΩΚΕΙΣ. *PHOCENSES.*

Canton de Boudounitza.

Θρόνιον. Ruines sur la rivière Longaki.
Κνημίς. Ruines sur le cap Grados.
Ἐλάτεια. Ruines près Levta.
Πανοπεύς. Hagios Vlasios.
Παράπλους τῆς Φωκέων χώρας. Du cap Sotira au cap Andera........................ // / 200 150

SCYLAX.

PÉRIPLE.	Jours de navigation.	Nuits de navigation.	Stades.	Stades.

LXII.

ΜΗΛΙΕΙΣ. *MELIENSES.*

Partie sud du canton de Zeitoun.

Μαλιεὺς κόλπος. Golfe de Zeitoun.
Οἱ Λιμοδωριεῖς. Limodores.
Ἔρινος. Caladja?
Βοῖον. Palæo-Choria.
Κυτίνιον. Au sud de Kamarah.
Θερμοπύλαι. Dervend Elaphou.
Τραχίς. Ruines près Gamachi.
Οἴτη. Catavothra-vouno M.
Ἡράκλεια. Ruines près d'Allamana.
Σπερχειὸς ποτ. Rivière Hellada.

LXIII.

ΜΑΛΙΕΙΣ. *MALIENSES.*

Partie nord du canton de Zeitoun.

Λαμία πόλις. Zeitoun.
Ἐχῖνος. Echinou.

PÉRIPLE.	Jours	Nuits	Stades	Stades
Du cap Anderas au cap Drépanos — en remontant le golfe	«	«	»	250
en ligne droite	»	»	»	40

LXIV.

ΑΧΑΙΟΙ. *ACHÆI.*

Canton d'Armyros.

Ἀχαιοὶ Φθιῶται. Achæi Phthiotæ.
Παγασητικὸς (al. Pelasgicus) κόλπος. Golfe de Volo.
Λάρισσα. Ruines près Hagia Katharina.
Μελιταία. Vlacho-Iani.
Δημήτριον. Ruines sur un petit cap au sud de Volo.
Θῆβαι. Ruines au nord-est de Stakosi.

Du cap Drépanos aux ruines de Demetrias	»	»	»	600

PÉRIPLE.	MESURES données PAR LES TEXTES.			DISTANCES mesurées PAR M. LAPIE.
	Jours de navigation.	Nuits de navigation.	Stades.	Stades.

LXV.

ΘΕΤΤΑΛΙΑ. *THESSALIA.*

Cantons de Velestina, de Pharsale, etc.

Ἀμφαναὶ (al. Ἀμφάναια). Volo?
Παγασαί. Château de Volo.
Φεραί. Velestina.
Λάρισσα. Ietnitcher ou Larisse.
Φάρσαλος. Sataldgé.
Ἱερὸν Πελινναῖον.
Σκότουσα. Ruines à l'est de Sarliki.
Κράνων. Tolehr.
Τέμπη. Vallée près de l'embouchure de la Salambria, rivière.

Τοῦ Παγασητικοῦ κόλπου μῆκος, ἀπὸ στόματος εἰς τὸν μυχόν. Depuis l'entrée jusqu'au fond du golfe de Volo...............................	1/2	″	″	250
Τὸ δὲ στόμα αὐτοῦ. La largeur de l'entrée du golfe est de	″	″	5	40

Κικύνηθος νῆσος, καὶ πόλις. Ile Trikéri ou Kikynthos.

LXVI.

ΜΑΓΝΗΤΕΣ. *MAGNETES.*

Canton de Zagora et de Hagia,
ou Iénidje Fener.

Ἰωλκός. Goritza.
Μοθώνη (al. Μεθώνη). Ruines au nord de Primari.
Κορακαί. Korakai Pyrgos.
Σπάλαθρα. Hagia Eutimia.
Ὀλιζὼν καὶ λιμήν. Kortos, près Argalasti.
Μελίβοια. Ruines au nord de Pori.
Ῥιζοῦς. Près de Pesi.
Εὐρυμναὶ (al. Εὐρυμεναί). Ruines près Conomio.
[Μύραι]. Ruines près la rivière Brikon, non loin du cap Hagios Georgios.
Ἔθνος Περραιβοὶ, Ἕλληνες.

De la rivière Goritza à la rivière Salambria...	″	″	″	1150

SCYLAX. 345

PÉRIPLE.	MESURES données PAR LES TEXTES.			DISTANCES mesurées PAR M. LAPIE.
	Jours de navigation.	Nuits de navigation.	Stades.	Stades.

LXVII.

ΜΑΚΕΔΟΝΙΑ. *MACEDONIA.*

Sandjak de Salonique.

Θερμαῖος κόλπος. Golfe de Salonique.
Ἡράκλειον, πόλις. Platamona.
Δίον. Standia.
Πύδνα (al. Κύδνα) πόλις ἑλληνίς. Cataphygion.
Μεθώνη πόλις ἑλληνίς. Près Libanova.
Ἁλιάκμων ποταμός. Indjé Carasou, rivière.
Ἄλωρος πόλις. A l'est de Kapsokhori.
Λυδίας (Strab. Λουδιάς· Ptol. Λύδιος· Harpocr. Λοιδίας) ποταμός. Caraïsmak, rivière.
Πολάγιλις (leg. πόλις Αἰγαί). Vodena.
Ἄξιος ποταμός. Vardar, rivière.
Ἐχέδωρος (al. Ἐχείδωρος) ποτ. Gallico, rivière.
Θέρμη πόλις. Salonique.
Αἴνεια (al. Ania) ἑλληνίς. Sur le Kara Bouroun.
Παλλήνη ἄκρα. Presqu'île Cassandre.
Ποτίδαια πόλις. Près Pinaca.
Μένδη. Cromidi.
Ἄφυτις. Athilos.
Θράμβος (Hérodot. Θέραμβος). Près Hagia Paraskevi.
Σκιώνη. Calendria.
Καναστραιον (Herodot. Καναστραία ἄκρα· Steph. Κάναστρον) ἀκρωτήριον. Cap Paillouri.
Ὄλυνθος πόλις ἑλληνίς. Hagios Mamas.
Μηκύβερνα ἑλληνίς. Mesdjid barna.
Σερμυλία (Hérodot. Σερμύλη) ἑλληνίς. Nikili.
Σερμυλικὸς (fort. Σιθωνικὸς) κόλπος. Golfe de Monte Santo.
Τορώνη πόλις. Toron.
Δῖον ἑλληνίς. Monastère Hagios Vasilios.
Θύσος (Thucyd. Θύσσος· Strab. Θύσσα) ἑλληνίς. Monastère Hagios Grigorios.
Κλεῶναι (al. Κλεωναί) ἑλληνίς. Monastère Xeropotami.
Ἄθως ὄρος. Monte Santo.
Ἀκρόθωοι ἑλληνίς. Monastère Hagia Anna.
Χαραδρίαι ἑλληνίς. Monastère Hagia Lavra.
Ὀλόφυξος ἑλληνίς. Monastère Iviron.

44

PÉRIPLE.	MESURES données PAR LES TEXTES.			DISTANCES mesurées PAR M. LAPIE.
	Jours de navigation.	Nuits de navigation.	Stades.	Stades.
Ἄκανθος. Erissos.				
Ἄλαπτα (fort. Ἄκτα) ἑλληνίς. Libiada.				
Ἀρέθουσα ἑλληνίς. Sidero-Kapsa.				
Βολβὴ (Steph. Βοίβη) λίμνη. Lac Betchik.				
Ἀπολλωνία ἑλληνίς. Bazar Djedid.				
Παράπλους περὶ τοὺς κόλπους. De la rivière Salambria à la rivière Carasou............	"	"	"	3800
Στρυμὼν ποταμός. Carasou, rivière.				

LXVIII.

ΘΡΑΚΗ. *THRACIA.*

Sandjaks de Gallipoli, de Viza, etc.

Ἀμφίπολις. Ienikeui.
Φάγρης. Ruines près le cap Karka.
Γαληψός. Tour d'Orphano.
Οἰσύμη. Eski Cavale.
Σάγιον (leg. Σαῖοι). Environs de Saritchoban.
Θάσος νῆσος καὶ πόλις, καὶ λιμένες δύο. Ile de Tasse.
Νεάπολις. La Cavale.
Δάτον (Steph. Δᾶτον) πόλις ἑλληνίς. Datum.
Νέστος ποτ. Mesto ou Carasou, rivière.
Ἄβδηρα πόλις. Ruines sur le Baloustra Bouroun.
Κούδητος (Ælian. Κοσσινίτης) ποταμός. Rivière de Lagos.
Δίκαια. Bourikhané ou Lagos.
Μαρωνεία. Marogna.
Δρῦς. Makri.
Ζώνη. Kara Hassan Tchechmé.
Σαμοθράκη νῆσος καὶ λιμήν. Ile Semendrek ou Samothraki.
Ἕβρος ποτ. Maritza, rivière.
Δουρίσκος τεῖχος. Près d'Ouroumdjik.
Αἶνος πόλις καὶ λιμήν. Enos.
Τείχη Αἰνίων. Muri Æniorum.
Μέλας κόλπος. Golfe de Saros.
Μέλας ποτ. Cavaktchaï, rivière.
Δερὶς ἐμπόριον. Près le Paxi Bouroun.
Κόβρυς (leg. Κῶβρυς) ἐμπόριον Καρδιανῶν. Ibridji.
Κύπασις. Ruines près de Cadechis.
Ἴμβρος νῆσος καὶ πόλις. Ile Imbro.

SCYLAX.

PÉRIPLE.	MESURES données PAR LES TEXTES.			DISTANCES mesurées PAR M. LAPIE.
	Jours de navigation.	Nuits de navigation.	Stades.	Stades.
Λῆμνος νῆσος καὶ λιμήν. Ile Stalimène ou Lemnos.				
Θρακία Χερρόνησος. Chersonèse de Thrace.				
Καρδία. Cardica.				
Ἴδη. Moulin au nord de Gallipoli.				
Παιών (leg. Ἠιών). Sur un petit golfe à l'est de Tourchen Bouroun.				
Ἀλωπεκόννησος. Alexiakeui.				
Ἄραπλος. Ruines sur un petit cap au sud de Bouiouk Calafati.				
Ἐλαιοῦς. Palæo Castro, à l'est du Château d'Europe.				
Ἄβυδος (leg. Μάδυτος). Maïto.				
Σηστός. Zemenik.				
Ἐπὶ τοῦ στόματος τῆς Προποντίδος. L'entrée de la mer de Marmara..	//	//	6	106
Αἰγὸς ποταμός. Caraova, rivière.				
Κρήσσα. Hagia Paraskevi.				
Κρηθωτή (leg. Κριθωτή). Fontaine au nord de Gallipoli.				
Πακτύη. Donazlan ou Duhan Arzlar.				
Καρδία. De Donazlan à Cardica, par terre.	//	//	40	40
Ἀγορὰ πόλις. Bulair ou Boulaikeui.				
Χερρονήσου μῆκος ἐκ Καρδίας εἰς Ἐλαιοῦντα. De Cardica à Palæo Castro...........	//	//	400	470
Λευκὴ ἀκτή. Cap Kerkiriacou.				
Τειρίστασις. Peristasis.				
Ἡράκλεια. Avrascha.				
Γάνος. Ganos.				
Γανίαι. Ulémakderé ou Elmekderé.				
Νέον τεῖχος. Combaos ou Kombas.				
Πέρινθος πόλις καὶ λιμήν. Erekli.				
Δαμινὸν (fort. Καινὸν) τεῖχος. Eski Erekli.				
Σηλυμβρία πόλις καὶ λιμήν. Selivri.				
Ἀπὸ [Σηλυμβρίας ἐπὶ] στόματος τοῦ Πόντου. De Selivri à la mer Noire..............	//	//	500	600
Ἀνάπλους τόπος. Anaplus.				
Ἱερὸν (sive Jovis Urii templum). Château génois.				
Ἀφ' Ἱεροῦ δὲ, τοῦ στόματος τοῦ Πόντου εὖρος. Largeur de l'embouchure du Pont-Euxin........	//.	//	7	17
Ἀπολλωνία Sizeboli.				
Μεσημβρία. Missivri.				
Ὀδησσόπολις. Varna.				
			44.	

PÉRIPLE.	MESURES données PAR LES TEXTES.			DISTANCES mesurées PAR M. LAPIE.
	Jours de navigation.	Nuits de navigation.	Stades.	Stades.
Κάλλατις. Kartalia ou Caliaça.				
Ἴστρος ποτ. Danube, fleuve.				
Ἀπὸ Στρυμῶνος ποτ. μέχρι Σηστοῦ. Depuis Carasou, rivière, jusqu'à Zemenik, sans aller jusqu'au fond du golfe de Saros....................	2	2	″	2200
Ἀπὸ Σηστοῦ μέχρι στόματος τοῦ Πόντου. De Zemenik à l'embouchure de la mer Noire............	2	2	″	1800
Ἀπὸ τοῦ στόματος μέχρι τοῦ Ἴστρου ποτ. Du Bosphore au Danube.................	3	3	″	3620
Ὁ σύμπας περίπλους, ἀπὸ ποτ. Στρυμῶνος μέχρι τοῦ Ἴστρου ποτ. Du Carasou, rivière, au Danube...	8	8[1]	″	7400

LXIX.

ΣΚΥΘΙΑ, ΤΑΥΡΟΙ. *SCYTHIA, TAURI.*

Bessarabie, Kherson et Tauride.

PÉRIPLE.	Jours de navigation.	Nuits de navigation.	Stades.	Stades.
Τρίσσης (leg. Τύρας, sive Τύρης) ποτ. Dniester, rivière.				
Νεώτιον (Ptol. Νικώνιον · Steph. Νικωνία) πόλις. Kalaglia.				
Ὀφιοῦσα πόλις. Ovidiopol.				
Ἀκρωτήριον. Extrémité occidentale de l'île de Tendra.				
Χερρόνησος ἐμπόριον. Ruines à l'ouest de Sébastopol.				
Κριοῦ μέτωπον. Cap Aïtodor.				
Θευδοσία. Caffa.				
Κύταια. Sur le lac Osta Saraï.				
Νύμφαια. Près Kamlich Bouroun.				
Παντικάπαιον (al. Παντικάπαια). Kertch.				
Μυρμήκειον (al. Μυρμηκεῖον, sive Μυρμηκία). Kolodes Rodnik.				
Ἀπὸ Ἴστρου ἐπὶ Κριοῦ μέτωπον. De Boghtiazi Edrillis au cap Chersonèse....................	3	3	″	1900
Λευκὴ νῆσος. Ile des Serpents.				
Ἀπὸ Κριοῦ μετώπου εἰς Παντικάπαιον. Du cap Chersonèse à Kertch................	1	1		2480
Κόλπος.				
Ἀπὸ Παντικαπαίου ἐπὶ τὸ στόμα τῆς Μαιώτιδος λίμνης. De Kertch à la mer d'Azow............	″	″	20	120

---

[1] Ce devrait être 7 jours et 7 nuits pour que la somme totale fût en rapport avec le détail.

SCYLAX.

PÉRIPLE.	MESURES données PAR LES TEXTES.			DISTANCES mesurées PAR M. LAPIE.
	Jours de navigation.	Nuits de navigation.	Stades.	Stades.
Τάναϊς ποταμός. Le Don, fleuve. Παράπλους ἁπάσης τῆς Εὐρώπης. La navigation demi-circulaire de l'Europe, les nuits comprises, est de, ou, en comptant comme Scylax, 500 stades pour un jour.	153 "	" "	" 76500[1]	" 76500

LXX.

ΑΣΙΑ. ASIE.

Σαυρομάται (al. Σαρμάται) ἔθνος ἐν τῷ Πόντῳ. Peuples de Russie.
Γυναικοκρατούμενοι ἔθνος. Gynæcocratumeni.

LXXI.

ΜΑΙΩΤΑΙ. MÆOTÆ.

Μαιῶται (al. Ἰαξαμᾶται). Les Cosaques.

LXXII.

ΣΙΝΤΟΙ. SINDI.

Partie des Cosaques de la mer Noire, etc.

Φαναγόρου (al. Φαναγόρεια) πόλις. Fanagoria, à l'est de Timoutarakan ou Taman.
Κῆποι. Kichla.
Σινδικὸς λιμήν. Lac Kiziltach au nord d'Anapa.
Πάτους (Strab. Βάτα). Près le cap Isussup.

LXXIII.

ΚΕΡΚΕΤΑΙ. CERCETÆ.

Côtes des Abases.

Τορικὸς (Ptol. ἄκρα Ταρετική) καὶ λιμήν. Pchiat.

---

[1] Le développement des côtes de l'Europe, de Gibraltar à l'embouchure du Don, en suivant les golfes, est de 76,600 stades, y compris le tour de la Sicile, ce qui est parfaitement conforme au calcul de l'auteur, et est une nouvelle preuve en faveur des stades de 700 au degré. Car, si l'on mesure en stades de 600, il n'y a plus que 65,572 stades ou 131 journées environ.

PÉRIPLE.	MESURES données. PAR LES TEXTES.			DISTANCES mesurées PAR M. LAPIE.
	Jours de navigation.	Nuits de navigation.	Stades.	Stades.
LXXIV. AXAIOI. *ACHÆI.* Idem.				
LXXV. HNIOXOI. *HENIOCHI.* Côtes des Abases.				
LXXVI. ΚΟΡΑΞΟΙ. *CORAXI.* Idem.				
LXXVII. ΚΩΛΙΚΗ. *COLICA.* Idem.				
LXXVIII. ΜΕΛΑΓΧΛΑΙΝΟΙ. *MELANCHLÆNI.* Idem. Μετάσωρις ποτ. Kamisiliar, rivière. Αἰγίπιος ποτ. Kentchili, rivière.				
LXXIX. ΓΕΛΩΝΟΙ. *GELONI.* Idem.				
LXXX. ΚΟΛΧΟΙ. *COLCHI.* Partie de l'Abasie, la Mingrelie, etc. Διοσκουριὰς πόλις. Ruines au sud de Kelessouria.				

PÉRIPLE.	MESURES données PAR LES TEXTES.			DISTANCES mesurées PAR M. LAPIE.
	Jours de navigation.	Nuits de navigation.	Stades.	Stades.
Γυηνὸς (al. Τυηνὶς, sive Πυῆνις) πόλις ἑλληνίς. Ruines d'Illouri.				
Γυηνὸς ποτ. Nokoui ou Kamiche, rivière.				
Χερόβιος (fort. Arriani Χῶβος) ποτ. Goudaoua, riv.				
Χόρσος (fort. Χάριστος Arriani) ποτ. Ingouzi, rivière.				
Ἄριος (al. Χαρίεις) ποτ. Copi, rivière.				
Φᾶσις ποταμός. Phase ou Rion.				
Φᾶσις πόλις. Poti.				
Ἀνάπλους ἀνὰ τὸν ποτ. εἰς πόλιν Μάλην (al. Αἰαίην). La navigation en remontant le fleuve jusqu'à Sariaczkhoni..........................	"	"	180	180
Ῥὶς ποταμός. Tsila, riv. ?				
Leg. Ἴσις ποταμός. Tcheketil, rivière.				
Λῃστῶν ποταμός[1]. Probablement la riv. de Tchourouk.				
Ἄψαρος ποταμός. Makra Khaleh, rivière.				

LXXXI.

ΒΥΖΗΡΕΣ. BYZERES.

Sandjak de Trébisonde.

Δαραάνων ποταμός. Rivière au sud de Gounieh.
Ἀρίων ποταμός. Rivière de Khoppa.

LXXXII.

ΕΚΕΧΕΙΡΙΕΙΣ. ECECHIRIES.

Idem.

Πορδανὶς (al. Πρύτανις) ποταμός. Petite rivière à l'ouest de Vitzeh.
Ἀραβὶς (Arrian. Ἄρχαβις· Ptolem. Ἄρκαδὶς) ποτ. Arkhaoua, rivière.
Λίμνη (Ptolem. Ξυλίνη) πόλις. Vitzeh.
Ὠδεινιὸς, πόλις ἑλληνίς. Boulep ou Athina.

---

[1] Ce fleuve manque dans toutes les éditions.

PÉRIPLE.	MESURES données PAR LES TEXTES.			DISTANCES mesurées PAR M. LAPIE.
	Jours de navigation.	Nuits de navigation.	Stades.	Stades.
LXXXIII. BEXEIPOI. BECHIRI. Idem. Βεχειρικός λιμήν. Bechiricus portus. Βεχειριάς (al. Βεχειρὶς) πόλις. Makaneh.				
LXXXIV. ΜΑΚΡΟΚΕΦΑΛΟΙ. MACROCEPHALI. Sandjak de Trébisonde. Ψωρῶν λιμήν. Kaourata. Τραπεζοῦς, πόλις ἑλληνίς. Trébisonde.				
LXXXV. ΜΟΣΥΝΟΙΚΟΙ. MOSYNOECI. Idem. Ζεφύριος λιμήν. Zeffreh. Χοιράδες, πόλις ἑλληνίς. Kérésoun. Ἄρεως νῆσος. Ile à l'est de Kérésoun.				
LXXXVI. ΤΙΒΑΡΗΝΟΙ. TIBARENI. Djanik-ili.				
LXXXVII. ΧΑΛΥΒΕΣ. CHALYBES. Idem. Γενήτης, λιμὴν κλειστός. Ordou. Ἀμένεια, πόλις ἑλληνίς. Bouzouk Kaleh. Ἀσινεία (fort. Ἰασώνιον), ἀκρόπολις ἑλληνίς. Iasoun.				

SCYLAX.

PÉRIPLE.	MESURES données PAR LES TEXTES.			DISTANCES mesurées PAR M. LAPIE.
	Jours de navigation.	Nuits de navigation.	Stades.	Stades.

LXXXVIII.

ΑΣΣΥΡΙΑ. ASSYRIA.

Djanik-ili.

Θερμώδων ποταμός. Thermeh, rivière.
Θεμίσκυρα, πόλις ἑλληνίς. Thermeh.
Λύκαστος ποταμὸς καὶ πόλις ἑλληνίς. Au sud de Samsoun.
Ἅλυς (Herodot. Ἅλυς) ποτ. Kizil-Ermak, rivière.
Κάρουσσα (Marcian. Heracl. Κάρουσα) πόλις ἑλληνίς. Gherzeh.
Σινώπη πόλις ἑλληνίς. Sinope.
Κερασοῦς πόλις ἑλληνίς. Kérésoun.
Ὀχέραινος (al. Ὀχοσβάνης) ποτ. Rivière d'Ak-Liman.
Ἀρμένη πόλις ἑλληνὶς καὶ λιμήν. Ak-Liman.
Τέτρακις πόλις ἑλληνίς. Près le cap Indjeh.

LXXXIX.

ΠΑΦΛΑΓΟΝΙΑ. PAPHLAGONIA.

Sandjak de Kastamouni, etc.

Στεφάνη λιμήν. Istifan.
Κόλουσσα πόλις ἑλληνίς. Apana.
Κορωτὶς (al. Κίνωλις, sive Κίμωλις) πόλις ἑλληνίς. Sarapanda.
Κάραμβις πόλις ἑλληνίς. Cap Kerembeh.
Κύτωρος (al. Κοτύωρα) πόλις ἑλληνίς. Ruines au pied du mont Sagra.
Σησαμὸς (sive Amastris) πόλις ἑλληνίς. Amasserah.
Παρθένιος ποταμός. Partheni, rivière, ou Bainder-Sou.
Τίθιον (fort. Τήϊον) πόλις ἑλληνίς. Filios.
Ψύλλα λιμήν. Près le cap Kilimoli.
Καλλίχορος ποταμός. Kousseh, rivière.

XC.

ΜΑΡΙΑΝΔΥΝΟΙ. MARIANDYNI.

Partie du Sandjak de Boli.

Ἡράκλεια πόλις ἑλληνίς. Erekli ou Bender-Erekly.

PÉRIPLE.	MESURES données PAR LES TEXTES.			DISTANCES mesurées PAR M. LAPIE.
	Jours de navigation.	Nuits de navigation.	Stades.	Stades.
Λύκος ποταμός. Petite rivière au sud d'Erekly.				
Ὕπιος ποταμός. Kara, rivière.				
## XCI. ΒΙΘΥΝΟΙ. *BITHYNI.* Sandjak de Kodja-Ili.				
Σαγάριος (al. Σαγγάριος, sive Σάγγαρος) ποτ. Sakaria, rivière.				
Θυνιὰς νῆσος. Ile Kefken.				
Ἀρτάνης (*Marcian. Heracl.* Ἀρτάννης) ποτ. Rivière Kabakoz.				
Ῥήβας ποταμός. Riva, riv.				
Ἱερόν. Château génois.				
Χαλκηδὼν πόλις. Cadi Keui.				
Ὀλβιανὸς κόλπος. Golfe d'Isnikmid ou de Nicomédie.				
Παράπλους ἀπὸ Μαριανδυνῶν μέχρι τοῦ μυχοῦ τοῦ κόλπου τοῦ Ὀλβιανοῦ. De la rivière Oxineh à Isnikmid ou Nicomédie..................	3	"	"	2300
Ἀπὸ τοῦ στόματος τοῦ πόντου, ἕως εἰς τὸ στόμα τῆς Μαιώτιδος λίμνης. Du Bosphore à l'embouchure de la mer d'Azov par le nord.............	"	"	"	11285
A l'embouchure de la mer d'Azov par le sud..	"	"	"	11934
## XCII. ΜΥΣΙΑ. *MYSIA.* Partie du Kodja-ili.				
Κιανὸς κόλπος. Golfe de Moudania.				
Ὀλβία καὶ λιμήν. Angouri?				
Καλλίπολις καὶ λιμήν. Caterli?				
Ἀκρωτήριον τοῦ Κιανοῦ κόλπου (*sive Posidium Pr.*). Bouz-Bouroun.				
Κίος πόλις. Kios ou Kemlik.				
Κίος ποταμός. Rivière de Kios ou Kemlik-Sou.				
Παράπλους τῆς Μυσίας εἰς Κίον. D'Isnikmid ou Nicomédie à Kios ou Kemlik................	1	"	"	950

SCYLAX.

PÉRIPLE.	MESURES données PAR LES TEXTES.			DISTANCES mesurées PAR M. LAPIE.
	Jours de navigation.	Nuits de navigation.	Stades.	Stades.
XCIII. ΦΡΥΓΙΑ. *PHRYGIA.* Sandjak de Khodavendkiar. Μύρλεια πόλις ἑλληνίς. Moudania. Ῥύνδακος ποταμός. Rivière de Moukhalitch. Βέσϐικος νῆσος. Ile Kalolimni ou du Pape. Πλακίη πόλις. Iénidjé. Κύζικος. Ruines de Cyzique. Ἀρτάκη. Artaki. Προκόννησος νῆσος καὶ πόλις. Ile Marmara. Ἐλαφόννησος (sive *Halona*) νῆσος. Ile Liman Pacha. Πρίαπος πόλις. Karabougaz. Πάριον. Kemer ou Kemars. Λάμψακος. Lampsaki. Περκώτη. Bourghas. Ἄϐυδος. Ruines sur le cap Nagara. Σηστός. Ruines sur l'Ak Bachi Liman de Teket. **XCIV.** ΤΡΩΑΣ. *TROAS.* Sandjak de Biga. Δάρδανος πόλις ἑλληνίς. Ruines près de Houskeui sur les Dardanelles. Ῥοίτειον. (*Thucyd.* Ῥοίτιον). Ruines près Ghelmes Keui. Ἴλιον ἀπὸ τῆς θαλάτης. Depuis les ruines près de Tchiblak jusqu'à la mer................ Σκάμανδρος ποταμός. Mendéré-Sou. Τένεδος νῆσος καὶ λιμήν. Ile Ténédos. Τοίχη (leg. Σίγη, vel Σιγεῖον). Ieni Chehr. Ἀγχιαλεῖον (al. Ἀχαιόν, sive Ἀχαῖον). Près de Koum Kalessi. Κρατῆρες Ἀχαιῶν. *Crateres Achivorum.* Κολῶναι. Nessourak Keui. Λάρισσα. Près de Touzla. Ἀμάξιτον (al. Ἀμαξιτός). Kuran Keui. Ἱερὸν Ἀπόλλωνος. Près de Nessourak.	 ″	 ″	 25	 25

45.

PÉRIPLE.	MESURES données PAR LES TEXTES.			DISTANCES mesurées PAR M. LAPIE.
	Jours de navigation.	Nuits de navigation.	Stades.	Stades.
XCV. **ΑΙΟΛΙΣ.** *ÆOLIS.* Sandjak de Biga. Κέβρην (al. Κεβρηνὴ) πόλις. Coutchounlu Tépé. Σκῆψις πόλις. Ruines sur le Gueinimen Tchaï. Νεάνδρεια πόλις. Enaï. Πιτύεια πόλις. Pityia. Παράπλους Φρυγίας ἀπὸ Μυσίας μέχρις Ἀντάνδρου..... De Kios ou Kemlik à Antandros............	//	//	//	2625
XCVI. **ΛΕΣΒΟΣ.** *LESBUS.* Ile Mételin. Μέθυμνα πόλις. Molyvo. Ἄντισσα πόλις. Sigri. Ἐρεσσὸς πόλις. Eresso. Πύρρα πόλις καὶ λιμήν. Caloni. Μιτυλήνη πόλις λιμένας ἔχουσα δύο. Mételin. Πορδοσελήνη (Ptol. Ποροσελήνη) νῆσος καὶ πόλις. Mosko.				
XCVII. **ΛΥΔΙΑ.** *LYDIA.* Sandjaks de Carassi, de Saroukhan, de Saghala et d'Aïdin. Ἄσλυρα πόλις ἑλληνίς. Eaux chaudes à l'est d'Antandros. Ἀδραμύτιον. Edermid ou Adramiti. Χίων χώρα. *Chiorum territorium.* Ἀταρνεὺς πόλις. Dikeli Keui. Πιτάνη λιμήν. Sandarli. Κάϊκος ποταμός. Bakher Tchaï.				

SCYLAX.

PÉRIPLE.	MESURES données PAR LES TEXTES.			DISTANCES mesurées PAR M. LAPIE.
	Jours de navigation.	Nuits de navigation.	Stades.	Stades.
Ἐλαία. Cazlu.				
Γρύνειον Ἀχαιῶν λιμήν. Calabak Hissar.				
Μυρίνα πόλις καὶ λιμήν. Nemourt.				
Κύμη καὶ λιμήν. Ruines de Cume.				
Αἶγαι πόλις ἑλληνίς. Ruines près du Sarabat ou Kédous, rivière.				
Λεῦκαι καὶ λιμένες. Ruines sur la baie d'Aggria.				
Σμύρνα. Smyrne.				
Φώκαια καὶ λιμήν. Phokia.				
Ἑρμὸς ποταμός. Sarabat ou Kédous, riv.				
Κλαζομεναὶ καὶ λιμήν. Ile Saint-Jean au nord de Vourla.				
Ἐρυθραὶ καὶ λιμήν. Rytré.				
Χίος νῆσος καὶ λιμήν. Ile Chio ou Khio.				
Ἄγρα πόλις καὶ λιμήν. Port Latzata?				
Τέως πόλις καὶ λιμήν. Boudroun près de Sighadjik.				
Λέβεδος. Xingi.				
Κολοφῶν. Ruines au nord du cap Kara Aghadjik.				
Νότιον καὶ λιμήν. Ruines près le cap Kara Aghadjik.				
Ἀπόλλωνος Κλαρίου ἱερόν. Près de Zillé.				
Καΰστρος ποταμός. Kutchuk Meinder, riv.				
Ἔφεσος καὶ λιμήν. Aïa Salouk.				
Μαραθήσιον. Akhchova?				
Μαγνησία πόλις ἑλληνίς. Ienicheher et Inehbazar.				
Ἄναια. Anæa.				
Πανιώνιον. Tchangli.				
Ἐρασιστράτιος. Erasistratius.				
Χαραδροῦς. Charadrus.				
Φώκαια. Phocæa.				
Ἀκαδαμίς. Acadamis.				
Μυκάλη. Mont Samson.				
Σάμος νῆσος, καὶ πόλις καὶ λιμήν. Ile Sousam Adassi ou île Samos.				
Πριήνη πόλις λιμένας ἔχουσα δύο. Samson.				
Μαίανδρος ποταμός. Buiuk Meinder, riv.				
Παράπλους Μυσίας καὶ Λυδίας, ἀπὸ Ἀσσυρίων (fort. Ἀσσυρῶν) μέχρι Μαιάνδρου ποταμοῦ. Des Eaux-chaudes au Buiuk Meinder, riv.	2	1	″	3250

PÉRIPLE.	MESURES données PAR LES TEXTES.			DISTANCES mesurées PAR M. LAPIE.
	Jours de navigation.	Nuits de navigation.	Stades.	Stades.
XCVIII. **KAPIA.** *CARIA.* Sandjak de Mentecha.				
Ἡράκλεια πόλις ἑλληνίς. Ousa Bafi.				
Μίλητος. Palatcha.				
Μύνδος καὶ λιμήν. Mentecha.				
Ἁλικαρνασσὸς καὶ λιμήν. Boudroun.				
Κάλυμνα νῆσος. Ile Calymnos.				
Καρύανδα νῆσος καὶ πόλις καὶ λιμήν. Ile dans le golfe d'Hassan Kalessi.				
Κῶς νῆσος καὶ πόλις καὶ λιμήν. Ile de Cos ou Stan-co.				
Κεραμικὸς (*Xenophon* Κεράμειος) κόλπος. Golfe de Cos ou de Boudroun.				
Συνησὸς (*fort.* Σύμη νῆσος). Ile Symi ou Sanbiki.				
Εὖρος (*fort.* Νίσυρος) καὶ λιμήν. Ile Nisari.				
Τριόπιον ἀκρωτήριον ἱερόν. Cap Crio.				
Κνίδος πόλις. Ruines de Cnide, près du cap Crio.				
Χώρα ἡ Ῥοδίων. Probablement le territoire formant le cap Volno.				
Καῦνος. Kara Agatch.				
Καρικὴ πόλις. Cari.				
Κράγος ἀκρωτήριον. Iedi Bouroun ou les Sept-Caps.				
Ῥόδος νῆσος[1]. Ile de Rhodes.				
Ἰάλυσος πόλις. Près du cap Saint-Georges.				
Λίνδος πόλις. Lindo.				
Κάμειρος πόλις. Camiro.				
Χαλκεία νῆσος. Ile Karki ou Khalki.				
Τῆλος νῆσος. Ile Piscopi ou Tilo.				
Κάσος νῆσος. Ile Coxo ou Caso.				
Κάρπαθος νῆσος (αὕτη τρίπολις). Ile Scarpante.				
Παράπλους Καρίας, ἀπὸ Μαιάνδρου ποταμοῦ ἐπὶ τὸν Κράγον, ἀκρωτήριον. De Buiuk Meinder au Iedi Bouroun ou les Sept-Caps..............	2	"	"	2000

[1] Le manuscrit des Petits Géographes, récemment acquis par la Bibliothèque royale, fait un seul article des deux qui dans l'édition de M. Gail portent les n°s 98 et 99. Nous avons adopté cet ordre comme le véritable, puisque l'article porte le titre KAPIA, et qu'il se termine par le résumé du littoral entier de ce pays.

PÉRIPLE.	MESURES données PAR LES TEXTES.			DISTANCES mesurées PAR M. LAPIE.
	Jours de navigation.	Nuits de navigation.	Stades.	Stades.
XCIX. ΛΥΚΙΑ. *LYCIA.* Sandjaks de Meis et de Téké-ili. Τελμισσὸς καὶ λιμήν. Meis. Ξάνθος ποταμός. Etchen-tchaï. Ξάνθος πόλις. Eksenide. Πάταρα πόλις καὶ λιμήν. Patera. Φελλὸς πόλις καὶ λιμήν. Au nord d'Antiphilo. Μεγίστη νῆσος Ῥοδίων. Ile Castellorizo. Λίμυρα πόλις. Finica ou Phineka. Ποταμός. Phineka, riv. Λιγαία (*fort.* Γαγαία) πόλις. Château de Phineka. Χελιδόνιαι ἀκρωτήριον. Cap Khelidonia. Νῆσοι δύο. Iles Khelidonia. Διονυσιὰς (*al.* Διονυσία) νῆσος. Ile Grambousa. Σιδηροῦς (Stephan. Σιδαροῦς) ἀκρωτήριον καὶ λιμήν. Pointe Adratchan. Ἱερὸν Ἡφαίστου. Yanar, volcan et ruines. Φασηλὶς πόλις καὶ λιμήν. Tekrova. Ἴδυρος πόλις. Ighidler ou Ekder, près du cap Arova. Λυρνατία νῆσος. Ile Rachat. Ὀλβία (*sive Attalia*). Satalie ou Antaliah. Μάγυδος (*al. Mygdale*). Mouli n à eau sur le Douden-Sou. Καταρράκτης ποταμός. Douden-Sou ou rivière de Satalie. Πέργη πόλις. Ruines sur l'Ak-Tchaï, riv. Ἱερὸν Ἀρτέμιδος. Près l'embouchure de l'Ak-Tchaï, riv. Παράπλους ἀπὸ Λυκίας. Du Iedi Bouroun ou les Sept-Caps à la rivière Ak-Tchaï............	1	1	"	1575
C. ΠΑΜΦΥΛΙΑ. *PAMPHYLIA.* Sandjak de Téké-ili. Ἀσπενδὸς πόλις. Ruines sur la rivière Kapri.				

PÉRIPLE.	MESURES données PAR LES TEXTES.			DISTANCES mesurées PAR M. LAPIE.
	Jours de navigation.	Nuits de navigation.	Stades.	Stades.
Εὐρυμέδων ποταμός. Rivière Kapri.				
Σύλλιον (al. Σύλλειον) πόλις. Ruines entre l'Ak-Tchaï et le Kapri, riv.				
Σίδη πόλις, Κυμαίων ἀποικία, καὶ λιμήν. Eski Adalia.				
Κίϐυρα πόλις. Village au nord-ouest de Karabouroun.				
Κορακήσιον πόλις. Alaya.				
Παράπλους Παμφυλίας ἀπὸ Πέργης. De la rivière Ak-Tchaï à Sydré................	1/2	"	"	750

CI.

ΚΙΛΙΚΙΑ. *CILICIA.*

Sandjak d'Itchili.

Σελινοῦς πόλις. Selinty.
Χαραδροῦς πόλις καὶ λιμήν. Karadran.
Ἀνεμούριον ἄκρα καὶ πόλις. Cap Anamour.
Νάγιδος πόλις. Ruines au nord du château d'Anamour.
Σητὸς λιμήν. Ruines sur un petit cap.
Ποσείδειον (al. Ποσείδιον). Cap Kizliman.
Σάλον. Ruines.
Μυοῦς (*sive Mundane*). Ruines sur un petit cap.
Κελενδερὶς πόλις. Kelindreh.
Ἀφροδίσιος λιμήν. Au nord du cap Cavalier.
Λιμὴν ἕτερος. Probablement celui d'Aghaliman, autrefois *Mylæ*.
Ὄλμοι πόλις ἑλληνίς. Ruines au fond du golfe formé par le Lissan-el-Kahpeh.
Σαρπηδὼν πόλις. Ruines au nord de Lissan-el-Kahpeh.
Ἔρημος (leg. Λάτμος) πόλις καὶ ποταμός. Lamas.
Σόλοι πόλις ἑλληνίς. Mezetlu.
Ζεφύριον πόλις. Merzyn.
Πύραμος ποταμός. Ancien cours du Djihan, riv.
Μαλλὸς πόλις. Mallo.
Ἀδάνη ἐμπόριον καὶ λιμήν. Adana.
Μυρίανδρος Φοινίκων. Ruines près d'un petit cap au nord-est du cap Canzir.

PÉRIPLE.	MESURES données PAR LES TEXTES.			DISTANCES mesurées PAR M. LAPIE.
	Jours de navigation.	Nuits de navigation.	Stades.	Stades.
Θάψακος ποταμός. Peut-être le Nahr Gebere.				
Παράπλους Κιλικίας ἀπὸ τῶν Παμφυλίων ὁρίων μέχρι Θαψάκου ποταμοῦ. De Sydré au Nahr Gebere, rivière.............................	3	2	"	3550
Ἐκ Σινώπης εἰς Σόλους. De Sinope à Mezetlu, en ligne droite........................	5	"	"	3700

CII.

ΚΥΠΡΟΣ. CYPRUS.

Ile de Chypre.

Σαλαμὶς πόλις ἑλληνὶς καὶ λιμήν. Eski Famagouste ou Costanza.
Καρπάσεια. Eski Carpass ou Riso Carpasso.
Κερύνεια. Cerina.
Λάπηθος Φοινίκων. Lapta ou Lapito.
Σόλοι πόλις καὶ λιμήν. Aligora.
Μάριον (sive Arsinoë) πόλις ἑλληνίς. Bole ou Polis.
Ἀμαθοῦς. Eski Limassol.

CIII.

ΣΥΡΙΑ καὶ ΦΟΙΝΙΚΗ. SYRIA et PHOENICIA.

Sandjaks d'Alep, de Tripoli, d'Acre, et la Palestine.

Θάψακος ποταμός. Nahr Gebere, riv.
Τρίπολις Φοινίκων.
Ἄραδος νῆσος καὶ λιμήν. Ile de Ruad.
Βασιλεία Τύρου. Regia Tyri.
Τρίπολις, ἑτέρα πόλις. Tarabolos ou Tripoli.
Θεοῦ Πρόσωπον ὄρος. Probablement el Kellah.
Τῆρος (al. Τριήρης) καὶ λιμήν. Enty.
Βηρυτὸς πόλις καὶ λιμήν. Bérout.
Βορινός. Tour el Beradjem.
Πορφυρέων πόλις. Ruines près l'embouchure du Nahr Barouk.

PÉRIPLE.	MESURES données PAR LES TEXTES.			DISTANCES mesurées PAR M. LAPIE.
	Jours de navigation.	Nuits de navigation.	Stades.	Stades.
Σιδὼν πόλις καὶ λιμήν. Seïdeh.				
Ὀρνίθων πόλις Σιδωνίων (sive ad Nonum). El Ourbi près du Nahr Nosey.				
Λεόντων πόλις. Leonum civitas.				
Σάραπ]α Τυρίων πόλις. Sarfend ou Serphant.				
Τύρος (sive Sor) πόλις καὶ λιμήν. Sour.				
Παλαίτυρος πόλις καὶ ποταμός. Ruines près d'une petite rivière un peu au sud de Sour.				
Ἐκδίππων πόλις. Achzib ou Zib.				
Ἄκη πόλις (sive Ptolemaïs). Saint-Jean d'Acre.				
Βῆλος πόλις Τυρίων. Ruines près du moulin de Cherdam sur le Rahmin, riv.				
Κάρμηλος ὄρος. Mont-Carmel.				
Ἱερὸν Διός. Probablement couvent du Carmel.				
Ἄραδος (fort. Γάδαρος, sive Calamon) πόλις Σιδωνίων. Calamoun.				
Συκαμίτων πόλις Σιδωνίων. Atlit ou château des Pèlerins.				
Ποταμὸς Τυρίων.				
Δῶρος πόλις Σιδωνίων. Ruines de Dora.				
Ἰόππη. Jaffa.				
Ἀσκάλων πόλις. Askalan ou Askalon, ruines.				
Παράπλους κοίλης Συρίας...... Ἀσκάλωνος. De Nahr Gebere à Askalan, ruines..............	″	″	1700	3300

CIV.

APABIA. ARABIA.

Παράπλους Ἀραβίας, ἀπὸ Συρίας ὁρίων μέχρι σ]όματος τοῦ Νείλου ἐν Πηλουσίῳ[1]. Depuis les confins de la Syrie jusqu'à la Bouche Pélusiaque.........	″	″	1200	1200

CV.

ΑΙΓΥΠΤΙΟΙ. ÆGYPTII.

Νεῖλος ποταμός. Le Nil, fleuve.
Πηλούσιον λιμὴν καὶ βασίλειον. Tineh.

---

[1] Le manuscrit des Petits Géographes, cité plus haut, nous a fourni ici quelques détails qui manquent à toutes les éditions.

PÉRIPLE.	MESURES données PAR LES TEXTES.			DISTANCES mesurées PAR M. LAPIE.
	Jours de navigation.	Nuits de navigation.	Stades.	Stades.
Πηλουσιακὸν σ'ὁμα. Bouche de Tineh.				
Τανικόν. Bouche d'Omm-Fareg.				
Μενδήσιον. Bouche de Dybeh.				
Φατνικὸν (*Diodor.* Φατμικὸν, *Ptolem.* Παθμητικόν). Bouche de Damiette.				
Σεβεννυτικόν. Bouche de Bourlos.				
Βολβιτικὸν (*Herodot.* Βολβίτινον). Bouche de Rosette.				
Κανωπικόν. Bouche d'Edkou.				
Κάνωπος νῆσος. Ile d'Aboukir.				
Σεβεννυτικὴ λίμνη. Lac de Bourlos.				
Μέμφις. Mit Rahyneh.				
Παράπλους Αἰγύπ]ου ἀπὸ Πηλουσίου. De la Bouche de Tineh à la Bouche d'Edkou............	″	″	780	1480
Περίπλους τῆς Ἀσίας. De l'embouchure du Don à la Bouche d'Edkou....................	87	″	″	40000

CVI.

ΛΙΒΥΗ. *LIBYA.*

Ouadi Mariout et Djebel Kourmah.

Ἀδυρμαχίδαι ἔθνος. *Adyrmachidæ.*				
Ἐκ Θωνίδος εἰς Φάρον νῆσον. Des ruines sur le lac Madieh à l'ancienne île du Phare............	″	″	150	200
Μαρία λίμνη (*sive Mareotis*). Lac Mariout.				
Χερρόνησος καὶ λιμήν. Tour du Marabou.				
Παράπλους. De l'île du Phare à la tour du Marabou.....................................	″	″	200	72
Πλίνθινος (*Herodot.* Πλινθινήτης) κόλπος. Golfe des Arabes.				
Λευκὴ ἀκτή. Au sud-ouest du Ras el Kanaïs.				
De l'embouchure du golfe des Arabes jusqu'au sud-ouest du Ras el Kanaïs...............	1	1	″	1275
Jusqu'au fond du golfe....................	2	2	″	2550
Ἀπὸ Λευκῆς ἀκτῆς εἰς Λαοδαμάντειον λιμένα. Du Ras el Kanaïs au port Mahadah.................	1/2	″	″	117
Ἀπὸ Λαοδαμαντείου λιμένος εἰς Παραιτόνιον λιμένα. Du Ras el Kanaïs à Kasr Medjah............	1/2	″	″	169
Ἆπις πόλις. Kasr Boum Adjoubah.				

46.

CVII.

ΜΑΡΜΑΡΙΔΑΙ. *MARMARIDÆ.*

El Zérah, Ouadi Daphneh, etc.

PÉRIPLE.	Jours de navigation.	Nuits de navigation.	Stades.	Stades.
Ἀπὸ Ἀπιδὸς ἐπὶ Τυνδαρίους σκοπέλους. De Kasr Boum Adjoubah aux Rochers Ichailao.............	1/2	//	//	407
Πλύνοι λιμήν. Près du Ras Halem............	1/2	//	//	623
Πέτρας ὁ μέγας. Au nord de Salloume sur le golfe al Milhr................	1/2	//	//	350
Μενέλαον. Al Kuriat................	1	//	//	364
Κυρθάνειον (al. Σκυρθάνειον). Ruines à l'est de Kabaich................	1	//	//	278
Ἀντίπυγος (al. Ἀντίπυργος) λιμήν. Toubrouk.....	1/2	//	//	220
Πέτρας ὁ μικρὸς λιμήν. Magharat el Heabes.......	1/2	//	//	400
Χερρόνησοι. Ras el Tyn................	1	//	//	550
Ἀχιτίδες (al. Ἀζιρίτης, sive Ἀζιλίτης) λιμήν. Ouad Halem.				
Ἀδωνία (Ptolem. Ἀνδωρίς) νῆσος. Ile Scal.				
Πλατειαὶ νῆσος. Ile Bhurda.				
Ἀπὸ Χερρονήσου μέχρι Ἑσπερίδων. De Ras el Tyn à Ouadi el Assa.............	//	//	1500	1500
Ἀφροδισιὰς νῆσος. Ile el Hyera................	//	//	//	229
Ναύσταθμος λιμήν. Près du Ras el Heila.........	//	//	//	329
Ἀπὸ Χερρονήσου. Du Ras el Tyn à Ras el Heila....	1	//	//	750
Ἀπὸ Ναυσταθμοῦ εἰς λιμένα τὸν Κυρήνης. De près du Ras el Heila à Marsah Souza.............	//	//	100	120
Κυρήνη. Ghrennah................	//	//	80	120
Ἐκ λιμένος τῆς Κυρήνης μέχρι λιμένος τοῦ κατὰ Βάρκην. De Marsah Souza à Tolometa..........	//	//	500	646
Πόλις ἡ Βαρκαίων ἀπὸ θαλάσσης. De Tolometa à Merdjeh................	//	//	100	100
Ἐκ λιμένος τοῦ κατὰ Βάρκην ἐφ' Ἑσπερίδας. De Tolometa à Oued el Assa.............	/	//	620	130
Φυκοῦς κόλπος.				
Κῆπος τῶν Ἑσπερίδων. Oued el Assa.				
Ἄμπελος. Boutrarba.				
Χερρόνησος. A l'ouest de l'Ouad el Assa.........	//	//	//	40

PÉRIPLE.	MESURES données PAR LES TEXTES.			DISTANCES mesurées PAR M. LAPIE.
	Jours de navigation.	Nuits de navigation.	Stades.	Stades.
Ζηνερτίς. Près d'un ruisseau au nord-est de Taoukrah............	"	"	"	40
Τεύχειρα (sive *Arsinoe*). Teukera ou Taoukrah...	"	"	"	50
Καυκαλοῦ κώμη (sive *Adriane*). Soulouc.........	"	"	"	190
Ἑσπερίδες πόλις καὶ λιμήν. Benghazi...........	"	"	"	260
Ποταμὸς Ἐκκειός (*fort. leg.* ἐκχεῖται).				

CVIII.

ΝΑΣΑΜΩΝΕΣ καὶ ΜΑΚΑΙ.

NASAMONES et MACÆ.

Régence de Tripoli.

Κόλπος Σύρτις. De Benghazi au cap Tejonas où commence la grande Syrte.............	"	"	80	120
Ἀπὸ Ἑσπερίδων εἰς Νέαν πόλιν (sive *Leptim Magnam*). De Benghazi à Lebida.................	3	3	"	3500
Ἀπὸ Νέας πόλεως εἰς τὴν Σύρτιν. De Lebida à Benghazi.........................	"	"	80	120
Ἡράκλειοι θῖνες[1]. *Herculis aggeres.*				
Δρέπανον. Pointe Karkora.				
Νῆσοι Ποντιαὶ τρεῖς. Iles Gharra.				
Λεῦκαι. *Leucæ.*				
Φιλαιοῦ (leg. Φιλαίνου) βωμός. Ruines à l'O. de Mukdah.				
Ἄμμουνες ἐπίνειον. Ruines près d'un lac.				
Κίνυψ πόλις. Ruines sur la rivière Khahan.				
Κίνυψ ποταμός. Ouadi Quaam ou Khahan, riv.				
Νῆσος. Petite île au sud de la pointe Tabia.				
Βάθος τῆς Σύρτιδος ἔσω τῶν Ἑσπερίδων πρὸς τοὺς Φιλαίνου βωμούς. De Benghazi aux ruines situées à l'ouest de Mukdah................	3	3	"	1846
Ἀπὸ Κίνυφος ποταμοῦ πρὸς τὰς Λευκὰς νήσους. De la rivière Quaam aux îles Gharra	4	4	"	3600

---

[1] Cette position et les cinq suivantes manquent dans toutes les éditions. Nous les donnerons d'après l'orthographe du manuscrit de la Bibliothèque royale.

PÉRIPLE.	MESURES données PAR LES TEXTES.			DISTANCES mesurées PAR M. LAPIE.
	Jours de navigation.	Nuits de navigation.	Stades.	Stades.

CIX.

ΛΩΤΟΦΑΓΟΙ. LOTOPHAGI.

Partie des Régences de Tripoli et de Tunis.

PÉRIPLE.	Jours de navigation.	Nuits de navigation.	Stades.	Stades.
Νεάπολις (sive Leptis Magna). Lebida.				
Γαφάρα πόλις. Ouad el Demseid..............	1	"	"	350
Ἀβρότονον πόλις καὶ λιμήν (sive Turris ad Algam). Près de Tajoura.................	1	"	"	230
Ταριλία (fort. Ταριχεῖα) πόλις καὶ λιμήν¹. Marabout à l'est de Tripoli.................	1	"	"	100
Βραχείων νῆσος (al. Meninx, sive Gerba). { Longueur Ile Gerbi................... { Largeur..	" "	" "	300 "	300 150
Ἀπὸ τῆς ἠπείρου. De l'île Gerbi au continent.....	"	"	"	20
Ἀπὸ Ταριχείων εἰς τὴν νῆσον. De Zara à l'île Gerbi..	3	"	"	325
Ἔπιχος. Ouadrif?...................	1/2	"	"	180
.... (fort. Præsidium). Ruines sur la côte.	1	"	"	300
Νῆσος. Ile Surkenis.				
Κερκιτῖτις νῆσος καὶ πόλις. Ile Kerkines ou Kerkenni.	"	"	"	550
Θάψος. Sur le cap Démas..................	1	1/2	"	600
Λέπτις μικρά. Lemta.				
Ἀδρύμης. Sousa.				
Σύρτις ἡ μικρά. Petite Syrte au golfe de Cabes.				
Ἧς τὸ περίμετρον. Du cap Trigamas dans l'île Gerbi au cap Capoudia..................	"	"	2000	2000
Τριτωνὶς νῆσος (leg. λίμνη). Lac Bahyre Faraoune.				
Ἧς τὸ περίμετρον. Ce lac a de tour...........	"	"	1000	1000
Τρίτων ποταμός. Ouad el Gabs.				
Ἀθηνᾶς Τριτωνίδος ἱερόν. Gabes ou Cabes.				
Νῆσος. Ile Phla.				
Ἀδρύμης. Sousa.				
Νεάπολις. Nabal..................	3	"	"	540
Ἑρμαία ἄκρα καὶ πόλις. Cap Bon ou Ras Addar..	1	1/2	"	600
Ἀπὸ Νέας....... De Nabal à Marissa........	"	"	180	250
Ἀπὸ τοῦ ποταμοῦ εἰς Καρχηδόνα. De Marissa aux ruines de Carthage en suivant la côte........	1/2	"	"	200
Κόλπος [Carthaginiensis]. Golfe de Tunis.				

---

[1] Cette position manque dans les éditions.

SCYLAX. 367

PÉRIPLE.	MESURES données PAR LES TEXTES.			DISTANCES mesurées PAR M. LAPIE.
	Jours de navigation.	Nuits de navigation.	Stades.	Stades.
CX. ΚΑΡΧΗΔΩΝ. *CARTHAGO.* Partie de la Régence de Tunis, Alger et empire de Maroc.				
Καρχηδὼν πόλις Φιάλων. Ruines au nord-est de Tunis.				
Ἑρμαία. Cap Bon..........................	1/2	"	"	600
Κόσυρος (al. Κόσυρα, sive Κόσσυρα) νῆσος. Ile Pantellaria................	1	"	"	500
Ποντία νῆσος. Pontia insula.				
Μελίτη νῆσος καὶ πόλις. Ile de Malte.				
Γαῦλος νῆσος καὶ πόλις. Ile de Goze.				
Λαμπάς (fort. Λαμπαδούση). Ile Lampedouse.				
Ἀπὸ Κοσύρου ἐπὶ Λιλύβαιον ἀκρωτήριον Σικελίας. De l'île Pantellaria à Marsala...............	1	"	"	700
Καρχηδών. Ruines de Carthage.				
Ἰτύκη (Dion. Cass. Οὐτική) πόλις καὶ λιμήν. Bouchatter....................	1	"	"	250
Ἵππου ἄκρα. Ras Zebib....................	"	"	"	300
Ἵππου πόλις (al. Hippo Zarytus). Bizerte.				
Λίμνη [Hipponitis]. Lac de Bizerte.				
Ψέγας πόλις (fort. Κόλλοψ μέγας). Collo.				
Ναξικαὶ νῆσοι. Naxicæ insulæ.				
Πιθηκοῦσαι καὶ λιμήν. Pithecusæ.				
Εὔβοια πόλις ἐν νήσῳ. Eubæa urbs.				
Θάψα πόλις καὶ λιμήν. Mansoureah?				
Καύκακις πόλις καὶ λιμήν. Caucacis oppidum.				
Σίδα πόλις. Ruines au sud de Ras el Djennet.				
Ἰουλίου ἄκρα, πόλις καὶ λιμήν. Cherchel.				
Ἕβδομος πόλις καὶ λιμήν. Hebdomus urbs.				
Ἀκίον νῆσος. Ile Aschak?				
Ψαμαθός νῆσος καὶ πόλις. Ile Colombi?				
Βαρτάς νῆσος καὶ λιμήν. Ile Plane?				
Χάλκα (Stephan. Χάλκη) πόλις. Madagh?				
Ἀρύλων πόλις. Buzudjar?				
Μής πόλις καὶ λιμήν.				
Σίγον (sive Siga) πόλις. Ruines sur la Tafna, rivière.				
Ἄκρα νῆσος. Ile Rachgoun ou Harchgoun.				

PÉRIPLE.	MESURES données PAR LES TEXTES.			DISTANCES mesurées PAR M. LAPIE.
	Jours de navigation.	Nuits de navigation.	Stades.	Stades.
Πόλις Μεγάλη καὶ λιμήν. Melitta?				
Ἄκρος (Ptolem. Ἀκραθ) πόλις.				
Δρίναυπα νῆσος.				
Ἡρακλεία σ[ή]λη. Ceuta.				
Ἄκρα ἐν Λιβύῃ. Pta Blanca.				
Ἀπανιλύη πόλις. Alcazar?				
Γάδειρα νῆσος. Ile de Léon.				
Ἀπὸ Καρχηδόνος ἐφ' Ἡρακλέους σ[ή]λας. Des ruines de Carthage à Ceuta, sans contourner tous les golfes.........	7	7	//	10000
Ἡράκλεαι σ[ή]λαι ἀπ' ἀλλήλων. De Ceuta à Gibraltar.........	1	//	//	150
Παράπλους Λιβύης ἀπ' Αἰγύπτου τοῦ Κανωπικοῦ σ[ό]ματος, μέχρι Ἡρακλείων σ[ή]λῶν. De la Bouche d'Edkou à Ceuta, en contournant les golfes, environ.........	75	1/4	//	30500

CXI.

Ἑρμαία ἄκρα (sive Cotes). Cap Spartel.				
Ποντίον τόπος καὶ πόλις. Ruines au fond de la Cala-Grande.				
Κεφησίας λίμνη.				
Κώτης κόλπος. Cala-Grande.				
Ἱερὸν ἀκρωτήριον. Cap Saint-Vincent.				
Ἄνιδος ποταμός. Ouad Marharr.				
Λίξος (Steph. Λίγξ) ποταμός. Louccos ou el Cos, rivière.				
Λίξος πόλις Φοινίκων. Larache ou el Araiche.				
Κράβις ποταμός. Ouad Glana.				
Θυμιατηρία (Hann. Θυμιατήριον) Σολόεσα ἄκρα πόλις. Mehedia.				
Σολόεσα (leg. Σολόεις) ἄκρα. Cap Bianco.........	//	//	//	1500
Ξιῶν ποταμός (sive Vesene). Rivière Tensift.				
Αἰθίοπες Ἱεροί. Æthiopes sacri.				
Κέρνη νῆσος. Ile Alegranza.				
Ἀπὸ Ἡρακλείων σ[ή]λῶν ἐπὶ Ἑρμαίαν ἄκραν. De Ceuta au cap Spartel.........	2	//	//	500
Σολόεις ἄκρα (Ptol. Σολοεντία, Hesych. Σολουντίς). Cap Bianco.........	3	//	//	2600
Κέρνη. Ile Alegranza.........	7	//	//	5200

SCYLAX.

PÉRIPLE.	MESURES données PAR LES TEXTES.			DISTANCES mesurées PAR M. LAPIE.
	Jours de navigation.	Nuits de navigation.	Stades.	Stades.
CXII.				
Ἀπὸ Εὐρίπου, τοῦ κατὰ Χαλκίδα, ἐπὶ Γεραισ͜ιόν. Du détroit d'Egripos ou Négrepont au cap Mantelo.	"	"	7	647
Παιώνιον τῆς Ἄνδρου. Du cap Mantelo à Guardia dans l'île d'Andro.	"	"	80	80
Αὐλών. De Guardia à la Bocca Piccola.	"	"	280	280
Τῆνος. Ile de Tine.	"	"	12	12
Αὐτῆς τῆς νήσου........ ἐπὶ τὸ ἀκρωτήριον τὸ κατὰ Ῥήναιαν. La longueur de l'île de Tine est de...	"	"	150	170
Ῥήναια. De l'île de Tine à l'île Rhénée, grande Délos ou Sidili.	"	"	40	60
Μύκονος. Myconi.	"	"	40	60
Μελάντιοι σκόπελοι. Ile Stapodia ou les Frères.	1/2	"	40	60
Ἴκαρος. Ile Nicaria.	1/2	"	"	225
Ἰκάρου μῆκος. La longueur de l'île Nicaria est de...	"	"	300	250
Σάμος. De l'île Nicaria à l'île Samos ou Sousam-Adassi.	1/2	"	"	120
Σάμου μῆκος. La longueur de l'île Samos est de...	"	"	200	300
Μυκάλη. De l'île Samos au mont Samson.	"	"	7	17
De Samos à Nicaria.	"	"	"	120
De Nicaria au cap Malio, directement.	"	"	"	2000
...... ἕως Κυθήρων. Du cap Malio à l'île Cérigo.	"	"	30	130
Κυθήρων μῆκος. Longueur de l'île Cérigo.	"	"	100	200
Αἰγιλία. De l'île Cérigo à l'île Cérigotto.	1/2	"	"	200
Longueur de l'île Cérigotto.	"	"	"	50
De l'île Cérigotto à l'île de Candie.	"	"	"	220
Κρήτης μῆκος. Longueur de l'île de Candie en ligne droite.	"	"	2500	1600
Κάρπαθος. De l'île de Candie à l'île Scarpanto.	"	"	100	500
Καρπάθου μῆκος. Longueur de l'île Scarpanto.	"	"	100	300
Ῥόδος. De l'île Scarpanto à l'île de Rhodes.	"	"	100	300
Ῥόδου μῆκος. Longueur de l'île de Rhodes.	"	"	600	500
Εἰς τὴν Ἀσίαν. De l'île de Rhodes au cap Volno.	"	"	100	100
Διάφραγμα τοῦ διάπλου. Du cap Malio au cap Volno.	"	"	4000	4100

CXIII.

Iles par ordre de grandeur.

1. Σαρδώ. Sardaigne.
2. Σικελία. Sicile.

47

PÉRIPLE.	MESURES données PAR LES TEXTES.			DISTANCES mesurées PAR M. LAPIE.
	Jours de navigation.	Nuits de navigation.	Stades.	Stades.
3. Κρήτη. Candie.				
4. Κύπρος. Chypre.				
5. Εὔϐοια. Négrepont.				
6. Κύρνος. Corse.				
7. Λέσϐος. Métélin.				
8. Ῥόδος. Rhodes.				
9. Χίος. Chio.				
10. Σάμος. Samos.				
11. Κόρκυρα. Corfou.				
12. Κάσος. Caso.				
13. Κεφαληνία. Céphalonie.				
14. Νάξος. Naxie.				
15. Κῶς[1]. Cos.				
16. Ζάκυνθος. Zanthe.				
17. Λῆμνος. Stalimène.				
18. Αἴγινα. Égine.				
19. Ἴμϐρος. Imbro.				
20. Θάσος. Thasso.				

[1] Cette île et la suivante manquent dans toutes les éditions.

FIN DE SCYLAX.

ΣΤΑΔΙΑΣΜΟΣ ΤΗΣ ΘΑΛΑΣΣΗΣ.

STADIASMUS MARIS.

PÉRIPLE.	STADES donnés PAR LES TEXTES.		STADES mesurés PAR M. LAPIE.
Ἀπὸ Ἀλεξανδρείας εἰς Χερσόνησον λιμένα. D'Alexandrie à la tour du Marabou.	″	″	″
Χερσόνησος λιμήν. Tour du Marabou..................	ϛ′	2 (fors. 70)	72
Δυσμαὶ λιμήν. Une eau salée...................	ζ′	7	67
Πλινθίνη. Ruines au nord-est de la tour des Arabes........	ϛ′	6	106
Ποσίριον (fort. Ταπόσιρις), ἱερὸν τοῦ Ὀσίριδος. Abousir, ruin...	ζ′	7	7
Χῖ κώμη. Chimo, au nord du Bir-Bourden.............	ζ′	7	127
Γλαῦκος. Lamaïd, ruines, ou Erab Kulliu................	π′	80	80
Ἀντίφραι. Dresieh.........................	π′	80	180
Δέρρον. Ras Hamheite...................	ζ′	7	107
Ζέφυροι λιμήν. Ras el Heyf..................	υ′	400	200
Πεζώη (sive Pedonia). Ruines à l'ouest du Ras el Heyf......	ρι′	110	110
Μύρμηξ σκόπελος. Rocher près de la pointe Praul...........	ζ′	7	57
Τραχέα ἀκρωτήριον. Pointe Praul..................	″	″	″
Πιτυεὺς ἀκρωτήριον. Ruines à l'ouest du Ras el Heyf à Choucha.	ζ′	7	27
Φοινικοῦς. Au sud du Ras el Kanaïs..................	ρμ′	140	140
Δίδυμα νησία. Rochers.....................	″	″	″
Ἑρμαῖα (al. Ἑρμαῖον). De au sud du Ras el Kanaïs au Ras el Kanaïs	ζ′	7	47
Λευκὴ Ἀκτή. Au sud-ouest du Ras el Kanaïs............	κ′	20	20
Νησίον ἀπὸ τῆς γῆς. Petite île distante du continent.......	ϛ′	2	″
Ἱερὸν Ἀπόλλωνος.	″	″	″
Ζύγρη (al. Ζύγρις). De au sud-ouest du Ras el Kanaïs à des ruines sur la côte.	ζ′	7	97
Λαδαμαντίη (fort. Λαοδαμαντίη). Port Mahadah..........	κ′	20	20
Νῆσος μεγάλη, καὶ λιμήν...................	″	″	″
Καλάμαιον ἀκρωτήριον. Du port Mahadah au port Buchaifa....	μ′	40	40
Γραίας Γόνυ ἀκρωτήριον. Sur la pointe ouest du port Buchaifa...	θ′	9	9
Ἄρτου ἀκρωτήριον. Près de Kasr Medjah.............	ρκ′	120	120
Παραιτόνιον πόλις. Kasr Medjah, sur le Berek Marsah.......	″	″	″
Ἀπὸ Ἀλεξανδρείας εἰς Παραιτόνιον. D'Alexandrie à Kasr Medjah.	αφν′	1550	1633

STADIASMUS.

PÉRIPLE.	STADES donnés PAR LES TEXTES.		STADES mesurés PAR M. LAPIE.
Δελφῖνες. De Kasr Medjah au nord de Kasr Medjah........	ζ'	7	37
Ζέφυρον ἀκρωτήριον. Ras el Harzeit........................	ζ'	7	47
Νάτη (leg. Ἆπις) κώμη. Kasr Boun Adjoubah............	λ'	30	30
Νῆσοι [Tyndarides]. Ile Ichailao ou el Chaïry.............	ζ'	7	407
Λινύδας (al. Λινύδα) ἄκρα. Kasr Chammes...............	ο'	70	70
Ἀζύ. Esmarh..	η'	8	68
Δαρεῖον σκόπελοι. Rochers Tifarh ou Ettufaoui...........	ρκ'	120	120
Χαυταῖον. Aklem Lareca.....................................	ρμ'	140	140
Ζυγραὶ (Ptolem. Ζυγρίς). Ruines sur la côte.............	ρμ'	140	140
Ἐννεσύφορα (al. Αἰνησίσφυρα). Sikheira.................	ε'	5	65
Κατάβαθμος. Kasr Ladjedabiah............................	ρκ'	120	220
Περάους (leg. Πέτρας) s. Συκῆ. Ruines au nord de Salloume sur le golfe el Milhr................................	ρν'	150	150
De Kasr Medjah aux ruines de *Petras*..............	"	"	1494
Ἀπὸ Ἀλεξανδρείας ἕως Περάοντος (leg. Πέτραντος). D'Alexandrie aux ruines de *Petras*..................	ϛϛ'	1006	3127

ΜΑΡΜΑΡΙΚΗ. MARMARICA.

Ἀπὸ Συκῆς εἰς Πάνορμον. Des ruines de *Petras Ficus* à un petit port..	λ'	30	30
Εὐρείη. Port Soliman.......................................	ρη'	108	108
Περεύοντα (leg. Πέτραντα Μεγάλην)....................	"	"	"
Καρδάμη (al. Ἀρδανίς, sive Ἀρδάναξις). Ras el Mellah ou Ras al Milhr...	ρη'	108	108
Μενέλαος λιμήν. Al Kuriat.................................	ρ'	100	100
Κατανέων (al. Καταιόνιον). Ruines près de la riv. Djais......	"	"	170
Πυρθμάνιον (al. Σκυθράνιον, sive Κυρθάνιον). Ruines à l'est de Kabaich...	ρη'	108	108
Ἀντίπυργος. Toubrouk.....................................	σκ'	220	220
Νῆσος, καὶ ἱερὸν τοῦ Ἄμμωνος...........................	"	"	"
Μικρὰ Πετρεύοντα (leg. Πέτρας). De Toubrouk à Magharat el Heabes..	"	"	400
Βάτραχος (Ptolem. Βάθραχος). Ruines Enharit...........	λ'	30	30
Πλαταία. Ile Bhurda ou Bomba...........................	σν'	250	150
Σιδωνία νῆσος. Ile Seal....................................	λ'	30	90
Παλίουρος. De l'île Bhurda ou Bomba à Kourmat el Temineh.	"	"	100
Φαία (Ptolem. Φθία). Sur la côte nord...................	ϛ'	6	60

STADIASMUS. 373

PÉRIPLE.	STADES donnés PAR LES TEXTES.		STADES mesurés PAR M. LAPIE.
Διόνυσος. Idem..................................	ς'	6	60
Χερρόνησος. Ras el Tyn ou el Tymm...........	ς'	6	60
Νάζαρις (al. Ἀζάριον). Ouad Haleim...........	ρ'	100	200
Ζαρινή. Dernah................................	ρν'	150	150
Ζεφύριον ἄκρα. Pointe Touroa.................	ρν'	150	150
Χέρση. Ruines sur la côte.....................	ο'	70	70
Ἀφροδισίας ὅρμος..............................	//	//	//
Ἐρυθρόν. Des ruines sur la côte à Natroun....	ς'	6	60
Ναύσταθμος. Ruines près le Ras el Heila......	ο'	70	70
Ἀπολλωνία. Marsah Souza......................	ρκ'	120	120
Des ruines de *Petras* à Marsah Souza........	//	//	2524
Ἀπὸ Παραιτονίου εἰς Ἀπολλωνίαν. De Kasr Medjali à Marsah Souza.	γ,φν'	3550	4018
ΚΥΡΗΝΗ. *CYRENE.*			
Ἀπὸ Ἀπολλωνιάδος εἰς Φοινικοῦντα κώμην. De Marsah Souza au petit port à l'ouest du cap Razat......	ρ'	100	170
Ναυσὶς κώμη. Petit port.......................	ρς'	106	176
Πτολεμαΐς πόλις. Tolometa....................	σν'	250	300
Ἴλος νῆσος....................................	//	//	//
Τεύχειρα (al. Ἀρσινόη). Taoukrah ou Teukera..	σν'	250	250
Βερνικίς. Ben-ghazi...........................	τν'	350	450
Βραχέα ἀκρωτήριον.............................	//	//	//
Ἐξ Ἀπολλωνιάδος εἰς Βερνικίδα. De Marsah Souza à Ben-ghazi.	͵ανν'	1150	1346
Ῥίνια. Sur la côte............................	ξ'	60	60
Πίθος. Idem...................................	ι'	10	10
Θεοτιμαῖον. Près Kssébat......................	α'	1	11
Ἅλαι. Près el Kouebieh........................	ψι'	710	70
Βόρειον ἀκρωτήριον. Pointe Tejonas ou Teïones.	ν'	50	50
Χέρση. Près Bassouan..........................	ρμ'	140	140
ΣΥΡΤΙΣ ΚΥΡΗΝΗΣ. *SYRTIS CYRENES.*			
Ἀπὸ Χερσίου ἐπὶ τὴν Ἀμάστορα. De près Bassouan à près Irgurgad................................	ρι'	110	110
Ἡράκλειον. A l'ouest de Karkora..............	π'	80	80
Δρέπανον ἀκρωτήριον. Cap Carcora..............	ζ'	7	7
Σεραπεῖον. Près d'un lac......................	ρ'	100	100
Διαροάς. Près Rouac...........................	ν'	50	50

PÉRIPLE.	STADES donnés PAR LES TEXTES.	STADES mesurés PAR M. LAPIE.
Ἆπις. Près Rouac................................	α´	1	10
Καινὸν φρούριον. Ruines sur une petite pointe..............	ρν´	150	150
Εὔσχοινος. Près le mont Chaouan.................	ο´	70	70
Ὕφαλοι. Hammout, rochers.....................	ο´	70	70
Σκοπελίτης. Écueils en face de Rahat Isouad............	π´	80	80
Ποντία νῆσος. Ile Gharra.......................	ϛ´	2	62
Μαῖα νῆσος. Petite île.........................	ζ´	7	27
Ἀστρόχονδας. Chicbah.........................	ν´	50	50
Κροκόδειλος. Près Aïn Agan.....................	π´	80	80
Βόρειον. Tabibbi, ruines.......................	πδ´	84	84
Ἀντιδρέπανον ἀκρωτήριον. Gussur Bagrata............	κ´	20	20
Μένδριον. A l'est de Marsah Braiga.................	ν´	50	50
Κοζύνθιον. A l'ouest de Marsah Braiga...............	ρκ´	120	120
Ἀμμωνίου Πηγαί. Ruines près d'un lac...............	ρι´	110	110
Αὐτόμαλα. Esoula Mukdah......................	ρπ´	180	180
Φιλήμων (leg. Φιλαίνων) Βωμοί. Ruines près Mukdah........	ρκε´	125	125
Ἀπὸ Βερνικίδος ἕως Φιλήμων Βωμῶν. De Ben-ghazi aux ruines près Mukdah........................	ϛ´	2	1615

ΣΥΡΤΙΣ ΜΕΓΑΛΗ. SYRTIS MAGNA.

Ἀπὸ Φιλήμων Βωμῶν ἕως Φιλίππου ἄκρας. Des ruines près Mukdah au cap des Torrents..................	υ´	400	500
Ἔπηρος λιμήν. Au nord-ouest de Charfah.............	τν´	350	300
Κόραξ. Ruines sur une pointe....................	ρν´	150	150
Εὐφραντοὶ λιμήν. Ruines sur la côte.................	σ´	200	600
Δυσωπός. Idem.............................	ρν´	150	150
Ἀσπίς. Au nord de Mahadda.....................	τν´	350	350
Ταριχαῖαι. Au nord de Melfa.....................	τν´	350	350
Κεφαλαί. Cap Mesurada.......................	υ´	400	400
Λέπτις πόλις. Lebida.........................	″	″	650
Ἀπὸ Φιλίππων (fort. Φιλαίνων) Βωμοῦ εἰς Λέπτιν τὴν Μεγάλην. Des ruines près Mukdah à Lebida................	″	″	3550
Ἑρμαῖον. De Lebida à la rade....................	ε´	5	5
Ἄφορα (fort. Γάφαρα) ἄκρα. Près Ouad al Demseid........	τ´	300	330
Νεόσπορα ὅρμος............................	″	″	″
Ἀμαραίας. De près Ouad el Demseid, sur le Ouad el Ramil..	μ´	40	40
Οἰνολάδων ποταμός. Ouad el Ramil, riv..............	″	″	″

STADIASMUS.

PÉRIPLE.		STADES donnés PAR LES TEXTES.	STADES mesurés PAR M. LAPIE.
Μεγέρθις πόλις, καὶ λιμήν. Du Ouad el Ramil aux ruines sur la côte	μ´	40	40
Μακαραία. Gargach	υ´	300	400
Σαράθρα πόλις. Tripoli Vecchio	υ´	400	400

ΣΥΡΤΙΣ ΜΙΚΡΑ. SYRTIS PARVA.

Ἀπὸ Σαράθρας ἐπὶ Λοκροὺς κώμην. De Tripoli Vecchio à Kalil Dahman	τ´	300	300
Ζεύχαρις φρούριον. Macheraf	τ´	300	300
Γέργις πύργος. Zarziss	τν´	350	300
Μήνιγξ πόλις. Kasr Gerbi	ρν´	150	450
Λωτοφάγων νῆσος. Ile Gerbi	//	//	//
Μέγιστος Ἡρακλέους βωμός	//	//	//
Ἀπὸ Λέπτεως εἰς Μήνιγγα. De Lebida à Kasr Gerbi	ϛτ´	2300	2465
Ἤπειρος πόλις. Tour Agira	σ´	200	200
Κιδίφθα πόλις. Près du Ras Menodoud	ρπ´	180	180
Βακάτη (leg. Τακάπη). Cabes ou Gabs	//	//	300
Νεάπολις πόλις, καὶ λιμήν. Nabal	ρ´	100	2300
Ἀχολὴ (al. Ἀχόλλα). Sidi Ackdecha	//	//	1300
Ἀλιπότα (sive Sullectis) πόλις. Salecto	ρκ´	120	120
Κέρκινα νῆσος. Ile Kerkenna	//	//	//
Ἀπὸ τῆς Λωτοφάγου, ἥπερ ἐστὶ Μήνιγξ, ἐπὶ τὴν Κέρκιναν νῆσον. De l'île Gerbi à l'île Kerkenna	ψν´	750	750
Ἀπὸ Θίθνης εἰς Κέρκιναν. De Thaini à l'île Kerkenna	//	//	300
Θάψος. Cap Demas	ψ´	700	700
Νῆσος καὶ λιμήν	π´	80	80
Λέπτις ἡ Μικρά. Du cap Demas à Lempta	ρο´	170	100
Θερμά. Agdin	ξ´	60	60
Ἀκρωτήριον [Dionysi]. Ras Monastir	μ´	40	40
Νησία δύο (al. Tarichiæ, sive Larunesiæ insulæ). Iles Djoueries ou el Kuriat	//	//	//
Ἀδραμύτης (sive Hadrumetum) πόλις. Du Ras Monastir à Sousa	μ´	40	120
Ἀσπὶς (sive Clypea) ἀκρωτήριον. Kalybia	φ´	500	900
Ἀπὸ τοῦ κόλπου Νεαπόλεως ἐπὶ τὴν Ἀσπίδα. De Nabal à Kalybia	σ´	200	375
Θερμὰ κώμη. Brejah	ξ´	60	460
Κάρπη πόλις, καὶ λιμήν. Hammam Kourbes	ρξ´	160	160
Μάξυλα πόλις καὶ λιμήν. Rhades	κ´	20	220
Γαλάβρας ὅρμος. Sur le lac de Tunis	ν´	50	50

STADIASMUS.

PÉRIPLE.	STADES donnés PAR LES TEXTES.	STADES mesurés PAR M. LAPIE.
Καρχηδὼν πόλις, καὶ λιμήν. Cap Carthage...............	ρκ′ 120	120
Ἀπὸ Μήνιγγος, τῆς τῶν Λωτοφάγων νήσου, ἕως εἰς Καρχηδόνα. De l'île Gerbi au cap Carthage..................	φν′ 550	4260
Κάσ]ρα Κορνηλίας λιμήν. A l'ouest de Bouchatter...........	φγ′ 303	303
Οὔσ]λικα πόλις. Bouchatter........................	κδ′ 24	24
Ptolemaïs? [Saint-Jean-d'Acre]........................	″ ″	″
Aradus? [Ile Ruad]..............................	″ ″	1646
Κάρνα¹. Tortose.................................	·κδ′ 24	24
Βαλανέαι ἀκρωτήριον. Cap Kasr Merkab.................	σ′ 200	200
Πάλτον ἀκρωτήριον. Petite pointe entre les rivières Joba et Henchond ou Nahr el Melech......................	ϛ′ 6	·60
Βραχίων ἀκρωτήριον. Petite pointe de Sarr...............	ι′ ·10	10
Ἀπὸ Βαλανεῶν ἄκρας εἰς Πάλτον. Du cap Kasr Merkab aux ruines près la rivière Joba.......................	σ′ 200	60
Ἐκ Πτολεμαΐδος εἰς Πάλτον. De Saint-Jean-d'Acre aux ruines près la rivière Joba, en suivant les contours de la côte....	ϛ 2000	2000
ΚΟΙΛΗ ΣΥΡΙΑ. *COELE-SYRIA.*		
Ἀπὸ Πάλτου ἐπὶ χωρίον Πελλήτας. Des ruines près la rivière Joba à Boldo......................................	λ′ 30	30
Λιμήν. Près la rivière de Sin ou Kanierk..................	κ′ 20	20
Ἀπὸ Πελλητῶν εἰς Τάλβας (fort. Γάβαλα). De Boldo à Djebilé.	λ′ 30	30
Πλωτὸς ποταμός. Nahr Chobar, riv.....................	μ′ 40	40
Ἄκρα. Cap Ziaret ou de Latakieh.......................	σ′ 200	100
Ἀπὸ τοῦ ποταμοῦ εἰς Βαλανέας. Du Nahr Chobar à Baneas, près Kasr Merkab................................	ο′ 70	170
Λαοδίκεια. Du Nahr Chobar à Latakieh..................	σ′ 200	250
Ἡράκλεια. Bordj el Kusil............................	κ′ 20	50
Λευκὸς λιμήν. Chamach.............................	λ′ 30	30
Πασιερία κώμη. Chalmech............................	λ′ 30	50
Πολιὰ ἄκρα. Cap au sud du Nahr Gebere.................	ρκ′ 120	120
Ἀπὸ Ἡρακλείας ἐπὶ Ποσείδιον. De Bordj el Kusil à Bosseda...	ρ′ 100	280
Ἀπὸ τῆς ἄκρας τοῦ ἐπὶ Ποσειδίου εἰς πόλιν Σιδῶνα. Du cap au sud du Nahr Gebere à Larnica........................	τ′ 300	100
Θρόνος (*sive Casius*) ὄρος. Djebel Okral ou Soldin..........	″ ″	″
Ἀπὸ Σιδωνίας πόλεως εἰς Καλαδρόπολιν. De Larnica aux ruines de *Charadrus*.................................	ξ′ 60	60
Μακρὰ νῆσος. Ilot.................................	ι′ 10	10

¹ Il doit manquer ici quelque chose, car les noms qui suivent font évidemment partie de la Syrie.

STADIASMUS.

PÉRIPLE.	STADES donnés PAR LES TEXTES.	STADES mesurés PAR M. LAPIE.
Νυμφαῖον. Près l'embouchure de l'Oronte, ou el Assi, riv.... ν'	50	50
Ἀντιόχεια πόλις. Antakia ou Antioche............... υ'	400	200
Ὠρέτης (leg. Ὀρόντης) ποταμός. El Assi, riv........... ιε'	15	"
Σελεύκεια. Souediah................................ μ'	40	40
Ἀπὸ τοῦ Ποσειδίου εἰς Σελεύκειαν. De Bosséda à Souediah.... ρι'	110	110
Γεώργια. Ruines au sud du Ras el Kanzir................. ρμϛ'	142	102
Ῥωσσαῖος κόλπος. Golfe d'Alexandrette.................... τ'	300	30
Ἀπὸ τοῦ Ποσειδίου ἀκρωτηρίου ἐπὶ τὸν κόλπον. Du cap Bosséda au golfe d'Alexandrette........................... σ'	200	250
Ἀπὸ Ῥώσσου Πιερίας εἰς πόλιν Μυρίανδρον. De Rosos à Arsous. ϛ'	6	106
Ἀλεξάνδρεια κατ' Ἰσσόν. Alexandrette ou Skanderoun....... ρκ'	120	170
Κιλικίαι πύλαι. Défilé de Sakal Tutan................... σ'	200	70
Ἀπὸ Πάλτου ἕως τῶν Κιλικίων πυλῶν. Des ruines de *Paltum* au défilé de Sakal Tutan.............................. ϛφ'	2500	1250

ΚΙΛΙΚΙΑ. *CILICIA.*

Ἀπὸ τῶν Κιλικίων πυλῶν εἰς τὸ Ἱερόν. Du défilé de Sakal Tutan à Merkes, village............................... ρκ'	120	20
Ἀμινσός (fort. Ἰσσός) πόλις. Payas..................... ψ'	700	70
Ἀμμωνιακαὶ (leg. Ἀμανικαί) πύλαι. En face du défilé du mont Lokhan ou Almadagh........................... ϛ'	6	6
Κώμη. Probablement Castabala, ruines près de Karakaïa.... ν'	50	50
Ἀπὸ τοῦ Μυριάνδρου. D'Arsous à Karakaïa............... ρ'	100	400
Ἀπὸ τῶν ἄλλων εἰς πόλιν Αἰγαίας. De Karakaïa à Ayass Kalah. ρ'	100	220
Ἀπὸ τοῦ Μυριάνδρου εἰς Αἰγαίας. D'Arsous à Ayass Kalah.... ρ'	100	260
Σερετίλη κώμη. Près le cours actuel du Djehoun, riv....... ρν'	150	150
Ἀπὸ Ῥώσσου ἐπὶ τὴν Σερετίλην. De Rosos à l'ancien emplacement de Serrepolis................................ σν'	250	280
Πύραμος κώμη. Sur le Djehoun actuel................... "	"	"
Πάριον ὄρος.. ξ'	60	"
Ἀπὸ τῆς Σερετίλλεως ἐπ' ἄκραν Ἰανουαρίαν. De l'ancien emplacement de Serrepolis à une petite hauteur dans les terres, formant autrefois un cap............................. ια'	11	11
Δίδυμοι νῆσοι. Ce sont aujourd'hui des bancs de sable...... λ'	30	30
Μαλλὸς πόλις (leg. ἀκρωτήριον). Mallo................... ρ'	100	100
Ἀντιόχεια. Sur un lac salé, reste de l'ancien cours du Djehoun. ρν'	150	150
Κέφαλος. Sur la côte................................. ο'	70	70

48

PÉRIPLE.	STADES donnés PAR LES TEXTES.	STADES mesurés PAR M. LAPIE.
Πύραμος ποταμός. Ancienne embouchure du Djehoun.......	*"*	*"*	*"*
Ἀπὸ τοῦ Σκοπέλου εἰς Ἀντιόχειαν. Du cap Canzir à l'ancien emplacement d'Antioche, près d'un lac salé..............	τν'	350	350
Ἀπὸ τοῦ Πυράμου ποταμοῦ εἰς Σόλους. De l'ancienne embouchure du Djehoun à Mezetlu...............	φ'	500	500
Ἀπὸ τοῦ Πυράμου ἐπὶ τὸν ποταμὸν Ἄρτιον. De l'ancienne embouchure du Djehoun à la rivière Syhoun...............	ρκ'	120	250
Ῥηγμοί, στόμα λίμνης (sive Cydnus). Rivière de Tarsous......	ο'	70	70
Ταρσός. Tarsous..	ο'	70	170
Κύδνος ποταμός.	*"*	*"*	*"*
Ἀπὸ Ταρσοῦ ἐπὶ χωρίον Ζεφύριον. De Tarsous à Merzyn......	ρκ'	120	120
Σόλοι. Mezetlu..................................	*"*	*"*	60
Καλανθία κώμη. Château ruiné......................	ν'	50	50
Ἐλαοῦς (fort. Ἐλαιοῦς). Sur une petite rivière..............	ρ'	100	100
Σεψαούση (fort. Σεβάστη). Château ancien................	*"*	*"*	90
Κώρυκος κώμη. Ayach............................	κ'	20	30
Ἀπὸ Σόλων εἰς Κώρυκον. De Mezetlu à Ayach............	σπ'	280	280
Κωρύκιον ἀκρωτήριον. Petit cap entre Ayach et Korghos, château.	ρ'	100	*"*
Καλὸς Κορακήσιος λιμήν. Château de Korghos..............	ρκε'	125	25
Ποικίλη πέτρα. Perchendy.............................	ο'	70	70
Σελεύκεια. Selefkeh........................	*"*	*"*	100
Κάλυδνος (leg. Καλύκαδνος) ποταμός. Rivière Ghiuk.........	μ'	40	40
Σαρπηδονία ἄκρα. Lissan el Kahpeh................	π'	80	80
Καρπασίου πόλις. Eski Carpass......................	υ'	400	500
Ἀπὸ Σαρπηδονίας ἄκρας εἰς Σελεύκειαν. De Lissan el Kahpeh à Selefkeh..	ρκ'	120	120
Ὁμοίως καὶ εἰς Ὀλμούς. De Lissan el Kahpeh à des ruines au fond du golfe.....................................	ρκ'	120	75
Μύλαι ἄκρα καὶ κώμη. Aghaliman....................	μ'	40	40
Νησούλιος λιμήν. Ruines sur un petit cap près d'un îlot......	ξ'	60	30
Φιλαία χωρίον. Ruines sur la côte.......................	κ'	20	20
Ἀπὸ Μυλαίων ἐπὶ χωρίον Φιλαίαν. D'Aghaliman à des ruines sur la côte.....................................	φ'	500 ?	50
Πιτυοῦσα νῆσος. Pointe sud-ouest de l'île Manavat ou Provençale.	ρλ'	130	30
Ἀπὸ Χερρονήσου τῆς πρὸς τὴν Μύλην. Lissan el Kahpeh......	κ'	20	120
Ἀπὸ τῶν ἄκρων τῆς Πιτυούσης πρὸς τὴν Ἀφροδισιάδα. Du cap sud-ouest de l'île Manavat aux ruines situées sur l'isthme qui sépare les deux ports Cavaliere........................	με'	45	45

STADIASMUS.

PÉRIPLE.	STADES donnés PAR LES TEXTES.		STADES mesurés PAR M. LAPIE.
Ζεφύριον ἄκρα. Cap Cavaliere....................	μ'	40	20
Ἀφροδισιὰς πόλις. Port Cavaliere ouest....	μ'	40	20
Ἀπὸ τῆς Σαρπηδονίας ἄκρας εἰς Ἀφροδισιάδα. Du Lissan el Kahpeh aux ruines du port Cavaliere...................	ρκ'	120	175
Αὐλιῶν ἀκτή. Côte près d'Eski Carpass................	φ'	500	520
Ἀπὸ Ἀφροδισιάδος ἐπὶ Κίφισον χωρίον. A des ruines au fond d'un golfe...	λε'	35	35
Μέλας ποταμός. Petite rivière..................	"	"	40
Κραῦνοι ἄκρα. Cap à l'est de l'île Papadoula............	μ'	40	20
Πισούργια. Ruines sur la côte...................	με'	45	45
Κράμβουσα. Ile Papadoula.................	"	"	
Ἀπὸ τῆς Ἀφροδισιάδος ἐπὶ τὰ Πισούργια. Du port Cavaliere aux ruines de Pisurgia.............	ρκ'	120	140
Βερνίκη κόλπος. Golfe de Khelindreh...............	ν'	50	50
Κελένδερις. Khelindreh...................	"	"	50
Μανδάνη. Des ruines sur la côte...............	ρ'	100	120
Ποσείδιον ἀκρωτήριον. Cap Kizliman................	ζ'	7	47
Διονυσιφάνους. Village et ruines................	λ'	30	30
Πυγμαῖοι (fort. Ἀρύμαγδος). Ruines au nord du château d'Anamou....................................	ν'	50	75
Ἀνεμούριον. Ruines sur le cap Anamour...............	ν'	50	60
Κρομμύα ἄκρα. Cap Cormachili, île de Chypre............	τ'	300	450
Ἀπὸ Ἀνεμουρίου εἰς Πλατανοῦντα. Du cap Anamour à une petite baie.....................................	τν'	350	77
Χάραδρος χωρίον. Karadran....................	τν'	350	77
Ἄνδροκος ὄρος. Mont au nord-ouest de Karadran............	λ'	30	30
Ἀπὸ Χαράδρου ἐπὶ χωρίον Κράγον. De Karadran à des ruines sur un cap...............................	ρ'	100	100
Ζεφέλιον (fort. Νεφέλιον). Celiti Bouroun..............	κε'	25	15
Νησιαζούση ἄκρα. Cap au sud de Selinty.............	π'	80	75
Σελινοῦς. Selinty.....................	ρ'	100	20
Ἀκάμας τῆς Κύπρου. Au cap Salizano en Chypre.........	ςϛ'	1006?	806
Ἀπὸ Ἀκάμαντος (leg. Σελινοῦντος) εἰς Ναύλους. De Selinty à des ruines................................	ρκ'	120	50
Λάεργον (leg. Λάερτον) χωρίον. Alaya Vecchia............	τκ'	320	120
Κορακήσιον. Alaya.....................	ρ'	100	100
Εἰς Δύνησιν ἐπὶ χωρίον Ἀνάξιον. Khan sur une petite rivière..	π'	80	80
Αὐγαὶ χωρίον. Ruines sur la côte...............	ο'	70	70

48.

PÉRIPLE.	STADES donnés PAR LES TEXTES.	STADES mesurés PAR M. LAPIE.
Λευκόθειον ἀκρωτήριον. Kara Bouroun...............	ν'	50	50
Κυβίρρα. Près d'un village.......................	ν'	50	65
Ἀρτέμιδος ναός. A l'est de la rivière Manavgat.......	ν'	50	50
Μέλας ποταμός. Manavgat, rivière.................	θ'	9	9
Ἀπὸ Κιλικίων Πυλῶν ἕως τοῦ Μέλανος ποταμοῦ. Du défilé de Sakal Tutan à la rivière Manavgat..............	δν'	4050	3500
ΠΑΜΦΥΛΙΑ. PAMPHYLIA.		
Ἀπὸ τοῦ Μέλανος ποταμοῦ εἰς Σίδην. De la rivière Manavgat à Eski Adalia........	ν'	50	65
Ἀτ]άλεια. Satalie..............................	τν'	350	430
Ἐμπόριον. Tekrova............................	τ'	300	300
Ἀπὸ Κορακίου εἰς Σίδην. D'Alaya à Eski Adalia.......	ν'	50	384
Ἀκάμας. D'Eski Adalia au cap Salizano..............	ας'	1006?	1276
Ἀπὸ Σίδης εἰς Σελεύκειαν. D'Eski Adalia à des ruines sur un petit cap......................	π'	80	80
Εὐρυμέδων ποταμός. Lac sur la côte, reste de l'ancien cours de l'Eurymédon......................	ρ'	100	100
Κυνόσθριον. Sur la côte.......................	"	"	60
Κέσ]ρος ποταμός. A l'ancien cours du *Cestrus*, fl...........	ξ'	60	60
Πέργη πόλις................................	"	"	100
Ἀπὸ τοῦ Κέσ]ρου ἐπὶ Ῥουσκόποδα. De l'ancien cours du *Cestrus* à des ruines sur la côte....................	"	"	10
Μάσουρα. Laara..............................	ν'	50	50
Μυγδάλη. Moulin à eau........................	ο'	70	50
Ἀτ]άλεια. Satalie..............................	ι'	10	10
Τένεδος χωρίον. Sur la côte, près la rivière Arab..........	κ'	20	20
Λύρας χωρίον. Près d'Ernatia.....................	ξ'	60	60
Φάσηλις ὄρος. Tekrova.........................	"	"	220
Κώρυκος. Deliktach............................	ρ'	100	100
Φοινικοῦς. Port génois..........................	λ'	30	30
Ὄλυμπος ὄρος. Mont Adratchan..................	"	"	"
Ἐκ Φασηλίδος (fort. Φοινικοῦντος) εἰς Κράμβουσαν. Du port génois à l'île Grambousa.................	ρ'	100	100
Ποσιδαρισοῦντος χώρα. Cap au sud de la baie d'Adratchan....	λ'	30	30
Μωρὸν ὕδωρ. Sur une pointe au nord-ouest de l'île Grambousa.	λ'	30	30
Ἄκρα Ἱερά. Cap Khelidonia......................	ν'	50	50

STADIASMUS.

PÉRIPLE.	STADES donnés PAR LES TEXTES.		STADES mesurés PAR M. LAPIE.
Χελιδονία νῆσος. Iles Khelidonia....................	″	″	20
Ἀπὸ τοῦ Μέλανος ποταμοῦ ἕως Χελιδονίων. De la rivière Manavgat aux îles Khelidonia, en suivant le rivage..........	φ′	500	1075
en ligne droite.......................	χ′	600	730
Μάραι (fort. Μύραι πόλις)........................	″	″	″
Ἀπὸ τῆς Κυπρίας (leg. Ἱερᾶς) ἄκρας ἐπὶ τὸν Ἀκάμαντα. De Khelidonia au cap Salizano.	αω′	1800	1300
Ἀπὸ τοῦ Ἀνεμουρίου ἐπὶ τὰς Χελιδονίας νήσους. Du cap Anemour aux îles Khelidonia......................	ας′	1006	1376
Ἀπὸ τῆς Ἱερᾶς ἄκρας ἐπὶ Μελανίππην. Du cap Khelidonia à Hagios Stephanos......................	λ′	30	50
Γάγαι. Aladjadagh, ruines......................	ξ′	60	80
Ἀπὸ Μελανίππης ἐπὶ ποταμὸν Ἀλμυρόν. De Hagios Stephanos à la rivière Phinika.....................	ξ′	60	130
Ἀλμυρά (leg. Λιμύρα) πόλις. Phinika...............	ξ′	60	60
Ἀπὸ Μελανίππης (leg. Ἀλμυροῦ) εἰς πύργον τὸ Ἴσιον. De la rivière Phinika à la pointe Pyrgo..................	ξ′	60	120
Ἀδριακή (leg. Ἀδριάκην). Près la pointe Andraki.........	ξ′	60	30
Σόμηνα. Château d'Aghas......................	δ′	4	54
Ἄπερλαι. Ruines dans la baie d'Assar...............	ξ′	60	80
Ἀκρωτήριον. Tough Bouroun....................	″	″	50
Ἀντίφελλον. Andiphilo........................	ν′	50	50
Μεγίστη νῆσος. Ile Kastelorizo, partie ouest...........	ν′	50	50
Ῥόπη (leg. Ῥόγη) νῆσος. Ile Georgio, pointe occidentale.....	ν′	50	50
Ξεναγόρου νῆσοι. Iles Volos et Okhendra.............	τ′	300	75
Πάταρα. Patera, grandes ruines...................	ξ′	60	50
Ποταμός. Rivière Etchen.......................	ξ′	60	15
Ξάνθος πόλις. Eksenide........................	″	″	″
Πύδναι. Zeïtounlik...........................	ξ′	60	50
Ἱερὰ ἄκρα. Iedi Bouroun, ou les Sept Caps............	π′	80	80
Καλαβαττία. Ruines dans un petit golfe..............	λ′	30	30
Περδικίαι. Ruines sur une petite île................	ν′	50	100
Κισσίδαι. Ruines à l'entrée du golfe de Makry..........	ν′	50	50
Λάγουσα νῆσος. Ile des Chevaliers.................	π′	80	80
Τελεμησσός (al. Τελμισσός). Meïs..................	ε′	5	25
Πηδάλιον κατὰ τὴν Ῥύπισαν. Cap Ghinazi, en contournant le golfe de Makry..........................	σ′	200	200
Ὁμοῦ ἕως Τελεμησσοῦ. Des îles Khelidonia à Meïs........	αφ′	1500	1169

PÉRIPLE.	STADES donnés PAR LES TEXTES.	STADES mesurés PAR M. LAPIE.
KAPIA. *CARIA.*		
Ἐκ Τελεμεσσοῦ εἰς Δαίδαλα. De Meïs à des ruines sur la côte du golfe de Makry.	ν'	50	50
Καλλιμάχη. Sur la côte du golfe de Makry.	ν'	50	50
Κρούα. Sur le golfe Scopia.	ξ'	60	60
Κοχλία. Village au fond du golfe Scopia.	ν'	50	50
[Κλυδαί.] Cap Contoure.	″	″	30
Πηδάλιον. Cap Ghinazi.	λ'	30	30
Ἀγκὼν ὁ ἐπὶ τοῦ Γλαυκοῦ. Petit Port.	π'	80	80
Καυνίων Πάνορμος. Port près l'île Keughez.	ρκ'	120	120
Κυμαρία. Keughez.	ν'	50	50
Πασσάδα. Pointe Couiondji.	ξ'	60	60
Καῦνος. A l'entrée du golfe de Kara-agatch.	λ'	30	30
Ῥόπουσα. Ile Linosa ou Kara-agatch.	ιε'	15	15
Λευκόπαγος. Dans le golfe de Kara-agatch.	μ'	40	40
Ἀπὸ τῆς Ῥοπούσης εἰς Σάμον. A une presqu'île dans la baie Marmorice.	ρ'	100	100
Ποσείδιον. Cap Marmorice ou Marmora.	ξ'	60	60
Φάλαρος. Sur la côte.	ν'	50	50
Ἐλαοῦσα νῆσος. Ile Barbanicolo.	ν'	50	50
Ῥόδος. Rhodes.	ρν'	150	150
Μαλλός. Cap Karadech.	χ'	600	5600
Ἐκ Ῥόδου ἐπὶ τὸ ἱερὸν τοῦ Βυζαντίου. De Rhodes au Château génois.	χ'	600	4650
Ἐκ Ῥόδου εἰς Ἀλεξάνδρειαν. De Rhodes à Alexandrie.	δφ'	4580	3850
Ἐκ Ῥόδου εἰς Ἀσκάλωνα. De Rhodes à Ascalon, ruines.	‚γχ'	3600	5000
Ἐκ Ῥόδου εἰς Κερασίαν. De Rhodes à Kaïsarieh, ruines.	‚γχ'	3600	4750
Ἐκ Ῥόδου εἰς Βηρυτόν. De Rhodes à Berout.	‚γχ'	3600	4650
Ἐκ Ῥόδου εἰς Σιδῶνα. De Rhodes à Seïde.	‚γχ'	3600	4650
Ἐκ Ῥόδου εἰς Βύβλον. De Rhodes à Djebail.	‚γχ'	3600	4650
Ἐκ Ῥόδου εἰς Τρίπολιν. De Rhodes à Tarabolos.	‚γχ'	3600	4650
Ἐκ Ῥόδου εἰς Σελεύκειαν. De Rhodes à Souedié.	‚γχ'	3600	4650
Ἐκ Ῥόδου εἰς Κιλικίαν. De Rhodes à Selinty.	αφ'	1500	2500
Ἐκ Ῥόδου εἰς Κώρυκον. De Rhodes à Deliktach.	α'	1000	1400
Ἐκ Ῥόδου ἐπὶ τὴν Κύπρον. De Rhodes au cap Cormachiti, île de Chypre.	‚ϛω'	2800	2800
Ἐκ Ῥόδου εἰς Πάταρα. De Rhodes à Patera.	ψ	700	670

STADIASMUS.

PÉRIPLE.	STADES donnés PAR LES TEXTES.	STADES mesurés PAR M. LAPIE.
Ἐκ Ῥόδου εἰς Καῦνον. A l'entrée du golfe de Kara-agatch.....	υν′	450	270
Ἐκ Ῥόδου εἰς Ῥόπουσαν νῆσον. De Rhodes à l'île Linosa ou Kara-agatch............	τν′	350	250
Ἐκ Ῥόδου εἰς Φύσκον. De Rhodes à Marmorice.............	υν′	450	260
Ἐκ Ῥόδου εἰς Ἄγνην. De Rhodes à..................	τν′	350	″
Ἐκ Ῥόδου εἰς Κνίδον. De Rhodes au C. Crio........	ψν′	750	480
Ἐκ Ῥόδου εἰς Μήσυρον (leg. Νίσυρον). De Rhodes à l'île Nisari...	ωκ′	820	550
Ἐκ Ῥόδου εἰς Τῆλον. De Rhodes à l'île Piscopi ou Tilo........	φν′	550	425
Ἀπὸ Λεπαταλέων ἐπὶ τὸ Ποσείδιον τὸ Κάρπασον (leg. Καρπάθου).	υκ′	420	″
Ἐκ Ῥόδου εἰς τὴν Κῶ. De Rhodes à Cos.............	ωι′	850	680
Ἐκ Ῥόδου εἰς τὴν Χίον. De Rhodes à l'île de Chio..........	͵γ	3000	2000
Ἐκ Ῥόδου εἰς Μύνδον. De Rhodes à Mentecha..........	͵α	1000	920
Ἐκ Ῥόδου εἰς Σάμον. De Rhodes à l'île de Samos........	͵αω′	1800	1800
Ἐκ Ῥόδου εἰς Τένεδον. De Rhodes à l'île de Ténédos.........	͵γψ′	3700	3300
Νίσυρος νῆσος. Ile Nisari........	″	″	″
Ἀστυπάλαια. Ile Stanpalia........	″	″	″
Κῶς. Ile de Cos........	″	″	″
Λέρος. Ile Lero........	″	″	″
Ἀμοργός. Ile Amorgo........	″	″	″
Ἰός. Ile Nio........	″	″	″
Σίκινος. Ile Sikino........	″	″	″
Δάφνη (fort. leg. Ἀνάφη)........	″	″	″
Θήρα. Ile Santorin........	″	″	″
Σέριφος. Ile Serpho........	″	″	″
Κύθνος. Ile Thermia........	″	″	″
Δόνουσα........	″	″	″
Ἀπὸ Κνίδου εἰς τὴν Κῶ. Des ruines du cap Crio à Cos.......	ρπ′	180	180
Ἁλικαρνασσός. Boudroun........	ρπ′	180	240
Μύνδος. Mentecha........	σκ′	220	420
Λέρος. Ile Lero........	τν′	350	450
Ἀπὸ Μύνδου εἰς τὴν Κῶ. De Mentecha à Cos........	ρμ′	140	220
Ἀπὸ Κῶ εἰς Λέρον. De Mentecha à l'île Lero........	τν′	350	270
Ἀπὸ Κῶ εἰς Δῆλον. De l'île de Cos à l'île de Delos........	͵ατ′	1300	1300
En ligne droite........	″	″	1000
Ἀπὸ Κῶ εἰς Σάμον. De l'île de Cos à l'île de Samos........	͵α	1000	1000
En ligne droite........	″	″	600
Ὑψίρισμα. Ile Kappari........	″	″	″
Κάλυδναι (leg. Καλύμναι). Ile Calimnos........	″	″	″

PÉRIPLE.		STADES donnés PAR LES TEXTES.	STADES mesurés PAR M. LAPIE.
Κέλερις..	"	"	"
Λέρος. Ile Lero...	"	"	"
Πάτμος. Ile Patmos...	"	"	"
Ἰκαρία. Ile Nicaria...	"	"	"
Ἀμοργός. Ile Amorgo.......................................	"	"	"
Δόνουσα..	ν'	50	"
Μελάνθιοι...	"	"	"
Μύκονος. Ile Myconi.......................................	"	"	"
Δῆλος. Ile de Delos..	"	"	"
Ἀπὸ Μύνδου, ἥτις ἐστὶ διὰ τῆς Ἀττικῆς. De Mentecha au cap Colonne..	αφ'	1500	2200
Κορσικαὶ νῆσοι...	"	"	"
Τέλερος (fort. Λέρος). Ile Lero.............................	"	"	"
Κάλυδνος (sive Calymna). Ile Calimnos......................	"	"	"
Ὀρβίδα..	"	"	"
Ἀμουργία. Ile Amorgo.......................................	"	"	"
Νόσουσα (fort. Δόνουσα). Ile Raclia.........................	"	"	"
Νάξος. Ile Naxia...	"	"	"
Κύθνος. Ile Thermia..	"	"	"
ΠΛΟΥΣ ΔΙΑ ΝΗΣΩΝ. *NAVIGATIO PER INSULAS.*			
Ἀπὸ Κῶ εἰς Λέρον. De Cos à Lero............................	τκ'	320	300
Λέβινθος. Ile Levitha.......................................	σν'	250	250
Κίναρος. Ile Zinari ou Kinara...............................	φ'	500	75
Ἀμουργία. Amorgo...	πε'	85	125
Κορσία (sive Coraxia). Grande île Kouphonisi................	πε'	85	125
Μηνόα (leg. Μινώα). Ile Ronde...............................	πε'	85	85
Ναξίων Πάνορμος. Port Panorme de Naxia.....................	ξε'	65	65
Δῆλος. Delos...	υκ'	420	400
Ἀπὸ Λέρου ἐπὶ τὸ Παρθένιον. De la ville de Lero aux ruines près le mont Ankistro de Lero...................................	ξ'	60	60
Ἀπὸ Λέρου ἐπὶ τὸ τῆς Πάτμου Ἀμαζώνιον. De Lero à la pointe sud de Patmos ou Patino...................................	σ'	200	200
Κορσίαι. Centre des îles Fournis............................	υ'	400	200
Ἀπὸ τῆς ἄκρας Ἀμαζωνίου εἰς Δῆλον. Du port Scala à Delos....	ψν'	750	750
Χίος. Cap Mastico de l'île Khio ou Chio.....................	ρν'	150	650
Ἀπὸ Ἄνδρου εἰς λιμένα Τύρου. D'Andro Vecchio à Cato Castron.	π'	80	80
Ἀκρωτήριον...... Cap sud de l'île d'Andro...................	ν'	50	100

STADIASMUS.

PÉRIPLE.	STADES donnés PAR LES TEXTES.	STADES mesurés PAR M. LAPIE.
Ἄκρα. Probablement *Cregea* (*sive Geræstus*), ruines près le cap Mantelo.	υν'	450	350
Κάρυστος. Castel Rosso ou Carysto.	ρκ'	120	60
ΝΗΣΟΙ ΑΛΛΑΙ. *INSULÆ ALIÆ.*		
Ἐκ Κρεγέας εἰς Πεταλέας. Des ruines du cap Mantelo aux îles Spili ou Pétalies.	ρ'	100	130
Ἐκ Δήλου εἰς Θήραν. De Délos à l'île Santorin.	τν'	350	650
Ἐκ Δήλου ἐπὶ τὴν Ἀμουργίαν. De Délos à l'île Amorgo.	χν'	650	550
Ἐκ Δήλου εἰς Ἀνάφην. De Délos à l'île Nanphio.	ρ'	100	750
Ἐκ Δήλου εἰς Ἰόν. De Délos à l'île Nio.	χν'	650	450
Ἐκ Δήλου εἰς τὰς Κορσίας. De Délos aux îles Fournis.	χν'	650	650
Ἐκ Δήλου εἰς Κίμωλον. De Délos à l'île Kimolo ou Argentiera.	ω'	800	550
Ἐκ Δήλου εἰς Σίφνον. De Délos à l'île Siphante.	χμ'	640	400
Ἐκ Δήλου εἰς Κύθνον. De Délos à l'île Thermia.	τν'	350	450
Ἐκ Δήλου εἰς Τῆνον. De Délos à l'île de Tine.	τν'	350	100
Ἐκ Δήλου εἰς Νάξον. De Délos à l'île Naxia.	τν'	350	200
Ἐκ Δήλου ἐπὶ τὴν Δόνουσαν. De Délos à l'île Stenosa.	τκ'	320	350
Ἐκ Δήλου εἰς Πάτμον. De Délos à l'île de Patmos.	ων'	850	700
Ἐκ Δήλου ἐπὶ τὸν Μελάνθιον σκοπελόν. De Délos à l'île Stapodia.	ρπ'	180	180
Ἐκ Δήλου εἰς Καίας (*fort. Κέω*). De Délos à l'île Zéa.	τ'	300	500
Ἐκ Δήλου εἰς Ἄνδρον. De Délos à Andro Vecchio.	ω'	800	450
Ἐκ Δήλου εἰς Πάρον. De Délos à Parkia dans l'île de Paro.	υ'	400	200
Ἐκ Μύνδου εἰς Πάνορμον. De Mentecha au port Kobella.	π'	80	200
Ἐκ Μύνδου εἰς Βαρϐυλίαν. De Mentecha aux ruines sur la côte en face d'Hassan Kalessi.	σν'	250	200
Ἀπὸ Πανόρμου εἰς Ποσείδιον καὶ Ἄγκιστρον. Du port Kobella au cap Arbora.	σν'	250	40
Ἀπὸ Βαρϐυλίων εἰς Ἰασόν. Des ruines de Bargylia à Hassan Kalessi.	σκ'	220	20
Ἀκρωτήριον Ποσείδιον. Cap Arbora.	ρκ'	120	250
Ἀπὸ Ἰασοῦ ἐπὶ τὴν Ἀκρίτην. D'Hassan Kalessi à Pacha Liman.	σμ'	240	240
Πάσσαλα πηγὴ εἰς Θερετόν· ἀποϐῆναι εἰς Μύλασσαν. De Dgiovala à Melasso.	κ'	20	80
Ἀπὸ τοῦ Ποσειδίου εἰς Πάνορμον. Du cap Arbora au port Kobella.	μ'	40	40
Ἀπὸ Πανόρμου εἰς Μίλητον. Du port Kobella à Palatcha.	τ'	300	120
Ἀπὸ Φαρμακούσης εἰς Μίλητον. De l'île Farmaco à Palatcha.	ρκ'	120	220
Σάμος. Samos.	τ'	300	300

PÉRIPLE.	STADES donnés PAR LES TEXTES.	STADES mesurés PAR M. LAPIE.
Ἀπὸ Τελεμεισοῦ ἕως Μιλήτου. De Meïs à Palatcha, en suivant tous les contours.............................	͵ϛφ' 2500	3500
Ἀπὸ τοῦ Ἀκάμαντος εἰς Πάφον. Du cap Salizano à Baffa.....	τ' 300	300
Ἱερὸν Ἀφροδίτης. Fanum Veneris........................	″ ″	″
Ἀπὸ Πάφου εἰς Νουμήνιον. De Baffa à une petite île située au sud de cette ville.................................	ρκε' 125	25
Παλαίπαφος. Kouklia...................................	ρκε' 125	75
Τρῆτοι ἀκρωτήριον. Cap Blanc...........................	ν' 50	75
Κουριακόν. Piscopia...................................	″ ″	160
Ἀμαθοῦς. Eski Limassol................................	ρν' 150	280
Ἀπὸ τοῦ Κουριακοῦ ἐπὶ Καργαίας ἀκρωτήριον. Cap Pirachisia....	μ' 40	100
Πηδάλιον. Cap Melisona...............................	″ ″	620
Νῆσοι... Petites îles de Famagouste.....................	π' 80	80
Ἀμμόχωστος πόλις. Famagouste.........................	″ ″	″
Ἀπὸ τῶν νήσων εἰς Σαλαμῖνα. Des îles de Famagouste à Eski Famagouste ou Constantia...........................	ν' 50	50
Παλαιὰ κώμη. Tastria..................................	ρκ' 120	120
Φιλσοῦς. Près l'île Poro................................	τ' 300	400
Ἄκρα (al. Dinaretum). Cap Saint-André..................	ξ' 60	60
Ἱερὸν Ἀφροδίτης. Fanum Veneris........................	″ ″	″
Νῆσοι δύο...	″ ″	″
Ἀπὸ τοῦ Ἀνεμουρίου τῆς Κιλικίας ἐπὶ τὸν Ἀκάμαντα τῆς Κύπρου. Du cap Anamour au cap Salizano......................	ψ' 700	700
Ἀρσινόη τῆς Κιλικίας (leg. τῆς Κύπρου). Polis..............	σο' 270	100
Ἀπὸ τοῦ Κρομμυακοῦ ἐπὶ τὸ Μελαβρόν. Du cap Cormakitis à Cormakitis..	ν' 50	50
Σόλοι πόλις. Soli ou Aligora............................	τ' 300	200
Κυρηναῖον (leg. Κρομμυακόν). Cap Cormakitis............	τν' 350	250
Ἀπὸ Κυρηναίου (leg. Σόλων) εἰς Λάπαθον. De Soli ou Aligora à Lapithos...	υν' 450	450
Καρπάσεια. Eski Carpass...............................	τν' 350	750
Ἄκρα (sive Veneris Acraeae templum). Ruines à l'ouest du cap Saint-André...	ρ' 100	100
Ἀνεμούριον. Cap Anamour..............................	″	1000
Ὁ πᾶς περίπλους τῆς Κύπρου. Périple entier de l'île de Cypre...	͵ασι' 1250	4250
Ἀπὸ τοῦ Κουριακοῦ εἰς τὸ Πηλούσιον. Du cap Gavata ou delle Gatte à Tyneh..	͵ατ' 1300	2500
Ἀπὸ τοῦ Κήπου τῆς Κύπρου εἰς Ἀσκάλωνα. D'Yeroskipos à Ascalon.	͵γτ' 3300	2500

STADIASMUS.

PÉRIPLE.	STADES donnés PAR LES TEXTES.	STADES mesurés PAR M. LAPIE.
ΚΡΗΤΗΣ ΠΕΡΙΠΛΟΥΣ. *CRETÆ PERIPLUS.*		
Ἀπὸ τοῦ Κασίου ἐπὶ τὸ Σαμώνιον τῆς Κρήτης. De l'île Caso au cap Salamone..........	φ′ 500	350
Ἱερὸν Ἀθηνᾶς. *Fanum Minervæ.*..........	″ ″	″
Ἀπὸ Σαμωνίου εἰς Βίενον. Du cap Salamone à la pointe des 40 Saints..........	π′ 80	200
Ἀπὸ Βιένου εἰς Ἱερὰν Πύδνην. De la pointe des 40 Saints à Girapetra..........	ο′ 70	180
Χρύσεα νῆσος. Ile Gaïdouronisia..........	″ ″	120
Ἀπὸ Ἱερᾶς Πύδνης εἰς Λέβηναν. De Girapetra à Mitropoli.....	ο′ 70	530
Ὀξεῖα νησίον..........	″ ″	″
Ἀπὸ Λεβήνας εἰς Ἁλάς. De Mitropoli aux ruines près la rivière Naufrio..........	κ′ 20	20
Μάταλα πόλις. Castra Matala ou Hellenico..........	τ′ 300	150
Σουλία ἀκρωτήριον. Port des Galines..........	ξε′ 65	65
Ψυχέα. Vrysæs..........	ιϛ′ 12	52
Λάμων λιμήν. Palæocastro du port de la Sude..........	ρν′ 150	150
Ἀπὸ Πύδνης ἐπὶ τὴν Ψυχέαν. De Girapetra à Vrysæs........	τν′ 350	817
Ἀπὸ Ψυχέων ἐπὶ Ἀπολλωνιάδα. Port Sainte-Marine..........	λ′ 30	30
Φοίνιξ πόλις. Sphakia..........	ρ′ 100	100
Ἀπὸ Κλαυδίας εἰς Φοίνικα. De l'île Gozzo à Sphakia........	τ′ 300	250
Τάρρος πόλις. Ruines sur la pointe de Loutraki..........	ξ′ 60	70
Ποικιλασσὸς πόλις. A l'ouest de S. Romeli..........	ξ′ 60	160
Σύβα πόλις. A l'est de la rivière Soggia..........	ν′ 50	50
Λισσός. Castel Selino..........	″ ″	100
Καλαμύδη. Rivière Staurumena..........	σν′ 250	25
Κριοῦ Μέτωπον. Cap Crio ou Saint-Jean..........	λ′ 30	30
Βίενον. Sur la pointe Serui ou Elaphonisia..........	ιϛ′ 12	22
Φαλάσαρνα. Près Hagios Kyrghiani..........	σξ′ 260	160
Ἰουσάγουρα νῆσος. Ile Petalida..........	ξ′ 60	60
Ἱερὸν Ἀπόλλωνος. *Fanum Apollinis.*..........	″ ″	″
Μέση νῆσος. Petite île à l'ouest de Petalida..........	γ′ 3	3
Μύλη νῆσος. Ile Pondico..........	″ ″	″
Ἀπὸ Μύλης ἐπὶ τὸν Τρητόν. De l'île Pondico au cap Buso.....	ν′ 50	50
Ἀγνεῖον λιμήν. Sur la côte Ouest du golfe de Kisamos..........	ν′ 50	50
Ἱερὸν Ἀπόλλωνος. *Fanum Apollinis.*..........	″ ″	″
Μαρτῖλος κόλπος. Golfe de Kisamos..........	″ ″	″

PÉRIPLE.		STADES donnés PAR LES TEXTES.	STADES mesurés PAR M. LAPIE.
Ἀπὸ Ἀγνείου εἰς Κίσαμον πόλιν. De la côte Ouest à Kisamos....		π′ 80	70
Τύρος ἀκρωτήριον. Petit cap S. Paul..................		κε′ 25	55
Δικτύνιον. Cap Magny ou Magnes...................		π′ 80	80
Κοίτη. Goniæs ou Cogna monastère.................		ρο′ 170	110
Κυδωνία. Ierami..................................		ξ′ 60	60
Ἑσπέρα (sive Μίνω). Palæocastro. { Par mer..........		ρν′ 150	250
{ Par terre.........		ρκ′ 120	120
Λευκαὶ νῆσοι τρεῖς. Iles de la Sude...................		» »	»
Ἀπὸ τῆς Μίνωος εἰς Ἀμφιμάτριον. De Palæocastro à la rivière d'Armyro...............................		ρν′ 150	200
Λιμήν. Port d'Armyro.............................		» »	»
Ἀπὸ Ἀμφιματρίου εἰς Ὕδραμον πόλιν. De la rivière d'Armyro à Retimo...............................		ρ′ 100	100
Ἀπὸ Ἀμφιματρίου εἰς Ἐλευθέραν πόλιν. D'Armyro à Telesterna, par terre..................................		ν′ 50	80
Ἀπὸ Ἀμφιματρίου εἰς Ἀστάλην. D'Armyro à l'est de la rivière Musela..................................		λ′ 30	30
Ἐλευθέρα. Telesterna.............................		ν′ 50	50
Ἀπὸ Ἀστάλης εἰς Ἡράκλειον. De l'est de la rivière Musela à Carapinna.................................		ρ′ 100	600
Λιμήν. Près la rivière Gurnes.......................		κ′ 20	20
Μονησὸς (leg. Γνωσσὸς) πόλις. Macritichos ou Philopolis.....		» »	30
Δῖος νῆσος. De Carapinna à l'île Standie................		μ′ 40	60
Ἀπὸ τοῦ Ἡρακλείου εἰς Χερρόνησον πόλιν. De Carapinna à Maglia...................................		λ′ 30	150
Σολοῦς (leg. Ὀλοῦς). Près Milata.....................		ξ′ 60	60
Ἄκρα ἀπέχουσα ἀπὸ τῆς γῆς στάδια κ′. Pointe Morète.......		κ′ 20	20
Καμάρα. Sainte-Vénérande.........................		ιε′ 15	155
Ἑτέρα. Fort Mirabel ruiné.........................		κε′ 25	65
Κητία ἄκρα. Cap Sitia.............................		ιε′ 15	245
Διονυσιὰς, νῆσοι δύο. Iles Yanis.....................		τ′ 300	120
Ἀπὸ Διονυσιάδος εἰς τὸ Σαμώνιον. De l'île Giagnizares ou Yanitzari au cap Salamone.........................		ρκ′ 120	220

ΑΡΡΙΑΝΟΥ ΠΕΡΙΠΛΟΥΣ ΕΥΞΙΝΟΥ ΠΟΝΤΟΥ.

ARRIANI PERIPLUS PONTI EUXINI.

PÉRIPLE.		STADES donnés PAR LES TEXTES.	STADES mesurés PAR M. LAPIE.
Τραπεζοῦς. Trébizonde................................	"	"	"
Ὕσσου λιμήν. Chaouchi...............................	"	1 jour	200
Ὕσσος ποταμός. Sourmeni, rivière.....................	ρπ´	180	180
Ἀπὸ Ὕσσου λιμένος εἰς Ὄφιν. De Chaouchi à Mahaneh, riv...	ϟ´	90	90
Ψυχρὸς ποταμός. Petite rivière........................	λ´	30	30
Καλὸς ποταμός. Cala, rivière..........................	λ´	30	30
Ῥίζιος ποταμός. Rizeh, rivière.........................	ρκ´	120	120
Ἄσκουρος ποταμός. Petite rivière......................	λ´	30	30
Ἀδῆνος ποταμός. Petite rivière........................	ξ´	60	60
Ἀθῆναι. Boulep ou Athina............................	ρπ´	180	180
Ζάγατις ποταμός. Soouk, rivière......................	ζ´	7	17
Πρύτανις ποταμός, ἀπὸ τῶν Ἀθηνῶν. Rivière à l'ouest de Vitzeh.	μ´	40	40
Ἀγχιάλου βασίλεια. Anchiali regia......................	"	"	"
Πυξίτης ποταμός. De la petite rivière à l'ouest de Vitzeh à Abou-sou, rivière..................................	ϟ´	90	90
Ἀρχαβις ποταμός. Arkaoua, rivière....................	ϟ´	90	90
Ἄψαρος. Gounieh...................................	ξ´	60	160
Ἄκαμψις. Tchorok, rivière...........................	ιε´	15	15
Βαθὺς ποταμός. Rivière de Batoum....................	οε´	75	75
Ἀκινάσης. Rivière Khoulessi..........................	ϟ´	90	90
Ἶσις. Tcheketil, rivière...............................	ϟ´	90	90
Μῶγρος. Grigorjeti ou Soupsa, rivière.................	ϟ´	90	90
Φᾶσις. Phase ou Rion, rivière........................	ϟ´	90	90
Ἀπὸ τοῦ Φάσιδος Χαρίεντα ποταμόν. Du Phase à la riv. Khopi..	ϟ´	90	90
Χῶβος ποταμός. Ingouzi, rivière......................	ϟ´	90	90
Σιγγάμης ποταμός. Goudaoua, rivière..................	σι´	210	210
Ταρσούρας ποταμός. Mokwa, rivière...................	ρκ´	120	120
Ἵππος ποταμός. Petite rivière.........................	ρν´	150	50
Ἀστέλεφος ποταμός. Tamych, rivière..................	λ´	30	30

PÉRIPLE.	STADES donnés PAR LES TEXTES.	STADES mesurés PAR M. LAPIE.
Σεβαστόπολις (sive Dioscurias). Ruines d'Iskouria..........	ρκ´ 120	20
Ἀπὸ Χώβου εἰς Σεβαστόπολιν. De la rivière Ingouzi aux ruines d'Iskouria...................	χλ´ 630	430
Ἀπὸ Τραπεζοῦντος εἰς Σεβαστόπολιν. De Trébizonde aux ruines de Sébastopole................	͵βσξ´ 2260	2177
Τραπεζούντιοι. Trapezuntii................	" "	"
Κόλχοι. Colchi................	" "	"
Δρίλλαι, καὶ Σάννοι. Drillæ et Sanni........	" "	"
Μαχέλονες. Machelones................	" "	"
Ἡνίοχοι. Heniochi................	" "	"
Ζυδρεῖται. Zydretæ................	" "	"
Λάζαι. Lazi................	" "	"
Ἀψίλαι. Apsilæ................	" "	"
Ἀβασκοί. Abasci................	" "	"
Σανίγαι. Sanigæ................	" "	"
Στρόβιλος κορυφὴ Καυκάσου. Mont Caucase........	" "	"
Διὸς Οὐρίου ναός. Château Génois........	" "	"
Βυζάντιον. Constantinople................	ρκ´ 120	120
Ῥήβας ποταμὸς διέχων τοῦ Ἱεροῦ τοῦ Διός. Du Château Génois à la rivière Riva................	ϟ´ 90	90
Μέλαινα ἄκρα. Près Kerman Kiahia................	ρν´ 150	150
Ἀρτάνης ποταμός. Kabakoz, rivière........	ρν´ 150	150
Ψίλις ποταμός. Petite rivière................	ρν´ 150	150
Κάλπης λιμήν. Port Calpé................	σι´ 210	110
Ῥόη ὅρμος. Koumdjighaz................	κ´ 20	20
Ἀπολλωνία νῆσος μικρά. Ile Kefken................	κ´ 20	40
Χηλαί. A l'est du cap Kirpen................	κ´ 20	20
Σαγγάριος ποταμός. Sakaria, rivière........	ρπ´ 180	180
Ὑππίου ἐκβολαί. Kara, rivière........	ρπ´ 180	180
Λίλλιον ἐμπόριον. Kerem-Uddin................	ρ´ 100	100
Ἐλαῖος [ποταμός]. Halebli, rivière........	ξ´ 60	60
Κάλης ἐμπόριον. Petite rivière................	ρκ´ 120	20
Λύκος ποταμός. Rivière d'Erekli........	π´ 80	80
Ἡράκλεια πόλις ἑλληνίς. Bender Erekli........	κ´ 20	20
Μητρῷον. Près le cap Baba................	π´ 80	80
Ποσίδειον. A l'ouest de la rivière Kousseh........	μ´ 40	40
Τυνδαρίδες. A l'est de la rivière Kousseh........	με´ 45	45
Νυμφαῖον. Ruines sur la côte................	ιε´ 15	15

PÉRIPLE.	STADES donnés PAR LES TEXTES.		STADES mesurés PAR M. LAPIE.
Ὀξείνας ποταμός. Rivière Oxineh ou Euksineh............	λ'	30	30
Σανδαράκη. A l'embouchure du Tcharouk, rivière..........	ϛ'	90	40
Κρηνίδες. Ruines sur la côte......................	ξ'	60	30
Ψύλλα ἐμπόριον. Sur le cap Kilimoli.................	λ'	30	30
Τίος πόλις ἑλληνίς. Filios.........................	ϛ'	90	90
Βιλλαῖος ποταμός. Rivière Filios.....................	κ'	20	20
Παρθένιος ποταμός. Partheni, rivière.................	ρ'	100	130
Ἀμασῒρις πόλις ἑλληνίς. Amasrah ou Amasserah..........	ϛ'	90	90
Ἐρυθῖνοι. Ruines à l'ouest de la rivière Tchakroun........	ξ'	60	60
Κράμνα. Près Delikli Kili.........................	ξ'	60	90
Κύτωρος. Ruines au pied du mont Sagra..............	ϛ'	90	90
Αἰγιαλοί. Karoudja Kileh..........................	ξ'	60	60
Θύμηνα. Kara Agatch............................	ϛ'	90	110
Κάραμβις. Cap Kerembeh..........................	ρκ'	120	120
Ζεφύριον. Près Messet............................	ξ'	60	60
Ἀβώνου τεῖχος, πόλις. Ineboli......................	ρν'	150	150
Αἰγινήτης. A l'est de Kinla........................	ρν'	150	150
Κίνωλις ἐμπόριον. Sarapanda.......................	ξ'	60	60
Στεφάνη. Istifan.................................	ρπ'	180	180
Ποταμοί. Petite rivière...........................	ρν'	150	150
Λεπτὴ ἄκρα. Cap Indjeh..........................	ρκ'	120	120
Ἀρμένη λιμήν. Ak Liman.........................	ξ'	60	67
Σινώπη. Sinope..................................	μ'	40	40
Κάρουσα. Gherzeh................................	ρν'	150	150
Ζάγωρα. Ruines sur la côte........................	ρν'	150	160
Ἅλυς ποταμός. Kizil-Ermak, rivière..................	τ'	300	300
Ναύσταθμος. Bafra...............................	ϛ'	90	90
Κωνωπεῖον. Koumdjughaz.........................	ν'	50	50
Εὐσήνη. Près le cap Kalem........................	ρκ'	120	120
Ἀμισός, πόλις ἑλληνίς. Samsoun....................	ρξ'	160	160
Ἀγκὼν λιμήν. A l'embouchure du Djekyl Ermak.........	ρξ'	160	160
Ἶρις ποταμός. Djekyl Ermak, rivière.................	//	//	//
Ἡράκλειον ὅρμος. Cap Termeh......................	τξ'	360	200
Θερμώδων ποταμός. Rivière Termeh..................	μ'	40	40
Βῆρις ποταμός. Rivière Melitchermeh.................	ϛ'	90	90
Θόαρις ποταμός. Rivière Askyda.....................	ξ'	60	60
Οἰνόη. Eunieh...................................	λ'	30	30
Φιγαμοῦς ποταμός. Petite rivière....................	μ'	40	40

PÉRIPLE.	STADES donnés PAR LES TEXTES.	STADES mesurés PAR M. LAPIE.
Φαδισάνη φρούριον. Fatsah............	ρν' 150	80
Πολεμώνιον πόλις. Ruines à l'est de Fatsah...........	ι' 10	10
Ἰασόνιον ἄκρα. Cap Iasoun............	ρλ' 130	130
Κιλίκων νῆσος. Petite île près le cap Iasoun...........	ιε' 15	15
Βοῶν. Cap Vona...........	οε' 75	75
Κοτύωρα κώμη. Bouzouk Kaleh...........	ϟ' 90	90
Μελάνθιος ποταμός. Rivière d'Ordou...........	ξ' 60	60
Φαρματηνός ποταμός. Rivière Baydar...........	ρν' 150	150
Φαρνακεία, ἡ πάλαι Κερασοῦς. Kérésoun...........	ρκ' 120	120
Ἀρητιάς νῆσος. Petite île à l'est de Kérésoun...........	λ' 30	30
Ζεφύριον ὅρμος. Cap Zéphyra ou Zeffreh...........	ρκ' 120	120
Τρίπολις. Tiréboli...........	ϟ' 90	90
Ἀργύρια. Sur la côte...........	κ' 20	20
Φιλοκάλεια. Héléhou...........	ϟ' 90	90
Κόραλλα. Kourély ou Skiéfé...........	ρ' 100	100
Ἱερὸν ὄρος. Aktché Kaleh...........	ρν' 150	150
Κορδύλη ὅρμος. Platana...........	μ' 40	40
Ἑρμώνασσα. Sur la côte...........	με' 45	45
Τραπεζοῦς. Trébizonde...........	ξ' 60	60
Διοσκουριάς, ἡ νῦν Σεβαστόπολις. Ruines d'Iskouria...........	͵βσξ' 2260	2177
Πιτυοῦς ὅρμος. Pitsiounta...........	τν' 350	350
Νιτική. Sur la rivière Massir...........	ρν' 150	54
Ἄβασκος ποταμός. Kapethi-tchale ou Kentchili, rivière...........	ϟ' 90	90
Βόργυς. Kamyszlar...........	ρκ' 120	120
Νῆσις, καὶ Ἡράκλειον ἄκρα. Ruines à l'est du cap Zenghi...........	ξ' 60	60
Μασαϊτική. Ruines à l'embouchure d'une petite rivière...........	ϟ' 90	90
Ἀχαιοῦς ποταμός. Souczali ou Soutchali, rivière...........	ξ' 60	60
Ἡράκλεια ἄκρα. Cap au sud de Mamai...........	ρν' 150	150
Ἄκρα. Cap au sud-est de Vardan...........	ρπ' 180	180
Παλαιὰ Λαζική. Soubachi...........	ρκ' 120	120
Παλαιὰ Ἀχαία. Kodos...........	ρν' 150	150
Πάγραι λιμήν. Ghélindjik...........	τν' 350	350
Ἱερὸς λιμήν. Soudjouk Kaleh...........	ρπ' 180	180
Σινδική. Anapa...........	τ' 300	300
Παντικάπαιον πόλις. Kertch...........	φμ' 540	540
Τάναϊς ποταμός. Détroit d'Iénikalé...........	ξ' 60	60
Τῆς λίμνης τῆς Μαιώτιδος περίπλους. Le tour de la mer d'Azov est d'environ...........	͵θ 9000	6000

ARRIANUS.

PÉRIPLE.		STADES donnés PAR LES TEXTES.	STADES mesurés PAR M. LAPIE.
Ἀπὸ Παντικαπαίου εἰς κώμην Καζέκα. De Kertch à Katchik....	υ΄	420	520
Θεοδοσία πόλις. Kaffa............	σπ΄	280	280
Σκυθοταύρων λιμήν. Otous........	σ΄	200	200
Λαμπὰς τῆς Ταυρικῆς. Lambat......	χ΄	600	600
Συμβόλου λιμὴν Ταυρικός. Balaklava........	φκ΄	520	520
Χερρόνησος τῆς Ταυρικῆς. Ruines à l'ouest de Sébastopol......	ρπ΄	180	180
Κερκινῖτις. Golfe Kerkinit...........	χ΄	600	1000
Καλὸς λιμήν. Anitzifirova.........	ψ΄	700	700
Ταμυράκη. Sur le Kosa Djaridgatch......	τ΄	300	300
Ἐκροαὶ τῆς λίμνης. A l'ouest du cap Staroskolskoï.........	τ΄	300	300
Ἧσαι. Balise, à l'extrémité ouest de l'île Tender ou Tendra...	τπ΄	380	380
Βορυσθένης ποταμός. Embouchure du Dniéper, près le fort Kilbourn.......	ρν΄	150	200
Ὀλβία πόλις ἑλληνίς. Au sud de Kislakovo...........	"	"	"
Ἀπὸ Βορυσθένους ἐπὶ νῆσον σμικράν. Du Dniéper à l'île Bérézan..	ξ΄	60	60
Ὀδησσός. Karabach........	π΄	80	80
Ἰστριανῶν λιμήν. Au nord d'Odessa........	σν΄	250	250
Ἰσιακῶν λιμήν. Malaïa Fontan........	ν΄	50	90
Ψιλὸν στόμα τοῦ Ἴστρου. Bouche de Kilia........	ασ΄	1200	1250
Ἀχιλλέως νῆσος, ἢ καὶ Δρόμος Ἀχιλλέως, ἢ Λευκή. Ilan Adasi ou île des Serpents........	"	"	"
Ἀπὸ τοῦ Ψιλοῦ εἰς τὸ δεύτερον στόμα. De la bouche de Kilia à une seconde qui n'existe plus........	ξ΄	60	60
Καλὸν στόμα. Bouche de Stamboul........	μ΄	40	40
Νάρακον στόμα. Bouche Sunné........	ξ΄	60	100
Πέμπτον στόμα. Bouche Edrillis........	ρκ΄	120	200
Ἰστρία πόλις. Kargalik ou Kargolik........	φ΄	500	500
Τομέαι πόλις. Ieni Pangola ou Tomisvar........	τ΄	300	300
Καλλαντία πόλις. Kartalia........	τ΄	300	250
Καρῶν λιμήν. Près Tchabler Bouroun........	ρπ΄	180	120
Τετρισιάς. Cap Kalakria ou Gulgrad Bouroun........	ρκ΄	120	120
Βίζον. Kavarna ou Ekerné........	ξ΄	60	60
Διονυσόπολις. Baltchik ou Balcsik........	π΄	80	80
Ὀδησσός. Varna........	σ΄	200	200
Αἵμου αἱ ὑπώρειαι. Cap Emineh........	τξ΄	360	360
Μεσημβρία πόλις. Missivri........	ϟ΄	90	90
Ἀγχίαλος πόλις. Ahioli........	ο΄	70	70
Ἀπολλωνία. Sizeboli. En entrant dans le golfe........	ρπ΄	180	180

PÉRIPLE.	STADES donnés PAR LES TEXTES.		STADES mesurés PAR M. LAPIE.
En ligne droite..................................	´	″	100
Χερρόνησος. Baglar Altoun.....................	ξ´	60	60
Αὐλαίου τεῖχος. Akhteboli......................	σν´	250	250
Θυνιὰς ἀκτή. Cap Aïnada ou Kouri	ρκ´	120	150
Σαλμυδησσός. Midiah...........................	σ´	200	200
Φρυγία. Ialandi Boghaz près le lac Derkous......	τλ´	330	310
Κυάνεαι. Petite île près Fanaraki................	τκ´	320	320
Ἱερὸν τοῦ Διὸς τοῦ Οὐρίου. Château génois.......	μ´	40	40
Λιμὴν Δάφνης, τῆς Μαινομένης καλουμένης. Stenia ou Istenia...	μ´	40	40
Βυζάντιον. Constantinople......................	π´	80	80

ΑΝΩΝΥΜΟΥ ΠΕΡΙΠΛΟΥΣ ΕΥΞΕΙΝΟΥ ΠΟΝΤΟΥ.

ANONYMI PERIPLUS EUXINI PONTI.

ANONYMUS Λ.

PÉRIPLE.	MESURES données PAR LES TEXTES.		DISTANCES mesurées PAR M. LAPIE.	
	Stades.	Milles.	Stades.	Milles.
Βυζαντιον. Constantinople....................	//	//	//	//
Ἱερὸν τοῦ Διὸς τοῦ Οὐρίου. Château génois.......	120	16	120	12 $\frac{2}{3}$
Ῥήβας ποταμός. Riva, rivière................	90	12	90	9 $\frac{1}{2}$
Μέλαινα, ἡ νῦν Καλίνακρος. Près Kerman Kiahia..	150	20	150	16
Ἀρτάνος ποταμὸς καὶ χωρίον. Rivière Kabakoz.....	150	20	150	16
Ψιλλὶς ποταμὸς καὶ χωρίον. Petite rivière........	150	20	150	16
Κάλπης λιμὴν καὶ ποταμός. Port Calpé..........	220	28	110	11 $\frac{2}{3}$
Ῥόη. Koumdjighaz.......................	20	2	20	2 $\frac{1}{4}$
Ἀπολλωνία νῆσος, ἡ νῦν Δάφνη. Ile Kefken......	20	2 $\frac{2}{3}$	40	4 $\frac{1}{2}$
Χηλαὶ Μηδιανῶν. A l'est du cap Kirpen........	20	2 $\frac{2}{3}$	20	2 $\frac{1}{4}$
Σαγγάριος ποταμός. Rivière Sakaria...........	180	24	180	19 $\frac{1}{4}$
Ὕπιος ποταμός. Rivière Kara................	180	24	180	19 $\frac{1}{4}$
Δία πόλις. Melin........................	60	8	60	6 $\frac{1}{2}$
Διλεοῦς ἐμπόριον. Kerem-uddin...............	40	5	40	4 $\frac{1}{3}$
Ἐλαιοῦς ἐμπόριον καὶ ποταμός. Petite rivière.....	60	8	60	6 $\frac{1}{2}$
Κάλης ποταμός. Rivière Halebli..............	//	//	120	11 $\frac{1}{2}$
Λύκος ποταμός. Rivière d'Erekli..............	80	10 $\frac{2}{3}$	20	8 $\frac{2}{3}$
Ἡράκλεια πόλις ἑλληνὶς δωρική. Bender Erekli...	19	2 $\frac{2}{3}$	80	2 $\frac{1}{4}$
Ἀπὸ τοῦ Ἱεροῦ ἕως Ἡρακλείας. Du Château génois à Bender Erekli.....................	1550	206 $\frac{2}{3}$	1370	145
En ligne droite.......................	1200	160	1200	128
Ἀπολλωνία κατ' ἀντικρὺς τῆς Σωζοπόλεως. Sizeboli...............................	1000	133 $\frac{2}{3}$	2075	225
Ἀπὸ Ἡρακλείας πόλεως ἐπὶ τὸ Μητρῷον, τὸ νῦν Αὐλία. Près le cap Baba..................	80	10 $\frac{2}{3}$	80	8 $\frac{2}{3}$

50.

PÉRIPLE.	MESURES données PAR LES TEXTES. Stades.	Milles.	DISTANCES mesurées PAR M. LAPIE. Stades.	Milles.
Ποσείδειον, τὸ νῦν λεγόμενον τὰ Ποτίσθεα. A l'ouest de la rivière Kousseh	40	5	40	$4\frac{1}{5}$
Τυνδαρίδες, τὸ νῦν Κυρσαιτά. A l'est de la rivière Kousseh	45	6	45	5
Νυμφαῖον. Ruines sur la côte	45	6	15	$1\frac{1}{2}$
Ὀξίνας ποταμός. Rivière Oxineh ou Euksineh	30	4	30	3
Σανδαράκη. A l'embouchure du Tcharouk, riv.	40	5	40	$4\frac{1}{5}$
Κρηνίδες. Ruines sur la côte	20	$2\frac{2}{3}$	30	3
Ψύλλα χωρίον. Sur le cap Kilimoli	30	4	30	3
Τίος πόλις ἑλληνὶς ἰωνική. Filios	90	12	90	$9\frac{3}{5}$
Βιλλαῖος ποταμός. Rivière Filios	20	$2\frac{2}{3}$	20	2
Ψιλλὶς ποταμὸς, ἤτοι Παπάνιος. Petite rivière	60	8	60	$6\frac{1}{2}$
Παρθένης ποταμός. Rivière Partheni	70	$9\frac{1}{3}$	70	$7\frac{3}{5}$
Ἀμάστρη, ἡ καὶ Ἄμαστρις, πρότερον Σήσαμος. Amasrah ou Amasserah	90	12	90	$9\frac{3}{5}$
Ἀπὸ Ἡρακλείας εἰς Ἄμαστριν. De Bender Erekli à Amasrah	700	90	630	$67\frac{1}{4}$
Ἐρυθῖνοι χηλή. Ruines à l'ouest de la rivière Tchakroun	90	12	60	$6\frac{1}{2}$
Κρώμνα χωρίον. Près Delikli-Kili	90	12	90	$9\frac{3}{5}$
Κύτωρος. Ruines au pied du mont Sagra	90	12	90	$9\frac{3}{5}$
Αἰγιαλὸς χωρίον. Karoudja Kileh	60	8	60	$6\frac{1}{2}$
Κλίμαξ κώμη. Kidros	50	$6\frac{2}{3}$	50	$5\frac{1}{3}$
Τιμολαῖον χωρίον. Sur la côte	40	$5\frac{1}{3}$	40	$4\frac{1}{5}$
Θύμηνα. Kara Agatch	20	$2\frac{2}{3}$	20	2
Κάραμβις ἀκρωτήριον. Cap Kerembeh	120	16	120	$12\frac{3}{5}$
Ἀπὸ Καράμβεως εἰς Κριοῦ μέτωπον. Du cap Kerembeh au cap Kerkines	1 jour et 1 nuit	"	1670	$178\frac{2}{5}$
Ἀπὸ Καράμβεως εἰς πόλιν Καλλίστρατιν, τὴν καὶ Μαρσίλλαν. Du cap Kerembeh à l'est du cap Kerembeh	20	$\frac{2}{3}$	20	2
Ζεφύριον. Près Messet	40	$5\frac{1}{3}$	40	$4\frac{2}{5}$
Γάριον. Sur la côte	30	4	30	3
Ἀβώνου τεῖχος, πόλις λεγομένη Ἰωνόπολις. Inéboli	120	16	120	$12\frac{3}{5}$
Αἰγινήτης πολίχνιον καὶ ποταμός. Ienitchi	120	16	150	16
Κίνωλις κώμη, νῦν Κινώλη λεγομένη. Kinla ou Kinolis	60	8	60	$6\frac{1}{2}$
Ἀντικίνωλις	"	"	"	"

ANONYMUS A.

PÉRIPLE.	MESURES données PAR LES TEXTES.		DISTANCES mesurées PAR M. LAPIE.	
	Stades.	Milles.	Stades.	Milles.
Ἀπὸ Κινώλης εἰς Στεφάνην, κώμην καὶ λιμένα. De Kinla ou Kinolis à Istifan..............	180	24	280	30
Ποταμοὶ χωρίον. Sur une petite rivière........	150	20	120	12⅔
Συριὰς Ἀκρουλεπτή. Cap Indjeh..............	100	18	100	10⅔
Ἀρμένη κώμη καὶ λιμήν. Ak Liman............	67	10	67	6½
Ὀχθομανὴς (sive Ocherœnus) ποταμός. Petite riv...	''	''	''	''
Ἀπὸ Ἀρμένης εἰς Σινώπην, Μιλησίων ἄποικον. D'Ak Liman à Sinope.................	40	5⅓	40	4⅓
Σκόπελος νησίον........................	''	''	''	''
Περίπλους τῆς νήσου. Du nord de Sinope au sud, en faisant le tour du cap Boz Tepeh........	40	5⅓	40	4⅓
Ἀπὸ Σινώπης εἰς Εὔαρχον ποταμὸν, ἤδη Εὔηχον λεγόμενον. De Sinope à la rivière de Keupli Agatch.	80	16⅓	80	8⅓
Καροῦσα, ἐμπόριον καὶ λιμὴν, πρῶτον Πολίχνιον ὠνομασμένον. Gherzeh............	70	9⅓	70	7⅓
Γουρζούβανθον. Sur la côte.................	60	8	60	6½
Ζάγωρος χωρίον, ἤδη Καλίππους λεγόμενον. Ruines sur la côte.............	150	20	100	10⅔
Ζάληκος ποταμός. Rivière d'Aladjam.........	90	12	150	16
Ἅλυς ποταμός. Kizil Ermak, rivière.........	210	28	150	16
Ἀμισός. Samsoun........................	300	''	400	''
Ἀπὸ Ἅλυος ποταμοῦ εἰς τὸν Ναύσταθμον. De la riv. Kizil Ermak à l'est de Bafra........	40	5⅓	90	9⅔
Κωνώπιον. Koumdjughaz.................	50	6⅔	50	5⅓
Εὐσήνη, ἡ καὶ Δαγάλη. Près le cap Kalem......	120	16	120	12⅔
Ἀμισός. Samsoun.......................	160	21⅓	160	17
Εἰς Κιλικίαν. De Samsoun au golfe d'Alexandrette en ligne droite................	7 jours	''	3150	336
Jusqu'à Alexandrette..................	''	''	3400	''
Αἰολικὸν ἔθνος. Æolica gens...............	''	''	''	''
Ἰωνικὸν ἔθνος. Ionica gens................	''	''	''	''
Δωρικὸν ἔθνος. Dorica gens...............	''	''	''	''
Κίλικες. Cilices........................	''	''	''	''
Λύκιοι. Lycii...........................	''	''	''	''
Μάκαρες. Macares......................	''	''	''	''
Μαριανδυνοί. Mariandyni................	''	''	''	''
Παφλάγονες. Paphlagones................	''	''	''	''
Παμφύλιοι. Pamphylii..................	''	''	''	''

PÉRIPLE.	MESURES données PAR LES TEXTES.		DISTANCES mesurées PAR M. LAPIE.	
	Stades.	Milles.	Stades.	Milles.
Χάλυβες. *Chalybes*	″	″	″	″
Καππάδοκες. *Cappadoces*	″	″	″	″
Πισίδαι. *Pisidæ incolæ*	″	″	″	″
Λύδιοι. *Lydii*	″	″	″	″
Μυσοί. *Mysi*	″	″	″	″
Φρύγες. *Phryges*	″	″	″	″
Ἀπὸ Ἀμισοῦ εἰς Λύκαστον ποταμόν. Petite rivière	20	$2\frac{2}{3}$	20	2
Χαδίσιος ποταμὸς καὶ κώμη. Petite rivière	40	$5\frac{2}{3}$	40	$4\frac{1}{3}$
Ἀγκῶνος λιμὴν, ἐν ᾧ καὶ Ἶρις ἐμβάλλει. A l'embouchure du Djekyl Ermak, rivière	100	16	100	$10\frac{2}{3}$
Ἡράκλειον ἱερὸν καὶ ἀκρωτήριον. Cap Thermeh	360	48	200	$21\frac{1}{3}$
Λαμυρῶν λιμὴν μέγας	″	″	″	″
Ἀπὸ Ἡρακλείου εἰς Θερμώδοντα ποταμόν. Du cap Thermeh à la rivière Thermeh	40	$5\frac{1}{3}$	40	$4\frac{1}{3}$
Θεμίσκυρα πόλις. Thermeh	″	″	″	″
Ἀπὸ Θερμώδοντος ποταμοῦ εἰς Βίρην ποταμόν. De la rivière Thermeh à la rivière Melitchermeh	60	8	90	$9\frac{2}{3}$
Θοάριος ποταμός. Rivière Askyda	90	12	60	$6\frac{1}{2}$
Οἴνιος ποταμός. Petite rivière d'Eunieh	30	4	30	$3\frac{1}{4}$
Φυγαμοῦς ποταμός. Petite rivière	40	$5\frac{2}{3}$	40	$4\frac{1}{3}$
Ἀμηλητὸς τόπος. Sur la côte	20	$2\frac{2}{3}$	20	2
Φαδισάνη, ἤτοι Φάδισσα. Fatsah	130	$17\frac{2}{3}$	60	$6\frac{1}{2}$
Πολεμώνιον πόλις. Ruines à l'est de Fatsah	50	6	10	1
Ἰασώνιον ἀκρωτήριον. Cap Iasoun	130	$17\frac{2}{3}$	130	14
Κιλίκων νῆσος. Petite île près le cap Iasoun	15	2	15	$1\frac{1}{2}$
Γένηπος ποταμός. Petite rivière	55	$7\frac{1}{2}$	20	2
Βοῶν ἀκρωτήριον. Cap Vona	20	$2\frac{2}{3}$	55	6
Κοτύωρος. Bouzouk Kaleh	90	12	90	$9\frac{2}{3}$
Μελάνθιος ποταμός. Rivière d'Ordou	60	8	60	$6\frac{1}{2}$
Ἀπὸ Κοτυώρου εἰς Ἑρμώνασσαν, χωρίον Τραπεζούσιον. De Bouzouk Kaleh aux ruines d'Hermonassa	300	40	1000	$106\frac{2}{3}$
Ἀπὸ Μελανθίου ποταμοῦ εἰς Φαρμαντὸν ποταμόν. De la rivière d'Ordou à la rivière Baydar	150	20	150	16
Φαρμακία, ἤτοι Φαρνακία, πάλαι Κερασοῦς. Kérésoun	120	16	120	$12\frac{2}{3}$
Ἄρεως νῆσος, ἤτοι Ἀρεώνησος. Petite île	″	″	″	″
Μοσυνοικοί. *Mysonœci*	″	″	″	.
Ἀπὸ Φαρνακίας εἰς τὴν Ἀρητιάδα νῆσον. De Kérésoun à une petite île à l'est	50	4	30	3

PÉRIPLE.	MESURES données PAR LES TEXTES.		DISTANCES mesurées PAR M. LAPIE.	
	Stades.	Milles.	Stades.	Milles.
Ζεφύριον χωρίον. Cap Zéphyra ou Zeffreh	120	16	120	$12\frac{2}{5}$
Τρίπολις. Tiréboli	90	12	90	$9\frac{2}{3}$
Ἀργυρά. Sur la côte	20	$2\frac{1}{5}$	20	2
Φιλοκάλεια. Héléhou	90	12	90	$9\frac{2}{5}$
Κόραλλα. Kourely ou Skiéfié	100	$13\frac{1}{5}$	100	$10\frac{1}{2}$
Κερασοῦς πόλις καὶ ποταμός. Petite rivière	60	8	60	$6\frac{1}{2}$
Ἱερὸν ὄρος. Aktché Kaleh	90	12	90	$9\frac{2}{3}$
Κορδύλη χωρίον. Platana	45	$5\frac{1}{5}$	40	$4\frac{1}{5}$
Ἑρμύση (*sive Hermonassa*). Sur la côte	45	$5\frac{1}{5}$	45	5
Τραπεζοῦς πόλις, ἐν ᾗ ὅρμος λεγόμενος Δαφνοῦς. Trébizonde	60	8	60	$6\frac{1}{2}$
Ὕσσος λιμὴν, ἡ νῦν λεγομένη Σουσάρμια. Chaouchi ou Sourmnu	180	24	200	$21\frac{1}{5}$
Ὀφιοῦς ποταμός. Rivière Mahaneh	90	12	90	$9\frac{2}{5}$
Θιανιτική. *Thianitica*	″	″	″	″
Ἀπὸ Ὀφιοῦντος ποταμοῦ εἰς Ψυχρὸν ποταμόν. De la rivière Mahaneh à une petite rivière	30	4	30	3
Καλὸς ποταμὸς, ὁ νῦν Καλὴ παρεμβολή. Rivière Cala	30	4	30	$3\frac{1}{4}$
Ῥίζιος ποταμὸς, καὶ λιμήν. Rivière Rizeh	120	16	120	$12\frac{2}{5}$
Ἀσκούρνας ποταμός. Petite rivière	30	4	30	$3\frac{1}{4}$
Ἀδίνιος, ἤδη λεγόμενος Ἀδινὸς ποταμός. Petite rivière	60	8	60	$6\frac{1}{2}$
Κόρδυλα χωρίον. Fort Laros	100	$13\frac{1}{5}$	100	$10\frac{2}{5}$
Ἀθῆναι χωρίον. Boulep ou Athina	80	$10\frac{2}{5}$	80	$8\frac{2}{5}$
Ζάγατις ποταμός. Saouk, rivière	7	$\frac{1}{2}$	17	$1\frac{1}{2}$
Ἀπὸ Ἀθηνῶν εἰς Πρυτάνην ποταμόν. De Boulep à une petite rivière à l'ouest de Vitzeh	40	$5\frac{1}{5}$	40	$4\frac{1}{5}$
Ἀγχιάλου βασίλεια. *Anchiali regia*	″	″	″	″
Ἀπὸ Πρυτάνου ποταμοῦ εἰς Ἀρμένην τόπον. De la petite rivière citée ci-dessus à Vitzeh	24	$3\frac{1}{5}$	24	$2\frac{1}{4}$
Πυξίτης ποταμός. Abou, rivière	66	$8\frac{2}{5}$	66	$7\frac{1}{4}$
Ἄρχαβις ποταμός. Arkaoua, rivière	90	11	90	$9\frac{2}{5}$
Ἄψαρος ποταμός. R. de Gounieh	60	8	160	17
Ἄψαρος χωρίον, πάλαι Ἄψυρτος. *Apsarus, olim Apsyrtus*	″	″	″	″
Τύανα τῆς Καππαδοκίας, πάλαι Θόανα. *Tyana Cappadociæ, olim Thoana*	″	″	″	″
Ἐκεχειριεῖς. *Ecechiries*	″	″	″	″
Μαχελῶνες. *Machelones*	″	″	″	″
Ἡνίοχοι. *Heniochi*	″	″	″	″

ΠΟΝΤΟΥ ΕΥΞΕΙΝΟΥ ΚΑΙ ΜΑΙΩΤΙΔΟΣ ΛΙΜΝΗΣ ΠΕΡΙΠΛΟΥΣ.

PONTI EUXINI ET MÆOTIDIS PALUDIS PERIPLUS.

ANONYMUS B.

PÉRIPLE.	MESURES données PAR LES TEXTES.		DISTANCES mesurées PAR M. LAPIE.	
	Milles.	Stades.	Milles.	Stades.
Τῆς λίμνης τῆς Μαιώτιδος περίπλους. Le tour de la mer d'Azov est de............	9000	1200	6000	630
Σαρμάται. Sarmatæ............	"	"	"	"
Μαιωταὶ Ἰαζαμάται. Mæotæ Iazamatæ........	"	"	"	"
Φαναγόρου πόλις. Fanagoria............	"	"	"	"
Κῆποι πόλις. Kichla............	"	"	"	"
Ἑρμώνασσα. Fort Solen............	"	"	"	"
Φαναγορία. Boghaz............	"	"	"	"
Σινδικὸς λιμήν. Anapa............	"	"	"	"
Κιμμερὶς πόλις. Kizlar............	"	"	"	"
Κῆπος............	"	"	"	"
Παντικάπαιον, τοῦ Βοσπόρου βασίλειον. Kertch....	"	"	"	"
Κάρπιδες............	"	"	"	"
Ἀροτῆρες............	"	"	"	"
Νευροί............	"	"	"	"
Ὑλαία............	"	"	"	"
Γεωργοί............	"	"	"	"
Λιμναίων ἔθνος. Limnæorum gens............	"	"	"	"
Νομαδικοί. Nomadici............	"	"	"	"
Σάβακες. Sabaces............	"	"	"	"
Σαυρομάται. Sauromatæ............	"	"	"	"
Γελῶνοι. Geloni............	"	"	"	"

ANONYMUS B.

PÉRIPLE.	MESURES données PAR LES TEXTES.		DISTANCES mesurées PAR M. LAPIE.	
	Stades.	Milles.	Stades de 700.	Milles.
Ἀγάθυρσοι. Agathyrsi..................	"	"	"	"
Τάναϊς ποταμός. Le Don, rivière...........	"	"	"	"
Ἀράξεως ῥεῦμα....................	"	"	"	"
Βόσπορος Κιμμερικός..................	"	"	"	"
Βόσπορος, στόμα τῆς λίμνης.............	"	"	"	"
Ἀπὸ Πορθμίου χωρίου εἰς πολίχνιον Μυρμηκίονα. Du cap Fanar à Kolodes Rodnik......	60	8	60	6½
Παντικάπαιον πόλις. Kertch................	25	3⅓	25	2⅔
Ἀπὸ Βοσπόρου ἐπὶ τὸ στόμα τῆς Μαιώτιδος λίμνης, ἤτοι τοῦ Ταναέως. Du détroit d'Iénikalé au cap du Fanal................	60	8	60	6½
Ἀπὸ Παντικαπαίου πόλεως εἰς Τυρισ]άκην πόλιν. De Kerlch à l'ouest de Pavlovskaïa...........	60	8	60	6½
Νυμφαῖον πόλις. Près Kamlich-bouroun........	25	3⅓	25	2⅔
Ἄκραι κώμιον. Au nord du lac Osta Saraï......	65	8⅓	65	7
Κύται πόλις, ἡ πρώην Κυδέακαι (fort. Κυταία). Sur le lac Osta Saraï................	30	4	30	3¼
Ἀπὸ Ἀθηναιῶνος μέχρι Κυτῶν. Depuis Otous jusque sur le lac Osta Saraï..............	"	"	"	"
Κιμμερικὸς πόλις. Takil-bouroun...........	60	8	60	6½
Ἀπὸ τοῦ στομίου τῆς Μαιώτιδος λίμνης ἕως τοῦ Κιμμερικοῦ. Du détroit d'Iénikalé au Takil-bouroun..................	300	40	325	35
Ἀπὸ Παντικαπαίου πόλεως ἕως Κιμμερικοῦ. De Kertch à Takil-bouroun...............	240	32	240	25½
Καζέκας κώμη. Katchik................	180	24	280	30
Θευδοσία, ἡ νῦν Ἀρδάβδα. Kaffa..............	280	37½	280	30
Ἀθηναιῶν λιμήν. Otous..............	200	26⅔	200	21½
Λαμπάς. Lambat..................	600	80	600	64
Κριοῦ μέτωπον, ἀκρωτήριον τῆς Ταυρικῆς. Cap Aïtodor....................	220	29⅓	220	23¼
Εὐβούλου λιμήν, ἤτοι Σύμβουλον. Balaklava......	300	40	300	32
Χερρόνησος πόλις, ἤτοι Χερσόνησος τῆς Ταυρικῆς. Ruines à l'ouest de Sébastopol...........	180	24	180	19½
Ἀπὸ Ἀθηναιῶνος λιμένος μέχρι Καλοῦ λιμένος. D'Otous au port Karadji................	2600	346⅔	2300	235⅓
Ἀπὸ κώμης τῆς Πορθμίτιδος ἕως Χερσῶνος. Du cap Fanar aux ruines à l'ouest de Sébastopol.....	2260	302½	2385	255

51

PÉRIPLE.	MESURES données PAR LES TEXTES.		DISTANCES mesurées PAR M. LAPIE.	
	Stades.	Milles.	Stades de 700.	Milles.
Ἀπὸ Βοσπόρου, ἤτοι Παντικαπαίου, ἕως πόλεως Χερσῶνος. De Kertch aux ruines à l'ouest de Sébastopol	2200	293 1/3	2300	235 1/3
Κορονῖτις, ἤτοι Κερκινῖτις. Traktir ou Krasnoiars...	600	80	300	32
Καλὸς λιμήν. Port Karadji..................	700	93 1/3	700	75
Ἴστρος ποταμός. Danube, fleuve.............	"	"	"	"
Καρκινίτης κόλπος. Golfe Kerkinit............	"	"	"	"
Ταμυράκη. Cap Djarilgatch..................	"	"	"	"
Περίπλους τοῦ κόλπου. Du port Karadji au cap Djarilgatch, en suivant les contours du golfe.....	2250	300	2250	219 1/2
En traversant le golfe en ligne droite.........	300	40	500	53 1/2
Λίμνη. Petit lac salé.......................	"	"	"	"
Ἀχίλλειος δρόμος. Du cap Djarilgatch à l'extrémité ouest de l'île Tendra.....................	1200	160	800	85 1/2
Ἀπὸ τῆς ἠπείρου. De l'*Achilleus cursus* au continent.	60	8	60	6 1/2
Αὐχὴν τοῦ Ἀχιλλείου δρόμου. Longueur de la partie du continent à laquelle se rattachent les îles Djarilgatch et Tendra formant l'*Achilleus cursus*.	40	5 1/3	40	4 1/3
Ἀπὸ Ταμυράκης εἰς τὸ τῆς Ἑκάτης ἄλσος. Du cap Djarilgatch à la Balise, extrémité ouest de l'île Tendra ou Tender......................	1200	160	450	48 1/2
Βορυσθένης, ὁ νῦν Δάναπρις. Embouchure du Dniéper	200	26 2/3	200	21 1/3
Ὕπανις ποταμός. Boug, rivière..............	"	"	"	"
Ὀλβία Σαβία, ἡ πάλιν Βορυσθένης, ἀπὸ τῆς θαλάσσης. Depuis au sud de Kislakovo jusqu'à la mer....	240	32	240	25 1/2
Ἀπὸ Βορυσθένους ποταμοῦ ἐπὶ νῆσον μικροτάτην. Du Dniéper, rivière, à l'île Bérézan............	60	8	60	6 1/2
Ὀδησσός, Karabach......................	80	10 2/3	80	8 2/3
Σκόπελοι χωρίον. Dofinovskaïa...............	160	21 1/3	160	17
Ἰστριανῶν λιμήν. Au nord d'Odessa..........	90	12	90	9 2/3
Ἰσιακῶν λιμήν. Malaia Fontan..............	90	12	90	9 2/3
Νικώνιον χωρίον, Kalaglia.................	300	40	350	37 1/2
Τύρας ποταμός. Dniester, rivière.............	30	4	30	3 1/4
Τύρας πόλις. Tiraspol.....................	"	"	"	"
Ἀπὸ Βορυσθένους ποταμοῦ ἕως Τύρα ποταμοῦ. De l'embouchure du Dniéper au Dniester.......	810	108	860	92
Ἀπὸ Χερσῶνος ἕως Τύρα ποταμοῦ. Des ruines à l'ouest de Sébastopol au Dniester, sans parcourir les contours du golfe Kerkinit........	4110	548	3010	322

PÉRIPLE.	MESURES données PAR LES TEXTES. Stades.	Milles.	DISTANCES mesurées PAR M. LAPIE. Stades de 700.	Milles.
Ἀπὸ πόλεως Χερσῶνος μέχρι Τύρα ποταμοῦ, σὺν τῷ περίπλῳ τοῦ Καρκινίτου κόλπου, καθ' Ἀρτεμίδωρον. Des ruines à l'ouest de Sébastopol au Dniester, en faisant le tour du golfe Kerkinit, d'après Artémidore	4420	589$\frac{1}{3}$	4710	504
Ἀπὸ Τύρα ποταμοῦ ἐπὶ τὸν Νεοπτολέμου πύργον. Du Dniester à Chaba ou Szava	120	16	120	12$\frac{2}{3}$
Κρημνίσκοι. Kadiechti	120	16	120	12$\frac{2}{3}$
Ἀπὸ Τύρα ποταμοῦ ἕως τῶν Κρημνίσκων. Du Dniester à Kadiechti	480	64	240	25$\frac{1}{2}$
Ἀντιφίλου πύργος. Sur le lac Karaczaous ou Karatchaous	330	44	230	24$\frac{1}{2}$
Ψιλὸν στόμα τοῦ Ἴστρου ποταμοῦ. Bouche de Kilia	300	40	300	32
Βαστάρναι. *Bastarnæ*	"	"	"	"
Ἀχιλλέως νῆσος, ἤτοι Λευκὴ, ἀπὸ τῆς ἠπείρου. De l'Ilan Adassi ou île des Serpents au continent	400	53$\frac{1}{3}$	250	26$\frac{2}{3}$
Ἀπὸ ψιλοῦ εἰς δεύτερον στόμιον. De la bouche Kilia à une ancienne bouche	60	8	60	6$\frac{1}{2}$
Καλὸν στόμιον. Bouche de Stamboul	40	5$\frac{1}{3}$	40	4$\frac{1}{3}$
Νάρακον στόμιον. Bouche de Sunne	60	8	100	10$\frac{1}{3}$
Ἱερὸν στόμιον. Bouche d'Edrillis	120	16	200	21$\frac{1}{3}$
Πεύκη νῆσος. *Peuce insula*	"	"	"	"
Ἀπὸ Ἱεροῦ στομίου εἰς πόλιν Ἴστρον. De la bouche Edrillis à Kargalik	500	66$\frac{2}{3}$	500	53$\frac{1}{2}$
Τομέα πόλις. Karli	300	40	300	32
Κάλατις πόλις. Kartalia ou Callati	300	40	250	26$\frac{2}{3}$
Καρῶν λιμήν. Près Tchabler Bouroun	180	24	120	12$\frac{2}{3}$
Τετρισιάς, ἤτοι Τίριζα ἄκρα, νῦν δὲ Ἄκρα. Cap Kalakria	120	16	120	12$\frac{2}{3}$
Βιζώνη πολίχνιον. Kavarna ou Ekerné	60	8	60	6$\frac{1}{3}$
Διονυσόπολις, πρῶτον Κρουνοὶ, ἔπειτα δὲ Ματιόπολις. Baltschik ou Balesik	80	10$\frac{2}{3}$	80	8$\frac{2}{3}$
Ὀδησσὸς πόλις. Varna	200	26$\frac{2}{3}$	200	21$\frac{1}{3}$
Αἶμος ὄρος. Cap Emineh	260	34$\frac{2}{3}$	360	38$\frac{1}{2}$
Μεσημβρία πόλις. Missivri	90	12	90	9$\frac{2}{3}$
Ἀγχίαλος πόλις. Ahioli	70	9$\frac{1}{3}$	70	7$\frac{2}{3}$
Ἀπολλωνία, ἡ νῦν Σωζόπολις. Sizeboli	180	24	180	19$\frac{1}{3}$
Χερρόνησος. Baglar Altoun	60	8	60	6$\frac{1}{2}$

51.

PÉRIPLE.	MESURES données PAR LES TEXTES.		DISTANCES mesurées PAR M. LAPIE.	
	Stades.	Milles.	Stades de 700.	Milles.
Αὐλαίου τεῖχος, τὸ λεγόμενον Θήρας χωρίον. Akhteboli.	250	23 $\frac{1}{3}$	250	26 $\frac{2}{3}$
Θυνιὰς ἄκρα. Cap Aïnada ou Kouri............	120	16	150	16
Ἁλμυδησσός. Midiah..........................	200	26 $\frac{2}{3}$	200	21 $\frac{1}{3}$
Φρυγία, ἡ καὶ Φιλία. Ialandji Boghaz, près le lac Derkous..............................	310	41 $\frac{1}{3}$	310	30 $\frac{1}{4}$
Κυανέαι ἤτοι Κύλαι. Ile ou rocher près Fanaraki..	320	42 $\frac{2}{3}$	320	34 $\frac{1}{3}$
Ἱερὸν τοῦ Διὸς Οὐρίου. Château génois..........	40	5 $\frac{1}{3}$	40	4 $\frac{1}{3}$
Λιμὴν Δάφνης τῆς Μαινομένης, ὁ νῦν Σωσθένης. Istenia ou Stenia..............................	40	5 $\frac{1}{3}$	40	4 $\frac{1}{3}$
Βυζάντιον. Constantinople.....................	80	10 $\frac{2}{3}$	80	8 $\frac{2}{3}$
Ἀπὸ Ἱεροῦ σλόματος τοῦ Ἴσλρου ἕως τοῦ ἱεροῦ Διὸς Οὐρίου. De la bouche Edrillis au Château génois.	3640	485 $\frac{1}{3}$	3640	389 $\frac{1}{2}$
Ἀπὸ Βορυσθένους ποταμοῦ ἕως τοῦ ἱεροῦ Διὸς Οὐρίου. Du Dniéper au Château génois.............	5600	746 $\frac{2}{3}$	5670	606 $\frac{1}{2}$
Ἀπὸ Χερσῶνος ἕως τοῦ ἱεροῦ Διὸς Οὐρίου. Des ruines à l'ouest de Sébastopol au Château génois.....	8900	1186 $\frac{2}{3}$	8600	920
En parcourant le golfe Kerkinit.............	"	"	10380	1110
Ἀπὸ τῆς Πορθμίας κώμης ἕως τοῦ ἱεροῦ Διὸς Οὐρίου. Du cap Fanar au Château génois............	11100	1480	11285	1208
Ἀπὸ τοῦ ἱεροῦ Διὸς Οὐρίου ἕως Ἀμισσοῦ. Du Château génois à Samsoun..........................	4660	621 $\frac{1}{3}$	4730	497
Φᾶσις ποταμός. Rion, rivière.................	3802	507	3631	382
Στόμιον τῆς Μαιώτιδος, ἤτοι Ἀχιλλείου κώμη. Embouchure de la mer d'Azov.................	4025	536 $\frac{2}{3}$	3825	403
Ἀπὸ τοῦ ἱεροῦ Διὸς Οὐρίου ἕως τοῦ σλομίου τῆς Μαιώτιδος. Du Château génois à la mer d'Azov par le nord..................................	12487	1665	11285	1195
En parcourant le golfe Kerkinit............	"	"	13035	1369
Περίπλους τοῦ Εὐξείνου Πόντου, ἀπὸ τοῦ ἱεροῦ Διὸς Οὐρίου. Du Château génois en faisant le tour de la mer Noire..............................	23587	3145	23219	2440 $\frac{1}{2}$
En faisant le tour du golfe Kerkinit.........	"	"	24880	2636
Περίπλους τῆς Μαιώτιδος λίμνης. Le tour de la mer d'Azov est de..........................	9000	1200	6000	630

ΑΝΟΝΥΜΟΥ ΠΕΡΙΜΕΤΡΟΣ ΤΟΥ ΠΟΝΤΟΥ.

ANONYMI C AMBITUS PONTI.

PÉRIPLE.	MESURES données PAR LES TEXTES.		DISTANCES mesurées PAR M. LAPIE.	
	Stades.	Milles.	Stades de 700.	Milles.
Περίμετρος πάσης τῆς γῆς. Le tour du monde est de..................	200035	"	252000	27000
Ἀπὸ σ⸱όματος Γάγγου ἕως Γαδείρων. De l'embouchure du Gange à Cadix...............	8308	"	58100	6224
Ἀπὸ τῆς Αἰθιοπικῆς θαλάσσης ἕως τοῦ Τανάιδος. Largeur de la terre depuis la mer d'Éthiopie jusqu'au Don.................	3500	"	"	"
Τὸ διάσ⸱ημα μεταξὺ Εὐφράτου καὶ Τίγριδος ποταμοῦ, ὃ καλεῖται Μεσοπόταμον. Probablement depuis (Zeugma) Bir jusqu'à (Ninus) près de Mousoul.	3000	"	3000	321
Ἀπὸ Βυζαντίου εἰς τὸ Σωσθένιον. De Constantinople à Istenia.................	80	10½	80	8⅖
Ἱερὸν Διὸς Οὐρίου. Château génois.............	40	5½	40	4½
Ἱερὸν σ⸱όμα τοῦ Ἴσ⸱ρου. Bouche Edrillis.........	3640	485½	3640	389½
Ἀπὸ τοῦ ἱεροῦ Διὸς Οὐρίου ἕως Βορυσθένους ποταμοῦ. Du Château génois à l'embouchure du Dnieper	5670	"	5670	606½
Ἀπὸ τοῦ ἱεροῦ Διὸς Οὐρίου ἕως Πορθμίας πόλεως. Du Château génois au cap Fanar.............	11100	1480	11285	1208
Ἀπὸ τοῦ ἱεροῦ Διὸς Οὐρίου ἕως Ἀμισοῦ. Du Château génois à Samsoun................	4660	621½	4730	497
Φᾶσις ποταμός. Rion, rivière...............	3820	507	3631	382
Στόμα τῆς Μαιώτιδος λίμνης. Mer d'Azov...........	4025	536½	3825	403
Ἀπὸ τοῦ ἱεροῦ Διὸς Οὐρίου ἕως τοῦ σ⸱όματος τῆς Μαιώτιδος. Du Château génois à la mer d'Azov.	12487	1665½	11289	1195
Περίπλους τοῦ Εὐξείνου Πόντου, ἀπὸ τοῦ ἱεροῦ Διὸς Οὐρίου. Le tour de la mer Noire à partir du Château génois.................	23587	3145	23219	2440½
Περίπλους τῆς Μαιώτιδος λίμνης. Le tour de la mer d'Azov..................	9000	1200	6000	630

ΜΑΡΚΙΑΝΟΥ ΗΡΑΚΛΕΩΤΟΥ ΤΟΥ ΠΟΝΤΟΥ
ΠΕΡΙΠΛΟΥΣ ΤΗΣ ΕΞΩ ΘΑΛΑΣΣΗΣ.

MARCIANI HERACLEOTÆ
[EX EA QUÆ] PONTI [EST HERACLEA]
PERIPLUS MARIS EXTERNI.

PÉRIPLE.	STADES donnés PAR LES TEXTES.	STADES mesurés PAR M. LAPIE.
Ἡράκλειος πορθμὸς σταδίων ὑπάρχων π'. La largeur du détroit de Gibraltar est de.................. π'	80	90
Μεγίστη περιφέρεια τῆς ἐγνωσμένης ἁπάσης γῆς. Un grand cercle de la terre, ayant 360 degrés de 700 stades............ "	259000	252000
Selon Ptolémée, mais en stades de 500 au degré....... "	180000	180000
Πλάτος τῆς γῆς. Largeur de la terre................... π'	80^d	"
Μῆκος τῆς γῆς. Longueur de la terre................ ρμ'	140^d	"
Περίπλους τῆς Εὐρώπης. Les côtes de l'Europe, sans comprendre les îles... ,,γϑ,	39000	171000
Ἀπὸ Τίγγις πόλεως μέχρι τοῦ Κανωβικοῦ τοῦ Νείλου στόματος. De Tanger à la bouche d'Edkou.............. δ'σπ'	40280	30900
Ἀπὸ τοῦ Κανωβικοῦ τοῦ Νείλου στόματος μέχρι τοῦ ποταμοῦ τοῦ Ταναΐδος. De la bouche d'Edkou à l'embouchure du Don... ,,ςρκ'	60120	40000
Περίπλους τῶν τριῶν ἠπείρων. Périple des trois continents...... ι,,γ,,ϑυ'	139400	496655
Ἀπὸ Γάγγου ποταμοῦ ἐκβολῶν, ἐπὶ τὸ Ἱερὸν ἄκρον. De l'embouchure du Gange au cap Saint-Vincent en ligne droite..... ζηφμέ	78545	58545
Τοῦτο τὸ Ἱερὸν δυτικώτερον Γαδείρων, ὡς στάδια γ. De Cadix au cap Saint-Vincent en suivant la côte................ γ	3000	1800
Ἀπὸ τῆς Αἰθιοπικῆς θαλάσσης μέχρι Θούλης τῆς νήσου. Du Rio Grande, extrémité méridionale des connaissances des anciens sur la côte occidentale de l'Afrique, aux îles Feroë, en suivant les côtes................................ δ,,γξ'	43060	43060
Ἀπὸ Γάζης ἐπὶ τὸν μυχὸν τοῦ Ἀραβίου κόλπου. De Gaza au golfe d'Accaba.................................. ασξ'	1260	1360

PÉRIPLE.		STADES donnés PAR LES TEXTES.	STADES mesurés PAR M. LAPIE.
Τὸ μῆκος τῆς Εὐδαίμονος Ἀραβίας. De l'entrée du golfe d'Accaba au détroit de Bab-el-Mandeb..........................	‚αᾳψ´	11700	12700
Τὸ πλάτος. La plus petite distance entre les golfes Arabique et Persique...	ηων´	8850	8050
Ἀπὸ τοῦ Ἀσαβῶν ἀκρωτηρίου μέχρι τοῦ Μεσανίτου κόλπου. Du cap Moçandon au Khor Abdullah.........................	ερμ´	5140	6140
Ἀπὸ τοῦ Αἰλανίτου μυχοῦ μέχρι τοῦ Μεσανίτου. Du fond du golfe d'Accaba au Khor Abdullah, en faisant le tour de l'Arabie..	‚γηρν´	38150	38370

ΣΟΥΣΙΑΝΗ. SUSIANA.

Ἀπὸ τοῦ ἀνατολικοῦ στόματος τοῦ Τίγριδος ποταμοῦ ἐπὶ Χάρακα Σπασίνου. Du Khor Bamichere au Khor Seledge.........	π´	80	80
Ἀπφάνα νῆσος..	"	"	"
Ἀπὸ τοῦ Χάρακος Σπασίνου ἐπὶ Μαγαίου ποταμοῦ ἐκβολάς. Du Khor Seledge au Khor Dorokston ou R. Karoun.........	ψ´	700	100
Πηλώδης κόλπος. Golfe de Derah.......................	υ´	400	150
Ἐλυμαῖοι. Elymæi....................................	"	"	"
Ταξιανα νῆσος......................................	"	"	"
Ἀπὸ τοῦ κόλπου ἐπὶ τὰς τοῦ Εὐλαίου ποταμοῦ ἐκβολάς. Du golfe de Derah à la rivière Gaban.......................	ς´	6?	60
Σοῦσα μητρόπολις...................................	"	"	"
Ἀπὸ τοῦ Εὐλαίου ποταμοῦ ἐπὶ τὰς τοῦ Ὀροάτιδος ποταμοῦ ἐκβολάς. La rivière Indian..............................	υν´	450	450
Τὸ μῆκος τῆς Σουσιανῆς. Le Khuzistan a de longueur........	γφ´	3500	3500
Τὸ πλάτος. Largeur du Khuzistan.....................	͵βτν´	2350	1350
Ἀπὸ τοῦ στόματος τοῦ Τίγριδος ποταμοῦ μέχρι τῶν ἐκβολῶν τοῦ Ὀροάτιδος ποταμοῦ. Du Khor Bamichere à la rivière Indian.	‚γυλ´	3430	840

ΠΕΡΣΙΣ. PERSIS.

Ἀπὸ τῶν ἐκβολῶν τοῦ Ὀροάτιδος ποταμοῦ ἐπὶ ἄκραν Ταόκην. De la rivière Indian au ras el Tombe......................	φ´	500	500
Ῥογομάνιος ποταμοῦ ἐκβολαί. Bouches de la rivière Khicht.....	ψ´	700	700
Χερσόνησος. Cap Bucheir.............................	φ´	500	500
Ἀλεξάνδρου νῆσος...................................	"	"	"
Ἀπὸ τῆς Χερσονήσου εἰς Βρισοάνα ποταμοῦ ἐκβολάς. Du cap Bucheir à la riv. Jayrah................................	χν´	650	650

PÉRIPLE.		STADES donnés PAR LES TEXTES.	STADES mesurés PAR M. LAPIE.
Αὔσινζα. Congoun	χ´	600	600
Βαγράδα ποταμοῦ ἐκβολαί. R. Nabend	υν´	450	450
Τὸ μῆκος τῆς Περσίδος. Longueur de la Perse	δ	4000	//
Τὸ πλάτος. Largeur de la Perse	αυ´	1400	//
Ἀπὸ τοῦ Ὀροάτιδος μέχρι τῶν τοῦ Βαγράδα ποταμοῦ ἐκβολῶν. De la rivière Indian à la rivière Nabend	γ,υ´	3400	3400
KAPMANIA. CARMANIA.			
Ἀπὸ τῶν ἐκβολῶν τοῦ Βαγράδα ποταμοῦ ἐπὶ Δάρα ποταμόν. De la rivière Nabend à une petite rivière	τ´	300	300
Καμηλοβοσκοί. Camelobosci	//	//	//
Ἀπὸ τοῦ Δάρα ποταμοῦ ἐπὶ Κάθραπος ποταμοῦ ἐκβολάς. D'une petite rivière à la riv. Darrabin	φ´	500	500
Κορίου ποταμοῦ ἐκβολαί. Bouches de la riv. Charrack	ψ´	700	700
Ἀγηδάνα νῆσος	//	//	//
Ἀπὸ τοῦ Κορίου ποταμοῦ εἰς Ἀχινδάνα ποταμοῦ ἐκβολάς. De la riv. Charrack au port Bostana	υ´	400	400
Ἀνδάνιος ποταμοῦ ἐκβολαί. Petite rivière	φ´	500	500
Ὀάρακτα νῆσος	//	//	//
Ἀπὸ τοῦ Ἀνδάνιος ποταμοῦ ἐπὶ Σαγανοῦ ποταμοῦ ἐκβολάς. D'une petite riv. au Rud Chiur ou Div Rud	υ´	400	400
Ἁρμόζουσα πόλις. Bandali	σ´	200	200
Ἁρμόζον ἀκρωτήριον. Cap Tarrouan	ω´	800	800
Καρπέλλα ἀκρωτήριον. Cap Bombareck	ψν´	750	750
Ἀπὸ τοῦ Βαγράδα ποταμοῦ μέχρι τοῦ Στρογγύλου ὄρους καὶ Καρπέλλης ἄκρας. De la riv. Nabend au cap Bombareck	δ,σν´	4250	4550
Ἀπὸ τοῦ Ἀσαβῶν ὄρους καὶ τοῦ Ἀσαβῶν ἀκρωτηρίου μέχρι τοῦ Σεμιράμιδος ὄρους καὶ Καρπέλλης ἀκρωτηρίου. Du cap Moçandon au cap Bombareck	//	//	700
Μουσαριναίων γῆ. Musarinæorum terra	//	//	//
Παράγων κόλπος	//	//	//
Ἀπὸ Καρπέλλης ἄκρας εἰς Κανθάπιν πόλιν. Du cap Bombareck à Jask	α	1000	300
Πασαργάδαι. Pasargadæ	//	//	//
Ἀπὸ Κανθάπιδος πόλεως εἰς Ἄγρισαν πόλιν. De Jask à un endroit sur la riv. Lach	σν´	250	150
Κόμμανα ἐμπόριον. Au sud de Jungin	χ´	600	300

PÉRIPLE.	STADES donnés PAR LES TEXTES.	STADES mesurés PAR M. LAPIE.
Ῥόγανα. Girichk....................................	ρν΄ 150	150
Σαλάρου ποταμοῦ ἐκβολαί. Rivière Sudji...............	ρν΄ 150	150
Μάσιδα. Près le cap Kalat ou Ras Mandanny............	σ΄ 200	200
Σαμυδάκη πόλις. Pagistan.............................	σ΄ 200	200
Χελωνοφάγοι. Chelonophagi...........................	″ ″	″
Ἀπὸ Σαμυδάκης πόλεως ἐπὶ Σαμυδάκου ποταμοῦ ἐκβολάς. De Pagistan à la rivière Sirou ou Tank...................	φ΄ 500	400
Τῆσα πόλις. Cap Koulab ou Ras Moleddam............	υ΄ 400	400
Ὑδριακοῦ ποταμοῦ ἐκβολαί. Rivière Gaen ou Neam Khor....	σ΄ 200	200
Βαγία ἄκρα. Ras Briefs.............................	υ΄ 400	400
Κύϊζα λιμήν. Gwuttur...............................	σν΄ 250	250
Ἀλαβατὴρ ἀκρωτήριον. Cap Jewni.....................	υ΄ 400	300
Πόλλα νῆσος.......................................	″ ″	″
Λίβη νῆσος..	″ ″	″
Ἀπὸ Καρπέλλης ἄκρας εἰς Ἀλαβατὴρ ἀκρωτήριον. Du cap Bombareck au cap Jewni..........................	͵αψ΄ 1700	3400
Δερενοβίλλα. Ras Pichk............................	σν΄ 250	250
Κάρμιννα νῆσος....................................	″ ″	″
Ἀπὸ Δερενοβίλλης εἰς Κωφάντα λιμένα. Gwadel........	σν΄ 250	250
Ζοράμβου ποταμοῦ ἐκβολαί. Petite rivière.............	σ΄ 200	200
Βάδαρα. Ras Chemaul Bender........................	σν΄ 250	250
Μούσαργα πόλις. Passonny ou Passinoe................	τ΄ 300	300
Τὸ μῆκος τῆς Καρμανίας. Longueur de la Carmanie.........	͵ζ΄ 7000	″
Τὸ πλάτος. Largeur de la Carmanie..................	͵αφ΄ 1500	″
Ἀπὸ τοῦ Καρπέλλης ἀκρωτηρίου μέχρι Μουσάργων πόλεως. Du cap Bombareck à Passonny..........................	͵ετν΄ 5350	4650
Ἀπὸ τοῦ Βαγράδα ποταμοῦ μέχρι Μουσάργων πόλεως. De la riv. Nabend à Passonny..............................	͵ασ΄ 10200	9200

ΓΕΔΡΩΣΙΑ. GEDROSIA.

Ἀπὸ Μουσάργων πόλεως εἰς Ἀρτάβιος ποταμοῦ ἐκβολάς. De Passonny à la riv. Hingoul ou Muklou.................	͵ατ΄ 1300	1300
Ἀρβὶς πόλις.......................................	″ ″	″
Παρσὶς πόλις......................................	″ ″	″
Ἀπὸ τοῦ Ἀρτάβιος ποταμοῦ εἰς Ῥάπρανα πόλιν. De la riv. Hingoul à Hingour....................................	φν΄ 550	550
Γυναικῶν λιμήν. Chir Chung en ligne droite...........	φ΄ 500	500

PÉRIPLE.	STADES donnés PAR LES TEXTES.		STADES mesurés PAR M. LAPIE.
En suivant la côte....................................	//	//	700
Ἀρϐιτῶν κῶμαι..	//	//	//
Ἀπὸ Γυναικῶν λιμένος εἰς Κοϊάμϐα. De Chir-Chung à Kurrachi..	υ'	400	400
Παταληνὴ χώρα.......................................	//	//	//
Πάταλα μητρόπολις...................................	//	//	//
Τὸ μῆκος τῆς Γεδρωσίας. Longueur de la Gédrosie...........	͵ϛχ'	6600	//
Τὸ πλάτος. Largeur de la Gédrosie.....................	εσν'	5250	//
Ἀπὸ Μουσάρνων πόλεως εἰς Ῥιζάνα. De Passonny à Dubbou...	͵γων'	3850	3250

ΙΝΔΙΚΗ Η ΕΝΤΟΣ ΓΑΓΓΟΥ. INDIA INTRA GANGEM.

Ἀπὸ Ναυσίαθμου λιμένος μέχρι τοῦ Κώρυ ἀκρωτηρίου. De Mandavi au cap Panban.................................	͵αψκε'	1725	17785

ΤΑΠΡΟΒΑΝΗ. TAPROBANA.

Βόρειον ἀκρωτήριον, ἀπέχει ἀπὸ μὲν τοῦ ἀνατολικοῦ ὁρίζοντος.....	͵ϛυξ	26460	//
Ἀπὸ τοῦ δυτικοῦ ὁρίζοντος............................	͵ϛαχκϛ'	61626	//
Ἀπὸ μεσημβρίας καὶ ἰσημερίας ὡς πρὸς ἄρκτους............	͵ϛτν'	6350	//
Τὸ μῆκος τῆς Ταπροϐάνης. Longueur de l'île de Ceylan. .o....	͵θφ'	9500	2500
Τὸ πλάτος. Largeur de l'île de Ceylan...................	͵ζφ'	7500	1500
Περίπλους τῆς Ταπροϐάνης. Contour de l'île de Ceylan........	͵ϛτπε'	26385	6985

ΓΑΓΓΗΤΙΚΟΣ ΚΟΛΠΟΣ. GANGETICUS SINUS.

Ἀπὸ τοῦ πέμπτου στόματος τοῦ Γάγγου ποταμοῦ λεγομένου Ἀντιϐολὴ ἕως τοῦ Ναυσιάθμου λιμένος. De l'embouchure de la riv. Megna à Mandavi, en suivant le fleuve jusqu'à Delhi et de là en ligne droite à Mandavi...................	͵αησ϶'	18290	18290
Ἀπὸ τοῦ ἀκρωτηρίου Ἀφετηρίου, ἕως τῶν πηγῶν τοῦ Γάγγου ποταμοῦ. Du cap Calingapatam aux sources du Gange, en suivant la côte et le Gange............................	͵α͵γ	13000	15300
Ἀπὸ τοῦ Ἀφετηρίου μέχρι τοῦ πέμπτου στόματος τοῦ Γάγγου ποταμοῦ. Du cap Calingapatam à l'embouchure de la rivière Megna.......................................	͵εχξ'	5660	5660

PÉRIPLE.	STADES donnés PAR LES TEXTES.	STADES mesurés PAR M. LAPIE.
Ἀπὸ τοῦ Ναυσταθμου λιμένος ἕως τοῦ πέμπτου στόματος τοῦ Γάγγου ποταμοῦ, ὃ καλεῖται Ἀντιβολή. De Mandavi à l'embouchure de la riv. Megna, en suivant la côte............	͵γ͵εχϟε΄ 35695	35695
ΙΝΔΙΚΗ Η ΕΚΤΟΣ ΓΑΓΓΟΥ. *INDIA EXTRA GANGEM.*		
Τὸ μῆκος τῆς ἐκτὸς Γάγγου ποταμοῦ Ἰνδικῆς. Longueur de l'Inde au delà du Gange.....................	͵ααχν΄ 11650	11650
Τὸ πλάτος. Largeur de l'Inde au delà du Gange..........	͵α͵ϑ 19000	″
Ἀπὸ τοῦ [Μεγάλου] ἀκρωτηρίου μέχρι τοῦ πρὸς Σίνας ὁρίου. Du cap Malacca au cap Lem-Chik....................	͵αβφν΄ 12550	12550
Ἀπὸ τοῦ πέμπτου στόματος τοῦ Γάγγου ποταμοῦ, ὃ καλεῖται Ἀντιβολή, μέχρι τῶν πρὸς τοὺς Σίνας τοῦ ἔθνους ὁρῶν. De l'embouchure de la riv. Megna au cap Lem-Chik dans le golfe de Siam....................	͵δ͵ετν΄ 45350	37350
ΘΗΡΙΩΔΗΣ ΚΟΛΠΟΣ. *THERIODES SINUS.*		
Ἀπὸ τοῦ Νοτίου ἄκρου μέχρι τοῦ τῶν Σατύρων ἀκρωτηρίου. Du cap Padaran à la presqu'île de Lui-Tchéou.................	͵αφγ΄ 10503	10503
ΤΩΝ ΣΙΝΩΝ ΚΟΛΠΟΣ. *SINARUM SINUS.*		
Ἀπὸ τοῦ ἀκρωτηρίου τῶν Σατύρων ἐπὶ Κοτιάριος ποταμοῦ ἐκβολάς. De la presqu'île de Lui-Tchéou à l'embouchure du golfe de Canton et de la riv. Kiang....................	͵ασν΄ 1250	2250
Κατίγαρα ὅρμος..............	″	″
Τὸ μῆκος τῶν Σινῶν. Longueur du pays des *Sinæ*...........	͵γ 30000	″
Τὸ πλάτος. Largeur du pays des *Sinæ*................	͵αζσν΄ 17250	″
Ἀπὸ τοῦ ἐν τῷ Μεγάλῳ κόλπῳ τῶν Σινῶν ὁρίου, ἐπὶ Κοτιάριος ποταμοῦ ἐκβολάς. Du cap Lem-Chik au golfe de Canton en suivant les côtes..................	͵αβχν΄ 12650	19650
RÉCAPITULATION.		
Ἀπὸ τοῦ Αὐαλίτου μυχοῦ ἕως Κοτιάριος ποταμοῦ ἐκβολῶν. Du détroit de Bab-el-Mandeb au golfe de Canton............	͵ι͵βτϟε΄ 123395	135655
Ἀπὸ τοῦ Αἰλανίτου μυχοῦ μέχρι τῶν στενῶν τοῦ Ἀραβίου κόλπου. De l'entrée du golfe Accaba au détroit de Bab-el-Mandeb...	͵ααχϑ΄ 11609	12700

PÉRIPLE.		STADES donnés PAR LES TEXTES.	STADES mesurés PAR M. LAPIE.
Περίπλους τῆς Ἐρυθρᾶς θαλάσσης καὶ μέρους τοῦ Ἰνδικοῦ πελάγους. Du détroit de Bab-el-Mandeb au cap Moçandon	͵αφλ'	10530	18530
Περίπλους τοῦ Περσικοῦ κόλπου. Du cap Moçandon à Passonny	͵εψν'	5750	5350
Ἀπὸ τῶν τῆς Καρμανίας ὄρων μέχρι Ῥιζάνα πόλεως. De Passonny à Debbou	͵γων'	3850	3250
Ἀπὸ τοῦ πρώτου καὶ δυσμικωτάτου στόματος τοῦ Ἰνδοῦ ποταμοῦ τοῦ λεγομένου Σαγάπα μέχρι τοῦ πέμπτου στόματος τοῦ Γάγγου ποταμοῦ ὃ καλεῖται Ἀντιβολή. De la bouche de l'Indus nommée Pitti à l'embouchure de la riv. Megna	͵γ͵εχϟε'	35695	37595
Ἀπὸ τοῦ πέμπτου στόματος τοῦ Γάγγου ποταμοῦ μέχρι τῶν ὅρων τῶν πρὸς τοὺς Σίνας. De l'embouchure de la riv. Megna au cap Lem-Chik dans le golfe de Siam	͵αετλ'	15330	37350
Ἀπὸ τοῦ τῶν Σινῶν ὁρίου ἐπὶ Κοττιάριος ποταμοῦ ἐκβολάς. Du cap Lem-Chik à l'entrée du golfe de Canton	͵αβχν'	12650	19650
Ἀπὸ τοῦ Αἰλανίτου μυχοῦ μέχρι τῶν Σινῶν ἔθνους, καὶ τῶν ἐκβολῶν τοῦ Κοττιάριος ποταμοῦ. Du fond du golfe d'Accaba au golfe de Canton	͵͵ι͵͵εσϟε'	153295	149355

BAITIKH. BÆTICA.

Ἀπὸ Κάλπης τοῦ ὄρους εἰς Καρτηΐαν. De Gibraltar à Saint-Roch	ν'	50	50
Βαστουλοὶ, οἱ καὶ Ποινοί. Bastuli qui et Pœni	"	"	"
Ἀπὸ Καρτηΐας εἰς Βαρβήσολα. De Saint-Roch à Barajabi	ρ'	100	100
Τρανσδοῦκτα. Pointe del Carnero	σ'¹-ρμε'	200-145	200
Μελλαρία. Tarifa	ρκγ'-ριε'	123-115	115
Βελῶν πόλις. Bolonia	ρμ'-ρ'	140-100	100
Τουρδούλων ἔθνος. Turdulorum gens	"	"	"
Ἀπὸ Βελῶνος πόλεως εἰς Βελῶνος ποταμοῦ ἐκβολάς. De Bolonia à la riv. Barbato	οε'-ν'	75-50	75
Ἀκρωτήριον καὶ ναὸς Ἥρας. Cap Trafalgar	σ'-ρν'	200-150	75
Μενεσθέως λιμήν. Torre Bermeja	σκε'-ρξ'	225-160	160
Γάδειρα. Cadix	σο'-σμ'	270-240	140
Ἀπὸ Μενεσθέως λιμένος εἰς τὴν κατὰ Ἄσταν ἀνάχυσιν. De Torre Bermeja à Xeres de la Frontera	σι'	210	210
Τουρδιτανοί. Turditani	"	"	"

[1] Les deux nombres donnés par l'auteur signifient le plus grand *au plus* et le plus petit *au moins*.

MARCIANUS HERACLEOTA.

PÉRIPLE.	STADES donnés PAR LES TEXTES.	STADES mesurés PAR M. LAPIE.
Ἀπὸ τῆς κατὰ Ἄσταν ἀναχύσεως ἐπὶ τὸ τοῦ Βαίτιος ποταμοῦ ἀνατολικώτερον στόμα. De Xeres de la Frontera à l'embouchure du Guadalquivir............	τπε´-σπε´	385-285	385
Αἱ πηγαὶ τοῦ Βαίτιος ποταμοῦ. Sources du Guadalquivir......	͵γτν-͵βυ´	3350-2400	2700
Ἀπὸ τοῦ ἀνατολικωτέρου στόματος τοῦ Βαίτιος ποταμοῦ ἐπὶ Ὄνοβαν Αἰσουρίαν. De l'embouchure du Guadalquivir à l'entrée de la rivière Tinto............	υκ´-τ´	420-300	420
Τοῦ Ἄνα ποταμοῦ ἐκβολαί. Embouchure de la rivière Guadiana.	σι´-ρν´	210-150	210
Αἱ πηγαὶ τοῦ Ἄνα ποταμοῦ. Sources de la rivière Guadiana, en ligne droite.............	͵βρμε´-͵αφν´	2145-1550	2800
Ἀπὸ τῶν ἐκβολῶν ἕως τῶν πηγῶν τοῦ Ἄνα ποταμοῦ. Des sources de la Guadiana à son embouchure.............	͵γψθ´	3709	3709
Ἀπὸ τῶν πηγῶν τοῦ Ἄνα ποταμοῦ ἐπὶ Βελῶνα τὴν πόλιν. Des sources de la rivière Guadiana à Bolonia.............	͵αρνη´	1158	2658
Περιορισμὸς τῆς μεσογείας Βαιτικῆς. De la rivière Almenzora à Gibraltar............	͵ϛψθ´-͵ερμ´	6709-5140	2600
Περίπλους τῆς Βαιτικῆς. Périple de la Bétique. De la rivière Almenzora à l'embouchure de la Guadiana.............	͵δτμε´	4345	4345
Ἀπὸ Κάλπης τοῦ ὄρους μέχρι τῶν τοῦ Ἄνα ποταμοῦ ἐκβολῶν. De Gibraltar à la rivière Guadiana, en suivant la côte, sans entrer dans les golfes.............	͵βτπ´-͵ασμε´	2380-1245	1745

ΛΟΥΣΙΤΑΝΙΑ. LUSITANIA.

Ἀπὸ τῶν ἐκβολῶν τοῦ Ἄνα ποταμοῦ ἐπὶ Βάλσα. De l'embouchure de la rivière Guadiana à Villamartin..........	τπ´	380	200
Ὀσσόνοβα. Faro..........	τμ´-τ´	340-300	180
Ἱερὸν ἀκρωτήριον. Cap Saint-Vincent..........	τξ´-σξ´	360-260	660
Καλίποδος ποταμοῦ ἐκβολαί. Embouchure de la rivière Caldao.	͵ατν´	1350-350	1150
Σάλαχρα. Alcober do Sal..........	σλ´-σι´	230-210	240
Κασσοβρίξ. Sétubal..........	ρε´-ϟ´	105-90	90
Βαρβάριον ἄκρον. Cap Espichel..........	ρϟ´-ρξ´	190-160	190
Ὀλισίπω. Lisbonne..........	τπ´-σν´	380-250	250
Τάγου ποταμοῦ ἐκβολαί. Bouches du Tage..........	ρνε´	155	155
Τάγου ποταμοῦ πηγαί. Sources du Tage, en suivant la rivière.	″	″	4700
Ἀπὸ τῶν ἐκβολῶν τοῦ Τάγου ποταμοῦ ἐπὶ Σελήνης ὄρους ἄκρον. De l'embouchure du Tage au cap Carvoeiro..........	ρν´-ρκ´	150-120	600

PÉRIPLE.	STADES donnés PAR LES TEXTES.	STADES mesurés PAR M. LAPIE.
Λάνοβρις νῆσος. Iles Berlingues..........................	χό-τμ´ 670-340	70
Ἀπὸ τοῦ Ἱεροῦ ἀκρωτηρίου ἐπ᾿ αὐτήν. Du cap Saint-Vincent aux îles Berlingues...........................	αφί-αρλ´ 1510-1130	2130
Ἀπὸ Σελήνης ὄρους ἐπὶ Μόνδα ποταμοῦ ἐκβολάς. Du cap Carvoeiro à la rivière Mondega........................	ρν´-ρκ´ 150-120	650
Οὐακούα ποταμοῦ ἐκβολαί. Embouchure de la rivière Vouga....	τπ´-σοε´ 380-275	380
Δωρίου ποταμοῦ ἐκβολαί. Embouchure du Douro.............	" "	400
Δωρίου ποταμοῦ πηγαί. Sources du Douro..................	ατό 1370	3700
Ἀπὸ τοῦ Ἱεροῦ ἀκρωτηρίου ἐπὶ τὰς πηγὰς τοῦ Δωρίου ποταμοῦ. Du cap Saint-Vincent aux sources du Douro.............	͵γτλε´ 3335	5035
Ἀπὸ τῶν ἐκβολῶν τοῦ Οὐακούα ποταμοῦ εἰς Βάλσα τὴν πόλιν. De l'embouchure de la rivière Vouga à Villamartin.........	αψϟγ´ 1793	2593
Περιορισμὸς τῆς Λουσιτανίας τῆς μεσογείας. Du cap de la Rocca à la limite près Avila...........................	δυ´-δ´ 4400-4000	3000
Ἀπὸ τῶι ἐκβολῶν τοῦ Ἄνα ποταμοῦ μέχρι τῶν ἐκβολῶν τοῦ Δωρίου ποταμοῦ. De l'embouchure de la rivière Guadiana à l'embouchure du Douro...........................	δρμ´-͵γσξε´ 4140-3265	4400

ΤΑΡΡΑΚΩΝΗΣΙΑ. TARRACONENSIS.

PÉRIPLE.	STADES donnés	STADES mesurés
Ἀπὸ τοῦ Κώρυ ἀκρωτηρίου ἐπὶ τὸ ἀκρωτήριον τῆς Πυρήνης. Du cap Ortegal au cap Creux....................	ζσλ´ 7230	5880
Τὸ πλάτος τῆς Ταρρακωνησίας. De la rivière Almenzora au cap Creux....................................	δσν´ 4250	5665
Περιορισμὸς τῆς Ταρρακωνησίας κατὰ γῆν. De la rivière Almenzora à l'embouchure du Douro en ligne droite..............	δφ´-͵γτ 4500-3300	4700
Ἀπὸ τῶν τοῦ Δωρίου ποταμοῦ ἐκβολῶν ἐπὶ τὸ ἀκρωτήριον τῆς Πυρήνης τὸ Οἴασσω λεγόμενον. De l'embouchure du Douro au cap Creux.....................................	͵ατκζ´-ηιβ´ 10327-8012	6350
Ἀπὸ τοῦ ὄρους ἐπὶ τῷ Ἡρακλείῳ πορθμῷ κειμένου μέχρι τοῦ Οἰάσσω ἀκρωτηρίου τῆς Πυρήνης. De Gibraltar au cap Creux........	͵ασμε´-͵αγσωβ´ 16045-13282	8400

ΑΚΥΤΑΝΙΑ. AQUITANIA.

PÉRIPLE.	STADES donnés	STADES mesurés
Ἀπὸ τοῦ Οἰάσσω ἀκρωτηρίου τῆς Πυρήνης ἐπὶ τὰς τοῦ Ἀτούριος ποταμοῦ ἐκβολάς. Du cap Creux à l'embouchure de l'Adour, en suivant la limite de l'Espagne et la côte.............	δσν´-͵γτ 4250-3300	3300
Σιγνατίου ποταμοῦ ἐκβολαί. Rivière de Mimizan............	φ´-υν 500-450	450
Κουρίαννον ἀκρωτήριον. Cap d'Arcachon.................	φ´-τό 500-370	370

PÉRIPLE.	STADES donnés PAR LES TEXTES.	STADES mesurés PAR M. LAPIE.
Γαρούμνα ποταμοῦ ἐκβολαί. Embouchure de la Gironde......	χ'-υλ' 600-430	650
Γαρούμνα ποταμοῦ πηγαί. Sources de la Garonne..........	τ'-χ' 300-600	2900
Βουρδίγαλα. Bordeaux............................	// //	//
Μεδιόλανον......................................	// //	//
Ἀπὸ Γαρούμνα ποταμοῦ ἐκβολῶν ἐπὶ Σαντόνων ἄκρον. De l'embouchure de la Gironde à la pointe Saint-Marc.............	υοε'-τκε' 475-325	475
Κανεντέλου ποταμοῦ ἐκβολαί. Embouchure de la rivière Gachère.	φξ'-φν' 560-550	550
Πικτόνιον ἄκρον. N. D. de Monts........................	σι-ρν' 210-150	210
Σικὸρ λιμήν. Pornic..................................	τ'-σζ' 300-290	290
Λείγηρος ποταμοῦ ἐκβολαί. Embouchure de la Loire.........	ρπε'-ρνε' 185-153	153
Ἀπὸ τῶν τοῦ Ἀτούριος ποταμοῦ ἐκβολῶν εἰς Ἀυαρικὸν πόλιν. De l'embouchure de l'Adour à Bourges.....................	αυη' 1408	3200
Ἀπὸ τοῦ πρὸς τῇ Πυρήνῃ πέρατος μέχρι τῆς πρὸς τὴν μεσημβρίαν ἐπιστροφῆς τοῦ Λείγηρος ποταμοῦ. Des Pyrénées à Briare....	ασν' 1250	3050
Ὁ τῆς μεσογείας περιορισμός. Traversée intérieure...........	͵θ͵ψο'-ητό 9770-8370	//
Ἀπὸ τοῦ Οἰάσσω τοῦ τῆς Πυρήνης ἀκρωτηρίου μέχρι τῶν τοῦ Λείγηρος ποταμοῦ ἐκβολῶν. Du cap Creux à l'embouchure de la Loire..	δω'-͵γφκε' 4800-3525	4425

ΛΟΥΓΔΟΥΝΗΣΙΑ. LUGDUNENSIS.

Ἀπὸ τοῦ Γοβαίου ἀκρωτηρίου ἕως τῆς ἀνατολικῆς πλευρᾶς, καθ' ἥν συνῆπται τῇ Βελγικῇ κατὰ τὸν Σηκοάναν ποταμόν. Du cap de Sein à la Bresle, rivière.............................	͵γτος' 3376	3376
Ἀπὸ Καβαλλίνου πόλεως εἰς Σηκοάνα ποταμοῦ ἐκβολάς. De Châlon-sur-Saône à l'embouchure de la Seine................	͵γπ' 3080	2880
Ὁ κατὰ γῆν περίδρομος. Traversée intérieure................	͵ζσζ'-͵ϛυκ' 7290-6420	//
Ἀπὸ τῶν ἐκβολῶν τοῦ Λείγηρος ποταμοῦ μέχρι τῶν ἐκβολῶν τοῦ Σηκοάνα ποταμοῦ. De l'embouchure de la Loire à l'embouchure de la Seine.....................................	͵γτό-͵γξε' 3370-3065	5370

ΒΕΛΓΙΚΗ ΣΥΝ ΓΕΡΜΑΝΙΑ ΤΗ ΑΝΩ ΚΑΙ ΤΗ ΚΑΤΩ. BELGICA CUM GERMANIA SUPERIORI ET INFERIORI.

Ἀπὸ τῶν τοῦ Φρούδιος ποταμοῦ ἐκβολῶν πρὸς τῇ κεφαλῇ τοῦ Ῥήνου ποταμοῦ. De la rivière de Bresle à l'ancienne embouchure du Rhin..	͵βχπε' 2685	2285

PÉRIPLE.	STADES donnés PAR LES TEXTES.		STADES mesurés PAR M. LAPIE.
Ἀπὸ τοῦ Ἀδούλου ὄρους εἰς τὸ δυσμικὸν τοῦ Ῥήνου ποταμοῦ στόμα. Du mont Baduz à l'ancienne embouchure du Rhin.......	͵δτοε´	4375	4475
Ὁ κατὰ γῆν περιορισμός. Traversée intérieure.............	͵αςρξ´-͵αςτ´	15160-12300	″
Ἀπὸ τοῦ Σηκοάνα ποταμοῦ μέχρι τοῦ Ῥήνου ποταμοῦ. De l'embouchure de la Seine à l'ancienne embouchure du Rhin près de La Haye.................................	͵γων´-͵γρπ´	3850-3180	3180
ΓΕΡΜΑΝΙΑ ΜΕΓΑΛΗ. GERMANIA MAGNA.			
Ἀπὸ τῶν ἐκβολῶν τοῦ Ῥήνου εἰς Οὐίδρου ποταμοῦ ἐκβολάς. De l'ancienne embouchure du Rhin à l'ancienne embouchure du Vecht, rivière.........	τπ´	380	880
Μαραρμανὸν λιμήν. Lauwer Zée...................	τν´-σν´	350-250	450
Ἀμασίου ποταμοῦ ἐκβολαί. Embouchure de l'Ems.......	χνε´-υο´	655-470	470
Ἀμασίου ποταμοῦ πηγαί. Sources de l'Ems..............	͵ϛτν´-͵ατ´	2350-1300	1350
Ἀπὸ Ἀμασίου ποταμοῦ ἐκβολῶν εἰς Οὐισούργιος ποταμοῦ ἐκβολάς. De l'embouchure de l'Ems à l'embouchure du Weser.....	φξ´	560	760
Οὐισούργιος ποταμοῦ πηγαί. Sources du Weser.........	͵αψπ´-͵αχ´	1780-1600	2600
Ἀπὸ Οὐισούργιος ποταμοῦ εἰς Ἄλβιος ποταμοῦ ἐκβολάς. De l'embouchure du Weser à l'embouchure de l'Elbe........	χκε´	625	525
Ἄλβιος ποταμοῦ πηγαί. Sources de l'Elbe............	͵ετό´-͵γτ´	5370-3300	5370
Σαξόνων νῆσοι. Ile Sylt.......................	ψν´	750	750
Κιμβρικὴ Χερσόνησος. Chersonèse Cimbrique...........	″	″	″
Ἀπὸ τῶν τοῦ Ἄλβιος ποταμοῦ ἐκβολῶν ἐπὶ τὴν πρώτην ἐξοχὴν τῆς Χερσονήσου. De l'embouchure de l'Elbe à la presqu'île d'Eidersted........	φο´-υ´	570-400	400
Δευτέρα ἐξοχή. Cap Blaavand.................	͵αχ´-͵αρ´	1600-1100	1100
Τρίτη ἐξοχή. Cap Harthals...................	͵αυν´-͵αρν´	1450-1150	1150
Πρώτη ἐξοχὴ μετὰ τὴν ἐπιστροφήν. Cap Rosnout.........	χν´-φν´	650-550	650
Ἀνατολικώτατον τῆς πρώτης ἐξοχῆς. Cap Gierild...........	ψκ´-φκ´	720-520	1020
Ἡ ὑπὸ τὴν ἐξοχὴν αὐτῆς, ἐφεξῆς. Cap Sonderbourg.........	͵ϛ-͵αφ´	2000-1500	2000
Ἡ πρὸς τὰς ἀνατολὰς ἐπιστροφή. Fond du golfe de Neustadt....	͵αξ´-ψν´	1060-750	1050

MARCIANUS HERACLEOTA.

PÉRIPLE.		STADES donnés PAR LES TEXTES.	STADES mesurés PAR M. LAPIE.
Περίπλους τῆς χερσονήσου. De l'embouchure de l'Elbe au fond du golfe de Neustadt.	ηγ'-ζτο'	8050-7370	7370
Ἀλοκίαι νῆσοι. Du cap Rosnout aux îles Læssoë.	φν'-φ'	550-500	500
Σκανδίαι νῆσοι. Ile de Seeland.	͵β-αψ'	2000-1700	1700
Ἀπὸ τῶν ἐκβολῶν τοῦ Οὐϊσ͞ούλα ποταμοῦ εἰς τὴν νῆσον Σκανδίαν. De l'embouchure de la Vistule à l'île Seeland en ligne droite.	αχ'-ασ'	1600-1200	2600
Ὁ πᾶς Σκανδίας περίπλους. Contours de l'île de Seeland.	͵βφ'-͵β	2500-2000	2500
Ἀπὸ τῆς πρὸς ἀνατολὰς ἐπιστροφῆς τῆς χερσονήσου ἐπὶ Συήβου ποταμοῦ ἐκβολάς. Du fond du golfe de Neustadt à la rivière Recknitz.	ασξ'	1260	1260
Οὐιάδου ποταμοῦ ἐκβολαί. A l'embouchure de l'Oder.	ων'	850	850
Οὐϊσ͞ούλα ποταμοῦ ἐκβολαί. Bouche occidentale de la Vistule.	ψ'	700	2000
Ἀπὸ τῶν ἐκβολῶν τοῦ ποταμοῦ Οὐϊσ͞ούλα ἐπὶ τὴν κεφαλὴν τοῦ αὐτοῦ ποταμοῦ. De la bouche occidentale de la Vistule à Osiek, en ligne droite.	͵β-αων'	2000-1850	3000
Ἀπὸ Ἀσκιβουργίου πόλεως εἰς Οὐϊσ͞ούλα ποταμοῦ ἐκβολάς. D'Hohen-Bodberg à la bouche occidentale de la Vistule.	ατν'	1350	5650
Ἀπὸ τῆς ἐκτροπῆς τοῦ πρὸς μεσημβρίαν ῥέοντος ποταμοῦ, ὃς καλεῖται Ναράβων, πρὸς τὴν Κιμβρικὴν χερσόνησον. De l'embouchure du Raab dans le Danube au cap Rosnout.	͵ϛσν'	6250	7750
Τῆς μεγάλης Γερμανίας ὁ κατὰ γῆν περιορισμός. Traversée intérieure de la Grande Germanie.	͵αβτ'- ͵ασν'	12300-11250	"
Ἀπὸ τοῦ Ῥήνου ποταμοῦ μέχρι τῶν ἐκβολῶν τοῦ Οὐϊσ͞ούλα ποταμοῦ. De l'ancienne bouche du Rhin à la bouche occidentale de la Vistule.	͵αγυ'-͵αλ'	13400-10030	13400

ΣΑΡΜΑΤΙΑ Η ΕΝ ΕΥΡΩΠΗ. SARMATIA EUROPÆA.

Χρόνου ποταμοῦ ἐκβολαί. Embouchure du.		"	"
Ῥούβωνος ποταμοῦ ἐκβολαί.		"	"
Τουρούντου ποταμοῦ ἐκβολαί.		"	"
Χέσυνος ποταμός.		"	"
Ἀγαθυρσοί. Agathyrsi.		"	"
Ῥίπαια ὄρη.		"	"
Ἄλαυνος ὄρος.		"	"

PÉRIPLE.		STADES donnés PAR LES TEXTES.	STADES mesurés PAR M. LAPIE.
Ἄλαυνοι. Alauni.		//	//
Χουνοί. Chuni.		//	//
Τὸ μῆκος τῆς Σαρματίας. Longueur de la Sarmatie d'Europe...	͵ζψ´	7700	//
Τὸ πλάτος. Largeur de la Sarmatie d'Europe.	͵ζχν´	7650	//
ΙΟΥΕΡΝΙΑ. *HIBERNIA.*			
Ἀπὸ τοῦ Νοτίου ἀκρωτηρίου εἰς τὸ Ῥοβόγδιον. Depuis le cap Mizen au cap Fair, en ligne droite.	͵βρο´	2170	3170
Τὸ πλάτος. Largeur de l'Irlande du cap Mizen à la pointe Carnsore	͵αωλδ´	1834	1834
Περίπλους τῆς νήσου. Le tour de l'Irlande sans entrer dans les golfes.	θ,πε´- ͵ϛωμε´	9085- 6845	9085
ΑΛΒΙΩΝ. *ALBION.*			
Ἀπὸ τοῦ δυτικοῦ ὁρίζοντος κατὰ τὸ Δαμνόνιον ἄκρον, τὸ καὶ Ὄκρινον, ἕως Ταρουεδούνου τῆς καὶ Ὀρκάδος καλουμένης ἄκρας. Du cap Lizard au cap Duncansby, en ligne droite.	͵εσκε´	5225	6225
Ἀπὸ τοῦ Δαμνονίου ἄκρου εἰς τὴν τῶν Νουάντων χερσόνησον. Du cap Lizard au Mull de Galloway, en ligne droite.	͵γπγ´	3083	3283
Περίπλους τῆς νήσου τῆς Ἀλβίωνος. Le tour de l'Angleterre et de l'Écosse, en suivant tous les golfes.	͵ϛηχδ´- ͵ϛφκϛ´	28604- 20526	28604
ÉPITOME D'ARTÉMIDORE.			
ΒΙΘΥΝΙΑ. *BITHYNIA.*			
Ἀπὸ ἱεροῦ Διὸς Οὐρίου εἰς Ῥήβαν ποταμόν. Du Château Génois à la rivière Riva.	ϛ´	90	90
Μέλαινα ἄκρα. Kerman Kiahia.	ρν´	150	150
Ἄρταννος ποταμός. Rivière Kabakoz.	//	//	150
Ψίλλιος ποταμός. Petite rivière.	σϛ´	290	150
Κάλπαι, λιμὴν καὶ ποταμός. Rivière Calpé.	σκ´	220	110
Θυνιὰς νῆσος. Ile Kefken.	ξ´	60	60
Σαγγάριος ποταμός. Rivière Sakaria.	γ´	3	200
Ὕπιος ποταμός. Rivière Kara.	ρπ´	180	180
Δία πόλις. Melin.	ξ´	60	60
Ἔλαιος ποταμός. Rivière Halabli.	ϛ´	90	160
Κάλης ποταμός. Petite rivière.	ρκ´	120	20

PÉRIPLE.	STADES donnés PAR LES TEXTES.	STADES mesurés PAR M. LAPIE.
Ἡράκλεια πόλις. Bender Erekli....................	π´	80	100
Ἀπολλωνία. Sizeboli........................	͵α	1000	2100
Ἀπὸ τοῦ ἱεροῦ Διὸς Οὐρίου εἰς πόλιν Ἡράκλειαν. Du Château Génois à Bender Erekli........................	͵αφλ´	1530	1370
En ligne droite........................	͵ας´	1200	1200
Ἀπὸ Ἡρακλείας εἰς Ποσείδιον. De Bender Erekli à l'ouest de la rivière Koussch........................	ρι´	110	120
Ὀξίνας ποταμός. Rivière Oxineh ou Euksineh............	ϟ´	90	90
Σανδαράκη. A l'embouchure du Tcharouk, rivière..........	ϟ´	90	40
Κρηνίδες. Ruines sur la côte........................	κ´	20	30
Ψύλλα χωρίον. Sur le cap Kilimoli........................	κ´	20	30
Τίος πόλις. Filios........................	ϟ´	90	90
Βίλλαιος ποταμός. Rivière Filios........................	″	″	″
Ἀπὸ Ἡρακλείας εἰς Τίον πόλιν. De Bender Erekli à Filios......	το´	370	400

ΠΑΦΛΑΓΟΝΙΑ. PAPHLAGONIA.

Ἀπὸ Τίου εἰς Ψίλλιδα ποταμόν. De Filios à une petite rivière..	ξ´	60	60
Παρθένιος ποταμός. Rivière Partheni........................	ο´	70	70
Ἄμαστρις πόλις. Amasrah........................	ϟ´	90	90
Ἀπὸ Τίου εἰς Ἄμαστριν. De Filios à Amasrah............	σκ´	220	240
Ἀπὸ Ἀμάστριδος εἰς Κρώμναν χωρίον. D'Amasrah à près Déliki-Kili........................	ρν´	150	150
Κύτωρος χωρίον. Ruines au pied du mont Sagra............	ϟ´	90	90
Αἰγιαλός. Karoudja Kileh........................	ξ´	60	60
Κλίμαξ πόλις. Kidros........................	ν´	50	50
Τιμολαῖον χωρίον. Ruines sur la côte........................	ξ´	60	40
Κάραμβις ἀκρωτήριον. Cap Kerembeh........................	ρ´	100	140
Καλλιστρατία κώμη. A l'est du cap Kerembeh............	κ´	20	20
Γάριος τόπος. Sur la côte........................	π´	80	70
Ἀβώνου τεῖχος, ἡ νῦν Ἰωνόπολις. Ineboli........................	ρκ´	120	120
Αἰγινήτης πολίχνιον. Icnitchi........................	ρξ´	160	150
Κίνωλις κώμη. Kinla ou Kinolis........................	ξ´	60	60
Ἀντικίνωλις. Petit îlot........................	ξ´	60	30
Ἀπὸ Κινώλιδος εἰς Στεφάνην κώμην. De Kinla à Istifan........	ρν´	150	250
Ποταμοί. Petite rivière........................	ρκ´	120	120
Συριὰς ἄκρα. Cap Indjeh........................	ρκ´	120	100
Ἀρμένη κώμη καὶ λιμήν. Ak Liman........................	ν´	50	60

53.

PÉRIPLE.	STADES donnés PAR LES TEXTES.	STADES mesurés PAR M. LAPIE.
Ὀχοσβάτης ποταμός. Rivière d'Ak Liman................	*"*	*"*
Ἀπὸ Ἀρμένης εἰς Σινώπην πόλιν. D'Ak Liman à Sinope........	ν'	50	40
Σκόπελος νησίον. Du nord de Sinope, en faisant le tour du cap Boz Tepeh..............................	μ'	40	40
Ἀπὸ Καραμβιδὸς ἄκρας εἰς Σινώπην. Du cap Kerembeh à Sinope, en ligne droite...................	ψ'	700	970
Ἀπὸ Ἀμάστριδος εἰς Σινώπην. D'Amasrah à Sinope..........	αψν'	1750	1720
Ἀπὸ Ἡρακλείας εἰς Σινώπην. De Bender Erekli à Sinope, en ligne droite...................	ϛμ'	2040	2040
Ἀπὸ Ἱεροῦ εἰς Σινώπην. Du Château Génois à Sinope.........	γφο'	3570	3700
Ἀπὸ Σινώπης εἰς Εὔαρχον ποταμόν. De Sinope à la rivière Keupli Aghazi...........................	π'	80	80

ΠΟΝΤΟΙ Β'. *PONTI DUO.*

Ἀπὸ Εὐάρχου ποταμοῦ εἰς Καροῦσαν χωρίον. De la rivière Keupli Aghazi à Gherzeh........................	ο'	70	70
Σάγωρος χωρίον. Ruines sur la côte.................	ρκ'	120	160
Ζάλισκος ποταμός. Rivière d'Aladjam...................	ρκ'	120	150
Ἅλυς ποταμός. Kizil-Ermak, rivière...................	ρν'	150	150
Ναύσταθμος. Près Bafra..........	ρκ'	120	90
Κωνώπιον. Koumdjughaz................	ρκ'	120	50
Ἀμισὸς πόλις. Samsoun................	ρν'	150	280
Ἀπὸ Σινώπης εἰς Ἀμισόν. De Sinope à Samsoun............	τν'	350	1030
Ἀπὸ Ἱεροῦ εἰς Ἀμισόν. Du Château Génois à Samsoun, en suivant la côte.................	αφκ'	1520	4730
En ligne droite..................	*"*	*"*	3740
Ἀπὸ Ἀμισοῦ ἐπὶ τὸν Λύκαστον ποταμόν. De Samsoun à une petite rivière.......................	κ'	20	20
Χαδίσιος ποταμός. Petite rivière.................	ρν'	150	40
Ἶρις ποταμός. Djekil Ermak, rivière..................	ρ'	100	100

ΙΣΙΔΩΡΟΥ ΧΑΡΑΚΗΝΟΥ
ΣΤΑΘΜΟΙ ΠΑΡΘΙΚΟΙ.

ISIDORI CHARACENI
MANSIONES PARTHICÆ.

ITINÉRAIRE.	SCHŒNES donnés PAR LES TEXTES.	SCHŒNES mesurés PAR M. LAPIE.
ΜΕΣΟΠΟΤΑΜΙΑ καὶ ΒΑΒΥΛΩΝΙΑ.		
De Bir à el Modaïn..................................	ροα´	171	171
Ζεῦγμα. En face de Bir.		
Ἀπάμεια. Bir.		
Δαίαρα κώμη. Dans la plaine...................	γ´	3	3
Χάραξ Σπασίνου, καὶ πόλις Ἀνθεμουσίας. Serudje...........	ε´	5	5
Κοραία ἡ ἐν Βατάνῃ. Rahbanieh...................	γ´	3	3
Μαννούορρα Αὐιρήθ. Aghdja Kara................	ε´	5	5
Κομμισιμβήλα. Heyabendi......................	δ´	4	4
Βίληχα ποταμός. Belikh, rivière.		
Ἄλαγμα. Ceïlan......	γ´	3	3
Ἴχναι, πόλις ἑλληνίς. Khonais..................	γ´	3	3
Νικηφόριον παρ᾽ Εὐφράτην, πόλις ἑλληνίς. Racca............	ε´	5	5
Γαλαβαθὰ κώμη. El Ouelda.....................	δ´	4	4
Χουβάνη κώμη. Mahada Beles...................	α´	1	1
Θιλλάδα Μιρράδα. Sur l'Euphrate................	δ´	4	4
Βασιλεία. Près la première digue de l'Euphrate.		
Ἀρτέμιδος ἱερόν. Dianæ fanum.		
Σεμιράμιδος διῶρυξ. Semiramidis fossa.		
Ἄλλαν κωμόπολις. Us Rayer....................	δ´	4	4
Βιῦναῦ, Ἀρτέμιδος ἱερόν. En face de Deïr............	δ´	4	4
Φάλιγα κώμη. Suffra.........................	ς´	6	6
Ἀπὸ Ἀντιοχείας ἕως τούτου. D'Antakia à Suffra, en passant par Bir et en suivant l'Euphrate depuis Racca............	ρκ´	120	120
Σελεύκεια ἡ πρὸς τῷ Τίγριδι. El Modaïn................	ρ´	100	100

ITINÉRAIRE.	SCHŒNES donnés PAR LES TEXTES.	SCHŒNES mesurés PAR M. LAPIE.
Ναϐαγάθ κωμόπολις, καὶ ποταμὸς Ἀϐούρας. Kerkisieh sur le Khabour, rivière..............................	//	2
Ἄσιχα κώμη. El Sisa..................................	δ′ 4	4
Δοῦρα Νικάνορος, ἢ Εὔρωπος. El Haib.................	ς′ 6	6
Μέρραν ὀχύρωμα. Sada..............................	ε′′ 5	5
Γίδδαν πόλις. Sultan Abdallah........................	ε′ 5	5
Βηλεσιϐλαδα. En face de Chedjour Rharab.............	ζ′ 7	7
Νῆσος κατὰ τὸν Εὐφράτην. Ile Karabla................	ς′ 6	6
Ἀναθώ, νῆσος καὶ πόλις. Anah.......................	δ′ 4	4
Ὀλαϐοῦς νῆσος. Ile Bajan............................	ιϐ′ 12	12
Ἰζαννησόπολις. Hudder el Elias......................	ιϐ′ 12	12
Ἀείπολις. En face de Hit.............................	ις′ 16	16
Βεσηχάνα πόλις. Galater Ramady.....................	ιϐ′ 12	12
Νεάπολις. Macdam..................................	κϐ′ 22	22
Σελεύκεια, καὶ Ναρμάλχας ποταμός. El Modaïn........	θ′ 9	9
ΑΠΟΛΛΩΝΙΑΤΙΣ.		
De el Modaïn à Keser abad.........................	λγ 33	33
Ἀρτέμιτα πόλις ἑλληνίς. Dascara el Melik.		
Σίλλα ποταμός. Rivière Diala.		
Ἀπὸ Σελευκείας εἰς Ἀρτέμιτα. De el Modaïn à la rivière Diala.	ιε′ 15	15
ΧΑΛΩΝΙΤΙΣ.		
De Keser abad au Djebel Tak.......................	κα′ 21	21
Χάλα πόλις ἑλληνίς, ἀπὸ τῆς Ἀπολλωνιάτιδος. De Keser abad à Zarpout..	ιε′ 15	15
Ζάγρος ὄρος. Djebel Tak............................	ε′ 5	5
ΜΗΔΙΑ.		
De Djebel Tak à l'ouest de Kirmanchah..............	κϐ′ 22	22
Κάρινα χώρα. Environs de Kerend.		
ΚΑΜΒΑΔΗΝΗ.		
De l'ouest de Kirmanchah à l'Elvend Dagh...........	λα′ 31	31

ISIDORUS CHARACENUS. 423

ITINÉRAIRE.	SCHŒNES donnés PAR LES TEXTES.		SCHŒNES mesurés PAR M. LAPIE.
Βάπτανα πόλις. Bisoutoun.			
Σεμιράμιδος ἄγαλμα καὶ στήλη. Semiramidis statua et columna.			
ΜΗΔΙΑ Η ΑΝΩ.			
De l'Elvend Dagh à la rivière Karadj..................	λη'	38	63
Κογκοβὰρ πόλις. Koum roud...................	γ'	3	43
Μαζιριάμαν. Poul-i-Delak...................	γ'	3	3
Ἀδραγιάναττα. Meched abad...................	δ'	4	4
Ἀποβάτανα. Alan...................	ιβ'	12	12
ΡΑΓΙΑΝΗ ΜΗΔΙΑ.			
De la rivière Karadj au défilé de Sirdara...............	νη'	58	28
Ῥάγα καὶ Χάραξ. Ruines au sud-est de Téhéran..........	ζ'	7	7
Κάσπιον ὄρος. Khaouar Dagh.			
Κάσπιαι πύλαι. Défilé de Sirdara.			
ΧΟΑΡΗΝΗ.			
Du défilé de Sirdara à Lasjird....................	ιθ'	19	19
Ἀπάμεια πόλις. Dehnenuck.			
ΚΟΜΙΣΗΝΗ.			
De Lasjird aux montagnes d'Asterabad................	νη'	58	38
ΥΡΚΑΝΙΑ.			
Des montagnes d'Asterabad à Charbolak...............	ξ'	60	60
ΑΣΤΑΒΗΝΗ.			
De Charbolak à l'est de Meshed...................	ξ'	60	60
Ἀσαὰκ πόλις. Meched.			
ΠΑΡΘΥΗΝΗ.			
De l'est de Meched au défilé de Derbend...............	κε'	25	25

ITINÉRAIRE.	SCHŒNES donnés PAR LES TEXTES.		SCHŒNES mesurés PAR M. LAPIE.
Σαυλῶη Παρθαύνισα, ἡ Νίσαια. Outoung	ς´	6	6
Γάδαρ πόλις. Lungaruk	ς´	6	6
Σιρὼκ πόλις. Mahirobat	ε´	5	5
Σαφρὶ κώμη. Derbend	"	"	8

ΑΠΑΥΑΡΚΤΙΚΗΝΗ.

Du défilé de Derbend à Kunjoukoulan	κη´	28	28
Ἀπαυαρκτικὴ πόλις. Churukhs.			
Ῥαγαῦ πόλις. Kalourni.			

ΜΑΡΓΙΑΝΗ.

De Kunjou Koulan aux montagnes du Kohistan	λ´	30	30
Ἀντιόχεια ἡ ἄνυδρος. Merv-chah-djehan.			

ΑΡΕΙΑ.

Des montagnes du Kohistan aux monts Berchek	λ´	30	40
Κανδάκη πόλις. Daghi.			
Ἀρτακαύαν πόλις. Poucheng.			
Ἀλεξάνδρεια ἡ ἐν Ἀρείοις. Hérat.			

ΑΝΑΒΩΝ ΤΗΣ ΑΡΕΙΑΣ.

Des monts Berchek à Doraha	νε´	55	55
Φρὰ πόλις. Furrah.			
Βὶς πόλις. Kourmalik.			
Γάρι πόλις. Gurmou.			
Νιοὶ πόλις. Doraha.			

ΔΡΑΓΓΙΑΝΗ.

De Doraha à Husun Gelan	κα´	21	21
Πάριν πόλις. Bakoua.			
Κορὸκ πόλις. Dilaram.			

ΣΑΚΑΣΤΗΝΗ ἡ καὶ ΠΑΡΑΙΤΑΚΗΝΗ.

De Husun Gelan aux montagnes Gauty	ξγ´	63	63

ITINÉRAIRE.	SCHŒNES donnés PAR LES TEXTES.	SCHŒNES mesurés PAR M. LAPIE.
Βαρδὰ πόλις. Lungera.		
Μὶν πόλις. Chorab.		
Παλακεντὶ πόλις. Giriskh.		
Σιγὰλ πόλις. Khouchnakoud.		
Ἀλεξάνδρεια πόλις. Kandahar.		
Ἀλεξανδρόπολις πόλις. Lyli Mujnoun.		
ΑΡΑΧΩΣΙΑ.		
Des montagnes Gauty aux monts Kouettah.............	λϛ´	36	36
Βιὺτ πόλις. Kullah Putoullah.		
Φάρσαγα πόλις. Choki.		
Χοροχοὰδ πόλις. Kozuk.		
Δημητριὰς πόλις. Hourumzyi Sydani.		
Ἀλεξανδρόπολις μητρόπολις. Sur la rivière Lorah.		
Ἀραχωτὸς ποταμός. Rivière Lorah.		

ΙΕΡΟΚΛΕΟΥΣ ΓΡΑΜΜΑΤΙΚΟΥ ΣΥΝΕΚΔΗΜΟΣ.

HIEROCLIS GRAMMATICI SYNECDEMUS.

NOMS GRECS.	NOMS LATINS.	NOMS MODERNES CORRESPONDANTS.
I.		
ΕΠΑΡΧΙΑ ΘΡΑιΚΗΣ ΕΥΡΩΠΗ.	*PROVINCIA THRACIÆ EUROPÆA.*	
Εὐδοξιούπολις	Eudoxiopolis	Silivri.
Ἡράκλεια	Heraclea	Erekli.
Ἀρκαδιούπολις	Arcadiopolis	Tchatał Bourgaz ?
Βιζύη	Bizya	Viza.
Πάνιον	Panium	Panados.
Ὄρνοι	Orni	Arailitza ?
Γάνος	Ganus	Ganos.
Καλλίπολις	Callipolis	Gallipoli.
Μόριζος	Morizus	Près Ibrahim Keui ?
Σιλτική	Siltica	Silveli ?
Σαυαδία	Savadia	Całafatli ?
Ἀφροδισία	Aphrodisia	Caouak ou Cawak.
Ἄπρος	Aprus	Aïnadjik.
Κοιλία	Cœlia	Port Kilia.
II.		
ΕΠΑΡΧΙΑ ΡΟΔΟΠΗΣ.	*PROVINCIA RHODOPES.*	
Αἶνος	Ænus	Enos.
Μαξιμιανούπολις	Maximianopolis	Ghumourdjina.
Τραιανούπολις	Trajanopolis	Ovikhova.
Μαρώνεια	Maronea	Marogna.

NOMS GRECS.	NOMS LATINS.	NOMS MODERNES CORRESPONDANTS.
Τόπειρος, νῦν Ῥούσιον........	Topirus, nunc Rusium......	Kara Guieuzi.
Νικόπολις................	Nicopolis................	Nikopoli.
Κερεόπυργος..............	Cereopyrgus.............	"

III.

ΕΠΑΡΧΙΑ ΘΡΑιΚΗΣ. PROVINCIA THRACIÆ.

Φιλιππούπολις.............	Philippopolis............	Filibé ou Philippopolis.
Βερόη...................	Beroe...................	Eski Saghra ou Zara.
Διοκλητιανούπολις...........	Diocletianopolis..........	Kezanlik?
Σεβαστούπολις.............	Sebastopolis.............	Ieni Saghra?
Διόπολις.................	Diopolis.................	Iamboli?

IV.

ΕΠΑΡΧΙΑ ΕΜΙΜΟΝΤΟΥ. PROVINCIA HÆMIMONTI.

Ἀδριανούπολις.............	Adrianopolis.............	Andrinople.
Ἀγχίαλος.................	Anchialus................	Ahioli.
Δέβελτος.................	Debeltus................	Zagora.
Πλωτινόπολις.............	Plotinopolis.............	Djesr Erkené.
Τζοίδης.................	Tzoides.................	Serai?

V.

ΕΠΑΡΧΙΑ ΜΥΣΙΑΣ. PROVINCIA MYSIÆ, ID EST MŒSIÆ.

Μαρκιανούπολις.............	Marcianopolis............	Devna ou Pereslav.
Ὄδυσσος.................	Odyssus.................	Varna.
Δοροστόλος...............	Dorostolus...............	Silistria.
Νικόπολις................	Nicopolis................	Nikoup.
Νοβαί...................	Novæ...................	Près Gourabeli.
Ἀππιαρία.................	Appiaria.................	Près Slepoul.
Ἔβραιτλος................	Ebræus.................	Razgrad?

VI.

ΕΠΑΡΧΙΑ ΣΚΥΘΙΑΣ. PROVINCIA SCYTHIÆ.

Τόμις...................	Tomis...................	Karli.

NOMS GRECS.	NOMS LATINS.	NOMS MODERNES CORRESPONDANTS.
Διονυσόπολις	Dionysopolis	Baltschik.
Ἄκραι	Acræ	Gulgrad.
Καλλατίς	Callatis	Kartalia.
Ἴστρος	Istrus	Kargaliuk.
Κωνσταντίανα	Constantiana	Kustendjé.
Ζέλδεπα	Zeldepa	Caramourad ?
Τρόπαιος	Tropæus	Tariski ?
Ἀξιούπολις	Axiopolis	Kouzgoun.
Καπίδαβα	Capidaba	Rassova.
Κάρσος	Carsus	Hassanbeg.
Τρόσμις	Trosmis	Matchin.
Νοβιόδυνος	Noviodunus	Toultcha.
Αἴγισσος	Ægissus	Amatfak.
Ἁλμυρίς	Halmyris	Ienissalai.

VII.

ΕΠΑΡΧΙΑ ΙΛΛΥΡΙΚΟΝ. *PROVINCIA ILLYRICI* (ID EST *MACEDONIÆ*).

Θεσσαλονίκη	Thessalonica	Salonique.
Πέλλη	Pella	Allahkilissia.
Εὔροπος	Europus	Lepeni ?
Δῖον	Dium	Standia.
Βέρροια	Berrhæa	Veria ou Karapheria.
Ἐορδαία	Eordæa	Castranitza ?
Ἔδεσσα	Edessa	Vodena.
Κέλλη	Cella	Caïlari.
Ἀλμωπία	Almopia	Pepelitza.
Λάρισσα	Larissa	Cafadartzi ?
Ἡράκλεια Λάκκου	Heraclea Lacci	Près Derbend sur le Coutchouk Karasou.
Ἀνταγνία Γεμίνδου	Antagnia Gemindi	Demircapou ?
Νικέδης	Nicedes	Moglena ?
Διόβορος	Dioborus	Doiran ?
Ἰδομένη	Idomene	Gradiska.
Βράγιλος	Bragilus	Stroumnitza ?
Τρίμουλα	Trimula	Petrich ?
Παρθικόπολις	Parthicopolis	Radovitch.

NOMS GRECS.	NOMS LATINS.	NOMS MODERNES CORRESPONDANTS.
Ἡράκλεια Στρύμνου	Heraclea Strymonis	Demirhissar.
Σέρραι	Serræ	Seres.
Φίλιπποι	Philippi	Ruines de Philippi.
Ἀμφίπολις	Amphipolis	Ienikeui.
Ἀπολλωνία	Apollonia	Bazar Djedid.
Νεάπολις	Neapolis	La Cavale.
Ἄκανθος	Acanthus	Metochi d'Erissos.
Βέργη	Berga	Neuchek ?
Αραυρος	Araurus	Anghista ?
Κλίμα Μεσ'ικὸν καὶ Ἀκόντισμα	Clima Mesticum et Acontisma	Tcheherbend keui ?
Νῆσος Θάσος	Insula Thasus	Ile de Tasse.
Νῆσος Σαμοθράκη	Insula Samothrace	Ile Samotraki.

VIII.

ΕΠΑΡΧΙΑ ΜΑΚΕΔΟΝΙΑΣ Β'. *PROVINCIA MACEDONIÆ SECUNDÆ.*

Στόλοι	Stobi	Stobi.
Ἄργος	Argos	Ohrissar ?
Εὐσ'ραῖον	Eustraion	Ruines sur le Kutchuk-Carasou.
Πελαγονία	Pelagonia	Keupreli ?
Βάργαλα	Bargala	Pletfar ?
Κελαινίδιον	Celænidium	Castoria.
Ἁρμονία	Harmonia	Bichlistas ?
Ζάπαρα	Zapara	Croupistas ?

IX.

ΕΠΑΡΧΙΑ ΘΕΣΣΑΛΙΑΣ. *PROVINCIA THESSALIÆ.*

Λάρισσα	Larissa	Ienitcher ou Larisse.
Δημητριάς	Demetrias	Ruines au sud de Volo.
Θῆβαι	Thebæ	Ruines au nord d'Armyros.
Ἐχιναῖος	Echinæus	Echinou.
Λαμία	Lamia	Zeitoun.
Ὕπατα	Hypata	Castritza.
Μητρόπολις	Metropolis	Ruines sur la Cachia, riv.
Τρίκκη	Tricca	Tricala.

NOMS GRECS.	NOMS LATINS.	NOMS MODERNES CORRESPONDANTS.
Γόμφοι	Gomphi	Clisoura.
Καισάρεια	Cæsarea	Kyphara.
Διοκλητιανούπολις	Diocletianopolis	Moscolouri?
Φάρσαλος	Pharsalus	Sataldgé.
Σαλτοβουραμίνσιον	Saltoburaminsium	Au pied du mont Hellovo.
Σαλτὸς Ἰόβιος	Saltus Iobius	
Νῆσος Σκόπελος	Insula Scopelus	Ile Scopelo.
Νῆσος Σκίαθος	Insula Sciathus	Ile Skiathos.
Νῆσος Πεπάρηθος	Insula Peparethus	Ile Pipéri.

X.

ΕΠΑΡΧΙΑΣ ΕΛΛΑΔΟΣ ἤγουν ΑΧΑΙΑΣ. *PROVINCIA HELLADIS* sive *ACHAIÆ*.

Σκαρφία	Scarphia	Ruines près Longaki.
Ἐλατίνα	Elatea	Elevta.
Βοὲ καὶ Δριμύα	Boium et Drimæa	Ruines près Dadi.
Δαυλία	Daulia	Davlia.
Χαιρώνεια	Chæronea	Kaprena.
Ναύπακτος	Naupactus	Lépante ou Enebatché.
Δελφοί	Delphi	Kastri.
Ἄμφισσα	Amphissa	Salone.
Τιθόρα	Tithorea	Belutza ou Velysta.
Ἄμβροσος	Ambryssus	Distomo.
Ἀντίκυρα	Anticyra	Asprospitia.
Λεβαδία	Lebadia	Livadie.
Κωράνεια Βοιωτίας	Coronea Bœotiæ	Hagios Ioannis, ruines près Korumnies.
Στήραις	Stiris	Ruines près d'Hagios Loukas.
Ὀπούς	Opus	Ruines près Kyparissi.
Ἀνάστασις	Anastasis	
Ἔκεψος	Ædepsus	Près Rovies.
Νῆσος Εὔβοια	Insula Eubœa	Ile de Négrepont ou Egripos.
Ἀνθηδών	Anthedon	Paleocastro, au N. de Loukisia.
Βουμέλιτα	Bumelita (sive Bulis)	Palæocastro.
Θεσπιαί	Thespiæ	Ruines près Erimocastro.

HIÉROCLÈS.

NOMS GRECS.	NOMS LATINS.	NOMS MODERNES CORRESPONDANTS.
Ὕτ]οι Θίσθαις.............	Hytti Thistæs (sive Thisbe)...	Kokasia ou Kalcasi.
Θῆβαι, μητρόπολις Βοιωτίας...	Thebæ, metropolis Bœotiæ...	Thiva.
Τάναγρα................	Tanagra................	Graimada.
Χαλκὴ νῆσος Εὐβοίας........	Chalcis insulæ Eubœæ.......	Egripos ou Négrepont.
Πορθμός................	Porthmus...............	Vathya.
Κάρυσ]ος................	Carystus................	Castel Rosso ou Carysto.
Πλαταιαί................	Plateæ.................	Kokla.
Αἰγόσθενα................	Ægosthena..............	Porto Germano.
Ἀθῆναι, μητρόπολις Ἀτ]ικῆς...	Athenæ, metropolis Atticæ...	Athina ou Athènes.
Μέγαρα................	Megara................	Mégare.
Παγαί..................	Pagæ..................	Près Alepochori.
Ἐμπόριον Κρομμύων........	Emporium Crommyon.......	Hagios Théodoros.
Αἴγινα νῆσος..............	Ægina insula.............	Ile Inghia.
Ποιτοιοῦσα...............	Pityusa................	Ile Angistri.
Κέα...................	Cea...................	Ile Zea.
Κύθνος.................	Cythnus................	Ile Thermia.
Δῆλος ἄδηλος.............	Delus..................	Ile Delos.
Σκύρος.................	Scyrus.................	Ile Skyro.
Σαλαμὶς νῆσος μέχρι Θερμοπυλῶν..................	Salamis insula, ad Thermopylas	Ile Coulouri.
Κόρινθος ἥ ποτε Ἐφύρα, μητρόπολις πάσης Ἑλλάδος........	Corinthus quæ olim Ephyra, metropolis totius Hellados..	Corinthe.
Νέα Σικυών.............	Nova Sicyon.............	Vasilika.
Αἴγειραι................	Ægiræ.................	Mavra Litharia.
Αἴγιον.................	Ægium................	Vostitza.
Μεθώνη................	Methone...............	Près Modon.
Τροιζήνη................	Trœzene...............	Ruines près Damala.
Πίδαυρα................	Pidaura (sive Epidaurus).....	Epidavros.
Ἱερὰ Μιόνη (leg. Ἑρμιόνη).....	Hiera Mione (leg. Hermione)..	Castri.
Ἄργος.................	Argos.................	Argos.
Τεγέα..................	Tegea.................	Près Piali.
Θάρπουσα...............	Tharpusa (sive Telphusa)....	Banina ou Vanina.
Μαντίνεια...............	Mantinea...............	Palæopolis ou Goritza.
Λακεδαίμων, μητρόπολις Λακωνικῆς, ἡ πρὶν Σπάρτη.......	Lacedæmon, metropolis Laconicæ, quæ prius Sparta....	Palæochori ou ruines de Sparte.
Γερένθραι...............	Geronthræ..............	Hieraki ou Episkopi.
Φαραί..................	Pharæ.................	Kyitries.
Ἀσώπολις...............	Asopus................	Posa, puits.

NOMS GRECS.	NOMS LATINS.	NOMS MODERNES CORRESPONDANTS.
Ἀκρέαι............	Acreæ............	Pyrgos Kokinio, ou tour Cecina.
Φιάλαια...........	Phigalea..........	Paulitza.
Μεσσήνη...........	Messene...........	Apano Mavromati.
Κορωνία...........	Corone............	Petalidi.
Ἀσίνη.............	Asine.............	Coron.
Μοθώνη...........	Mothone..........	Ruines près Modon.
Κυπαρισία.........	Cyparissia........	Arkadia.
Ἦλις, μητρόπολις Αἰτωλίας...	Elis, metropolis Ætoliæ......	Près Kalyvia.
Νῆσος Κεφαληνία...........	Insula Cephalenia.........	Ile de Céphalonie.
Νῆσος Πάνορμος...........	Insula Panormus..........	"
Νῆσος Ζάκυνθος...........	Insula Zacynthus..........	Ile de Zante.
Νῆσος Κυθηρία...........	Insula Cythere...........	Ile Cérigo.
Νῆσος Μυκῶν...........	Insula Mycone...........	Ile Myconi.
Νῆσος Στροφαδία...........	Insula Strophadia..........	Ile Strivali.
Νῆσος Μόλος ἀντικρὺ Κορίνθου...	Insula Molus e regione Corinthi	Ile Milo.
Νῆσος Δωροῦσα...........	Insula Dorusa (sive Belbina)..	Ile Saint-Georges d'Arbora.
Νῆσος Λῆμνος...........	Insula Lemnus...........	Ile Lemno.
Νῆσος Ἴμβρος...........	Insula Imbrus...........	Ile Imbro.

XI.

ΕΠΑΡΧΙΑ ΚΡΗΤΗΣ. PROVINCIA CRETÆ.

Μητρόπολις Γορτύνη.........	Metropolis Gortyna.........	Metropoli.
Ἴνατος............	Inatus.............	Ruines à l'O. du cap Sud-suro.
Βίεννα.............	Bienna............	Ruines sur la pointe des 40 Saints.
Ἱεράπυδνα.........	Hiera Pydna........	Girapetra.
Κάμαρα............	Camara............	Sainte-Vénérande.
Ἄλλυγγος..........	Allyngus...........	Ruines près Milata.
Χερσόνησος.........	Chersonesus........	Maglia.
Λύκτος............	Lyctus............	Hiéraki ou Critza.
Ἀρκαδία...........	Arcadia...........	Arcadioti.
Κνῶσος............	Cnosus............	Macritichos ou Philopolis.
Σούβριτος..........	Subritus...........	Ruines près Hagios Basilios.
Ὄαξιος............	Oaxus.............	Lefkima?
Ἐλευθέρνα.........	Eleutherna.........	Telefterna.

NOMS GRECS.	NOMS LATINS.	NOMS MODERNES CORRESPONDANTS.
Λάμπαι.	Lampæ (sive Lappa).	Ruines au sud-ouest de Nerocourou.
Ἄπτερα.	Aptera.	Ruines près Nopila.
Κυδωνέα.	Cydonea.	Iérami.
Κίσαμος.	Cisamus.	Kisamos.
Καντανία.	Cantania.	Ruines près des monts Levka ou Asprovouna.
Ἔλυρος.	Elyrus.	Villagides?
Λίσσος.	Lissus.	Castel Selino.
Φοινίκη ἤτοι Ἀραδένα.	Phœnice sive Aradena.	Sphakié.
Νῆσος Κλαῦδος.	Insula Claudos.	Ile Gozzo ou Gafda.

XII.

ΕΠΑΡΧΙΑ ΠΑΛΑΙΑΣ ΗΠΕΙΡΟΥ. *PROVINCIA VETERIS EPIRI.*

Μητρόπολις Νικόπολις.	Metropolis Nicopolis.	Ruines au nord de Prévesa.
Δωδῶναι.	Dodonæ.	Ruines au nord d'Ianina.
Εὔροια.	Eurœa (sive Ephyra).	Ianina.
Ἀκτίου.	Actium.	Ruines sur la Punta.
Ἀδριανούπολις.	Hadrianopolis.	Palæo Episcopi.
Ἄππων.	Appon.	Kardiki?
Φοινίκη.	Phœnice.	Pheniki.
Ἀγχιασμός.	Anchiasmus (sive Onchesmus).	Loucovo.
Βούτριτος.	Butritus.	Buthrinto.
Φωτική.	Photice.	Khimera?
Κέρκυρα νῆσος.	Corcyra insula.	Ile de Corfou.
Ἡ Θρακὴ νῆσος.	Ithaca insula.	Ile Thiaki.

XIII.

ΕΠΑΡΧΙΑ ΝΕΑΣ ΗΠΕΙΡΟΥ. *PROVINCIA NOVÆ EPIRI.*

Δυρράχιον, ἢ ποτὲ Ἐπίδαμνος.	Dyrrachium, prius Epidamnus.	Duratzo.
Σκάμπα.	Scampa.	Ruines au sud de la rivière Scombri.
Ἀπολλωνία.	Apollonia.	Monastère de Pollini.
Βοῦλις.	Bulis.	Ruines près Gradista.
Ἀμαντία.	Amantia.	Près Nivitza Malisiotes.

434   HIÉROCLES.

NOMS GRECS.	NOMS LATINS.	NOMS MODERNES CORRESPONDANTS.
Πουλχεριούπολις............	Pulcheriopolis........	Coudessi-Greotes ?
Αὐλών..................	Aulon..................	Avlone ou Valone.
Αὐλυνίδος μητρόπολις.........	Lychnidos metropolis......	Okhrida.
Λισβρῶν καὶ Σκεπῶν.........	Listron et Scepon..........	Cleisoura ?

XIV.

ΕΠΑΡΧΙΑ ΔΑΚΙΑΣ ΜΕΣΟΓΕΙΟΥ. *PROVINCIA DACIÆ MEDITERRANEÆ.*

Σαρδικὴ μητρόπολις...........	Sardica metropolis..........	Sophia.
Πανταλία................	Pantalia................	Ghiustendil.
Γερμάνη.................	Germane................	Kourchoumli ?
Ναϊσός.................	Naïsus.................	Nissa.
Ῥεμεσιάνα...............	Rhemesiana...............	Moussa Pacha Palanka.

XV.

ΕΠΑΡΧΙΑ ΤΗ ΠΑΡΑ...... *PROVINCIA QUÆ EST AD...* (NEMPE, RIPAM DANUBII, SIVE DACIA RIPENSIS).

Ῥαζαρία μητρόπολις..........	Ratiaria metropolis.........	Widdin.
Βηνονία.................	Bononia....	Bregova.
Ἄκοινες.................	Aquæ.................	Bersa Palanka.
Κάστρα Μάρτις............	Castra Martis............	Vadinou ?
Ἴσκος..................	Iscus............·......	Glava.

XVI.

ΕΠΑΡΧΙΑ ΔΑΡΔΑΝΙΑΣ. *PROVINCIA DARDANIÆ.*

Σκοῦποι μητρόπολις...........	Scupi metropolis...........	Uskup ou Skopia.
Μηρίων.................	Merion.................	Kalkanderé ?
Οὐλπιανά................	Ulpiana (postea Justiniana secunda)................	Doubnitza ?

XVII.

ΕΠΑΡΧΙΑ ΠΡΕΒΑΛΕΩΣ. *PROVINCIA PREVALIS* (SIVE *PREVALIUM*).

Σκόδραι.................	Scodræ.................	Scutari.
Λίσσος.................	Lissus.................	Alessio.
Δωράκιον μητρόπολις.........	Doracion metropolis........	Orocher ou Oros.

NOMS GRECS.	NOMS LATINS.	NOMS MODERNES CORRESPONDANTS.
	XVIII.	
	ΕΠΑΡΧΙΑ ΜΥΣΙΑΣ. *PROVINCIA MYSIÆ* (intellige *MŒSIAM PRIMAM*):	
Βιμενάκιν μητρόπολις........	Viminacium metropolis......	Rama ou Ram.
Σιγγιδόνος...............	Singidunum	Belgrade.
Γρατιανά................	Gratiana	Resnik ?
Πρικορνία...............	Tricornia...............	Ritopek.
Ὀρθέμαρχος..............	Horrea Margi............	Keupri Ravenatz.
	XIX.	
	ΕΠΑΡΧΙΑ ΠΑΝΝΟΝΙΑΣ. *PROVINCIA PANNONIÆ.*	
Σέρμιον.................	Sirmium................	Mitrovitz.
Βασίανα................	Bassiana...............	Debrincze.
	XX.	
	ΕΠΑΡΧΙΑ ΑΣΙΑΣ. *PROVINCIA ASIÆ* sub proconsule, urbes 43.	
Ἔφεσος.................	Ephesus................	Aïasalouk.
Ἐνέα...................	Anæa..................	Scalanova.
Πριήνη.................	Priene.................	Samson.
Μαγνησία Μεάνδρου.........	Magnesia Mæandri.........	Inek-bazar.
Τράλλεις................	Tralles................	Aïdin Guzelhissar.
Νύσσα.................	Nysa..................	Eskihissar.
Πρίουλλα...............	Briula.................	Nozli Buiuk ?
Μασταῦρα...............	Mastaura...............	Mastavro.
Ἀνινέτα................	Anineta................	Baïndir.
Ὕπητα.................	Hypæpa................	Tapoï.
Ἀρδιούπολις.............	Arcadiopolis............	Timourdji.
Διὸς ἱεροῦ...............	Dios Hieron.............	"
Εὔαζα.................	Evaza.................	A la source du Kutchuk Meinder, rivière.
Κολοσή................	Caloë.................	Keles.
Ἀλγίζα.................	Algiza.................	Beliian Boli.
Νικόπολις...............	Nicopolis...............	Au nord du Kesteneh Dagh ?

NOMS GRECS.	NOMS LATINS.	NOMS MODERNES CORRESPONDANTS.
Παλαιὰ πόλις.............	Palæopolis...............	Cherpouk ?
Βαρέτλα................	Baretta................	Ruines près Cabadja ?
Αὐλίου κώμη............	Aulii come............	"
Νεαύχη................	Neaule................	"
Κολοφών................	Colophon...............	Ruines au nord du cap Kara Aghadjik.
Μητρόπολις.............	Metropolis.............	Tartali Keui.
Λέβεδος................	Lebedus................	Xingi.
Τῖος...................	Teos...................	Boudroun près Sighadjik.
Σμύρνα.................	Smyrna.................	Smyrne.
Κλαζομενή.............	Clazomene.............	Ile Saint-Jean au nord de Vourla.
Σατρώτη...............	Erythræ................	Ritré ?
Μαγνησιασούπολις.........	Magnesiopolis Sipyli.......	Manissa ou Mansa.
Ἀπάη.................	Ægæ.................	Ruines sur la rivière Sarabat ou Kédous.
Τέμνος................	Temnus................	Menimen.
Φωκέα................	Phocæa................	Phochia.
Μυρίνα................	Myrina................	Nemour.
Μύκη.................	Cyme.................	Ruines de Cume.
Πέργαμος..............	Pergamus..............	Berghamah.
Ἐλαία.................	Elæa.................	Cazlu.
Πιτλάνη...............	Pitane................	Sandarli ou Tchanderli.
Τιάναι................	Tianæ (sive Cana).........	Ianout Keui.
Θεοδοσιουπόλεως..........	Theodosiopolis............	Au pied du Ioun Dagh sur le Tchanderli Tchaï ?
Ἀδραμύτλιον, ἢ ποτε Λυρνησός..	Adramyttion, quæ prius Lyrnessus................	Edermid ou Adramiti.
Ἄτανδρος..............	Antandrus..............	Antandros.
Γάδαρα...............	Gargara...............	Ruines près Adatépessi.
Ἄσσος................	Assus................	Près Beïramkeui.

XXI.

ΕΠΑΡΧΙΑ ΕΛΛΗΣΠΟΝΤΟΥ. *PROVINCIA HELLESPONTI.*

Κύζικος μητρόπολις.........	Cyzicus metropolis.........	Balkis.
Προικόνησος.............	Proconnesus............	Ile Marmara.

NOMS GRECS.	NOMS LATINS.	NOMS MODERNES CORRESPONDANTS.
Ἡ Ἐξορία............	Exoria............	Dimestosla ?
Βαρίσπη............	Barispe (sive Arispe).......	Atchiklar ?
Πάριον............	Parium............	Kemars ou Kamares.
Λάμψακος............	Lampsacus............	Lampsaki.
Ἄβυδος............	Abydus............	Tekiet sur la pointe Nagara.
Δάρδανον............	Dardanum............	Ruines sur le canal des Dardanelles.
Ἴλιον............	Ilium............	Halileli Keui.
Τρωάς............	Troas............	Eski Stamboul.
Σκάμανδρος............	Scamandrus............	Sur le Mendéré sou.
Πολίχνα............	Polichna............	Ruines aux sources du Boklu, r. ou Sataldéré.
Ποιμάνεντος............	Pœmanentus............	Au sud du lac Bigha.
Ἀρτεμέα............	Atarnea............	Dikeli Keui.
Ῥέκετα............	Receta............	Château près Sousougherlé ?
Βλάδος............	Blaudus............	Balat.
Σκελέντα............	Scelenta............	Zendjian ?
Μόλις............	Molis (sive Miletopolis).......	Minias ou Manias.
Γέρμαι............	Germæ............	Ruines à l'ouest de Kirk-aghadj.
Ἄπταος............	Aptaus............	Dedé Keui ?
Κέργη............	Cerge (sive Cebrene).......	Au pied du Caz Dagh.
Σάγαρα............	Sagara............	Ruines d'une ville à l'est du Caradagh ou Iounous ?
Ἀδριανοῦ καὶ Θῆραι...	Adrianotheræ............	Balikeser ou Balikesri.
Πιονία............	Pionia............	Tschanich ou Tchaïk ?
Κονιοσίνη............	Coniosine............	Sur le Bougaditza tchai ?
Ἀργιζα............	Argiza............	Bougaditza ?
Ξίος Τράδος............	Xius Tradus............	Kutchukler ?
Μανδακάδα............	Mandacada............	Sur le Sousougherlé, riv. ?
Ἐργαστήριον............	Ergasterion............	Ruines au sud du lac Bigha.
Μάνδραι............	Mandræ............	Mandragora.
Ἵπποι............	Hippi............	"
Ὁ Κισίδηρον............	Cisideron............	"
Σκέψις............	Scepsis............	Ruines au sud d'Einieh.

NOMS GRECS.	NOMS LATINS.	NOMS MODERNES CORRESPONDANTS.

XXII.

ΕΠΑΡΧΙΑ ΦΡΥΓΙΑΣ ΚΑΠΑΤΙΑΝΗΣ. *PROVINCIA PHRYGIÆ PACATIANÆ.*

NOMS GRECS.	NOMS LATINS.	NOMS MODERNES CORRESPONDANTS.
Λαοδίκεια	Laodicea	Ladik ou Eski-hissar.
Ἱεράπολις	Hierapolis	Pambouk Calessi.
Μόσυνα	Mosyna	Azyneh ?
Ἄτ]υδα	Attuda	Ghirkeri ?
Τραπεζούπολις	Trapezopolis	Ipsili-hissar.
Κολασσαί	Colassæ	Ruines au nord-ouest de Khonos.
Κερετάπα	Ceretapa	Jumandar ?
Θεμεσόνιος	Themisonium	Près Teseni.
Οὐαλεντία	Valentia	Jazeli Keui ?
Σαναός	Sanaus	Alchekeui ?
Κονιούπολις	Coniopolis (sive Conna)	Altountach ?
Σιτούπολις	Sitopolis	Pollath ?
Κράσος	Crasus	Alfachar ?
Λοῦνδα	Lunda	Dederkeui ?
Μόλπη	Peltæ	Ruines sur l'Askli, rivière.
Εὐμένεια	Eumenia	Ruines sur l'Askli, rivière.
Σιβλία	Siblia	Sandakli ?
Πέπουζα	Pepuza	Poustilar ?
Βριάνα	Briana	Balmamout ?
Σιβάσ]η	Sebaste	"
Ἴλουζα	Iluza	Islam Keui ?
Ἀκμῶνα	Acmonia	Ruines près de Banaz.
Ἄλιοι	Alii	Sur la Tchiourak, rivière.
Ἰουχαράταξ	Iucharatax	Oustchak ?
Διοκλία	Dioclea	Yopal ?
Ἀρίσ]ιον	Aristium	Pounharbachi ?
Κίδυσσος	Cydissus	Daoular ?
Ἀπία	Appia	Sur le Poursak, rivière.
Εὐδοκιάς	Eudocias	Ortali ?
Ἀζανοί	Azani	Chiavdéré.
Τιβεριούπολις	Tiberiopolis	Thaouchanlu ?
Κάδοι	Cadi	Kedous ou Ghieditz.
Θεοδοσία	Theodosia	Kureh ?

NOMS GRECS.	NOMS LATINS.	NOMS MODERNES CORRESPONDANTS.
Ἄγκυρα............	Ancyra............	Kilisch-keui ?
Σύνναος............	Synnaos............	Simaul ou Simaveul ?
Τεμένου Θύραι........	Temenothyræ........	Balat ?
Τανούπολις..........	Tanopolis..........	Doanas ?
Πουλχεριανούπολις......	Pulcherianopolis......	Erigeuss ?

XXIII.

ΕΠΑΡΧΙΑ ΛΥΔΙΑΣ. *PROVINCIA LYDIÆ.*

Σάρδεις............	Sardes............	Ruines près Sart.
Φιλαδελφία..........	Philadelphia........	Ala-Cheher.
Τρίπολις............	Tripolis............	Iénidjé.
Θυάτειρα............	Thyatira............	Ac-hissar.
Σίται..............	Saittæ.............	Sidaskaleh ?
Μαιονία............	Mæonia............	Sur la rivière d'Aineh ?
Ἰουλιανούπολις........	Julianopolis........	"
Τράλλης............	Tralle.............	"
Αὐρηλιούπολις........	Aureliopolis........	"
Ἀτταλία............	Attalia............	Ithaleh.
Ἑρμοκαπηλία........	Hermocapelia........	Organli ?
Ἀκρασός............	Acrasus............	Kerdous ?
Ἀπόλλωνος ἱερόν......	Apollinis fanum......	Près Dérékeui ?
Τάλαζα............	Tabala............	Davala ?
Βάγις..............	Bagis..............	Ruines à l'O. de Sirguia ?
Κήρασε............	Cerase.............	Ghiurdiz ?
Μεσοτύμελλος........	Mesotimolus........	A la source du Carasou ?
Ἀπολλώνης..........	Apollonis..........	Palamoud.
Ἱεροκασάλλεια........	Hierocæsarea........	Au sud de Kenik ?
Μυστήνη............	Mostene............	Cachik ?
Σαταλέων............	Satala............	Ienikeui ?
Γόρδος............	Gordos............	Guré ?
Μοστίνα............	Mostene............	"

XXIV.

ΕΠΑΡΧΙΑ ΠΙΣΙΔΙΑΣ. *PROVINCIA PISIDIÆ.*

Ἀντιόχεια............	Antiochia............	Ruines près Ialovatz.

NOMS GRECS.	NOMS LATINS.	NOMS MODERNES CORRESPONDANTS.
Νέα πόλις............	Neapolis............	Cara-aghadj.
Λιμέναι.............	Limenæ.............	Ruines près de Reïs ?
Σαβῖναι.............	Sabinæ..............	Absar ?
Ἀτμενία.............	Atmenia.............	Tousloukdji ?
Πάππα..............	Pappa...............	Doghan-hissar.
Σινήθανδος..........	Siniandus...........	Kadin-Khan.
Λαοδίκεια κεκαυμένη..	Laodicea combusta...	Ladik ou Ladikich.
Τυραῖον.............	Tyriæum............	Ac-Cheher.
Ἀδριανούπολις.......	Hadrianopolis.......	Arkit-Khan.
Φιλομήλιον..........	Philomelium........	Ilghin.
Σωζόπολις...........	Sozopolis...........	Sousouz.
Τύμανδρος...........	Tymandrus..........	Bittikli ?
Μητρόπολις..........	Metropolis..........	
Ὀπαμία.............	Apamea.............	Omaï ?
Εὐδοξιούπολις.......	Eudoxiopolis........	Ruines au nord de Bittikli.
Ἀγάλασσος..........	Sagalassus..........	Aglasoun.
Βάρις..............	Baris...............	Hamid ou Isbarteh
Σελεύκεια ἡ σιδηρᾶ...	Seleucia ferrea......	Ketsibourlou ?
Ὁ Τιμβριάδων.......	Timbriades.........	Boundour ?
Θεμισόνιος..........	Themisonius........	Cournar ?
Ἰουστινιανούπολις....	Iustinianopolis......	Gheul-hissar ?
Μάλλος............	Mallus.............	Yazakeui ?
Ὄδαδα.............	Adada..............	Assi Cara-agathc ?
Ζόρζιλα............	Zorzela.............	Selki-seraï ?
Τιτυασσός..........	Tityassus...........	

XXV.

ΕΠΑΡΧΙΑ ΛΥΚΑΟΝΙΑΣ. LYCAONIA.

Ἰκόνιον μητρόπολις...	Iconium metropolis..	Konieh.
Λύστρα.............	Lystra..............	Kilystra.
Μίσθεια............	Misthia.............	Beldiran ?
Ἄμβλαδα...........	Amblada............	Seid cheher ?
Οὐάσαδα............	Vasada.............	Soglah ?
Οὐμάναδα...........	Homonada..........	Dourkeler ?
Ἴλιστρα............	Ilistra..............	Kourou-Kaouak ?
Λάρανδα............	Laranda............	Ruines près Karaman.

NOMS GRECS.	NOMS LATINS.	NOMS MODERNES CORRESPONDANTS.
Δέρϐαι	Derbæ	Cassaba ou Kafirian.
Βαράτη	Barate	Ville ruinée près les roches Karadja.
Ὕδη	Hyde	Au nord du lac Kotchhissar.
Ἰσαυρόπολις	Isauropolis	Ouloubounar?
Κόρνα	Corna	Suleimaniek?
Σάϐατρα	Sabatra	Kedji Calessi.
Πτέρνα	Perta sive Petra	A l'ouest du lac Kotchhissar.
Κάρνα	Canna sive Cœna	Ruines à l'ouest de Hassan Dagh.
Γλαυάμα	Glavama	Emirkassi?
Ῥίγνον	Rignum	Carabounar?

XXVI.

ΕΠΑΡΧΙΑ ΦΡΥΓΙΑΣ ΣΑΛΟΥΤΑΡΙΑΣ. *PHRYGIA SALUTARIS.*

Εὐκαρπία	Eucarpia	Sitchanli.
Ἱεράπολις	Hierapolis	Keýret?
Ὄσ]ρους	Otrus	Osmankeui?
Σεκτόριον	Stectorium	Baklatou?
Βροῦζος	Bruzus	Poustilar?
Κλῆρος Ὀρίνης	Phrygia montana	Kalder et Sultan Dagh?
Κλῆρος Πολιτίκης	Cleros Polites	″
Δεϐαλακία	Debalacia	Douagassi?
Λυσιάς	Lysias	Ruines au nord d'Aphioum Cara-hissar?
Σύνναδα	Synnada	Eski Cara-hissar.
Πρύμνησος	Prymnesia	Aphioum Cara-hissar.
Ἴψος	Ipsus	Ruines au nord du Toumen Dagh.
Πολύγωτος	Polybotus	Boulouadin.
Δοκίμιον	Docimium	Doghanlu.
Μητρόπολις	Metropolis	Tchoul-abad.
Μῆρος	Merus	Ruines à l'est de Seid el Ghazy.
Ναχολία	Nacolea	Ruines entre Kutahieh et Seid el Ghazy.

56

NOMS GRECS.	NOMS LATINS.	NOMS MODERNES CORRESPONDANTS.
Δορύλλιον	Dorylæum	Eski-chéher.
Μέδαιον	Midæum	Caragamous.
Δήμου Λυκαῶν	Pagus Lycaonum	//
Δήμου Αὐράκλεια	Pagus Auraclia	//
Δήμου Ἀλαμάσσου	Pagus Amadessæ	//
Δήμου Προπνιάσα	Pagus Præpenissus	//

XXVII.

ΕΠΑΡΧΙΑ ΠΑΜΦΥΛΙΑΣ. *PAMPHYLIA.*

Πέργη	Perge	Ruines sur l'Ac-tchai.
Σύλλαιον	Syllæum	Au N. de Cara-hissar-Tekieh.
Μάγυδος	Magydus	Eski-kaleh.
Ἀτταλία	Attalia	Antaliah ou Satalie.
Δήμου Οὐλίαμβος	Pagus Uliambos	Sur le Douden Sou ?
Τρέσενα	Tresena	Idem.
Δήμου Κάναυρα	Pagus Canaura	Dans la plaine.
Ζοβία	Jovia	Idem.
Θερμεσὸς καὶ Εὐδοκία	Termessus et Eudocia	Ruines au sud de Douden.
Δήμου Μενδενέω	Pagus Mendemium	Château ruiné ?
Δήμου Σάκλα	Pagus Pogla	Hameau ?
Σίνδα	Isinda	Ruines au nord-est de Tefané.
Βέρβη	Berbe	Dérak-Keui ?
Σινδαύνδα	Sindaunda	Ruines près Estenas ?
Μυωδία	Myodia	Cara-pounhar ?
Χωριομυλιαδικά	Pagi Myliadici	//
Ὄλβασα	Olbasa	Igridi ?
Παλαιάπολις	Palæopolis	Fenekeh ?
Λυσήναρα	Lysinia	Sur la rivière Douden ?
Κόμανα	Comana	Bourderou ?
Κόλβασα	Corbasa	Douden ?
Κρέμνα	Cremna	Kébrinaz.
Πανέμου τεῖχος	Panemotichos	Porte de fer.
Ἀρίασος	Ariassus	Ielvadji.
Μαξιμιανούπολις	Maximianopolis	Ouchar ?

NOMS GRECS.	NOMS LATINS.	NOMS MODERNES CORRESPONDANTS.
Κτῆμα Μαξιμιανουπόλεως.....	Ctema, seu possessio Maximianopoleos.............	Ces positions doivent se trouver dans le Taurus à l'ouest et au sud des lacs Bekcheker et Seid-chéher.
Ῥεγησαλάμαρα.............	Regesalamara............	
Λιμόβραμα...............	Limobrama..............	
Κόδρουλα................	Cordyla................	
Δεμουσία................	Demusia................	Sur l'Ac-tchai ?
Δήμου Σαβαίων...........	Demu Sabæon...........	"
Παστολнρισός............	Pastolerisus...........	Sur la rivière Kapri.
Σέλπη..................	Selge.................	Entre les sources de l'Ac-tchai et du Kapri, riv.
Τριμούπολις.............	Primopolis (sive Aspendus)...	Sur le Kapri, rivière.
Σώδι...................	Side..................	Eski-Adalia.
Σέργα..................	Senea.................	Manavgat-Kalassy.
Λύρβη..................	Lyrbe.................	Berdanieh ?
Κάσσα..................	Casæ..................	Aouabazary ?
Κότανα.................	Cotena................	Sur la rivière Kapri.
Ὄρυμνα.................	Orymna................	Au nord d'Alaya.
Κορακήσιον.............	Coracesium...........	Alaya.
Σύεδρα.................	Syedra................	Ville ruinée sur le bord de la mer.
Καραλία................	Caralis...............	Idem.
Ὀλύβρασος..............	Corybrassus..........	Sur le Manargat, rivière.

XXVIII.

ΕΠΑΡΧΙΑ ΛΥΚΙΑΣ. *LYCIA.*

Φασύδης................	Phaselis..............	Tekrova.
Ὁ Ἄναπός..............	Anapus...............	Au sud-ouest de Takhtalu Dagh.
Γάγα...................	Gagæ.................	A l'ouest du Takhtalu Dagh
Ἀκαλισσός..............	Acalissus.............	Sur l'Almalu-tchai.
Ἐλεβεσός...............	Edebessus............	Aladja Dagh.
Λίμυρα.................	Limyra...............	Finica ou Phineka.
Ἀρύκανδα...............	Arycanda.............	Sur un affluent de l'Almalu-tchai.
Ποδαλία................	Podalea..............	Cara-pounhar ?

56.

NOMS GRECS.	NOMS LATINS.	NOMS MODERNES CORRESPONDANTS.
Χῶμα	Choma	Keremit.
Ῥεγκυλίας	Rencylias	Almala?
Μῦρα μητρόπολις	Myra metropolis	Myra.
Ἀρνέα	Arneæ	Au nord de la baie Iali.
Κυανέαι	Cyaneæ	Sur le port Tristomos.
Ἀπερλαί	Aperlæ	Ruines d'Assar.
Φελλός	Phellus	Ruines au nord d'Agli.
Ἀντίφελλος	Antiphellus	Andiphilo.
Κάνδυβα	Candyba	Kandova.
Εὐδκιάς	Eudocias	Sur la baie Kalamaki.
Πάταρα	Patara	Patera.
Ξάνθος	Xanthus	Eski-kaleh.
Κόμβη	Comba	Sur la Meïs, rivière au nord-est de Macri.
Μίσαι	Nysa	Ruines sur une montagne à l'ouest de l'Etchen, riv.
Πίναρα	Pinara	
Σίδυμα	Sidyma	Teussa.
Τλῶ	Tlos	Ruines aux sources du Demeridéré.
Τελμισσός	Telmissus	Meïs.
Καῦνος	Caunus	Kara-aghadj.
Ἄραξα	Araxa	Sur la rivière Keughez?
Βούβων	Bubon	
Ἠνόανδα	OEnoanda	Ruines dans la vallée du sultan Emir-tchai.
Βάλουρα	Balbura	
Κομισ]άραος	Comistaraos	

XXIX.

ΝΗΣΟΙ. INSULÆ.

Ῥόδος	Rhodus	Ile de Rhodes.
Κῶς	Cos	Ile de Cos ou Stan-co.

NOMS GRECS.	NOMS LATINS.	NOMS MODERNES CORRESPONDANTS.
Σάμος............	Samus............	Ile de Samos ou Sousam-adassi.
Χίος.............	Chius............	Ile de Khio ou Sakez-adassi.
Μιτυλήνη.........	Mitylene.........	Metelin.
Μέθυμνα.........	Methymna........	Molyvo.
Πέτελος..........	Petelus..........	"
Τένεδος..........	Tenedus..........	Ile Ténédos.
Προσελήνη.......	Proselene........	"
Ἄνδρος...........	Andros...........	Ile Andro.
Τῆνος............	Tenus............	Ile de Tine.
Νάξος............	Naxus............	Ile Naxia.
Πάρος............	Parus............	Ile Paros.
Σύφνος...........	Siphnus..........	Ile Siphanto.
Μῆλος...........	Melos............	Ile Milo.
Ἴος..............	Ios...............	Ile Nio.
Θήρα............	Thera............	Ile Santorin.
Ἀμουργός........	Amorgus..........	Ile Amorgo.
Ἀστυπάλαια......	Astypalæa........	Ile Stanpalia.

XXX.

ΕΠΑΡΧΙΑ ΚΑΡΙΑΣ. PROVINCIA CARIÆ.

Μίλητος..........	Miletus...........	Palatcha.
Ἡρακλείας Ὀγμοῦ..	Heraclea ad Latmum...	Oufa Bafi.
"	Latmus...........	Bafi ou Capoumoula.
Ἄμυνδος.........	Myndus...........	Mentecha.
Ἁλικαρνασσός.....	Halicarnassus.....	Boudroun.
Κνίδος...........	Cnidus...........	Ruines sur le cap Crio.
Κέραμος.........	Ceramus..........	Keramo.
Μύλασα..........	Mylasa...........	Melasso.
Στρατονίκεια.....	Stratonicea.......	Eski-hissar.
Ἀμυζών..........	Amyzon..........	Ruines à l'E. du M. Bech-Parmak.
Ἄλινδα...........	Alinda............	Demerdjé.
Ἀλάβανδα........	Alabanda.........	Arab-hissar.
Ὀρθωσιάς........	Orthosias.........	Ortaktchi.

NOMS GRECS.	NOMS LATINS.	NOMS MODERNES CORRESPONDANTS.
Ἅρπασα.	Harpasa.	Erbas ou Arpas Kalessi.
Νεάπολις.	Neapolis.	Sazkeui.
Ὑλάρημα.	Hylarima.	Loryma.
Ἀντιόχεια.	Antiochia.	Iéni-chéher.
Μητρόπολις Ἀφροδισιάς.	Metropolis Aphrodisias.	Ruines près Gheyra.
Ἡρακλείας Ἀλβακόνος.	Heraclea ad Albacum.	Kara-hissar.
Τάβαι.	Tabæ.	Daouas ou Thavas.
Ἀπολλωνιάς.	Apollonias.	Arkeui.
Σεβαστόπολις.	Sebastopolis.	Cazikli.
Ἴασος.	Iasus.	Hassan Kalessi.
Ἔρεζος.	Erizus.	Ruines près Bazarkhan.
Μαρκιανούπολις.	Marcianopolis.	Sur la rivière de Bazarkhan?
Ἀναστασιούπολις.	Anastasiopolis.	Sur une rivière ancienne, Indus?
Χώρα Πατριμόνια.	Regio Patrimonia.	Sur les montagnes de Tefané?
Κίβυρα.	Cibyra.	Tefané.
Κοκτημαλικαί.	Coctemalicæ.	Coradjouk?

XXXI.

ΕΠΑΡΧΙΑ ΠΟΝΤΙΚΗΣ. PROVINCIA BITHYNIÆ.

Χαλκηδών.	Chalcedon.	Cadi Keui.
Νικομήδεια.	Nicomedia.	Ismid.
Πρίνετος.	Prænetus.	Karakysla.
Ἑλενόπολις.	Helenopolis.	Yelova.
Νικαία.	Nicæa.	Iznik.
Βασιλενούπολις.	Basilinopolis.	Ak-serai?
Κίος.	Cius.	Guemlik.
Ἀπάμεια.	Apamea.	Moudania.
Προῦσα.	Prusa.	Brousse.
Καισάρεια.	Cæsarea.	Bezler?
Ἀπολλωνιάς.	Apollonias.	Aboullona.
Δασκύλιον.	Dascylium.	Ruines d'Yoskily.
Νεοκαισάρεια.	Neocæsarea.	Moukhalitch?
Ἀδριανοί.	Adriani.	Edrenos.

NOMS GRECS.	NOMS LATINS.	NOMS MODERNES CORRESPONDANTS.
Ῥεγεταταῖος.	Regio Tutaium.	Karakaia ?
Ῥεγεδώριε.	Regio Doris.	Bekedje.

XXXII.

ΕΠΑΡΧΙΑ ΟΝΩΡΙΑΔΟΣ. *PROVINCIA HONORIADIS.*

Κλαυδιούπολις.	Claudiopolis.	Basta.
Προυσιάς.	Prusias.	Ouskoubi.
Ἡράκλεια.	Heraclea.	Erekli.
Τίος.	Tius.	Filios.
Κρατία.	Cratea.	Menkin.
Ἀδριανούπολις.	Adrianopolis.	Eski-hissar près Boli.

XXXIII.

ΕΠΑΡΧΙΑ ΠΑΦΛΑΓΟΝΙΑΣ. *PROVINCIA PAPHLAGONIÆ.*

Γάγγρα.	Gangra.	Kiangari.
Πομπηϊούπολις.	Pompeiopolis.	Tach Kupry.
Σόρα.	Sora.	Serreh.
Ἀμάστριον.	Amastrium.	Amasserah ou Amasrah.
Ἰουνόπολις.	Ionopolis.	Ineboli.
Δάδυβρα.	Dadybra.	Bodgourva.

XXXIV

ΕΠΑΡΧΙΑ ΓΑΛΑΤΙΑΣ Α. *PROVINCIA GALATIÆ PRIMÆ.*

Ἄγγυρα μητρόπολις.	Ancyra metropolis.	Angora.
Ταβία.	Tabia.	Tchauroum.
Ἄσπονα.	Aspona.	Ruines sur un ruisseau.
Κίννα.	Cinna.	"
Ῥεγαναγαλία.	Regio Lagania.	Beybazar.
Ῥεγέμνηζος.	Regio Mnizus.	Aïass.
Ἡλιούπολις.	Juliopolis.	Sevri-hissar.

XXXV.

ΕΠΑΡΧΙΑ ΓΑΛΑΤΙΑΣ ΣΑΛΟΥΤΑΡΙΑΣ. PROVINCIA GALATIÆ SALUTARIS.

NOMS GRECS.	NOMS LATINS.	NOMS MODERNES CORRESPONDANTS.
Πισινοῦς	Pessinus.	Bahldassar ou Balahissar.
Ῥεγεμαυρέκιον	Regemaurecium	"
Πητινεσός	Petenisus	"
Αἰώριον	Amorium	Amoria.
Κλάνεος	Claneus	"
Ῥεγετναχάδη	Regis Trocnada	Sur le Kizyl-Ermak.
Εὐδοξιάς	Eudoxias	"
Μυρικιῶν	Myricion	"
Γερμία	Germia	Yerma.

XXXVI.

ΕΠΑΡΧΙΑ ΚΑΠΠΑΔΟΚΙΑΣ A. PROVINCIA CAPPADOCIÆ I.

NOMS GRECS.	NOMS LATINS.	NOMS MODERNES CORRESPONDANTS.
Καισάρεια	Cæsarea	Kaisarieh.
Νύσσα	Nyssa	Neu Chéher.
Τὰ Θέρμα	Therma	Au sud et à six lieues de Tchouroum.
Ῥεγεποδανδός	Regio Podandus	Près Doulek kalah.

XXXVII.

ΕΠΑΡΧΙΑ ΚΑΠΠΑΔΟΚΙΑΣ B. PROVINCIA CAPPADOCIÆ II.

NOMS GRECS.	NOMS LATINS.	NOMS MODERNES CORRESPONDANTS.
Τύανα	Tyana	Klisessar ou Ketchhissar.
Φαυστινούπολις	Faustinopolis	Ruines sur le Boulgar Dagh.
Κύβιστρα	Cybistra	Kara-hissar.
Ναζιανζός	Nazianzus	Ruines de Nazianze.
Σάσιμα	Sasima	Près le lac Ghioldjouk.
Παρνασός	Parnasus	Ruines au confluent de la rivière d'Ak-serai et du Kizyl-Ermak.
Ῥεγεδόαρα	Regio Doara	Divrin?
Ῥεγεμουκισός	Regio Mucisus	Eneghi?

NOMS GRECS.	NOMS LATINS.	NOMS MODERNES CORRESPONDANTS.

XXXVIII.

ΕΠΑΡΧΙΑ ΕΛΕΝΟΠΟΝΤΟΤ. *PROVINCIA HELENOPONTI.*

Ἀμασία.............	Amasia.............	Amasie.
Ἴβυρα.............	Ibora.............	A l'embouchure du Koumd-joughaz.
Ζῆλα.............	Zela.............	Zeleh.
Σάλτον Ζαλίχην........	Saltus Zalichæ........	Aladjam.
Ἄνδραπα.............	Andrapa.............	Près Hagdi Hamze.
Ἀμισός.............	Amisus.............	Samsoun.
Σινόπη.............	Sinope.............	Sinope.

XXXIX.

ΕΠΑΡΧΙΑ ΠΟΝΤΟΤ ΠΟΛΕΜΩΝΙΑΚΟΤ. *PROVINCIA PONTI POLEMONIACI.*

Νεοκαισάρεια.........	Neocæsarea.........	Niksar.
Κόμανα.............	Comana.............	A l'est de Tokat.
Πολεμόνιον.........	Polemonium.........	Ruines à l'est de Fatsah.
Κερασοῦς.............	Cerasus.............	Kérésoun.
Τραπεζοῦς.............	Trapezus.............	Trébizonde.

XL.

ΕΠΑΡΧΙΑ ΑΡΜΕΝΙΑΣ Α. *PROVINCIA ARMENIÆ I.*

Σεβάστεια.............	Sebastia.............	Sivas.
Νικόπολις.............	Nicopolis.............	Purk.
Κολονία.............	Colonia.............	Au nord d'Endress.
Σάταλα.............	Satala.............	Erzinghian.
Σαβαστούπολις.........	Sebastopolis.........	Turkhal.

XLI.

ΕΠΑΡΧΙΑ ΑΡΜΕΝΙΑΣ Β. *PROVINCIA ARMENIÆ II.*

Μελιτηνή.............	Melitene.............	Malatia.
Ἄρκα.............	Arca.............	Arka.
Ἀραβισσός.............	Arabissus.............	Ghouroun.

NOMS GRECS.	NOMS LATINS.	NOMS MODERNES CORRESPONDANTS.
Κουκουσός	Cucusus	Cocson ou Gueuksou.
Κόμανα	Comana	Viranchehr.
Ἀραραθία	Ararathia	Karakaia.

XLII.

ΕΠΑΡΧΙΑ ΚΙΛΙΚΙΑΣ Α. *PROVINCIA CILICIÆ I.*

Τάρσος μητρόπολις	Tarsus metropolis	Tarsous.
Πομπηιούπολις	Pompeiopolis	Ruines au pied des montagnes.
Σεβαστή	Sebaste	Château au sud d'Ayach.
Κόρυκος	Corycus	Au nord de Lamas.
Ἄδανα	Adana	Adana.
Ἀγουσία	Augusta	A l'ouest de Marach sur le Djihoun.
Μάλχος	Mallus	Mallo.
Ζεφύριον	Zephyrium	Mersyn.

XLIII.

ΕΠΑΡΧΙΑ ΚΙΛΙΚΙΑΣ Β. *PROVINCIA CILICIÆ II.*

Ἀνάζαρβος μητρόπολις	Anazarbus metropolis	Ainzerbah.
Μοψουεστία	Mopsuestia	Messis.
Αἴγεαι	Ægeæ	Ayas Kalah.
Ἐπιφανία	Epiphania	Surfendkar.
Ἀλεξάνδρεια	Alexandria	Alexandrette ou Scanderoun.
Ῥῶσος	Rhosus	Khesrig.
Εἰρηνούπολις	Irenopolis	Ruines sur le Kermel soui.
Φλαβιάς	Flavias	Kars.
Κασταβαλα	Castabala	Ayass.

XLIV.

ΕΠΑΡΧΙΑ ΚΥΠΡΟΥ. *PROVINCIA CYPRI.*

Κωνσταντία μητρόπολις	Constantia metropolis	Eski-Famagouste ou Costanza.

HIÉROCLÈS. 451

NOMS GRECS.	NOMS LATINS.	NOMS MODERNES CORRESPONDANTS.
Ταμασσός...	Tamassus...	Tremithia.
Κίτιον...	Citium...	Larnaca.
Ἀμαθοῦς...	Amathus...	Eski-Limassol.
Κούριον...	Curium...	Episcopi ou Piscopia.
Πάφος...	Paphus...	Klima au nord de Baffa.
Ἀρσινόη...	Arsinoe...	Bole ou Polis.
Σόλοι...	Soli...	Aligora ou Soli.
Λάπιθος...	Lapathos...	Lapta ou Lapithos.
Κιρϐοῖα...	Cirbœa...	"
Κύθροι...	Cythri...	Palækythro.
Καρπάσιον...	Carpasium...	Eski Carpass.
Κυρηνία...	Cerynia...	Cerina.
Τριμιθούντων...	Tremithus...	Ermiti.
Λευκουσία...	Leucosia...	Nicosie ou Lefkosie.

XLV.

ΕΠΑΡΧΙΑ ΙΣΑΥΡΙΑΣ. *PROVINCIA ISAURIÆ.*

Σελεύκεια μητρόπολις...	Seleucia metropolis...	Selefkeh.
Κελενδέρη...	Celenderis...	Chelindreh.
Ἀνεμούριον...	Anemurium...	Ruines près le cap Anamour.
Τιτιούπολις...	Titiopolis...	Senanlou ou Sinanli.
Λάμος...	Lamus...	Lamuzo.
Ἀντιόχεια...	Antiochia...	Ruines sur la côte, à trois lieues et demie nord-ouest de Karadran.
Ἰουλιοσεϐαστή...	Juliosebaste...	"
Κέστροι...	Cestri...	"
Σελινοῦς...	Selinus...	Selinty.
Ἰοτάπη...	Jotape...	Ruines sur la côte, à quatre lieues nord-ouest de Selinty.
Διοκαισάρεια...	Diocæsarea...	- Ruines sur le Ghiuksou.
Ὄλϐη...	Olbe...	Ruines au nord-est de Mout.
Κλαυδιούπολις...	Claudiopolis...	Au sud de Caraman.
Ἱεράπολις...	Hierapolis...	"

NOMS GRECS.	NOMS LATINS.	NOMS MODERNES CORRESPONDANTS.
Δαλισανδός	Dalisandus	Abris.
Γερμανικόπολις	Germanicopolis	"
Εἰρηνόπολις	Irenopolis	"
Φιλαδέλφεια	Philadelphia	Mout.
Μωλώη	Moloë	"
Δάρασος	Adrasus	"
Ζεέδη	Zeede	"
Νεάπολις	Neapolis	"
Λαύζαδος	Lauzadus	"

XLVI.

ΕΠΑΡΧΙΑ ΣΥΡΙΑΣ Α. *PROVINCIA SYRIÆ I.*

Ἀντιόχεια ἡ πρὸς Δάφνην	Antiochia ad Daphnen	Antakia.
Σελεύκεια	Seleucia	Soueidieh.
Λαοδίκεια	Laodicea	Ladikieh ou Latakieh.
Γάβαλα	Gabala	Djebeleh.
Πάλτος	Paltus	Boldo.
Βέροια	Beroea	Alep.
Χαλκίς	Chalcis	Kinesrin ou vieux Alep.

XLV I.

ΕΠΑΡΧΙΑ ΣΥΡΙΑΣ Β. *PROVINCIA SYRIÆ II.*

Ἀπάμεια	Apamea	Calaat el Medyk.
Ἐπιφάνεια	Epiphania	Hamah.
Ἀρέθουσα	Arethusa	Rostoun.
Λάρισσα	Larissa	Calaat Seidjar.
Μαριάμη	Mariame	Hossn el Akrad.
Βαλανέα	Balanea	Baneas.
Ῥαφαναῖε	Raphaneæ	Deir Szoleib.
Σελευκόβηλος	Seleucobelus	Sur le Nahr-Merkein.

NOMS GRECS.	NOMS LATINS.	NOMS MODERNES CORRESPONDANTS.

XLVIII.

ΕΠΑΡΧΙΑ ΕΥΦΡΑΤΗΣΙΑΣ. *PROVINCIA EUPHRATENSIS.*

Ἱεράπολις.............	Hierapolis..............	Bambouch ou Bambych.
Κῦρος................	Cyrus.................	Khillis ou Chillis.
Σαμόσατα.............	Samosata..............	Semisat.
Δολίχη...............	Doliche...............	Aïntab.
Ζεῦγμα...............	Zeugma...............	En face de Bir.
Γερμανικία...........	Germanicia............	Marach.
Πέρρη................	Perrhe................	Perrin.
Νικόπολις.............	Nicopolis..............	Derbendmer.
Σκεναρχαῖα...........	Scenarchæa...........	″
Σαλγενορατίξενον.....	Salgenoratixenum.....	″
Σύριμα...............	Orima................	Ruines sur l'Euphrate au sud-ouest de Semisat.
Εὐρωπός..............	Europus...............	Calaat el Nidjun.

XLIX.

ΕΠΑΡΧΙΑ ΟΣΡΩΗΝΗΣ. *PROVINCIA OSROENE.*

Ἔδεσσα...............	Edessa................	Orfa.
Κωνσταντία...........	Constantia............	Cheik Khan.
Θεοδοσιούπολις........	Theodosiopolis.........	Ras el Aïn.
Κάρραι...............	Carrhæ...............	Haran.
Βάτναι...............	Batnæ................	Seroug.
Νέα Βαλεντία.........	Nova Valentia.........	″
Λεοντόπολις ἡ Καλλινίκη......	Leontopolis quæ et Callinice..	Racca.
Βίρθα................	Birtha................	Bir.

L.

ΕΠΑΡΧΙΑ ΜΕΣΟΠΟΤΑΜΙΑΣ. *PROVINCIA MESOPOTAMIÆ.*

Ἄμιδα................	Amida................	Diarbekir.

NOMS GRECS.	NOMS LATINS.	NOMS MODERNES CORRESPONDANTS.

LI.
ΕΠΑΡΧΙΑ ΦΟΙΝΙΚΗΣ. *PROVINCIA PHŒNICIÆ.*

Τύρος............	Tyrus............	Sour.
Πτολεμαΐς........	Ptolemaïs........	Saint-Jean-d'Acre.
Σιδών............	Sidon............	Seideh.
Βήρυτος..........	Berytus..........	Beirout ou Berout.
Βίβλος...........	Byblus...........	Djebail.
Βόσθρυς..........	Botrys...........	Botroun.
Τρίπολις..........	Tripolis..........	Tripoli.
Ἀρκαί............	Arcæ.............	Arka.
Ὀρθοσιάς.........	Orthosias.........	Ortosa.
Ἄραδος...........	Aradus...........	Ile Ruad.
Ἀντάραδος........	Antaradus........	Aïn-el-Hye.
Κωνσταντίνα......	Constantina......	″
Πωγωνιάς........	Pogonas..........	″
Πανειάς..........	Panias...........	Banias.

LII.
ΕΠΑΡΧΙΑ ΦΟΙΝΙΚΗΣ ΛΙΒΑΝΗΣΙΑΣ. *PROVINCIA PHŒNICIÆ LIBANESIÆ.*

Ἔμισσα..........	Emisa...........	Homs ou Hems.
Λαοδίκεια.........	Laodicea.........	Près Djussi el Djedede.
Δάμασκος........	Damascus........	Damas.
Ἡλιούπολις.......	Heliopolis........	Balbeck.
Ἄβιλα............	Abila............	Nebi-Abel.
Πάλμυρα.........	Palmyra.........	Tadmor ou Palmyre, ruines.

LIII.
ΕΠΑΡΧΙΑ ΠΑΛΑΙΣΤΙΝΗΣ Α. *PROVINCIA PALÆSTINÆ I.*

Καισάρεια μητρόπολις......	Cæsarea metropolis......	Ruines de Kaisarieh.
Δῶρα............	Dora.............	Ruines de Dora.
Ἀντίπατρις........	Antipatris........	Soufi.
Διόσπολις.........	Diospolis.........	Lodd.
Ἄζωτος παράλιος..	Azotus maritima..	Ruines sur la côte.

NOMS GRECS.	NOMS LATINS.	NOMS MODERNES CORRESPONDANTS.
Ἄζωτος μεσόγειος	Azotus mediterranea	Esdoud.
Ἐλευθερόπολις	Eleutheropolis	Ruines sur le Sorek, torrent.
Αἰλία ἥ καὶ Ἱεροσόλυμα	Ælia quæ et Jerusalem	Jérusalem.
Νεάπολις	Neapolis	Naplous.
Λιβιάς	Livias	Ruines à deux lieues nord-est de la mer Morte.
Σεβαστή	Sebaste	Sebaste.
Ἀνθηδών	Anthedon	Ruines au sud-ouest de Gaza, sur la côte.
Διοκλητιανούπολις	Diocletianopolis	"
Συκαμάζων	Sycamazon	Altit ou château Pèlerin.
Ὀνοῦς	Onus	"
Σώζουσα	Sozusa	"
Ἰόππη	Joppe	Jaffa.
Γάζα	Gaza	Gaza.
Ῥαμφία	Rhaphia	Refah.
Ἀσκαλών	Ascalon	Ruines d'Ascalon.
Ἄριζα	Ariza	"
Βιτύλη	Bityle	"

LIV.

ΕΠΑΡΧΙΑ ΠΑΛΑΙΣΤΙΝΗΣ Β. *PROVINCIA PALÆSTINÆ II.*

Σκυθόπολις	Scythopolis	Bisan ou Baïsan.
Σέλλα	Pella	Saltz.
Γάδαρα	Gadara	Om Keis.
Ἄβιλα	Abila	Abil.
Καπετωλιάς	Capitolias	Beit et Ras.
Ἵππος	Hippus	Kherbet Szummera.
Τιβεριάς	Tiberias	Tabarieh.
Ἐλενούπολις	Helenopolis	"
Διοκέσσα	Diocæsarea	Safourch.
Μαξιμιανούπολις	Maximianopolis	Ruines sur le Mont-Carmel.
Γάβαι	Gabæ	*Idem.*

NOMS GRECS.	NOMS LATINS.	NOMS MODERNES CORRESPONDANTS.
\multicolumn{3}{c}{LV.}		
\multicolumn{3}{c}{ΕΠΑΡΧΙΑ ΠΑΛΑΙΣΤΙΝΗΣ Γ. *PROVINCIA PALESTINÆ III.*}		
Πέτρα.	Petra.	Ruines du Ouadi Mousa.
Αὐγουστόπολις.	Augustopolis.	"
Ἀρίνδηλα.	Arindela.	Ruines du Ouadi Gharendel.
Χαραγμοῦϐα.	Charagmuba.	Kerek.
Ἀρεόπολις.	Areopolis.	Rabba.
Ζωάρα.	Zoara.	Ghor Szaffye.
Μάμψις.	Mampsis.	"
Βιταροῦς.	Vitarus.	"
Ἐλοῦσα.	Elusa.	Ruines dans le désert à treize lieues au sud-est de Gaza.
Σάλτων.	Saltus.	"
\multicolumn{3}{c}{LVI.}		
\multicolumn{3}{c}{ΕΠΑΡΧΙΑ ΑΡΑΒΙΑΣ. *PROVINCIA ARABIÆ.*}		
Βόστρα.	Bostra.	Bosra.
Νιλακώμη.	Nilacome.	"
Ἄδρα.	Adra.	Draa ou Adraa.
Δία.	Dia.	Diban.
Ἑξακωμία κώμη.	Hexacomia vicus.	"
Μήδαϐα.	Medaba.	Madeba.
Γέρασα.	Gerasa.	Djerach.
Μαιοῦδος.	Majudus.	"
Φιλαδελφία.	Philadelphia.	Ruines d'Amman.
Νέα πόλις.	Nova civitas.	"
Ἱεράπολις.	Hierapolis.	"
Φιλιππόπολις.	Philippopolis.	Ghereyah.
Φαινά.	Phæno.	Près Szolfehe.
Κωνσταντία.	Constantia.	"
Διονυσιάς.	Dionysias.	"
Κανόθα.	Canatha.	Kanneytra.
Ἀδρασσός.	Adrassus.	"

NOMS GRECS.	NOMS LATINS.	NOMS MODERNES CORRESPONDANTS.

LVII.
ΕΠΑΡΧΙΑ ΑΙΓΥΠΤΙΑΚΗΣ. *PROVINCIA ÆGYPTI.*

Ἀλεξάνδρεια	Alexandria	Alexandrie.
Ἑρμούπολις	Hermopolis	Damanhour.
Μενελαΐτης	Menelaïtes	Birket el Gheytas.
Μελέτης	Metelis	Decouq.
Βοῦτος	Buto	Bichbieh.
Κάβασσα	Cabassa	Gallin.
Σάϊς	Saïs	Sa el Hadjar.
Ναύκρατις	Naucratis	Chobrekaït.
Ἀνδρών	Andron	Zaoui-tel-Bar.
Νικίου	Niciu	Menouf.
Ξόϊς	Xois	Mahallet el Kebir.
Φραυύνης	Phragonis	Audahour.
Παχνεμόης	Pachnemoïs	Koum el Taoua.
Διόσπολις	Diospolis	Achmoun.
Σεβέννυτος	Sebennytus	Samannoud.
Ὄνουφις	Onuphis	Mit Gamar.
Ταύα	Tava	Fischeh.
Κλεοπάτρα	Cleopatra	"
Κυνώ	Cynopolis	Zebieh.
Βούσιρις	Busiris	Abousir.
Ὤασις	Oasis	Ouahh el Baharieh.
Ἐλεαρχία	Elearchia	"
Παράλιος	Paralios	"

LVIII.
ΕΠΑΡΧΙΑ ΑΥΓΟΥΣΤΑ Α. *PROVINCIA AUGUSTA I.*

Ῥινοκόρουρα	Rhinocorura	El Arich.
Ὀστρακίνη	Ostracine	Ouaradeh.
Κάσσιον	Casium	Ruines au sud du Ras el Kasaroun.
Πεντάσχοινον	Pentaschœnon	Katieh.
Ἀφναΐον	Aphnaïum	"

NOMS GRECS.	NOMS LATINS.	NOMS MODERNES CORRESPONDANTS.
Γέρρας........	Gerrha........	Anbdyah.
Σκένα.........	Sela..........	Ruines sur le Bahr Ballah.
Πηλούσιον.....	Pelusium......	Tineh.
Σεθραίτης.....	Sethraites.....	Tell el Charygh.
Ἥφαιστος.....	Hephæstus....	Herbeyt.
Πανίθυσος.....	Panephysis....	Menzaleh.
Τάνις.........	Tanis.........	San.
Θμούης.......	Thmuis.......	Tmay el Emdyd.

LIX.

ΕΠΑΡΧΙΑ ΑΥΓΟΥΣΤΑ Β. *PROVINCIA AUGUSTA II.*

Λεοντώ........	Leontopolis....	Tell Essouït.
Ἄθριβις.......	Athribis.......	Atrib.
Ἡλίου........	Heliu.........	Mataryeh.
Βούβαστος....	Bubastus......	Tell Basta.
Φάρβηθος.....	Pharbæthus...	"
Ἀραβία.......	Arabia........	"
Κλύσμα κάστρον..	Clysma........	Ayoun Mousa.

LX.

ΕΠΑΡΧΙΑ ΑΡΚΑΔΙΑΣ. *PROVINCIA ARCADIÆ.*

Κυνώ.........	Cynopolis.....	Cherhi.
Ὀξύρυγχος....	Oxyrynchus...	Behnaseh.
Ἡρακλέως.....	Heracleopolis..	Almas.
Ἀρσενοΐτης....	Arsenoïtes....	Medynet el Faïoum.
Θεοδοσιούπολις..	Theodosiopolis..	Abou Hamid.
Νικόπολις.....	Nilopolis......	Aboussir.
Ἀφροδιτώ.....	Aphroditopolis.	Atfieh.
Πέμφις.......	Memphis......	Mit Rahyneh.
Λίττους.......	Letopolis......	Mansourieh.

NOMS GRECS.	NOMS LATINS.	NOMS MODERNES CORRESPONDANTS.

LXI.
ΕΠΑΡΧΙΑ ΘΗΒΑΙΔΟΣ. *PROVINCIA THEBAIDIS.*

Ἑρμούη............	Hermopolis............	Achmounein.
Θεοδοσιούπολις.........	Theodosiopolis.........	Tahha.
Ἀντινώ............	Antinoë............	Cheïk Abahdeh.
Κᾶσος............	Cusæ............	El Kousieh.
Λύκων............	Lycopolis............	Siout ou Asiout.
Ὑψηλή............	Hypsele............	Chouatb.
Ἀπόλλων μικρός.........	Apollonos minor.........	Sadfeh.
Ἀντέου............	Antæopolis............	Kaou el Kebir.
Πανός............	Panopolis............	Akhmin.
Ὤασις μεγάλη.........	Oasis magna.........	Ouahh el Khardjeh.

LXII.
ΕΠΑΡΧΙΑ ΘΗΒΑΙΔΟΣ ΤΗΣ ΑΝΩ. *PROVINCIA THEBAIDIS SUPERIORIS.*

Πτολεμαΐς............	Ptolemaïs............	Menchieh.
Διόσπολις............	Diospolis............	Hou.
Τέντυρα............	Tentyra............	Denderah.
Μαξιμιανούπολις.........	Maximianopolis.........	Daroud.
Κῶπτος............	Coptus............	Khaft.
Φίκαι............	Philæ............	//
Διοκλητιανούπολις.........	Diocletianopolis.........	//
Ἐρέσβυθος............	Hermonthis............	//
Λάττων............	Latopolis............	Esneh.
Ἀπολλωνιάς.........	Apollonos superioris.......	Edfou.
Ὄμβροι............	Ombi............	Koum Ombou.

LXIII.
ΕΠΑΡΧΙΑ ΛΙΒΥΗΣ ΤΗΣ ΑΝΩ. *PROVINCIA LIBYÆ SUPERIORIS.*

Σώζουσα............	Sozusa............	//
Κυρήνη............	Cyrene............	Ghrennah.
Πτολεμαΐς............	Ptolemaïs............	Tolometa.

NOMS GRECS.	NOMS LATINS.	NOMS MODERNES CORRESPONDANTS.
Τεύχειρα.............	Teuchira.............	Taoukrah ou Teukera.
Ἀδριανή.............	Adriane.............	Pointe d'Adrien ou Sou-louc.
Βερονίκη.............	Beronice.............	Benghazi ou Ben-Ghazi.

LXIV.

ΕΠΑΡΧΙΑ ΛΙΒΥΗΣ ΤΗΣ ΚΑΤΩ. *PROVINCIA LIBYÆ INFERIORIS.*

Παραιτόνιον.............	Parætonium.............	Kasr Medjah.
Ζωγροζαγούλης.............	Zogra, Zagulis.............	Ruines à l'est du Raz Halem.
Πιδονία.............	Pidonia.............	Ruines à l'ouest du Raz el Heyf.
Ἀντιφρώ.............	Antiphræ.............	Ruines à l'est de Dresieh.
Δαρνίς.............	Darnis.............	Dernah.
Ἀμμωνιακή.............	Ammoniaca.............	Ouah el Syouah.

ΕΙΣΙΝ ΤΗΣ ΔΥΣΕΩΣ ΑΙ ΕΠΑΡΧΙΑΙ ΥΠΟ ΡΩΜΗΝ.

Ἐπαρχία Ἰταλίας.............	Provincia Italiæ.............	Italie.
Ἐπαρχία Νωρικοῦ.............	Provincia Norici.............	Illyrie.
Ἐπαρχία Γαλήτων.............	Provincia Galatiæ.............	Anatolie.
Ἐπαρχία Σπανίων.............	Provincia Hispaniæ.............	Espagne.
Ἐπαρχία Βρισγάμων.............	Provincia Britanniæ.............	Angleterre.
Ἐπαρχία Πανονίων.............	Provincia Pannoniæ.............	Illyrie occidentale.
Ἐπαρχία Ἀφρικῆς.............	Provincia Africæ.............	Afrique.
Ἐπαρχία Σικελίας.............	Provincia Siciliæ.............	Sicile.
Ἐπαρχία Σαρδηνίας.............	Provincia Sardiniæ.............	Sardaigne.
Ἐπαρχία Κορσικῆς.............	Provincia Corsicæ.............	Corse.

CORRECTIONS.

ITINÉRAIRE D'ANTONIN.

Page 3, ligne 8, Malonia, lisez : *Maloaia.*
— ligne 11, Aggierount, lisez : *Aggierout.*
— ligne 12, Petite rivière, lisez : *Oued Tletza ou Teletz*, et *25* au lieu de *20.*
— ligne 13, Gozaouna, lisez : *Sur le cap Hone.*
— ligne 14, Hehenneyt, lisez : *Bordj sur la côte.*
— ligne 15, Sidi Acrub, lisez : *Muley Abd el Kader.*
— ligne 17, au lieu de 15, lisez : *10.*
— ligne 26, Cap Aghmiss, lisez : *Ruines sur la côte.*
— ligne 28, Tnis ou Tenez, lisez : *Tenez el Kadima.*
— ligne 29, Beni Haouah, lisez : *A l'O. de l'Oued Sidi Hamet Beni Yousef.*
Page 4, ligne 1re, Dahmouse, lisez : *Près d'Anzer Bouzien.*
— ligne 2, Bresk, lisez : *A l'O. de l'Oued Sept.*
— ligne 6, Boumuggar, 28, lisez : *Makkarah, 18.*
— ligne 8, Ain Mardjet, lisez : *Msilah.*
— ligne 9, Fedj el Hammara, lisez : *Ain Mardjet*, et *18* au lieu de *30.*
— ligne 10, Ain Sultan, lisez : *A l'E. de l'Oued Targa.*
Page 8, ligne 10, lisez : *198* au lieu de *200.*
— ligne 17, Ruines de Lemba, lisez : *Tazoute ou Tazoulet.*
— ligne 18, Zainah, lisez : *Ain Cheddi*, et *32* au lieu de *30.*
— ligne 19, Ouled Sultani à retrancher, et lisez : *14* au lieu de *18.*
Page 9, ligne 13, 434, lisez : *464.*
— ligne 15, Madroma, lisez : *Ouchda.*
— ligne 16, Près Toumied, lisez : *Beni Mhadel, sur la Tafna.*

Page 9, ligne 17, Sur la riv. Isser, lisez : *Ras Kaddous.*
— ligne 18, A l'O. de la riv. Mekerra, lisez : *Tallout el Kuesba.*
— ligne 19, Sur le Djebel Beni Meniarin, lisez : *Ras el ma.*
— ligne 20, Mefkan ou Afkan, ruines, lisez : *Haouch el Ouisert*, et *28* au lieu de *18.*
— ligne 21, 25, lisez : *20.*
— ligne 22, De Mina, lisez : *Sidi Djelali ben Amar*, et *31* au lieu de *16.*
— ligne 24, Meratte, lisez : *Loha.*
— ligne 25, Près l'Oued Isly, lisez : *Ruines sur l'Oued Tigaza.*
— ligne 26, A l'O. de l'Oued Fadda, lisez : *Ruines sur l'Oued Fodda.*
— ligne 27, Près Ain Defla, lisez : *Grandes ruines sar l'Oued Cheliff.*
— ligne 28, Au N. del Cantara, lisez : *A l'O. del Kantara.*
Page 14, ligne 14, 30, lisez : *25.*
— ligne 16, 85, lisez : *80.*
— ligne 18, Prates Hammam Lynph, lisez : *Hammam el Enf.*
Page 15, ligne 1re, Inuna, lisez : *Inuca.*
— ligne 12, lisez : *207* au lieu de *212.*
— ligne 18, lisez : *25* au lieu de *30.*
Page 16, lisez : *25* au lieu de *30.*
Page 17, ligne 1re, Kairouan, lisez : *Sabra*, et *25* au lieu de *32.*
— ligne 2, 25, lisez : *30.*
— ligne 4, lisez : *227* au lieu de *213.*
— ligne 6, sur la rive Defailab, lisez : *Haouch Saesosin.*
— ligne 7, Ruines sur la riv. Mergalil, lisez : *Haouch Chirechira.*
— ligne 8, Kairouan.. 32, lisez : *Sabra.. 25.*

CORRECTIONS.

Page 17, ligne 9, 25, lisez : *30*.
—— ligne 11, lisez : *39* au lieu de *32*.
—— ligne 12, lisez : *26* au lieu de *10*.
—— ligne 13, ou Nabul, lisez : *Nabel*, et *10* au lieu de *12*.
—— notes, col. 2, ligne 5, — 32, lisez : *39*.
—— —————— ligne 7, — 12, lisez : *16*.
—— —————— ligne 8, — 30, lisez : *25*.
Page 18, ligne 4, 30, lisez : *25*.
—— ligne 7, 211, lisez : *217*.
—— ligne 8, 403, lisez : *377*.
—— ligne 12, Lynph, lisez : *el Enf*.
—— ligne 13, Bella, lisez : *Sidi Djedidi*, et *18* au lieu de *20*.
—— ligne 15, 32, lisez : *39*.
—— ligne 17, Makalta, lisez : *Lempte*, et *21* au lieu de *28*.
—— ligne 19, Inchilla, lisez : *Inchilla ou Sidi Makelouf*.
—— ligne 20, lisez : *28* au lieu de *20*.
—— ligne 21, Sidi Hahoun ou Maharess, lisez : *Sidi Maharess*.
—— ligne 22, 28, lisez : *17*.
—— ligne 24, lisez : *37* au lieu de *30*.
Page 19, ligne 2, Ceress, lisez : *Bachalah*.
—— ligne 3, Kaliat, lisez : *Kaliat ou Kelah*, et *17* au lieu de *25*.
—— ligne 5, Kola, lisez : *Kolah ou Kelah*.
—— ligne 6, Ficinda, lisez : *Pisida*.
Page 22, ligne 3, Agariabas (sive Silesvam), lisez : *Tarfoui*.
—— ligne 25, De Telpte à Gabs, lisez : *De Haouch el Khima à Gabs*, et *136* au lieu de *141*.
Page 23, ligne 1re, Gemellas. Désert, lisez : *Gemellas. R. près Kasrel Arassi*, et *20* au lieu de *22*.
—— ligne 2, d'après Peutinger, il faut supprimer *Gremellas* et le chiffre *25*.
—— ligne 4, Thasarte, lisez : *Aicha*, et *42* au lieu de *35*.
—— ligne 5, lisez : *28* au lieu de *18*.
Page 25, ligne 13, Nurra, lisez : *Nura*.
Page 26, ligne 4, lisez : *262* au lieu de *264*.
—— ligne 7, Casal Vecchio, lisez : *Torre e Marinadi*.
—— ligne 9, l'ancien Onobla, lisez : *l'ancien Onobala. Onobla*.
—— ligne 10, Reale, lisez : *San-Filippo*.

Page 26, ligne 12, Giudia, lisez : *Près de Ramacca*.
—— ligne 13, Carapipa, lisez : *la Sophiana près de Piazza*.
—— ligne 15, Sumantino, lisez : *Fandeca de Petiliana, près de Delia*.
—— ligne 17, Cattolica, lisez : *Monte Alegro*, et *16* au lieu de *18*.
—— ligne 24, lisez : *301* au lieu de *300*.
—— ligne 28, Gelsumanna, lisez : *Terra nova*, et *41* au lieu de *40*.
—— ligne 29, Près de la rivière de Dirillo, lisez : *Entre Biscari et Chiaramonte*.
Page 27, ligne 7, A Furnari, lisez : *A Santa-Maria de Tindere*.
—— ligne 11, jusqu'à Furnari, lisez : *jusqu'à Santa-Maria de Tindere* et *196* au lieu de *917*.
—— ligne 14, Castel a Mare, lisez : *Gli Bagne, entre Alcamo et Segeste-Vecchio*.
—— ligne 16, Carini, lisez : *Hyccara-Vecchio, sur la côte au nord de Carini*.
—— ligne 18, Castello di Solanta, lisez : *au-dessus de Castello di Solanta*.
—— ligne 21, San-Stefano, lisez : *au télégraphe de Tusa*, et *15* au lieu de *18*.
—— ligne 22, Torre dell' Aura, lisez : *Caronia*, et *10* au lieu de *12*.
—— ligne 23, Sta-Agata, lisez : *Torre dell' Aura*.
—— ligne 24, Argetri, lisez : *San-Marco*, et *10* au lieu de *6*.
—— ligne 25, Furnari, lisez : *Sta - Maria de Tindere, près d'Olliveri*.
—— ligne 28, lisez : *106* au lieu de *100*.
Page 28, ligne 2, Enna Nicosia, lisez : *Enna Castro Giovanni*.
—— ligne 3, lisez : *18* au lieu de *13*.
—— ligne 6, (al. Catena), lisez : *(al. Catana)*.
—— ligne 9, lisez : *95* au lieu de *91*.
—— ligne 11, Giudia, lisez : *Ramacca*.
—— ligne 12, Carapipi, lisez : *la Sophiana, près de Piazza*.
—— ligne 13, Caltanisetta, lisez : *près de Ravanusa*, et *25* au lieu de *21*.
—— ligne 14, Canicalti, lisez : *Nuro*.
—— ligne 21, Grugno, lisez : *Torre San-Nicolo*.
—— ligne 23, Refugio Chalis[8] (al. Gelæ) Terra Nova, lisez : *Plaga Calvisianis*[5], *Marina de Terra Nova*.

CORRECTIONS.

Page 28, ligne 24, Plaga Calvisianis⁹. T. Dirillo, lisez : *Refugio Chalis⁹ (al. Gelæ)*. *Embouchure de la rivière Dirillo*.

— ligne 25, T. Camarina, lisez : *Sur la Fiascolari, riv.*

— ligne 26, Ciarcioro, lisez : *Pozzo Vecchio, près de Pozzallo*.

— notes, col. 2, ligne 2, Refugiocalis. F., lisez : *Clansianis*. F.

— notes, col. 2, ligne 3, Clansianis. F., lisez : *Refugiocalis*. F.

Page 29, ligne 2, lisez : *148* au lieu de *160*.

— ligne 4, Aragona, lisez : *près de Reffaudali*.

— ligne 5, Camarata, lisez : *Comichio, détruit*, et *24* au lieu de *19*.

— ligne 6, Castro Nuovo, lisez : *Chiusi*.

— ligne 7, Ciminna, lisez : *Corleone*, et *14* au lieu de *24*.

— ligne 9, Carini, lisez : *Ruines d'Hyccara, sur la côte au nord de Carini*, et *16* au lieu de *18*.

— ligne 10, Cartafalsa, lisez : *Marcellaro?* et *19* au lieu de *24*.

— ligne 11, Salemi, lisez : *Vita*.

— ligne 15, De Hyccara à Trapani, lisez : *d'Hyccara Vecchio à Trapani*, et *52* au lieu de *42*.

— ligne 19, Baida, lisez : *Sur le cap San-Vito*, et *26* au lieu de *16*.

— ligne 27, lisez : *886* au lieu de *887*.

Page 30, ligne 16, Ultra Anconam¹², lisez : *Ultra Anconam¹². Torre Albani*.

— ligne 18, lisez : *18* au lieu de *15*.

— ligne 19, ajoutez *Torre di Capodarca*, avant *Montagne au-dessus du Porto di Fermo*.

— ligne 23, lisez : *24* au lieu de *28*.

— ligne 24, Pocco, lisez : *Tocco*.

Page 36, ligne 12, lisez : *611* au lieu de *591*.

— ligne 16, lisez : *707* au lieu de *717*.

— ligne 17, lisez : *768* au lieu de *763*.

Page 37, ligne 18, lisez : *95* au lieu de *75*.

Page 38, ligne 24, Vranyesevee, lisez : *Vranyessevez*.

— ligne 28, Rud. S. Elias, lisez : *Ruines S. Elias*.

Page 39, ligne 26, Opizo Tchakaller, lisez : *Opizo, à l'est de Tchakaller*.

— ligne 27, Asso²⁵, ruines, lisez : *Asso²⁵ (al. Arsum). A l'ouest de Defterkeui*.

Page 40, ligne 20, lisez : *696* au lieu de *790*.

— ligne 24, Garadja, lisez : *Karakaia*.

— ligne 26, Sur le Meless, riv., lisez : *Près les sources du Meless, riv.*

Page 41, ligne 1ʳᵉ, Kiostebek, lisez : *Dervent, à l'O. de Téhair*.

— ligne 5, lisez : *14* au lieu de *18*.

— ligne 6, lisez : *14* au lieu de *20*.

— ligne 7, Balabanluge, lisez : *Tchoukourdjak*.

— ligne 8, Karaycutchik, lisez : *Karakeui*.

— ligne 9, Ruines sur un ruisseau, lisez : *Près Guemcleh*.

— ligne 10, Ruines, lisez : *Mandjiour*.

— ligne 11, Akserai, lisez : *Au sud du Kizil Ermak, riv.*

— ligne 12, Ruines, lisez : *Près Sari Karaman*.

— ligne 13, Ruines d'une ville, lisez : *Akserai*.

— ligne 14, Ruines de Nazianze, lisez : *Ruines au S. E. du mont Nenetzi*, et *24* au lieu de *25*.

— ligne 15, Près du lac Ghioldjouk, lisez : *Près Babloma*.

— ligne 17, lisez : *12* au lieu de *16*.

— ligne 18, Sur le Boulgar-Dagh, lisez : *Près Basmakely*.

— ligne 19, F. Doulek, lisez : *Près Donlek-Kalah*, et *29* au lieu de *25*.

— ligne 22, Ayass, lisez : *Karakaïa*.

— ligne 23, (sive Baüs) Pias, lisez : *(sive Baüs prius Issus) Pias*, et *17* au lieu de *16*.

— ligne 26, lisez : *16* au lieu de *21*.

— ligne 27, lisez : *24* au lieu de *19*.

Page 46, ligne 19, De Kheft à, lisez : *De Khaft à*.

Page 48, ligne 15, lisez : *275* au lieu de *254*.

— ligne 18, Aladja Khan, lisez : *Kandal ou Kangal*.

— ligne 19, Hassan-Tchélébi, lisez : *Près Aladjahan*.

— ligne 20, Hekim Khan, lisez : *Hassan Tchélébi*.

— ligne 21, Hassan Padrik, lisez : *Ekimkhan*.

— ligne 23, lisez : *25* au lieu de *26*.

— ligne 24, Dandaxima, lisez : *Dandaxina satreck*.

— ligne 25, Seiohair, lisez : *Derendeh*.

CORRECTIONS.

Page 48, ligne 26, Iani, lisez : *Soveyuri*, et *34* au lieu de *24*.

Page 49, ligne 1re, Cocson, lisez : *Cocson ou Geuksoun*, et *40* au lieu de *38*.

— ligne 3, lisez : *239* au lieu de *274*, et au lieu de *Cocson*, lisez : *Geuksoun*.

— ligne 5, Eskeledg, 28 lisez : *Sis, 18*.

— ligne 6, Ruines, lisez : *Au confluent de Tchékérek et du Kizil Ermak*.

— ligne 7, Sary-Oglan, lisez : *Ruines près Guelermek*.

— ligne 8, Barzin, lisez : *Mahaldji*.

— ligne 10, lisez : *24* au lieu de *38*.

— ligne 11, Islamli, lisez : *A l'est de Kainar*, et *19* au lieu de *24*.

— ligne 12, Garoun, 24, lisez : *Viranchehr, 18*.

— ligne 13, Iani, lisez : *Soveyuri*.

— ligne 14, Cocson, 38, lisez : *Geuksoun, 40*.

— ligne 16, Cocson, 206, lisez : *Geuksoun, 190*.

— ligne 18, Carabissar, lisez : *Mandjilik*.

— ligne 19, Mandjilik, 50, lisez : *Karakaia, 40*.

— ligne 20, Islamli, lisez : *A l'est de Kainar*.

— ligne 21, Garoun, 24, lisez : *Viranchehr, 18*.

— ligne 22, Iani, lisez : *Soveyuri*.

— ligne 23, Cocson, 38, lisez : *Geuksoun, 40*.

— ligne 26, De Hamel à, lisez : *De Ghouroan à*, et *264* au lieu de *275*.

Page 50, ligne 2, Carahissar, lisez : *Mandjilik*, et *18* au lieu de *28*.

— ligne 3, Zoana, lisez : *Sur un affluent du Baliklou*.

— ligne 4, Jéguidje, lisez : *Sur l'Adji Dagh*, et *30* au lieu de *25*.

— ligne 5, Eumeis, lisez : *A l'est de Touzla*, et *30* au lieu de *25*.

— ligne 7, Guemin, lisez : *Ketché Yurdy*.

— ligne 8, Kouleihissar, lisez : *Purk*.

— ligne 9, Divriki, lisez : *Tekkek*, et *24* au lieu de *34*.

— ligne 10, Ruines sur les montagnes, lisez : *Cheïran*, et *26* au lieu de *22*.

— ligne 16, lisez : *114* au lieu de *126*.

— ligne 18, Ruines près la source de la riv. Sadjour, 32, lisez : *Arabler, 30*.

— ligne 19, lisez : *15* au lieu de *25*.

— ligne 20, Zeugma. Bir, lisez : *Zeugma. En face de Bir*.

Page 50, ligne 24, lisez : *130* au lieu de *146*.

Page 51, ligne 2, In Catabana, lisez : *In Catabana. Au N. de Nadjar*.

— ligne 3, Bebesni : château sur le Sinsja, lisez : *Près Orkeneb*.

— ligne 5, Tharse (al. Tarsa), lisez : *Tharse (al. Tarsa). Sur la R. Geuksou*.

— ligne 6, lisez : *13* au lieu de *19*.

— ligne 7, lisez : *42* au lieu de *52*.

— ligne 20, Route de Hamal à Muzana, 48, lisez : *Route de Ghouroan à un affluent au N. du Tokmasou*, 44.

— ligne 23, In medio, lisez : *In medio. Sur la R. Baliklou*.

— ligne 24, Muzana, 26, lisez : *Muzana. Sur un affluent N. du Tokmasou, 22*.

— ligne 27, lisez : *112* au lieu de *124*.

Page 52, ligne 2, Ruines près des sources de Sadjour, 32, lisez : *Arabler, 30*.

— ligne 3, lisez : *15* au lieu de *25*.

— ligne 4 et 13, Zeugma Bir, lisez : *Zeugma. En face de Bir*.

— ligne 18, lisez : *125* au lieu de *115*.

— ligne 20, Près les sources de l'Iagra, lisez : *Près Bekladéré*.

Page 53, ligne 2, lisez : *30* au lieu de *20*.

— ligne 3, Zeugma Bir, lisez : *Zeugma. En face de Bir*.

— ligne 7, Des ruines de Calecome à Orfa, lisez : *De Ain Cherby à Orfa*, et *108* au lieu de *105*.

Page 54, ligne 4, Cheoun, lisez : *Près le Khan Cheikoun*.

— ligne 10, lisez : *170* au lieu de *158*.

— ligne 17, lisez : *37* au lieu de *27*.

— ligne 18, Ruines, lisez : *Ruines au N. de Mouharam*, et *28* au lieu de *26*.

— ligne 20, Routes des ruines de Calcome à Calaat-Seidjar, lisez : *Route de Ain Cherby à Calaat-Seidjar*.

— ligne 24, Ruines, lisez : *Khan el Sebel*.

Page 55, ligne 5, lisez : *242* au lieu de *243*.

— ligne 11, lisez : *30* au lieu de *25*.

— ligne 12, lisez : *30* au lieu de *36*.

— ligne 19, Des ruines de Soriane, lisez : *Des ruines au N. de Mouharam*, et *321* au lieu de *322*.

— ligne 22, lisez : *28* au lieu de *18*.

CORRECTIONS.

Page 55, ligne 23, Iouchiah, lisez : *Près Djussi el Djedede.*
— ligne 24, Calaat Hosn, lisez : *Hermil.*
Page 56, ligne 2, lisez : *8* au lieu de *18.*
— ligne 4, lisez : *30* au lieu de *25.*
— ligne 5, lisez : *30* au lieu de *36.*
— ligne 17, lisez : *122* au lieu de *132.*
— ligne 22, Iouchiah, lisez : *Près Djassi el Djedede.*
Page 60, ligne 4, partout où il y a Erzinghian, lisez : *Baibout.*
— ligne 16, lisez : *344* au lieu de *335.*
— ligne 17, Azab, lisez : *Keusé,* et *33* au lieu de *24.*
— ligne 21, 323, lisez : *338.*
— ligne 23, Sur le Karasou, lisez : *Lori,* et *26* au lieu de *20.*
— ligne 24, Kemakh, lisez : *Karaboulak,* et *24* au lieu de *18.*
— ligne 25, Kouroutchai, lisez : *Azah.*
— ligne 26, Eguine, lisez : *Kouroutchai.*
Page 64, ligne 17, lisez : *133* au lieu de *117.*
— ligne 21, Kemakh, lisez : *Karaboulak.*
— ligne 22. Sur le Karasou, lisez : *Lori,* et *24* au lieu de *18.*
— ligne 23, lisez : *26* au lieu de *17.*
Page 65, ligne 2, Djemichy, lisez : Mr *Mariamama.*
— ligne 3, Cumuchkanch, lisez : *Zighana.*
— ligne 4, Kouasse-Kaleh, lisez : *Nassakeui.*
— ligne 5, Boulour, lisez : *Zambout.*
— ligne 6, Satah, lisez : *Balakhor.*
— ligne 14, Dobra, lisez : *A l'ouest de Dobra.*
— ligne 16, Fethislam, lisez : *Feth Islam.*
— ligne 21, Smordini, lisez : *Smorden.*
— ligne 24, Augustis, lisez : *Augustis. Près de Kodosloui, sur l'Ogoust. R.*
— ligne 26, Kniage, lisez : *Près Ostrova.*
Page 66, ligne 1re, Staroselitza, lisez : *Staroselitzi.*
— ligne 6, Roudera, lisez : *Ruines Dikalika.*
— ligne 7, Birgos, lisez : *Roustchouk, 12.*
— ligne 8, Roustchouk, lisez : *Marotin.*
— ligne 9, Taban, lisez : *Près d'Orankeui.*
— ligne 10, Tourk Semil, lisez : *Toutourkai.*
— ligne 11, Saorsanlar, lisez : *(al. Nigrinianis). Près de Gawran.*
— ligne 12, Vetrena ou Veternitre, lisez : *Près de Tataritza.*

Page 66, ligne 14, lisez : *7* au lieu de *12.*
— ligne 15, Derbend, lisez : *Satonou.*
— ligne 20, (al. Boræo), lisez : *(al. Boræo). Près du lac Dandermen.*
— ligne 23, Poulnovitza, lisez : *Ioulnovitza.*
Page 67, ligne 4, Karagarlik, lisez : *Kargaliuk ou Kargolik.*
— ligne 5, Karli, lisez : *Ieni Pangola ou Tomisvar.*
— ligne 8, Baltchik, lisez : *Baltschik.*
— ligne 10, Chaptik, lisez : *Devna ou Peresla.*
— ligne 13, Inkizli, lisez : *Zagora.*
— ligne 16, Ostudizo. Hafsa ou Khafsa, lisez : *Ostudizo. Au nord d'Hafsa ou Khafsa.*
Page 68, ligne 12, lisez : *1109* au lieu de *1124.*
— ligne 17, lisez : *306* au lieu de *321.*
Page 70, ligne 2, Bâle, lisez : *Binningen, près Bâle,* et *33* au lieu de *32.*
— ligne 3, Fort Mortier, en face de Brisack, 40, lisez : *Vieux-Brisack, 38.*
— ligne 4, lisez : *46* au lieu de *42.*
— ligne 6, Dieuze, 40, lisez : *Hellimer, 33.*
— ligne 8, Luxembourg, lisez : *Haut Cierque,* et *25* au lieu de *42.*
— ligne 9, lisez : *30* au lieu de *26.*
— ligne 15, lisez : *565* au lieu de *590.*
— ligne 2, lisez : *237* au lieu de *311.*
Page 71, ligne 3, lisez : *340* au lieu de *338.*
— ligne 4, lisez : *307 1/2* au lieu de *297 1/2.*
— ligne 7, lisez : *23* au lieu de *20.*
— ligne 10, Petervardein, lisez : *Beschka,* et *11* au lieu de *23.*
— ligne 11, Szuszek, lisez : *Petervardein.*
— ligne 12, Scharengrad, lisez : *Illok,* et *26* au lieu de *16.*
— ligne 13, lisez : *21* au lieu de *16.*
— ligne 14, Sur le Danube, près d'Almas, lisez : *Bioloberde.*
— ligne 16, lisez : *10* au lieu de *16.*
Page 73, ligne 1re, lisez : *Joviaco. Près Raab, 27* au lieu de *61.*
— ligne 2, lisez : *18* au lieu de *38.*
— ligne 3, lisez : *10* au lieu de *30.*
— ligne 7, Neustadt, lisez : *Abensberg.*
— ligne 21, (al Arialbino). Bâle, lisez : *(al. Arialbino). Beningen, près Bâle.*
— ligne 22, Mulhausen, lisez : *Illzach,* et *14 lieues ou 22 milles.*

CORRECTIONS.

Page 73, ligne 23, Fort Mortier, en face de Brisack, lisez : *Vieux-Brisack*, et *16 lieues ou 24 milles*.

—— ligne 24, lisez : *19 lieues ou 28 milles*.

—— ligne 25, lisez : *12 lieues ou 18 milles*.

—— ligne 26, Haguenau, lisez : *Brumpt*, et *7 lieues ou 10 milles*.

—— ligne 27, Weissembourg, lisez : *Près Weissembourg*, et *18 lieues ou 27 milles*.

Page 74, ligne 1re, lisez : *22 lieues ou 33 milles*.

—— ligne 2, lisez : *37 lieues ou 55 milles*.

—— ligne 3, lisez : *18 lieues ou 27 milles*.

—— ligne 4, lisez : *16 lieues ou 22 milles*.

—— ligne 5, lisez : *18 lieues ou 27 milles*.

—— ligne 6, lisez : *11 lieues ou 16 milles 1/2*.

—— ligne 7, lisez : *7 lieues ou 10 milles 1/2*.

—— ligne 8, lisez : *5 lieues ou 7 milles 1/2*.

—— ligne 9, lisez : *5 lieues ou 7 milles 1/2*.

—— ligne 10, lisez : *8 lieues ou 12 milles*.

—— ligne 11, lisez : *9 lieues ou 13 milles 1/2*.

—— ligne 12, lisez : *7 lieues ou 10 milles 1/2*.

—— ligne 13, lisez : *8 lieues ou 12 milles*.

—— ligne 14, lisez : *6 lieues ou 9 milles*.

—— ligne 15, lisez : *6 lieues ou 9 milles*.

Page 82, ligne 26, Langestein, lisez : *Seben, monastère près Clausen*.

Page 94, ligne 3, lisez : *11 au lieu de 7*.

—— ligne 12, lisez : *7 au lieu de 6*.

—— ligne 24, Arnesto Mola, lisez : *Polignano*, et *23 au lieu de 15*.

—— ligne 25, Monopoli, lisez : *Torre Egnazia*.

—— ligne 26, Castello di Villanova, lisez : *Porto di Specchiola*.

—— ligne 27, lisez : *14 au lieu de 28*.

Page 95, ligne 26, Elbassan, lisez : *El Bassan*.

Page 96, ligne 1re, Scampis, lisez : *Scampis (al. Hiscampis). A l'O. de Djourad*.

—— ligne 3, Ruines sur le lac d'Ochrida, lisez : *Au N. du monastère de Saint-Nahaun*.

—— ligne 5, lisez : *Derbend du Kutchuk Karasou*.

—— ligne 5, Alahkilissia, lisez : *Allahkilissia*.

Page 98, ligne 24, Scampis, lisez : *Scampis (al. Hiscampis). A l'O. de Djourad*.

—— ligne 26, Ruines sur le lac d'Ochrida, lisez : *Au N. du monastère de S*t*-Nahaun*.

Page 100, ligne 10, Holilelikeiu, lisez : *Halilelikeui*.

—— ligne 16, Soumah ou Somma, lisez : *Ruines au N. O. de Kirkagatch*.

Page 101, ligne 3, Syalgori, lisez : *Sultigori*.

Page 103, ligne 10, 554 milles, lisez : *563 milles*.

—— ligne 28, 32 milles, lisez : *33 milles*.

Page 104, ligne 1re, Raus les Isles, lisez : *Villargente*, et *22 lieues ou 33 milles*.

—— ligne 3, 12, lisez : *12 lieues ou 18 milles*.

—— ligne 9, 17 milles, lisez : *18 milles*.

—— ligne 12, 514 milles, lisez : *518 milles*.

Page 105, ligne 16, 17 milles, lisez : *18 milles*.

—— ligne 19, 17 milles, lisez : *18 milles*.

—— ligne 23, 11, lisez : *13*.

Page 108, ligne 15, 96 lieues, lisez : *95 lieues*, et 143 milles, lisez : *142 milles*.

—— ligne 17, Pont de Somme Vesle, lisez : *Près Vadenay*; 23 lieues, lisez : *15 lieues*; et 34 milles, lisez : *22 milles*.

—— ligne 18, 16 lieues, lisez : *23 lieues*, et 23 milles, lisez : *34 milles*.

Page 109, ligne 8, 248 milles, lisez : *246 milles*.

—— ligne 10, A l'est de Saint-Honoré, lisez : *A l'ouest de Luzy*.

—— ligne 15, les Bordes, lisez : *Bonnée*.

—— ligne 18, Étampes, lisez : *Saclas*; 29 lieues, lisez : *24 lieues*; et 44 milles, lisez : *36 milles*.

—— ligne 19, 22 lieues, lisez : *26 lieues*, et 33 milles, lisez : *39 milles*.

—— ligne 24, 302 lieues, lisez : *300 lieues*, et 453 milles, lisez : *449 milles*.

Page 110, ligne 20, Sarrebourg, lisez : *Fenestrange*; 37 lieues, lisez : *34 lieues*, et 56 milles, lisez : *51 milles*.

—— ligne 21, 27 lieues, lisez : *28 lieues*, et 41 milles, lisez : *42 milles*.

—— ligne 24, 81 lieues, lisez : *78 lieues*, et 121 milles, lisez : *117 milles*.

—— ligne 27, Prum, lisez : *Bronsfeld*.

Page 111, ligne 1re, Butgenbach, lisez : *Lissendorf*; 15 lieues, lisez : *12 lieues*, et 22 milles, lisez : *18 milles*.

—— ligne 2, Montjoie, lisez : *Marmagen*.

—— ligne 3, Schmidt, lisez : *Wolseiffen*.

—— ligne 8, 137 lieues, lisez : *140 lieues*, et 205 milles, lisez : *209 milles*.

—— ligne 10, Boppart, lisez : *Breit*.

—— ligne 13, 17 milles, lisez : *18 milles*.

—— ligne 14, 18 lieues, lisez : *20 lieues*, et 28 milles, lisez : *30 milles*.

CORRECTIONS.

Page 111, ligne 16, 43 lieues, lisez : *44 lieues*, et 65 milles, lisez : *66 milles*.
──────── ligne 19, 72 lieues, lisez : *73 lieues*, et 107 milles, lisez : *109 milles*.
──────── ligne 21, Sonsbeck, lisez : *Gueldres*; 5 lieues, lisez : *8 lieues*, et 8 milles, lisez : *12 milles*.
──────── ligne 22, Gueldres, lisez : *Venkrath*; 5 lieues, lisez : *8 lieues*, et 8 milles, lisez : *12 milles*.
──────── ligne 23, Wachtendonk, lisez : *Dahlenerbroich*; 7 lieues, lisez : *10 lieues*, et 10 milles, lisez : *15 milles*.
Page 112, ligne 1re, Dahlen, lisez : *Randerath*; 13 lieues lisez : *9 lieues*, et 19 milles, lisez : *13 milles*.
──────── ligne 2, Rolduc, lisez : *Herken*; 15 lieues, lisez : *8 lieues*, et 22 milles, lisez : *12 milles*.
──────── ligne 3, 8 lieues, lisez : *12 lieues*, et 12 milles, lisez : *18 milles*.
──────── ligne 4, Couvent ruiné, à l'O. de Konigsdorf, lisez : *Bergheim*, 12 lieues, lisez : *8 lieues*, et 18 milles, lisez : *12 milles*.
──────── ligne 5, 7 lieues, lisez : *10 lieues*, et 10 milles, lisez : *15 milles*.
──────── ligne 25, 178 lieues, lisez : *172 lieues*, et 268 milles, lisez : *259 milles*.
Page 113, ligne 2, 19 lieues, lisez : *18 lieues*, et 28 milles, lisez : *27 milles*.
──────── ligne 3, Givry, lisez : *Vaudré*; 8 lieues, lisez : *12 lieues*, et 12 milles, lisez : *18 milles*.
──────── ligne 4, Herlaymont, lisez : *Au sud de Celles*, et 16 milles, lisez : *15 milles*.
──────── ligne 5, Près Omal, lisez : *Tombes du soleil, au nord d'Ambsiniaux*, et 31 lieues, lisez : *22 lieues*, et 46 milles, lisez : *33 milles*.
──────── ligne 6, 10 lieues, lisez : *16 lieues*, et 16 milles, lisez : *24 milles*.
──────── ligne 7, 21 lieues, lisez : *16 lieues*, et 31 milles, lisez : *24 milles*.
──────── ligne 8, 8 lieues, lisez : *12 lieues*, et 12 milles, lisez : *18 milles*.
──────── ligne 9, 19 lieues, lisez : *18 lieues*, et 28 milles, lisez : *27 milles*.
──────── ligne 16, 155 milles, lisez : *127 milles*.

Page 113, ligne 18, 17 lieues, lisez : *23 lieues*.
──────── ligne 19, 23 lieues, lisez : *16 lieues*.
──────── ligne 20, 16 lieues, lisez : *17 lieues*.
Page 114, ligne 9, 75 lieues, lisez : *74 lieues*.
──────── ligne 12, 12 lieues, lisez : *11 lieues*.
──────── ligne 19, 56 lieues, lisez : *55 lieues*, et 86 milles, lisez : *81 milles*.
──────── ligne 21, 20 milles, lisez : *19 milles*.
──────── ligne 22, 13 lieues, lisez : *11 lieues*, et 19 milles, lisez : *17 milles*.
Page 115, ligne 1re, 12 lieues, lisez : *13 lieues*.
──────── ligne 5, 164 lieues, lisez : *158 lieues*, et 245 milles, lisez : *224 milles*.
──────── ligne 7, 13 lieues, lisez : *12 lieues*, et 19 milles, lisez : *18 milles*.
──────── ligne 8, Duclair, lisez : *Caudebec*; 14 lieues, lisez : *6 lieues*, et 21 milles, lisez : *9 milles*.
──────── ligne 9, 9 lieues, lisez : *13 lieues*, et 13 milles, lisez : *19 milles*.
──────── ligne 10, Écouis, lisez : *Radepont*; 13 lieues, lisez : *9 lieues*, et 19 milles, lisez : *13 milles*.
──────── ligne 11, 14 lieues, lisez : *18 lieues*, et 21 milles, lisez : *27 milles*.
──────── ligne 12, 26 lieues, lisez : *27 lieues*, et 39 milles, lisez : *40 milles*.
──────── ligne 14, 13 lieues, lisez : *12 lieues*.
──────── ligne 16, 16 lieues, lisez : *15 lieues*.
──────── ligne 21, 72 lieues, lisez : *71 lieues*, et 108 milles, lisez : *107 milles*.
──────── ligne 25, Évreux, lisez : *Viel-Évreux*.
──────── ligne 26, 16 lieues, lisez : *17 lieues*, et 24 milles, lisez : *26 milles*.
Page 116, ligne 2, 17 lieues, lisez : *15 lieues*, et 25 milles, lisez : *22 milles*.
──────── ligne 4, 43 lieues, lisez : *44 lieues*, et 65 milles, lisez : *66 milles*.
──────── ligne 7, 11 lieues, lisez : *12 lieues*, et 17 milles, lisez : *18 milles*.
──────── ligne 11, 35 lieues, lisez : *34 lieues*, et 52 milles, lisez : *51 milles*.
──────── ligne 13, 116 milles, lisez : *115 milles*.
──────── ligne 15, 18 lieues, lisez : *17 lieues*, et 27 milles, lisez : *26 milles*.
──────── ligne 17, 28 lieues, lisez : *29 lieues*.
Page 117, ligne 4, 98 lieues, lisez : *100 lieues*, et 147 milles, lisez : *150 milles*.

CORRECTIONS.

Page 117, ligne 8, 29 lieues, lisez : *31 lieues*, et 44 milles, lisez : *46 milles*.
—— ligne 9, 41 milles, lisez : *42 milles*.
—— ligne 12, 75 lieues, lisez : *98 lieues*, et 113 milles, lisez : *147 milles*.
—— ligne 14, Angoville, près de la Haye, lisez : *Mont Survent* ; 13 lieues, lisez : *20 lieues*, et 20 milles, lisez : *30 milles*.
—— ligne 15, Montmartin, lisez : *Mortain*; 15 lieues, lisez : *32 lieues* ; 22 milles, lisez : *48 milles*.
—— ligne 16, Huynes, lisez : *Trans* ; 21 lieues, lisez : *27 lieues*, et 32 milles, lisez : *40 milles*.
—— ligne 17, 26 lieues, lisez : *19 lieues*, et 39 milles, lisez : *29 milles*.
Page 123, ligne 4, Tarifa, lisez : *Torre de la Penna*.
Page 125, ligne 8, Alacer do Sal, lisez : *Seixola*.
—— ligne 9, Arcao, lisez : *Alcocer do Sal*.
—— ligne 17, lisez : 110 au lieu de *106*.

Page 152, ligne 13, Brancaleone, lisez : *Bianco*.
—— ligne 14, De Brancaleone, lisez : *De Bianco*.
Page 153, ligne 13, De Maretimo au cap Bon, lisez : *De Maretimo à Carthage*.
Page 154, ligne 23, A Tennis, lisez : *A Cherchell*, et *2000* au lieu de *1550*.
Page 156, ligne 3, val d'Aliga, lisez : *Torre Nuova*.
Page 160, ligne 24, Lisia, lisez : *Lisia (île Chaussey)*.
Page 161, ligne 20, (Tniss), lisez : (*Cherchell*).
—— ligne 24, (Ticambrin? ruines), lisez : (*Calaat el Oued*), et *550* au lieu de *25*.
—— ligne 17, (de Meleda au vieux Raguse), lisez : (*de Meleda aux ruines près Bezbozi*), et *400* au lieu de *250*.
Page 165, ligne 6, Sigeos, ajoutez : (*Ieni Chehr*).
Page 166, ligne 12, Icasia, lisez : *Icaria*.
Page 167, ligne 13, (cap Troja), lisez : (*port de Troja*).
—— ligne 17, (Ceri), lisez : (*Cerre teri*).

ITINÉRAIRE DE BORDEAUX A JÉRUSALEM.

Page 180, ligne 17, Caradja, lisez : *Karakaïa*.
—— ligne 21, Sur le Meless, lisez : *Près les sources du Meless*.
—— ligne 23, Sommité, lisez : *A l'est de Kiostebek*.
—— ligne 25, lisez : Kiostebek, lisez : *Dervent, à l'O. de Tchaïr*.
—— ligne 26, Près d'un Derbend, lisez : *Au N. O. de Nalikhan*.
—— ligne 28, Nalikhan, lisez : *Sur une petite rivière*.
—— ligne 35, Sur le Martalo, riv., lisez : *A l'E. de Slanos*.
Page 181, ligne 1ʳᵉ, Madjon-keui, lisez : *A l'O. d'Angora*.
—— ligne 3, lisez : *3* au lieu de *13*.
—— ligne 7, Ruines, lisez : *Bursal*.
—— ligne 8, Balabanluge, lisez : *Tchoakourdjak*.
—— ligne 9, Karageutchik, lisez : *Karakeui*, et *18* au lieu de *12*.
—— ligne 10, Karakeui, lisez : *Safelar*.
—— ligne 11, Ruines sur un ruisseau, lisez : *Près Guemeleh*.
—— ligne 12, Kirchek, lisez : *Hamalah*.

Page 181, ligne 13, Mangior, lisez : *Kirchehr*.
—— ligne 15, Ruines, lisez : *Mandjiour*.
—— ligne 16, Akserai, lisez : *Au S. du Kizil Ermak, riv.*
—— ligne 17, Ruines, lisez : *Près Sari Karaman*.
—— ligne 18, Agatzlikeui, lisez : *Ruines au N. O. d'Akseraï*.
—— ligne 19, Ruines, lisez : *Akseraï*.
—— ligne 20, Kaïrli, lisez : *Sevrihissar*.
—— ligne 21, Ruines de Nazianze, lisez : *Au S. E. du mont Netzi*, et *12* au lieu de *13*.
—— ligne 23, Ruines, lisez : *Eneghi*.
—— ligne 24, Près du lac Chiol Djouk, lisez : *Près Babloma*.
—— ligne 27, lisez : *12* au lieu de *16*.
—— ligne 29, Sur le Boulgar Dagh, lisez : *Près Basmakely*.
—— ligne 30, Sur le Kirk Cuetchik, rivière, lisez : *Khaz, à l'O. de Kirabachi*.
—— ligne 31, Fort Doulek, lisez : *Près Doulek Kalah*, et *16* au lieu de *12*.
—— ligne 32, Khan Bechtach, lisez : *Kourloudjia Khan*.

CORRECTIONS.

Page 181, notes, col. 1re, ligne 4, 254, lisez : *244*.
Page 182, ligne 12, Ayass, lisez : *Karakaïa*.
—— ligne 13, lisez : *17* au lieu de *16*.
—— ligne 19, lisez : *16* au lieu de *21*.

Page 183, notes, col. 1re, ligne 4, 317, lisez : *314*.
—————— col. 2, ligne 4, 146, lisez : *151*.
Page 190, ligne 35, Ruines, ajoutez : *à l'O. de Djourad*.

TABLE DE PEUTINGER.

Page 200, ligne 2, VIA CLODIA, lisez : *VIA CASSIA*.
—— ligne 11, Entre Viano et le lac de Vico, lisez : *Près Osteria delle Capanaccie*.
—— ligne 12, Campo Giordano, lisez : *Au S. E. de Vetralla*.
—— ligne 13, Passaris. Pasiera, riv., lisez : *Passeris. Ruines près la riv. Pasiera*.
—— ligne 19, (al. Ombro), lisez : *(al. Ambro)*.
Page 201, ligne 8, (al. Ombro), lisez : *(al. Ambro)*.
—— ligne 35, Ischia, lisez : *Pianiano*.
Page 210, ligne 8, lisez : *424* au lieu de *429*.
—— ligne 34, Langobardi, lisez : *Santa-Lucido*, et *30* au lieu de *40*.
—— ligne 35, lisez : *19* au lieu de *14*.
Page 215, ligne 8, lisez : *230* au lieu de *235*.
—— ligne 17, Cap delli Cimiti, 12, lisez : *(al. Naus) C. Nau ou Delle Colonne, 6*.
—— ligne 24, lisez : *75* au lieu de *70*.
—— ligne 28, La Rocella, lisez : *Castel Vetere*, et *35* au lieu de *30*.
Page 216, ligne 33, Mola, lisez : *Torre di Ripugnola*.
—— ligne 34, Polignano, lisez : *Monopoli*.
Page 217, ligne 5, Sœpinum, lisez : *Sæpinum*.
Page 225, ligne 37, Goudsche Sluis, lisez : *Alphen*.
Page 226, ligne 8, Al Duod., lisez : *Ad Duod*.
—— ligne 11, lisez : *288 lieues* au lieu de *298 lieues*, et *433 milles* au lieu de *449 milles*.
—— ligne 20, Ruines près de Filsdorf, lisez : *Haut Cierque*, et *17 lieues* au lieu de *23 lieues*, et *25 milles* au lieu de *35 milles*.
—— ligne 27, Grevenmacheren, 16, lisez : *Ritzengen ou Bilzingen, 15*.
—— ligne 31, Prum, lisez : *Bransfeld*.
—— ligne 32, Butgembach, 15, 22, lisez : *Lissendorf, 12, 18*.
—— ligne 33, Montjoie, lisez : *Marmagen*.
Page 227, ligne 1re, Ozunerioa. Duren, lisez : *Tolbiacum Zulpich*, et *10 lieues* au lieu de *14 lieues*, et *15 milles* au lieu de *21 milles*.

Page 229, ligne 10, lisez : *337 lieues* au lieu de *336 lieues*, et *504 milles* au lieu de *503 milles*.
—— ligne 15, Charmoy, lisez : *Près Joigny*, et *11 lieues* au lieu de *7 lieues*, et *16 milles* au lieu de *12 milles*.
Page 230, ligne 14, Latinum, lisez : *Iatinum*.
Page 231, ligne 25, Munorica. Près d'Hoehem, lisez : *Ozunerica Duren*.
Page 232, ligne 15, lisez : *167 lieues* au lieu de *175 lieues*, et *250 milles* au lieu de *262 milles*.
—— ligne 16, Luzy, lisez : *Saint-Léger-sous-Beuvery*, et *8 lieues* au lieu de *14 lieues*, et *12 milles* au lieu de *21 milles*.
—— ligne 17, (al. Alisinei) Bourbon Lancy ou Bellevue-les-Bains, lisez : *Saint-Honoré*.
—— ligne 18, lisez : *14 lieues* au lieu de *16 lieues*, et *21 milles* au lieu de *24 milles*.
—— ligne 27, lisez : *263 lieues* au lieu de *258 lieues*, et *392 milles* au lieu de *387 milles*.
Page 233, ligne 6, Près de Chambon, lisez : *Près de Sury-aux-Bois*.
—— ligne 7, Dordives, lisez : *Chennevières*.
—— ligne 8, lisez : *22 lieues* au lieu de *17 lieues*, et *31 milles* au lieu de *26 milles*.
Page 235, ligne 3, lisez : *372 lieues* au lieu de *371 lieues*, et *559 milles* au lieu de *558 milles*.
—— ligne 15, Montrichard, lisez : *Thezée*; *13 lieues* au lieu de *17 lieues*, et *18 milles* au lieu de *25 milles*.
—— ligne 17, lisez : *22 lieues* au lieu de *17 lieues*, et *33 milles* au lieu de *25 milles*.
Page 237, ligne 27, lisez : *401 milles* au lieu de *405 milles*.
Page 238, ligne 15, Eichstett, lisez : *Pfunz*.
—— ligne 16, Gaimersheim, lisez : *Hösching*.
—— ligne 17, Près Pföring, sur le Danube, lisez : *Romer Castel, au S. d'Eming*, et *14 milles* au lieu de *19 milles*.

CORRECTIONS.

Page 238, ligne 18 (al. Abusena). Sur l'Abens, au N. de Neustadt, lisez : (al. Abusina), Abensberg, et *4 milles* au lieu de *3 milles.*

Page 245, ligne 30, Leusaba, lisez : *Kotor.*

Page 248, ligne 2, Karli ou Tomisvar, lisez : *Ieni Pangola ou Tomisvar.*

Page 250, ligne 37, Hafsa ou Khafsa, lisez : *Au N. d'Hafsa ou Khafsa.*

Page 251, ligne 7, lisez : *19* au lieu de *24.*

Page 258, ligne 13, lisez : *294* au lieu de *279.*

—— ligne 21, Pephtekhori, lisez : *Au S. de Leftherokhori,* et *7* au lieu de *12.*

—— ligne 22, Millova, 10, lisez : *A l'E. de Kapsokhori.* 20.

—— ligne 23, lisez : *15* au lieu de *10.*

—— ligne 24, lisez : *12* au lieu de *7.*

Page 259, ligne 9, lisez : *444* au lieu de *434.*

—— ligne 17, Près du lac Kotiki, lisez : *Claventza,* et *24* au lieu de *14.*

Page 261, ligne 17, Lisum (al. Lissum). De Kisamos à Castel Sélino, lisez : *(Cydonia). De Kisamos à Ierami par le C. Spada.*

—— ligne 22, lisez : *736* au lieu de *730.*

—— ligne 28, lisez : *19* au lieu de *16.*

—— ligne 29, lisez : *19* au lieu de *15.*

—— ligne 31, lisez : *18* au lieu de *19.*

Page 262, ligne 28, lisez : *231* au lieu de *241.*

Page 263, ligne 4, lisez : *65* au lieu de *75.*

—— ligne 15, lisez : *255* au lieu de *250.*

—— ligne 16, Eskelik, lisez : *Eskelib,* et *30* au lieu de *33.*

—— ligne 17, Cheumich, lisez : *Boulak,* et *65* au lieu de *55.*

—— ligne 18, lisez : *16* au lieu de *31.*

—— ligne 21, Marsiouan, lisez : *Marsivan.*

—— ligne 22, Kedeh Kara ou Nezir Khan, lisez : *Vesirkiupri,* et *28* au lieu de *18.*

—— ligne 23, Marais près du Kizyl Ermak, riv., lisez : *Chua.*

—— ligne 24, Baï-Abad, lisez : *Boiabad,* et *28* au lieu de *18.*

—— ligne 25, Seraï, lisez : *Sur le Kirketchir, rivière.*

—— ligne 28, lisez : *622* au lieu de *587.*

—— Caradja, lisez : *Karakaia.*

—— ligne 33, Kiostebek, lisez : *Dervent, à l'O. de Tchaïr.*

Page 264, ligne 2, Valcaton, lisez : *Valcaton. Tchaïrkhan.*

—— ligne 6, Mizago, lisez : *Mizago. Ismeriaman,* et *37* au lieu de *38.*

—— ligne 7, lisez : *14* au lieu de *23.*

—— ligne 9, Karadgelch, lisez : *Kalahjik.*

—— ligne 10, Tchialiklar keui, lisez : *Sur le Delid-tchai.*

—— ligne 11, Près du Kizyl Ermak, rivière, lisez : *Sarek Hamise,* et *25* au lieu de *20.*

—— ligne 12, Sur le Kizyl Ermak, lisez : *Au N. de Boghaz keui.*

—— ligne 13, Tchouroum, lisez : *Boghaz keui.*

—— ligne 14, Ulvan, lisez : *Tchouroum,* et *53* au lieu de *13.*

—— ligne 15, Gheumich, lisez : *Kalaijik.*

—— ligne 17, Palalce, lisez : *Palalce, Au S. de Douradjisoa.*

—— ligne 18, Sounisa, lisez : *Kalakaleh.*

—— ligne 19, Pidis, lisez : *Ladik.*

—— ligne 20, Sur le Tchioubrek, riv., lisez : *Kouera.*

—— ligne 22, (al. Bartace), lisez : *Ketché déressi.*

—— ligne 25, Tchouroum, lisez : *Boghazkeui,* et *166* au lieu de *136.*

—— ligne 26, Hammam Euzy, lisez : *Bains romains ruinés,* et *26* au lieu de *21.*

—— ligne 27, Près de Sacla Keui, lisez : *Gqelin,* et *36* au lieu de *21.*

—— ligne 28, Assadgieu, lisez : *Kisildjinn,* et *28* au lieu de *18.*

—— ligne 29, lisez : *26* au lieu de *16.*

—— ligne 30, lisez : *12* au lieu de *22.*

—— ligne 31, Sur le Djebel Djanik, lisez : *Ziaret.*

—— ligne 34, Tchouroum, lisez : *Boghazkeui,* et *334* au lieu de *323.*

—— ligne 35, Kerkelan, lisez : *Sorkoum.*

Page 281, ligne 1re, lisez : *8* au lieu de *18.*

—— ligne 14, lisez : *282* au lieu de *284.*

—— ligne 16, lisez : *27* au lieu de *19.*

—— ligne 19, lisez : *50* au lieu de *60.*

Page 283, ligne 19, lisez : *464* au lieu de *454.*

—— ligne 20, Dans le désert, lisez : *Rehhaybé, ruines.*

—— ligne 21, Idem, lisez : *Abdé.*

—— ligne 22, Idem, lisez : *Tombeaux chrétiens.*

CORRECTIONS.

Page 283, ligne 23, lisez : *28* au lieu de *18*.
Page 288, ligne 23, lisez : *310* au lieu de *335*.
———— ligne 26, Ruines sur la côte, lisez : *Oued el Ramil*.
———— ligne 30, lisez : *13* au lieu de *19*.
———— ligne 33, Tonzant, lisez : *Kalil Dahman*.
———— ligne 34, lisez : *20* au lieu de *23*.
Page 289, ligne 33, à l'embouchure, etc. lisez : *Sur la côte*.
Page 295, ligne 13, Ferdj, lisez : *Fedj*.
Page 296, ligne 28, Callah à supprimer.
Page 297, ligne 2, A Biskarah, lisez : *Sur l'Oued Berika*, et *164* au lieu de *220*.
———— ligne 8, A Biskarah, lisez : *Sur l'Oued Berika*, et *60* au lieu de *116*.
———— ligne 10, A Burgh, lisez : *Sur l'Oued Berika*.
———— ligne 16, Biskarah, lisez : *Sur l'Oued Berika*.
———— ligne 17, lisez : *55* au lieu de *25*.
Page 298, ligne 2, Mahamal, lisez : *Sidi Abid*.
———— ligne 4, Neiny, lisez : *Kheiran*.
———— ligne 5, al Mascula, ajoutez *Checheber*.
———— ligne 6, Ruines, etc. lisez : *Ksantina*.
———— ligne 8, 40, lisez : *30*.
———— ligne 11, Zainah, lisez : *Ain Cheddi*.
———— ligne 13, Col du, etc. lisez : *Sur l'Oued Berika*.
———— ligne 25, Ruines de Lemba, lisez : *Tezzoulet ou Tezzout*.
———— ligne 30, Aux ruines de Lemba, lisez : *A Tezzoulet ou Tezzout*.
———— ligne 31, 309, lisez : *289*.
———— ligne 32, 59, lisez : *29*.
———— ligne 33, Dans le désert, lisez : *Negrin*.
———— ligne 34, Dans le désert, lisez : *Jebil*.
———— ligne 36, Sur l'Oued el Abeadh, lisez : *El Fith*.
———— ligne 37, Près l'Oued, etc. lisez : *Ain el Naga*.

Page 298, ligne 38, Zerybt el Oued, lisez : *Hammam Djerab*, et *33* au lieu de *23*.
———— ligne 39, Sur l'Oued el Abeadh, lisez : *Au S. d'Ontaia*.
———— ligne 40, Sur l'Oued el Abeadh, lisez : *El Hammam*.
Page 299, ligne 1re, Sur l'Oued, etc. lisez : *El Kantara*.
———— ligne 2, Réunion de deux rivières, lisez : *Confluent de l'Oued Nezah el Messai et de l'Oued Fedala*.
———— ligne 3, Thibeadh, lisez : *Nezah el Messai*.
———— ligne 4, Thibeadh, lisez : *El Kessour*.
———— ligne 5, Aux ruines de Lemba, lisez : *Tezzoulet ou Tezzout*.
———— ligne 23, 195, lisez : *208*.
———— ligne 25, Ruines, lisez : *Tarfoui*.
———— ligne 26, Thasarte, ajoutez *Aicha*, et lisez : *16* au lieu de *12*.
———— ligne 29, 27, lisez : *24*.
———— ligne 32, Ad Majores, ajoutez *Negrin*.
———— ligne 33, Aux ruines, etc. lisez : *A Tarfoui*.
Page 300, ligne 1re, Ruines, etc. lisez : *Tarfoui*.
———— ligne 4, 300, lisez : *305*.
———— ligne 8, Ebilli, lisez : *Bir el Djebel*.
———— ligne 9, Près du Sebkah, lisez : *Bordj*.
———— ligne 10, 65, lisez : *75*.
———— ligne 11, 20, lisez : *15*.
———— ligne 13, Sbekkah à supprimer.
———— ligne 14, Dans le désert, lisez : *Jerdel*.
———— ligne 15, Dans le désert, lisez : *Tamengzo*.
———— ligne 16, Dans le désert, lisez : *Rous el Aioun*.
———— ligne 23, D'Ebilli, lisez : *De Bir el Djebel*.
Page 302, ligne 1re, Ligani, lisez : *Moultchour*.
———— ligne 2, Fort Keskin, lisez : *Arvin*.
Page 302, ligne 3, Près Moultchour, lisez : *Bortchakha*.
———— ligne 4, De l'Ardanoudji, rivière, lisez : *De l'Adjerah*.
Page 317, ligne 2, Liberiadis, lisez : *Tiberiadis*.

SCYLAX.

Page 351, ligne 1re, Ruines d'Illouri, lisez : *Tskhori*.
———— ligne 3, Nokoui ou Kamiche, rivière, lisez : *Galadsura, rivière*.
———— ligne 4, Goudaoua, rivière, lisez : *Gaghida, rivière*.

Page 351, ligne 15, Makra Khaleh, rivière, lisez : *Rivière de Gounieh*.
———— ligne 19, Rivière au S. de Gounich, lisez : *Rivière de Makrakalch*.
Page 352, ligne 5, Makaneh, lisez : *Mahaneh*.

CORRECTIONS.

Page 353, ligne 22, Sarapanda, lisez : *Kinla ou Kinolis.*
Page 367, ligne 26, Mansoureah ? à annuler.
——— ligne 28, Ruines, etc. lisez : *Koukou.*
——— ligne 32, Ile Colombi ? lisez : *I. Beni Headjah ?*
——— ligne 33, Ile Plane ? lisez : *I. Colombi.*
——— ligne 34, Madagh ? lisez : *Chalca sur le fleuve Chylemath?* (*rivière Cheliff*).

Page 367, ligne 35, Buzudjar ? lisez : *Oran ?*
——— ligne 36, ajoutez : *Madagh.*
Page 368, ligne 1re, Melitta, lisez : *Melilla.*
Page 369, ligne 21, Κύϑηρων, lisez : Κυϑήρων.
Page 388, ligne 1, ΕΥΣΙΝΟΥ, lisez : ΕΥΞΕΙΝΟΥ.
Page 405, ligne 1, ΑΝΟΝΥΜΟΥ, lisez : ΑΝΩΝΥ-ΜΟΥ.
Page 413, ligne 6, Αἰσουριαν, lisez : Αἰσ7ουριαν.

HIÉROCLÈS.

Page 428, ligne 21, Berrhæa, lisez : *Berrhœu.*
Page 435, ligne 15, Scalanova, lisez : *Arneas.*
——— ligne 19, Eskihissar, lisez : *Sultan hissar.*
Page 438, ligne 17, Ruines sur l'Askli, rivière, lisez : *Baklatouz.*
——— ligne 18, Ruines sur l'Askli, rivière; lisez : *Ichekli.*
——— ligne 22, Sebaste, lisez : *Sebaste-Segikler.*
——— ligne 24, Ruines près de Banaz, lisez : *Ahat keui.*
Page 439, ligne 13, sur la rivière d'Aineh, lisez : *Megne.*
Page 440, ligne 8, Accheher, lisez : *Ilghin.*
——— ligne 10, Ilghin, lisez : *Akcheher.*
——— ligne 14, Omai, lisez : *Dinneir.*
Page 441, ligne 24, Ruines au N. du Toumen Dagh, lisez : *Près l'Emir Dagh.*
——— ligne 26, Doghanlou, lisez : *Seid el lar.*
Page 442, ligne 2, Caragamous, lisez : *Au confluent de la rivière Alhaur et de la Sakaria.*

Page 443, ligne 27, Finica ou Phineka, lisez : *Au N. E. de Phineka.*
——— ligne 29, Carapounbar, lisez : *Eshikissar.*
Page 444, ligne 7, Ruines, lisez : *Près Suaret.*
Page 447, ligne 22, Tchouroum, lisez : *Boghaz keui.*
——— ligne 23, Ruines sur un ruisseau, lisez : *Près Guemeleh.*
Page 448, ligne 6, Amoria, lisez : *Hergan Kalessi.*
——— ligne 8, Regis, lisez : *Regio.*
——— ligne 15, Neu Cheher, lisez : *Yarapason.*
——— ligne 16, Au, etc. lisez : *Iussgatt.*
——— ligne 21, Ruines sur le Boulgar Dagh, lisez : *Près Basmakely.*
——— ligne 23, Ruines de Nazianze, lisez : *Au S. E. du M. Nenetzi.*
——— ligne 24, Près le lac Ghioldjouk, lisez : *Près Babloma.*
——— ligne 25, Ruines, lisez : *Mandjiour.*
——— ligne 26, Reglo, lisez : *Regio.*
Page 449, ligne 20, Karahissar, lisez : *Piark.*

TABLE GÉOGRAPHIQUE.

A

Aballo, 107, 229.
Abara, 307.
Abarara, 52.
Abasci, 390.
Abascus, fl. 392.
Abdana. V. Adana.
Abdeæ, 304.
Abdera, 346.
Abellinum, 214.
Abelterium, 125.
Abgabes, 301.
Abii Scythæ, 313.
Abila *Phœnic.* 56, 280, 454.
Abila *Palæst.* 455.
Abilis. V. Abyla.
Abiolica. V. Ariolica.
Abodiacum, 82, 239, 241.
Abone, 147.
Aboni-Tichos, 391, 396, 419.
Abrostola, 268.
Abrotonum, 366.
Absorus. V. Apsarus, ins.
Absos, 191.
Absyrtides, insulæ, 327.
Aburas, fl. 422.
Abusina, 73, 238.
Abuzacum. V. Abodiacum.
Abydus, 43, 100, 270, 347, 355, 437.
Abyla *Afric.* 2.
Aca. V. Ptolemaïs.
Acadamis, 357.
Acalissus, 443.
Acamas, 379, 380, 381, 386.
Acampsis, 389.
Acanthus, 346, 429.
Acarnania, 331, 332.
Acatucci, 121.

Acci, 121, 122.
Acerdos, 258.
Acerras, 204.
Acerronia, 213, 215.
Acervone, 243.
Achaia, 151, 313, 335, 430.
Achaia vetus, 392.
Achæi, 313, 334, 343, 350, 357.
Achæi Phthiotæ, 343.
Achænum, 355.
Achæus, fl. 392.
Achelous, fl. 97, 257, 314, 332.
Acheon, 313.
Acheron, fl. 330.
Acherusia, 330.
Achilleos Dromos, 393, 402.
Achilleum, 404.
Achilleus Portus, 336.
Achillis, insula, 316, 403.
Achindana, 408.
Achitides, 364.
Acholla, 290, 375.
Acidava (près de Saède), 249.
Acidava (Koncza), 250.
Acidii, 31.
Acilous. V. Achelous, fl.
Aciminum. V. Acunum.
Acinasis, fl. 389.
Acincum, 72, 78, 79, 239.
Acitodunum, 233.
Acitoriziacum, 264.
Acium, 26.
Acium, ins. 367.
Acmonia, 438.
Acontisma, 96, 99, 189, 255 429.
Acori, 285.
Acra, 403.

60

TABLE GÉOGRAPHIQUE.

Acra in Libya, 368.
Acra, ins. 367.
Acra Sacra, 380, 381.
Acræ, *Cherson. Taur.* 401.
Acræ, *Scyth.* 428.
Acræ, *Sicil.* 27, 219.
Acrasus, 439.
Acrath. V. Acrus.
Acreæ, 432.
Acria, 312.
Acrita, 385.
Acritas, ins. 316.
Acroceraunia, 97, 151, 257.
Acrocerus, ins. 316.
Acrothoi, 345.
Acrulepte, 397.
Acrus, 368.
Acta, 346.
Actia Nicopolis, 97, 257, 258.
Actium, 332, 433.
Acunum *Gall.* 173, 222.
Acunum *Mœs.* 240.
Adada, 440.
Ad Ammontem. V. Ammontem.
Adana, 182, 360, 450.
Adapera, 58.
Adarin, 280, 281.
Adaugmagdum, 22.
Addavalis. V. Andabalis.
Adello, 121.
Adeno. V. Odisso.
Adenum, 239.
Adhesis, 194.
Adienus, fl. 389, 399.
Adineo, 300.
Adipte, 305.
Adonia, 364.
Adra, 456.
Adraha, 281.
Adramyttium, 100, 271, 356, 436.
Adrante, 38, 175, 242.
Adrasus, 452.
Adrassus, 456.
Adretio, 200.
Adriaca, 381.
Adriæ, 92, 93.
Adriane. V. Hadrianopolis.
Adriane, 365, 460.

Adriani Forum. V. Forum.
Adriant *Bith.* 446.
Adrianopolis. V. Hadrianopolis.
Adrianotheræ, 437.
Adrumetum, 15, 17, 18, 154, 290, 294, 366, 375.
Adstabulodio, 189
Aduaca Tongrorum, 113, 232.
Adulus mons, 416.
Adunimpara, 189.
Adyrmachidæ, 363.
Æcas, 34, 192, 217.
Æculanum, 34, 35, 214.
Ædepsus, 430.
Ædonis, 364.
Ægæ *Ach.* 334.
Ægæ *Lyd.* 357, 436.
Ægæ *Maced.* 345.
Ægæa, 41, 272, 377, 450.
Ægæum mare, 165, 166, 313.
Ægea, 301.
Ægialus, 391, 396, 419.
Ægilia, 369.
Ægimurus, ins. 162.
Ægina, ins. 163, 339, 370, 431.
Æginetes, 391, 396, 419.
Ægipius, 350.
Ægira, 259, 334, 431.
Ægissus, 66, 428.
Ægium, 259, 334, 431.
Ægonne, 264, 265.
Ægos Potamos, 347.
Ægosthena, 333, 431.
Ægyptii, 362.
Ægyptus, 36, 283, 363, 368, 456.
Ægysus. V. Ægissus.
Aeipolis, 422.
Ælana. V. Haila.
Ælanites sinus, 407, 411, 412.
Ælea, 255.
Ælia capitolina, 57, 455.
Æliæ, 16, 299.
Æmate, 81.
Æmines, 159.
Æminium, 126.
Æmona, 38, 76, 175, 242, 243.
Ænaria, ins. 163.
Ænesisphyra, 372.

Æniorum muri, 346.
Æni ponte, 75, 76.
Ænoe, 262.
Ænos 281.
Ænus, 255, 256, 346, 426.
Æolica gens, 397.
Æolis, 356.
Æquinoctium, 72, 239.
Æquum, 81, 246.
Æquum Falsicum, 206.
Æquus. V. Equus Tuticus.
Æræ, 341.
Ærarium ponte, 172.
Aere, 55, 56.
Æsernia, 30, 212, 218.
Æstria, ins. 317.
Æsim (ad), 95.
Æthalia, ins. 322.
Æthiopes Sacri, 368.
Æthiopicum mare, 405, 406.
Æthusa, ins. 163.
Ætna, 28, 219.
Ætolia, 332, 432.
Afas Lupeici, 289.
Affrodites, 285.
Africa, 151, 153, 154, 162, 163, 167, 286.
Afrodito, 46, 47.
Agabis, 286.
Agalingus, fl. 314.
Agamana, 280.
Agannia, 180.
Agariabas, 22.
Agarsel, 300.
Agathyrsi, 401, 417.
Agatinnum, 27, 219.
Agazaren mons, 184.
Agbia, 293.
Agedana, ins. 408.
Agedincum. V. Agredicum.
Agelocum. V. Segelocus.
Aggar, 299.
Aggar Selnepte. V. Agarsel.
Aggerfel, 294.
Aginnum, 139, 222, 223.
Agion. V. Ægium.
Agira. V. Ægira.
Agiria, 135.
Agma, 19, 22.

Agmonia, 269.
Agna, 383.
Agnavia, 249.
Agnium, 387, 388.
Agora, 347.
Agra, 357.
Agredicum, 115, 229, 232, 233.
Agriane, 59.
Agrigentum, 26, 28, 29, 153, 219, 325.
Agrillo, 268.
Agrippina, 111, 225, 226, 227, 231, 232.
Agrippinæ (Prætorium), 225.
Agrisa, 408.
Aguntum, 84.
Agurium, 28, 219.
Aholla, 290.
Ailath. V. Haila.
Ala nova. V. Æquinoctium.
Alabanda, 445.
Alabonte, 102, 118, 221.
Aladin, 306.
Alæsa, 27, 219.
Alagma, 421.
Alaina, 306.
Alamannia, 237, 313.
Alambater, 409.
Alani, 313.
Alantone, 137.
Alapta, 346.
Alarante. V. Alabonte.
Alata, 101.
Alauna, 117, 235.
Alauni, 418.
Alaunium, 102, 118, 221.
Alaunus mons, 417.
Alba Bætic. 122.
Alba Hisp. Tarrac. 137.
Alba Docilia, 198.
Alba Fucentia, 93.
Alba Pompeia, 205, 207.
Albacum, 446.
Albana. V. Albena.
Albania, 305, 313.
Albaniana. V. Albiniana.
Albianum, 76.
Albincaunum. V. Albium Ingaunum.
Albinia. V. Almina, fl.
Albiniana, 110, 225.

Albion, 418.
Albium Intemelium, 89, 158, 198, 322
Albius, fl. 416.
Albona 192, 244.
Albonica, 135.
Albucella, 131.
Albulas (ad), 9.
Alces, 134.
Alcobile 183, 277.
Alcon, 309.
Alconæ, 159.
Aleria, 25.
Alerta, 234.
Aletium. V. Baletium.
Alexandri, ins. 407.
Alexandria *Ægypt.* 18, 20, 36, 43, 286, 371, 372, 382, 457.
Alexandria *Apavarcticenæ*, 308.
Alexandria *Ariæ*, 308, 311, 313, 424.
Alexandria Bucefalos *Indiæ*, 310.
Alexandria Caucasi, 311.
Alexandria ad Issum, 41, 271, 272, 275, 276, 377, 450.
Alexandria *Sacastenæ*, 425.
Alexandria Scabiosa, 182.
Alexandria Troas, 100, 270.
Alexandropolis *Arachosiæ*, 425.
Alexandropolis *Sacastenæ*, 425.
Alexandroschene, 183.
Algæ, 156.
Algam (Turris ad), 366.
Algiza, 435.
Aliæ, 338.
Aliaria, 52.
Aliassum, 181.
Alicanum, 77.
Alifa, 35, 91, 212, 217.
Alii, 438.
Alinda, 445.
Alipota, 375.
Alisca, 71.
Alisincum, 109, 139, 232.
Allaba, 26.
Allan, 421.
Allifæ. V. Alifa.
Allobona, 133.
Allyngus, 432.
Alma, fl. 157.

Almina, fl. 156, 157, 197.
Almopia, 428.
Almum, 65, 247.
Almyra. V. Limyra.
Almyrus, fl. 381.
Alociæ, ins. 417.
Alona, 145.
Alonianum, 300.
Alope, 342.
Alopeconnesus, 347.
Alorus, 345.
Alperio (in), 246.
Alpes Bastarnicæ, 313.
Alpheus, fl. 335.
Alpis, 241.
Alpis Cottia, 101, 106, 118, 173, 199.
Alpis Graia, 102, 103, 224.
Alpis Julia, 175, 242.
Alpis Maritima, 88, 198.
Alpis Pennina, 104, 200.
Alpis Summa, 89.
Alsium, 90, 167, 197, 198.
Alta Ripa, 239.
Altaba, 6.
Altanum, 33.
Altessera, 299.
Altieuri, 6, 297, 299.
Altina, 176.
Altinum, 37, 38, 85, 175, 203, 204.
Altinum in medio Lugione, 71.
Altus portus. V. Portus Albus.
Aludda, 269.
Alusore 178.
Aluti ponte, 249.
Alvona, 244.
Alyi, 45.
Alyzia, 332.
Amadessæ Pagus, 442.
Amallobriga, 131.
Amanicæ, 377.
Amantia *Illyr.* 258, 329, 433.
Amantia regio, 330.
Amaræas, 374.
Amardus, fl. 315.
Amari. V. Mori lacus.
Amasia *Paphlag.* 263.
Amasia *Ponti,* 264, 449.
Amasius, fl. 416.

TABLE GÉOGRAPHIQUE.

Amastor, 373.
Amastris, 262, 353, 391, 396, 419, 420.
Amastrium, 447.
Amathus, 276, 361, 386, 451.
Amatria, 358.
Amavante, 282.
Amaxitus. V. Hamaxitus.
Amaxobii Sarmatæ, 313.
Amazones, 313.
Amazonium, 384.
Ambiani. V. Samarobriva.
Amblada, 440.
Ambracia, 331.
Ambracius sinus, 331, 332.
Ambre, 69, 75.
Ambrosium, 118, 120, 172, 220.
Ambrum, fl. 314.
Ambryssus, 430.
Amecas, 161.
Ameletus, 398.
Amenia, 352.
Ameria, 202.
Amida, 453.
Aminsus, 377.
Amisus. V. Missos.
Amisus, 391, 397, 398, 404, 405, 420, 449.
Amiternus, 207.
Ammedera, 6.
Ammochostus, 386.
Ammon, 365.
Ammoniacæ, 377, 460.
Ammonii fontes, 374.
Ammonis, ins. 372.
Ammontem (ad), 280.
Ammurium. V. Anemurium.
Amonem (ad), 288.
Amorgus, ins. 341, 383, 384, 445.
Amorium. V. Amurium.
Amostæ, 306.
Ampalaontes, 287.
Ampelus, 364.
Amphanæ, 344.
Amphimatrium, 388.
Amphipolis, 96, 99, 190, 255, 346, 429.
Amphissa, 333, 430.
Amudarsa, 13.
Amurgia, 384, 385.
Amurium, 268, 269, 448.

Amutria, 249.
Amyzon, 445.
Anabon Ariæ, 424.
Anabucis præsidium, 20, 287.
Anacole, ins. 165.
Anactorium, 332.
Anadynata, 263.
Anæa, 357.
Anagnia, 91, 209.
Anagome, 273.
Analiba, 61, 265.
Anamo, 258.
Ananu, 285.
Anaon, 158.
Anaphe, 338, 383, 385.
Anaphlystus, 340.
Anaplus, 347.
Anapus, 443.
Anar, 307.
Anarus, 309.
Anasamo, 247.
Anastasiopolis, 446.
Anastasis, 430.
Anathiango, 181.
Anausaro, 256.
Anaxius, 379.
Anazarbus, 61, 62, 275, 450.
Anchiali regia, 389, 399.
Anchialium, 355.
Anchialus, 67, 248, 251, 252, 393, 403, 427.
Anchiasmus, 433.
Ancistrum, 385.
Ancon *Cappad.* 262, 391, 398.
Ancon *Cariæ*, 382.
Ancona, 30, 93, 94, 95, 155, 206, 346.
Ancus, 245.
Ancyra *Galat.* 41, 57, 58, 59, 181, 182, 185, 264, 267, 447.
Ancyra *Phryg.* 439.
Andabalis, 41, 181, 267.
Andaga, 302.
Andanius, 408.
Andaradus. V. Antaradus.
Andarba, 101.
Andavilis. V. Andabalis.
Andecavi. V. Juliomagus *Gall.*
Andemantunnum. V. Andomantunnum.
Anderitum, 224.

Andesina, 231.
Andethannæ, 109.
Andium, 161.
Andomantunnum, 116, 117, 226, 227.
Andragiananta, 423.
Andrapa *Cappad.* 181.
Andrapa *Helenop.* 449.
Andre Indi, 313.
Andretio, 245.
Andro, 42, 43.
Androcus mons, 379.
Andron, 457.
Androna, 54.
Andros, ins. 165, 166, 341, 369, 384, 385, 445.
Anemurium, 272, 273, 360, 379, 381, 386, 451.
Ange, 309.
Angellas, 123.
Angitulam (ad), fl. 31.
Ango portus, 313.
Angulum, 94.
Augustana. V. Argustana.
Ani, 241.
Ania, 345.
Animo, fl. 314.
Anineta, 435.
Anis, fl. 368.
Annamatia, 72, 239.
Anneianum *Gall. Cisalp.* 85.
Anneianum *Tusc.* 86.
Annesel, 19.
Anniaca, 265.
Annibali, 215.
Annicia, 213.
Annum, 216.
Ansam (ad), 145, 237.
Antæopolis. V. Anteu.
Antagnia Gemindi, 428.
Antandros, 100, 271, 436.
Antaradus, 42, 183, 277, 279, 454.
Anteba, 303.
Antefillon. V. Antiphellus.
Anteis, fl. 220.
Anteu, 45, 459.
Anthana, 336.
Anthedon *Bæot.* 342, 430.
Anthedon *Palæst.* 455.
Anthemusias, 421.

Antiana, 68, 71, 80, 240.
Anticinolis, 396, 419.
Anticyra, 257, 333, 430.
Antidrepanum, 374.
Antigoni, ins. 313.
Antigonia, 256.
Antinoe, 45, 284, 285, 459.
Antiochia *Cilic.* 377, 378.
Antiochia *Cœlesyr.* 36, 40, 41, 51, 182, 183, 185, 277, 278, 311, 377, 421, 452.
Antiochia, ins. 313.
Antiochia *Isaur.* 451.
Antiochia Mæandri, 273, 446.
Antiochia *Pisid.* 271, 273, 439.
Antiochia *Scyth.* 308.
Antiochia Sicca, 424.
Antiochia Tharmata, 313.
Antipatris, 188, 454.
Antipego, 286.
Antiphellus, 272, 381, 444.
Antiphilos, 403.
Antiphræ, 371, 460.
Antipolis, 89, 158, 159, 220.
Antipyrgus, 364, 372.
Antiquaria, 123.
Antissa, 356.
Antistiana, 120.
Antium, 211.
Antoniopolis, 263.
Antunnacum, 74, 110.
Anxanum *Apul.* 216.
Anxanum *Samn.* 94, 216.
Anxia, 214.
Anzia. V. Acidii.
Aobia. V. Agbia.
Aous, fl. 329.
Apamea *Bithyn.* 270, 446.
Apamea *Choaren.* 423.
Apamea Cibotus, 269, 271.
Apamea *Mesop.* 421.
Apamea *Pisid.* 440.
Apamea *Syr.* 51, 55, 279, 280, 452.
Apammari, 279.
Apanilye, 368.
Apasidam, 301.
Apavarctica, 424.
Apennina. V. Alpis Pennina.
Aperlæ, 381, 444.

Aphnaium, 457.
Aphora, 374.
Aphrodisia, 373.
Aphrodisias *Car.* 446.
Aphrodisias *Cilic.* 378, 379.
Aphrodisias *Thrac.* 100, 257, 426.
Aphrodisias, ins. 364.
Aphrodisius portus, 360.
Aphroditopolis *Ægypt. infer.* 45, 458.
Aphroditopolis *Ægypt. super.* 46, 285.
Aphytis, 345.
Apia. V. Appia.
Apicilia, 175.
Apis *Cyren.* 374.
Apis *Marmaric.* 363, 364, 372.
Apo, fl. 248.
Apobatana, 423.
Apollinis Clarii templum, 357.
Apollinis promontorium, 162.
Apollinis templum, 355, 387, 439.
Apolliuopolis magna, 43.
Apollinopolis parva, 45.
Apollonia *Bithyn.* 270.
Apollonia *Epir.* 98, 191, 257, 258, 329, 433.
Apollonia *Illyr.* 96, 99, 190, 255, 346, 429.
Apollonia *Marmaric.* 286, 373.
Apollonia *Phryg.* 271.
Apollonia *Thrac.* 248, 347, 393, 395, 403, 419.
Apollonia, ins. 390, 395.
Apollonias *Car.* 446.
Apollonias *Cypr.* 387.
Apollonias *Ponti.* 446.
Apollonias *Syr.* 277.
Apolloniatis, 422.
Apollonis, 439.
Apollonos, 47, 285.
Apollonos minoris, 43, 459.
Apollonos superioris, 43, 459.
Apphana, ins. 407.
Appi forum, 32, 192.
Appia *Phryg.* 438.
Appia (via), 210.
Appiaria, 66, 247, 427.
Appollonia. V. Apollonia.
Appon, 433.
Apris, 48, 99, 100, 189, 255, 257, 426.
Apsarus, 301, 389.
Apsarus, fl. 399.

Apsarus regio, 399.
Apsilæ, 390.
Apsorus, ins. 164.
Apsum. V. Hapsum.
Apsus. V. Absos.
Apsyrtus, 399.
Apta Julia, 102, 118, 221.
Aptaus, 437.
Aptera, 433.
Apua, 167.
Apula, 249, 250.
Apulia, 192, 313, 325.
Apulum. V. Teanum.
Apulum, 301.
Aqua amara (Bissio), 287.
Aqua viva *Ital.* 193, 198.
Aqua viva *Pannon.* 38, 79, 175, 242.
Aquæ, 77, 231, 256.
Aquæ (Ἄχοιves), 434.
Aquæ Albulæ, 208.
Aquæ Angiliæ, 213.
Aquæ Appollinares, 90, 202.
Aquæ Aravenæ, 266.
Aquæ Balissæ, 79.
Aquæ Bilbitanorum, 131, 132.
Aquæ Bormonis, 235.
Aquæ Calidæ *Afric.* 18, 290.
Aquæ Calidæ *Gall.* 233.
Aquæ Calidæ *Lycaon.* 274.
Aquæ Calidæ *Thrac.* 252.
Aquæ Celenæ, 127, 129.
Aquæ Cittilie, 205.
Aquæ Convenarum, 138.
Aquæ Dacicæ, 5.
Aquæ Frigidæ, 305.
Aquæ Larodis, 26, 219.
Aquæ Malliæ, 211.
Aquæ Neapolitanæ, 24.
Aquæ Neris, 234.
Aquæ Nisincii, 232.
Aquæ Originis, 128.
Aquæ Passaris, 200.
Aquæ Perticianenses, 29.
Aquæ Pintianæ, 27.
Aquæ Populoniæ, 201.
Aquæ Querquennes, 128.
Aquæ Regiæ, 13, 15, 16, 17, 299.
Aquæ Segestanæ, 27, 219, 224, 233.

Aquæ Sextiæ, 90, 220, 221.
Aquæ Siccæ, 138.
Aquæ Solis, 147.
Aquæ Statiellæ, 89, 205.
Aquæ Tacapitanæ, 22, 23.
Aquæ Tarbellicæ, 137, 138.
Aquæ Tauri, 202.
Aquæ Tibilitanæ, 11, 294.
Aquæ Voconæ, 120, 220.
Aquæ Volaterranæ, 198.
Aquartille, 295.
Aquas (ad) *Afric.* 12, 292.
Aquas (ad) *Ital.* 205.
Aquas (ad) *Mœs. Sup.* 249.
Aquila major, 2.
Aquila minor, 2.
Aquileia *German.* 238.
Aquileia *Ital.* 36, 37, 38, 81, 82, 83, 84, 85, 175, 176, 179, 203, 204, 241, 242, 244.
Aquileia (ad), 200, 201.
Aquilonia, 214.
Aquilonis mut. 192.
Aquincum. V. Acincum.
Aquinum, 91, 209.
Aquis *Afric.* 7, 293, 294.
Aquis *Mœs. Sup.* 65, 247.
Aquitania, 136, 138, 139, 317.
Aquitanicus. V. Sinus Aquit.
Arabes, 303.
Arabia, 362.
Arabia Augustæ, 458.
Arabia Felix, 407.
Arabica pars, 44.
Arabis, 351.
Arabissus, 49, 51, 61, 62, 63, 449.
Arabius sinus, 406.
Arabrace. V. Arauracos.
Aracelli, 137.
Arachosia, 311, 425.
Aradarum, 309.
Aradena. V. Phœnice.
Aradus. V. Gadarus.
Aradus, ins. 361, 376, 454.
Aræ. V. Philænarum.
Araegenus, 235.
Arangas, 266.
Aranis, 48.

Aranni, 128.
Araplus, 128.
Ararathia, 450.
Arasaxa, 274.
Aras, 7.
Aras (ad), 124.
Aras (ad septem), 125, 126.
Arate, 309.
Aratu, 21, 286.
Araudis. V. Aranni.
Araura, 118, 120, 172, 220, 223.
Arauracos, 60, 64.
Araurus, 429.
Arausa, 81.
Arausio, 172, 222.
Araxa, 444.
Araxes, 401.
Arba, ins. 316, 327.
Arbor Felix, 69, 73, 238.
Arbores. V. Tres.
Arca, 449.
Arcade, 261.
Arcadia, 335, 432, 458.
Arcadiopolis *Asiæ*, 435.
Arcadiopolis *Thrac.* 426.
Arcadis, 351.
Arcæ, 454.
Arcaiapis, 305.
Arcamo, 305.
Arcas, 42, 48, 61, 64, 183.
Arcelais, 282.
Arcelaium, 58.
Arcenum, 167.
Archabis, fl. 351, 389, 399.
Archelais. V. Colonia.
Arciaca, 107.
Arciade, 211.
Arcidava, 248.
Arcilapopoli, 275.
Arciotis, 309.
Arcobriga, 131, 132.
Ardanaxis, 372.
Ardanis, 372.
Ardineo, 300.
Areæ fines, 313.
Arebrigium, 102, 103, 224.
Arega, 275.
Aregea. V. *Ægæ Cilic.*

Arelate, 88, 90, 101, 102, 118, 119, 155, 160, 172, 174, 179, 220, 221, 222.
Arelate. V. Arlape.
Arenatium, 74, 225.
Arenium, 94.
Areopolis, 456.
Areos, ins. 352.
Arephilenorum. V. Philænarum aræ.
Arethusa *Maced.* 346.
Arethusa *Syr.* 51, 54, 280, 452.
Aretias, ins. 392, 398.
Aretium. V. Arretium.
Argana. V. Nararra.
Argene superioris, 313.
Argentaria, 246.
Argenteus. V. Anteis, fl.
Argentia, 174.
Argentiolum, 127.
Argentomagus, 138, 139, 234.
Argentoratum, 70, 71, 73, 103, 104, 105, 109, 110, 111, 225, 227.
Argentovaria, 105, 225.
Argesis, 270.
Argiza, 437.
Argolicus sinus, 338.
Argos, 260, 338, 429, 431.
Argos Amphilochicus, 331.
Argous portus, 313.
Argustana, 181.
Argyra, 399.
Argyria, 392.
Aria, 308, 309, 424.
Ariacta, 313.
Arialbinum. V. Artalbinum.
Arianodum, 275.
Ariarathia, 49, 62, 63.
Ariassus, 442.
Arica, 161.
Aricia, 31, 192, 210.
Ariconium, 147.
Arillata. V. Arelate.
Arigubbi, 307.
Ariminum, 30, 37, 87, 168, 194, 199, 203, 326.
Arindela, 456.
Ariola, 108.
Ariolica (Avrilly), 233, 235.
Ariolica (Pontarlier), 103, 227, 228.
Ariolica (Ogliosi), 174, 204.

Ariolica (la Rivieglica), 224.
Arion, fl. 329.
Aris, 308.
Aris Flavis, 238.
Arispe, 347.
Aristeu, 21.
Aristium, 438.
Aristium prætorium, 125.
Aristonis, 47, 285.
Arius, fl. *Cilic.* 378.
Arius, fl. *Colch.* 351.
Ariza, 455.
Arlape, 69, 72, 239.
Arma Lausi, 313.
Armanas, 302.
Armascla, fl. 292.
Armaxa, 49, 60, 63, 267.
Armenia I, 449.
Armenia II, 449.
Armenita, 198.
Armine, fl. 156.
Armoniacum, fl. 291.
Arminia, fl. 314.
Armozon, 408.
Armozusa, 408.
Arnagine, 172.
Arnea, 444.
Arnestum, 94.
Arni, 310.
Arnina. V. Armenita.
Arno, fl. 157, 200.
Arote, 313.
Aroteres, 400.
Arpona. V. Aspona.
Arpos, 217.
Arra, 54.
Arrabo, fl. 239, 314.
Arrabona, 72, 78, 80, 242.
Arrabo, 77, 242.
Arretium vetus, 87, 200.
Arriaca, 131, 132.
Arrubium, 66, 247.
Arsenaria, 3.
Arsenoïtes, 458.
Arsia, 244.
Arsinia, 303.
Arsinoe, 20, 272, 283, 287, 365, 373, 386, 451.
Arsoæ, 313.

Arsum, 250.
Artacauan, 424.
Artace, 355.
Artagicerta, 303.
Artalbinnum, 70, 73, 224, 225, 229.
Artane, 261, 263.
Artanes, fl. 354, 390, 395, 418.
Artaxata, 49, 61, 274, 301, 302, 303, 311.
Artemea. V. Atarnea.
Artemis, 180.
Artemita, 304.
Artemita Apolloniatis, 422.
Arteonesus, 398.
Artiaca, 107.
Artianæ. V. Antianæ.
Artigi, 124.
Artisiga, 3.
Artobriga, 239.
Artum, 371.
Arubium. V. Arrubium.
Arucci, 128.
Arudis, 278.
Arulos, 258.
Aruntes Camillarii, 167.
Arupium, 82, 244.
Arusena. V. Abusina.
Arutela, 250.
Arva, ins. 316.
Arvala (ad), 295.
Arverni, 233.
Arycanda, 443.
Arylon, 367.
Arymagdus, 379.
Arzus, 39, 178, 250.
Asa Paulini, 107.
Asaac, 423.
Asabon, 407, 408.
Asamo, 253.
Asarath, fl. 3.
Asarino, 274.
Asas Lup. 289.
Asbana, 308.
Ascalon, 42, 57, 276, 277, 282, 283, 362, 382, 386, 455.
Ascanius lacus, 317.
Ascaphos, ins. 166.
Asciburgium, 225, 417.
Asclepii templum, 313

Ascolpus mare, 318.
Asculum Picenum, 92, 95, 205.
Ascurnas, fl. 399.
Ascurus, fl. 389.
Asdara, 64.
Asdod. V. Azoton.
Aser, 184.
Aserga, 307.
Aserie, 245.
Asia, 99, 100, 167, 261, 313, 349, 363, 369, 435.
Asice Sardinia, 313.
Asinc, 259, 336, 432.
Asinia, 352.
Asopus, 259, 431.
Aspacora, 308.
Aspaluca, 136.
Asparagium, 359.
Aspasi, 267.
Aspendus, 273, 359, 443.
Aspera, 388.
Asphaltites lacus, 317.
Aspis *Hisp.* 121.
Aspis *Syrt. Magn.* 374.
Aspis *Syrt. Parv.* 17, 375.
Aspona, 41, 59, 181, 287, 447.
Aspurgiani, 313.
Assa. V. Asa.
Assabe, 307.
Assaria, 288.
Asseconia, 129.
Asson lacus, 317.
Assuræ, 13, 14, 15, 299.
Assus *Mys.* 270, 436.
Assus *Thrac.* V. Arzus.
Assyria, 353.
Asta, 199.
Asta [regia], 123.
Astacus, 332.
Astale, 388.
Astelephus, fl. 389.
Asteris, 164.
Astiagi, 19.
Astibo, 255.
Astica, 313.
Astigi, 124.
Astrochondas, 374.
Astura, 211.

Asturica, 126, 127, 128, 129, 132, 133, 135, 136.
Astypalæa, 338, 383, 445.
Astyra, 356, 357.
Atalia. V. Attalia.
Atarnea, 356, 437.
Atella, 212.
Aternum, 30, 155, 207.
Ateste, 85.
Athenæ, 98, 258, 301, 340, 389, 399.
Athenæum, 401.
Athenienses, 338.
Athis. V. Attas.
Athesis, fl. 314.
Athos, 345.
Athribis, 313, 458.
Athyra. V. Atyra.
Atiliana, 135.
Atintanes, 329.
Atmenia, 440.
Atrebates. V. Nemetacum.
Atropatene, 313.
Attalia *Lyd.* 271.
Attalia *Pamphil.* 272, 380, 442.
Attas, 278, 279.
Attica, 340, 384.
Attici, 20, 287.
Atticillæ (ad), 293.
Attienites, 327.
Attuarii, 320.
Attuda, 438.
Atuaca. V. Aduaca.
Atuatuca. V. Aduaca.
Atyra, 178.
Auberea, 19.
Aufidena, 30, 94, 212.
Aufidi pons, 34, 35, 214.
Aufinum, 216.
Aufustianæ, 101, 252.
Augæ, 379.
Augemmi, 22, 289.
Augusta, 103, 106, 173, 221, 224, 228.
Augusta *Cilic.* 450.
Augusta (Fossa), 203.
Augusta Pretoria, 102, 103, 104, 204, 224.
Augusta I Provincia, 457.
Augusta II Provincia, 458.
Augusta Rauracorum, 73, 105, 224, 228, 229, 237, 238.
Augusta Suessonum, 107, 113, 114, 227, 230.
Augusta Taurinorum, 101, 106, 173, 199, 205.
Augusta Trevirorum, 68, 70, 108, 109, 110, 111, 226, 227.
Augusta Veromanduorum, 113, 230.
Augusta Vindelicorum, 68, 69, 71, 73, 75, 81, 238, 240, 241.
Augustana, 73.
Augusti mans. 76.
Augusti ponte, 249.
Augusti portus, 154, 155, 198.
Augustis, 65, 247.
Augustis. V. Augustana.
Augustobona, 107, 115, 230.
Augustobriga *Hisp. Carthagin.* 132.
Augustobriga *Tarracon.* 133.
Augustodunum, 107, 109, 138, 139, 229, 232, 235.
Augustomagus, 114, 230.
Augustonemetum, 233.
Augustopolis, 456.
Augustoritum, 139, 233, 234.
Augustum. V. Augusta.
Aulæi murus, 394, 404.
Aulabon, 287.
Aulerci, 236.
Auleu, 285.
Aulia, 395.
Aulis, 342.
Aulis, ins. 165.
Aulon, 369.
Aulon Cilicius, 313.
Aulona *Epir.* 97, 98, 151, 155, 171, 191, 192, 193, 257.
Aunedonnacum, 138, 232, 234.
Aunesis, 379.
Auraclia pagus, 442.
Auræos, 174.
Aurasu, 298.
Aurelia, 167.
Aurelia (via), 87, 197.
Aurelianæ Turres, 94.
Aureliani, 109, 232, 233.
Aurelianum iter, 167.
Aureo (cuneo), 240.
Aureo monte, 39, 71, 177, 246.
Aurioli ponte, 174.
Auru, 22.

61.

Ausancalione, 245.
Ausava, 110, 226.
Ausci. V. Climberrum.
Auscius, 171.
Ausere, fl. 289.
Ausilindi, 22.
Ausimo, 94, 206.
Ausinza, 408.
Ausufal, 20.
Ausugum, 84.
Autariatæ, 329.
Autenti, 13.
Autipsida, 299.
Autisparate, 302.
Autissiodurum, 107, 229, 230.
Automalaca, 374.
Autricum, 236.
Autunnacum, 225.
Auxea, 7.
Auxenna. V. Axuenna.
Auximo. V. Ausimo.
Auxiqua, 19.
Auza, 7.
Auzui, 19, 287.
Avaricum, 138, 234, 235.
Avedonnacum. V. Aunedonnacum.
Aveia, 207.

Avendone, 82, 244.
Avenio, 172, 222.
Aventicum Helvetiorum, 105, 224, 228.
Avernus (lac), 211.
Avesica, 82.
Avibus, 299, 300.
Avido. V. Abydus.
Aviduvicus, 290.
Avisio, 158.
Avisurius. V. Jovis Urii.
Avium urbs. V. Nonum (ad) *Phœn*.
Avodiacum. V. Abodiacum.
Avula, 299.
Aximam, 224.
Axiopolis, 66, 247.
Axius, fl. 345.
Axuenna, 108, 231.
Aza, 50, 60, 265.
Azani, 438.
Azaon, 72.
Azarium, 373.
Azilites, 364.
Azirites, 364.
Azizis, 248.
Azotus maritima, 454.
Azotus mediterranea, 277, 455.
Azy, 372.

B

Baba, 314.
Babylon, 46, 283, 284, 307, 311, 312.
Babylonia, 313. 421.
Baca Conervio. V. Bagacum.
Bacatajali, 278.
Baccanæ, 87, 200.
Baccarus, 295
Bachaias, 182.
Bacinora, 309.
Bactriana, 313.
Bacuetes, 1.
Bada, 258.
Badara, 409.
Badera, 222.
Badias, 298.
Badil, 10.
Badimum, 62.
Badrin, 20.

Bæterris. V. Biterris.
Bætica, 412, 413.
Bætis, fl. 413.
Bagacum, 112, 113, 114, 231.
Bagamada, fl. 314.
Bagia, 409.
Bagigetuli, 313.
Bagis, 439.
Bagitenni, 313.
Bagradas, fl., 315, 409.
Bagrum, 268.
Baiæ, 41, 182, 211.
Bais, 36.
Balabo mons, 215.
Balacris, 286.
Balanea, 42, 182, 277, 452.
Balbura, 444.
Balbylos, 277.

TABLE GÉOGRAPHIQUE.

Baleares, 161.
Balearis major, 161.
Balearis minor, 161.
Balejanum, 33.
Balentium. V. Valentium.
Balesos ins. 165.
Baletium, 215.
Ballanstra, 177.
Ballene, 9.
Balnea. V. Balanea.
Balneus Cornelii, 184.
Baloie, 245.
Balsa, 128, 413, 414.
Balsione, 133, 135.
Banadedaris, 20, 287.
Banasa, 2.
Banata, 306.
Bandritum, 229.
Bannis, 278.
Bao, 177.
Baptana, 423.
Barantea, 302.
Bararus, 290.
Barate, 441.
Baratha, 269.
Barba, 123.
Barbalisso, 279.
Barbare, 305.
Barbari pomontorium, 2.
Barbariana *Bætic.* 123.
Barbariana *Tarracon.* 135.
Barbaricum prom. 413.
Barbesola, 412.
Barce, 20, 364.
Barcino, 119, 120.
Barda, 425.
Bardulos, 216.
Baretta, 436.
Bargala, 429.
Bariani, 313.
Bariduo, 245.
Baris, 440.
Barispe, 437.
Barium, 34, 94, 191, 216.
Baromaci, 237.
Barsa, 160.
Barsalium, 266.
Bartæ, 264.

Bartas, ins. 367.
Barunco. V. Burunco.
Basante (ad), 244.
Basapare, 178.
Base, 19, 287.
Basilia *Gall.* 108.
Basilia *Mesop.* 421.
Basilicam (ad), 10, 296.
Basilinopolis, 446.
Basilippo, 123.
Basiliscum, 183.
Bassiana, 78.
Bassianis, 39, 176, 243, 435.
Bastarnæ, 313.
Basti, 121.
Bastuli, 412.
Bata, 349.
Batabus, fl. 315.
Batamissa, 302.
Batana, 421.
Batavia, 318.
Batavus, fl. 315.
Bathnæ, 53, 278, 279.
Bathnas mari, 52, 53, 453.
Bathys, fl. 388.
Batianis. V. Vancianis.
Batitas, 306.
Batnis, 304.
Batua, 253.
Bauconica, 105.
Baucus, 337.
Baudobrica, 74, 111, 225.
Baunne, 178.
Bautas, 103.
Bauterna, 310.
Be...., fl. 315.
Beberaci lacus, 306.
Bebiana, 197, 202.
Bechiri, 352.
Bechirias, 352.
Bechiricæ, 313.
Bechiricus portus, 352.
Beda, 110, 226.
Bedaio. V. Bidaio.
Bedizo, 178, 189.
Bedriaco. V. Beloriaco.
Belbina, ins. 338, 432.
Belca, 109, 232.

Beleia, 137.
Belesibiblada, 422.
Belgica regio, 313, 415.
Belgica, vic. 111.
Belginum, 227.
Beliandro, 241.
Bellinto, 172.
Bellovaci. V. Cæsaromagus.
Belnar, 305.
Beloia. V. Beleia.
Belon, 123, 154, 412, 413.
Belon, fl. 412.
Beloriaco, 203.
Belsinum, 139.
Beltra, 308.
Belus, 362.
Bemmaris canna, 50, 52.
Beneharnum, 136, 138.
Beneventum, 32, 34, 35, 91, 92, 192, 214, 217, 218.
Beneventum *Gall. Cis.* 174.
Benna venna, 141, 143, 144.
Beodizo. V. Bedizo.
Berbe, 442.
Berdanna, 307.
Berenice *Ægypt.* 46, 47, 285.
Berenice *Afric.* 20, 287, 373, 374, 460.
Bereo, 247.
Berezeos, 22.
Berga, 429.
Berge, 19, 288.
Bergidum, 128, 129.
Bergintrum, 102, 103, 224.
Bergomum, 38, 174, 204.
Bergule, 40, 67, 97, 178, 251.
Bergusia, 103, 224, 228.
Bericianis. V. Biricianis.
Beris, fl. 391.
Berisa. V. Verisa.
Berithus. V. Berytus.
Bernicide, 287.
Berœa. V. Berya.
Berœa *Illyr.* 98, 258, 428.
Berœa *Syr.* 54, 452.
Berœa *Thrac.* 67, 427.
Beroes. V. Barium.
Berone, 252.
Beronice. V. Berenice.

Berozicha. V. Brendiæ.
Bersera. V. Dersera.
Bersovia, 248.
Bersula, 315.
Bersummo, 254.
Bertudizo, 40.
Bertula, ins. 316.
Berya, 278.
Berytus, 42, 183, 277, 279, 361.
Berzeo, 295.
Besechana, 422.
Besbicus, ins. 355.
Besino. V. Vanesia.
Besippone, 123.
Bessapara, 39.
Bestia Deselutta, 309, 320.
Betammali, 279.
Betarus, 42, 56, 188.
Betellus. V. Tetellus.
Beterræ, 118, 120, 172, 220.
Bethagabri. V. Betogabri.
Bethania villa, 187.
Bethar, 184.
Betharus. V. Betarus.
Bethasora, 188.
Bethleem, 187, 188.
Betsaida, 185.
Bethsan. V. Sciopolis.
Betogabri, 282.
Bettegerri, 313.
Betunia, 132.
Betvetelum, fl. 315.
Bibæ, 294.
Bibe, 230.
Bibium, 82
Biblus. V. Byblus.
Bibona, 223.
Bibracte. V. Augustodunum.
Bida colonia, 10.
Bidaio, 69, 75, 239.
Bidil, 10.
Bienna, 432.
Bienos. V. Blenna.
Bigeste, 252.
Bilbæ. V. Bibæ.
Bilbilis, 131, 132.
Bilecha, fl. 421.
Billæus, fl. 391, 396, 419.

Bilubio, 101, 252.
Bingio, 74, 111, 225, 227.
Biora, 24.
Biricianis, 238.
Birium (ad), 209.
Biroe, 66.
Birrali, 306.
Birtha, 453.
Birziminium, 101, 254.
Bis, 424.
Bissio aqua amara, 287, 288.
Bistue nova, 246.
Bistue vetus, 246.
Bitenas, 255.
Biterris. V. Beterræ.
Bithyni, 354.
Bithynia, 40, 179, 180, 264, 313, 418, 446.
Bittio. V. Ritti.
Bituriges. V. Avariacum.
Bituriges Cubi, 313.
Bituriza, 200, 201.
Biturs, 305.
Bityle, 455.
Biunau, 421.
Biyt, 425
Bizone, 248.
Bizya, 426.
Blaboriciaco. V. Lauriacum.
Blama. V. Blavia.
Blanda, 210.
Blandiana, 249.
Blandona, 81.
Blandos, 48.
Blariaco, 232.
Blastarni, 313.
Blato Bulgio, 140.
Blaudus, 437.
Blavium, 138, 232.
Blenna, 261.
Blera, 35, 201, 202.
Blestio, 146.
Blinca, 313.
Boa, ins. 316.
Boaceas, 89.
Boaris, ins. 316.
Boarum, 392, 398.
Boates. V. Boios.
Bobellas, 210.

Bobianum. V. Bovianum.
Bocontii. V. Vocontii.
Bodetia, 89.
Bœcolicus mons, 313.
Bœoti, 333, 340.
Bœotia, 165, 333, 342, 430, 431.
Bœotorum munimentum, 333.
Bœotorum portus, 319.
Bœsippone. V. Besippone.
Bœterræ. V. Beterræ.
Bogrys, 392.
Boia, 336.
Boia, ins. 165
Boibe. V. Bolbe.
Boioduro, 73, 237, 238.
Boios, 137.
Boium, 343.
Bodum et Drimæa, 430.
Bolbe lacus, 346.
Bolbiticum, 363.
Bolelasgus, 58.
Bolentia, ins. 164.
Bolentia, 176, 243.
Bolodurum castellum. V. Boioduro.
Bomio, 146.
Bona mansio, 178.
Bonconica, 225.
Bonna, 74, 110, 225.
Bononia *Ital.* 30, 37, 85, 86, 87, 194, 199.
Bononia *Mœs.* 65, 434.
Bononia *Pannon.* 71.
Bononia. V. Gessoriacum.
Bontobrice. V. Baudobrica.
Borbitomagus, 105, 111, 225.
Boreo, 20.
Borgetomagus. V. Borbitomagus.
Borinus, 361.
Bormonis aquæ, 255.
Boron, 200.
Bortinæ, 135.
Borysthenes, fl. 314, 393.
Bosa, 25.
Bosforani, 313.
Bosporus, 400.
Bostra, 281, 456.
Botivo, 243.
Botrys, 277, 454.
Bovenna, ins. 316.

Bovianum, 30.
Bovillæ, 210.
Bovium, 141.
Boxum, 232.
Bracara [Augusta], 126, 127, 128, 129.
Brachea, 373.
Bracomagus. V. Brocomagus.
Bragilus, 428.
Bratananium, 239.
Brattia, 164.
Brattia, ins. 316.
Bravinium, 146.
Bregetio, 72, 77, 78, 239.
Bregnana, 309.
Breierophara, 189.
Bremenium, 140.
Bremetonacum, 145.
Brendice, 96, 99, 189, 255.
Breviodurum, 116, 229, 236.
Brevis, 129.
Briana, 438.
Brigades, ins. 316.
Brigantia, 69, 73, 75, 83, 238, 240.
Brigantio *Gall.* 102, 106, 173, 198, 199, 221.
Brigantium (Flavium), 127.
Brige, 146, 147.
Brigetium, 132, 133.
Brigiosum, 232.
Brigize. V. Brendice.
Brigobanne, 238.
Brindisi. V. Brundusium.
Brintesia, 315.
Brisiacus mons, 70, 73, 104.
Britanniæ, 140, 160.
Brittius, 313.
Briula, 435.
Brivaisara, 116, 229.
Brivodurum, 109, 232.
Brixellum, 86.
Brixia, 38, 174, 204.
Brocavum, 141, 143.
Brocomagus, 73, 125.
Bromagum, 105, 224.
Bruani, 313.
Brucida, 190, 254.
Brucla, 249.
Bructuri, 314.

Brundusium, 34, 93, 94, 95, 97, 155, 191, 213, 214, 215, 216, 217.
Brunga, 180.
Brusdorciani, 313.
Bruttii, 313.
Bruttosalia, 183.
Bruttus, 183.
Bruussara. V. Brivaisara.
Bruzus, 441.
Buatico, 248.
Bubalia, 266.
Bubastus, 458.
Bubon, 444.
Bucconis, 171.
Buchetium, 258.
Budalia, 80, 176.
Budizo, 252.
Budua, 125.
Buduxi, 295.
Bulinia, 313.
Bulini, 327, 328.
Bulis, 430, 433.
Bulla regia, 12, 292.
Bulsinio (in monte), 246.
Bumelita, 430.
Bur. V. Burii.
Buragara, 39, 177.
Burgenis, 240.
Burbida, 129.
Burburaca. V. Burcegara.
Burcturi, 314.
Burdenis. V. Burdista.
Burdidizus. V. Burtudizus.
Burdigala, 136, 137, 138, 139, 171, 172, 179, 223, 232, 233, 415.
Burdista, 40, 68, 178, 250, 251.
Burginatium, 74, 110, 225.
Burii, 314.
Burno, 245.
Burotas, fl. V. Eurotas.
Burridava, 249.
Burrio, 146.
Burtico, 248.
Burtudizum, 40, 67, 97, 250, 251.
Burunco, 74.
Busiris, 457.
Bustica, 302.
Buthoe, 329.

Buto, 284, 457.
Butontones. V. Butuntum.
Butrio, 203.
Butritus, 97, 151, 257, 433.
Butua. V. Batua.
Butuntum, 34, 191, 218.
Byblus, 42, 277, 454.

Bylæ, 265.
Byleus, fl. V. Elæus, fl.
Byrigantum. V. Brigantium.
Byzacium, 14.
Byzantium, 14, 40, 67, 95, 97, 99, 390, 394, 395.
Byzeres, 351.
Byzum, 393.

C

Cabacos, 314.
Caballinum, 415.
Caballucome, 268.
Cabalsi, 47, 285.
Cabassa, 447.
Cabau. V. Cabalsi.
Cabellio, 102, 118, 221.
Cabilis, 252.
Cabii, 209.
Cabillonum, 107, 108, 226, 228, 229
Cabira, 59.
Cabraca, 291.
Cabullucome. V. Caballucome.
Cabyle, 47.
Cabyle. V. Cabilis.
Cadara, 281.
Cadi, 438.
Cadiano, 174.
Cadmi petræ, 329.
Cadurci, 314.
Cæa, ins. 165.
Cææ, ins. 385.
Cæcili portus, 3.
Cæciliana, 279.
Cæcilium vicum. V. Cecilionicum.
Cælia, 17.
Cælianum, 33.
Cæna *Cappad.* 267, 268.
Cæna *Cilic.* 181.
Cæna. V. Ænoe.
Cænon gallicanum, 40, 180.
Cænon Hydreuma. V. Cenondidreuma.
Cænon tichos, 347.
Cænophrurium. V. Cenophrurium.
Cære, 167.
Cæsarea. V. Cesaria.
Cæsarea *Bith.* 446.
Cæsarea *Cappad.* V. Mazaca.

Cæsarea, ins. 160.
Cæsarea *Maurit.* 1, 4, 6, 7, 154, 161.
Cæsarea *Palæst.* 42, 49, 56, 58, 59, 60, 61, 63, 184, 185, 188, 277, 281, 282, 454.
Cæsarea Paneas, 280.
Cæsarea *Thessal.* 430.
Cæsaraugusta, 119, 130, 131, 132, 133, 134, 135, 136.
Cæsariana *Ital.* 32, 210.
Cæsariana *Pannon.* 78, 242.
Cæsariensis, 3.
Cesarodunum, 233, 235, 236.
Cæsaromagus *Britan.* 142, 145.
Cæsaromagus *Gall.* 114, 116, 229, 230.
Cæsena, 30, 37, 194.
Cæsum. V. Cesum.
Caferonianum, 167.
Cahi. V. Chalcis *Syr.*
Caïcus, fl. 356.
Calabantia, 381.
Calabria, 314.
Calacte, 27, 219.
Caladropolis, 376.
Caladunum, 127.
Calagorris, 138.
Calogum, 230.
Calagurra, 119.
Calama, 9, 161.
Calamæum, 371.
Calamon, 183, 362.
Calamyde, 387.
Calanico, 205.
Calanthia, 378.
Calathe, ins. 316.
Calatia, 213.
Calatis. V. Callatis.
Calauria, ins. 339
Calcaria, 220.

Cale, 399.
Cale, ins. 165.
Calem (ad) *Ital.* 37, 95, 194, 199.
Calem *Lusit.* 126.
Caleorissa. V. Cathorissa.
Cales, 390.
Cales, fl. 395, 418.
Calidava, 247.
Calidon, fl. 257.
Calinacrus, 395.
Calincius, fl. 315.
Calinipaxa, 311.
Calippe, 310.
Calippia, ins. 165.
Calippus, 397.
Calipus, fl. 413.
Callantia, 393.
Callatis, 67, 248, 348, 428.
Calle. V. Calem.
Calleva, 144, 145, 146, 147.
Callichorus, 353.
Callimache, 382.
Callinica, 453.
Calliopa, ins. 316.
Callipolis *Mys.* 354.
Callipolis *Thrac.* 99, 100, 257, 426.
Callire, 319.
Callis, 287.
Callistratia, 396, 419.
Calloniana, 28.
Callum, 178.
Caloe, 435.
Caloue, 74, 110.
Calor, fl. 32, 214.
Calouthanus portus, 319.
Calpe *Hisp.* 123, 412, 413.
Calpe *Pont. Eux.* 390, 395, 418.
Calpurniana, 121.
Caltiorissa, 60, 64, 265.
Calvisiana, 26, 219.
Calydnus, 378.
Calydon, 332.
Calydon, fl. V. Calidon.
Calymna, ins. 358, 383, 384.
Calypso, ins. 324.
Camala, 119.
Camalodunum. V. Camulodunum.
Camalodunum. V. Colonia.

Camara, 388, 432.
Camaracum, 113, 230, 231.
Camarata, 3.
Camarina, 324.
Cambadena, 422.
Cambatis, 117.
Cambe, 266.
Cambetis, 105, 225, 229.
Cambiovicenses, 314.
Cambodunum, 141.
Cambodunum. V. Campodunum.
Cambonum, 173.
Camboricum, 142.
Cambretonium. V. Combretonium.
Cameliomagus. V. Comillomagus.
Camerinum, 168.
Cametas, 177.
Camicianis, 29.
Camila, 262.
Caminos, 20, 287.
Camirus, 358.
Camisa, 60, 62, 267.
Camistrum, 65, 247.
Campani, 323.
Campania, 29, 32, 163, 192, 314, 323.
Campano ponte, 192.
Campanum (ad Pontem), 210.
Campi deserti, 314.
Campodunum, 69, 73, 75, 238.
Campona, 72, 239.
Camulodunum, 145, 237.
Cana, 436.
Canales, 34, 35.
Canales (ad), 218.
Canalicum, 89.
Canalis, 304.
Canastræum, 345.
Canatha, 281, 456.
Cansura, 442.
Candabia (in), 254.
Candace, 424.
Candalicas, 83.
Candavia. V. Granda via.
Candidiana, 66, 247.
Candyba, 444.
Canentelus, fl. 415.
Canna, 441.
Cannarum promontorium, 3.

Cannaba, 52, 53.
Cannate, 314.
Canneto. V. Tannetum.
Cano, 273.
Cano. V. Caunus.
Canonium, 145, 237.
Conopicum, 363.
Canopus, ins. 363.
Cansilena. V. Celena.
Cantabria, 133.
Cantania, 433.
Cantano, 261.
Cantavolomis. V. Castabala *Cilic.*
Cantilia, 233.
Canusium, 34, 191.
Capadocem (ad fl.), 278.
Capania, 314.
Cap. Anis paludis, 314.
Capara, 131.
Caperturi, 51.
Cap. fl. Nusacus, 314.
Cap. fl. Selliani, 314.
Capidava, 66, 247 428.
Capitolias, 55, 56, 281, 455.
Capitoniana, 26, 28.
Caporcotani, 281.
Caportis. V. Taposiris.
Cappadoces, 398.
Cappadocia, 181, 318, 399.
Cappadocia I, 448.
Cappadocia II, 448.
Cappareas, 54.
Capraria, 293.
Caprasis, 31, 32, 213.
Capriandas, 275.
Capsa, 23, 299, 300.
Capsum ultimum (ad) 287, 288.
Capua, 32, 192, 193, 209, 210, 212, 213, 217.
Caput Bubali, 248.
Caput Budelli, 295.
Caput Cilani, 7.
Caput flum. Anæ, 134.
Caput Thyrsi *Sard.* 24.
Caræ, 135.
Caralis *Pamph.* 443.
Caralis *Sard.* 23, 24, 25, 154, 162, 314.
Carambas, 263.
Carambis, 353, 391, 396, 419, 420.

Caranicum, 127.
Carantomagus, 223.
Caranusca, 70, 226.
Carasa, 137.
Carassura, 178.
Caravi, 133.
Carbantia, 101.
Carbanum, 275.
Carbia, 25.
Carbonario (in monte), 208.
Carcassone, 172, 222.
Carciæ. V. Careiæ.
Carcuvium, 134.
Cardame, 372.
Cardia, 347.
Cardiani, 346.
Cardono, 176.
Cardu, 21, 286.
Careiæ, 90, 201, 202.
Carentomagus. V. Carantomagus.
Cargæa, 386.
Cargiana, 249.
Caria, 314, 358, 382, 445.
Caria. V. Callatis.
Cariara, 167.
Carice, 358.
Cariente, 301.
Carina, 422.
Cariniana. V. Cardono.
Carion, 280.
Carisia, ins. 316.
Carmania, 409, 412.
Carmelus mons, 183, 362.
Carminna, ins. 409.
Carmone, 124.
Carna, 376.
Carnacum, 71.
Carnasso, 262.
Carnuntum, 72, 77, 80, 239, 242.
Carnus, ins. 316, 332.
Carnutes. V. Autricum.
Carocotino, 115.
Carœa, 319.
Caronicum. V. Caranicum.
Carousa, 420.
Carpasia, 361, 378, 386, 451.
Carpathium mare, 166.
Carpathus, 358, 369.

Carpathus mons, 313.
Carpe, 375.
Carpella, 409.
Carpi, 18, 153.
Carpi. V. Cirpi.
Carpides, 400.
Carræ, 53, 453.
Carroduno. V. Cardono.
Cars, 302.
Carsa, ins., 165.
Carsagis, 60, 64.
Carsania, 308.
Carsat. V. Carsagis.
Carseoli, 93, 208, 209.
Carsici (portus), 159.
Carsio, 247.
Carso, 66.
Carsulis. V. Carseoli.
Carsus, 428.
Carteia, 412.
Cartenna, 3.
Carthæa, 341.
Carthaginiensis sinus, 366.
Carthago, 2, 5, 6, 11, 12, 14, 15, 17, 18, 153, 154, 162, 289, 290, 291, 292, 366, 367, 368, 376.
Carthago nova, 119, 121, 154, 161.
Cartili, 4.
Carula, 123.
Carum portus, 393.
Carura, 273.
Carus, 57.
Carusa, 353, 391, 397, 420.
Carvone, 110, 225.
Caryanda, 358.
Carystus, 341, 385, 431.
Casa Runoniana, 287.
Casæ, 443.
Casæ Cæsarianæ, 86.
Casæ Calventi, 4.
Casama, 281.
Casara, ins. 316.
Casarodunum. V. Cæsarodunum.
Casas, villa Aniciorum, 19.
Cascantum, 119.
Casilino, 210.
Casinomagus, 223.
Casinum, 91, 209.

Casium, 42, 283, 457.
Casos, ins. 316, 370.
Caspiæ, 301.
Caspiæ portæ, 311, 423.
Caspiane, 314.
Caspingio, 226.
Caspium mons, 423.
Caspyre, 314.
Casra, 245.
Cassianum iter, 167.
Cassinomagus, 234.
Cassiope, ins. 164.
Cassium. V. Casium.
Cassopi, 331.
Castabala *Cappad.* (Islamli) 49, 61, 62, 63.
Castabala *Cappad.* (ruines), 274.
Castabala *Cilic.* 41, 182, 272, 450.
Castello Amerino, 202.
Castello (in), 86.
Castello Firmani, 30, 94, 208.
Castellum Fabatianum, 293.
Castellum Morinorum, 112, 228, 229, 230, 231.
Castellum Syracusanorum, 163.
Castellum Tigentii, 9.
Castidis regio, 329.
Castobriga, 413.
Castozobra, 178.
Castra *Afric.* 296.
Castra. V. Nicca.
Castra leg. XXX. Ulpia, 74.
Castra Aniba, 212, 217.
Castra Batava (ad), 76.
Castra Celica, 130.
Castra exploratorum, 140.
Castra Jarba, 40, 68, 250.
Castra Martis, 434.
Castra Minervæ, 216.
Castra mutatio 175.
Castra nova, 9.
Castra puerorum, 3.
Castra rubra. V. Jarba.
Castra Trajana, 249.
Castra Zarba. V. Jarba.
Castris novis, 249.
Castrum Firmum. V. Castello Firmani.
Castro novo, *Picen.* 30; 92, 94, 208.
Castro novo *Latii,* 88, 90, 155, 156, 167, 168, 197, 202.

TABLE GÉOGRAPHIQUE.

Castrum Truentinum, 30, 92, 94, 95, 208.
Castulone, 120. 121, 122.
Castur, fl. 315.
Casuaria, 103.
Casula, 18, 290.
Casus, 358.
Catabana (in), 51.
Catabathmon, 20, 21, 286, 372.
Catabolum. V. Castabala *Cilic.*
Catacas mons, 318.
Catace, 314.
Cataeonium, 372.
Catalaunos, 107.
Catana, 26, 27, 28, 219, 324.
Catara, 275.
Cataractoni, 140, 141, 143.
Catarbate, fl. 4, 327.
Catarractes, fl. 359.
Cathela, 41, 182.
Catina, 26, 27, 28, 152, 153.
Catippa, 308.
Catispi, 303.
Catobriga, 125.
Catobrigas, 173.
Catorigomamus, 221.
Catorissium, 222.
Cattelas. V. Cathela.
Cattigara, 411.
Catualium, 232.
Catuiaca, 221.
Caturigæ, 108, 231.
Caturigas, 102, 106.
Caturiges, 314.
Catusiacum, 114.
Cauca, 131.
Caucacis oppidum, 367.
Caucali come. V. Adriane.
Caucasus, 311, 390.
Caudis, 32, 192, 214.
Caulon, 215.
Caulonia, 324.
Caum, 136.
Caumatis, 309.
Caunonio. V. Canonium.
Caunus, 272, 358, 382, 383, 444.
Causennæ, 143.
Cavillorum. V. Cabillonum.
Cavone, 110.

Caystrus, fl. 315, 357.
Cazalet, 251.
Cazeca, 393.
Cea, 431.
Cebrene, 356, 437.
Cebron, 188.
Cebrum, 65.
Ceciliana. V. Cæciliana.
Cecilionicum, 131.
Cedoniæ, 250.
Cedros, 172.
Cedrosiani, 314.
Celænidium, 429.
Celeia, 38, 175, 242, 243.
Celena, 176, 243.
Celenderis, 272, 360, 379, 451.
Celeris, 384.
Celeuso, 238.
Celia, 218.
Celio monte, 73.
Cella, 428.
Cellæ Picentinæ, 14, 18.
Cellas *Afric.* 7.
Cellas *Ital.* 167.
Cellis *Maced.* 96, 98, 190, 254.
Cellis *Thrac.* 39, 178.
Celsina, 163.
Celtæ, 326.
Celti, 124.
Cemenelum. V. Gemenellum.
Cena, 26.
Cenabum. V. Aureliani.
Cenæi Jovis templum, 341.
Cenava, 103.
Cenaxepalis, 181.
Cenchreæ, 260, 339.
Cene, 43.
Cenoboscium, 45, 285.
Cenomani, 314.
Cenondidreuma, 47, 285.
Cenomani. V. Sub Dinnum.
Cenophali, 314.
Cenophrurium, 40, 67, 97, 99, 252, 374.
Cenopolis, 286.
Centenarium (ad) *Afric.* 295.
Centenarium (ad) *Gall.* V. Centuriones.
Centesimum (ad), 92.
Centum Putea, 248, 279.

Centumcellæ, 88, 90, 156, 197.
Centuriones (ad), 120, 220.
Centuripa, 28, 219.
Cenuiana. V. Cinniana.
Ceos, ins. 166, 340, 385.
Capasias (ad), 84.
Ceperaria, 282.
Cephalæ, 374.
Cephaledo, 219.
Cephalenia, ins. 164, 165, 316, 332, 370, 432.
Cephalodus, 27.
Cephalon (ad), 256.
Cephalus, 377.
Cephesias lacus, 368.
Cepi, 314, 349, 400.
Cepus, 400.
Ceramiæ, 255.
Ceramicus sinus, 358.
Ceramus, 445.
Cerase, 439.
Cerasia, 382.
Ceraso. V. Carnasso.
Cerasus, 358, 392, 398, 449.
Cerasus fl. 399.
Ceratæ. V. Cænon Gallicanum.
Ceraunii montes, 329, 330.
Cercar, 289.
Cercetæ, 349.
Cercina, ins. 164, 375.
Cercinitis, ins. 366.
Cercinitis sinus, 393.
Cercyra. V. Corcyra.
Cercyra Nigra. V. Corcyra Nigra.
Cereas, 262.
Cerebelliaca, 173.
Cerelis, 210.
Cereopyrgus, 427.
Cereris templum, 340.
Ceretapa, 438.
Cerfennia, 93, 207.
Cerge, 437.
Cerillis. V. Cerelis.
Cerinia. V. Cerynia.
Cerne, ins. 368.
Ceronesos, 314.
Ceroni. V. Chæronea.
Certa, 244.
Certha, 183.

Certissa, 77, 80.
Cerunda. V. Gerunda.
Cerva, 300.
Cerynia, 276, 361, 451.
Cesada, 131, 132.
Cesarea. V. Cæsarea Paneas.
Cesaria. V. Cæsarea Palæst.
Cesena. V. Cæsena.
Ceserma. V. Cæsariana Ital.
Ceserone. V. Araura.
Cesiphun, 304.
Cessarone. V. Araura.
Cessera. V. Araura.
Ceste, 173.
Cestri, 451.
Cestrus, fl. 380.
Cesum, 277.
Cetaria, 156.
Cetia, 388.
Cetium, 69, 72, 139.
Cetrora, 309.
Cevelum, 232.
Cezere, 281.
Chabarzaba. V. Antipatris.
Chaci, 314.
Chadas. V. Cars.
Chadisius, 398, 420.
Chæronea, 259, 430.
Chala, 422.
Chalce, 367.
Chalcedon, 40, 354, 446.
Chalcia, ins. 165, 358.
Chalcidana, 301.
Chalcis Eub. 98, 341, 369, 431.
Chalcis Syr. 54, 279, 452.
Chalcis, ins. 165.
Chaldaïcus lacus, 307.
Chalonitis, 422.
Chalybes, 352, 398.
Chalybon. V. Berga.
Chamavi, 314.
Chanata. V. Canatha.
Chanmaudi, 305.
Channunia, 54, 278.
Chaones, 330.
Chaonia, 330.
Charadria, 345.
Charadrus, 357, 360, 379.

Charagmuba, 456.
Charax, 423.
Charax Spasinu, 421.
Charieis, fl. 351, 389.
Chariente, 301.
Charistus, fl. 351.
Charmodara, 266.
Charotus, 20, 287.
Charra, 304.
Charræ, 304, 306.
Chatæ Scythæ, 320.
Chauci, 314.
Chautæum, 372.
Chebron. V. Cebron.
Chelæ, 261, 390, 395.
Chelidonia, ins. 359, 381.
Chelonophagi, 409.
Chemmis, 45.
Chenoboscium. V. Cenoboscium.
Chereu, 43.
Cherobius, fl. 351.
Cherse *Cyren.* 373.
Cherse *Marmar.* 373.
Chersonesii, 364.
Chersonesus *Ægypt.* 371.
Chersonesus *Cilic.* 378.
Chersonesus *Cimbr.* 417.
Chersonesus *Cret.* 337, 388, 432.
Chersonesus *German.* 417.
Chersonesus *Marmar.* 373.
Chersonesus *Scyth.* 348.
Chersonesus *Taur.* 393.
Chersonesus *Thrac.* 394.
Chesynus, fl. 417.
Chi come, 371.
Chidum, 272.
Chii, 356.
Chimerium. V. Cimmerium.
Chios, ins. 316, 357, 370, 383, 384, 445.
Chireæ, 314,
Chisæ, 314.
Chisiduo, 293.
Choarena, 423.
Choba, 291.
Chobus, 301.
Chobus, fl. 351, 390.
Choerades, 352.
Chogeæ, 180.

Cholle, 279.
Choma, 444.
Choreva, 6, 14, 15, 293,
Chorochoad, 425.
Chorsus, fl. 351.
Chosol, 287.
Chritionis, 314.
Chronus, fl. 417.
Chrysea, 387.
Chrysopolis, 261.
Chubana, 421.
Chulchul, fl. 315.
Chulli, 4, 291.
Chuni, 418.
Chusa, 181.
Chytro. V. Citari.
Cia, 340.
Ciaca, 61, 266.
Cianus sinus, 354.
Cibalæ, 38, 68, 77, 80, 176, 243, 244.
Cibistra. V. Cybistra.
Cibyra, 360, 446.
Ciciliana, 125.
Cicisa. V. Cigisa.
Ciclis, 257.
Cicynethus, 344.
Cidiphtha, 375.
Cigisa, 12, 292.
Cilca novum, 275.
Cilices, 397.
Cilicia, 181, 182, 264, 314, 360, 377, 382, 386, 397.
Cilicia I, 450.
Cilicia II, 450.
Ciliciæ portæ, 377, 380.
Cilicum, ins. 392, 398.
Cilissa (in), 274.
Cilium, 16.
Ciliza, 52.
Cillio. V. Cellis.
Cilniana, 122.
Cimbriana, 80.
Cimbrica Chers. 417.
Cimelos, ins. 166.
Ciminum iter, 168.
Cimmeris, 400.
Cimmerium, 314.
Cimolis, 337, 353.

Cimolus, 385.
Cinarus, 384.
Cinna *Galat.* 447.
Cinna *Illyr.* 101, 254.
Cinniana, 120, 220.
Cinolis, 353, 391, 396, 397, 419.
Cinyps, 365.
Cio, 66.
Ciphisum, 379.
Cirbæa, 451.
Circæum, 322.
Cirfenna. V. Cerfennia.
Cirpi, 80.
Cirrabe Indi, 314.
Cirrhæus campus, 333.
Cirribe Indi, 314.
Cirta col. 6, 8, 11, 293, 294, 295.
Cirtisa. V. Certissa.
Cisamus, 260, 261, 388, 433.
Cisi, 4, 292.
Cisideron, 437.
Cissa, 301.
Cissi. V. Cisi.
Cissidæ, 381.
Cisternas (ad), 287, 288.
Citari, 276.
Citharista portus, 159.
Citium. V. Cetium.
Citium *Cypr.* 276, 451.
Cius, 269, 270, 354, 446.
Clambetis, 245.
Clampetia, 210, 323.
Claneus, 448.
Clanoventa, 145.
Clanudda, 269.
Clanum, 115.
Clarenna, 238.
Claterna, 87, 194, 199.
Claudanon, 190.
Claudi, 8.
Claudia, 387.
Claudia Julia. V. Sabaria.
Claudia (via), 86, 200.
Claudiana, 191.
Claudianum iter, 167.
Claudias, 266.
Claudii, 192.
Claudiopolis *Honor.* 57, 447.

Claudiopolis *Isaur.* 451.
Claudus, ins. 433.
Clavenna, 84, 240.
Clazomenæ, 357, 436.
Cledo, 190.
Clenderitis, 314.
Cleonæ *Argos.* 259, 338.
Cleonæ *Maced.* 345.
Cleopatra, 457.
Cleros Polites, 441.
Cleusis, fl. 315.
Clevora, 247.
Clevum, 147.
Clima Mesticum. V. Acontisma.
Climax, 396, 419.
Climberrum, 139.
Clipeas, 191.
Clipeis, 291.
Clismo, 46, 283.
Clisius lacus, 317.
Clitri Litria, 327.
Clodia. V. Claudia.
Clodiana, 95, 98, 191, 254.
Cloptasa, 262.
Clostris, 211.
Clotoris, fl. 315.
Clucar, 12, 292.
Clunia *Gall. Cis.* 240.
Clunia *Hisp.* 133.
Clusa. V. Elusa.
Clusentinus transitus, 168.
Clusium novum, 168.
Clusium vetus, 87, 168, 200, 201, 202.
Clusius, fl. 315.
Cluturno. V. Vulturno.
Clycis. V. Glykys.
Clydæ, 382.
Clypea, 17, 18, 154, 163, 291, 375.
Clysma, 46, 458.
C...nacco, 233.
Cnemis, 342.
Cnidus, 272, 358, 383, 445.
Cnossus, 261, 337, 432.
Coabis, 282.
Coba, 4, 291.
Cobrys, 346.
Cobucla, 2.
Coccium, 145.

TABLE GÉOGRAPHIQUE. 497

Cocconis, mut. 176.
Cochlearia, 23.
Cochlia, 382.
Cocintum, 33.
Cocles, 269.
Cocosa. V. Cœquosa.
Coctemalicæ, 446.
Cocusum, 48, 49, 62, 63.
Coduzabala. V. Castabala.
Cœciliana. V. Ciciliana.
Cœdros, 172.
Cœlesyria, 182, 376.
Cœlia, 426.
Cœlia. V. Celia.
Cœna, 441.
Cœne. V. Cene.
Cœnophrurium. V. Cenophrurium.
Cœnum. V. Cænum Gallicanum.
Cœquosa, 137.
Cœte, 388.
Cofna, 282.
Coiamba, 410.
Coissa, 303.
Coladiana. V. Clodiana.
Colassæ, 438.
Colatione, 243.
Colchana, 303.
Colchi, 314, 350, 388, 390.
Colchion, 302.
Colchis, 303.
Colcisindorum, 310.
Colica, 350.
Colicaria, 85.
Colla, 255.
Collops magnus, 4, 367.
Collops parvus, 5.
Coloceia, 302.
Coloe, 264.
Colofon. V. Colophon.
Colonæ, 355.
Colonia Agrippina, 74, 110, 111, 112, 113.
Colonia Archelais, 41, 181.
Colonia *Armen.* 449.
Colonia Camaloduno, 142.
Colonia Equestris, 228.
Colonia Trajana, 110, 111, 225.
Colopheni, 314.
Colophon, 271, 357, 436.

Colossæ, 271.
Colubraria, 161.
Columnæ Herculis, 1.
Columnam (ad), 29, 31, 32.
Colussa, 353.
Comacenis, 275.
Comagenæ, 69, 72, 239.
Comana *Armen.* 450.
Comana *Cappad.* 49, 61, 62, 63, 274, 275.
Comana *Pamph.* 442.
Comana Pontica, 265, 449.
Comara, fl. 315.
Comaradis, 267.
Comaru, 286.
Comassa, 267.
Comba, 444.
Combaristum, 236.
Combretonium, 145, 237.
Combusta, 120.
Combustica, 253.
Come, 377.
Comelimagus. V. Comillomagus.
Comersolum. V. Clusium vetus.
Comiciana, 29.
Comillomagus, 87, 199.
Comisena, 423.
Comistaraus, 444.
Comitanasso, 268.
Commisimbela, 421.
Compasi, 47, 285.
Compitum, 194.
Compitum Anagnia, 91, 92, 209.
Compleutica, 127.
Complutum, 131, 132.
Comum, 83, 84, 203, 204, 240.
Conbaristum. V. Combaristum.
Conbustica. V. Combustica.
Concobar, 308, 423.
Concon, 305.
Concordia *Ital.* 37, 38, 85, 175, 203, 204.
Concordia *German.* 73.
Condate (Cognac), 234.
Condate (Condé-sur-Iton), 116, 236.
Condate (Cosne), 109.
Condate (Montereau), 115, 229.
Condate (Reynes), 117, 236.
Condate (St-Arcous de Barges), 224.
Condate (Seyssel), 228.

Condate *Brit.* 141, 145.
Condatomagus, 228.
Condeso, 301.
Condivicno. V. Portunamnetu.
Conembrica, 126.
Confluens Jomanis et Gangis, 311.
Confluentes, 110, 225.
Confluentes (ad), 199.
Confluentibus, 246.
Congusso, 268.
Coniopolis. V. Conua.
Conisoina, 437.
Conna *Phœnic.* 56.
Conna *Phryg.* 269, 438.
Conopium, 391, 397, 420.
Conovium, 145.
Conpetu. V. Compitum.
Conpito. V. Compitum Anagnia.
Consabrum, 134.
Consentia, 31, 32, 213.
Consintum, 255.
Constantia *Arab.* 456.
Constantia *Cypr.* 450.
Constantia (Nuceria), 36.
Constantia *Osroen.* 453.
Constantiana, 428.
Constantina, 454.
Constantinopolis, 40, 98, 179, 180, 185, 188, 246, 248, 250, 251.
Contentia, 213.
Contosolia, 133.
Contra Aginnum, 113.
Contra Apollonos, 45.
Contra Copto, 43.
Contra Lato, 45.
Contra Ombos, 44.
Contra Pselcis, 45, 285.
Contra Syene, 44.
Contra Talmis, 45.
Contra Taphis, 45.
Contra Thmuis, 44.
Contributa, 130.
Convenas. V. Lugdunum.
Convetoni. V. Combretonium.
Coos, 166.
Cophas, 409.
Coptos, 45, 46, 47, 285, 459.
Coracæ, 344.

Coracesium, 360, 379, 443.
Coracesius pulcher, 378.
Coracium, 380.
Coralla, 392, 399.
Coræa in Batana, 421.
Corax, 374.
Coraxi, 350.
Coraxia, 384.
Corbasa, 442.
Corbeunca, 41, 181.
Corbeus. V. Gorbeus.
Corconiana, 28.
Corcyra, ins. 316, 327, 330, 370, 433.
Corcyra (Nigra), 164, 316, 328.
Cordile, 262.
Corduba, 121, 122, 123, 124.
Cordyla, 392, 399, 443.
Coreæ. V. Coabis.
Coresia, 341.
Coreva, 6, 14, 15.
Corfinium, 93, 207, 212.
Coria, ins. 316.
Coriallum, 235, 236.
Coridallo, 272.
Corifanio, 271.
Corinthia, 339.
Corinthii, 339.
Corinthus, 259, 260, 334, 431, 432.
Corioco, 272.
Coriopio, 274.
Coriovallum, 112, 113, 232.
Cormassa, 273.
Corna, 441.
Cornacum, 71, 240.
Corne, 266.
Corneli, 94.
Corneliæ castra, 376.
Corniaspa, 59.
Corniclanu, 287.
Corniculani, 203.
Cornos, 25.
Corobilium, 227.
Coroc, 424.
Corone, 432.
Coronea, 430.
Coronis, 353.
Corsiæ, 333, 384, 385.
Corsica, 25, 154, 316, 322.

Corsicæ, 384.
Corsium, 78.
Corstopitum, 140.
Corte, 44.
Corterate, 233.
Cortina, 260, 261.
Cortovallio. V. Coriovallum.
Corveunte, 267.
Corvitu, 303.
Cory, 410.
Corybrassus, 443.
Corycium, 378.
Coryco. V. Corioco.
Corycus *Cilic.* 378, 450.
Corycus *Pamph.* 380, 382.
Corycus prom. 336.
Corydallo. V. Coridallo.
Coryphas, 271.
Cos, ins. 358, 370, 383, 384, 444.
Cosa *Gall.* 223.
Cosa *Ital.* 88, 90, 162, 167, 197, 202.
Cosa (sub). V. Succosa.
Cosedia, 117, 236.
Cos.....anum, 214.
Cosinto, 96, 255.
Cossedia. V. Cosedia.
Cossinites, fl. 346.
Cossura, ins. 163.
Costa Balenæ, 89, 198.
Cosyra, ins. 367.
Cotena, 443.
Cotes sinus, 368.
Cotiara, 314.
Cotii regnnm, 314.
Cotrica, 310.
Cottiæ, 101, 204.
Cottiaris, fl. 411, 412.
Cottias (ad), 174.
Cotyaio, 269.
Cotyora, 353, 392, 398.
Coveliacas, 241.
Cozynthium, 374.
Crabis, fl. 368.
Craca, 266.
Cragus *Car.* 358.
Cragus *Cilic.* 379.
Crambusa, 379, 380.
Cramones, 325.

Cranico, fl. 270.
Cranon. V. Grannona.
Cranon, 344.
Crasus, 438.
Cratea, 447.
Crateiæ ins. 328.
Crater, fl. 213, 315, 323.
Crateres Achivorum, 355.
Cratia, 57.
Crauni, 379.
Craunii, 382.
Cregeas, 385.
Cremmyon. V. Crommyon.
Cremna, 442.
Cremona, 86, 203.
Crenides, 57, 391, 396, 419.
Cresonesso, 261.
Cressa, 347.
Creta, 165, 260, 316, 336, 369, 370, 387, 432.
Creticum pelagus, 314.
Creusia, 333.
Crhepstini, 314.
Crinis, ins. 161.
Crispas (ad), 3.
Crispiana, 80.
Crissa. V. Crusa.
Crithote, 347.
Criu metopon, 337, 348, 387, 396.
Crixia, 89, 205.
Crociatonum. V. Croncia.
Crocira, ins. 316.
Crococalanum, 143, 144.
Crocodilus, 374.
Cromen, 263.
Crommya, 379.
Crommyacum, 386.
Crommyon, 339, 431.
Cromna, 391, 396, 419.
Croncia connum, 235.
Cronias, 259.
Croton, 152, 215, 324.
Crua, 382.
Crucio, 244.
Crucis, 314.
Crumento, 214, 215.
Crumerus, 72, 79.
Cruni. V. Dionysopolis.
Crunis, 274.

TABLE GÉOGRAPHIQUE.

Crusa, 257.
Crusinie, 228.
Crustumium, fl. 315.
Ctesiphon, 304.
Cubin, 290.
Cucci, 71, 240.
Cucconis, 176.
Cuculle, 241.
Cucusus, 49, 62, 63, 450.
Cudetus, fl. 346.
Cuiculis, 7.
Culabone, 222.
Culchut, 295, 296.
Cullu, 4, 291.
Culucitanæ, 5, 291.
Cumæ, 35, 36, 163, 211, 323, 357, 436.
Cumæi, 360.
Cunetione, 147.
Cunissa, 265.
Cunuaureu, 240.
Cuppæ, 65.
Cupra maritima, 208.
Curabi, 133.
Curia, 83, 84, 240, 314.
Curiacum, 386.
Curiannum, 414.
Curica, 130.
Curica, ins. 316.
Curicta, ins. 316, 327.
Curis, 314.
Curium, 276, 451,
Curmiliaca, 114.
Currapho, 307.
Cursæta, 396.
Curta (in medio), 77.
Curthanium, 372.
Curubis, 17, 18, 154.
Curva Cæsena, 87, 199.
Curveunta, 181.
Cusæ, 43, 459.
Cusi, 71.
Cusum, 240.
Cutiæ. V. Cottiæ.
Cutiliæ, 92.
Cyaneæ, 248, 394, 444.
Cyanes, 301.
Cybate, 307.
Cyberna, 380.

Cybistra, 267, 448.
Cyclades, ins. 166, 337, 340.
Cydamum, 22.
Cydissus, 438.
Cydna, 345.
Cydnus, 378.
Cydonea, 433.
Cydonia, 260, 337, 388.
Cyiza, 409.
Cyllenæ, 259, 335.
Cymaria, 382.
Cyme, 271.
Cymiza, 303.
Cynips, fl. 315.
Cynopolis *Arcad.* 458.
Cynosthrium, 380.
Cynosurus, 259, 342.
Cynum, 42, 457.
Cynura, ins. 316.
Cyparissia, 432.
Cyparissus, 335.
Cypasis, 346.
Cypresseta, 172.
Cyprus, 166, 276, 316, 361, 370, 379, 382, 386, 450.
Cyprusa, ins. 316.
Cypsaria, 283.
Cypsaria (ad) Taberna, 288.
Cypsela. V. Gipsila.
Cyrenæi, 337.
Cyrenæum, 386.
Cyrene, 20, 21, 286, 364, 373, 459.
Cyrenei montes, 314, 318.
Cyrio, 190.
Cyrnus, 370.
Cyrona, ins. 316.
Cyrrhus, 52, 53, 54, 278.
Cyrus, 453.
Cyrus, fl. 315.
Cytæa, 348.
Cythera. V. Trajectus.
Cythera, ins. 316, 336, 369, 432.
Cythero, 263.
Cythnus, ins. 166, 341, 383, 384, 385, 431.
Cythri, 451.
Cytinium, 343.
Cytmon, 259.
Cytorus, 353, 391, 396, 419.
Cyzicus, 270, 355, 436.

TABLE GÉOGRAPHIQUE.

D

Dablæ, 40, 180, 263.
Dablan, 307.
Dacia, 177, 178.
Dacia mediterranea, 434.
Dacia Ripensis, 434.
Dacpetoporiani, 314.
Dadastana, 41, 180, 263.
Dadybra, 447.
Dæara, 421.
Dædalium, 28.
Dagelasso, 50, 60, 62.
Dagnevana, 303.
Dalisandus, 452.
Dalluntum, 101.
Dalmatia, 164, 314, 328.
Dalmatiæ, 79, 81, 100, 155.
Damasceni, 314.
Damascus, 55, 56, 280, 281, 311, 454.
Daminum. V. Beaunne.
Daminum, 347.
Damirice, 314.
Damnonium, 418.
Dana, 41.
Danae, 265.
Danas, 305.
Dandaxinea, 48, 61, 64.
Danova, 281.
Danubius, fl. 314, 316.
Danum, 143, 144.
Daphabæ, 178.
Daphne *Asiæ*, 394.
Daphne *Syr.* 452.
Daphne, ins. 383.
Daphno, 44.
Daraanorum fl. 351.
Daracinte, 301.
Darano, 59.
Darantasia, 102, 103, 224.
Darathe, 308.
Daravescus. V. Duravescos.
Dardania, 434.
Dardanum, 100, 270, 355, 437.
Darentiaca, 173.
Diariorigum. V. Dartoritum.
Darium, 372.

Darnis, 20, 21, 460.
Daropanisos. V. Paropamisus.
Dartoritum, 234.
Darucinte. V. Daracinte.
Dascusa, 61, 266.
Dascylium, 446.
Dasmini presidio, 250.
Datum, 346.
Daulia, 430.
Dauni, 325.
Daunitis, 325.
Daunum. V. Danum.
Dautonia, 79.
Daviano, 173.
Dea Vocontiorum, 106, 173, 221.
Debalacia, 441.
Debelcum, 67.
Debeltus, 427.
Decastadium, 33.
Deccidæ. V. Decetia.
Decem pagi, 70, 227.
Decetia, 109, 139, 225.
Decimum (ad) *Gall. Cis.* (Cassino), 173.
Decimum (ad) *Gall. Cis.* (Binasco), 174.
Decimum (ad) *Lat.* (auberge), 92.
Decimum (ad) *Lat.* (près Morena di Cenci), 209.
Decimum (ad) *Maced.* 190.
Decimum (ad) *Messap.* 191.
Declana, 220.
Degena. V. Decetia.
Deleda, 280.
Delemma, 181.
Delessa, 165.
Delgovitia, 140.
Delium templum, 342.
Delos, ins. 166, 316, 341, 383, 384, 385, 431.
Delphi, 333, 340.
Delphicus sinus, 332.
Delphines, 372.
Delphini portus, 89, 158.
Delphinis, 89.
Delphinum, 167.
Delphis, 97.
Delta, 314.
Delveto. V. Debelcum.

Demas, 189.
Demetri, 280.
Demetrias *Arach.* 425.
Demetrias *Thessal.* 98, 343, 429.
Demetriu, 262.
Demusia, 443.
Deobriga, 137.
Deobrigula, 135, 137.
Derba, 273, 441.
Derbicce, 314.
Derenobilla, 409.
Deris, fl. 336.
Derrhum, 371.
Dersera, 279.
Derta, 307.
Dertona, 87, 88, 89, 199, 205.
Dertosa, 120.
Dertum, 216.
Derventione, 140.
Deserta, 314.
Desertum, 314.
Dessobrigo. V. Deobriga.
Deus Sabæon, 443.
Deva leg. xx victrix. 141, 145.
Dia, 395, 418, 456.
Dia, ins. 316.
Diabate, ins. 316.
Diabene, 314.
Diablintes. V. Nudionnum.
Dianæ templum, 337, 359, 380, 421.
Dianam (ad) *Afric.* (Bastion de France), 5, 291.
Dianam (ad) *Afric.* (Zainah), 8, 9, 298.
Dianam (ad) *Dalmat.* 253, 254.
Dianam (ad) *Epir.* 257.
Dianam (ad) *Palæst.* 283, 284.
Diarrhoas, 373.
Dicæa, 346.
Dicæopolis, 99.
Dicaris, ins. 316.
Dicat, 306.
Dicdica, 19, 287.
Dictynium, 388.
Dictynnæum, 337.
Dictynnæus, mons, 337.
Didyma, insula, 163, 316.
Didyma, insulæ, 371.
Didyme, 46, 47, 285.
Didymi, insulæ, 377.

Digdida. V. Dicdica.
Dilis, 160.
Dilunto, 253.
Dimum, 66.
Dinaretum, 386.
Diniguttia, 66.
Dioborus, 428.
Diocæsarea *Isaur.* 451.
Diocæsarea *Palæst.* 455.
Dioclea, 438.
Diocletianoplis. V. Dicæopolis.
Diocletianopolis *Palæst.* 455.
Diocletianopolis *Theb.* 459.
Diocletianopolis. *Thess.* 430.
Diocletianopolis *Thrac.* 427.
Diodurum, 116.
Diolele Presidi, 300.
Diolindum. V. Trajectus.
Dionisa, ins. 316.
Dionysa, ins. 166.
Dionysi, prom. 375.
Dionysia, ins. 359.
Dionysias, 456.
Dionysias, ins. 388.
Dionysiphanes, 379.
Dionysopolis, 67, 248, 393, 428.
Dionysus, 373.
Diorycto. V. Pedioricto.
Dios (al. Jovis Hydræum), 285.
Dios Hieron, 435.
Dioscurias, 301, 350, 392.
Diospolis magna, 45, 459.
Diospolis parva, 43, 285.
Diospolis *Thrac.* 427.
Diospolis *Phœnic.* 42, 56, 188, 454.
Diotachi, 307.
Dipone, 125.
Dium, 98, 258, 345, 428.
Divali, 314.
Divalimusetice, 314.
Divini portus, 2, 3.
Divodurum, 70, 108, 110, 226, 227, 318.
Divodurum. V. Diodurum.
Divona. V. Bibona.
Doara regio, 448.
Doberos, 190.
Docimium, 268, 441.
Dodonæ, 433, 437.

Dogalasso, 50, 60.
Doganis, 267.
Doliche, 50, 52, 53, 54, 278, 453.
Domana, 65, 266.
Domeros, 190.
Domitiana, 156.
Dona, 266.
Donantilia, 307.
Donatianis, 240.
Donusa, 384, 385.
Donysa, ins. 316.
Dora, 277, 454.
Dor lacus, 317.
Doracium, 434, 436.
Dorica gens, 397.
Dorilaum. V. Dorylæum.
Dorionibus, 251.
Doris regio, 447.
Dorista, 307.
Dorius, fl. 414.
Dorostoro leg. XI, 66, 247, 252, 427.
Dorticum, 65, 247.
Dorus, 362.
Dorusa, ins. 432.
Dorylæum, 58, 268, 269, 442.
Dracones (ad), 9, 50, 60, 265, 266.
Drangæ, 311.
Drangiana, 314, 424.
Drepanis, 27, 29.
Drepanum, 219, 365, 373.
Drillæ, 390.
Drimæa, 430.
Drinaupa, ins. 368.
Drinum (ad), 246.
Drinus, fl. 244, 315.
Drippa, 189.
Drium, 425.
Drizipara, 40, 67, 97, 178, 251.
Dromos Achillis, 393.
Drubetis, 249.
Drusi pons, 240.
Drusiliana, 293, 297.
Druzipara. V. Drizipara.
Dryopes, 165.
Drys, 346.
Dubii, 93.

Dubis ponte, 228.
Dubris, 142, 237.
Dulichia, 165.
Dumno, 227.
Dumnoniorum. V. Isca.
Duno, 247.
Duodeca, 190.
Duodecimum (ad) *Batav.* 226.
Duodecimum (ad) *Gall.* 227.
Duodecimum (ad) *Gall. Cis.* 173.
Duodecimum (ad) *Maced.* 190.
Duodecimum (ad) *Messap.* 191.
Duodecimum (ad) *Venet.* 174.
Dura et Europus, 422.
Dura Nicanoris, 422.
Duravescos, 256.
Duretie, 284.
Duriis, 174.
Duriscus, 346.
Durnomagus, 74.
Durnovaria, 146, 147.
Duroaverus. V. Durovernum.
Durobrivas, 141, 142.
Durocasis, 115, 116, 236.
Durocatalaunum, 107.
Durocobrivis, 141, 143, 144.
Durocornovium, 147.
Durocortorum, 106, 107, 108, 113, 114, 115, 227, 230, 231.
Duroicoregum, 228.
Durolevum, 142, 237.
Duroliponte, 142.
Durolitum, 145.
Duronum, 114, 231.
Durostorus. V. Dorostoro.
Durotinco, 222.
Durovernum, 142, 237.
Dusæ pros Olympum, 262.
Dydymis. V. Didymis.
Dyme, 96, 99, 189, 255, 259, 335.
Dyme, ins. 316.
Dyrrachium, 95, 100, 101, 155, 164, 254, 257, 329, 433.
Dysopus, 374.
Dyyrta, 327.
Dyzanas, 303.

E

Ebellinum, 136.
Ebirno. V. Nevirnum.
Ebora, 125, 128.
Ebrættus, 427.
Ebrodunum. V. Hebridunum.
Ebrodunum. V. Eburodunum.
Ebrus, fl. 315.
Eburacum leg. VI victrix, 140, 141, 143, 144.
Eburobriga, 107, 230.
Eburodunum, 102, 106, 221, 228.
Eburomagus. V. Hebromagus.
Eburovices. V. Mediolanum Aulercorum.
Ebusos, 161.
Ebutiana, 212.
Ecas, 34.
Ecbatana, 303, 304, 307, 308, 309, 311, 312.
Ecceius, 365.
Eccobriga, 58, 264.
Ecdaumava. V. Egdava.
Ecdeppa, 183, 362.
Ecechiries, 351, 399.
Echedorus, 345.
Echinades, ins. 332.
Echinæus, 429.
Echinus, 343.
Eclanum, 34, 35, 214.
Ecobrogis. V. Eccobriga.
Edebessus, 443.
Edenedia, ins. 166.
Edessa *Illyr.* 96, 98, 190, 254, 428.
Edessa *Osroen.* 50, 51, 52, 53, 305, 306, 453.
Edrei. V. Adraha.
Edrone. V. Evrone.
Egdava, 268.
Egeta, 65, 247, 249.
Egetium, 218.
Egilau, 263.
Egilta, ins. 316.
Egira, ins. 163.
Egirca, 250.
Egnatia, 34, 191, 214, 216, 218.
Egorigium, 111, 226.
Egyptus. V. Ægyptus.
Ehetium. V. Egetium.
Eilopopuli, 178.

Eion, 347.
Ela. V. Elæa.
Elaa, 323.
Elæa *Asiæ*, 271, 272, 357, 436.
Elæa *Thespr.* 330.
Elæo. V. Ilio.
Elæus, 347, 378.
Elæus, fl. 261, 390, 395, 418.
Elæusa, 382.
Elaphonesus, ins. 355.
Elatea, 258, 342, 430.
Elatia, 271.
Elearchia, 457.
Elegarsina, 266.
Elegio, 239.
Elenses, 335.
Elephantaria *Afr.* 292.
Elephantaria *Sard.* 23.
Eleusis, 98, 257, 259, 340.
Eleuthera, 388.
Eleutherna, 260, 337, 432.
Eleutheropolis, 56, 57, 455.
Eliæ, 16.
Eliberre, 223.
Elide. V. Netido.
Eliocroca, 121.
Eliopoli, 280.
Elis, 335, 432.
Elpenori tumulus, 322.
Elusa *Ægypt.* 283, 456.
Elusa *Gall.* 171, 223.
Elusione, 172.
Elymaïs, 310.
Elymi, 324.
Elyrus, 337, 433.
Emerita, 124, 125, 126, 130, 131, 133.
Emesa, 51, 53, 54, 55, 56, 280, 454.
Eminium, 126.
Emma, 278.
Emodi montes, 318.
Emona. V. Æmona.
Emporium, 321, 328, 380, 431.
Enchelei, 329.
Endidæ, 82.
Eneca, 304.

Eniochi. V. Heniochi.
Enna, 28, 219.
Ennesyphora, 372.
Ensem (ad), 199.
Ensem (ad). V. Adhesis.
Entellia, 167.
Eordæa, 428.
Epamantadurum, 104, 117, 229.
Epara, 307.
Eperos, 318.
Eperus, 374.
Epetio, 253.
Epetius portus, 319.
Ephesus, 271, 272, 273, 357, 435.
Ephyra *Ach.* 431.
Ephyra *Epir.* 433.
Epicaria, 253.
Epichus, 366.
Epidamnus. V. Dyrrachium.
Epidaurus, 164, 253, 260, 336, 338, 339, 431.
Epidotio, 245.
Epileucadios, 332.
Epilicus portus, 319.
Epiphania *Cilic.* 275, 450.
Epiphania *Syr.* 51, 54, 280.
Epirus, 97, 190, 329.
Epirus nova, 316, 433.
Epirus vetus, 151, 433.
Epitaurus. V. Epidaurus.
Epoissum, 109.
Epomanduo. V. Epamantadurum.
Epora, 122.
Eporedia, 102, 103, 104, 204.
Epusum. V. Epoissum.
Epyrum. V. Topyrus.
Epyrus. V. Epirus.
Equa bona, 125.
Equestribus, 103.
Equezeto, 296.
Equum magnum (ad), 192.
Equus Tuticus, 31, 32, 33, 217.
Eraciza, 279.
Erasistratius, 357.
Erdonias, 34, 192, 217.
Eremus, 360.
Eressus, 356.
Eretria, 341.
Eretum, 92, 205, 206, 208.

Ergasteria, 270.
Ergasterion, 437.
Ergitii. V. Corneli.
Ergitium, 216.
Eribulum. V. Hyribolum.
Eribulum, 263.
Eridanus, 326.
Erinus, 343.
Erite, 248.
Erizus, 446.
Erkronis, ins. 316.
Ermupolis, 284.
Ernaginum, 102, 172, 221, 222.
Ernodurum, 138.
Ernolatia, 241.
Erucium, 24.
Erycis, 167.
Erycodes, ins. 316.
Erythia, 329.
Erythini, 391, 396.
Erythræ, 357, 436.
Erythre, ins. 165.
Erythrum, 373.
Esco, 247, 251.
Escone, 239.
Escus, fl. 315.
Esernia. V. Æsernia.
Essedones, 314.
Esuri, 128, 130.
Etanna, 228.
Eternum. V. Aternum.
Etleg, 39.
Etocetum, 141.
Etruria, 167, 314.
Etrusci, 320.
Euanthis, 333.
Euarchus, fl. 397.
Eubœa, ins. 165, 341, 367, 370, 430.
Eucarpia, 269, 441.
Eudagina, 267.
Eudocia, 442.
Eudocias *Lyc.* 444.
Eudocias *Phryg.* 438.
Eudoxias, 448.
Eudoxiopolis *Pisid.* 440.
Eudoxiopolis *Thrac.* 426.
Eudracinum, 224.
Euechus, fl. 397.

Euforbio. V. Euphorbio.
Eugono, 265.
Eulepa, 49, 60, 63.
Eumari, 55.
Eumeis, 50.
Eumenia, 269, 438.
Euphorbio, 269.
Euphrantæ, 374.
Euphratensis, 453.
Euphrates, 421, 422.
Euporia, 256.
Euria, 372.
Euripidis. V. Peripidis.
Euripus, 332, 342, 369.
Euristo, 255.
Euræa, 433.
Europa, 167, 189, 321, 349.
Europos, 308.
Europus *Euphr.* 278, 453.
Europus *Illyr.* 428.
Europus *Mesop.* 422.

Eurotas, fl. 315, 336.
Eurymedon, 360, 380.
Euerymenæ, 344.
Euschœnus, 374.
Eusene, 262, 391, 397.
Euspœna, 48.
Eustraion, 429.
Euthicu, 21.
Eutretus, 333.
Evagina, 266.
Evarchus, fl. 420.
Evaza, 435.
Eveno, 97.
Evrone, 203.
Ewenos, fl. 257, 315.
Excisum, 139, 223.
Exocherium, 335.
Exoria, 437.
Extuomne, 177.
Ezene. V. Eusene.

F

Fabrateria, 91 209.
Falacrinum, 92, 205.
Falacrum, 47.
Falera, 258.
Faleros, 202.
Falesia, 157.
Faliatis, 246, 248.
Fanum Carisi, 23.
Fanum Fortunæ, 37, 194, 199, 205, 206.
Fanum fugitivum, 193, 207.
Fanum Martis, 117, 236.
Fanum Minervæ, 108, 231.
Fanum Veneris, 214.
Fanum Vulturnæ, 168.
Farfar, fl. 206, 315.
Faria, ins. 316.
Faustinopolis, 448.
Faventia, 30, 37, 86, 87, 194, 199.
Favoni portus, 25.
Febrateria. V. Fabrateria.
Feltria, 84.
Fenchi, 284.
Feratus mons, 318.
Ferentani, 325.

Ferentinum, 91, 209.
Feresne, 232.
Ferraria, 23.
Fevos, fl. 315.
Ficenda, 19.
Ficum (ad) *Numid.* 10, 296.
Ficum (ad) *Syrt. magn.* 287, 288.
Fidenis, 205, 206.
Fidentia, 30, 37, 87, 194, 199.
Figlinas (ad), 198.
Figlinis, 122.
Filadelfia. V. Philadelphia *Atrop.*
Filena, 226.
Filo Musiaco, 227, 228.
Finem (ad) *Gall.* 173.
Finem (ad) *Gall. Cis.* 174.
Finem (ad) *Illyr.* 245.
Fines *Gall.* (Aiguillon), 139, 222.
Fines (S. Avril d'Auvergne), 233.
Fines (Bethines), 138, 234.
Fines (près de Chambon), 233.
Fines (le Château-du-Loir), 235.
Fines (Firheix), 233.
Fines (Fismes), 114.

TABLE GÉOGRAPHIQUE.

Fines (Mars-la-Tour), 108.
Fines (près Mérindol), 102, 221.
Fines (S. Nauphary), 223.
Fines (Pechbusque), 222.
Fines (S. Sadurni), 120.
Fines *Gall. Cis.* 101, 199.
Fines *Lusit.* 128.
Fines (ad) *Cilic.* 274.
Fines (ad) *Etrur.* 86.
Fines (ad) *Gall.* 231.
Fines (ad) *Gall. Cis.* 106, 173.
Fines (ad) *Helvet.* 68, 69, 73, 238.
Fines (ad) *Illyr.* (Glina), 82, 244.
Fines (ad) *Illyr.* (sur le mont Kozaratz), 245.
Fines (ad) *Maced.* 256.
Fines (ad) *Mœs. sup.* 253.
Fines (ad) *Venet.* 174.
Fines Ciliciæ, 274.
Finis, 180, 279.
Finis exercitus Syriaticæ, 279.
Firmum, 95.
Firmum Vicenum, 208.
Fisida, 19.
Fisternas, 207.
Fixtuinum, 230.
Flacci taberna, 289.
Flacciana, 294.
Flaminia (via), 198.
Flaminium iter, 167, 168.
Flavia Marci, 297.
Flaviada, 62.
Flavias, 450.
Flaviopolis, 57.
Flavium. V. Brigantium.
Flegosma, 303.
Flenio, 226.
Fletione, 225.
Flexum, 80.
Flexum (ad) *Gall. Cisalp.* 174.
Flexum (ad) *Ital.* 210.
Flexum (ad) *Pannon.* 239.
Florentia, 87, 199.
Florentia Tuscorum, 86, 200, 201.
Florentiola, 30.
Floriana, 78.
Flosis, fl. 315.
Flusor, fl. 208, 315.
Fluvio frigido, 38, 174, 242, 314, 315.

Fluvium (ad) Bradanum, 31.
Fociana, 308.
Fons, 255.
Fons Camerata, 295.
Fons Scabore, 306.
Fons Timavi, 81, 82, 244.
Fonte Potamiano, 295.
Fonteclos (ad), 194.
Formis, 32, 35, 192, 210.
Fornulus (ad), 175.
Foroba, 267.
Foroecri, 205.
Forum Adriani, 226.
Forum Appii, 32, 192.
Forum Aurelii, 88, 197.
Forum Cassi, 87, 167, 200.
Forum Clodi, 87, 200, 201.
Forum Cornelii, 30, 37, 87, 194, 199.
Forum Domiti, 118, 120, 172, 220.
Forum Egurorum, 129.
Forum Flamini, 37, 193, 199.
Forum Fulvii. V. Sului.
Forum Gallorum, 136, 199.
Forum Juli, 89, 159, 220.
Forum Ligneum, 136.
Forum Livi, 87, 194, 199.
Forum Neronis. V. Loteva.
Forum novem pagorum Claudii, 167.
Forum novum, 217.
Forum Ocrei. V. Foroecri.
Forum populi, 194, 199, 213.
Forum Segusianorum, 223, 233, 235.
Forum Sempronii, 37, 194, 199.
Forum Sului, 199.
Forum Trajani, 24.
Forum Voconi, 89, 220.
Fossæ Marianæ, 90, 160, 220.
Fossæ Papirianæ, 198.
Fossis, 203.
Fossis, mut. 176.
Fratres (ad), 3.
Fraxinum *Bætic.* 122.
Fraxinum *Lusit.* 126.
Fregellanum, 91.
Fregenæ, 90, 167.
Fretum Gallicum, 154.
Frigdarium, 265.
Frigidis, 2.

64.

Frigidus, fl. 314.
Frofulas (ad), 246.
Frulos, 207.
Frusinone, 91.
Frustenias, 207.

Fulginis, 193.
Fulgurita, 289,
Fundis, 32, 35, 192, 210.
Fursane, 217.
Fusciana (ad), 252.

G

Gabæ, 455.
Gabala, 42, 182, 277, 376, 452.
Gabali. V. Anderitum.
Gabii, 209.
Gabris, 235.
Gabromagus, 83, 242.
Gabuleo, 253.
Gacuone. V. Gesdaone.
Gadæone. V. Gesdaone.
Gadar, 424.
Gadara, 55, 56, 281, 455.
Gadarus, 362.
Gadaum castra, 9.
Gadda, 281, 282.
Gadira, 321, 368, 412.
Gadis, 122, 123.
Gaditanus portus, 123.
Gæte, 316.
Gætuli, 316.
Gagæ, 381, 443.
Gagæa, 359.
Gaganis, 249.
Gagonda, 265.
Galabatha, 421.
Galabras, 375.
Galacum, 145.
Galata, ins. 162.
Galatia, 180, 181, 316.
Galatia I, 447.
Galatia Salutaris, 448.
Galava, 145.
Calaxia, 296.
Galea, 181.
Galepsus, 346.
Gallecia, 118.
Gallera, 168.
Gallia, 68, 89, 220.
Gallia comata, ins. 316.
Galliæ, 70, 101, 138, 139, 140, 160, 167.
Galliata, ins. 316.

Gallicum, 130, 225.
Gallum (ad) Gallinaceum, 5, 291.
Gandari Indi, 316.
Gangaris, 263.
Ganges, fl. 310, 311, 315, 410, 411, 412.
Ganges Regia, 310.
Gangeticus sinus, 410.
Gangis ostium, 311.
Gangra, 447.
Ganiæ, 347.
Ganus, 347, 426.
Gaphara, 366.
Gardellaca, 239.
Garamantes, 316.
Gargara, 270, 436.
Gari, 424.
Garium, 396, 419.
Garmias, 267.
Garonna, fl. 171, 315, 415.
Garsi, 264.
Gasaufula, 11, 295, 296.
Gaulita, 301.
Gaulus, ins. 367.
Gaura mons, 173.
Gavala. V. Gabala.
Gaza, 42, 311, 455.
Gedalusium, 316.
Gedrosia, 409, 410.
Gedrosii, 314.
Gegetu, 293.
Gela. V. Tela.
Gela *Sicil.* 324.
Gelæ, 28.
Gelasium, 26.
Gelduba, 74.
Geloni, 350, 400.
Geluina, 302.
Gemellæ *Afr.* 8, 23, 298.
Gemellæ *Sard.* 24.
Gemenellum, 89, 197, 198, 220.

Gemestarium, 129.
Geminæ *Gall.* 221.
Geminæ *Iber.* 128.
Geminiacum, 113, 231.
Genabum. V. Aureliani.
Gendarum, 278.
Genepus, fl. 398.
Genesis, fl. 254, 257, 315.
Genetes, 352.
Geneva, 103, 228.
Gensis, 246.
Genna, 89, 158, 167, 198, 205.
Genusus, fl. 315.
Georgi, 400.
Georgia, 377.
Gephira, 190, 278.
Geræstus, 369.
Gerainas. V. Geminæ.
Gerame, 271.
Gerania, 333.
Geras, 21.
Gerasa, 456.
Gerba, 366.
Gerbedisso, 53.
Gereatis, 21.
Gergis, 375.
Germa, 57, 58.
Germæ, 100, 271, 437.
Germane, 434.
Germania inferior, 415.
Germania magna, 416, 417.
Germania superior, 415.
Germaniæ, 109.
Germanicia, 50, 51, 453.
Germaniciana, 16.
Germanico, 238.
Germanicopolis, 452.
Germe. V. Germæ.
Germia, 448.
Germizera, 249.
Geroda, 55.
Geronthræ, 431.
Geronum, 218.
Gerra, 283, 458.
Gerulata *Mœs. super.* 246.
Gerulata *Pannon.* 72, 239.
Gerunda, 118, 220.
Gesdaone, 173.

Gesocribate, 233, 234.
Gessoriacensis portus, 112, 154.
Gessoriacum, 106, 107, 112, 140, 227, 228, 229.
Getullu, 288.
Gibrata, 304.
Giddan, 422.
Gigti, 19, 164, 289.
Gilba, 3.
Gilda, 5.
Gilva, 3.
Gipsila, 189.
Girba, ins. 164, 316.
Girin, fl. 315.
Gitti. V. Gigti.
Gizenenica, 265.
Glanoventa. V. Clanoventa.
Glanum, 102, 221.
Glaucus, 371.
Glaudia, 266.
Glavana, 441.
Glevum. V. Clevum.
Glycys. V. Ciclis.
Gnadegetuli, 316.
Gnatiæ, 94, 214, 216.
Gobæum, 415.
Gobannium, 146.
Goboi, 303.
Golgotha, 186.
Gomphi, 430.
Gonia, 286.
Gophna. V. Cofna.
Gorbeus, 59.
Gordium, 41.
Gordos, 439.
Goreiro, 164.
Gortyna, 337, 432.
Graccurris, 135.
Gradiacis, 241.
Gradus Massilitanorum, 160.
Græas gony, 371.
Græci, 324.
Græcia, 165.
Græcos (ad), 201.
Graero, 256.
Gramatum, 104.
Granda via, 190.
Grande, mut. 190.

Grandimirum, 127.
Grani (in monte), 208.
Granicus. V. Cranicus, fl.
Granirianis, 250.
Grannona, 258.
Granus, 337.
Grater, fl. 315.
Gratiana, 435.
Gratianopolis. V. Culabone.
Graviacis, 241.
Gravinum, 229.
Graviscas, 156, 167, 197.
Grecos. V. Græcos (ad).
Gremellas, 23.
Gretia, 316.

Grinarione, 238.
Grinnibus, 226.
Grumentum, 31, 215.
Gryneium, 357.
Gundusa, 50.
Guntia, 73.
Gunugus, 4.
Gurbita, 256.
Gurra, 294.
Gurtiana, 78.
Gurzubanthum, 397.
Gyaros, ins. 166.
Gyenus, fl. 351.
Gynæcocratumeni, 349.
Gythium, 259, 336.

H

Haclitha. V. Hatita.
Hactara, 122.
Hadia, 306.
Haditha. V. Hatita.
Hadrante. V. Adrante.
Hadre, 245.
Hadria, 92, 94, 208.
Hadriani. V. Forum Adriani.
Hadriani. V. Radriani.
Hadrianopolis *Afric.* 20, 287.
Hadrianopolis *Epir.* 258, 262, 263, 433.
Hadrianopolis *Hæmim.* 427.
Hadrianopolis *Honoriad.* 447.
Hadrianopolis *Pisid.* 440.
Hadrianopolis *Thrac.* 40, 47, 48, 67, 68, 96, 250, 256.
Hadrianuteba, 270.
Hadrito. V. Adrumetum.
Hadrumetum. V. Adrumetum.
Hæmimontus, 427.
Hæmo monte. V. Montemno.
Hæmus, 393, 403.
Hafa, 24.
Haila, 283, 284.
Halæ, 373, 387.
Halesus. V. Alæsa.
Halia, 306, 338.
Haliacmon, 345.
Halicanum, 77.
Halicarnassus, 358, 381, 445.

Halisso, 257.
Halmydessus. V. Salmydessus.
Halmyris, 428.
Halupsi, 327.
Halvillo, 199.
Halys, fl. 353, 391, 397, 420.
Hamaxitus, 355.
Hammeo, 253.
Hannibali, 215.
Hanunea, 54.
Hapsum, fl. 257.
Haræ, 279.
Harenacium, 74, 110.
Haris, 266.
Hariza, 302.
Harmene, 353, 391, 397, 399, 419, 420.
Harmonia, 429.
Harpasa, 446.
Hasia, 199.
Hassis, 265.
Hasta, 194, 197.
Hastæ. V. Nastæ.
Haste, 306.
Hatera, 258.
Hatita, 281, 282.
Hatris, 304, 305, 306.
Havarra, 284.
Heba, 266.
Hebdomus, 367.
Hebriduno, 173.

TABLE GÉOGRAPHIQUE.

Hebromagus, 172, 222.
Hebrus, fl. 315, 346.
Hecatompylos, 308, 309, 311.
Helcebo. V. Helveto.
Heldo, 280.
Heldua, 183.
Helega, 262.
Helellum. V. Helvetum.
Helena, 20, 21.
Helena, ins. 341.
Helenopolis, 446, 455.
Helenopontus, 449.
Heliaramia, 281.
Helice, 39.
Heliopolis *Ægypt.* 44, 46, 454.
Heliopolis *Phœnic.* 55, 56, 280.
Helisei fons, 187.
Heliu. V. Heliopolis.
Hellaua, 200.
Hellas, 430, 431.
Hellespontus, 166, 436.
Helodes portus, 319.
Helorum, 324.
Helru, ins. 316.
Helvetum, 73, 104, 105, 225.
Helvillo, 37, 94, 193, 199.
Helya. V. Herusalem.
Hemera, 27.
Hemioni, 327.
Hemona. V. Æmona.
Heniochi, 314, 350.
Hephæstus, 458.
Heraclea *Bithyn.* 261, 419, 420, 447.
Heraclea *Car.* 358.
Heraclea *Cœlesyr.* 376.
Heraclea *Illyr.* 327.
Heraclea *Ital.* 33, 215, 261.
Heraclea *Maced.* 96, 98, 190, 255.
Heraclea *Meliens.* 343.
Heraclea (Perinthus) *Thrac.* 40, 48, 67, 97, 99, 180, 191, 193, 353, 426, 447.
Heraclea *Thrac.* 257, 347.
Heraclea ad Albacum, 446.
Heraclea Lacci, 428.
Heraclea ad Latmum, 445.
Heraclea Lyncestis, 254.
Heraclea Sintica, 256.
Heraclea Strymonis, 429.

Heracleium *Cyren.* 373.
Heracleium *Maced.* 345.
Heracleium *Tarracon.* 414.
Heracleo, 284.
Heracleon, 262.
Heracleopolis magna, 43, 284.
Heracleotes, 163.
Heracleus, 42.
Heracleustibus, 190.
Heraclia, 178.
Heraclia Caccabaria, 158.
Heracome, 276, 277.
Hercontroma. V. Acontisma.
Heræa, 335.
Herbas (ad), fl. 261.
Herbelloni, 193.
Herclanium, 212, 213.
Hercontroma, 189.
Hercul. 78.
Herculaneum. V. Herclanium.
Hercule monæci, 158.
Herculem, 167.
Herculem (ad), 24, 88, 253, 256, 306.
Herculem (ad) castra, 80.
Herculis aggeres, 365.
Herculis ara, 375.
Herculis castra, 225.
Herculis columnæ, 321, 368.
Herculis, ins. (Asinara), 316.
Herculis, ins. (Basiluzza), 316.
Heraclis portus, 88, 156, 201, 202.
Herdonea, 34, 192.
Herichonte, 282.
Hermæa *Carthag.* 366, 367.
Hermæa *Cyren.* 371.
Hermæa acra, 368.
Hermæum, 371, 374.
Hermion, 338, 431.
Hermocapelia, 439.
Hermonacum, 231.
Hermonassa, 392, 399.
Hermopolis magna, 43, 459.
Hermopolis parva, 42, 43, 457.
Hermunthis, 43.
Hermus, fl. 357.
Harmyse, 399.
Hero, 46.
Herusalem. V. Hierosolyma.

Hesidrus, fl. 311.
Hesperides, 364, 365.
Hesperis, 287.
Hestiæa, 341.
Hexacomia, 456.
Hibernia, 418.
Hible. V. Hybla.
Hiera, ins. 316.
Hierabriga, 126.
Hieracome. V. Heracome.
Hieracon, 45.
Hieramione, 431.
Hierapolis *Arab.* 456.
Hierapolis *Isaur.* 451.
Hierapolis *Phryg. Pacat.* 100, 271, 438.
Hierapolis *Phryg. Salut.* 441.
Hierapolis *Syr.* 53, 278, 279, 453.
Hierapytna, 261, 387, 432.
Hierastamnæ, 327.
Hierasycaminos, 36, 44, 284, 285.
Hiereo, 255.
Hiericho, 187.
Hierocæsarea, 439.
Hieromax, fl. 315.
Hieron, 354, 420.
Hieron Jovis Urii, 362, 418, 419.
Hierosolyma, 171, 184, 185, 186, 187, 188, 281, 282, 283.
Himera. V. Thermæ.
Himera, fl. 315.
Hios, ins. 165.
Hippi, 437.
Hippo Regius, 2, 5, 11, 12, 291, 292, 293, 294.
Hippo Zarytus, 5, 291, 367.
Hippon, 20, 21.
Hippon acra, 367.
Hipponitis, 367.
Hipponium. V. Vibona.
Hipponon, 45.
Hipporum, 33.
Hippus, 455.
Hirannus, fl. 315.
Hiscampis, 190.
Hisoris, 43.
Hispa, 266.
Hispalis, 123, 124.
Hispania, 136, 321.

Hispaniæ, 118, 154, 161.
Hispellum, 168.
Histonii, 94, 216.
Historium, 67.
Histria, 317.
Histriopoli, 248.
Hiverio, 160.
Holmii, 360.
Holophyxus, 345.
Homolium, 331.
Homonada, 440.
Honoratianum, 31.
Honorias, 447.
Horbida, 384.
Hormucopto, 285.
Horrea, 7.
Horrea (ad), 89, 220, 290.
Horrea Cælia, 15, 17, 18.
Horrea Margi, 39, 177, 250, 435.
Hostensis (via), 211.
Hostilia, 85, 203.
Hostis, 211.
Hostizo, 250.
Hostræ, 305.
Hosuerbas, 172.
Hungunverro, 171.
Hybla, 163, 219.
Hyccara, 27, 29.
Hycronpotamum, 180.
Hydaspes, fl. 311.
Hyde, 441.
Hydramus, 388.
Hydreum Jovis. V. Dios.
Hydriacus, fl. 409.
Hydruntum, 33, 34, 97, 98, 152, 155, 164, 191, 216, 325, 330.
Hylæa, 400.
Hylarima, 446.
Hylli, 327.
Hypæpa, 272, 435.
Hypata, 429.
Hyphali, 374.
Hyphasis, fl. 311.
Hyporum, 33.
Hyppius, fl. 261, 354, 418.
Hypponum. V. Hipponum.
Hypsele, 459.
Hyrcania, 423.

TABLE GÉOGRAPHIQUE.

Hyrcanium mare, 318.
Hyribolum, 180.
Hyrtacina, 337.

Hysdata, 182.
Hyssus, 300, 389.
Hytti thistæs, 431.

I

Iabne. V. Jamnia.
Jader, 81, 155.
Jadera, 245.
Jala, fl. 315.
Jalysus, 358.
Jammura, 279.
Jamnia, 42, 277, 282.
Januaria, 377.
Japho. V. Joppe.
Japis, 340.
Iapygia, 325, 330.
Jasonium, 352, 392.
Jasulones, 78.
Jasus, 385, 446.
Jatro, 247, 251.
Jaxartes, fl. 315.
Iazamatæ, 349, 400.
Iber, fl. 321.
Iberia, 316, 321.
Ibiu, 43.
Ibliodurum, 108.
Ibora, 449.
Icaria, ins. 316, 341, 369.
Icasia, 166.
Icentiæ, 213, 214.
Ichnæ, 421.
Icianos, 142.
Icidmagus, 224.
Iciniacum, 238.
Iconium, 269, 270, 271, 273, 274, 440.
Icorigium. V. Egorigium.
Icos, ins. 165, 341.
Icosium, 4.
Ictodurum, 221.
Ida, 347.
Idassa, 327.
Idicra, 7.
Idex, fl. 315.
Idiminio, 243.
Idimum. V. Idomum.
Idomene, 356, 428.
Idomum, 39, 177, 250.

Idyrus, 359.
Ierabrica, 126.
Jericho, 282.
Ierusalem, 454.
Igilgili, 4, 10, 291, 296.
Igilium, ins. 162, 316.
Ildum, 121.
Ilerda, 119, 136.
Ilici, 121.
Iliga, 39, 178.
Ilio, 258.
Ilipa (Ubrique), 123.
Ilipa (Niebla), 130.
Ilistra, 440.
Iliturgis, 122.
Ilium, 100, 270, 355, 437.
Illiberre, 220.
Illyricum, 428.
Illyrii, 327, 329.
Ilorcis. V. Eliscroca.
Ilurone, 136.
Ilus, ins. 373.
Iluza, 438.
Ilva, ins. 317, 162, 322.
Imbrus, ins. 346, 370, 432.
Imeus mons, 207, 318.
Immadras, 159, 160.
Imo monte. V. Montemno.
Impara, 99.
Imum Pyrenæum, 137.
Inalperio, 246.
Inaronia, 253.
Inata, 261.
Inatus, 432.
Incarum, 160.
Indenea, 245.
Indeuminacum, 39.
India extra Gangem, 411.
India intra Gangem, 410.
Indibili. V. Intibili.
Indicum mare, 412.
Indus, fl. 315, 412.

Ingauni, 319.
Inicerum, 76, 79.
Inimurio, 241.
Insulæ, 444.
Interamnia, 37, 193, 206.
Interamnium, 135, 136, 198, 213.
Interamnium Flavium, 129.
Interbromium. V. Interpromium.
Intercatia, 133.
Intercisa *Pannon.* 72.
Intercisa *Ital.* 194.
Intercisa (ad), 199.
Interocrium, 92, 205, 207.
Interpromium, 30, 93, 207.
Intibili, 121.
Inuca, 6, 12, 15, 293.
Invinias, 211.
Job villa, 184.
Jobius. V. Saltus.
Joglandem (ad), 201.
Jogola, 41, 181.
Jolcus, 344.
Jomanes, fl. 311.
Jomnium, 4, 292.
Ionaria, 246.
Ionica gens, 397.
Ionium mare, 165, 316.
Ionius sinus, 330.
Ionopolis. V. Aboni-Tichos.
Joppe, 277, 362, 455.
Jordanes, fl. 187, 315.
Josaphath, 186.
Jotape, 451.
Jovalia, 176.
Jovallio, 243.
Jovavi. V. Juvavum.
Jovem (ad), 171.
Jovia, 38, 78, 176, 243, 442.
Joviaco. V. Juvavum.
Jovis Hydreo, 47.
Jovis Larene, 212.
Jovis Pago, 177, 250.
Jovis Penninus, 317.
Jovis Tifatinus, 317.
Jovis Urii templum, 261, 347, 418, 419, 420.
Ipagrum, 123.
Ipetobrogen, 180.
Ipompeis, 177.

Ipponte Diarito. V. Hippo Zarytus.
Ipsus, 441.
Irenopolis. V. Berone.
Irenopolis, 450, 452.
Iria, 87, 199.
Iria Flavia. V. Pria.
Iricus, 340.
Iris, fl. 391, 398, 420.
Isa, ins. 316.
Isannavatia, 143, 144.
Isara. V. Lura.
Isaria, 273, 274.
Isauria, 451.
Isauropolis, 441.
Isca Dumnuniorum, 146, 147, 237.
Iscæ leg. II. Augusta, 146, 147.
Iscina, 19, 287.
Iscopolis, 284.
Iscus, 434.
Ises (ad Pontem), 239.
Iseum, 317.
Isex, fl. 199, 315.
Isiacorum portus, 393.
Isinda, 442.
Isinisca, 69, 75, 239.
Isis, fl. 351, 389.
Isiu *Æg. infer.* 43.
Isiu *Æg. super.* 45.
Isium, 381.
Issa, ins. 164, 316, 328.
Issedones, 314.
Issium, 51.
Issos, 272.
Ister, fl. 326, 348.
Isteria, 317.
Isthmus, 151, 334.
Istria, 79, 81, 155, 164, 326, 393.
Istria. V. Historio.
Istrianorum portus, 393.
Istris, ins. 327.
Istropolis, 248.
Istrus, 428.
Isubrigantum, 143.
Istamo, 259.
Istonium, 216.
Isumbo, 303.
Isunisca. V. Isinisca.
Isurium, 140, 141, 143.

Italia, 29, 79, 81, 89, 101, 118, 155, 162, 173, 175, 317.
Italica, 124, 130.
Itania, 317.
Itanum, 337.
Ithaca, ins. 164, 316, 332, 433.
Ithacus, 165.
Ithome, 241.
Ivaro, fl. 315.
Ivavo. V. Juvavum.
Iucharatax, 438.
Jucundiu, 21.
Iudæa, 318.
Judæorum vico. V. Stratonicidi.
Juenna, 243.
Juga ciminia, 168.
Julia Carnico, 84.
Julia Fidentia, 87.
Juliacum, 112, 113, 232.
Julianopolis, 439.
Julii acra, 367.
Julii (ad pontem), 198, 200, 201, 202.
Juliobona, 236.
Juliomagus *Gall.* 229, 236.
Juliomagus *Germ.* 238.
Juliopolis, 41, 181, 264, 447.
Juliopolis. V. Lullæ.
Juliosebaste, 451.
Julis, 341.
Juncaria, 118, 120, 220.
Junonis templum, 324, 334, 412.
Ius, ins. 341, 383, 385, 445.
Justi col. 6.
Justiniana, 434.
Justiniana secunda, 434.
Justinianopolis, 440.
Jutugi, 317.
Juvavum, 69, 73, 75, 239, 241.
Juvavus, fl. 315.
Izannesopolis, 422.
Izirallum, 40, 67.

L

Labicum. V. ad Quintanas.
Labisco-e, 103.
Labonia, fl. 315.
Labores, Pont. Uscæ, 243.
Labores (ad), 240.
Lacedæmon, 259, 260, 336, 431.
Lacene, 289.
Laciacum, 69, 75.
Lacinium, 215, 324.
Lacipea, 131.
Lacobena, 64.
Lacobriga, 119, 135, 136.
Laconia, 317.
Laconica, 431.
Lacotena, 61, 64.
Lactodorum, 141, 143.
Lactora, 222.
Lactorates Auci, 317.
Lactura, 139.
Lacum (ad) Aprilem, 88, 157.
Lacum (ad) Comacenum, 84.
Lacum (ad) Regium, 11.
Lacus, 83.
Lacus Beberaci, 306.
Lacus et mons Ciminus, 202.
Lacus. V. Locus Felicis.
Lacus Lausonius, 103, 227, 228.
Ladena, 260.
Ladestris, ins. 317.
Ladica, 182.
Ladios (ad), 81.
Laertum, 379.
Lagalasso, 275.
Lagania, 41, 180, 264, 447.
Lagecium, 143.
Lagusa, 381.
Lalla, 302.
Lamasba, 8, 9, 298.
Lamasco, 270.
Lamasco. V. Lampsacus.
Lamate, 245.
Lambafudi, 298.
Lambese, 8, 11, 298, 299.
Lambiridis, 298.
Lambro. V. Fluvio Frigido.
Lambrum, 204.
Lamia, 343, 429.
Lamini, 134.

Laminiæ, 289.
Lamnas, 208.
Lamnia, 282.
Lamniana, 290.
Lamnum, 232.
Lampæa, 337.
Lampæ, 433.
Lampas, 367, 393.
Lampsacus, 100, 269, 270, 355, 437.
Lampsilii, 298.
Lamus, 451.
Lamyron, 398.
Lanerius, fl. 26.
Lance, 119.
Langobrica, 426.
Lanobris, ins. 114.
Lanuvium, 90, 210.
Laodamantia, 371.
Laodamantium, 363.
Laodicea *Phryg.* 100, 438.
Laodicea *Syr.* 42, 182, 277, 278, 376, 452, 454.
Laodicea Combusta, 268, 269, 440.
Laodicea Scabiosa, 55, 56, 280.
Lapadia, 7.
Lapathus, 276, 361, 386, 451.
Lapidaria, 240.
Lapidem (ad) Bajum, 296.
Lappa, 260, 433.
Lar castellum, 3.
Larabus, 297.
Laranda, 62, 440.
Larga, 104, 229.
Largiana, 249.
Laria, ins. 316.
Laribus, 6, 297.
Larice, 83.
Larinum, 216.
Larinum. V. Arenium.
Larissa *Achæorum*, 343.
Larissa *Cappad.* 274.
Larissa *Illyr.* 428.
Larissa *Syr.* 51, 54, 55, 280, 452.
Larissa *Thess.* 98, 258, 344, 429.
Larissa *Troad.* 355.
Larius lacus, 317.
Lartheniano, 168.
Larthis amnis, 168.
Larunesiæ, 375.

Larymna, 342.
Las, 336.
Lasanices, 20, 21.
Lassora, 264.
Lateas, 262.
Laternii, 325.
Latina, 177.
Latina via, 209.
Latini, 322.
Latinum. V. Fixtuinum.
Latis, fl. 315.
Latmus, 360, 445.
Latopolis, 43, 459.
Lato (contra), 285.
Latomagus, 115.
Latovicorum prætorium, 76.
Latronum, fl. 351.
Lavatris, 141, 143.
Laude, 30, 38, 85, 194, 204.
Laudicia. V. Laodicea.
Laudicium Pilycum, 273.
Lavinium, 211.
Lavicana via, 91, 92, 209.
Laviscone, 103, 224.
Laumellum, 85, 101, 103, 106, 174, 204.
Laumium, 210.
Laurentum, 90, 211.
Lauri, 225.
Lauriacum, 68, 69, 70, 72, 74, 75, 83, 239.
Laurino, 71.
Lauzadus, 452.
Lazi, 317.
Lazo, 302.
Lebadia, 430.
Lebedus, 271, 357, 436.
Lebena, 387.
Lebinthus, 384.
Lechæi. V. Lethi.
Lechæum, 334.
Ledas, ins. 317.
Lederata, 248.
Lefas (ad) Gazatiæ, 212.
Leg. I adjut. 72.
Leg. II adjut. 72.
Leg. III, 72.
Leg. VII geminam (ad), 118, 119.
Leg. X gem. 72.
Leg. XIIII gem. 72.

Leg. (ad) XXX, 71, 74.
Legedia, 236.
Legeolium, 143, 144.
Legna, 57.
Lehelam, 302.
Lemanis (ad portum), 142.
Lemanus lacus, 317.
Lemavium, 237.
Lemelli presidium, 297.
Lemincum, 103, 224.
Lemnos, ins. 165, 317, 347, 370, 432.
Lemovices. V. Augustoritum.
Lemnis, 3.
Lemunum. V. Limonum.
Lentolis, 176, 243.
Lentuli, 38, 176.
Lenur, 317.
Leonatiæ. V. Egnatia.
Leontini, 324.
Leontopolis *August.* 458.
Leontopolis *Osroen.* 453.
Leonum civitas, 362.
Lepataleon, 383.
Lepavist, 239.
Lepidoregio, 199.
Lepinum. V. Sœpinum.
Lepreatæ, 335.
Lepte acra, 391.
Leptis magna, 18, 19, 21, 22, 286, 287, 288, 289, 365, 366, 374.
Leptis parva, 18, 290, 291, 366, 375.
Lero et Lerinus, 159.
Leros, ins. 383, 384.
Lesbi, 7.
Lesbos, ins. 317, 356, 370.
Lesdos, 161.
Lethi, 259.
Letoce (ad), 172.
Letopolis, 43, 458.
Leucadia, ins. 317.
Leucæ, 357.
Leucæ, ins. *Afr.* 365.
Leucæ, ins. *Cret.* 388.
Leucarum, 146.
Leucas, 152.
Leucas *Acarn.* 332.
Leucatas, 332.
Leuce, 317.

Leuce acte *Lib.* 363, 371.
Leuce acte *Thrac.* 347.
Leuce, ins. 166, 348.
Leuceris, 204.
Leuciana, 132.
Leuconum, 77.
Leuconum. V. Leutvoanum.
Leucopagus, 382.
Leucopetra, 215.
Leucosia, 451.
Leucothium, 380.
Leucus portus, 376.
Levefano, 225.
Leusaba, 81, 245.
Leusinium, 101, 254.
Leutvoanum, 176.
Lexovii. V. Noviomagus.
Liadia, 180.
Liba, ins. 409.
Libanum, 89, 205.
Libia, 119.
Libisosia, 134.
Libissa. V. Libyssa.
Libissonis, 25.
Libo, 40.
Libros (ad), 246.
Liburni, 327.
Liburnia, 82, 317.
Liburnicus sinus, 81.
Liburnis, 327.
Libya, 153, 322, 363, 368.
Libycum pelagus, 317.
Libyssa, 40, 67, 180, 262.
Licenna, fl. 315.
Licium. V. Litium.
Lidda, 188.
Ligæa, 359.
Liger, fl. 315, 415.
Lignido lacus, 317.
Ligures, 322.
Liguria, 317.
Ligurnum, 167.
Lileus, 395.
Lillium, 390.
Lilybæum, 26, 27, 29, 153, 154, 163, 219 367, 425.
Limenæ, 440.
Limes, 140.

Limia, 129.
Limnæorum gens, 400.
Limne, 351.
Limniades, 20, 21.
Limobrama, 443.
Limodores, 343.
Limonum, 138, 233, 234, 236.
Limusa, 68.
Limyra, 359, 443.
Lince, 271.
Lindum, 143, 144.
Lindus, 358.
Lingones. V. Andematunnum.
Linie, 317.
Lintomagus, 228.
Linyda, 372.
Lipara, ins. 317, 425.
Lipeas, 191.
Lipias, 34.
Lippos (ad), 131.
Liquentia fl. 315.
Lisia, 260.
Lisia, ins. 160.
Liso. V. Lissus.
Lissa, 337.
Lissa, ins. 164.
Lissus *Cret.* 261, 387, 433.
Lissus *Preval.* 254, 434.
Listron, 434.
Litamum. V. Littamum.
Litanobriga, 114.
Liternum, 35, 36, 211.
Litium, 261.
Littamum, 84.
Livia. V. Libia.
Liviana *Afr.* 298.
Liviana *Gall.* 222.
Livias, 455.
Livissa. V. Libyssa.
Lix, col. 2.
Lixus, 368.
Liza, 289.
Loci Deregi, 317.
Locri, 324, 332, 333, 342.
Locri come, 375.
Locri Ozolæ, 332.
Locris, 215.
Locus felicis, 69, 72.

Loedias. V. Lydias.
Logaricum, 29.
Loncium, 84.
Londinium, 141, 142, 143, 144, 145, 237.
Longaticum, 38, 175, 242.
Longo ponte, 94.
Longobriga, 126.
Longones, 23.
Loposagium, 229.
Lorano, 245.
Loria, 88, 197, 202.
Lorimna, 272.
Losa, 137.
Losanensis lacus, 317.
Losodica, 238.
Loteva, 223.
Lotodos, 175.
Lotophagi, 327, 366.
Lotophagorum, ins. 375, 376.
Lotum, 115.
Luca, 86, 88, 167, 200, 201.
Lucani, 323.
Lucania, 317, 323.
Lucis, 215.
Lucos, 214.
Lucullianis, 295.
Lucus Augusti *Gall.* 106, 173, 221.
Lucus Augusti *Hispan.* 127, 129.
Lucus Basaro, 301.
Lucus Boramnus, 198.
Lucus, fl. 315.
Luddis, 282.
Ludias. V. Lydias, fl.
Ludna. V. Lunna.
Luenna, 243.
Lugdonec, 24.
Lugdunenses, 317.
Lugdunensis, 415.
Lugdunum *Belg.* 109, 225.
Lugdunum *Gall.* 107, 222, 223, 226, 233, 235.
Lugdunum postea Convenæ, 138, 139.
Lugio, 239.
Lugione (in medio), 71.
Luguidonis portus, 23.
Luguvallum, 140, 142, 143.
Luliacum. V. Juliacum.
Lullæ, 268.
Lullia (ad), 228.

Lumone, 89.
Luna, 157, 167.
Lunæ, 88, 89, 198, 200.
Lunæ mons. 413, 414.
Lunam (ad), 238, 240.
Lunda, 438.
Lunna, 107, 226.
Luntulis, 243.
Lupatia (sub), 34, 35, 214.
Lupias, 191.
Lupiones Sarmate, 317.
Lupones, 317.
Luppia, 216.
Luquidone, 24.
Lura, 227.
Lusiene. V. Lussunium.
Lusitania, 133, 413, 414.
Lusomana. V. Campona.
Lussunium, 72, 239.
Lutecia, 109, 115, 116, 229, 232.
Luteva. V. Loteva.
Luttomagus. V. Lintomagus.
Lybicum. V. Libycum.
Lybissa. V. Libyssa.

Lybo, 55.
Lybum, 180.
Lycaonia, 440.
Lychnidus, 434.
Lycaonum pagus, 43.
Lycastus, fl. 353, 398, 420.
Lycia, 317, 359, 443.
Lycii, 397.
Lycopolis, 43, 458, 459.
Lyctus, 337, 432.
Lycus, fl. 261, 354, 390, 395.
Lydda, 56, 188, 282.
Lydia, 356, 357, 398, 439.
Lydias, fl. 345.
Lymodus mons, 318.
Lyrbe, 443.
Lyrnas, 380.
Lyrnatia, 359.
Lyrnessus, 436.
Lysa, 283.
Lysias, 441.
Lysinia, 442.
Lystra, 440.

M

Macæ, 365.
Macara, 317.
Macarea, 375.
Macares, 397.
Macedonia, 95, 97, 98, 100, 155, 189, 190, 191, 317, 345, 428.
Macedonia secunda, 429.
Macenites, 1.
Macharta, 304.
Machelones, 390, 399.
Macomades, 6.
Macomades minores, 13, 18, 390.
Macomades Selorum, 287.
Macomades Syrtæ, 19.
Macra, 157.
Macra, fl. 315.
Macra, ins. 376.
Macri, 7.
Macrinum, 208.
Macrocephali, 352.
Macrontecos, 257.

Madassuma, 13, 14.
Madobalani, 317.
Madviacis. V. Ratibis.
Madus. V. Noviomagus.
Madytus, 347.
Mæa, ins. 374.
Mæander, fl. 357, 358.
Mænalum. V. Melena.
Mænaria, ins. 316, 317.
Mænomena, 394.
Mæonia, 439.
Mæotæ, 349.
Mæotæ Iazamatæ, 400.
Mæotis, 317, 348, 354, 392, 400.
Magabula, 265.
Magalasso, 267.
Magaris, 308.
Magia, 240.
Magiovinium, 141, 143, 144.
Magnana, 265.
Magnesia, 273, 357, 435.

Magnesiopolis, 436.
Magnetes, 344.
Magnis, 146.
Magno, 245.
Magnum prom. 411.
Magri, 295.
Magrus, 306.
Maguntiacum, 105, 111, 225.
Magydus, 359, 442.
Majudus, 456.
Mala, 351.
Malaca, 122.
Malandara, 49, 60, 63.
Malata, 71.
Malatis. V. Milatis.
Malceca, 125.
Malea, 336.
Maliæum mare, 166.
Malichi, 317.
Malienses, 343.
Malieus sinus, 343.
Malliana, 9.
Mallias (ad), 31, 32.
Mallus *Car.* 382.
Mallus *Cilic.* 272, 360, 377, 450.
Mallus *Pisid.* 440.
Malta, ins. 163.
Maltanum, 156.
Malum (ad) *Histr.* 82.
Malum (ad) *Mœs.* 247.
Malva, fl. 3.
Mampsis, 456.
Mamucium, 141, 145.
Manange, 299.
Mandacada, 437.
Mandace, 379.
Mandræ, 437.
Manduessedum, 141.
Manduris, 215.
Manegordum, 41.
Manii, 328.
Maniliana, 88, 197, 201.
Manirate, 317.
Manius, 328.
Manliana, 201.
Mannaritium, 110.
Mannuorrha, 421.
Manoris, 262.

Mansista, 182.
Mansucrine, 182.
Mansuetinus pons, 80.
Mantala, 103, 224.
Mantinea, 335, 431.
Mantua, 203.
Manucium. V. Mamucium.
Maraccas, 183.
Maræ, 381.
Marandara, 60.
Mararmanum, 416.
Marathesium, 357.
Marazanis, 13, 16.
Marcelliana, 32.
Marcianopolis *Car.* 67, 446.
Marcianopolis *Mœs.* 251, 252, 427.
Marcimini, 6.
Marcodava, 249.
Marcomagus, 111, 226.
Marcomanni, 317.
Marcomatia, 6.
Mardiane, 317.
Mareotis palus, 363.
Margiana, 424.
Margidunum, 143, 144.
Margo, 177.
Margus, fl. 39, 246, 315.
Maria, 202.
Mariama, 452.
Mariana *Cors.* 23.
Mariana *Lusit.* 134.
Mariandyni, 397.
Marianis, 318.
Marinianæ, 38, 176, 243.
Marinna, 271.
Mariorum mons, 130.
Maritima, ins. 153.
Marium, 361.
Marmariæ fines, 21.
Marmarica, 372.
Marmaridæ, 364.
Maronea, 346, 426.
Marra, 54.
Marrubio, 207.
Marrucini, 318.
Marsilla, 396.
Marsonie, 244.
Marta, fl. 197, 201, 315.

Martæ, 289.
Martanum. V. Maltanum.
Marte (ad), 173.
Martha, 88.
Martiæ, 129.
Martilus sinus, 387.
Martis (ad) *Etrur.* 200.
Martis (ad) *Gall. Cis.* 101, 106, 199.
Martis *Picen.* 205.
Martis *Umbr.* 93, 198.
Martis, ins. 352.
Martyropolis, 303.
Maruceni, 318.
Marusio, 191.
Maryandini, 353.
Masciaco, 176.
Masaitica, 392.
Mascliani, 15, 16, 17, 249.
Mascula, 8, 298.
Masida, 409.
Massava, 232.
Massilia, 90, 160, 220, 322.
Mastaura, 435.
Mastrum, 262.
Masura, 380.
Matala, 387.
Mataurus, fl. 206, 315.
Matavonium, 90, 220.
Mater magna, 31.
Materno, 201.
Matidis, 286.
Matilone, 215.
Matiscone, 107, 226.
Matreio, 240.
Matrica, 72.
Matricem (ad), 246.
Matricorum. V. Divodurum.
Matrinum, 208.
Matrona, 173.
Matuasco, 265.
Matucaio, 241.
Matusaro, 125.
Mauretania, 1, 154, 161.
Mauretaniæ duæ, 3.
Maurianis, 176.
Maurucii portus,
Maxere, 318.
Maximianopolis *Palæst.* 184, 455.

Maximianopolis *Pamph.* 442, 443.
Maximianopolis *Rhodop.* 99, 189, 426.
Maximianopolis *Theb.* 459.
Maximianopolis *Thrac.* 96.
Maxula, 17, 18, 290, 294.
Maxyla, 375.
Mazaca Cæsarea, 266, 267, 274, 448.
Mazara *Asiæ*, 303.
Mazara *Sicil.* 26.
Mazatanzur, 300.
Mazmiaman, 423.
Meciris, 286.
Mecletum, 115.
Mecyberna, 345.
Medaba, 456.
Medama, 324.
Medeia, 283.
Medera (ad), 280, 281.
Mederiacum, 111.
Media, 318, 422.
Media major, 318.
Media superior, 423.
Mediam (ad), 249.
Medianis, 238.
Medias (ad), 24, 173, 175, 192, 194.
Medias (ad) *Gall. Cis.* 194.
Medias (ad) *Latii,* 192.
Medias (ad) *Ligur.* 173.
Medias (ad) *Pannon.* 175.
Medias (ad) *Sard.* 24.
Medio (in) *Capp.* 62, 63.
Medio (in) *Mesop.* 52, 53.
Medio (in) *Palæst.* 55.
Medio (in) *Syr.* 51.
Medio (in) *Thrac.* 48.
Medio. V. Milo.
Medio (in), 48, 51, 52, 53, 55, 62, 63.
Medio (in) Aciminci, 71.
Mediocera, 294.
Mediolanum Aulercorum, 115, 116, 236.
Mediolanum *Brit.* 141, 145.
Mediolanum *Gall.* (près de Bressieux), 225, 233, 235.
Mediolanum *Germ.* 111.
Mediolanum (Châteaumeillant), 234.
Mediolanum *Ital.* 29, 30, 36, 83, 101, 102, 103, 104, 106, 118, 171, 174, 175, 179, 193, 194, 204.

Mediolanum Santonum, 138, 232, 234, 415.
Mediomatrici. V. Divodurum.
Medio minor, 318.
Medocia, 265.
Meduacus, fl. 315.
Meduacus major, 203.
Meduacus minor, 203.
Meduanto, 231.
Megalasso, 267.
Megale, 368.
Megalopolis, 260.
Megara. V. Hybla.
Megara Græc. 97, 257, 258, 259, 340, 431.
Megarenses, 333, 339, 340.
Megaris, 324.
Megerthis, 375.
Megiste, 359.
Megiste, ins. 381.
Megradi villa Anicior. 19, 288.
Melabrum, 386.
Melæna, 261, 390, 395, 418.
Melalico. V. Milolitum.
Melanchlæni, 350.
Melanippe, 381.
Melanthii Scopeli, 369, 384, 385
Melanthius, fl. 392, 398.
Melantiada, 40, 67, 97, 99, 251.
Melantum, 262.
Melas, fl. 346, 379, 381.
Melas sinus, 346.
Melcati, 285.
Meldi, 230.
Meldia, 39, 177, 250.
Melena, 260.
Melentenis. V. Melitene.
Melfel, 209.
Melibæa, 344.
Melienses, 343.
Melissa, 337.
Melita, ins. 163, 317, 328, 367.
Melitæa, 343.
Melitene, 48, 60, 61, 63, 64, 266, 274, 275, 302, 449.
Melitonus, 190.
Mella, fl. 316.
Mellaria (Tarifa), 123, 412.
Mellaria (Hinojosa), 124.
Mellisurgis, 96, 98, 255.

Mellosecio, 222.
Melodunum, 115, 229.
Melos, 317, 337, 445.
Melta, 251, 252.
Membione, 291.
Membressa, 293.
Membro, 5, 291.
Memnocones Ethiopes, 318.
Memphis, 43, 44, 283, 285, 363, 458.
Menalia. V. Melena.
Mende, 345.
Mendemium, 442.
Mendesium, 363.
Mendiculeia, 136.
Mendrium, 374.
Menegesis, 13, 16.
Meneianis, 76.
Menelaïtes, 457.
Menelaus, 364, 372.
Menesthei portus, 412.
Meninx, 366, 375, 376.
Menoa, 384.
Menoba, 122.
Mensulas (ad), 201.
Mentesa Bastia, 121.
Mentorides, 327.
Menturnas. V. Minturnæ.
Meomensium portus, 319.
Meote, 318.
Meotidis lacus. V. Mæotis.
Mercimeri, 6.
Mercuri explor. 1.
Mercuri (ad), 2, 6.
Mercurii prom. 153.
Mercurios (ad), 2.
Mercurium (ad), 290, 292.
Mergablum, 123.
Merion, 434.
Merrhan, 422.
Mersella, 176.
Merus, 441.
Mes, 367.
Mesa, ins. 387.
Mesapus, fl. 337.
Mesar filia, 298.
Mesembria, 248, 347, 393.
Mesiates, 318.
Mesochoro, 216.

TABLE GÉOGRAPHIQUE.

Mesopotamia, 184, 318, 421, 453.
Mesorome, 167.
Mesotimolus, 439.
Mesphe, 22.
Messana, 26, 27, 152, 163, 219.
Messapia, 425.
Messena. V. Miasena.
Messene, 259, 335, 432.
Messenia, 335, 336.
Messina, 324.
Mesticum, 429.
Mestrianæ, 78.
Mesyla, 265.
Mesymbria. V. Mesembria.
Mesyrus, 383.
Metalla, 29.
Metapontium, 325.
Metasoris, 350.
Metaurus, fl. 315.
Meteglo. V. Melodunum.
Metelis, 457.
Metellinum, 124.
Methana, 336.
Methone, 259, 336, 344, 345, 431, 432.
Methymna, 356, 445.
Metita, 266.
Meto, 33.
Metridatis regnum, 277.
Metropolis, 273.
Metropolis *Asiæ*, 436.
Metropolis *Phryg.* 441.
Metropolis *Pisid.* 440.
Metropolis *Thessal.* 429.
Metropolis Aphrodisias, 446.
Metroum, 390, 395.
Mevania, 93, 199.
Miacum, 131.
Miasena, 61, 64.
Micenis, 260.
Michera, 20, 21.
Micolito, 255.
Midæum, 268, 442.
Mido, 180.
Milatis, 240.
Milesii, 397.
Mileto, 262.
Miletopolis, 270, 437.
Miletus, 272, 358, 385, 386, 445.

Mileum, 7, 295.
Milia, 180.
Milolitum, 96, 189, 255.
Milos. V. Melos.
Min, 425.
Mina, 9.
Minariacum, 112.
Minaticum, 114, 231.
Minde, fl. 272.
Minervæ fanum, 387.
Minervæ Tritonis fanum, 366.
Minio, 167, 197.
Miniza, 53, 54.
Minizum, 41.
Minna, 19.
Minniza. V. Miniza.
Minnocerta, 305.
Minnodunum, 105, 224.
Mino, 388.
Minturnæ, 32, 35, 192, 210, 211, 212.
Mirobriga, 134.
Mirones, 264.
Mirrhada, 421.
Miscus, fl. 206, 315.
Misenum, 36, 163.
Misia, 176.
Misio. V. Misco.
Misiu, fl. 315.
Misium, 301.
Missos, 262.
Missua, 153, 291.
Misthia, 440.
Mitricum. V. Autricum.
Mitylene, 356, 445.
Mizago, 264.
Mnizos, 41, 180, 447.
Mocasura, 255.
Modolana, 295.
Mœ.ia, 427.
Mœsia prima, 435.
Mœsia inferior, 318.
Mœsia superior, 318.
Mogaro, 59.
Mogetiana, 69.
Mogentianæ, 78.
Mogrus, 301, 437.
Moguntiacum. V. Maguntiacum.
Molaria, 24.

66.

Molas (ad), 293.
Molchia, 303.
Molis, 437.
Moloa, 452.
Molossi, 331.
Molossia, 331.
Moluš, ins. 432.
Molycrea, 332.
Momoasson, 181.
Mompsistea, 275.
Monachum, 167.
Monate, 83.
Monda, fl. 414.
Monesus, 388.
Monilia, 198.
Monim, 318.
Monogami, 286.
Monsis, ins. 317.
Monte, 295.
Monte (in), 274.
Montemno, 251.
Monumenta regum, 307.
Mopsucrene, 41, 182.
Mopsuestia, 182, 275, 450.
Mopti mun. 296.
Morginno, 222.
Mori lacus, 283.
Morina. V. Marinna.
Morizus, 426.
Mortuum mare, 187.
Morum Hydor, 380.
Morum (ad), 121.
Mosa, 116, 226.
Mose, 231.
Mosconnum, 137.
Mosella, fl. 315.
Mosomagus. V. Mosc.
Mostene, 439.
Mosyna, 438.
Mosynœci, 352.
Mothone. V. Methone.
Mova, 297.
Mubsi, 293.
Mucisus, 448.
Muenna, 115.
Muhazur, 291.
Mulierum portus, 409, 410.
Mundana, 360.

Mundobriga, 126.
Munerica, 231.
Municipium, 250.
Municipium, mans. 39, 177.
Muranum, 31, 32.
Mures (ad), 72.
Murgi, 122.
Muridonum, 145, 146, 147, 237.
Muro, 83.
Mursa major, 38, 68, 71, 79, 80, 176, 243.
Mursa minor, 176, 243.
Mursella, 78.
Murum, 134.
Musæ, 45.
Musalla, fl. 315.
Musarna, 409, 410.
Muslubium, 4, 291.
Musoniorum, 318.
Musti, 6, 11, 12, 14, 15, 293.
Musulamiorum, 318.
Mutena. V. Mutina.
Muteno, 69, 79.
Muthi, 45.
Mutia, 297.
Mutina, 30, 37, 85, 86, 87, 194, 199.
Muzana, 51.
Muziris, 318.
Mycale, 357, 369.
Mycarna, 332.
Mycenæ, 338.
Myconos, ins. 166, 341, 369, 384, 432.
Mygdale, 359, 380.
Myla, ins. 387.
Mylæ, 378, 425.
Mylasa, 385, 445.
Myliadici pagi, 442.
Myndus, 358, 383, 384, 385, 445.
Myndus. V. Minde, fl.
Myodia, 442.
Myra, 444.
Myræ, 344, 381.
Myriandrus, 360, 377.
Myricion, 448.
Myrina, 357, 436.
Myrina. V. Marinna.
Myrlea, 355.
Myrmecium, 348.
Myrmex, 371.

Myrtoum mare, 166.
Mysi, 398.
Mysia, 177, 354, 356, 357.
Mysia prima, 435.

Mysonœci, 398.
Mysucy, 318.
Myus, 360.

N

Nababes, 318.
Nabagath, 422.
Naburni, 318.
Nacolia, 269, 441.
Næodunum. V. Nodionnum.
Næomagus. V. Senomagus.
Nagæ, 308.
Nagidus, 360.
Nagmus, 318.
Naharda, 307.
Naharre, 307.
Naissus, 39, 177, 250, 253, 434.
Naladus, 287.
Nalata, 254.
Nalpotes, 5.
Namare, 239.
Namsucrone, 41.
Nantianulus, 41.
Nantuani, 318.
Napoca, 249.
Nara, 13, 14.
Narabon, 417.
Naracum os, 393.
Naraggara, 11, 12, 293.
Nararra, 303.
Narbon, 118, 119, 120, 172, 220, 222.
Nares Lucanas, 213.
Nargo, 178.
Narmalchus, 422.
Narnia, 37, 93, 168, 193.
Naron, fl. 328, 329.
Narona, 101, 252.
Nasabi, 303.
Nasamones, 318, 365.
Nasium, 108, 231.
Nassete, 179.
Nastæ, 275.
Nate, 372.
Natiolum, 216.
Natio Selorum, 318.
Naucanio, 304.

Naucratis, 286, 457.
Nauli, 379.
Naupactus, 151, 257, 332, 430.
Nauplia, 338.
Nauporto, 242.
Naus, 152.
Nausis, 373.
Naustathmus, 304, 364, 373, 391, 397, 410, 411, 420.
Nautagino, 262.
Navalia, 198.
Naviæ. V. Neviæ pons.
Navoæ, 238.
Naxicæ, ins. 367.
Naxii, 384.
Naxus, 26, 166, 317, 324, 341, 370, 384, 385, 445.
Nazabi, 303.
Nazaris, 373.
Nazianzus, 41, 181, 448.
Neandria, 356.
Neapolis, 318.
Neapolis *Afr.* 17, 154, 291, 366, 375.
Neapolis *Car.* 446.
Neapolis *Illyr.* 96, 189, 255, 346, 429.
Neapolis *Isaur.* 452.
Neapolis *Ital.* 35, 36, 211, 212, 213, 323.
Neapolis *Mesop.* 55, 57, 184, 282, 422.
Neapolis *Nasam.* 365, 366.
Neapolis *Palæstin.* 455.
Neapolis *Pisid.* 440.
Neapolis *Sardin.* 25.
Neaule, 436.
Nedibus, 294.
Nedino, 245.
Negla, 284.
Nehala. V. Nezala.
Nelurum, fl. 315.
Nemausus, 118, 120, 172, 220.
Nemea, 260.
Nemesa, 280.

Nemeseo, 286.
Nemetacum, 112, 113, 114, 230.
Nemetes. V. Noviomagus.
Nemetobriga, 129.
Nenniso. V. Nemausus.
Nenus lacus, 317.
Neocæsarea *Bith.* 446.
Neocæsarea *Pont.* 264, 449.
Neoetho, 33.
Neospora, 374.
Neonium, 348.
Neontichos, 347.
Nepe, 202.
Nephelium, 379.
Neptuni templum, 336, 339, 340.
Nequina. V. Narnia.
Nardani, 318.
Neretum, 215.
Neroma, 203.
Nertobriga, 131, 132.
Nerulum, 31, 32, 213, 214.
Nesiazusa, 379.
Nesis, 392.
Nestæi, 328.
Nestus, fl. 328, 346.
Nesulius portus, 378.
Nesus, 21, 286.
Netido, 259.
Netium. V. Egetium.
Neuri, 400.
Neve, 55, 56.
Neviæ pons, 128, 129.
Nevirnum, 109, 232.
Nezala, 281.
Niaccaba, 51.
Nicæ, mans. 178.
Nicæa *Bith.* 40, 180, 263, 268, 446.
Nicea *Maced.* 96, 98, 254.
Nicea malia, 304.
Nicedes, 428.
Nicephorium, 279, 421.
Nicia, 158, 167.
Niciu, 43, 286, 457.
Nicomedia, 36, 40, 65, 67, 180, 181, 185, 262, 263, 267, 446.
Niconium, 348.
Nicopolis *Armen.* 449.
Nicopolis *Asiæ*, 435.

Nicopolis *Cilic.* 52.
Nicopolis *Epir.* 151, 433.
Nicopolis *Euphrat.* 453.
Nicopolis *Mœs.* 427.
Nicopolis *Palæst.* 188.
Nicopolis *Pont.* 50, 60, 62, 64, 265, 267.
Nicopolis *Rhodop.* 427.
Nicopolistro, 251, 252.
Nicotera, 31, 32.
Nidus, 146.
Nigella, fl. 315.
Nigihegetuli, 318.
Nigranigramma, 309, 310.
Nigrinianis, 247.
Nigrinum, fl. 315.
Nigro, 301.
Nigropullo, 225.
Nii, 424.
Nilacome, 456.
Nilopolis, 458.
Niludicus lacus, 317.
Nilus, fl. 44, 315, 318, 362.
Nimera, fl. 315.
Nimittios (ad) 271.
Nincildæ, 310.
Ningum, 81.
Ninittaci. V. Minaticum.
Nirannus, fl. 315.
Nisaci, 309.
Nisæa, 340, 424.
Nisibis, 304, 305, 311.
Nisistu, 305.
Nisus, 51.
Nisyrus, 358, 383.
Nitabo, 267.
Nitalis, 41, 181.
Nithine, 42.
Nitica, 392.
Nitiobroges, 318.
Nivaria, 131.
Nivirgitab, 287.
Nobas Fusciani, 295.
Noceios, 207.
Noceria, 193.
Nocotesso, 275.
Noetu, 287.
Nola, 32, 210.
Nomadici, 400.

Nomento, 208.
Nonas (ad) 197.
Nono (ad), 192.
Nonum (ad) Alp. Jul. 175.
Nonum (ad) Gall. 172.
Nonum (ad) Gall. Cis. 194.
Nonum (ad) Ital. 210.
Nonum (ad) Mœs. 177.
Nonum (ad) Phœn. 183, 362.
Nonum (ad) Venet. 174.
Norba. V. Norva.
Norcum, 175.
Noreia, 241.
Noricum, 318.
Norva, 214, 218.
Nosusa, 384.
Notium prom. 357, 411, 418.
Nova civitas, 456.
Nova petra, 8.
Nova Pharus, 328.
Nova Sicyon.
Nova Sparsa, 8.
Nova Valentia, 453.
Novæ, 427.
Novæ Aquilianæ, 12.
Novantum Chers. 418.
Novaria, 102, 104.
Novaria, fl. 315.
Novas mut. 192.
Novas (ad) Afric. 6.
Novas (ad) Dalmat. 252.
Novas (ad) Epir. 98.
Novas (ad) Etrur. 200, 201.
Novas (ad) Gall. Cis. 203.
Novos (ad) Latii, 205, 206.
Novas (ad) Mœs. inf. 247.
Novas (ad) Mœs. sup. 65, 246.
Novas (ad) Pannon. 71.

Novas (ad) Samn. 214.
Novem Craris, 173.
Novesia, 74, 110, 225.
Noviciani, 176.
Noviodunum Illyr. 76, 244.
Noviodunum. V. Augusta Suessonum.
Noviodunum. V. Nevirnum.
Noviodunum Scyth. 66, 247, 428.
Noviomagus (postea Lexovii), 116.
Noviomagus (Bignicourt), 231.
Noviomagus (Nimègue), 225, 226, 232.
Noviamagus (Neufchateau), 226, 231.
Noviomagus Alam. 74, 105, 111, 225.
Noviomagus Brit. 141, 237.
Noviomagus Belg. 110, 227.
Novioregum, 138.
Novis Aquilianis, 292.
Novoe. V. Navoæ.
Nteramnio. V. Interamnium.
Nuceria, 32, 36, 93, 193, 210, 213, 217.
Nucerio Camellaria, 199.
Nudionnum, 235.
Nueriola, 214.
Numana, 94, 206.
Numantia, 133.
Numenium, 386.
Numentana via, 208.
Numidæ, 318.
Numituriana, 295.
Nura, 24, 318.
Nure, 25.
Nusaptis lacus, 317.
Nymphæa, 300.
Nymphæum, 318, 377, 390, 396.
Nysa Asiæ, 435.
Nysa Capp. 59, 448.
Nysa Lyc. 444.

O

Oappadocia. V. Cappadocia.
Oasis, 457.
Oasis magna, 459.
Oaxus, 337, 432.
Obilonna, 224.
Oblimum, 102.
Oboda, 283.

Obucula, 124.
Occabara, 279.
Oceanus Gallicus et Britannicus, 160.
Ocellodurum, 131, 132.
Ocherænus, fl. 353, 397.
Ochirea, 310.
Ochosbanes, fl. 353, 420.

Ochreas, 58.
Ochthomanes, 397.
Ocrea, 168.
Ocriculum, 168.
Ocrinum, 418.
Ocroceraunio, 257.
Octacuscum, 275.
Octavum (ad), 173, 177, 192, 194
Octodurum, 105, 224.
Ocurura, 280.
Odessopolis. V. Odessus.
Odessus, 67, 248, 393, 347, 427.
Odiana, 12, 292.
Odinus, 351.
Odronto. V. Hydruntum.
Odubria, fl. 315.
Odyssus. V. Odessus.
Œasso, 414, 415.
Œea, 19, 288.
Œleda, 280.
Œni pons. V. Adenum.
Œniadæ, 332.
Œnius, 398.
Œnoe, 391.
Œnoladum, fl. 374.
Œonanda, 444.
Œsco leg. V. 65.
Œscus fl. 315.
Œsyme, 346.
Œta, 343.
Olabus, 422.
Olbasa, 442.
Olbe, 451.
Olbia, 23, 24, 354, 359, 393.
Olbianus sinus, 354.
Olearos, ins. 166.
Oleastrum, 120.
Oleastrum (ad), 290.
Ole oberda, 265.
Oli, 388.
Oliarus, 337.
Olintha. V. Bolentia.
Olisipo, 125, 136, 413.
Olivam (ad), 10, 29.
Oliveti mons. 186, 318.
Olivula, 158.
Olizon, 344.
Ollius, fl. 315.

Olotædariza, 50, 60, 64.
Olsi, 327.
Olus, 337.
Olympia, 259, 260.
Olympium, 258.
Olympus, 380.
Olynta, ins. 328.
Olynthus, 345.
Ombos, 45, 285, 459.
Ombro. V. Umbro, fl.
Onchesmus, 433.
Onellaba, 12.
Onellana, 294.
Oneo, 253.
Onoadas, 308.
Onoba, 130.
Onoba. V. Besipo.
Onoba Æstuaria, 413.
Onobla, 26.
Onuphis, 457.
Onus, 455.
Ophis, 389.
Ophius, fl. 399.
Ophiusa, 348.
Opiæ, 238.
Opinum, 31, 33.
Opiros, 318.
Opitergium, 84, 214.
Opiunte, 300.
Opizum, 39, 250.
Oplontis, 213.
Opodanda, 181.
Oppidum novum, 6, 9, 138.
Optatiana, 249.
Opunte, 98.
Opus, 342, 430.
Ora, 310.
Orba, 297.
Orbita, 290.
Orcades, 160.
Orcas, 418.
Orchomenus, 339, 342.
Oretum, 134.
Oreus, 341.
Orgibate, 262.
Orgus, fl. 315.
Oricii, 330.
Oricus, 329, 330.

Oriens medio, 40.
Orima, 453.
Orippo, 123.
Oriza. V. Oruba.
Orni, 436.
Orolauno, 109.
Oromago, mans. 177.
Orontem (ad), 277.
Orontes, fl. 279, 377.
Oropisum, 99.
Oropum, 98.
Orsologiacum, 59.
Orsus, fl. 315.
Orthosias, 277, 280, 445, 454.
Ortona, 94, 216.
Ortospanum, 311.
Ortyx, ins. 166.
Oruba, 279.
Orubicaria, 309.
Orudisza, 48.
Orymna, 443.
Osa, 288, 289.
Osca, 119, 135.
Oscanidati, 308.
Osci, 325.
Oscineio, 171, 223.
Osdara, 48, 61, 64.
Osiana, 59.
Osiridis fanum, 371.
Osismii, 318.
Osismii. V. Vorgium.

Osmida, 337.
Osones, 78.
Osroene, 453.
Ossala, 41.
Ossonoba, 125, 128, 413.
Ostia, 211.
Ostia fl. Rhodani, 318.
Ostia Aterni, 30, 94, 207, 216.
Ostiensis via. V. Hostensis.
Ostippo, 123.
Ostis, 90.
Ostium fl. Anæ, 130.
Ostodis ins. 317.
Ostracena, 42, 283, 457.
Ostudizum, 40, 67, 96.
Othoca, 24, 25.
Otios Cythæ, 318.
Otopisum, 99.
Otresa, 263.
Otriculi. V. Utriculi.
Otrus, 441.
Ovilabis, 69, 72, 74, 75, 83, 239, 241, 242.
Ovilia. V. Ovilabis.
Ovisee, 13.
Oxeæ ins. 151.
Oxia, 164, 387.
Oxinas, fl. 391, 396, 419.
Oxus, fl. 315.
Oxyrinchus, 458.
Ozunerica, 227.
Ozzala, 41.

P

Paala, fl. 315.
Paccianæ Matidiæ, 4, 291.
Pacdana Matinæ, 4.
Pache, 257.
Pachnemoïs, 457.
Pachynum, 153, 324.
Pactas (ad), 91, 209.
Pactya, 347.
Paduando, 274.
Padum (ad), 204.
Padus, fl. 203, 315.
Pæon, 347.
Pæonium, 369.
Pæstum, 323.

Pagæ, 431.
Pagaris, 277.
Pagas, 301.
Pagasæ, 344.
Pagaseticus sinus, 343, 344.
Pagræ *Syr.* 41, 182.
Pagræ *Cercet.* 392.
Pagrum, 275.
Pagus Lycaonum, 442.
Palacenti, 425.
Palacrinis, 205.
Palæ, 178.
Palæa come, 386.
Palæ Byblus. V. Balbyblos.

Palæa, 25.
Palæopolis *Asiæ*, 442.
Palæopolis *Pamph.* 436.
Palæpaphos, 276, 386.
Palæstina, 183, 318.
Palæstina I, 454.
Palæstina II, 455.
Palæstina III, 455.
Palætyrus, 362.
Palalce, 264.
Palamnus, fl. 329.
Palantia, 135, 136.
Palatium (ad), 82.
Palatium (ad) Dafne, 182.
Palephato, 276.
Paleris, fl. 315.
Palestina. V. Palæstina.
Palfuriana, 120.
Palibothra, 310, 311.
Palitas, 308.
Paliurus, 286, 372.
Pallantia. V. Palantia.
Pallanum, 216.
Pallene, 345.
Pallene, ins. *Thrac.* 165.
Pallia, fl. 200, 315.
Palmam (ad), 287, 288, 289, 293.
Palmaria, ins. 162.
Palmatis 252.
Palmyra, 279, 311, 454.
Paltus, 277, 376, 377, 452.
Paludes, 318.
Pamados, ins. 317.
Pamisus, fl. 315.
Pampali villa, 181.
Pamphylia, 359, 360, 361, 380, 442.
Pamphylicum pelagus, 318.
Pamphilii, 397.
Panapio, 155.
Pandateria, ins. 162.
Pandicia, 179.
Pandosia, 323.
Panemotichos, 442.
Panephysis, 458.
Pangrios, 182.
Panias, 454.
Panionium, 357.
Panivron, 21.

Panium, 426.
Paniuros, 21.
Pannisso, 251.
Pannonia, 70, 176, 435.
Pannoniæ, 68.
Pannonia inferior, 175 176, 318.
Pannonia superior, 175, 176, 318.
Pannonios (ad), 249.
Pano, 45, 285.
Panopeus, 342.
Panopolis, 459.
Panormus, 27, 29, 219.
Panormus, ins. 372, 384, 385, 432.
Pantalia, 255, 434.
Panticapæum, 248, 392, 393, 400.
Pantichium, 40, 67, 179.
Pantyene, 309.
Papa, 43.
Papanius, 396.
Paphlagones, 397.
Paphlagonia, 318, 353, 419, 447.
Paphos, 276, 386, 451.
Papi, 21.
Papia. V. Ticenum.
Papira, 57, 58.
Papiriana, 89.
Pappa, 440.
Paracata, 302.
Parætacena, 424.
Parætonium, 21, 285, 286, 363, 371, 373, 460.
Paralios, 457.
Paralocæscythæ, 318.
Parambole, 44, 178, 190.
Paratianæ, 4, 5, 291.
Pardosena, 59.
Pardua, 253.
Parentium, 81, 245.
Paresaca, 303.
Pargais, 182.
Parhe, 308.
Paricea, 310.
Parietina, 3.
Parietinis, 134.
Parin, 424.
Parisi, 318.
Parisii. V. Lutecia.
Parium, 269, 355, 377, 437.
Parma, 30, 37, 86, 87, 194, 199.

Parnaci, 318.
Parnassus, 41, 59, 165, 181, 448.
Parolissus, 248, 249.
Paropamisus mons, 318.
Paros, ins. 166, 341, 385, 445.
Parphirion. V. Porphyrion.
Parria, 318.
Parsis, 409.
Parthanum, 75, 82, 241.
Parthaunisa, 424.
Parthenis, 396.
Parthenium *Lero*, 384.
Parthenium *Sicil.* 27, 29.
Parthenius, fl. 353, 391, 419.
Parthicæ mansiones, 421.
Parthicopolis, 428.
Parthona, 308.
Parthyena, 423.
Paryadres mons, 318.
Pasada, 382.
Pascara, 308.
Pasiera, 376.
Passala, 385.
Pastium, fl. 315.
Pastolerisus, 443.
Patabus, fl. 315.
Patala, 410.
Patalena, 410.
Patamo, 273, 318.
Patansana, 303.
Patara Ponti, 265.
Patara *Lyc.* 272, 359, 381, 382, 444.
Patavia, 318.
Patavio, 38, 85, 174, 204.
Patavione. V. Pœtovio.
Patavissa, 249.
Paternum, 33.
Pathmeticum. V. Phatnicum.
Pathras, 259.
Patinæ, 318.
Patmos, 384, 385.
Patræ *Ach.* 335.
Patras *Epir.* 190.
Patrico, 286.
Patrimonia regio, 446.
Patus, 349.
Pausulas, 205.
Pax Augusta. V. Ad Adrum.

Pax Julia, 128, 130.
Paxus, ins. 164, 317.
Pedalium, 381, 382, 386.
Pediæ portus, 319.
Peditæ, 327.
Pedonia, 21, 371.
Pedonianis, 247.
Pegæ, 333.
Pegella, 268.
Peguntium, 253.
Pelagonia, 429.
Pelasgicus sinus, 343.
Pelendova, 249.
Pella *Maced.* 96, 190, 254, 258, 428, 455.
Pella *Phryg.* 269, 438.
Pellena, 334.
Pelletæ, 376.
Pelli. V. Pella.
Peloriarca, 304, 305.
Pelorias, 324.
Peltæ. V. Pella *Phryg.*
Pelusiacum os, 363.
Pelusium, 42, 44, 46, 283, 284, 362, 363, 386, 458.
Pelva, 81.
Pelymnæum templum, 344.
Peme, 43, 284.
Penastii, 318.
Peneus, fl. 331.
Peniconon, 46.
Pennana, 190.
Penne locus, 105, 224.
Pennocrucium, 141.
Pentapolites, 318.
Pentaschœnum, 42, 457.
Peos Artemidos, 45.
Peparethus, 317, 341, 430.
Pepuza, 438.
Perceiana, 130.
Percota, 355.
Perdices, 7, 9.
Perdiciæ, 381.
Perdioricto, 257.
Pergamus, 100, 270, 271, 272, 436.
Perge, 273, 359, 360, 380, 442.
Perinthus, 97, 251, 254, 255, 347.
Peripidis, 190.
Peritur, 176.

Pernaco. V. Pernicianum.
Pernicianum, 113, 231.
Pernicide, 285.
Perre, 61, 64, 275, 453.
Perrhæbi, 344.
Persæ, 309.
Persepoliscon, 309.
Persia, 318.
Persicus sinus, 412.
Perta, 441.
Pertusa *Afric.* 12, 292.
Pertusa *Hisp.* 119.
Perusia, 202.
Pescla, 45.
Pessinus, 57, 268, 448.
Pestum. V. Posidonia.
Petaleæ, 385.
Petavione. V. Pœtovio.
Petavonium, 127.
Petel. L. letica, 318.
Petelia, 215.
Petelus, 445.
Petenisus, 448.
Petilianis, 26.
Petinesca, 105, 224.
Petovione. V. Pœtovio.
Petra, 268, 441, 456.
Petras Ficus, 372.
Petras magnus, 364, 372.
Petras parvus, 364, 372.
Petrensibus, 238.
Petrine, 29.
Petris, 249.
Petrocorii. V. Vesunna.
Petromantalum, 115, 116, 229.
Petrum viaco. V. Petromantalum.
Petrus (S.), 218.
Peucela, 311.
Peucetii, 325.
Peucolaitin, 311.
Peutalia, 255.
Pezone, 371.
Phacusa, 283.
Phadisana, 392, 398.
Phæa, 372.
Phædone, 21.
Phæno, 456.
Phæstus, 337.

Phagres, 346.
Phalacrinum. V. Falacrinum.
Phalacron, ins. 163.
Phalacrum, 285.
Phalagro, 47.
Phalans, ins. 162.
Phalarus, 382.
Phalasarna, 337, 387.
Phalcara, 304.
Phaliga, 421.
Phaliscas, 167.
Phamacorium, 318.
Phanagoria, 318, 349, 400.
Phanagorus, 400.
Phara, 283, 310. 332.
Pharæ, 431.
Pharbætus, 458.
Pharca, 309.
Pharmacia. V. Pharnacia.
Pharmacusa, 385.
Pharmantus, fl. 398.
Pharmatenus, 392.
Pharnacia, 392, 398.
Pharsaga, 425.
Pharsalus, 344, 430.
Pharus nova, 316, 328.
Phaselis, 272, 359, 380, 443.
Phasis civ. 301, 351.
Phasis, fl. 351, 389.
Phatnicum, 363.
Phellus, 359, 444.
Phemenio. V. Pœmanenus.
Phenica. V. Attici.
Phenice. V. Phœnicon.
Pheræ, 344.
Pheriton, 167.
Phiarasi, 59, 63.
Phigalea, 432.
Phigamus, 391.
Philacon, 285.
Philadelphia *Arab.* 281, 282, 456.
Philadelphia *Lyd.* 100, 269, 271, 272, 439.
Philadelphia *Atropat.* 303.
Philadelphia *Isaur.* 452.
Philado, 302.
Philæ, 459.
Philæa, 378.
Philænarum aræ, 20, 287, 365, 313, 374.

Philas, 45.
Phileus, 386.
Philias, 248.
Philippi, 96, 99, 189, 255, 256, 429.
Philippopolis *Arabiæ*, 456.
Philippopolis *Thrac.* 39, 178, 250, 251, 252, 427.
Philiscu, 286.
Philocalia, 392, 399.
Philomelium, 440.
Philomelo, 268.
Philosophiana, 26, 28.
Philum, 261.
Phocæ, 166.
Phocæa, 357, 436.
Phocenses, 167, 333, 342.
Phocis, 97.
Phœnice *Cret.* 433.
Phœnice *Epiri*, 97, 257, 433.
Phœnices, 324, 360.
Phœnicia, 318, 361, 454.
Phœnicodes, ins. 316.
Phœnicon, 46, 285.
Phœnicus, 286, 371, 373, 380.
Phœnix, 387.
Photice, 433.
Phra, 424.
Phragonis, 457.
Phrudius, fl. 415.
Phryges, 398.
Phrygia, 318, 355, 356, 394.
Phrygia Capatiana, 438.
Phrygia montana, 441.
Phrygia salutaris, 441.
Phrystanite, 318.
Phthia, 372.
Phycus, 364.
Phygamus, 398.
Physcus, 383.
Picaria (ad) 253.
Picentiæ. V. Icentiæ.
Picentinum, 76.
Picenum, 29, 93, 318.
Picinianis, 29.
Pictanus, 182.
Pictas (ad), 91, 92.
Pictavi. V. Limonum.
Pictonium, 414.
Picus, 292.

Pidaura, 431.
Pidis, 264.
Pidonia, 460.
Piguntia. V. Peguntium.
Pilas, mut. 181.
Pileiam, 310.
Piliapon-nos, ins. 317.
Pinara, 444.
Pinna, 207, 208.
Pinthia, 28.
Pintia, 133.
Pinum (ad), 33.
Pionia, 437.
Piræus, 340.
Piramum, 274, 318.
Pirate, 318.
Piretis, 176, 243.
Pirina, 29.
Pirotorto, 239.
Pirum (ad), 94, 206.
Pirum (ad) Summas Alpes, 175.
Pirusio, 202.
Pisæ, 88, 157, 167, 198, 200, 201, 326.
Pisandes, 214.
Pisanum portum, 157.
Pisaurum, 30, 37, 168, 194, 199.
Pisauta, 318.
Pisavis, 221.
Piscinas, 198.
Pisida, 288.
Pisidæ, 398.
Pisidia, 439.
Pisinas (ad), 295.
Pisonos, 48.
Pistoris, 86, 200.
Pistum, 254.
Pisurgia, 379.
Pitane, 356, 436.
Pithecusa, 323.
Pithecusæ, ins. 367.
Pithus, 373.
Piti, 318.
Pitinum, 207.
Pityea, 356.
Pityus, 392.
Pityusa, ins. 378, 431.
Pizo, 250.
Placentia, 30, 38, 87, 194, 199, 204.

Placia, 355.
Plaga Calvisianis, 28.
Plaga Herei, 28.
Plaga Mesopotamio, 28.
Plaga Syracusis, 28.
Plagia, 159.
Plagiaria, 125.
Planasia, ins. 162, 317.
Planaticus portus, 244.
Platæa, 372.
Platæenses, 323.
Platanus, 379.
Platanus, mans. 41, 182.
Plateæ, 431.
Plateas, 259.
Platiæ, ins. 364.
Plintæ, 28.
Plinthine, 371.
Plinthinus sinus, 363.
Plotæ. V. Strophades.
Plotinopolis, 48, 96, 256, 427.
Plotus, fl. 376.
Plumbana (ad), 294.
Plyni, 364.
Pnigeus, 371.
Pocrinio, 235.
Podalea, 443.
Podandus, 41, 181, 274, 448.
Pœcilassus, 387.
Pœcile, 378.
Pœessa, 341.
Pœmanenus, 270, 437.
Pœni, 412.
Pœniconiconon, 47.
Pœtovio, 38, 77, 79, 175, 242.
Pogla, 442.
Pogonas, 454.
Pola, 81, 155, 244.
Polagilis, 345.
Polemoniacus pontus, 319, 449.
Polemonium, 262, 263, 264, 265, 392, 398, 449.
Polentia, 205, 206, 207, 208.
Polia, 376.
Polichna, 437.
Polichnium, 397.
Politorum, 167.
Polla, 409.

Polybotus, 441.
Polyrrhenia, 337.
Pomodiana, 247.
Pomodo, ins. 317.
Pomone, 240.
Pompei presidio, 250.
Pompeiopolis, 263, 272, 274, 447, 450.
Pompeis, 39, 177, 213.
Pompelone, 137.
Pomponianis, 159.
Pons Aufidi. V. Aufidi.
Ponsucasi, 39.
Pontamus, 180.
Ponte Drusi, 240.
Ponte Scaldis, 231.
Pontem (ad), 241.
Ponti duo, 420.
Pontia, ins. 367, 374.
Pontiæ, ins. 365.
Pontibus *Brit.* 144.
Pontibus *Gall.* 107.
Pontici, 318.
Pontium, 368.
Pontos, 288.
Pontus, 179, 347, 348, 349, 354.
Pontus Euxinus, 318.
Pontus. V. Polemoniacus.
Popletum, 298.
Popletum, fl. 3.
Popolis, 176.
Populonium, 88, 157, 162, 167, 197, 201.
Populos, 242.
Poraus, ins. 317.
Porbaria, 158.
Pordanis, fl. 351.
Pordonnium, 275.
Pordoselene, 356.
Poritus, 314.
Porolisso. V. Parolissus.
Porphyrion, 183, 361.
Porsena, 167.
Porsulis, 96, 99, 255.
Porthmus, 431.
Porticenses, 23.
Portipa, 309.
Portu (in), 200.
Portualtu, 301.
Portum (ad), 295.

Portum venetum (ad), 203.
Portum (per), 90.
Portunamnetu, 234.
Portus albus, 123.
Portus longus, 319.
Portus magnus, 3.
Posidarisus, 380.
Posidium *Car.* 382, 385.
Posidium *Cilic.* 360, 379.
Posidium *Cœlesyr.* 376, 377.
Posidium *Mys.* 354.
Posidium *Pont.* 390, 394, 419.
Posidonia, 210, 323.
Posirium. V. Taposiris.
Potamiæ, 319.
Potentia *Picen.* 30, 94, 214, 215, 391, 397, 419.
Potentia *Lucan.* 31.
Potidæa, 345.
Potistea, 396
Potomia cepora, 262.
Præneste, 91, 209.
Prænestina via, 91, 92, 209.
Prænetus, 446.
Præpenissus pagus, 442.
Præsidium *Afr.* 287, 288, 297.
Præsidium *Arab. Petr.* 284.
Præsidium *Bætic.* 130.
Præsidium *Hisp. citer.* 129.
Præsidium *Lusit.* 127.
Præsidium *Maced.* 256.
Præsidium *Tripolit.* 289.
Præsus, 337.
Prætorium ad Alutam, fl. 250.
Prætorium *Afric.* 287.
Prætorium *Brit.* 140.
Prætorium *Capp.* 62.
Prætorium *Gall.* 233, 234.
Prætorium *Hisp.* 120.
Prætorium *Illyr.* 81, 245.
Prætorium *Mœs.* 249.
Prætorium (ad) *Capp.* 48.
Prætorium (ad) *Illyr.* 244.
Prætorium Latovicorum, 76, 244.
Prasia, 336.
Prasmon, 180.
Pregella. V. Pegella.
Preneste. V. Præneste.
Prentina (via), 209.

Pretonium. V. Parætonium.
Prevalis, 434.
Pria, 129.
Priapus, 270, 355.
Priene, 271, 357, 435.
Prifernum, 207.
Primopolis, 443.
Prisca taberna, 287.
Pristis, 247.
Prochyta, ins. 163.
Proconnesus, 317, 355. 436.
Prolaque, 93.
Promona, 245.
Promontorium, 3.
Promontorium (ad), 261.
Pronetios, 268.
Propasta, 308.
Propaxos, 164.
Prophthasia Drangarum, 311.
Propontis, 347.
Proselene, 445.
Prosopi Dei, 361.
Prosopis, 286.
Proteras, ins. 328.
Protunica, 180.
Prusa, 270, 446.
Prusias, 270, 447.
Prymnesia, 441.
Prytanis, fl. 351, 389, 399.
Psaccani, 319.
Psamathus, 336, 367.
Psegas, 44, 285.
Psilis, fl. 390, 395, 396, 418, 419.
Psilum os, 393.
Psororum portus, 352.
Psychea, 387.
Psychrus, fl. 389, 399.
Psylium. V. Philum.
Psylla, 353, 396, 419.
Ptandari, 48, 49, 61, 62, 63, 64.
Ptanias, 193.
Ptemari, 264.
Pterea, 337.
Ptolemaidonar, 284.
Ptolemais *Afric.* 20, 373, 459.
Ptolemais *Heptanom.* 284.
Ptolemais *Palæst.* 42, 183, 277, 376, 454.
Ptolemais *Theb.* 43, 459.

Publicanos (ad), 103, 224, 242.
Pudaia, 98.
Pudizo, 252.
Pudput, 290.
Pulcherianopolis, 439.
Pulcheriopolis, 434.
Pullaria, ins. 317.
Pullopice, 89.
Punicum, 197, 246.
Purdis, 189.
Putea, 289.
Putea (ad), 251.
Putea nigra, 287.
Putea Pallene, 289.
Puteo, 300.
Puteolis, 36, 163, 211, 212.
Puteum (ad), 287.
Putput, 15, 17, 18, 290, 291.
Puttovia, 175.
Pyctis, 309.
Pydna, 345.
Pydnæ, 381.
Pyenis, 351.
Pylæ Ciliciæ, 181.
Pylios, 259.

Pylis, 270.
Pyræum, 257, 258.
Pyramus, 377, 378.
Pyrenæ, 414.
Pyrenæo imo, 137.
Pyrenæo summo, 136, 137.
Pyrenæum (ad), 118.
Pyrenæum, prom. 319.
Pyrene, 415.
Pyreo, 258.
Pyrgamum, 167, 360.
Pyrgi, 88, 90, 155, 197.
Pyrgis. V. Purdis.
Pyrgos, 269.
Pyridis, ins. 164.
Pyrodes, ins. 316, 317.
Pyrogeri, 319.
Pyrrha, 356.
Pyrri, 79.
Pyrsoalis, 99.
Pyrthmanium. V. Cyrthanium.
Pyrum (ad), 218.
Pytane, 262.
Pyxites, 389, 399.

Q

Quadrata *Gall. Cis.* 101, 106, 173.
Quadrata *Illyr.* 76, 82, 244.
Quadrata *Ligur.* 204.
Quadratis in medio flexum, 72.
Quadriburgium. V. Burginatium.
Quartodecimo (ad), 175.

Quintanas (ad), 91, 209.
Quintianis, 73, 288.
Quintianum, 156.
Quintum (ad), 190.
Quintum decimum (ad), 191.
Quiza, 3.

R

Rababatora, 281, 284.
Rache, 307.
Radice (sub), 251.
Radices (ad), 251.
Radicibus. V. Redicibus.
Radriani, 203.
Rages, 309.
Ragondone, 38, 175, 242.
Ragurio, 245.
Rama, 102, 106, 173, 221.
Ramista, 175, 242.

Ramma, 319.
Rana, 310.
Ranilum, 250, 252.
Raphaneæ, 452.
Raphanis, 279, 280.
Raphia, 42.
Rapida castra, 10.
Rapidi, 7.
Rapinium, 156.
Rapis, 238.
Rappiana, 177.

Rapsa, 309.
Rarapia, 128.
Rarauna. V. Raraunum.
Rasa, 283.
Ratiaria, 65, 247, 252, 253, 434.
Ratibis, 237.
Ratis, 143, 144.
Ratumagus. V. Rotomagus.
Ratupas, 237.
Rauchus, 337.
Rauda, 133.
Raudiani, 319.
Raugonia, 302, 303.
Ravenna, 37, 203.
Rauraci, 319.
Rauracis. V. Augusta.
Rauranum, 138, 233.
Reate, 92, 205.
Receta, 437.
Recine, 206.
Redicibus, 177.
Redones. V. Condate.
Refugium Apollinis, 28.
Refugium Chalis, 28.
Regæ, 156.
Regemaurecium, 448.
Regesalamara, 443.
Regi Otraspa, 319.
Regia, 278.
Regiana, 124.
Regias (ad), 9.
Reginea, 236.
Regino, 73, 238.
Regio Lepido, 30, 33, 37, 86, 87, 194, 199, 210, 211, 215.
Regio mans. 179.
Regio Patrimonia, 446.
Registo. V. Resisto.
Regium. V. Rhegium.
Regnum, 144.
Regustione, 118.
Reila, 300.
Reis Apollinaris, 221.
Remetodia, 247.
Remi. V. Durocortorum.
Remisiana, 39, 177.
Remista, 242.
Rencylias, 444.

Rene, 304.
Rerviges, 319.
Resaina, 304.
Resapha. V. Risapa.
Resinum, 253.
Resisto, 48, 99, 189.
Respa, 94.
Ressaina, 304.
Revessione, 224.
Rhaga, 423.
Rhagæ, 309.
Rhagau, 424.
Rhagiana media, 423.
Rhamis, 178.
Rhamma, fl. 305.
Rhamnus, 340.
Rhana, 309.
Rhaphia, 455.
Rhapraua, 409.
Rhasum, 304.
Rhebas. V. Herbas.
Rhebas, fl. 354, 390, 395, 418.
Rhegium, 33, 152, 251, 324.
Rhegmi, 378.
Rhemesiana, 434.
Rhenæa, 369.
Rhene, ins. 341.
Rhenum (ad), 238.
Rhenus, fl. 315, 415, 416, 417.
Rhinia, 373.
Rhinocorura, 42, 283, 457.
Rhipæi montes, 417.
Rhizæum, 300.
Rhizana, 410, 412.
Rhizinium. V. Resinum.
Rhizius, fl. 389, 399.
Rhizus, 344.
Rhizus, fl. 329.
Rhoa, 390, 395.
Rhobogdium, 418.
Rhodanus, fl. 160, 311, 315, 321, 322.
Rhodapha, 311.
Rhodii, 358, 359.
Rhodopea, 189.
Rhodopes, 426.
Rhodus, ins. 317, 358, 369, 370, 382, 383, 444.
Rhoetium, 355.
Rhogana, 409.

Rhope, 381.
Rhopusa, 382, 383.
Rhose, 281.
Rhosos. V. Rosos.
Rhossæus sinus, 377.
Rhossus, 377, 450.
Rhubon, fl. 417.
Rhuscopoda, 380.
Rhygmani, 379.
Rhyndacus, fl. 355.
Rhypes, 334.
Rhypisa, 381.
Ricciaco, 226.
Ricina, 198, 206.
Riduna, 160.
Riger, fl. 315.
Rignum, 441.
Rigomagus, 101, 106, 173, 225.
Rigonum, fl. 315.
Rigubis, 307.
Rimesica, 319.
Rinocorura, 283.
Riobe, 229, 230.
Ripa alta, 71.
Ris, fl. 351.
Risapa, 279.
Risca, 294.
Ritti, 71, 240.
Ritumagus, 115, 229.
Ritupis (ad) portum, 140, 142, 154.
Roboraria, 92.
Roberetum, 127.
Robrica, 236.
Rodium, 228.
Rogmorum, 264.
Roidomna, 233, 235.
Roma, 31, 36, 37, 86, 87, 88, 90, 91, 92, 93, 155, 167, 171, 192, 193, 194, 197, 198, 200, 201, 202, 205, 206, 208, 209, 210, 211, 218, 322.
Romansiana, 39, 177.
Romesiana, 250.
Romula *Ital.* 82, 244.
Romula *Mœs.* 249.
Romula (sub), 34, 35, 214.
Roschirea, 306.
Roscianum, 33.
Rosellas, 167.

Rosetum, 167.
Rosolodiaco, 41, 59, 181.
Rosos, 276.
Rostrata, 37.
Rostrum Nemaviæ, 69, 75.
Rosulo, 168.
Rota (ad), 194.
Rotam (ad), 11.
Rotas (ad), 212.
Rotomagus, 115, 229.
Roxolani, 319.
Ru-as, 319.
Rubi, 34, 191, 218.
Rubico, fl. 203, 315.
Rubras (ad), 193, 198, 295.
Rubras, mut. 9.
Rubricatus, 291.
Rubrum mare, 412.
Rudas, 218.
Rufini Taberna, 319.
Ruglata, 297.
Ruhai, 319.
Rumbodona, 189.
Rumi Scythe, 319.
Ruraria, ins. 317.
Rusadder, 1, 3.
Rusahu, 292.
Rusazis, 4.
Ruscione, 120, 220.
Rusguniæ, 4.
Rusibricari Matidiæ, 291, 292.
Rusicade, 1, 4, 291, 292, 293, 294.
Rusidava, 249.
Rusippisir, 292.
Rusium, 427.
Ruspe, 290.
Ruspina, 290.
Russadum, 3.
Russicada. V. Rusicade.
Rustici, 295.
Rusticiana, 130.
Rustunum, fl. 315.
Rusubbicari, 4.
Rusuccurum, 4, 9, 10, 292, 296.
Rutarata, 307.
Ruteni. V. Segodunum.
Rutharoto, 257.
Rutunium, 141.

TABLE GÉOGRAPHIQUE.

Rutupiis. V. Ritupis.   Ruzai, 296, 297.

S

Saba, 266.
Sabaces, 400.
Sabæon, 443.
Sabaria, 69, 77, 78, 79, 242.
Sabate, 201.
Sabatinca, 83.
Sabatium, 258.
Sabatra, 268, 441.
Sabbatum (ad), fl. 31, 32.
Sabbin, 304.
Sabi, 7.
Sabinæ, 440.
Sabiona (sub). V. Sublavio.
Sabis, 203.
Sablones, 111.
Sabrata, 19, 288, 289.
Sabus, 61.
Sacastena, 424.
Saccasena, 60.
Sacoena, 58.
Sacraria, 193.
Sacrata, 208.
Sacrum prom. 368, 413, 414.
Sadame, 67.
Sætabis, 121.
Safo, fl. 211, 315.
Sagæ Scythæ, 319.
Sagalassus, 440.
Sagapa, 412.
Sagara, 437.
Sagaris. V. Sangarius, fl.
Sagazama, 288.
Sagium, 346.
Sagorus, 420.
Saguntum, 121.
Sahal, 304.
Saii, 346.
Saïs, 457.
Saïttæ, 439.
Salaberina, 267, 268.
Salacia, 125, 126, 413.
Salaconia, 2.
Salaminiada, 55.
Salamis, 276, 361, 386.

Salamis, ins. 340, 431.
Salandona, 275.
Salanembria. V. Selymbria.
Salaniana, 128.
Salaria via, 92, 205.
Salarus, fl. 409.
Saldæ, 1, 4, 7, 10, 291, 296, 297.
Salebrone, 88, 197.
Salei, 189.
Salentini, 319.
Salernum, 32, 210, 213, 214.
Saletio, 105, 225.
Saleumbrone, 168.
Salgenoratixenum, 453.
Salices (ad), 67.
Salientes, 128.
Salinæ *Apul.* 94, 216.
Salinæ Daciæ, 249.
Salinæ *Picen.* 207.
Saline immense, 319.
Salinæ Nubonenenses, 297.
Salinarum lacus, 317.
Salioclita, 109.
Salissone, 111.
Salle, 77.
Salluntum, 101, 254.
Salmalasso, 301.
Salmatice, 131.
Salmorudis, 67.
Salmydessus, 394, 404.
Saloca, 241.
Salodurum, 105, 224.
Salolime, 319.
Salomacum, 137.
Salona, 80, 81, 100, 155, 244, 245, 246, 252, 253.
Saloniana. V. Salaniana.
Salsovia, 66, 247.
Salsulæ, 118.
Salsum, fl. 3.
Saltici, 134.
Saltoburaminsium, 430.
Saltus, 456.
Saltus Iobius, 430.

68.

Saltus Zalichæ, 449.
Salum, 360.
Salva, mans. 80.
Salvia urbe, 95.
Salviana, 295.
Sama, 275.
Samaco, 259.
Samarobriva, 107, 114, 228, 230.
Sammachi, 305.
Samnites, 323.
Samonium, 387, 388.
Samos, ins. 165, 357, 369, 370, 382, 383, 385, 445.
Samosata, 50, 51, 60, 61, 64, 266, 275, 276, 277, 278, 453.
Samothrace, ins. 165, 346, 429.
Samulocenis, 238.
Samydace, 409.
Samydacus, fl. 409.
Sanaus, 438.
Sandaraca, 391, 396, 419.
Sanderba, 254.
Sangarius, fl. 261, 263, 315, 354, 390, 395, 418.
Sanni, 390.
Sannigæ, 319, 390.
Sannum, fl. 315.
Sanora, 302.
Sanos, 175.
Santicum, 83.
Santones. V. Mediolanum.
Santonum prom. 415.
Sapham, 305, 308.
Saphri, 424.
Sapianæ, 78.
Sapis. V. Sabis.
Saralio, 266.
Sarapta, 362.
Sarathra, 375.
Saravi ponte, 227.
Sarbane, 305.
Sarcopos, 23.
Sardebar, 305.
Sardes, 100, 272, 439.
Sardetæ, 319.
Sardica, 39, 177, 250, 434.
Sardinia, 23, 154, 162, 317, 322, 369.
Sardona, 245.

Saritte, 245.
Sarmalegte, 249.
Sarmalius, 58.
Sarmatæ, 349, 400.
Sarmatarum solitudines, 319.
Sarmate vagi, 319.
Sarmatia Europæa, 417, 418.
Sarmatorum mut. 177.
Sarmia, 160.
Sarnade, 81.
Sarnis, 203.
Sarpedon, 360.
Sarpedonia, 378, 379.
Sarrum, 234.
Sartali, 222.
Sarto, 250.
Sarxa, 256.
Sasima, 41, 181, 448.
Sasonis, ins. 151, 152, 164, 317, 329.
Sassone Sarmate, 319.
Sassura, 290.
Satafi, 10.
Satala, 49, 50, 60, 64, 65, 264, 265, 266, 301, 439, 449.
Satara, 302.
Saternum, fl. 315.
Sathena, 306.
Saturnia, 167, 202.
Satyrorum prom. 411.
Sauloe Parthaunisa, 424.
Saurica, 319.
Sauromatæ, 349, 400.
Sauronisena, 265.
Sava Lesbi, 7.
Sava (ad) munic. 10.
Savadia, 426.
Savo, 211.
Savo, fl. 242, 315.
Saxa rubra, 193.
Saxetanum, 122.
Saxonum ins. 416.
Scaboræ fons, 307.
Scabris, 157.
Scaidava, 66.
Scalabis, 126.
Scaldis pons, 112.
Scamandrus, 437.
Scamandrus, fl. 355.

TABLE GÉOGRAPHIQUE.

Scamnum, 216.
Scampa, 96, 98, 190, 254, 433.
Scanatus, 49, 60, 63.
Scandia. V. Trajectus.
Scandiæ, ins. 417.
Scanvium. V. Scamnum.
Scarabantia, 69, 77, 79, 142.
Scarbia, 241.
Scardona, 245.
Scarpias, 258, 430.
Scarponna, 108, 226.
Scatras, 251.
Scalenta, 437.
Scenarchæa, 453.
Scenas mandras, 46.
Scenas Veteranorum, 44, 46.
Scepon, 434.
Scepsis, 356, 437.
Schinæ, 180.
Sciathus, ins. 341, 430.
Scilatio, 215.
Scillitana, 16.
Scione, 345.
Sciopolis, 184.
Scirtiana, 98.
Scittio, 171.
Scobarus, 308.
Scoborem, font. V. Scaboræ.
Scodra, 101, 253, 254, 434.
Scolla, 267.
Scopelites, 374.
Scopelus, 378, 397.
Scopelus, ins. 420, 430.
Scotusa, 256, 344.
Scretisca, 177.
Scrofulas (ad), 246.
Scunis, 255, 256.
Scupi, 434.
Scurio, 190.
Scylacium, 33, 215.
Scyle, 215.
Scylla, 248.
Scylleum, 262, 338, 442.
Scyros, 165, 166, 341, 431.
Scyrthanium. V. Cyrthanium.
Scythia, 66, 348, 427.
Scythiæ promontorium, 348.
Scythopolis, 55, 56, 281, 282, 455.

Scythotauri, 393.
Scythranium. V. Cyrthanium.
Scytia Dymirice, 319.
Sebaste, 438, 450, 454.
Sebastena, 424.
Sebastia, 48, 49, 58, 59, 60, 62, 63, 267, 449.
Sebastopolis *Arm.* 59, 63, 449.
Sebastopolis *Car.* 446.
Sebastopolis *Pont.* 300, 301, 390, 392.
Sebastopolis *Thrac.* 427.
Sebastopolis. V. Dioscurias.
Sebastum, 84.
Sebennytica palus, 363.
Sebennyticum os, 363.
Sebennytus, 457.
Secerræ, 120.
Sechar, 184.
Sechim, 184.
Securisca, 66, 247.
Secussione, 173.
Sediscapifonti, 65.
Segasamunclum, 119.
Segeloci, 143, 144.
Segesamone. V. Segisamone.
Segessera, 227,
Segesta, 157, 158, 219.
Seggera, 19.
Seggo, 299.
Segisamone, 119, 135, 136.
Segisamunclum. V. Segesamunclum.
Segobodium, 227.
Segodunum, 223, 224.
Segoncium, 145.
Segontia, 131, 132.
Segora, 234, 236.
Segosa, 137.
Segovia, 131.
Segusianorum. V. Forum.
Segusio, 101, 106, 199.
Segusterone, 102.
Sela, 458.
Seleuci, mons, 173.
Seleucia *Cilic.* 272, 274, 378, 451.
Seleucia *Mesop.* 307, 311, 312, 421, 422.
Seleucia *Pamph.* 380.
Seleucia *Syr.* 377, 382, 452.
Seleucia Ferrea, 440.
Seleucia Pieria, 276.

Seleucobelus, 452.
Selge, 443.
Selinus, 45, 272, 360, 379, 425, 451.
Selis, 46.
Selium, 126.
Selorum, mun. 19.
Selteri, 319.
Selymbria, 178, 347.
Semeros, 20, 21.
Semiramidis fossa, 421.
Semiramidis statua, 423.
Semnum, 215.
Semuncla, 31.
Sena col. 167.
Sena gallica. V. Senogallia.
Sena Julia, 201.
Senea, 443.
Sengauni, 319.
Senia, 82, 244.
Senia portus, 319.
Senogallia, 30, 95, 206.
Senomagus, 222.
Senones. V. Agredicum.
Senphu. V. Seriphus.
Sentianum, 33.
Sentice, 131.
Seo, 43.
Sepelaci, 121.
Sepinum, 217.
Sepomania, ins. 317.
Septem fratres (ad), 2.
Septem Maria, 37.
Septempeda, 93, 95, 206.
Septimanca, 131.
Septennaci, 238.
Septimum decimum (ad), 136.
Septimunicia, 13, 14.
Sequana, fl. 415, 416.
Sera major, 319.
Seracoe, 319.
Seramisa, 264.
Serapeum, 319.
Serapium, 46, 373.
Serdica, 39, 177, 179.
Serdonis, 192.
Serena, 176, 243.
Seretile, 377.
Seriane, 54, 55.

Serione. V. Sirione.
Seriphus, ins. 166, 283, 341, 383.
Sermanicomagus, 234.
Sermone, 135.
Sermusa, 266.
Sermylia, 345.
Sermylicus sinus, 345.
Serni. V. Æsernia.
Seronis, 243.
Serota, 38, 176, 243.
Serpa, 128.
Serræ, 279, 429.
Serta (ad), 278.
Sertacione. V. Sextantione.
Sertica, 250, 255.
Servili pons, 254.
Serviodurum. V. Sorviodurum.
Servitio, 244, 245.
Servitti, 80.
Sesamus, 353, 396.
Sestias, 206.
Sessites, fl. 316.
Sestos, 257, 347, 348, 355.
Sethraites, 458.
Sethro. V. Heracleo.
Setus, 360.
Setucis, 228.
Seva vicina, 309.
Sevastia. V. Sebastia.
Sexantapristis, 66.
Sex insulas (ad), 3.
Sexitanum. V. Saxitanum.
Sextantione, 118, 120, 172, 220.
Sextias (ad), 206.
Sextum (ad), 171, 200, 201.
Sextum (ad), mut. 176, 201, 202.
Sextum milliare, 177.
Siacus, 309.
Siagu, 290.
Siara, 63.
Siata, 161.
Siba. V. Siva.
Sibaria, 131.
Sibaris, 33.
Siblia, 438.
Sibora, 59.
Sibus, 295.
Sicamenos, 183.

Sicanabis, 301.
Sicani, 324.
Sicca veneria, 11, 12, 293.
Sicdelis,. 161.
Sichem, 55.
Sicilia, 26, 151, 152, 154, 162, 163, 219, 317, 322, 324, 367, 369.
Sicilibba, 6, 12, 293, 294.
Sicinus, 338, 383.
Sicione, 259, 260.
Sicobasilisses, 50, 52.
Sicor, 415.
Sicsis, 245.
Siculi, 324.
Sicyon, 334.
Sicyon nova, 431.
Side, 272, 273, 336, 360, 367, 380, 443.
Siderus, 359.
Sidoloucum, 107. 229.
Sidon, 42, 183, 277, 362, 376, 382, 454.
Sidonia, 372.
Sidonii, 362.
Sidotocum. V. Sidoloucum.
Sidus, 339.
Sidyma, 444.
Siesa, 245.
Siga, 3, 367.
Sigal, 425.
Sige, 355.
Sigensis portus, 3.
Sigeos, ins. 165.
Sigium, 355.
Signatius, fl. 414.
Signia, 82.
Siguese, 293, 294.
Sigus, 6, 8, 11, 295.
Siher, 305.
Silacenis, 69.
Silanos (ad), 241.
Silanum (ad), 224.
Silarum, fl. 199, 213, 315.
Sile, 46.
Silesva, 22, 299, 300.
Silla, fl. 422.
Silma (ad), 292.
Siloa, 186.
Siltica, 426.
Silutum, 214.

Silva Marciana, 319.
Silva Vosagus, 319.
Silvanectes. V. Augustomagus.
Silviæ, 81.
Silvianum, 34, 35.
Silvium, 34, 35, 214.
Silvo, 319.
Simethus. V. Symæthus, fl.
Simittu, 12, 292.
Simnana, 287.
Simos, 59.
Simtita, 306.
Sina, 161.
Sinæ, 411, 412.
Sinara, 301.
Sinarum sinus, 411.
Sincium, 79.
Sindaunda, 442.
Sindi, 349.
Sindica, 392.
Sindice, 319.
Sindicus portus, 349, 400.
Sinervas, 60.
Singa, 275, 278.
Singæ (ad pontem), 278.
Singames. V. Sicanabis.
Singames, fl. 389.
Singara, 304, 305.
Singidunum, 176, 246, 435.
Singidunum castra, 39.
Siniandus, 440.
Sinibra, 60.
Sinispora, 274.
Sinna, 254.
Sinnium, fl. 199.
Sinomagi. V. Sitomagus.
Sinope, 262, 263, 353, 361, 391, 397, 420, 449.
Sinottum, 284.
Sinnati, 283.
Sinuessa, 32, 35, 192, 210, 211.
Sinus, 348.
Sinus Aquitanicus, 319.
Sinus Ausinus, 319.
Sinus Carmanus, 319.
Sinus Corinthus, 319.
Sinus Heracleensis, 319.
Sinus Liburnicus, 81.
Sinus Macedonicus, 319.

Sinus Sambracitanus, 159.
Sinus Pestanus, 319.
Sion, 186.
Siphæ, 333.
Siphnus, 166, 341, 385, 445.
Sipia, 236.
Sipuntum, 94, 155, 216, 217.
Siracella, 99, 100.
Siranna, ins. 317.
Sirgora, 306.
Siricis, 61, 62.
Sirione, 139, 171, 223.
Siris. V. Semnum.
Sirmi, 36, 38, 68, 76, 80, 176, 177, 179.
Sirmium, 36, 243, 244, 246, 435.
Siroc, 424.
Sirogellis, 189.
Sirotis, 243.
Sirpium, 217, 218.
Sisalone, 134.
Siscia, 76, 79, 82, 244.
Sissa ins, 317.
Sitæ, 805.
Sithonicus sinus, 345.
Sitillia, 235.
Sitomagus, 144, 237.
Sitopolis, 438.
Siva, 266.
Sivel, 122.
Sixtiunum. V. Fituinum.
Sizer. V. Siher.
Sizinnus, 305.
Smyrna, 271, 272, 273, 357, 436.
Soanda, 58.
Soatris, 67.
Sociatum. V. Scittio.
Socratu, 271.
Sœpinum, 217, 218.
Sohene, 307.
Solæ, 272, 274.
Solar, ins. 317.
Solentii ins. 317.
Solaria (ad), 198, 200.
Solimariaca, 116.
Soli, 360, 361, 378, 386, 388, 451.
Soloe, 276.
Soloeis, 368.
Soloentia, 368.

Soloento. V. Solunto.
Solona, 155.
Solonenica, 265.
Soluntis, 368.
Soluntum, 27, 119.
Solusapre, 27.
Somena, 381.
Soncio, 178.
Sonista. V. Sunista.
Sonuessa, 192.
Sopatos, 319.
Sopianæ, 68, 78, 80.
Sor, 183, 362.
Sora, 447.
Sorabile, 24.
Sorbioduni, 146, 147.
Sorices, 319.
Sorores (ad), 130.
Sorpara, 267.
Sors desertus, 319.
Sorvæ, 303.
Sorviodurum, 238.
Sostantione. V. Sextantione.
Sostomagum, 172.
Sostra, 251, 319.
Sotiatum, 223.
Sozopolis, 395, 440.
Sozusa, 455, 459.
Spalathra, 344.
Spalato, 254.
Spaue, 308.
Spaneta, 80, 176, 243.
Spaneta, mut. 176.
Sparata, 178.
Sparta, 336, 431.
Spartaria. V. Carthago.
Spasinucara, 307.
Spatura, 310.
Speculum, 300.
Spelci, 285.
Speluncas, 34, 94.
Speluncas (ad), 287.
Speluncis, 265.
Speluncos, 191.
Speluncus, 19.
Spelunis, 214, 217.
Speos Artemidos, 45.
Sperchius, fl. 343.

Spiclin, 183.
Spina, 326.
Spini, 147.
Spitonæes, 191.
Spoletium, 37, 168, 193, 206, 207.
Sponsas, 192.
Stabatione, 222.
Stabios, 213.
Stabiu, 264.
Stabula, 105.
Stabulum, 264.
Stabulum (ad), 265.
Stabulum Diomedis, 99.
Stabulum Diomedis (ad) 189.
Stabulum novum, 119.
Stabulum olearium (ad), 295.
Stai, 308.
Stailuco, 239.
Stanaco, 73.
Stanecli, 246.
Statuas (ad), 71, 87, 251.
Statuas (ad) in medio Arrabona, 72.
Stectorium, 441.
Stefana, 191.
Stefane, 263.
Steifi, 294, 295, 296, 297.
Stempeo, 301.
Stenarum, 250.
Stenas, 256, 258.
Stephanaphana, 191.
Stephane, 353, 391, 397, 419.
Stilida, 152.
Stina, 287.
Stira, ins. 317.
Stiriate, 242.
Stiris, 430.
Stobi, 429.
Stoechades, ins. 161.
Stomata, 223.
Stomatas, 171.
Stonia (ad), 247.
Stopis, 255, 256.
Storgosia, 251.
Stradela, 184.
Strangira, 301.
Stratoclis, 319.
Stratonicea, 445.
Stratonis, 248.

Stravianæ, 79.
Strobilus, 390.
Strongile, ins. 317.
Strophades, ins. 165, 432.
Strota, 164.
Strymon, 256.
Strymon, fl. 346, 348.
Sturnos (ad) 295.
Stymphalus, 335.
Suani, 319.
Suani Sarmatæ, 319.
Subasto, 319.
Sub Dinnum, 235, 236.
Sublacium, 208, 209.
Sublavio, 82, 240.
Sublucu, 5, 291.
Sublubatia, 214.
Subradice, 251.
Subrita, 260, 337.
Subritus, 432.
Subromula, 214.
Sub Sabione. V. Sublavio.
Subsicivum, 33.
Subututtu, 289.
Subzupara, 40.
Succeianum, 33.
Succosa, 197, 202.
Sucidava, 66, 247.
Sucro, 121.
Sudim. V. Sulim.
Suelteri, 319.
Suessonas. V. Augusta Noviodunum.
Suessula, 210.
Suevi Hiberi, 319.
Suevia, 319.
Suevus, fl. 417.
Sufasar, 7, 9,
Sufes, 13, 14, 15, 16.
Sufetula, 13, 14, 15, 16, 17.
Sugga, 278.
Sugolin, 287.
Suindinum. V. Sub Dinnum.
Suissa, 60, 64.
Suissatium, 137.
Sulci, 24, 25, 319.
Sulcis, 23.
Sulia, 387.
Sulim, 234.

Sullecti, 290, 375.
Sulloniacis, 141.
Sullucum, 5.
Sulmo, 30.
Sulmonæ, 212.
Summum Penninum, 105, 224.
Summum Pyrenæum, 136, 137, 220.
Summuntorium, 73.
Summuranum, 31, 32.
Summus lacus, 83.
Sunista, 176, 243.
Sunitu, 292.
Sunium, 338, 340.
Suoron, ins. 317.
Sure, 279.
Surontio, 241.
Surpicano, 205.
Susa, 312.
Susarmia, 399.
Sutrium, 87, 168, 200.
Swaddurusi præs. 298.
Syba, 387.
Sybari. V. Turis.
Sybaris, 324.
Sybrita. V. Subrita.
Sycamazon, 455.
Sycamina, 42, 183, 362.
Sycas, 248.
Syda, 296.
Sydone, 277.
Syedra, 443.
Syene, 45, 285.

Sygris, fl. 315.
Syllas, 212.
Syllium, 273, 360.
Symæthus, fl. 315, 324.
Symboli portus, 393.
Syme, ins. 317, 358.
Symmachi, 299.
Syna, mons. 184, 318.
Synas, ins. 317.
Synesus, 358.
Synnaos, 439.
Synnada, 268, 269, 441.
Synoria, 301.
Syracellis, 99, 189, 255.
Syracusæ, 27, 28, 153, 219, 324.
Syrallo, 251.
Syri, 319.
Syria, 182, 183, 276, 319, 361, 362.
Syria I, 452.
Syria II, 452.
Syria Cœlis. V. Cœle-Syria.
Syriacole, 319.
Syriacum pelagus, 314.
Syrias, 397, 419.
Syrnota, 178.
Syros. V. Scyros.
Syrtas, 263.
Syrtis, 365.
Syrtis magna, 319, 374.
Syrtis parva, 319, 366, 375.
Syrtites, 320.
Syrus, ins. 341.

T

Tabæ, 446.
Tabala, 439.
Tabalati, 22.
Tabalta, 13, 14.
Tabellaria, 197.
Taberna frigida (ad), 198.
Tabernæ *Afr.* 2.
Tabernæ *Germ.* (Saverne), 70, 227.
Tavernæ *Germ.* (Rheinzabern), 105, 225.
Tabernas (in), 190.
Tabia, 447.
Tablis, 226.
Tabraca, 154, 162.

Tabunagdi, 22.
Tacape, 14, 18, 21, 22, 23, 164, 288, 289, 299, 300, 375.
Tacasarta, 44.
Tacatua, 5, 291.
Tacina, 33.
Tacona, 43.
Tadinas. V. Ptanias.
Tadutti, 8, 9.
Tænarus, 336.
Tænia longa, 2.
Tafis, 44.
Tagaste, 12.

TABLE GÉOGRAPHIQUE.

Tagulis, 287, 288.
Tagus, fl. 413.
Talabrica, 126.
Talba. V. Galaba.
Talia, 65, 246.
Talmis, 44.
Tamannuna, 296, 297.
Tamaricetum, 10.
Tamaricio, 26.
Tamarum, fl. 31.
Tamascaltis, 22.
Tamascani, 296.
Tamassus, 138.
Tamiso, 276.
Tamnum. V. Lamnum.
Tamonti, 284.
Tamugadis, 8, 11.
Tamyrace, 393.
Tanagra, 431.
Tanais, fl. 315, 349, 392.
Tanaitæ, 320.
Tanandari, 48, 49, 61, 62, 63, 64.
Tanaramusa, 10.
Tanarus, fl. 32.
Tanasis, 320.
Tanchire, 320.
Tanicum, 363.
Tanis, 42, 458.
Taniticus, fl. 284.
Tannetum, 87, 194, 199.
Tanno, fl. 210, 315.
Tanomia. V. Fanum Minervæ.
Tanopolis, 439.
Taparura, 290.
Taphis, 44.
Taposiris, 21, 286, 371.
Taprobana, 317, 410.
Tapsus. V. Thapsus.
Taras. V. Tarentum.
Tardequeia, 182.
Tarentum, 34, 35, 215, 325.
Taretica, 349.
Taricea, 320.
Tarichææ, 320, 374.
Tarichia, 366, 375.
Tarilia, 366.
Tariona, 245.
Tarnaias, 105, 224.

Tarnantone, 239.
Tarnasici, 241.
Tarpodizo, 67, 178.
Tarquinii, 90, 167, 202.
Tarracina, 32, 35, 162.
Tarracone, 119, 120, 135, 136.
Tarraconensis, 414.
Tarras. V. Tharros.
Tarrhus, 387.
Tarsa. V. Tharse.
Tarsaticum, 244.
Tarsuras, 301.
Tarsuras, fl. 389.
Tarsus, 182, 185, 274, 275, 378, 450.
Tarteno, 241.
Tartusanis, 241.
Tarum (ad), 194.
Tarvedunum, 418.
Tarvenna, 112, 113, 230.
Tarvesede, 84, 240.
Tasaccora, 9.
Tasciaca, 235.
Tasdri, 285.
Tasinemeti, 241.
Taspa, 273, 274.
Tassiros. V. Tarsuras.
Tateabio, 263.
Tatilti, 7.
Tatursanis, 241.
Taua, 42.
Tauchira. V. Teuchira.
Taum (ad), 237.
Taurentum, 159.
Tauri, 348.
Tauria, 161.
Tauriana *Ital.* 211.
Tauriana *Maced.* 256.
Tauriani, 320.
Taurica, 393.
Taurinis. V. Augusta Taurinorum.
Tauris, ins. 317.
Tauromenium, 26, 27, 152, 320, 324.
Taurunum, 39, 70, 71, 238, 240, 242, 243, 246.
Taurus mons, 318.
Tava, 457.
Tavia, 58, 59, 264, 266.
Tavia, fl. 158.
Taxila, 311.

Tazarene, 309.
Tazora, 309, 310.
Tea nomarruci. V. Teanum Marrucinum.
Teagina, 320.
Teanum, 35, 91, 210, 212.
Teanum Apulum, 216, 218.
Teate Marrucinum, 93, 207.
Tegea *Achaiæ*, 260, 431.
Tegea *Arcad*. 335.
Tegeas, 260.
Teglanum (ad), 210.
Teglata, 292.
Teglicio, 66, 247.
Tegna, 222.
Tegolata, 89.
Tegris, 247.
Tegula, 25.
Tegulata, 90, 220.
Tegulicio. V. Teglicio.
Teium, 353.
Tela, 133.
Telamone, 197.
Telamonis portus, 157.
Teleda, 302.
Telemensus. V. Telmissus.
Telepte, 22.
Telerus, 384.
Telesia, 35, 91, 212.
Tellegatæ, 174.
Tellonum, 137.
Telmi, 285.
Telmissus, 359, 381, 382, 386, 444.
Telo Martius, 159.
Telonnum. V. Ticlonno.
Telphusa, 431.
Telus, ins. 358, 383.
Temenothyræ, 439.
Temissonius. V. Themisonius.
Temmeliso. V. Thelmenissus.
Temnus, 271, 436.
Tempe, 344.
Templo Jovis, 248.
Templum (ad), 22.
Templum Augusti, 320.
Templum Herculis, 263.
Templum Minervæ, 212, 213.
Templum Veneris, 289.
Tempsa, 210, 213.

Tenedos, 165, 355, 380, 383, 445.
Tempyra. V. Timporo.
Tendurum. V. Teudurum.
Tenedone, 237.
Tenurtium. V. Tinurtium.
Tereapulo. V. Teanum Apulum.
Tenos, 165, 341, 369, 385, 445.
Tentyra, 43, 285, 459.
Teos, 271, 357, 436.
Terebintho, 188.
Terento, 299.
Tergeste, 81, 244.
Tergolape, 239.
Teria, 324.
Terina, 324.
Terisias, 221.
Teristasis, 347.
Termessus, 442.
Termuli. V. Turmuli.
Terracina, 32, 162, 192, 210, 211.
Terublo, 23.
Terus, 361.
Tervanna. V. Tarvenna.
Tesa, 409.
Tetellus, 174.
Tetrapyrgia *Cappad*. 267.
Tetrapyrgia *Cilic*. 274.
Tetracis, 353.
Tetrisias, 393.
Teucera, 230.
Teuchira, 20, 287, 365, 373, 460.
Teucila. V. Zenocopus.
Teudurum, 112.
Teumeuso. V. Thelmenissus.
Teutiburgum, 71, 240.
Thabraca, 5, 291.
Thabrasta, 21, 286.
Thabudeos, 298.
Thacia, 293.
Thacora, 293.
Thadute, 295.
Thagura, 11, 293.
Thalalatis, 22.
Thalama, 306.
Thalbasaris, 304.
Thallaba, 306.
Thalsea, 55.
Thamandi, 305.

Thamara, 307.
Thamaro, 281.
Thamarus, fl. 31.
Thamnathsare, 282.
Thamugadi, 298.
Thamusida, 2.
Thauna, 277.
Thantia, 282.
Thapedon, 258.
Thapsa, 367.
Thapsacus, fl. 361.
Thapsus, 290, 366, 375.
Tharpusa, 431.
Tharrana, 306.
Tharros, 25.
Tharrus, 261.
Tharsaticum, 82.
Tharse, 51.
Tharsidarate 302.
Tharsus. V. Tarsus.
Thas, ins. 317.
Thasarte, 23, 299.
Thasus, 346, 379, 429.
Thateso, 180.
Thaubasio, 46.
Thebæ *Achæor.* 343.
Thebæ *Ægypt.* 45.
Thebæ *Bœot.* 98, 342, 431.
Thebæ *Thessal.* 429.
Thebais, 459.
Thebais superior, 459.
Thebelani, 22.
Thebeste. V. Teveste.
Thebeta, 304.
Thebunte, 19.
Thelamon, 167.
Thelbon, 306.
Theleda, 279.
Theleote, 299, 300.
Thelmenissus, 54, 279.
Thelseæ, 55.
Thelser, 305.
Themessata, 306.
Themiscyra, 353, 398.
Themisonium, 273, 438.
Themisonius, 440.
Themnum. V. Temnus.
Thenadassa, 22.

Thenæ, 12, 13, 14, 18, 290.
Thenebreste, 295.
Thenetum, 385.
Thengubis, 306.
Theodosia, 393.
Theodosia *Phryg.* 438.
Theodosiopolis *Arcad.* 459.
Theodosiopolis *As.* 436.
Theodosiopolis *Maced.* 189.
Theodosiopolis *Osroen.* 453.
Theodosiopolis *Thebaid.* 458.
Theotimæum, 373.
Thera, 248, 338, 383, 385, 445.
Therambus, 345.
Theranda, 253.
Therebintus, 188.
Theriodes sinus, 411.
Therma, 58.
Therma *Afr.* 375.
Therma *Capp.* 448.
Therma Come, 375.
Thermæ, 27, 219.
Thermæ Stygianæ, 167.
Thermæus sinus, 345.
Thermantica, 309.
Therme, 345.
Thermodon, fl. 353, 391, 398.
Thermopylæ, 258, 343, 431.
Thespiæ, 97, 342, 430.
Thesproti, 330.
Thesprotia, 330.
Thessalia, 97, 344, 429.
Thessalonica, 96, 98, 99, 190, 254, 255, 258, 428.
Theudosia, 348.
Theveste, 6, 8, 12, 13, 15, 16, 297, 298.
Thia, 65.
Thiana, 181.
Thianitica, 399.
Thiar *Hisp.* 121.
Thiar *Syr.* 304.
Thibili, 293, 296.
Thiges, 300.
Thigisi, 295.
Thilapsum, 305.
Thilaticornum, 53.
Thillada Mirrhada, 421.
Thilos ins. 316.

Thiltauri, 278.
Thimara, 310.
Thimea, 248.
Thimonespi, 45.
Thinissa, 5, 291.
Thirtoma, 303.
Thisbe, 431.
Thisdro. V. Thysdrum.
Thistæs. V. Hytti.
Thithna, 375.
Thitu, 319.
Thmuis, 42, 458.
Thoana, 399.
Thoaris, 391.
Thoarius, 398.
Tholosa. V. Tolosa.
Thomia, 263,
Thomu, 45.
Thonis, 363.
Thora, 277.
Thoricus, 340.
Thornia, 284.
Thou, 44, 46.
Thracia, 47, 95, 99, 165, 178, 320, 346, 427.
Thracia Chersonesus, 347.
Thracia Europæa, 426.
Thrambus, 345.
Thremitus, 276, 451.
Thronium, 342.
Thronos, 376.
Thubactis, 287.
Thubida, 306.
Thubrassene, 308.
Thuburbiminus. V. Tuburbum minus.
Thuni, 290.
Thuræ, 278.
Thuraria, 292.
Thuria, 324.
Thurii, 33, 215.
Thurium, 323.
Thurris, 293.
Thusuros, 300.
Thyatira, 100, 271, 272, 439.
Thymena, 391, 396,
Thymiateria, 368.
Thynias, 354, 394, 418.
Thyrium, 332.
Thysdrum, 15, 16, 18, 290, 299.

Thysus, 345.
Tianæ, 436.
Tibareni, 352.
Tiberiacum, 112.
Tiberiadis lacus, 317.
Tiberias. V. Tyberias.
Tiberinum iter, 167, 168.
Tiberiopolis, 438.
Tibili, 293.
Tibiscum. V. Tiviscum.
Tibris lacus, 317.
Tibulis, 23, 24.
Tiburis, 93, 208.
Tiburtina via, 208.
Ticeno, 174, 204.
Ticenum, fl. 315.
Tichilla, 293.
Ticinum, 85, 101, 103, 106.
Ticlonno, 235.
Ticonium, 139.
Tierva, 248.
Tigava, 9.
Tigisis, 10, 296.
Tignica, 292, 293.
Tigra, 66.
Tigranocerta, 303, 304.
Tigrim (ad fl.), 305.
Tigris, fl. 316, 421.
Tigtila, fl. 315.
Tigubis, 306, 307.
Tigulia. V. Tegolata.
Tilena. V. Filena.
Tiliabante, fl. 315.
Tillabari, 22.
Tilurio, 246, 252.
Timaco majori, 253.
Timaco minori, 253.
Timalinum, 128, 129.
Timbriades, 440,
Timezegeri turris, 300.
Timogittia, 67.
Timolaium, 396, 419.
Timphadi, 8.
Timporum, 96.
Tinci Ausari, 20.
Tincollo. V. Tinconcium.
Tinconcium, 235.
Tindareo. V. Tyndaris.

Tine (ad), 207.
Tingi, 1, 2, 6, 15, 154, 161.
Tingintera, 123.
Tiniodiri, 20.
Tinna, 208.
Tinna, fl. 315.
Tinnetio, 83.
Tinurtium, 107, 226.
Tinzunedum, 300.
Tionica, 293, 320.
Tipasa, 4, 11, 293.
Tipso, 178.
Tirallum. V. Tzurullus.
Tirinadi, 7.
Tirixis. V. Timogittia.
Tiryns, 338.
Titana, fl. 305.
Tithium, 353.
Tithorea, 430.
Titiopolis, 451.
Tittoburgo. V. Teutiburgum.
Titulcia, 131, 132, 134.
Titulos (ad), 82.
Tityassus, 440.
Tius, 262, 391, 396, 419, 447.
Tiviscum, 248, 249.
Tlos, 444.
Tmu, 320.
Tocolosida, 5.
Tœche, 355.
Tolbiacum, 111.
Toletum, 132, 134.
Tolomeni, 320.
Tolosa, 138, 171, 222, 223.
Tolosocorio, 268.
Tolous, 119.
Tomba, 264.
Tomi, 67, 248, 393, 427.
Tonea, 264.
Tonosa, 49, 50, 62.
Tontus, fl. 315.
Topirus, 96, 99, 189, 255, 427.
Toricus, 349.
Torone, 345.
Torrens, 320.
Tottæo. V. Tateabio.
Tottaio, 40, 180.
Trachea, 371.

Trachis, 343.
Tracium, 41.
Tragecynus portus, 319.
Tragurium, 81, 245.
Traja capita, 120.
Traiaieia, ins. 164.
Trajanopolis, 48, 96, 99, 189, 426.
Trajanopolis. V. Selinus.
Trajanum, 167.
Trajectus *Batav.* 110.
Trajectus *Brit.* 147.
Trajectus *Gall.* 139.
Trajectus *Hadriat.* 33.
Trajectus *Maced.* 190.
Trajectus *Pelop.* 259.
Trajectus *Sic.* 26, 29.
Tralles, 439.
Trallis. V. Colossæ.
Trallis *As.* 271.
Tramariciolum, 19.
Tramusdusin, 22.
Transducta, 412.
Translitis, 177.
Transmarisca, 66, 247.
Transmonte, 180.
Tranupara, 255.
Trapezopolis, 438.
Trapezuntii, 390.
Trapezus, 64, 261, 262, 265, 300, 352, 386, 390, 392, 399, 449.
Trapezusium, 398.
Trea, 93.
Trebia, 193.
Treblis, 209.
Tredente. V. Tridentum.
Tremithus. V. Thremitus.
Tremuli, 6.
Tres arbores, 171.
Tres insulas (ad), 3.
Tres tabernæ *Epir.* 96, 98, 190.
Tres tabernæ *Ital.* 31, 210.
Tresena, 442.
Treti, 386.
Treveri, 320.
Trevis, 193.
Tria capita, 120.
Tribus tabernis, 193, 194.
Tricasis. V. Augustobona.

Tricca, 429.
Tricciana, 80.
Tricensimum mut. 172.
Tricensimum (ad), 84.
Tricornia, 268, 435.
Tricornia castra, 177.
Tricornio, 246.
Tridentum, 82, 84, 203, 240.
Tridis, 183.
Trieres, 361.
Triganocarten, 303.
Trigisamo, 239.
Trigundum, 127.
Trimammio, 66, 247.
Trimula, 428.
Triopium, 358.
Tripolis *Lyd.* 100, 271, 439.
Tripolis *Phœn.* 42, 183, 361, 382, 454.
Tripolis *Pont.* 392, 399.
Tripolitanus limes, 21.
Tripontium, 143.
Trispeda, 303.
Trissa, 248.
Trissas, fl. 348.
Tritium, 119, 135, 137.
Tritium Metallum, 119.
Triton, fl. 366.
Tritonis palus, 366.
Tritonis Minerva, 366.
Tritonum lacus, 317.
Triturrita, 198.
Triumpilini, 320.
Troas, 100, 355, 437.
Trocnada regio, 448.
Troentum, 30.
Troezen, 339, 431.
Troezenia, 338, 339.
Trogoditi Persi, 320.
Trojani, 324.
Trono, 101.
Tropæus, 428.
Trosmis, 66, 247, 428.
Truentus, fl. 315.
Truilo, 256.
Tubactis, 287, 288.
Tubonis, 297.
Tubucci, 126.
Tuburbum majus, 14, 294.

Tuburbum minus, 12, 292.
Tubusuptus, 7, 10.
Tucatua, 5.
Tucca, 296.
Tucca terebinthina, 13, 14, 15.
Tucci, 130.
Tude, 129.
Tuder, 168, 202.
Tudernum, 167.
Tugia, 122.
Tugugero, 178.
Tugulis, 20, 287.
Tuicias, 320.
Tullonium, 137.
Tullum, 108, 116, 117, 226.
Tundis, 320.
Tunete, 290.
Tungri. V. Atuatuca.
Tuniza, 5, 291.
Tunniatis, 167.
Tunorullo, 178.
Turaniana, 122.
Turditani, 412.
Turduli, 412.
Tureciono, 222.
Turenum, 216.
Turia. V. Curia.
Turiassone, 183.
Turii, 39.
Turii. V. Thurii.
Turiostu, 215.
Turis. V. Thurii.
Turissa, 137.
Turmuli, 130.
Turnacum, 112, 113, 231.
Turones. V. Cæsarodunum.
Turoqua, 129.
Turrem (ad), 287.
Turrem (ad) *Gall.* 90, 220.
Turres, 202.
Turres (ad) *Brut.* 31, 32.
Turres (ad) *Dalmat.* 253.
Turres (ad) *Latii*, 88, 90.
Turres (ad) *Liburn.* 82, 244.
Turres Aurelianæ, 34, 94, 191.
Turres Julianæ, 192, 319.
Turribus, 39, 177, 250.
Turris Cæsaris, 8, 216.

Turris ad Algam, 288, 366.
Turris Libyssonis, 25, 320.
Turris Stagna, 320.
Turris et Taberna, 387.
Turris Tamalleni, 21, 22.
Turrita, 197.
Turseua, 167.
Turublo, 23.
Turullo. V. Tunorullo.
Turullo. V. Syrallo.
Turum, 76.
Turum (ad), 194.
Turuntus, fl. 417.
Turzo, 293.
Tuscanas, 201.
Tusci, 314, 320, 326.
Tuscia, 88.
Tuscia, ins. 162.
Tusdrum. V. Thysdrum.
Tutaio, 180, 447.
Tutatio, 83, 242.
Tutzis, 44.
Tyana, 41, 181, 267, 268, 269, 399, 448.
Tyatira, 271.

Tyberias, 281, 455.
Tyburtina via, 208.
Tycæ, 262.
Tyconpoli, 284.
Tyenis, 351.
Tygrem (ad), 305.
Tygris, fl. 315.
Tymandrus, 440.
Tymphadi, 8.
Tyndarides, ins. 372, 390, 396.
Tyndarii scopeli, 364.
Tyndaris, 27, 219.
Tyras, fl. 314, 348.
Tyri regia, 361.
Tyriæum, 440.
Tyrii, 362.
Tyrrheni, 322.
Tyrrhenia, 322.
Tyrus, 42, 183, 184, 185, 277, 280, 362, 384, 388.
Tysdro. V. Thysdrum.
Tzitzi, 44.
Tzoides, 427.
Tzurullus, 40, 97, 251.

U

Ubartum, fl. 115, 315.
Ubaza castellum, 298, 300.
Ubimum, 233.
Ubinnaca, 268.
Ubus, fl. 291.
Uchium, 320.
Uciense, 122.
Ugernum, 220.
Uggadis, 115.
Ugia, 123.
Ugubre, 302.
Ulbia, 23, 24.
Ulcæ, 320.
Ulcisia, 80.
Ulia, 123.
Uliambos pagus, 442.
Ulisippira, 294.
Ulixis patria, 165.
Ulmus *Mœs.* (S. Elias), 38, 68, 77, 80, 176, 243.
Ulmus *Mœs.* (près de Paulwitz), 177.

Ulmus *Pann.* 242.
Ulpia (leg. xxx), 74.
Ulpiana, 434.
Ultra Anconam, 30.
Um. ins. 317.
Umatia, fl. 316.
Umbenno, 173.
Umbranicia, 320.
Umbri, 326.
Umbria, 326.
Umbro, fl. 157, 197, 200, 201, 316.
Umbronem montem, 167.
Una, 247.
Undecimum, 191.
Undecimum (ad), 175.
Unuca. V. Inuca.
Upellis, 243.
Urba, 103.
Urbanis, 210.
Urbate, 80, 244.

TABLE GÉOGRAPHIQUE.

Urbiaca, 134.
Urbinum, 168.
Urbius, 216.
Urbs. V. Roma.
Urbs Salvia, 95, 206.
Urcaone, 121.
Urci, 122.
Uria. V. Urbius.
Urii. V. Hieron.
Urisio, 178.
Urmagiganti, 52.
Uroconium, 141.
Ursaria, ins. 317.
Ursolis, 106.
Uruncis, 73, 104.
Urusa, 239.
Uscosium, 94.
Usilla, 18, 290.

Ussubium, 139, 222.
Ustica, ins. 317.
Usuerna, 222.
Usula, 18.
Uthica, 294.
Utica 5, 291, 367, 376.
Uto. V. Vio.
Uto, 66.
Utricio, 204.
Utriculi, 37, 93.
Utsurgas, 252.
Uttaris, 128, 129.
Uttea, 320.
Uxacona, 141.
Uxama. V. Vasama.
Uxantis, 161.
Uzappa, 299.
Uzintum, 216.

V

Vacanas, 200, 201, 202.
Vacca, fl. 414.
Vaccis, 297.
Vacorio, 241.
Vacreus, 320.
Vada Sabbatia, 89, 157, 158, 167, 198, 205.
Vada Volaterra, 88, 197, 198.
Vagal, 9.
Vagienni, 313.
Vagniacis, 141.
Valcaton, 264.
Valco, 68.
Valentia Gall. 106, 173, 221, 222.
Valentia Hisp. 121.
Valentia Phryg. 438.
Valentia nova, 453.
Valentium, 191, 216.
Veleponga, 134.
Valeria via, 93.
Valeriana, 65.
Valinis, 197.
Vallata, 135, 136.
Vallato, 73.
Vallis, 6, 14, 15, 293.
Vallis Cariniana, 78.
Vallis Domitiana, 67.

Vallum, 140, 142.
Valvata, 200.
Vancianis, 173, 222.
Vandali, 320.
Vanesia, 171, 223.
Vangiones. V. Borbitomagus.
Vapincum, 102, 106, 118, 173, 221, 320.
Vapli, 320.
Varatedo, 223, 233.
Varcia, 117, 227.
Varia, 119.
Variæ, 208.
Variana Illyr. 65.
Variana Mœs. 76, 79.
Varii, 320.
Varis Brit. 145.
Varis Illyr. 254.
Varsi. V. Garsi.
Varuno, 241, 243.
Varus, fl. 89, 220, 315.
Varusa, fl. 315.
Vasada, 440.
Vasama, 133.
Vasampus, 297.
Vasatas, 171.
Vasidicæ, 293.

TABLE GÉOGRAPHIQUE.

Vastuana, 303.
Vatari, 295, 297.
Vax, villa repentina, 19, 289.
Vecta, 160.
Vedulia, 176.
Vegesela (Cassarine), 13.
Vegesela (ruines), 8.
Veiente. V. Lartheniano.
Veios, 200.
Velatudurum, 104.
Veldidena, 74, 75, 76, 82, 84, 241.
Veleia. V. Beleia.
Velesi, 295.
Veliate, 320.
Velisci, 10.
Vemania, 69, 73, 75, 238.
Venafrum, 91.
Venadi, 320.
Veneris (ad), 214.
Veneris fanum, 386.
Veneris Acrææ templum, 386.
Veneti, 320, 326.
Veneti. V. Dartoritum.
Veneti portus, 157, 158, 229.
Veniatia, 127.
Venne, 284.
Vennum, 203.
Venonis, 141, 143, 144.
Venta Belgarum, 144, 146, 147.
Venta Judæorum, 144.
Venta Silurum, 147.
Venusia, 31, 33, 34, 35, 214, 217.
Vepiteno. V. Vipitenum.
Verbinum, 114, 231.
Vercellæ, 85, 102, 103, 104, 204.
Vereis, 38, 176.
Verela, 119.
Verentanum, 167.
Veresvos, 299.
Veretum, 216.
Vereuso, 266.
Vergamo, 174.
Vergellis. V. Vercellæ.
Veri, 289.
Vericulum, 193.
Verisa, 59, 63.
Verisso, 268.
Verlucione, 147.

Vernemetum, 143, 144.
Vernosole, 138.
Verolamium, 141, 143, 144,
Veromandui. V. Augusta.
Verometum. V. Vernemetum.
Verona, 38, 82, 83, 85, 174, 203, 204.
Verteris, 141, 143.
Verulamium. V. Verolamium.
Vesellis, 241.
Vesene, 368.
Vesidia, fl. 316.
Vesontio, 103, 117, 227, 228, 229.
Vesunna, 139, 233, 234.
Veteribus, 74, 110, 225.
Vetona, 202.
Vetonianis, 238, 242.
Vetonina. V. Veldidena.
Vetussalina, 72, 239.
Viadus, 417.
Viam Beloium, 83.
Via Appia, 31.
Via Triumphalis, 218.
Viaca, 238.
Vibiscum, 105, 224, 227.
Vibona Valentia, 32, 211, 213, 215, 324.
Vica, 305.
Viceni, 320.
Vicentia, 38, 204.
Vicesimum (ad) *Gall.* 172.
Vicesimum (ad) *Latii*, 193, 198.
Vicesimum (ad) *Lucan.* 33.
Vicesimum (ad) *Pannon.* 242.
Vicesimum (ad) *Ponti*, 65.
Vicetia. V. Vincentia.
Viciano, 253.
Vicinium, 253.
Victium, fl. 316.
Victuriolas, 194.
Vicum (ad) 269, 271.
Vicus, 306.
Vicus Apollonos, 45.
Vicus Aquarius, 132.
Vicus Augusti, 12, 15, 16, 17, 292.
Vicus Aureli, 298.
Vicus Badies, 92.
Vicus Cuminarius, 134.
Vicus Cuppæ, 246.
Vicus Forno novo, 192.

70.

Vicus Gemellas, 299.
Vicus Judæorum, 46.
Vicus Juliani, 293.
Vicus Matrini, 200.
Vicus Mendicoleus, 213, 214.
Vicus Novus, 92.
Vicus Serninus, 85.
Vicus Spacorum, 127.
Vicus Valeriani, 295.
Vicus Varianus, 85.
Vicus Virginis, 198.
Vidrus, fl. 416.
Vidubia, 226.
Vienna, 102, 103, 106, 107, 221, 222, 224, 228.
Vigesimum (ad). V. Vicesimum.
Vignas, 209.
Villa Faustini, 142.
Villam Selæ (ad), 293.
Villa magna, 19.
Villa privata, 19.
Villagai, 239.
Villam Servilianam (ad), 11, 294.
Vimania. V. Vemania.
Viminacium *Hisp.* 135, 136.
Viminacium *Pann.* 39, 65, 177, 246, 248, 250, 435.
Vina, 15.
Vinavicus, 290.
Vinaza, 22.
Vinceia, 39, 177.
Vincentia, 174.
Vincesimum. V. Vicesimum (ad).
Vincum, 110.
Vindeleia, 137.
Vindenis, 253.
Vindia, 57, 58.
Vindilis, 161.
Vindobona, 69, 77, 79, 239.
Vindogladia, 146, 147.
Vindomi, 146, 147.
Vindomora, 140.
Vindonissa, 70, 73, 237, 238.
Vingeio, 177.
Viniolæ *Sard.* (Baunat), 23.
Viniolæ *Sard.* (Vignola), 24.
Viniolæ *Hisp.* 121.
Vinovia, 140.

Vintimilium, 158.
Vio, 247.
Vipitenum, 82, 84, 240.
Virasia, 263.
Virga, 288.
Virgaone, 121.
Virgolis, 178.
Viroconium, 141, 145, 146.
Virodunum, 108.
Viromagus. V. Bromagus.
Vironum. V. Verbinum.
Virovesca, 119, 135, 137.
Viroviacum, 112.
Virovino, 231.
Virunum, 83.
Visalta, 295.
Viscellis, 241.
Visontio. V. Vesontio.
Vissus, 51.
Vistula, 417.
Visurgius, 416.
Vitarus, 456.
Vitricium, 102, 103, 104, 204.
Vituduro, 73.
Vivisci, 313.
Viviscum. V. Vibiscum.
Vocario, 241.
Vocontii, 313.
Vocum, 220.
Vodgoriacum, 113, 231.
Volaterra, 167.
Volcen, 167.
Volcetecucsi, 320.
Volocesia, 307.
Vologatis, 173.
Volsci, 323.
Volsiniis, 87, 168, 200.
Volturna, 168.
Volubilis, 5.
Voluce, 133.
Vomanus, fl. 315.
Voreda, 141.
Vorgium, 234.
Vorogium, 233.
Voso Borgiaco. V. Vodgoriacum.
Vospicianæ, 6.
Vulcani sacrum, 359.
Vulcani, ins. 317.

Vulpis, fl. 316.
Vulsinis. V. Volsiniis.
Vulturia, ins. 162.

Vulturno, 211, 212.
Vungo, 108.

X

Xanthus, 359, 381, 444.
Xatis Scythæ, 320.
Xenagoræ, ins. 381.
Xeron, 285.
Xion, 368.

Xiphonius portus, 324.
Xius Tradus, 437.
Xois, 457.
Xyline, 351.

Y

Yconium. V. Iconium.
Ydrunte. V. Hydruntum.

Ypepa, 272.
Ypinum. V. Opinum.

Z

Zabi, 7.
Zaca, 291.
Zachara, 294.
Zacoria, 262. 320.
Zacynthus, ins. 165, 317, 335, 370, 432.
Zadagatta, 284.
Zagatis, 389, 399.
Zagazaena, 288.
Zagora, 391.
Zagorus, 397.
Zagrus mons, 422.
Zaguræ, 304.
Zagylis, 21.
Zalecus, 397.
Zalichæ, 449.
Zaliscus, 420.
Zama, 266.
Zamareigia, 299.
Zanbaterno. V. Caminos.
Zanserio, 303.
Zapara, 429.
Zara, 50, 60, 62.
Zarai, 9.
Zaras, 298.
Zarba, 250.
Zarine, 373.

Zautaberna. V. Caminos.
Zeede, 452.
Zela, 264, 449.
Zeldepa, 428.
Zenertis, 365.
Zenocopus, 61, 266.
Zephelium, 379.
Zephice, ins. 317.
Zephyrium Cilic. (Mersyn), 272, 360, 378, 450.
Zephyrium Cilic. (cap Cavalière), 379.
Zephyrium Ital. 152.
Zephyrium Lybiæ, 371.
Zephyrium Marmar. 373.
Zephyrium Paphlag. 391, 396.
Zephyrium Ponti, 262, 352, 392, 399.
Zephyrus, 372.
Zernis, 256.
Zerrios, ins. 317.
Zervis, 96.
Zesutera, 189.
Zeucharis, 375.
Zeugma, 50, 52, 53, 278, 304, 421, 453.
Zeuma, 320.
Zigana, 65.
Zigilis, 21.
Zilis, 455.

Zimara, 61, 265, 266.
Zimises, 320.
Zirinis, 256.
Zizio (ad), 253, 254.
Ziziola, 50.
Zoana, 455.
Zociandem (ad), 278.
Zògorra, 306.
Zogra Zagulis, 460.
Zona, 346.

Zorambus, 409.
Zorlanis, 255.
Zorzela, 440.
Zure, 287.
Zydretæ, 390.
Zygra, 371.
Zygræ, 372.
Zyrmis, 250.
Zyrnas, 298.

FIN DE LA TABLE GÉOGRAPHIQUE.

www.ingramcontent.com/pod-product-compliance
Lightning Source LLC
Chambersburg PA
CBHW060506230426
43665CB00013B/1406